Niedersächsische Landesausstellung 2019
unter der Schirmherrschaft des niedersächsischen Ministerpräsidenten Stephan Weil

Im Landesmuseum Hannover und im Braunschweigischen Landesmuseum

Landesmuseum Hannover: 5.4.–18.8.2019
Braunschweigisches Landesmuseum: 22.9.2019–2.2.2020

Landesmuseum Hannover
Das WeltenMuseum

BRAUNSCHWEIGISCHES LANDESMUSEUM

SAXONES

Herausgegeben von **Babette Ludowici**

wbg THEISS

Hauptförderer

Neue Studien zur Sachsenforschung 7

Die Deutsche Nationalbibliothek verzeichnet diese Publikation in der Deutschen Nationalbibliografie; detaillierte bibliografische Daten sind im Internet über www.dnb.de abrufbar.

Das Werk ist in allen seinen Teilen urheberrechtlich geschützt. Jede Verwertung ist ohne Zustimmung des Verlags unzulässig. Das gilt insbesondere für Vervielfältigungen, Übersetzungen, Mikroverfilmungen und die Einspeicherung in und Verarbeitung durch elektronische Systeme.

wbg THEISS ist ein Imprint der wbg.

© 2019 by wbg (Wissenschaftliche Buchgesellschaft), Darmstadt
Die Herausgabe des Werkes wurde durch die Vereinsmitglieder der wbg ermöglicht.
Gestaltung und Produktion: Rainer Maucher, Verlagsbüro Wais & Partner, Stuttgart
Verlagslektorat: Julia Rietsch, Verlagsbüro Wais & Partner, Stuttgart
Umschlaggestaltung der Buchhandelsausgabe: Jutta Schneider, Frankfurt a. M.
Umschlagmotiv der Buchhandelsausgabe: oben: DieKirstings, Braunschweig;
unten: die Goldkette von Isenbüttel, Niedersächsisches Landesmuseum Hannover

Printed in Germany

Besuchen Sie uns im Internet: www.wbg-wissenverbindet.de

ISBN 978-3-8062-4005-4 (Buchhandelsausgabe, wbg THEISS, Darmstadt)
ISBN 978-3-929444-42-1 (Museumsausgabe, Landesmuseum Hannover)
ISBN 978-3-9820340-1-0 (Museumsausgabe, Braunschweigisches Landesmuseum)

Grußwort

Die niedersächsischen Landesausstellungen machen historische Ereignisse und Persönlichkeiten der Geschichte lebendig, die für das Verständnis unserer Gegenwart immer noch Relevanz besitzen. Nach vielbeachteten Landesausstellungen, etwa zur Schlacht am Harzhorn oder zur Personalunion, als Hannovers Herrscher auf Englands Thron regierten, fragt SAXONES, wer die Sachsen waren, deren Name bis heute in Niedersachsen Identität stiftet. Dazu war eine neue Bewertung alter Sachsenmythen notwendig. Die von Widukind von Corvey im 10. Jahrhundert verfasste Sachsengeschichte hat lange unser Bild bestimmt. Abstammungstheorien sowie materielle Zeugnisse des 1. Jahrtausends n. Chr. wurden einer Prüfung unterzogen und neu interpretiert. Herausgekommen ist eine faszinierende neue Geschichte der Sachsen. Wir können z. B. lernen, wie Geschichtsschreibung betrieben und auch von ideologischen Prägungen bestimmt wird – bis hin zu einer Erfindung nationaler Identitäten.

Sachsenforschung ist heutzutage ein europäisches Projekt. Am Beispiel der Sachsen können Hintergründe und Formen der Entstehung von Identitäten im frühgeschichtlichen Europa vermittelt werden. Seit rund 70 Jahren wird die Geschichte dieses germanischen Stammesverbandes auf internationaler Ebene erforscht. Das „Internationale Sachsensymposion", eine ursprünglich von niedersächsischen Wissenschaftlerinnen und Wissenschaftlern ausgehende Arbeitsgemeinschaft zur Archäologie der Sachsen und ihrer Nachbarvölker, hat wesentlichen Anteil an den Ergebnissen, die unsere Landesausstellung präsentiert. An der Erstellung des Katalogs haben namhafte Archäologinnen und Archäologen, Historikerinnen und Historiker mitgearbeitet.

Herzlich danken möchte ich den beiden niedersächsischen Landesmuseen in Hannover und Braunschweig, insbesondere Frau Dr. Babette Ludowici, für ihr großes Engagement. Die gemeinsamen Anstrengungen haben sich gelohnt! Der Ausstellung wünsche ich den verdienten Erfolg und ihren Besucherinnen und Besuchern viele interessante Stunden sowie anregende Auseinandersetzungen mit der Geschichte!

Hannover, im Februar 2019

Stephan Weil
Niedersächsischer Ministerpräsident

Zum Geleit

„Sturmfest und …" – nun wie waren sie denn, die alten Sachsen? Vor allem – wer waren die alten Sachsen? Mit der Ausstellung SAXONES werden neue Erkenntnisse zur Geschichte des heutigen Niedersachsens im 1. Jahrtausend vorgestellt, die den Mythos von den „alten Sachsen" als „Ureinwohner" Niedersachsens durchleuchten. Denn mit dem Niedersachsenlied, das der Braunschweiger Hermann Grote 1926 verfasste, haben die Ergebnisse aktueller Forschung der Geschichte und Archäologie wenig zu tun. Grote fügte in seinen Versen historische Versatzstücke zusammen, die durch die nationalistische Geschichtsschreibung des späten 19. Jh.s geprägt waren. Sein düsteres Lied liefert eine historische Imagination von blutgetränkten Schlachten in Abwehr des Fremden, verkörpert durch die Römer und schließlich durch die Franken. Die aktuelle Forschung hat diese Bilder von den Germanen und der sogenannten Völkerwanderungszeit gründlich revidiert und vermag es, stattdessen ein vielschichtiges Panorama von Migrationsbewegungen und Transformationsprozessen zu rekonstruieren.

Wenn wir die historischen Quellen heranziehen und in der Deutung „puritanisch" bleiben, dann werden *Saxones* (Sachsen) erstmals in römischen Quellen des 4. Jh.s erwähnt. Der Begriff war nicht der Name eines Volkes, sondern man verwendete ihn für Piraten, die über das Meer fuhren und die Küsten Britanniens und Galliens angriffen – ähnlich wie Jahrhunderte später die Wikinger. Die römischen Berichterstatter wussten entweder gar nicht oder besaßen nur eine nebulöse Vorstellung davon, aus welchen Gegenden außerhalb des Imperium Romanum die Raubscharen herkamen. Auch in späteren Geschichtsschreibungen gibt es nur wenige Angaben zu den alten Sachsen. Sie werden sowohl in Verbindung gebracht mit den Bewohnern Englands und der gallischen Atlantikküste als auch mit den Thüringern. Seit dem 7. Jh. lesen wir aus den zeitgenössischen Beschreibungen, dass *Saxones* mit nördlich der Mittelgebirge gelegenen Landschaften in Verbindung gebracht werden, ohne dass man diese geografisch eingrenzen kann. Es ist also in keinem Fall möglich, archäologische Funde mit den Gruppen zu verbinden, die damals als *Saxones* bezeichnet wurden. Fassbar wird eine sächsische Identität erst, als sich die Sachsen infolge der fast 30 Jahre andauernden kriegerischen Auseinandersetzung mit Karl dem Großen seit dem 9. Jh. als Verband formiert hatten, Teil des Frankenreiches wurden und eigene politische Ambitionen entwickelten. 919 bestieg schließlich der sächsische Adelige Heinrich aus dem Adelsgeschlecht der Liudolfinger den Thron des Ostfrankenreiches. Eine bemerkenswerte Karriere!

Was bleibt, ist eine vielschichtige und durchaus spannendere Geschichte von Menschen, die im 1. Jahrtausend in den Gebieten lebten, die wir heute Niedersachsen nennen. Die Archäologie und die Geschichtswissenschaft haben mit der Forschung zu Migration, Identität und interkulturellen Prozessen neue Bilder von der Geschichte der *Saxones* entwickelt. Es zeigt sich, was Norddeutschland und darüber hinaus Europa ausmachen, lässt sich kaum verstehen, ohne den Blick auf das 1. nachchristliche Jahrtausend zu werfen. Die Gesellschaften, die sich nach dem Ende des Römischen Reiches in den ehemaligen römischen Provinzen und an dessen Peripherie bildeten, lieferten mit ihrer Entscheidung für das Christentum und für eine „lateinische" Gesellschaft eine bis heute gültige Grundorientierung. Die niedersächsische Landesausstellung SAXONES fasst nicht nur allgemeinverständlich die aktuellen Forschungsergebnisse und spektakulären archäologischen Neufunde zur frühen Landesgeschichte Niedersachsens zusammen, sondern vermittelt, warum es auch heute noch lohnenswert ist, sich mit Ereignissen und Prozessen zu beschäftigen, die bis zu 2000 Jahre in der Vergangenheit liegen.

Vor mehr als 40 Jahren wurde letztmals im Hamburger Helms-Museum eine umfassende Ausstellung zu den Sachsen (1978) präsentiert. Für ein neues Ausstellungsprojekt, das landläufige Geschichtsbilder über die Sachsen revidiert, bot es sich an, dass das Niedersächsische Landesmuseum Hannover und das Braunschweigische Landesmuseum kooperieren. Die Archäologin Babette Ludowici, die seit 2005 die Sachsenforschung des Landes Niedersachsen erst in Hannover und jetzt in Braunschweig verantwortet, hat eigene wissenschaftliche Erkenntnisse und die des Internationalen Sachsensymposions, einer seit 1949 bestehenden Verbindung von Forscherinnen und Forschern aus zehn Ländern, in ein schlüssiges Konzept zusammengeführt. Babette Ludowici hat so mit großer Expertise eine Ausstellung konzipiert, mit der die politische Geschichte des 1. Jahrtausends anhand von archäologisch und historisch realen Persönlichkeiten dargestellt wird, denen der Illustrator Kelvin Wilson ein Gesicht gegeben hat.

Es ist uns ein Anliegen und eine Freude gewesen, die engagierte Arbeit der Kuratorin zu begleiten und zu fördern. Gaby Kuper, Florian Klimscha, Daniel Neumann, Dominique Ortmann, Torsten Poschmann und Frauke Schilling unterstützten sie dabei zusammen mit vielen anderen aus Braunschweig und Hannover tatkräftig. Es ist das Verdienst von Babette Ludowici als Kuratorin und Herausgeberin, mit dem Netzwerk des Internationalen Sachsensymposions den neuesten Stand der Forschung zusammengeführt zu haben. In der vorliegenden Begleitschrift mit Beiträgen von über 40 namhaften Historikern und Archäologen aus Dänemark, Deutschland, Großbritannien und den Niederlanden werden die neuen Forschungsergebnisse erstmals geschlossen und allgemeinverständlich publiziert. Parallel entsteht eine Website, auf der die neuesten Erkenntnisse vor oder während eines Ausstellungsbesuchs abrufbar sind. Allen Mitgliedern des Beirates und den Autorinnen und Autoren danken wir ebenso herzlich für ihre kollegiale Mitarbeit.

Unseren Leihgebern im In- und Ausland gebührt ebenfalls großer Dank. Wir freuen uns sehr, dass sie sich von der akribischen Spurensuche haben anstecken lassen und ihre Preziosen für eine Ausstellung an zwei Orten zur Verfügung gestellt haben. Das Gestalterbüro Atelier Schubert hat die Story des 1. Jahrtausends mit über 400 Objekten hervorragend in Szene gesetzt.

Schließlich danken wir unserem Schirmherrn, dem niedersächsischen Ministerpräsidenten Stephan Weil, und dem Minister für Wissenschaft und Kultur Björn Thümler für die Unterstützung und Förderung unseres Projekts. Die Stiftung Braunschweigischer Kulturbesitz, die Stiftung Niedersachsen, die Kulturstiftung der Länder und die Richard Borek Stiftung haben uns sehr geholfen, die Ausstellung zu realisieren, wofür auch ihnen unser großer Dank gilt.

Seien Sie versichert, die „neue" Geschichte des 1. Jahrtausends, wie sie sich zu Beginn des 21. Jh.s darstellt, bleibt spannend! Widukind von Corvey, der Autor der Sachsengeschichte des 10. Jh.s, fasst am Ende seiner Widmung an Mathilde, die Tochter Kaiser Ottos I. und dessen Frau Adelheid, treffend zusammen, was auch für unser heutiges Anliegen noch gilt: *„Ich habe mich darum bemüht, auch über den Ursprung und Zustand des Stammes (…) einiges zu berichten, auf dass du bei deiner Lektüre deinen Geist erfreust, die Sorgen verscheuchst und dich angenehm zerstreust."*

Katja Lembke, Heike Pöppelmann

Inhalt

SAXONES

14 **Wer sind die Niedersachsen?**
Anmerkungen zur Erfindung einer Identität
OLE ZIMMERMANN

16 **„Sturmfest und erdverwachsen" – das Niedersachsenlied**
OLE ZIMMERMANN

24 **Niedersachsenross und Westfalenpferd –
wie kam das Pferd ins Wappen?**
BRAGE BEI DER WIEDEN

26 **Die Neuerfindung eines Volkes**
Sächsische Identitäten vor und nach den
Sachsenkriegen
ROBERT FLIERMAN

31 **Die neue Geschichte der alten Sachsen**
BABETTE LUDOWICI

36 **Der Sax – tödlicher Allrounder des Frühen Mittelalters**
PHILIPP SULZER

Alles auf Anfang: Von Sachsen keine Spur

44 **Am Rande des römischen Imperiums**
Das rechtsrheinische Germanien bis zur Elbe
WERNER ECK

50 **Provinzielle Verhältnisse?**
Das Land zwischen Rhein und Elbe
im 1. und 2. Jahrhundert
JAN SCHUSTER

56 **Bleierne Zeiten?**
Auf der Spur eines römisch-germanischen
Joint Ventures am Hellweg
WOLFGANG EBEL-ZEPEZAUER

Die Netzwerker

66 **Das vergessene Jahrhundert**
Was geschah in Niedersachsen zwischen
200 und 300 n.Chr.?
BABETTE LUDOWICI

76 **Roms vergessener Feldzug: das Harzhorn-Ereignis**
MICHAEL GESCHWINDE

82 **Köln zur Zeit des Gallischen Sonderreiches**
THOMAS FISCHER

84 **Über Stock und Stein?**
Verkehrssysteme und Warenumschlag in Westfalen
und Niedersachsen zur Römischen Kaiserzeit
ANNETTE SIEGMÜLLER, UTE BARTELT UND PATRICK KÖNEMANN

91 **Im Zentrum des Geschehens?**
Mitteldeutschland im 3. Jahrhundert
MATTHIAS BECKER

101 **Gesellschaften in Bewegung**
Südskandinavien im 3. Jahrhundert
CLAUS VON CARNAP-BORNHEIM

INHALT 9

Gründerzeit

112 „Bauernland in Veteranenhand"
Söldnergräber und Schatzfunde des 4./5. Jahrhunderts in Niedersachsen und Westfalen
ANDREAS RAU

118 Gut abgeschnitten! „Britannisches" Geld in Nordwestdeutschland
ANDREAS RAU

124 „Jeder hat einen Sitz für sich und einen Tisch."
Hölzernes Mobiliar des 4. und 5. Jahrhunderts von der Fallward
ANDREAS HÜSER

126 Kein Kampf der Kulturen
Leben am Hellweg im 4. und 5. Jahrhundert
STEFAN KÖTZ UND BABETTE LUDOWICI

132 Ein frühes Königreich im Elbe-Weser-Dreieck?
JOHAN A. W. NICOLAY

136 Stammeskunst? Handwerk und Identität im Elbe-Weser-Dreieck im 4. und 5. Jahrhundert
KAREN HØILUND NIELSEN

141 Wer kommt im 4. und 5. Jahrhundert vom Kontinent nach Britannien, ab wann und warum?
CHARLOTTE BEHR UND JOHN HINES

Vieler Herren Land?

158 Fragmente einer Weltanschauung
Goldbrakteaten und Goldhalsringe aus Niedersachsen
ALEXANDRA PESCH

166 Kultzentrum Sievern?
IRIS AUFDERHAAR

168 Wie weit reicht der Arm Herminafrids?
Die Könige der Thüringer und ihr Reich
MATTHIAS HARDT

172 Fremde Frauen? Thüringischer Schmuck in Niedersachsen
VERA BRIESKE

174 Unterwegs in Raum und Zeit
IRIS AUFDERHAAR, CHRISTOPH GRÜNEWALD UND BABETTE LUDOWICI

Das Spiel der Könige

186 **Beschönigen – kritisieren – betrauern**
Die Unterwerfung der Thüringer durch die Frankenkönige 531 in zeitgenössischen Zeugnissen
DANIEL FÖLLER

196 **„It's a man's world"**
Reiche Kriegergräber der 1. Hälfte des 6. Jahrhunderts in Mitteleuropa
DIETER QUAST

203 **Gemeinsam in den Tod**
Der Krieger von Hiddestorf und seine Begleiter
DANIEL WINGER

208 **Ross und Reiter:**
Pferde im frühmittelalterlichen Bestattungsritual
DANIEL WINGER

216 **Für die exklusiv gedeckte Tafel:**
Thüringische Drehscheibenkeramik
DANIEL WINGER

Undurchsichtige Verhältnisse

222 **Wüstes Land?**
Die Siedlungslücke des 6. und 7. Jahrhunderts in Nordwestdeutschland
HAUKE JÖNS

230 **Grenzgesellschaft im Wandel**
Die westfälische Hellwegelite im 6. und 7. Jahrhundert
DANIEL WINGER

240 **Primus inter pares? Eine fürstliche Bestattung für einen großen Mann**
VERA BRIESKE

242 **Dort gibt es keine Seine und auch nicht den Rhein!**
Fränkische Kultur in Ostfalen
HEIKE PÖPPELMANN

246 **Denkmal mit Aussicht: der Grabhügel von Klein-Vahlberg**
BABETTE LUDOWICI

252 **Eine Schlange mit zwei Köpfen: die Goldkette von Isenbüttel**
BABETTE LUDOWICI

254 **Bodenfunde legen Zeugnis ab**
Frühe Christen am Hellweg
VERA BRIESKE, CHRISTOPH GRÜNEWALD UND BABETTE LUDOWICI

265 **Fuß in der Tür**
Südskandinavier in Mitteldeutschland
KAREN HØILUND NIELSEN

Alles Sachsen!

276 **„Totschlag, Raub und Brandstiftung"**
Karolingische Hausmeier und Könige und die Sachsen östlich des Rheins
MATTHIAS HARDT

279 **Die Pfalz Paderborn**
MARTIN KROKER

284 **Sichtbar gemacht – Elbe und Saale als Grenze des Kaiserreiches Karls des Großen**
MATTHIAS HARDT

287 **Wo lag Schezla? Ein vergessener Grenzort des frühen 9. Jahrhunderts**
JENS SCHNEEWEISS

290 **Die Paganisierung der Bewohner der frühmittelalterlichen *Saxonia* durch Karl den Großen**
STEFFEN PATZOLD

294 **Schwer zu fassen**
Die sächsischen Gegner der Karolinger
BABETTE LUDOWICI

300 **Widukind**
Herzog in Sachsen (777–785)
GERD ALTHOFF

Unternehmen Gottesstaat

306 **„… lass Deine Engel Wächter ihrer Mauern sein"**
Das Kloster Corvey und die Anfänge der Schriftlichkeit in Sachsen
HANS-WALTER STORK

318 **Der „Heliand": das Leben Jesu in 6000 Stabreimversen**
HEIKE SAHM

320 **Ohne Masterplan und Reißbrett**
Die Entstehung von Bistümern in der *Saxonia* im 9. Jahrhundert
THEO KÖLZER

328 **Abschied von den Hügeln der Heiden**
BABETTE LUDOWICI

330 **Heilige Gebeine**
Christliche Stiftungen sächsischer Adliger und der Reliquientransfer nach Sachsen
HEDWIG RÖCKELEIN

332 **Hathumods erste Kirche: Ausgrabungen im Kloster Brunshausen**
MATTHIAS ZIRM

338 **Wächter der Grenze: das Geschlecht der Liudolfinger**
HEDWIG RÖCKELEIN

342 **Imagepflege: die Sachsengeschichte Rudolfs von Fulda**
HEDWIG RÖCKELEIN

Gewinner machen Geschichte: Wir sind die Sachsen!

348 **Ostfränkische Könige aus Sachsen**
Heinrich I. und sein Sohn Otto I.
MATTHIAS BECHER

353 **Schutz und Glanz**
Die königliche Pfalz Werla
MICHAEL GESCHWINDE UND MARKUS C. BLAICH

360 **Widukind von Corvey**
Ein Mönch schreibt Geschichte
GERD ALTHOFF

364 **Widukinds Bibliothek**
CHRISTIAN HEITZMANN

Anhang

372 Leihgeber
373 Impressum
374 Abbildungsnachweis

Was sind SAXONES?

Saxones ist der lateinische Name, aus dem das deutsche „Sachsen" wurde. Die Frage, wer die Sachsen sind, ist aber nicht so einfach zu beantworten. Denn es gibt sehr verschiedene Sachsen: Menschen, die aus Dresden oder Leipzig stammen, beispielsweise, oder Siebenbürger Sachsen, deren Heimat in Rumänien liegt. Oder Saksalainen: Das ist in der finnischen Sprache ein Deutscher. Und dann sind da natürlich noch die Angelsachsen oder die Niedersachsen. Man müsste also erst einmal nachfragen: Welche Sachsen meinen Sie denn? Aber diese verwirrende Vielfalt ist keineswegs nur ein modernes Phänomen. Verschiedene Sachsen gab es auch schon im 1. Jahrtausend. Die bekanntesten darunter sind sicher die Sachsen, gegen die Karl der Große im 8. Jh. im heutigen Norddeutschland seine legendären „Sachsenkriege" führte. Ihr bekanntester Anführer hieß Widukind. Karl unterwarf die Sachsen seiner Herrschaft, aber schon 919 bestieg mit Heinrich I. ein Sachse den ostfränkischen Thron. Sein Sohn Otto der Große wurde einer der mächtigsten Männer des 10. Jahrhunderts.

Diese „alten" Sachsen, die damals noch *Saxones* genannt wurden, gelten als die Ureinwohner Niedersachsens. Historiker und Archäologen waren sich lange einig: Sie hätten das Land ab dem 3. Jahrhundert in Besitz genommen und nebenher auch noch England und Westfalen erobert. Das beliebte „Niedersachsenlied" behauptet, die Leute von „Herzog Widukinds Stamm" hätten sogar schon die Römer verjagt, vor über 2000 Jahren. Das weiße Pferd in der Fahne des Landes soll ihr Wappentier gewesen sein.

Heute wissen wir: Das alles ist ein Mythos, entstanden zwischen 1800 und 1950. Tatsächlich war es komplizierter – und sehr viel spannender! Dieses Buch erklärt, wer die Niedersachsen sind, woher das Niedersachsenross stammt und wovon das Niedersachsenlied handelt. Und es erzählt die Geschichte der „alten Sachsen" neu: Ein Streifzug durch 1000 Jahre Geschichte im Land zwischen Harz und Nordsee zeigt auf, wer sie waren. (B.L.)

SAXONES

Wer sind die Niedersachsen?
Anmerkungen zur Erfindung einer Identität

OLE ZIMMERMANN

Über die Frage, wie alt Niedersachsen ist, besteht in der Literatur auch nach über 70 Jahren erfolgreicher demokratischer Landesgeschichte kaum Einigkeit. Betrachtet man die Fülle der wissenschaftlichen und populären Beiträge zu Niedersachsen, fällt rasch auf, dass sich grob vereinfacht zwei Lager ausmachen lassen: Während für die einen die Niedersachsen-Idee mindestens im Mittelalter, eventuell auch weit früher bei den sächsischen Stammesverbänden beginnt, verweisen vor allem neuere Beiträge zumeist auf die einzelstaatlichen Besonderheiten der Territorien im nordwestdeutschen Raum wie des Königreichs Hannover, der (Groß-)Herzogtümer Oldenburg und Braunschweig und des Fürstentums Schaumburg-Lippe, aus denen heute das Bundesland zum großen Teil besteht.

Für den ersten Ministerpräsidenten Hinrich Wilhelm Kopf (1893–1961) hingegen war 1946 die Sache ganz klar. Auf der konstituierenden Sitzung des ersten niedersächsischen Landtages am 9. Dezember erklärte er, dass Niedersachsen, obgleich eben erst durch Großbritannien als Besatzungsmacht gebildet, keinesfalls ein Kunstland, „sondern durch die Stammesart seiner Bewohner, durch seine gleichartige Struktur, Tradition und wirtschaftliche Geschlossenheit ein organisch gewachsenes zusammenhängendes Ganzes" sei[1].

Für den Ministerpräsidenten waren also die gemeinsame Stammesart, die Geschichte und die Wirtschaft Grundpfeiler, auf denen das Bundesland von nun an bestehen sollte. Aber nicht nur war Kopfs Sichtweise im Lichte der nur im Windschatten der britischen Gründung des Bundeslandes Nordrhein-Westfalen möglich gewordenen Entstehung Niedersachsens erstaunlich, sondern darüber hinaus gerade auch im Hinblick auf die seit etwa 25 Jahren geführten Kämpfe um ein solches Bundesland schlicht „kühn"[2]. Aber auf welche Bilder konnte Kopf bei den Abgeordneten überhaupt zurückgreifen? Welche Vorstellungen gab es 1946 von einem Land Niedersachsen? Im Folgenden sollen diese Fragen anhand von drei Abschnitten geklärt werden.

Niedersachsen als historischer Raum

Kann es eine niedersächsische Geschichte vor 1946 geben? Die Antwort ist, rein sachlich betrachtet, nein. Einzig aus dem Grund, dass es vor 1946 kein Niedersachsen als raumbildende Klammer für eine kollektive Identität gab – also nach unserem heutigen Verständnis ein Land oder Staat mit einer darauf bezogenen Bevölkerung. Den Begriff Niedersachsen gab es gleichwohl sehr viel länger, etwa seit dem 14. Jh. Nur bezog sich das ausschließlich auf einen nicht näher durch Grenzen definierten Raum zur Unterscheidung vom „oberen" Sachsen, dem kurfürstlichen Herrschaftsgebiet der wettinischen Adelsfamilie im Raum Meißen. Zu erwähnen ist in diesem Zusammenhang noch der „Niedersächsische Reichskreis" des Heiligen Römischen Reiches, der immerhin von 1512 bis 1806 bestand. Zwar findet sich hier eine genauere Raumaufteilung mit einer gewissen rechtlichen Relevanz, doch waren die Reichskreise vor allem Verwaltungseinheiten zur Wahrung des Friedens[3]. Für die Menschen im nordwestdeutschen Raum spielte der Begriff Niedersachsen hingegen keine Rolle. Entscheidend für das tägliche Leben waren die zumeist rein dynastiepolitischen Belangen geschuldeten Länderflicken wie etwa das Fürstentum Braunschweig-Wolfenbüttel oder die Herrschaft Calenberg[4].

Niedersachsen ist, trotz aller Versuche einer historischen Herleitung, eine Erfindung des 19. Jh.s im Zuge der romantischen Verklärung der wiederentdeckten Germanen, ohne dass es jedoch eine wirkliche Vorstellung von diesen Menschen jenseits des Germanenbildes bei Tacitus gab. Zwar reichte die Beschäftigung mit dessen Werk bis in die Renaissance zurück und der Osning erhielt schon zu Beginn des 17. Jh.s seine Umbenennung in Teutoburger Wald, doch spielte diese germanophile Gymnastik kaum eine Rolle für größere Bevölkerungskreise. Das änderte sich erst mit Ende der später als nationale Befreiung der Deutschen gegen Napoleon gedeuteten Kriege nach 1815, als die Germanen etwa bei Ernst Moritz Arndt (1769–1860) und Friedrich Ludwig Jahn (1778–1852) zu linearen Vorfahren der auch damals zeitgenössisch noch nicht bestehenden deutschen Nation verklärt wurden. Zahlreiche ambitionierte Geschichtsinteressierte, zumeist Männer, machten sich auf die Suche nach Hinterlassenschaften ihrer vermeintlichen Vorfahren[5]. Diese sozialpsychologisch seltsam modern anmutende Konzentration auf eine vermeintlich bessere, weil geordneter scheinende Vergangenheit, war im späteren Raum Niedersachsen zunächst fast vollständig vom Bildungsbürgertum des Königreichs Hannover getragen, das 1835 den Historischen Verein für Niedersachsen gründete.

Geschuldet war dieser Rückgriff einem durch die ungeheure Wucht der französischen Expansion ausgelösten Paradoxon: Napoleon hatte praktisch bewiesen, wie überlegen die Idee der französischen Staatsnation gegenüber der immer noch in Kleinräumlichkeit verhafteten deutschen Staatenwelt war. Gegenüber Frankreich wirkten die dynastiegebundenen deutschen Länder rückständig und die Gesamtheit einer deutschen Nation hingegen modern und im wörtlichen Sinne fortschrittlich. Um nun aber nicht auf die regionale Verbundenheit etwa in Schwaben oder im Lüneburgischen zu verzichten, mussten die Adelsfamilien als bisherige Repräsentanten der Heimat gleichsam umgangen werden – hier nun kam die Idee der in Stämmen organisierten Germanen ins Spiel: Um vorwärts auf die Nation zu marschieren, waren heimatbewusste Patrioten gezwungen, weit in die Geschichte zurückzugreifen. Somit enthielt die Germanenbegeisterung ab der 2. H. des 19. Jh.s auch dezidierte monarchiekritische Züge.

Die Niedersachsen-Idee blieb durch die hannoversche Fixierung folgerichtig fast ausschließlich hier verhaftet und schaffte es beispielsweise nicht, im anderen welfischen Territorium, dem Herzogtum Braunschweig, nennenswert Fuß zu fassen[6]. Im Gegenteil – es gab in Braunschweig ernst zu nehmende Bestrebungen mit einer durchaus erstaunlichen Tradition, sich einem irgendwie gearteten engen Zusammengehen zwischen Hannover und Braunschweig entgegenzustellen. So gab es zwar einen Staatsvertrag, der aufgrund von innerwelfischen dynastischen Zwängen vorsah, im Falle des Todes des Herzogs Wilhelm von Braunschweig (1806–1884), dessen Souveränität über das Herzogtum mit der Königswürde in Hannover zu vereinigen, aber gleichzeitig schloss Wilhelm 1879 auch einen Geheimvertrag mit Preußen, der eine preußische Statthalterschaft in Braunschweig vorsah. Das stand mitnichten singulär da: Schon 1812 versuchte die braunschweigische Übergestalt im 19. Jh., Herzog Friedrich Wilhelm (1771–1815), seine Söhne im Todesfall der Vormundschaft des preußischen Königs zu unterstellen und eben nicht, so wie es kam, dem englischen Regenten Georg IV. (1762–1830), der sich hierbei durch den hannoverschen Beamten Graf Münster (1766–1839) vertreten ließ[7]. Auch hatte sein Sohn und Nachfolger Karl II. (1804–1873) Gerichtsverfahren angestrengt, die einen schädlichen Einfluss der hannoverschen Regierung auf Braunschweig aufdecken sollten. In den 1860er-Jahren votierten informierte Kreise in Braunschweig zudem dafür, im Falle eines Aussterbens des im Herzogtum regierenden Hauses Braunschweig-Bevern mit Preußen vereinigt zu werden[8]. Und sogar noch 1913, nachdem durch Heirat doch noch ein hannoverscher Welfe Herzog in Braunschweig wurde, wandte sich der braunschweigische Archivoberrat Zimmermann (1854–1933) entschieden gegen einen nach monarchischem Selbstverständnis unabdingbaren Wappenwechsel, da es „die allgemeine Empfindung unangenehm berühren" würde, sollte nun die bekannte braunschweigische Wappenform „zugunsten einer fremdländischen" aufgegeben werden[9]. Der Vorwurf des „Fremdländischen" richtete sich dabei keineswegs nur auf den Familienzweig oder die damit verbundene Region Hannover – es ging Zimmermann sogar ausdrücklich um das welfische Ross, das doch der Überlieferung nach der legendäre Wappenschild von Herzog Widukind sein sollte und aus dem sich später das Niedersächsische Wappenpferd entwickelte (vgl. den Beitrag „Niedersachsenross und Westfalenpferd – wie kam das Pferd ins Wappen?" in diesem Band)!

Nach 1866, dem Ende des Königreiches Hannover, wurde die Verortung der Niedersachsenidee in Hannover zudem mit prak-

„Sturmfest und erdverwachsen" – das Niedersachsenlied

OLE ZIMMERMANN

„Wir sind die Niedersachsen, sturmfest und erdverwachsen. Heil Herzog Widukinds Stamm!" Denjenigen, denen der Begriff „Niedersachsenlied" noch etwas sagt, wird wohl vor allem dieser Refrain in den Sinn kommen. Wie sehr sich aber in dem 1926 vom Braunschweiger Lehrer Hermann Grote getexteten Lied geradezu idealtypisch historische Fakten mit völkischen Versatzstücken zu einem heute nur noch schwer verdaulichen Brei der nationalen Überhöhung verbinden, ist nur noch wenigen Menschen bekannt. In vier Strophen, jeweils beendet durch den Refrain, entwickelte der 1885 in Braunlage geborene Grote eine düstere und bluttriefende Geschichte eines angenommenen Niedersachsenstammes, der stets für das deutsche Vaterland als Bollwerk gegen Fremdbestimmung, römische ebenso wie fränkische, gelitten habe.

Für die von ihm geschilderten jahrhundertelangen Qualen forderte Grote als einzig annehmbare Entlohnung ein Niedersachsenterritorium innerhalb des Deutschen Reiches. Es ist deshalb nicht sonderlich abwegig, dass der erste niedersächsische Ministerpräsident Hinrich Wilhelm Kopf (Abb. 1) sich 1946, ebenso wie andere Landespolitiker mit und nach ihm, dieser Zeilen bediente. Mit der Gründung des Bundeslandes Niedersachsen galt es damals ein Niedersachsenbewusstsein zu schaffen, ähnlich dem seit 1861 berühmt gewordenen Zitat Massimo d'Azeglios: „Wir haben Italien geschaffen, jetzt müssen wir Italiener schaffen!"[1]

Lässt man den historischen Nachkriegshintergrund einmal beiseite und beschäftigt sich nur mit dem Text, fallen erstaunliche Ungereimtheiten ins Auge. Gleich zu Beginn des Liedes steckte Grote den Bezugsrahmen *seines* Niedersachsen ab: von Westen nach Osten begrenzt durch Weser und Elbe, im Norden durch die Nordsee und nach Süden durch den Harz. Damit verzichtete der Dichter aber ganz bewusst auf das damalige Oldenburg und die Weser-Ems-Region, also in etwa den späteren Regierungsbezirk Oldenburg, der immerhin fast ein Drittel der gesamten Landesfläche einnahm. Mit dem Verweis auf das Niederwerfen der römischen Legionsadler ist die Varus-Schlacht des Jahres 9 n. Chr. im Teutoburger Wald gemeint – der aber liegt ganz eindeutig in Westfalen, also in jenen Gebieten, die Grote zuvor noch ausgeschlossen hatte. Überhaupt stellte sich der Raum Westfalen und westfälisches Regionalinteresse stets als ein Problemfeld der niedersächsischen Proto-Patrioten dar. Der Begriff Niedersachsen hatte zwar schon vor 1946 eine lange Tradition aufzuweisen, weshalb sich auch Hermann Grote überhaupt damit beschäftigen konnte, doch war Niedersachsen bis immerhin 1806 im Prinzip nur aus reichsrechtlichen Gründen von Belang gewesen. Das bedeutet indes nicht, dass nicht auch stets darüber hinausreichende Vorstellungen mit diesem Raum Niedersachsen verbunden waren. Doch das stellte sich eher als eine Marotte einer historisch und vor allem auch juristisch (sächsisches Recht!) gebildeten kleinen Oberschicht dar. Unabdingbar war z.B. der Gebrauch der lateinischen Sprache, um überhaupt die frühmittelalterlichen Quellen erschließen zu können. Da dieses Gelehrtenhobby durch die Jahrhunderte hinweg auch ohne dynastische Ländergrenzen funktionierte, also einen Raum beschwor, der längst fragmentiert war, konnte überhaupt erst die mystifizierte Person des westfälischen Sachsenführers Widukind Eingang in die niedersächsische Vorstellungswelt östlich der Weser finden[2]. Dabei ist es nicht ohne Ironie, dass ausgerechnet die akademische Elite, die diese Gedanken ganz wesentlich transportierte, es mit historischer und geografischer Genauigkeit nicht so ernst nahm. In gewisser Weise schrieb Grote also eine Tradition fort – erstaunlich tagesaktuell präsentierte er gewissermaßen alternative Fakten. Dieses Bild zieht sich auch weiter durch sein Werk. Die von ihm beschriebene blühend rote Heide meint das sogenannte Blutgericht von Verden, wo der populären Überlieferung nach der fränkische König Karl im Jahr 782 4500 sächsische Geiseln hat enthaupten lassen, sodass der Boden auf ewig blutdurchtränkt sei. Doch so sehr dieses Bild in den Kanon völkischen Geschichtsverständnisses zu passen scheint und so sehr auch die Nationalsozialisten dieses Bild sofort in ihren propagandistischen Instrumentenkasten aufnahmen, so wenig bestand damals wie heute Klarheit über die historische Dimension. Die wissenschaftliche Diskussion über dieses Thema war seit Langem im Gange. Wenn er die gesamte Quellenlage überblicke, schrieb beispielsweise der Historiker Wilhelm von Bippen schon 1889, so schien ihm „die Annahme begründet, daß Karl im Herbste 782 viele Sachsen im Kampfe und auf der Richtstätte niedermachen ließ, andere als Geiseln abführte, aber ich glaube nicht, daß wir berechtigt sind, ihn des furchtbaren Verbrechens zu zeihen, das in der Hinrichtung von 4500 Männern liegen würde."[3] Dies mag erklären, warum

Abb. 1 Der erste Ministerpräsident Niedersachsens Hinrich Wilhelm Kopf (1893–1961) in seinem Arbeitszimmer.

Grote anstatt von 4500 schwammig von „vieltausend Mann" sprach, die geköpft worden seien. Inhaltlich vollständig unschlüssig aber war der Text in der Verbindung von exklusiv beschriebenem sächsischem Heldenmut (der ja an der Weser endete) als Grundstein des deutschen Vaterlandes, das bekanntlich eben auch die Nachfahren der Franken umfasst.

Ein Letztes fällt auf: Das gesamte Lied hat praktisch kein positives Narrativ! Tod und Untergang sind die Hauptthemen und dafür winkte nur das noch fern scheinende Ziel eines Niedersachsen (wenngleich nur ohne das Weser-Ems-Gebiet). Damit unterscheidet sich die inoffizielle niedersächsische Landeshymne deutlich von anderen Beispielen, etwa dem Westfalenlied oder dem Ostpreußenlied. Es steht auch dem einbeziehenden Grundtenor der deutschen Nationalhymne („Danach lasst uns alle streben – brüderlich mit Herz und Hand") inhaltlich fern. Dass das Niedersachsenlied langsam aus dem Bewusstsein der heutigen niedersächsischen Bürgerinnen und Bürger verschwindet, muss man also vielleicht nicht allzu sehr bedauern.

Anmerkungen

1 Zit. nach Geier 1997, S. 84.
2 Schmidt 2000, S. 84.
3 von Bippen 1889, S. 94.

Literatur

Wilhelm von Bippen: Die Hinrichtung der Sachsen durch Karl den Großen (782). In: Deutsche Zeitschrift für Geschichtswissenschaft, Bd. 1, 1889, 75–95.

Andreas Geier: Hegemonie der Nation. Die gesellschaftliche Bedeutung des ideologischen Systems (Wiesbaden 1997).

Heinrich Schmidt: „Wir sind die Niedersachsen – sturmfest und erdverwachsen". Landesname, Landesidentität und regionales Geschichtsbewußtsein in Niedersachsen. In: Horst Kuss et al. (Hrsg.): Geschichte Niedersachsens – neu entdeckt (Braunschweig 2000), 83–97.

Von der Weser bis zur Elbe,
Von dem Harz bis an das Meer
Stehen Niedersachsens Söhne,
Eine feste Burg und Wehr
Fest wie unsre Eichen
halten alle Zeit wir stand,
Wenn Stürme brausen
Übers deutsche Vaterland.
Wir sind die Niedersachsen,
  sturmfest und erdverwachsen.
  Heil Herzog Widukinds Stamm!

Wo fiel 'n die römischen Schergen?
Wo versank die welsche Brut?
In Niedersachsens Bergen,
An Niedersachsens Wut
Wer warf den römischen Adler
Nieder in den Sand?
Wer hielt die Freiheit hoch
Im deutschen Vaterland?
Das war 'n die Niedersachsen,
  sturmfest und erdverwachsen.
  Heil Herzog Widukinds Stamm!

Auf blühend roter Heide
Starben einst vieltausend Mann
Für Niedersachsens Treue
Traf sie des Franken Bann.
Viel tausend Brüder
Für ihr Niedersachsenland.

Das war'n die Niedersachsen,
  sturmfest und erdverwachsen.
  Heil Herzog Widukinds Stamm!

Aus der Väter Blut und Wunden
Wächst der Söhne Heldenmut.
Niedersachsen soll 's bekunden:
Für die Freiheit Gut und Blut.
Fest wie unsre Eichen halten
Allezeit wir stand,
Wenn Stürme brausen
Über 's deutsche Vaterland.
Wir sind die Niedersachsen,
  sturmfest und erdverwachsen.
  Heil Herzog Widukinds Stamm!

tisch allein hannoverschen-realpolitischen Zielen wie einem dezidierten Antipreußentum und wichtiger noch, mit Forderungen nach der Wiederherstellung des Königreichs Hannover als deutschem Bundesstaat aufgeladen. Zur Durchsetzung dieser Ziele gründete sich auch eine eigene Partei, die Deutsch-Hannoversche Partei. Obwohl zeitweilig durchaus beachtliche Wahlerfolge zu verzeichnen waren, ist der weitere Verlauf bekannt: Es kam nie zur Erfüllung der hannoverschen Eigenständigkeit. Zudem war mit dem Versagen des deutschen Monarchiemodels des Gottesgnadentums im Ersten Weltkrieg und dem schlichten Abräumen der Throne im November 1918 auch das dynastiegebundene Niedersachsenmodell endgültig am Ende.

Niedersachsen als Wirtschaftsraum

Mit Beginn der Weimarer Republik wurde der deutsche Staatsaufbau in vielerlei Hinsicht einer Revision unterzogen. Zu sehr schien sich das Festhalten an starken regionalen Eigenständigkeiten auch durch die Erfahrungen der Schützengräben überlebt zu haben. Vor allem für eine neue Generation von Staatsrechtlern, Wirtschaftswissenschaftlern und Politikern aller Parteirichtungen stellten die überkommenen Strukturen nurmehr zu überwindende Reste der verjagten Dynastien dar. So dachten etwa Liberale, Nationalsozialisten, Kommunisten und Sozialdemokraten längst in größeren Maßstäben, im Falle der SPD gar mit einer langen, bis in die 1880er-Jahre zurückreichenden Tradition. Nicht den Ländern galt staatsrechtlich das Hauptaugenmerk, sondern der Gesamtheit der deutschen Nation, dem Zentralstaat – umso mehr, als sich die vielfältigen Probleme des Versailler Vertrages kaum kleinräumlich lösen ließen. Das bedeutete indes nicht, dass die zunächst unverändert von der Republik übernommene Länderstruktur auch praktisch gefährdet war, gab es doch auch gewichtige Gründe, die gegen ein Zentralstaatsmodell sprachen. Unmittelbar in der ersten Revolutionsphase im November 1918 ging es noch ganz grundsätzlich darum, die Reichseinheit unbedingt zu erhalten. Zentralisierungstendenzen bargen in einer Situation, in der sich im Rheinland, in Hamburg und vor allem in Bayern durchaus ernstzunehmende Loslösungsbestrebungen zeigten, die Gefahr, die Sezessionskräfte ungewollt zu stärken[10]. Mitte der 1920er-Jahre wurde offenbar, dass die größeren Länder wie Preußen, Bayern und Sachsen durchaus die Fähigkeit und wichtiger noch, den Willen ihrer Länderregierungen besaßen, die Geschicke für ihre Bürger durch eine eigene Verwaltung und Wirtschaftspolitik selber zu lösen. Derartige Überlegungen konnten jedoch nicht auf die kleinräumlichen Länderflecken eins zu eins übertragen werden, noch schien die vor allem historisch begründete Eigenständigkeit überhaupt noch zu tragen. Mögliche kulturelle Eigenheiten schienen sich im Schatten des wirtschaftlichen Fortschritts zu marginalisieren, umso mehr, als man immerhin seit einem halben Jahrhundert in einem gemeinsamen Nationalstaat lebte. Tradition zählte wenig, Wirtschaftlichkeit und Finanzierbarkeit wurden zu entscheidenden Faktoren. Während der gesamten Zeit der Weimarer Republik standen so die kleinen Länder mit weniger als einer Million Einwohner, etwa Bremen und Braunschweig, unter beständigem Vorbehalt[11].

Im nordwestdeutschen Raum wurde aus diesem Grund 1925 in Hannover die Wirtschaftswissenschaftliche Gesellschaft zum Studium Niedersachsens e.V. gegründet. Das Ziel dieses Vereins war die Vernetzung der einzelnen Verwaltungen und Handwerkskammern in der Region des späteren Bundeslandes Niedersachsen auf wirtschaftlicher Grundlage. Der Name Niedersachsen suggerierte indes etwas, das es nicht gab. Wenn schon, wie gerade pointiert dargelegt, der Verweis auf eine gemeinsame Geschichte der niedersächsischen Territorien schwierig war, musste angesichts der jahrhundertelang vorherrschenden Fragmentierung des Raumes die Annahme eines gemeinsamen Wirtschaftsraumes geradezu absurd sein: die Handels- und Fischereiwirtschaft war entweder hamburgisch (Cuxhaven) oder bremisch (Bremerhaven), Oldenburg pflegte wesentlich engere wirtschaftliche und auch kulturelle Kontakte nach Westfalen als nach Hannover und selbst zwischen Hannover und Braunschweig und zwischen Braunschweig und Wolfsburg verliefen Staatengrenzen mit eigenen Verwaltungsvorschriften. Der Verein sollte also nicht etwas erforschen, was schon de facto vorhanden war, sondern vielmehr erst kreieren, was er untersuchte. Enge Beziehungen pflegte er auch zu den Universitäten, etwa Hannover und Göttingen, und stellte in dieser Kombination von Wirtschaft und Wissenschaft ein Novum dar. Herausragender Exponent dieses Vereins war der Geograf Kurt Brüning (1897–1961), dem vor allem daran gelegen war, „ein wissenschaftlich einwandfrei durchgearbeitetes und absolut sicherstehendes Material über die Struktur des niedersächsischen Gebietes zu schaffen und zu veröffentlichen." Das „Endziel" des Vereins definierte er dabei keineswegs nur nach wirtschaftlichen Gesichtspunkten, etwa indem „die Grundlagen und Struktur des Wirtschaftslebens, die Eigenart Niedersachsens und seine Bedeutung für die gesamtdeutsche Wirtschaft" herausgearbeitet werden sollten, sondern es ging ihm explizit darum, „das innere Gefüge des Lebens in Niedersachsen klar überschauen zu können."[12]

Nur drei Jahre nach seiner Gründung konnte der Verein bereits einen beachtlichen Erfolg verbuchen. Die hannoversche Provinzialregierung unter dem Oberpräsidenten Gustav Noske (1868–1946) bestellte bei Brüning ein Memorandum, dass im Zuge der immer wieder aufbrechenden Neuordnungspläne für das Reich beweisen sollte, wie schädlich die überkommene staatliche Struktur für die Wirtschaft sei. In diesem Sinne forderte der Provinziallandtag die Verwaltung auf, „Material darüber beizubringen, welche wirtschaftlichen und verwaltungstechnischen Schwierigkeiten unter Berücksichtigung der besonderen örtlichen Verhältnisse für das niedersächsische Wirtschaftsgebiet durch das Vorhandensein der Ländergrenzen bestehen." Darüber hinaus sollte von der Verwaltung schon im Vorfeld geprüft werden, wie die Ländergrenzen überwunden werden könnten. Brüning sollte das Material dann lediglich noch gemeinsam mit der Verwaltung zusammenstellen und dem Landtag vorlegen[13]. Aufgrund dieser Vorarbeiten und des durch die Aufgabenbeschreibung bereits im Vorfeld feststehenden Ergebnisses konnte Brüning rasch liefern. Das Resultat war für Noske wunschentsprechend. Anfang 1929, weniger als ein Jahr nach der Auftragserteilung, verkündete der Oberpräsident, im Zuge einer Neuordnung könnten von nun an über ein Reichsland Niedersachsen keine Differenzen mehr bestehen[14]. Wie sich aber herausstellte, sollten sich gerade an dieser Denkschrift doch erhebliche Auseinandersetzungen entzünden, namentlich mit der Regierung in Oldenburg. Hier war man eben keinesfalls dazu bereit, die eigene Staatlichkeit aufzugeben, war doch zum einen unverkennbar, das die von Brüning vorgelegten Pläne vor allem die aufgewertete Provinz Hannover stärken würden, zum anderen zog man aus wirtschaftspolitischen Gründen eine eigene Vergrößerung um Ostfriesland oder ein Zusammengehen mit Westfalen deutlich vor. Die Niedersachsen-Idee hatte in Oldenburg keine praktische Grundlage[15].

Es hagelte auch aus Westfalen, Teile der Landschaft waren von Brüning mit in seine Beweisführung einbezogen worden, massive Kritik, sodass die Vorstellungen Brünings keine politische Praktikabilität hatten. Ohnehin sind die Vorstellungen Noskes weit weniger klar gewesen, als man vermuten könnte. Schon vor Amtsantritt als Oberregierungspräsident hatte er deutlich zu erkennen gegeben, dass er von den immer noch vorhandenen unitaristischen Bestrebungen der DHP wenig hielt. Im Zuge der Neuordnungsdebatten des Reiches stellte er sich zwar dann und wann auch deutlich gegen die eigene SPD-Parteilinie, blieb aber dem zentralistischen Grundsatz prinzipiell treu. Für Preußen und die übrigen Länder forderte er ein Aufgeben der eigenen Landesverwaltungen zugunsten der Reichsgewalt, wollte aber die Oberpräsidien in Preußen unbedingt erhalten wissen. Diese Gedanken passten nicht so ohne Weiteres mit den Schlussfolgerungen Brünings zusammen[16]. Die vom Oberpräsidium in Hannover eigentlich kräftig unterstützte Arbeit Brünings hatte so keinen praktischen politischen Nutzen und verschwand in der Schublade. Die Nationalsozialisten verschlossen sich der Länderneuordnungsdebatte sogar weitgehend, organisierten die Länder in Nordwestdeutschland zwar um, tasteten den Bestand aber nicht an, wie insbesondere das Beispiel Braunschweigs zeigt, das 1941 seine jahrhundertelange Zerrissenheit in mehrere Teilbereiche zugunsten eines geschlossenen Gebietskörpers überwinden konnte. Doch gänzlich gescheitert war Kurt Brüning mit seinen Vorstellungen für ein Niedersachsen keinesfalls, das Memorandum wurde nach der vernichtenden Niederlage Deutschlands im Zuge der Neugliederung der Besatzungszonen wieder zu Rate gezogen. Entsprechend häufig findet es auch in der Literatur zu Recht Erwähnung. Leicht wird dabei aber übersehen, dass die Ausführungen Brünings im Kern erstaunlich schwach waren. Insbesondere gelang es ihm kaum, überzeugend darzulegen, wie er überhaupt zu seinem Untersuchungsgebiet kam und wie und warum dieses von anderen abgegrenzt wurde. Die von ihm gewählten Parameter wirkten willkürlich und reichten z. B. von den Einzugsgebieten des Arbeitgeberverbandes der rübenverarbeitenden Zuckerindustrie, über den Rohprodukt-Großhändlerverein, die Papierverarbeitungs-Berufsgenossenschaft bis hin zum Landesverband Niedersachsen der Kohlenhändler Deutschlands, die jeweils auf Karten dargestellt wurden – im Ergebnis war kaum eines dieser Gebiete auch nur annähernd deckungsgleich mit dem von ihm zuvor schwammig definierten niedersächsischen Wirtschaftsgebiet[17]. Prinzipiell scheint dies auch ihm selbst klar gewesen zu sein, da er zur Unterstützung der wackeligen Beweisführung vor allem auf die Arbeiten des Volkskundlers Wilhelm Peßler (1880–1962) und des Historikers Georg Schnaths (1898–1989) zurückgriff[18]. Im Ergebnis war der Untersuchungsraum nun plötzlich ein gemeinsames Stammesgebiet, dessen blonde, große und blauäugige Menschen zumeist von den germanischen Sachsen abstammen würden. Wiederum anhand von Kartenmaterial wollten Brüning, Peßler und Schnath nun bewiesen haben, dass Niedersachsen das „Land der übergroßen Menschen" sei und hier der „blonde Typ" überwiege[19]. Selbst wenn die den Daten zugrunde liegenden Messwerte korrekt gewesen sein sollten, und daran darf man erheblich zweifeln, bewies das weder hinsichtlich der Notwendigkeit eines gemeinsamen Wirtschaftsgebietes ohne Einzelstaaten etwas, noch hatte es sonst irgendeinen wissenschaftlichen Wert.

Niedersachsen als Stammesraum

Erkennbar aber wurde, dass Brüning, Peßler und auch Schnath durch diese Formulierungen eine politische Agenda verfolgten, die allerdings mit Realpolitik (noch) nichts zu tun hatte: eine völkische Konnotation des Niedersachsen-Begriffs, die auch in dem Eingangszitat von Hinrich Wilhelm Kopf durchscheint.

Bis heute ist zur völkischen Ideologie vergleichsweise wenig erschienen, so wie es überhaupt an profunden Studien zur Vorgeschichte des Nationalsozialismus im nördlichen Deutschland mangelt. Im vorliegenden Fall ist aber das völkische Gedankengebäude, insbesondere das in völkischen Kreisen immanent wichtige Germanenbild von einiger Bedeutung, insofern, als völkische Sichtweisen auch ohne den Nationalsozialismus funktionieren und die Nationalsozialisten auch nur bestimmte Teile dieser rassistischen Ideologie okkupierten. Grundsätzlich lassen sich zwei Wurzeln völkischen Gedankengutes ausmachen: zum einen wurde der Begriff im letzten Viertel des 19. Jh.s zunehmend als ein Synonym für national im Umfeld der Zeitschrift „Heimdall" etabliert, die so auch einen engen Anschluss an die alldeutsche Bewegung im deutschen Teil Österreich-Ungarns erreichte. Zum anderen führte der Rückgang der Wählerschaft von antisemitischen Parteien im Deutschen Reich zur Ausbildung einer rassisch begründeten antisemitischen Deutschtum-Ideologie, die vornehmlich über die Zeitschrift „Hammer" vertreten wurde. Etwa um 1900 verbanden sich beide Richtungen zum völkischen Antisemitismus, der den Beginn der deutschen Nation in einem verzerrten Germanenbild festschrieb. Im Grundsatz basierte diese Ideologie auf der Annahme, es gebe einen Degenerationsprozess der modernen Gesellschaft vornehmlich durch Alkohol, Konsum und die christliche Morallehre, die nicht in erster Linie an körperlich und geistig gesunden Nachkommen interessiert sei und somit im Gegensatz zur natürlichen Lebensweise der Germanen stehe. Die germanische oder nordische Rasse sei, diesem Bild folgend, im Prinzip die am höchsten entwickelte Rasse der Erde, aber gleichzeitig auch diejenige, die am stärksten gefährdet sei. Die moderne Lebensweise in den Städten und die Nichtbeachtung der Reinerhaltung des Blutes würden zu einer „Arierdämmerung" führen. Dieses für die völkischen Apologeten konstitutive Germanenbild verschmolz mit Beginn des 20. Jh.s mit anti-römischen und anti-slawischen Elementen zu einer paranoiden Vorstellungswelt, in der das Deutsche Reich zunehmend von Romanen und Slawen eingekreist werde[20]. Gefordert wurde eine Rückbesinnung auf die „arische" Frühgeschichte, wobei den Wissenschaftsbereichen der Germanistik, der Volkskunde, der Geografie und besonders der Ur- und Frühgeschichtsforschung (UFG) eine erhebliche Bedeutung zugeschrieben wurde.

Vor allem letztere Disziplin eignete sich aus mehreren Gründen ganz vorzüglich für die völkische Instrumentalisierung, da durch Verknüpfung von „Volk", „Kultur" und „Raum" ebenso ideale Angriffspunkte vorhanden sind, wie die Art des Quellenmaterials als „einen nahezu grenzenlosen Interpretationsspielraum" bietet[21]. Entscheidend war vor allem die personelle und ideologische Kontinuität. Die UFG war im Gegensatz zur klassischen Archäologie am Ende des 19. Jh.s noch eine junge Fachrichtung ohne ausgeprägten wissenschaftlichen Methodenkatalog. Entsprechend viel hing von dem Ideenreichtum und der Innovationskraft der Fachwissenschaftler ab, die sich so viel Renommee aufbauen und Forschungsdeutungen bestimmen konnten, wie an der Person Gustav Kossinna (1858–1931) exemplarisch deutlich wird. Kossinna, der „wie ein Felsblock im Wege der Urgeschichtsforschung" liege, war ein erklärter Anhänger des Völkischen und propagierte die Prähistorie ganz bewusst als eine nationale deutsche Wissenschaft[22]. Von elementarer Bedeutung für die UFG war das von ihm entwickelte Theorem: „Scharf umgrenzte archäologische Kulturprovinzen decken sich zu allen Zeiten mit ganz bestimmten Völkern und Völkerstämmen", d. h., er nahm an, dass sich die Entwicklung von politischen und gesellschaftlichen Gruppen anhand von Funden zeitlich zurückverfolgen lässt[23]. Seine Gleichsetzung von Germanen und deutscher Nation über einen Zeitraum von über 2000 Jahren propagierte er dabei äußerst erfolgreich über breit gestreute Beiträge in populären und wissenschaftlichen Fachzeitschriften, was mit dazu beitrug, dass er ab 1902 eine Professur für deutsche Archäologie in Berlin bekleidete und einer der einflussreichsten und bedeutendsten Wissenschaftler im völkischen Spektrum wurde[24]. Zwar war Kossinna innerhalb der UFG keinesfalls unumstritten, es kam teilweise zu heftigen und jahrelangen Auseinandersetzungen zwischen ihm und anderen Wissenschaftlern, doch ging es dabei zumeist um fachlich-methodische Probleme, weniger um die grundsätzliche Formel germanisch = deutsch. Auch sein Schüler und Nachfolger als Professor in Berlin, Hans Reinerth (1900–1990), der sich Kossinnas Werk immer verbunden sah, sollte prägenden Einfluss auf die Fachwissenschaft vor allem in den 1930er-Jahren erhalten, etwa über den Kampfbund für deutsche Kultur/Amt Rosenberg der NSDAP, der rege vor allem auf dem populärwissenschaftlichen Sektor publizierte. Aber auch auf Seiten erklärter Gegner des Kreises um Kossinna und Reinerth stand nie außer Frage, dass die deutsche Nation germanischen Ursprungs sei. Als typisch für die Folgen dieser Vorfestlegung kann Gustav Schwantes (1881–1960), Museumsdirektor und Professor in Kiel, herangezogen werden, steht er doch „für jene Generation, deren Erfahrungswelt durch die Kaiserzeit und den Ersten Weltkrieg geprägt war und in deren Forschen und Lehren sich eine germanophil-nationale Interpretation der Funde und Befunde mit exakten typologischen und naturwissenschaftlichen Methoden die Hand reichen." Bei Schwantes tritt noch ein wichtiger Aspekt für den vorliegenden Rahmen hinzu: ursprünglich war der spätere Direktor des Kieler Museums für vaterländische Altertümer Lehrer und als Pädagoge betonte er stets neben der wissenschaftlichen auch die populäre Rezeption der Ergebnisse. Er erkannte daher schnell, welche Potenziale sich mit dem Aufstieg der Nationalsozialisten für die UFG boten[25]. Bei dieser ideologischen Vorprägung war der nach 1934 erfolgte Ausbau der Institute für UFG ebenso wenig überraschend, wie die rasante Zunahme an Habilitationen in diesem Fachbereich oder die Tatsache, dass bis Kriegsende nahezu 85 % aller Prähistoriker Mitglieder der NSDAP waren – dieser Wert hat, bezogen auf Berufsgruppen, durchaus singuläre Ausmaße[26].

Als weitere Problemstellung tritt für das der Niedersachsen-Idee zugrunde liegende Bild hinzu, dass die archäologische Germanenforschung im in diesem Zusammenhang wichtigen Raum Cuxhaven-Landkreis Hadeln in den 1920er- bis 1950er-Jahren praktisch allein von Karl Waller (1892–1963) dominiert wurde, der archäologische Grabungstechniken und Fundbeschreibungen als reiner Autodidakt im Nebenberuf durchführte, da er eigentlich Lehrer für Geschichte und Deutsch an Cuxhavener Schulen war. Waller, in Fachkreisen gut vernetzt, publizierte häufig in der von Kossinna herausgegebenen völkischen Zeitschrift Mannus und ähnlichen Organen.

In bester Tradition zu Gustav Kossinna sprach er davon, dass die von ihm publizierten Funde „stumme Zeugen germanischer Vorzeit" seien, aus denen „der forschende Blick" den Menschen erkenne, „der Bewohner und Bearbeiter dieses Bodens war und der durch die dem Boden anvertrauten Kulturerzeugnisse sein einstiges Dasein offenbart. Der Mensch hier an der Küste ist derselbe geblieben". Dabei sei er sich „von Anfang an bewußt" gewesen, dass das von ihm beschriebene Material „in seiner Eigenart und in seiner Reichhaltigkeit für das niedersächsische Stammesgebiet zwischen Elb- und Wesermündung einzigartig sei"[27].

Ob bis 1933 die UFG trotz ihrer deutlichen völkischen Grundierung weitgehend frei von einer „ausdrückliche[n] Verbindung archäologischer Forschung mit politischen Zielen" war[28], kann mit Blick auf nur einige der damals handelnden Personen (Kossinna, Reinerth, Schwantes sowie auf unterer Ebene auch Waller) skeptisch beurteilt werden. Unstrittig ist jedoch die Feststellung der völligen Vereinnahmung der Archäologie, insbesondere der Sachsenforschung, durch die Nazis. Zur Verbreitung des gewünschten Germanenbildes wichtig waren vor allem die Museen, an denen bis zur sprunghaften Vermehrung der Lehrstühle ab Mitte der 1930er-Jahre die archäologischen Forschungen konzentriert waren. Das Beispiel des Freistaates Braunschweig, insbesondere die Hausgeschichte des Braunschweigischen Landesmuseums eignet sich dabei hervorragend, um die lange Wirkung dieser ideologischen Indoktrination aufzuzeigen.

Die Kulturpolitik im Freistaat Braunschweig änderte sich unter den Nazis im bürokratischen Aufbau nur wenig, in der personellen Besetzung aber erheblich – mit Folgen auch für die Nachkriegszeit. Die entscheidenden Personen waren Ministerpräsident Dietrich Klagges (1891–1971), der vor 1933 schon seit 1931 als Volksbildungsminister arbeitete, Johannes Dürkop (1905–1945), seit 1937 Referent im Volksbildungsministerium und Direktor des Vaterländischen Museums (des heutigen Landesmuseums), und schließlich Werner Flechsig (1900–1981), seit 1939 ebenfalls im Volksbildungsministerium. Alle drei zusammen verfolgten gemeinsam mit dem Landesarchäologen Alfred Tode (1900–1996) das Ziel, in Braunschweig die nationalsozialistische Ideologie auch über die Geschichte fest zu verankern und den Freistaat zu einem nationalsozialistischen Schaufenster zu machen. Ein zentrales Vorhaben dabei war die Einrichtung des Hauses der Vorzeit als einer eigenen Abteilung des Vaterländischen Museums. Das Ziel war die Vereinnahmung der UFG durch den Nationalsozialismus. „Nicht der Dokumentation des Erforschten, sondern der Vermittlung der nationalsozialistischen Weltanschauung sollte das Museum dienen. Dabei wurden rigoros Ergebnisse der wissenschaftlichen Forschung verschwiegen oder umgedeutet, um z. B. eine ideologisch stimmige, aber wissenschaftlich unhaltbare Siedlungsgeschichte des Landes Braunschweig präsentieren zu können."[29] Dabei gab Klagges die Linien vor, die Dürkop und Flechsig als die zentralen Figuren der Kulturpolitik willig und auf dem Boden der nationalsozialistischen Ideologie ausarbeiteten und Tode ohne Bedenken umsetzte³⁰. Das galt indes nicht allein für die UFG, gerade die mittelalterliche Geschichte hatte es Klagges ganz besonders angetan. So versuchte er u. a. den Braunschweiger Dom und vor allem das Grab Herzogs Heinrich des Löwen politisch zu vereinnahmen, was ihm auch mit einigem Erfolg selbst bei Hitler gelang³¹.

Alfred Tode wurde 1945 zum Nachfolger des im April desselben Jahres gefallenen Dürkop als Direktor des Vaterländischen Museums bestellt, Flechsig folgte ihm 1950 ins Museum nach und verantwortete hier den Bereich der Volkskunde. Ebenfalls 1950 kehrte auch der Archäologe Franz Niquet (1910–1986) ins Museum zurück, der 1939 von Reinerths Institut in Berlin nach Braunschweig gewechselt war und neben Tode ebenfalls das Haus der Vorzeit aufgebaut hatte. Noch 1958 erfolgte schließlich die Einstellung des bis Kriegsende als Kreisheimatpfleger tätigen Rudolf Fricke (1899–1981) als Sammlungsleiter. „Der Mitarbeiterstab des Landesmuseums ist folglich durch ehemalige Nationalsozialisten geprägt worden."³² Die Folgen sind offensichtlich und waren noch lange Zeit spürbar. Insbesondere die jüdische Kulturgeschichte fand bis zur Übernahme des Direktorenpostens durch Rolf Hagen (1922–2009) im Jahr 1962 überhaupt nicht statt, obwohl mit der nahezu vollständigen Einrichtung der Hornburger Synagoge ein ganz herausragendes Ensemble des jüdischen Glaubens im Magazin bewahrt wurde. Alfred Tode setzte erkennbar auf bewährte Pfade, etwa indem er die UFG zuerst wiedereröffnete – angesichts einer um 90 % geschrumpften Ausstellungsfläche ein deutliches Zeichen.

Wie das Beispiel des Braunschweigischen Landesmuseums verdeutlicht, konnte Hinrich Wilhelm Kopf bei seiner eingangs zitierten Erklärung vor allem auf ein breit vorhandenes, zum damaligen Zeitpunkt seit etwa 25 Jahren eifrig propagiertes und auch nach 1945 noch deutlich spürbares Germanenbild zurückgreifen. Zu beachten ist dabei ferner, dass alle bis etwa 1970 geborenen Menschen während ihrer Schulzeit von Lehrern unterrichtet wurden, die wie Karl Waller in Cuxhaven aktiv an der völkischen Deutung der Germanen mitgearbeitet hatten, oder aber von solchen Pädagogen selbst gelernt hatten. Die gerade auch in den Museen zutage tretenden personellen Kontinuitäten brachten ein Ähnliches mit sich. Kopf konnte sich also sicher sein, dass zumindest dieser Teil seiner Erklärung wohl kaum Widerspruch auslösen würde.

Resümierend kann man festhalten, dass Niedersachsen selber keine lange Geschichte hat, sondern vielmehr 1946 als ein Konstrukt mit Wurzeln geschaffen wurde, „die so sympathisch heute nicht sind: monarchisch-legitimistische, heimattümelnd-völkische, ländlich-antiindustrielle und solche aus einer Art von pseudowissenschaftlicher Politikberatung."³³ Aber was heißt das eigentlich für uns heute? Eigentlich gar nichts, denn Niedersachsen hat heute sehr wohl eine, wenn auch im Vergleich sehr kurze Geschichte: die eines erfolgreichen Bundeslandes, das es seit seiner Gründung vor über 70 Jahren vermocht hat, stabile demokratische Formen zu entwickeln, das integrierend wirkt und das die Traditionen seiner historischen Teilbereiche durch die Verfassung achtet.

Anmerkungen

1. von Reeken 2010, S. 653.
2. Ebd. S. 653
3. Hartmann 2010, S. 61–72.
4. Schmidt 2000, S. 83.
5. Halle 2013, S. 27.
6. von Reeken 2001, S. 409.
7. NLAWF, 249 AN, Nr. 13, Nachlass Zimmermann, ohne Blattangabe. Für diesen Hinweis bin ich Herrn Hans Kolmsee zu großem Dank verpflichtet.
8. Köster 2013, S. 60; Hartwieg 1964, S. 19.
9. Zit. nach Veddeler 1999, S. 144.
10. Scheidemann 1921, S. 221.
11. John 2012, S. 235.
12. Zit. nach Rolf Kohlstedt 2009, S. 152.
13. Ebd. S. 153.
14. Nentwig 2013, S. 183.
15. Neumann 1988, S. 99.
16. Wette 1987, S. 729.
17. Brüning 1929, Karten 28–63 zwischen den Seiten 56 und 57.
18. Zu den ideologischen Hintergründen und zur intensiven Zusammenarbeit zwischen Brüning, Peßler und Schnath vgl. ausführlich von Reeken 1996.
19. Brüning 1929, Karten 76 und 77 zwischen S. 86 und 87. Vgl. dazu auch Kuropka 2010, S. 24.
20. Puschner 2002, S. 50–56.
21. Hassmann 2002, S. 107.
22. Grünert 2002, S. 308.
23. Mahsarski und Schöbel 2013, S. 33.
24. Puschner 2002, S. 58.
25. Müller 2010, S. 106–107.
26. Pape 2002, S. 186–187, 206, 210.
27. Waller 1938, S. III–IV.
28. Hassmann 2002, S. 108.
29. Otte 2000, S. 34.

30 Ebd. S. 31–32.
31 Otte 1995, S. 96–102.
32 Hoppe 2002, S. 108.
33 Kuropka 2010, S. 33.

Literatur

Kurt Brüning: Niedersachsen im Rahmen der Neugliederung des Reiches, Bd. 1 (Hannover 1929).

Heinz Grünert: Gustaf Kossinna – ein Wegbereiter der nationalsozialistischen Ideologie. In: Achim Leube (Hrsg.): Prähistorie und Nationalsozialismus. Die mittel- und osteuropäische Ur- und Frühgeschichtsforschung in den Jahren 1933–1945 (Heidelberg 2002), 307–320.

Uta Halle: Germanien zwischen Renaissance und Moderne. In: Focke-Museum (Hrsg.): Graben für Germanien. Archäologie unterm Hakenkreuz (Bremen 2013), 25–30.

Peter Claus Hartmann: Die Reichskreise im Rahmen der Verfassung des Alten Reiches – Entstehung, Funktion und Leistung. In: Wolfgang Wüst und Michael Müller (Hrsg.): Reichskreise und Regionen im frühmodernen Europa – Horizonte und Grenzen im spatial turn. Tagung bei der Akademie des Bistums Mainz, Erbacher Hof, 3.–5. September 2010 (Frankfurt/M. 2011), 61–72.

Wilhelm Hartwieg: Um Braunschweigs Thron 1912/13. Ein Beitrag zur Geschichte der Thronbesteigung des Herzogs Ernst August im Jahre 1913 (Braunschweig 1964).

Henning Hassmann: Archäologie und Jugend im „Dritten Reich". Ur- und Frühgeschichte als Mittel der politischen Indoktrination von Kindern und Jugendlichen. In: Achim Leube (Hrsg.): Prähistorie und Nationalsozialismus. Die mittel- und osteuropäische Ur- und Frühgeschichtsforschung in den Jahren 1933–1945 (Heidelberg 2002), 107–146.

Jens Hoppe: Jüdische Geschichte und Kultur in Museen. Zur nichtjüdischen Museologie des Jüdischen in Deutschland (Münster et al. 2002).

Anke John: Der Weimarer Bundesstaat. Perspektiven einer föderalen Ordnung (1918–1933) (Köln et al. 2012).

Rolf Kohlstedt: Personelle und institutionelle Netzwerke in Wissenschaft und Wirtschaft der 1920er Jahre in Niedersachsen – das Beispiel der WIG. In: Heinrich Mäding et al. (Hrsg.): Vom Dritten Reich zur Bundesrepublik. Beiträge einer Tagung zur Geschichte von Raumforschung und Raumplanung am 12. und 13. Juni 2008 in Leipzig (Hannover 2009), 149–160.

Fredy Köster: Das Ende des Königreichs Hannover und Preußen. Die Jahre 1865 und 1866 (Hannover 2013).

Joachim Kuropka: Niedersachsen – nicht erdverwachsen. Oldenburg zwischen Niedersachsen-Konstruktion und Westfalen 1930–1975. In: Ders. (Hrsg.): Regionale Geschichtskultur. Phänomene-Projekte-Probleme aus Niedersachsen, Westfalen, Tschechien, Lettland, Ungarn, Rumänien und Polen (Berlin 2010), 13–34.

Dirk Maharski und Gunter Schöbel: Von Gustav Kossinna zur NS-Archäologie. In: Focke-Museum (Hrsg.): Graben für Germanien. Archäologie unterm Hakenkreuz (Bremen 2013), 31–36.

Ulrich Müller. Die „Kieler Schule" – ur- und frühgeschichtliche Forschung zwischen 1927 und 1945. Das Altertum 55, 2010, 105–126.

Teresa Nentwig: Hinrich Wilhelm Kopf (1893–1961). Ein konservativer Sozialdemokrat (Hannover 2013).

Klaus Neumann: Politischer Regionalismus und staatliche Neugliederung in den Anfangsjahren der Weimarer Republik in Nordwestdeutschland (Münster 1988).

Wulf Otte: Zur populären Rezeption Heinrichs des Löwen im 20. Jahrhundert: Zwischen politischer Instrumentalisierung und Kommerz. In: Braunschweigisches Landesmuseum (Hrsg.): Heinrich der Löwe und seine Zeit. Herrschaft und Repräsentation der Welfen 1125–1235 (München 1995), 96–102.

Wulf Otte: Staatliche Kulturpolitik im Lande Braunschweig 1933–1945. In: Städtisches Museum Braunschweig (Hrsg.): Deutsche Kunst 1933–1945 in Braunschweig. Kunst im Nationalsozialismus (Hildesheim et al. 2000), 31–37.

Wolfgang Pape: Zur Entwicklung des Faches Ur- und Frühgeschichte in Deutschland bis 1945. In: Achim Leube (Hrsg.): Prähistorie und Nationalsozialismus. Die mittel- und osteuropäische Ur- und Frühgeschichtsforschung in den Jahren 1933–1945 (Heidelberg 2002), 163–226.

Uwe Puschner: Grundzüge völkischer Rassenideologie. In: Achim Leube (Hrsg.): Prähistorie und Nationalsozialismus. Die mittel- und osteuropäische Ur- und Frühgeschichtsforschung in den Jahren 1933–1945 (Heidelberg 2002), 49–72.

Dietmar von Reeken: Wissenschaft, Raum und Volkstum: Historische und gegenwartsbezogene Forschung in und über „Niedersachsen" 1910–1945. Ein Beitrag zur regionalen Wissenschaftsgeschichte. Niedersächsisches Jahrbuch für Landesgeschichte 68, 1996, 43–90.

Dietmar von Reeken: Niedersachsen – eine historische Erfindung. Regionalisierungsprozesse und ihre Träger in Nordwestdeutschland. In: Jürgen John (Hrsg.): „Mitteldeutschland". Begriff-Geschichte-Konstrukt (Jena 2001), 409–417.

Dietmar von Reeken: Die Gründung des Landes Niedersachsen und die Regierung Kopf (1945–1955). In: Gerd Steinwascher (Hrsg.): Geschichte Niedersachsens Bd. 5. Von der Weimarer Republik bis zur Wiedervereinigung (Hannover 2010).

Philipp Scheidemann: Der Zusammenbruch (Berlin 1921).

Heinrich Schmidt: „Wir sind die Niedersachsen – sturmfest und erdverwachsen". Landesnahme, Landesidentität und regionales Geschichtsbewußtsein in Niedersachsen. In: Horst Kuss et al. (Hrsg.): Geschichte Niedersachsens – neu entdeckt (Braunschweig 2000), 83–97.

Peter Veddeler: Die Einführung eines „persönlichen" Wappens für Herzog Ernst August nach dem Regierungsantritt des Hauses Hannover im Herzogtum Braunschweig. Braunschweigisches Jahrbuch für Landesgeschichte 80, 1999, 143–177.

Karl Waller: Der Galgenberg bei Cuxhaven. Die Geschichte einer germanischen Grab- und Wehrstätte an der Elbmündung in der Gemarkung Sahlenburg (Leipzig 1938).

Wolfram Wette: Gustav Noske. Eine politische Biographie (Düsseldorf 1987).

Niedersachsenross und Westfalenpferd – wie kam das Pferd ins Wappen?

BRAGE BEI DER WIEDEN

Das weiße Pferd in den Landesflaggen Niedersachsens (Abb. 1) und Nordrhein-Westfalens wird oft für das überlieferte Wappentier der alten Sachsen gehalten. Aber erst in einem durch Holzschnitte reich illustrierten Wiegendruck, der „Cronecken der sassen" aus dem Jahr 1492, findet sich die nachher oft erzählte Wappensage: König Karl (der Große) habe Widukind zum Herzog von Sachsen erhoben; und da dieser bisher ein schwarzes Pferd im Schild geführt hatte, habe Karl ihm ein weißes verliehen, als Zeichen dafür, dass Widukind jetzt im Glauben erleuchtet worden sei. In einer Zeit und einem Medium, die auf bildliche Veranschaulichung drängten, verknüpfte diese Quelle damit in definitiver Weise die Herzöge von Sachsen mit dem Pferdewappen. Als Zeichen des Sachsenstammes erscheint in dieser Chronik aber nicht das Pferd, sondern ein Feldzeichen mit Adler, Löwe und Drachen, das der Mönch Widukind von Corvey im 10. Jh. in seiner berühmten Geschichte der Sachsen erwähnt.

Die Beziehung zwischen Sachsenfürsten und dem Pferd hatte – soweit bekannt – zuerst eine Überlegung des Bielefelder Dekans Gobelin Person hergestellt. Er bemerkt um das Jahr 1400 in seiner Weltchronik (*Cosmidromius*), als er auf die Landnahme von Sachsen in Britannien und die Namen ihrer Führer, Hengist und Horsa, zu sprechen kommt: „Und es ist vielleicht deswegen, dass die Wappen einiger Herzöge von Sachsen ein weißes Pferd sind, weil sie von altersher ein solches Wappen von ihren Vorfahren übernommen haben." Aber

Abb. 1 Die Landesflagge Niedersachsens.

das ist eine bloße Vermutung, denn tatsächlich hatte bis dahin kein Herzog von Sachsen je ein Pferd im Wappen geführt. Dennoch zeitigte Gobelins Überlegung Wirkungen: Die Aktion Erzbischof Ruprechts von Köln, der das Pferd (zuerst 1469) auf Pfennige prägen ließ, sollte wohl dessen Ansprüche auf Soest in Westfalen, die „Stadt der Engern" (*oppidum Angrorum*) veranschaulichen. Diese Traditionslinie führt zum Westfalenross und zum Wappen des heutigen Landes Nordrhein-Westfalen.

Nicht Herzöge von Sachsen, wohl aber Angehörige des Hauses Braunschweig, namentlich der Linien Grubenhagen und Göttingen verwendeten das Ross schon im 14. Jh. heraldisch. Und zwar beglaubigten zuerst am 1. November 1361 die Brüder Albrecht und Johann, Herzöge in Braunschweig (Grubenhagen) eine Urkunde mit damals neu geschnittenen Pferdesiegeln (Abb. 2). Albrecht soll das Pferd auch in den Schild gesetzt haben. 1379/80 gibt ein niederrheinisches Wappenbuch einen Wappenschild mit einem gezäumten und gesattelten Pferd wieder und einem Pferdekopf in der Helmzier, bezeichnet als „ald waepen von Bruynswich". Weshalb die südwelfischen Herzöge seit 1361 das Rosssymbol verwendeten und welche Ansprüche sie damit erhoben, ist durchaus unklar. Allem Anschein nach handelte es sich zunächst um eine innerwelfische Kommunikation, in der Ansprüche auf Teilhabe am welfischen Gesamtbesitz formuliert wurden. Von außen verlangte die Verwendung neuer Herrschaftssymbole jedoch nach Interpretationen. Gobelin Person lieferte, wie bemerkt, eine solche Erklärung, die später besonders die „Cronecken der sassen" aufgriff, ausarbeitete und illustrierte. Mit dem Pferd konnte man Lücken in der heraldischen Darstellung historischer Landschaften füllen: Es konnte so zu Beginn des 16. Jh.s für Westfalen stehen oder für Ostfalen (Sachsen), vielleicht auch für Engern – oder für das auch „Niedersachsen" genannte Herzogtum Sachsen-Lauenburg.

Im weiteren 16. und im 17. Jh. verwendeten welfische Herzöge das Ross auf Feldzeichen, Emblemen, Siegeln und Münzen. Dabei konnten die Figuren und Bedeutungen noch individuell variieren. Erst der Anfall des Herzogtums Sachsen-Lauenburg an Hannover (1689) veranlasste den berühmten Hofrat Gottfried Wilhelm Leibniz, dem Pferd einen festen Platz in der Staatssymbolik zuzuweisen. Es erhielt im Wappen der kurfürstlich-hannoverschen Linie nach dem Kurschild die erste Stelle. Leibniz nannte das Pferd sächsisches oder niedersächsisches Ross, hielt aber die alte Geschichte vom Wappen des Sachsenherzogs Widukind für eine bloße Erfindung.

Nicht allein die Kurfürsten in Hannover und die Herzöge in Wolfenbüttel bedienten sich des dekorativen Pferdes; während des 18. Jh.s wurde es auch in der Bevölkerung populär und deshalb im 19. Jh. Ausdruck eines allgemeinen Landesbewusstseins im Königreich Hannover wie im Herzogtum Braunschweig. 1881 wurde das weiße Ross zum Wappen der Provinz Hannover bestimmt, und 1922 beschloss der Landtag des Freistaates Braunschweig, das weiße Ross in Rot zum Landeswappen zu erklären. In der Umsetzung unterschied man gewöhnlich das braunschweigische vom hannoverschen Pferd durch den sogenannten Laufboden, einen Strich, der den Boden, auf dem das Tier läuft, andeuten soll.

Nach Gründung des Landes Niedersachsen (1946) lag es nahe, das weiße Ross in Rot zum Wappentier des neuen Bundeslandes zu wählen. Widersprüche vor allem aus dem Oldenburgischen suchte man zu zerstreuen. Mit der vorläufigen niedersächsischen Verfassung von 1951 wurde das Ross zum „Niedersachsenross". Die Begründung dafür, die der Referentenentwurf anführt, ist bemerkenswert und dürfte manchen verwundert haben: „Das springende Pferd war in ältester Zeit das Symbol des Stammes der Sachsen, der weiten Teilen Nordwestdeutschlands in starkem Maße seinen Stempel aufgedrückt hat. Es ist nicht dynastischer Herkunft." Die heutige Gestaltung des Niedersachsenrosses geht auf einen Entwurf des hannoverschen Grafikers Gustav Völker zurück.

Literatur

Georg Schnath: Das Sachsenross. Entstehung und Bedeutung des niedersächsischen Landeswappens. 2. Aufl. (Hannover 1961).

Peter Veddeler: Das Niedersachsenross. Geschichte des niedersächsischen Landeswappens (Hannover 1996).

Brage Bei der Wieden: Die Konkurrenz von Löwe und Pferd in der welfischen Herrschaftssymbolik. In: Brage Bei der Wieden, Jochen Luckhardt, Heike Pöppelmann (Hrsg.): 850 Jahre Braunschweiger Burglöwe (erscheint Braunschweig 2019).

Abb. 2 Pferdesiegel an einer Urkunde der Brüder Albrecht und Johann, Herzöge in Braunschweig (Linie Grubenhagen) vom 1. November 1361.

Die Neuerfindung eines Volkes
Sächsische Identitäten vor und nach den Sachsenkriegen

ROBERT FLIERMAN

Wer waren die alten Sachsen? Die schriftliche Überlieferung gibt auf diese Frage nicht nur eine eindeutige Antwort. Zum ersten Mal taucht der Sachsen-Name – *Saxones* – im 2. Jh. n. Chr. in einem römischen Traktat über die Kartografie auf[1]. Von da an sind Sachsen eine wiederkehrende Erscheinung in spätantiken und frühmittelalterlichen Schriften. Das Bild jedoch, das diese Texte zeichnen, ist keineswegs konsistent. Dass sich die Beschreibungen von Sachsen im Laufe der Zeit verändern, ist nicht verwunderlich, aber selbst innerhalb bestimmter zeitlicher Rahmen äußern verschiedene Autoren ganz unterschiedliche und konkurrierende Vorstellungen darüber, wer Sachsen waren, was sie taten und wo sie lebten.

Wie lässt sich das erklären? Verschiedene Umstände müssen dafür berücksichtigt werden. Da ist zunächst einmal der Wandel in der Perspektive der Berichterstatter: Aus der Zeit vor dem 9. Jh. existiert kein einziger Text aus der Hand von jemand, der sich selbst als Sachse betrachtet. Das bedeutet: Für die sieben Jahrhunderte zuvor sehen wir Sachsen ausschließlich durch die Augen einer Reihe von externen Beobachtern – Römer, Franken oder Angelsachsen –, deren Sichtweisen zwangsläufig von ihren Vorurteilen, Ängsten und literarischen Programmen geprägt waren. Und ein weiterer Umstand spielt eine entscheidende Rolle: Die als Sachsen Bezeichneten selbst durchliefen eine historische Entwicklung. Vor allem die Sachsenkriege Karls des Großen (772–804) brachten tief greifende Veränderungen für die sächsische Gesellschaft des frühen Mittelalters auf dem Kontinent. Hieraus erwuchs nicht bloß die Ausbreitung des Christentums, sondern auch ein wachsendes Gefühl von Zusammengehörigkeit unter der Einwohnerschaft der frühmittelalterlichen Saxonia, die bis dahin kein einheitliches „Volk" war[2]. Selbst noch im 9. Jh., als Sachsen begannen, ihre eigene Geschichte zu dokumentieren, blieb die vergangene und gegenwärtige Verfassung des sächsischen Volkes (*gens Saxonum*) eine höchst umstrittene Frage, zu der zur gleichen Zeit ganz unterschiedliche Ansichten vorgetragen wurden. Hierin offenbart sich ein dritter und letzter, sehr entscheidender Umstand: Was eine Identität ausmacht, ist stets eine Frage der Auslegung und der Ansprüche, die an sie gestellt werden. Identitäten werden durch einen fortwährenden sozialen Diskurs erschaffen, unter der Beteiligung vieler und unter Verwendung einer ganzen Reihe körperlicher, sprachlicher und symbolischer Ausdrucksformen[3]. Dazu gehört bis heute: Schreiben!

Betrachten wir nun die Konstruktion sächsischer Identitäten in spätantiken und frühmittelalterlichen Texten genauer. Dabei wird sich zeigen, dass sich die Darstellungen von Sachsen zwar massiv unterscheiden können, diese aber gleichwohl nicht willkürlich konzipiert wurden. Vielmehr erwuchsen aus örtlichen Gegebenheiten, literarischen Konventionen und schriftstellerischen Programmen immer wieder sehr spezifische Vorstellungen davon, wer oder was Sachsen waren – oder sein sollten.

Saxones zwischen 150 und 750 n. Chr.

Für die ersten vier Jahrhunderte unseres Zeitraums müssen wir uns auf die römische schriftliche Überlieferung verlassen: Geschichten, Ethnografien, Dichtung und Briefe. Die Sachsen erscheinen hierin als eines von vielen barbarischen Völkern – üblicherweise Feinde der Römer, manchmal Soldaten in der römischen Armee. Ihre Beschreibungen entsprechen zumeist festen Vorstellungen über die „unzivilisierten" Bewohner des Nordens: Von den Segnungen der Kultur und einem mediterranen Klima weit entfernt, wurden Sachsen als stark, hartnäckig, grausam und zu Exzessen neigend imaginiert. Außerdem schrieben römische Schriftsteller nur selten über Sachsen ohne eine rhetorische Absicht. Der Hofdichter Claudian († 404 n. Chr.) beispielsweise war spezialisiert auf wortreiche Lobreden, in denen er römische Kaiser und Generäle für ihre großartigen (und manchmal fiktiven) Siege über barbarische Bedrohungen lobte. Siege über Sachsen waren eine unerlässliche Zutat solcher Dichtungen, die Claudian mit blühender Phantasie, aber nicht immer geschmackssicher ausschmückte – seine Formulierung „die Orkneyinseln troffen von geschlachteten Sachsen" ist ein hübsches Beispiel dafür[4]. Andere römische Schriftsteller verfolgten eine strengere Herangehensweise. Der christliche Moralist Salvian benutzte Sachsen und andere Barbaren, um seinen römischen Lesern eine Lehre zu erteilen: Ja, Barbaren waren dreckig, gewalttätig und nicht vertrauenswürdig, aber sie waren dabei immer noch weniger sündhaft als die Römer selbst, deren Neigung zu Luxus und sexueller Verderbtheit sie sicher einem bösen Ende zuführen würde[5].

Geografisch wurden Sachsen mit den Küstengebieten der Nordsee in Verbindung gebracht, allerdings selten präziser. Einige Schriftsteller sprachen von Sachsen, die „jenseits des Rheins", oder noch weiter weg, jenseits der Elbe lebten. Die meisten römischen Schriftsteller sprachen über Sachsen auch nicht im Zusammenhang mit einem bestimmten Lebensraum, sondern mit hoher Mobilität: Sachsen waren für sie vor allem seefahrendes Volk, das unvorhersehbare Überfälle auf die Küsten Galliens und Britanniens durchführte und aus diesem Grund sehr gefährlich war. Archäologische Funde bestätigen, dass die Küsten der rechtsrheinischen Gebiete in der Spätantike dicht besiedelt waren, aber welche und wie viele dieser Gemeinschaften sich zu diesem Zeitpunkt selbst als Sachsen betrachtet haben, ist nicht auszumachen. Man muss also beachten, dass Beschreibungen von „den Sachsen" nicht einem geschlossenen historischen Volk galten. Im Gegenteil: Im späten 4. Jh. war der Name *Saxones* ein Sammelbegriff, den die Römer verwendeten, um alle möglichen Gruppen zu bezeichnen, die als Piraten auf der Nordsee bzw. dem Ärmelkanal unterwegs waren, unabhängig davon, woher sie kamen und welchen Ethnien sie angehört haben mögen[6]. Oder anders ausgedrückt: Wenn römische Schriftsteller über „sächsische" Angriffe übers Meer auf Gallien oder Britannien schreiben, können dort Sachsen unterwegs gewesen sein, aber genauso gut auch Angeln, Jüten, Franken oder Friesen – oder ein bunter Mix daraus.

Im Laufe des 5. Jh.s brach Roms Autorität im Westen nach und nach zusammen und barbarische Eliten übernahmen in seinen ehemaligen Provinzen die Herrschaft. Die mächtigsten dieser Erben Roms waren ohne Zweifel die sogenannten Franken, die vom merowingischen König Clodwig und seiner kriegerischen Nachkommenschaft angeführt wurden. Die Franken beanspruchten nicht nur das römische Territorium für sich, sondern auch römische literarische Traditionen. In den lateinischen Gedichten von Venantius Fortunatus († zwischen 600 und 610) werden fränkische Könige wie römische Kaiser gefeiert, die Sachsen und andere fremde Völker niederzwingen[7]. Und ganz wie in römischen Zeiten strafte triumphierende Rhetorik eine komplexere Realität Lügen. Der gallische Historiker und Bischof Gregor von Tours schrieb etwa zu der gleichen Zeit wie Venantius, hatte aber einen ganz anderen Blick auf fränkisch-sächsische Beziehungen; beispielsweise dokumentierte er die Tätigkeiten von sächsischen Söldnern in fränkischen Diensten. Gregor war mit einigen dieser Sachsen persönlich bekannt, so auch mit einem Mann namens Chulderic, der einmal in Gregors Kirche in Tours Zuflucht gesucht hatte, nachdem er den König Guntram verraten hatte. Gregor konnte vermitteln, aber Chulderic nahm anschließend eine herzogliche Position bei Guntrams Bruder und Rivalen ein[8]. Hier haben wir also einen Sachsen, der erkennbar kein Außenseiter war, sondern jemand, der sich selbstsicher – vielleicht zu selbstsicher – in der Gesellschaft fränkischer Könige und Bischöfe bewegte. Viele der von Gregor beschriebenen Sachsen stammten aus den Kolonien im Loire- und Seine-Becken. Vermutlich waren diese Gemeinschaften durch Migrationsbewegungen im 5. Jh. entstanden und könnten, obwohl sie politisch ein Teil der fränkischen Welt waren, einen ethnisch eigenen Charakter bewahrt haben.

Vom späten 6. Jh. an hören wir dann aber immer öfter auch von Sachsen im Nordosten des fränkischen Bereiches, im Raum zwischen Rhein und Weser. Hier sei daran erinnert, dass auch schon bestimmte römische Schriftsteller eine vage Vorstellung von Sachsen jenseits des Rheins gehabt hatten. Wie lässt sich das Wiedererscheinen von „östlichen" Sachsen auf dem fränkischen Radar im späten 6. und 7. Jh. erklären? Die Ursachen dafür wurden zum einen in den Gebieten jenseits des Rheins selbst gesucht: Die archäologische Forschung hatte lange vermutet, dass es damals zur Expansion einer im Elbe-Weser-Dreieck beheimateten Bevölkerung Richtung Südwesten gekommen war, die „alte" Sachsen in die Nähe der Franken gebracht hätte[9]. Jüngere Untersuchungen haben aber gezeigt, dass hierfür keine belastbaren archäologischen Belege zu erbringen sind[10]. Das zunehmende Interesse der Franken an den Menschen bzw. „Sachsen" jenseits des Rheins kann aber genauso gut die wachsenden Ambitionen der Franken in diese Richtung widerspiegeln: Mächtige merowingische Herrscher wie Clothar II und Dagobert I betrachteten die dortige Bevölkerung als ihre Untertanen (vgl. hierzu den Beitrag „Beschönigen – kritisieren – betrauern. Die Unterwerfung der Thüringer durch die Frankenkönige 531 in zeitgenössischen Zeugnissen" in diesem Band). Praktisch war merowingische Herrschaft über jene Region aber auf die Einforderung von Abgaben und gelegentliche Anforderungen an Militärhilfe beschränkt. Erst mit der Machtübernahme eines neuen fränkischen Königshauses, der Karolinger, sollte die wirkliche Eingliederung das Land zwischen Rhein und Elbe in das fränkische Reich gelingen.

Saxones zwischen 750 und 900 n. Chr.

Obwohl frühere Karolinger wiederholt und mit viel Einsatz gegen die Sachsen rechts des Rheins zogen, ist die Eroberung der kontinentalen Saxonia untrennbar mit der Person Karls des Großen verbunden. Im Jahre 772, ein Jahr nachdem er die Alleinherrschaft über die Franken erzielt hatte, ließ er seine neugewonnenen Anhänger in Westfalen einmarschieren, um die Irminsul zu plündern, eine rätselhafte religiöse Stätte in der Saxonia, die große Schätze beherbergt haben soll. Drei Jahrzehnte und 15 Feldzüge später war das Land zwischen Rhein und Elbe dann vollständig unter seiner Herrschaft.

Karls Sachsenkriege (772–804) hatten eine enorme Auswirkung auf die Identität der dort lebenden Menschen. Erstens: Die Kriege bewirkten eine Entwicklung hin zu mehr empfundenen Gemeinsamkeiten unter den Bewohnern zuvor politisch zersplitterter Regionen. Im 8. Jh. lebten dort viele verschiedene mehr oder weniger voneinander unabhängige Gruppen. 33 Jahre gemeinsamer Widerstand gegen die Franken, gefolgt von Verwaltungs- und Militärdiensten unter karolingischer Herrschaft, ermöglichten es diesen Gruppen, sich selbst „gleicher" als zuvor wahrzunehmen. Zweitens: Die Eroberung der Saxonia ging mit der Christianisierung ihrer Bewohner einher. Ihr Erfolg blieb unberechenbar und Karl der Große und seine Berater scheuten sich nicht, Gewalt anzuwenden, um wenigstens eine nominale Christianisierung zustande zu bringen. Gleichwohl existierten ab den 820er-Jahren acht Bistümer und einige königliche Klöster in der Saxonia, und nur eine Generation später begannen sächsische Familien, eigene Kirchen und Frauenstifte zu gründen (vgl. hierzu die Beiträge „Ohne Masterplan und Reißbrett: Die Entstehung von Bistümern in der Saxonia im 9. Jahrhundert" und „Heilige Gebeine: Christliche Stiftungen sächsischer Adliger und der Reliquientransfer nach Sachsen" in diesem Band).

Dies bringt uns zu einer dritten und letzten Folge der Eingliederung: Die Verbreitung des geschriebenen Wortes in der Saxonia bedeutete, dass wir vom 9. Jh. an Zugang zu von oder für Sachsen verfassten Texten haben. Es gibt allerdings eine wichtige Einschränkung: Fast alle diese Texte sind Hagiografien und religiöse Geschichten. Hierin werden nicht „die Sachsen" allgemein dargestellt, sondern nur ein bestimmtes Segment der sächsischen Gesellschaft des 9. Jh.s: Bischöfe und ihre Gefolge, Klosterinsassen und eine begrenzte Anzahl von führenden Adelsfamilien. Das waren genau jene Leute, die am meisten von dem profitiert hatten, was die Eingliederung ihres Landes in das karolingische Reich mit sich brachte: Die Ausbreitung des Christentums, Zugangsmöglichkeiten zu königlichem Schutz und neuen aristokratischen Netzwerken, die Neuverteilung von Ländern und Ämtern. Das hatte zur Folge, dass die im 9. Jh. schreibenden Sachsen hauptsächlich darauf ausgerichtet waren, die neuen Verhältnisse zu begrüßen und in diesem Sinne formulierten sie ihre Geschichten[11].

Das wird sofort offensichtlich, wenn wir betrachten, wie sie die sächsische Vergangenheit darstellen. Die Sachsenkriege wurden nicht als ein traumatisches Geschehen beschrieben, sondern eher als ein entscheidender Wendepunkt in der Geschichte der Sachsen – „unseres Volkes" (nostra gens), wie einige Schriftsteller jetzt stolz verkündeten. Nehmen wir als Beispiel die berühmte Laudatio auf Karl den Großen, verfasst von einem sächsischen Kleriker aus Paderborn, der sich an den fränkischen König nicht als gewalttätigen Angreifer erinnert, sondern als Apostel, der mit „einer eisernen Zunge" predigt: „Durch die Bekehrung unseres Volkes befreite er Abertausende Seelen, die vorher unter der Tyrannei des Teufels gefangen gehalten wurden, und erwarb sie für den Herrn Christus. Es ist unser Wunsch [...], dass er im Himmel die Gemeinschaft der Apostel genießt, deren Rolle er auf Erden erfüllte."[12]

Andere verbinden die dem ganzen sächsischen Volk zuteil gewordenen spirituellen Wohltaten mit persönlichen Errungenschaften. Eine Adelsfamilie aus dem Harzumland verfolgte ihr Schicksal liebevoll bis zu ihrem Patriarchen Hessi zurück, der sich Karl dem Großen schon zu Beginn der Sachsenkriege ergeben hatte. Als Dank für seine Treue war Hessi zu einem Grafen in der Saxonia ernannt worden, eine Würde, die in der Familie blieb. Interessanterweise wird dieser Hessi bereits in fränkischen Geschichten des 8. Jh.s erwähnt, in denen er als einer der Anführer einer sächsischen Untergruppe, der „Ostfalen" bzw. „Ostleute" erscheint. Für Hessis Nachkommen des 9. Jh.s bedeutet diese regionale Zugehörigkeit nicht mehr viel: sie erinnern sich an ihren Gründervater als einen „*sächsischen*" Anführer, womit sie ihre erst gewonnene „gesamt-sächsische" Identität in die Vergangenheit zurückprojezierten[13].

Es ist auffällig, wie sehr die sächsischen Selbstwahrnehmungen bzw. Selbstdarstellungen in dieser Zeit davon beeinflusst sind, was Außenstehende zuvor über diese Menschen berichtet haben. So wurden für ein berühmtes sächsisches Gedicht über die Eroberung der Sachsen durch Karl den Großen einfach die fränkischen Reichsannalen in Versform gebracht[14]. Die *Translatio s Alexandri*, geschrieben für den Enkel des legendären westfälischen Anführers Widukind, kupfert ganze Ausschnitte aus einem römischen Traktat des 1. Jh.s über die Germania ab[15], um die Religion und Sitten der voreroberungszeitlichen Sachsen zu beschreiben (vgl. hierzu auch den Beitrag „Imagepflege: die Sachsengeschichte Rudolfs von Fulda" in diesem Band). Nichtsdestotrotz – der sächsische Gebrauch römischer und fränkischer Texte war weniger eine passive Rezeption als vielmehr eine kreative Auseinandersetzung damit. In fränkischen Berichten war beispielsweise der Ruf des Anführers Widukind ausgesprochen schlecht: Ein verräterischer Aufständischer, der die Sachsen immer wieder anstachelte, ihrem neuen Glauben und geleisteten Treueiden abzuschwören. Indem sie solche Erzählungen selektiv neuschrieb, konnte *Translatio s. Alexandri* dessen Ansehen aufpolieren: Widukind hatte den Widerstand geführt, weil es sein hoher Rang unter den Sachsen von ihm erforderte, aber schließlich hat er sich bereitwillig Karl dem Großen und dem Christentum angeschlossen. Ein noch raffinierteres Beispiel für eine derartige Umdeutung ist im Werk einer anonymen sächsischen Nonne aus dem Stift Herford zu finden. Die von fränkischen Historikern hergestellte assoziative Verbindung von Sachsen mit Untreue und einem Hang zur Abtrünnigkeit stellte sie scharfsinnig auf den Kopf: Dass die Sachsen den Traditionen ihrer Vorväter treu bleiben wollten, zeige doch, welche standhafte und loyale Menschen diese seien, so argumentierte sie, und dass sie erst nach langer und sorgfältiger Überlegung den wahren Glauben angenommen hätten, bezeugen ihre angeborene Weisheit und Besonnenheit[16].

Die Frage, was sächsische Identität ausmacht, hat sich im 9. Jh. nicht erledigt. Als mit den Liudolfingern eine sächsische Familie im Jahre 919 n. Chr. den ostfränkischen Thron bestieg, wurden schon bald neue Ansichten über das Volk der Sachsen und ihre Vergangenheit vorgebracht, die jetzt den militärischen Heldenmut der Sachsen und ihre Unabhängigkeit von den Franken betonten (vgl. hierzu den Beitrag „Widukind von Corvey. Ein Mönch schreibt Geschichte" in diesem Band). Die Frage, die wir zu klären suchten – wer waren die Sachsen? –, wurde nie abschließend beantwortet. Sächsische Identität: Das ist ein soziales Konstrukt, das jede Generation neu erschuf.

(Übersetzung: Wil Huntley und Babette Ludowici)

Anmerkungen

1 Seebold 2012, S. 191–206.
2 Becher 1996.
3 Pohl in Pohl und Heydemann (Hrsg.) 2013, S. 1–64.
4 Claudian (= Claudius Claudianus): Panegyricus de quarto cons. Honorii. In: Theodor Birt (Hrsg.): MGH Auct. act. 10 (Berlin 1892), S. 151, v. (=versus) 31–32.
5 Salvian von Marseille: De gubernatione Dei. In: Karl Halm (Hrsg.): MGH Auct. ant. 1, 1 (Berlin 1877), 4.14.67 (S. 49), 4.17.81 (S. 52), 7.15.64 (S. 95).
6 Springer 2004, S. 46.
7 Venantius Fortunatus: Carmina. In: Friedrich Leo (Hrsg.): MGH Auct. ant. 4.1. (Berlin 1881), 6.1, v.11 (S. 129), 9.1, v. 73 (S. 203).
8 Gregor von Tours: Libri historiarum decem. In: Bruno Krusch und Wilhelm Levison (Hrsg.): MGH SS rer. Merov. 1.1 (Hannover 1951), 8.18, S. 385.
9 Capelle 1998, S. 85–86, 98–105.
10 Vgl. Ludowici 2005; Peters 2011.
11 Flierman 2017, S. 122–124.
12 Translatio S. Liborii. In: Alfred Cohausz (Hrsg.): Erconrads Translatio S. Liborii. Eine wiederentdeckte Geschichtsquelle der Karolingerzeit und die schon bekannten Übertragungsberichte mit einer Einführung, Erläuterungen und deutscher Übersetzung des Erconrad (Paderborn 1966), c. (= caput) 5, S. 51.
13 Vita Liutbirgae. In: Ottokar Menzel (Hrsg.): Das Leben der Liutbirg. MGH Dt. MA 3 (Leipzig 1937), c. 1, S. 10.

14 Poeta Saxo: Gesta Caroli. In: Paul von Winterfeld (Hrsg.): MGH Poeta 4.1 (Berlin 1899).
15 Translatio s. Alexandri. In: Bruno Krusch: Die Übertragung des H. Alexander von Rom nach Wildeshausen durch den Enkel Widukinds. Das älteste niedersächsische Geschichtsdenkmal. Nachrichten von der Akademie der Wissenschaften in Göttingen. Philol.-hist. Klasse 4, 1933, c. 2, S. 425–426.
16 Translatio s. Pusinnae. In: Roger Wilmans (Hrsg.): Die Kaiserurkunden der Provinz Westfalen: 777–1313, Bd. 1 (Münster 1867), c. 1, S. 541.

Literatur

Matthias Becher: Rex, Dux und Gens. Untersuchungen zur Entstehung des sächsischen Herzogtums im 9. und 10. Jahrhundert (Husum 1996).

Matthias Becher: „Non enim habent regem idem Antiqui Saxones ... ". Verfassung und Ethnogenese in Sachsen während des 8. Jahrhunderts. In: Hans-Jürgen Häßler et al. (Hrsg.): Sachsen und Franken in Westfalen (Oldenburg 1999), 1–31.

Helmut Beumann: Die Hagiographie „bewältigt": Unterwerfung und Christianisierung der Sachsen durch Karl den Große. In: Christianizzazione ed Organizzazione ecclesiastica delle campagne nell'alto medioevo, Bd. 1 (Spoleto 1982), 129–163.

Torsten Capelle: Die Sachsen des frühen Mittelalters (Darmstadt 1998).

Caspar Ehlers: Die Integration Sachsens in das fränkische Reich: 751–1024 (Göttingen 2007).

Robert Flierman: Saxon Identities AD 150–900 (London 2017).

Patrick Geary: Ethnic Identity as a Situational Construct in the Early Middle Ages. Mitteilungen der Anthropologischen Gesellschaft in Wien 113, 1983, 15–26.

Dennis Green und Frank Siegmund (Hrsg.): The Continental Saxons from the Migration Period to the Tenth Century. An Ethnographic Perspective (Woodbridge 2003).

Heinz Löwe: Lateinisch-christliche Kultur im karolingischen Sachsen. In: Angli e Sassoni al di qua e al di là del mare (Spoleto 1986), 491–536.

Babette Ludowici: Frühgeschichtliche Grabfunde zwischen Harz und Aller. Die Entwicklung der Bestattungssitten im südöstlichen Niedersachsen von der jüngeren römischen Kaiserzeit bis zur Karolingerzeit. Materialhefte zur Ur- und Frühgeschichte Niedersachsens 35 (Rahden/Westfalen 2005).

Daniel Peters: Das frühmittelalterliche Gräberfeld von Soest. Studien zur Gesellschaft in Grenzraum und Epochenumbruch. Veröffentlichungen der Altertumskommission für Westfalen 19 (Münster 2011).

Walter Pohl und Gerda Heydemann (Hrsg.): Strategies of Identification. Ethnicity and Religion in Early Medieval Europe (Turnhout 2013).

Ingrid Rembold: Conquest and Christianization. Saxony and the Carolingian world, 772–888 (Cambridge 2018).

Helmut Reimitz: History, Frankish Identity and the Framing of Western Ethnicity, 550–850 (Cambridge 2015).

Hedwig Röckelein: Reliquientranslationen nach Sachsen im 9. Jahrhundert. Über Kommunikation, Mobilität und Öffentlichkeit im Frühmittelalter (Stuttgart 2002).

Elmar Seebold: Ptolemäus und die Sachsen. Mit Überlegungen zum Status von Namen im Materialteil der Geographie. Beiträge zur Namenforschung 47, 2012, 191–206.

Eric Shuler: The Saxons within Carolingian Christendom. Post-Conquest Identity in the Translationes of Vitus, Pusinna and Liborius. Journal of Medieval History 36, 2010, 39–54.

Matthias Springer: Die Sachsen (Stuttgart 2004).

Die neue Geschichte der alten Sachsen

BABETTE LUDOWICI

Wer sind die alten Sachsen? Sie kennen sie vermutlich aus dem Geschichtsunterricht: Die alten Sachsen, das sind die heidnischen Bewohner Norddeutschlands, gegen die Karl der Große im 8. Jh. seine berüchtigten Sachsenkriege geführt hat. Sein bekanntester Gegner dort war Widukind, der Anführer der Westfalen. Nachdem der Frankenkönig ihn zur Taufe gezwungen hatte, war die Unterwerfung der Sachsen besiegelt und das Land, das heute Westfalen und Niedersachsen heißt, wurde Teil des fränkischen Reiches. Aber schon rund 100 Jahre später triumphierten die Sachsen: Die Großen im Frankenreich bestimmten 919, dass der sächsische Adlige Heinrich ihr neuer König werde. Und damit nicht genug: Heinrichs Sohn Otto wurde am 2. Februar 962 in Rom zum Kaiser des nunmehr ostfränkisch-deutschen Reiches gekrönt. Ein sächsischer Herrscher war jetzt der mächtigste Mann in Europa.

Das Leben und Wirken Heinrichs I. und Ottos I. wurde schon in den 960er- bis 970er-Jahren aufgeschrieben, im Kloster Corvey an der Weser. Der Verfasser dieser Biografie ist ein Mönch namens Widukind. Er begann den Bericht in lateinischer Sprache noch zu Lebzeiten Ottos I. Wie die Helden seiner Schrift dürfte auch Widukind aus einer sächsischen Adelsfamilie stammen, vermutlich derselben, der sein Namensvetter, der alte Widersacher Karls des Großen, und die zweite Ehefrau Heinrichs I. angehörten. Der Mönch gab seinem Text den Titel *Res Gestae Saxonicae*, „Tatenbericht der Sachsen". Er widmete ihn Mathilde, einer Tochter Ottos des Großen. Sie ist 966 im Alter von elf Jahren zur Äbtissin des Reichsstiftes Quedlinburg bestimmt worden, wo Heinrich I. begraben lag.

Im Vorwort zu seinen Ausführungen teilt Widukind mit: „Wir schreiben knapp und in Auswahl, damit die Erzählung für die Leser verständlich, aber nicht ermüdend sei." Danach fasst er für Mathilde zunächst zusammen, was er über die Vorfahren ihres Vaters und Großvaters weiß. Über deren Ursprünge gibt es, wie er selbst schreibt, „unterschiedliche Ansichten vieler Menschen". Gewissheit könne man da nicht haben, das werde durch „die allzu ferne Zeit verdunkelt". Sie könnten Nachfahren von Dänen und Normannen sein – oder Reste des makedonischen Heeres, das Alexander dem Großen gefolgt war. Aber eine üble Geschichte hält er für verbürgt: *Saxones* bzw. Sachsen seien mit Schiffen übers Meer gekommen, hätten hierzulande mit einem miesen Trick Land geraubt, dessen Eigentümer – Thüringer – arglistig getäuscht und am Ende allesamt heimtückisch ermordet. Einige behaupten, fährt Widukind fort, dass sie „von dieser Tat ihren Namen bekommen hätten, denn Messer heißen in unserer Sprache Sachs. Sie seien darum Sachsen genannt worden, weil sie mit ihren Messern eine solche Menge Menschen niedergehauen hätten".

Erklärungsversuche

Widukinds „Tatenbericht der Sachsen" fasziniert bis heute. Historiker sehen darin den Versuch, ein historisches Defizit zu kompensieren: Es ist zu offenkundig, dass die Helden dieser Geschichte – zwei sächsische Adlige auf dem fränkischen Thron

Res gestae Saxonicae, 1. Kapitel (Auszug)

WIDUKIND VON CORVEY, ÜBERSETZT VON EKKEHART ROTTER UND BERND SCHNEIDMÜLLER

Inhalt des ersten Kapitels
1. *Daß der Verfasser noch andere Bücher außer diesem geschrieben hat.*
2. *Über den Ursprung des Sachsenstammes berichtet er unterschiedliche Ansichten vieler Menschen.*
3. *Daß die Sachsen mit Schiffen an dem Ort Hadeln gelandet sind.*
4. *Daß die Thüringer ihr Ankunft übelnehmen und mit ihnen kämpfen.*
5. *Wie ein junger Mann für Gold Land erworben hat.*
6. *Die Thüringer beschuldigen die Sachsen des Vertragsbruchs, die Sachsen aber siegen.*
7. *Woher sie Sachsen heißen.*

1. Niemand soll sich wundern, daß ich, nachdem ich in unseren ersten Werken die Triumphe der Streiter des höchsten Gebieters verkündet habe, nun die Taten unserer Fürsten aufschreiben will. Da ich in der erstgenannten Arbeit nach Kräften versucht habe, was ich als Mönch schuldigerweise tun mußte, entziehe ich mich nun nicht der Pflicht, meine Kräfte, so gut wie möglich, der Verehrung gegenüber meinem Stand und meinem Stamm zu weihen.

2. So werde ich zunächst einiges wenige über Ursprung und Zustand des Stammes vorausschicken, worin ich fast ausschließlich der Sage folge, da die allzu ferne Zeit fast jede Gewißheit verdunkelt. Denn die diesbezüglichen Meinungen sind verschieden, zumal die einen glauben, die Sachsen stammten von den Dänen und Normannen ab, andere aber deren Herkunft von den Griechen behaupten, wie ich selbst als Jugendlicher jemand rühmen hörte, daß die Griechen selbst angeben, die Sachsen seien die Reste des makedonischen Heeres gewesen, das Alexander dem Großen gefolgt und nach seinem zu frühen Tod über die ganze Erde zerstreut worden sei. Im Übrigen besteht kein Zweifel, daß es ein alter und edler Stamm gewesen ist. Sie werden nämlich in der Rede des Agrippa an die Juden bei Josephus erwähnt, und auch ein Ausspruch des Dichters Lukan wird dafür geltend gemacht.

3. Sicher aber wissen wir, daß die Sachsen mit Schiffen in diese Gegenden gekommen und zuerst an dem Ort gelandet sind, der bis heute Hadeln genannt wird.

4. Aber die Einwohner, angeblich Thüringer, ließen sich ihre Ankunft nicht gefallen und erhoben ihre Waffen gegen sie. Die Sachsen hingegen leisteten kräftigen Widerstand und behaupteten den Hafen. Als sie nun lange gegeneinander gekämpft hatten und viele hier und dort gefallen waren, beschlossen beide Seiten, Friedensverhandlungen einzuleiten und einen Vertrag zu schließen. Der Vertrag wurde unter der Bedingung geschlossen, daß die Sachsen kaufen und verkaufen dürften, sich jedoch der Ländereien enthalten und von Mord und Räubereien absehen sollten. Dieser Vertrag bestand viele Tage hindurch unverletzt. Als aber den Sachsen das Geld ausging und sie nichts mehr zu kaufen und zu verkaufen hatten, meinten sie, der Friede sei nutzlos für sie.

5. Nun traf es sich damals, daß ein junger Mann, beladen mit viel Gold, einer goldenen Kette und goldenen Spangen, die Schiffe verließ. Ihm begegnete ein Thüringer und sagte: „Wozu hast du eine solche Menge Gold um deinen abgezehrten Hals?" - „Ich suche einen Käufer", erwiderte jener, „zu keinem anderen Zweck trage ich dieses Gold; denn wie soll ich mich, während ich vor Hunger sterbe, am Gold erfreuen?" Darauf fragte der andere, was und wie hoch der Preis sei. „Der Preis", sagte der Sachse, „kümmert mich nicht. Was du geben willst, nehme ich dankbar an." - „Wie ist es", sagte jener höhnisch zu dem jungen Mann, „wenn ich mit diesem Staub dein Kleid fülle?" Gerade an dieser Stelle lag nämlich ein großer Erdhaufen ausgehoben. Sogleich öffnete der Sachse sein Gewand, erhielt die Erde und übergab auf der Stelle dem Thüringer das Gold. Beide eilten fröhlich zu ihren Leuten zurück. Die Thüringer erhoben den Thüringer mit Lobsprüchen in den Himmel, daß er den Sachsen mit einer so edlen Gaunerei betrogen habe und wie glücklich er vor allen Menschen sei, da er für einen Spottpreis in den Besitz einer solchen Menge Gold gekommen sei. Ihres Sieges im Übrigen gewiß, triumphierten sie sozusagen schon über die Sachsen. Mittlerweile näherte sich der Sachse ohne sein Gold, jedoch schwer mit Erde beladen, den Schiffen. Als ihm seine Gefährten nun entgegenkamen und sich wunderten, was er denn mache, fing ein Teil seiner Freunde an, ihn auszulachen; andere machten ihm Vorwürfe, alle aber stimmten überein, daß er verrückt sei. Doch dieser forderte Ruhe und sagte: „Folgt mir, meine guten Sachsen, und ihr werdet euch überzeugen, daß meine Verrücktheit euch von Nutzen ist." Sie waren zwar ungläubig, doch folgten ihm nach. Er aber nahm die Erde, streute sie so dünn wie möglich über die benachbarten Felder aus und besetzte einen Lagerplatz.

6. Als aber die Thüringer das Lager der Sachsen sahen, fanden sie diese Tatsache unerträglich. Sie schickten Gesandte und beschwerten sich, daß von den Sachsen der Friede gebrochen und der Vertrag verletzt sei. Die Sachsen antworteten, sie hätten bisher den Vertrag unverbrüchlich eingehalten. Das für ihr eigenes Gold erworbene Land wollten sie in Frieden behaupten oder aber auf jeden Fall mit den Waffen verteidigen. Hierauf verwünschten die Anwohner das sächsische Gold und erklärten denjenigen, den sie kurz vorher glücklich gepriesen hatten, zum Urheber des Unheils für sie und ihr Land. Dann stürmten sie zornentbrannt und voll blinder Wut ohne Ordnung und Plan auf das Lager los. Die Sachsen hingegen empfingen die Feinde gut vorbereitet, warfen sie nieder und nahmen nach glücklichem Kampfausgang nach Kriegsrecht von der nächsten Umgebung Besitz. Als nun beiderseits sehr lange gekämpft worden war und die Thüringer erkannten, daß die Sachsen ihnen überlegen waren, forderten sie durch Unterhändler, daß beide Teile unbewaffnet zusammenkommen und erneut über den Frieden verhandeln sollten; und sie bestimmten Ort und Tag. Die Sachsen antworteten, sie würden dem Wunsch nachkommen. Nun waren damals bei den Sachsen große Messer üblich, wie sie die Angeln nach altem Stammesbrauch bis heute tragen. Damit unter den Kleidern bewaffnet, zogen die Sachsen aus ihrem Lager und gingen den Thüringern zum festgesetzten Ort entgegen. Da sie sahen, daß die Feinde unbewaffnet und alle Fürsten der Thüringer anwesend waren, hielten sie den Zeitpunkt für günstig, sich der ganzen Gegend zu bemächtigen, zogen ihre Messer hervor, stürzten sich auf die Wehrlosen und Überraschten und stießen alle nieder, so daß nicht einer von ihnen überlebte. Damit fingen die Sachsen an, bekannt zu werden und den benachbarten Stämmen einen gewaltigen Schrecken einzujagen.

7. Einige aber behaupteten auch, daß sie von dieser Tat ihren Namen bekommen hätten, denn Messer heißen in unserer Sprache Sachs. Sie seien darum Sachsen genannt worden, weil sie mit ihren Messern eine solche Menge Menschen niedergehauen hätten.

Abb. 1 Nach: Widukind von Corvey, Res gestae Saxonicae – Die Sachsengeschichte. Übersetzt und herausgegeben von Ekkehart Rotter und Bernd Schneidmüller (Stuttgart 1981).

und die Familie, aus der sie stammen – auf keine kanonisierte Vergangenheit zurückblicken. Besonders die finstere Ursprungserzählung von den „Messermännern" hat viele Geschichtswissenschaftler zu dem Versuch animiert, die offenbar in jeder Hinsicht dunkle Vergangenheit der Vorfahren Heinrichs I. und Ottos I. weiter aufzuklären. Schon früh war bekannt: Widukind von Corvey ist einer der ersten Schriftsteller, die wir kennen, die sich und die Ihren selbst *Saxones* nennen. Aber als Fremdbezeichnung taucht der Name schon vorher etliche Male auf, in sehr viel älteren Quellen. Die früheste bekannte Nennung von *Saxones* könnte aus dem 2. Jh. stammen. Ptolemäus, ein im römischen Ägypten lebender Gelehrter, schrieb damals eine Art geografisches Handbuch. Sein auf Griechisch verfasster Originaltext ist nicht erhalten, nur eine rund 1100 (!) Jahre später entstandene Abschrift in Latein. Darin liest man u. a. von einer kleinen Bevölkerungsgruppe mit dem Namen *Saxones*, die nach heutigen Begriffen irgendwo im südlichen Schleswig-Holstein gelebt haben müsste. Ob Ptolemäus tatsächlich *Saxones* geschrieben hatte, ist in der jüngeren Forschung allerdings heftig umstritten: Einige Historiker sind überzeugt, dass in seinem Text ursprünglich noch *Aviones* stand. In griechischen Buchstaben sieht der Name *Saxones* ganz ähnlich aus wie *Axones* bzw. *Aviones*. Das war der Name einer im 1./2. Jh. bekannten germanischen Gruppe, in verschiedener Schreibweise. Die Gruppe ist nach der Antike in Vergessenheit geraten, aber der Name *Saxones* dürfte späteren Übersetzern und Kopisten der Schrift des Ptolemäus geläufig gewesen sein. Sie könnten also das ihnen unbekannte bzw. unverständliche Axones/Aviones für ein verschriebenes *Saxones* gehalten und den Begriff in ihrer Kopie „korrigiert" haben.

Wie dem auch sei: In den Quellen des 3. Jh.s tauchen jedenfalls weder die einen noch die anderen wieder auf. Verlässlich findet sich der Name *Saxones* in Quellen des 4. und 5. Jh.s. Dort ist er ein schillernder Begriff: Mal sind *Saxones* Feinde der Römer, mal Angehörige der römischen Armee. Vor allem aber ist der Name eine Sammelbezeichnung für Plünderer, die mit Schiffen auf der Nordsee unterwegs sind und die Küsten Galliens und Britanniens verwüsten und brandschatzen. Woher genau diese Piraten kamen, zu welchen Ethnien sie gehörten, hat die Berichterstatter nicht interessiert: Wer im 4. und 5. Jh. *Saxones* sagt, spricht nicht von einem Volk, sondern von hochmobilen Gruppen mordgieriger Männer. Heute würde man sie vermutlich „Gefährder" nennen. Erst ab den 440er-Jahren erhält der Begriff noch eine zusätzliche Bedeutung: Als *Saxones* werden immer öfter auch Leute bezeichnet, die auf der britischen Hauptinsel zu Hause sind.

Der älteste bekannte Text, aus dem sich erschließen lässt, das mit *Saxones* außerdem Leute gemeint sein können, die irgendwo in einem mittel- bis norddeutschen Gebiet zwischen Rhein und Elbe leben, ist das Geschichtswerk, das der fränkische Bischof Gregor von Tours in der 2. H. des 6. Jh.s verfasst hat. Im Jahr 531 hatten die fränkischen Könige Theuderich und Chlothar I. in Mitteldeutschland den thüringischen König angegriffen und später getötet. Gregor von Tours berichtet, dass sich 16 Jahre später „*Saxones*" gegen Chlothar I. erhoben hätten. Als dieser mit einem Heer gegen die Aufständischen zog, verwüstete er „*totam thuringia*", ganz Thüringen, denn Thüringer hätten den *Saxones* geholfen, sich zu wehren. Gregor von Tours nennt in seinem Buch auch noch andere *Saxones*, aber die sitzen an der gallischen Küste, an der Loire oder im Seinebecken. Jüngere Schriftquellen zeigen, dass die Frankenkönige seit dieser Zeit über die *Saxones* im Norden zwischen Rhein und Elbe die Oberherrschaft beansprucht haben. Sie belegen aber auch, dass das sehr lange mehr Wunsch als Wirklichkeit war. Erst Karl dem Großen gelang die vollumfängliche Eingliederung dieses Gebietes in das fränkische Reich.

Im 19. Jh. setzte sich die Überzeugung durch, dass zwischen all diesen *Saxones* ein Abstammungszusammenhang bestehen muss: Wenn Karl der Große im 8. Jh. in Norddeutschland zwischen Rhein und Elbe seine legendären „Sachsenkriege" führt, die damalige Einwohnerschaft dieses großen Gebietes also denselben Namen trägt wie ein kleines Völkchen, das im 2. Jh. nördlich der Elbe gesessen haben soll, dann muss es in den Jahrhunderten dazwischen eine Ausbreitung der Sachsen gegeben haben, natürlich auch nach England hin: Wie sonst sollte der Name *Saxones* dorthin gelangt sein?

Zwischen 1800 und 1950 wurde zur Erklärung dieser Feststellung ein ethnogenetisches Modell entwickelt, zunächst im Kreis von Gelehrten und unter Historikern, später auch mit Unterstützung von Archäologen[1]. Demzufolge gehören all die Träger des Sachsennamens, die in der Überlieferung vor dem 6. Jh. auftauchen, zu einem alten germanischen Volksstamm, der im 3. Jh. aus einer „Urheimat" nördlich der Niederelbe ins Elbe-Weser-Dreieck aufbrach und von dort begann, sowohl die heute niedersächsischen und westfälischen Gebiete als auch den Süden Englands in Besitz zu nehmen. Dort schon lebende Völker hätten sich ihm unterworfen. Auf dem Kontinent seien alteingesessene Gruppen in einem sächsischen „Stammesverband" aufgegangen, der sich vom 6. bis 8. Jh. erfolgreich den Frankenkönigen widersetzte, um schließlich – nach einer Episode der Unterwerfung im 9. Jh. – in deren Reich die Königsherrschaft zu übernehmen. Aus der Überlieferung, dass als Sachsen bezeichnete Anführer von Leuten irgendwo rechts des Rheins im Jahr 547 die Herrschaft fränkischer Könige nicht anerkennen wollten und auch Karl der Große sich jahrzehntelang mit verschiedenen Anführern von Sachsen herumschlagen musste, wurde der Schluss gezogen, dass dieser Stamm bis dahin kein eigenes Königtum gekannt hätte. Tatsächlich ist in keiner Schriftquelle zuvor von einem sächsischen König die Rede.

Ursprungsmythen

Die Geschichte von der Expansion der Sachsen ist als Teil der großen Erzählung von der europäischen „Völkerwanderungszeit" entstanden. Auf der Suche nach Ursprungsmythen für die sich formierenden europäischen Nationalstaaten wurde im 19. und frühen 20. Jh. die Vorstellung entwickelt, dass germanische *gentes*, Stämme oder Clans, die die Überlieferung aus dem 1. Jahrtausend nennt, also etwa Franken, Alamannen, Bajuwaren oder eben auch Sachsen, durch Wanderungen und Eroberungszüge den Untergang des römischen Reichs herbeigeführt hätten. Dadurch sei zwischen Spätantike und Mittelalter eine ethnische Grundstruktur mit „frühen Völkern" Europas entstanden, an der sich eine nationalstaatliche Ordnung des Kontinents orientieren könne.

In den letzten 50 Jahren hat sich der Blick auf diese Epoche gewandelt. Historiker und Archäologen betrachten das damalige Geschehen in Europa mittlerweile als einen komplexen Transformationsprozess politischer Ordnungen und Machtverhältnisse im Römischen Reich und den ihm benachbarten Räumen, dem der Begriff „Völkerwanderungszeit" bei Weitem nicht gerecht wird. Wir wissen heute, wie es der Althistoriker Mischa Meier formuliert hat, „dass die romantische Vorstellung von Völkern als handelnden, überzeitlich existenten Einheiten jeglichem empirischen Befund widerspricht. Völker sind höchst instabile Gebilde, die sich permanent verändern, vorwiegend durch politische Klammern bestimmt werden und deren Zusammenhalt auf komplexen Identitätsbildungsprozessen beruht. Das war in der Antike nicht anders." Die moderne Archäologie sucht in den Verbreitungsmustern archäologischer Funde nicht mehr nach den Siedlungsgebieten von „Völkern". Sie erkundet heute Ausdrucksformen der Identität Einzelner oder von Gruppen und deren Anhängigkeit von Geschlecht, Alter oder gesellschaftlicher Stellung und damit möglicher Handlungsspielräume und Mobilitäten.

Der Mythos vom Sachsenvolk als einer „handelnden, überzeitlich existenten Einheit", hat sich aber als widerstandsfähig erwiesen. Die Geschichte von den freiheitsliebenden Sachsen stiftet seit Langem Identität. Schon das 1926 entstandene „Lied der Niedersachsen" propagiert, die alten Sachsen seien Niedersachsens Ureinwohner gewesen, Nationalsozialisten im Nordwesten Deutschlands waren begeisterte Erforscher „ihrer" Germanen vom Stamm der Sachsen und schließlich lieferte das Narrativ einen wirkmächtigen Gründungsmythos für das 1949 entstandene Bundesland Niedersachsen. Als die nach dem 2. Weltkrieg eingesetzte Britische Militärregierung die Zusammenlegung des alten Landes Hannover und der Freistaaten Braunschweig, Schaumburg-Lippe und Oldenburg zum Land Niedersachsen beschloss, waren davon nicht alle begeistert. Hinrich Wilhelm Kopf (1893–1961), Niedersachsens erster Ministerpräsident, wurde nicht müde, seine gewissermaßen zwangsverheirateten Landeskinder immer wieder an ihre gemeinsame „Stammesart" zu erinnern: Als „alte Sachsen" hätten sie schließlich schon vor über 1000 Jahren zusammengehalten. So konnte man das damals ja auch in jedem Geschichtsbuch nachlesen (vgl. hierzu den Beitrag „Wer sind die Niedersachsen? Anmerkungen zur Erfindung einer Identität" in diesem Band).

Das „Lied der Niedersachsen" gilt bis heute als inoffizielle Hymne der Niedersachsen. Auch der archäologischen Forschung in Niedersachsen ist es lange schwergefallen, sich von der Idee zu lösen, dass es sich bei den Sachsen um eine überzeitlich existente Einheit handelt. Sie hat den Menschen, die im 4., 5. und 6. Jh. in heute niedersächsischen Gebieten lebten, den Namen „Altsachsen" gegeben, um sie von den Gegnern Karls des Großen zu unterscheiden, deren Hinterlassenschaften aus dem 7./8. und 9. Jh. gerne als „spätsächsisch" bezeichnet werden[2]. Es gibt keine schriftlichen Quellen, die belegen, dass sich schon die „Altsachsen" selbst als Sachsen betrachtet haben, aber der Begriff hält sich hartnäckig. Der „Stammesverband" in dem „Altsachsen" und „späte Sachsen" gelebt haben sollen, wurde vor allem nach dem 2. Weltkrieg zunehmend als eine Art urdemokratischer Stammesstaat imaginiert, in dem gewählte Volksvertreter Beschlüsse fassten. Vielleicht ist auch das ein Grund, warum der Mythos von den „alten Sachsen" immer noch Leuchtkraft hat. Ihre angenommene Königslosigkeit hat ihnen ein charmantes Alleinstellungsmerkmal verliehen: Sie erscheinen als die einzigen „Demokraten" ihrer Zeit[3].

Alte Sach(s)en neu betrachten

Nichtsdestotrotz hat sich natürlich auch die Ausdeutung der Hinterlassenschaften der „völkerwanderungszeitlichen" Bevölkerung im heutigen Niedersachsen und Westfalen, die als Bodenfunde auf uns kommen, nach und nach verändert. Mittlerweile steht fest: Eine Expansion von Menschengruppen aus dem Elbe-Weser-Dreieck in Richtung Mittelgebirge ab dem 3. Jh. lässt sich im archäologischen Befund genauso wenig beweisen wie ein damit beginnender Verdrängungswettbewerb von Gruppen oder die Bildung eines Stammesverbandes. Im Spiegel von Gräbern, Siedlungen und Schatzfunden aus dem 1. bis 10. Jh. erscheint der Raum zwischen Nordsee und Harz heute vielmehr als ein Land der Regionen mit einer hochmobilen und europaweit vernetzten Elite, an deren Spitze Könige stehen. Die Regionalität ist das Ergebnis unterschiedlichster naturräumlicher Gegebenheiten und der Einbindung lokaler Bevölkerungsgruppen in verschiedene überregionale Bezugssysteme: Einige waren Teilhaber der maritimen Kultur um die Nordsee, andere hatten Anteil am Geschehen in der weiten binnenländischen Kontaktzone zu den Reichen der römischen Kaiser, der fränkischen und der thüringischen Könige.

Wir sehen sehr deutlich, dass die Entwicklung im 1. und 2. Jh. von der Haltung der Oberschicht zum Römischen Imperium beeinflusst wurde. Grabfunde zeigen, dass es im 3. Jh. große soziale Unterschiede gab. Wohlhabende Familien erscheinen jetzt als regelrecht romanisiert, aber auch als aktive Teilhaber eines weitgespannten germanischen Elitennetzwerkes. Sie bewegten sich machtpolitisch und ökonomisch im Spannungsfeld zwischen Rom, den Interessen germanischer Machthaber in Mitteldeutschland und Südskandinavien und später auch dem gallischen Sonderreich. Im 4. Jh. und in der 1. H. des 5. Jh.s wird das Wirken von Männern sichtbar, die als Söldner oder Föderaten der Römischen Armee zu Vermögen, Weltläufigkeit und Einfluss gekommen sind. Im Elbe-Weser-Dreieck etablierten sie in der 1. H. des 5. Jh.s einen Herrschaftskomplex, an dessen Spitze ein König gestanden haben dürfte. Sein Einfluss reichte bis zur mittleren Weser. Als Rom um 410 seine Provinz in England aufgab, entstand ein Machtvakuum, das germanische *Warlords* vom Kontinent anlockte. Darunter waren auch Anführer aus dem Elbe-Weser-Dreieck. In der 2. H. des 5. und der 1. H. des 6. Jh.s spiegeln archäologische Funde unser Gebiet als Kontakt- und Konfliktfeld zweier großer europäischer Machtzentren rechts des Rheins: Die Führungsschicht in der Nordhälfte des heutigen Niedersachsen teilte jetzt die Werte und Repräsentationsformen südskandinavischer Herrscher. Aber an der mittleren Weser und der unteren Elbe fassen wir auch Repräsentanten der Anhängerschaft von in Mitteldeutschland ansässigen Potentaten. Importwaren zeigen, dass man zugleich überall von Kontakten nach Gallien profitierte, wo sich jetzt das Reich der Merowingerkönige konsolidierte.

In der 2. H. des 6. und im 7. Jh. sehen wir, dass sich in den Gebieten, die der Hellweg vom Rhein zur Elbe durchzieht, eine erkennbar frankisierte Elite etabliert hat. Die moderne Mediävistik hat aufgezeigt, dass sich die sächsische Identität, die uns im *Tatenbericht der Sachsen* des Mönches Widukind aus dem 10. Jh. entgegentritt, erst in der Konfrontation mit den fränkischen Königen aus der Dynastie der Karolinger herauszubilden beginnt[4]. Die erzwungene Eingliederung des Landes in das Reich Karls des Großen und Ludwig des Frommen schafft im 8. und 9. Jh. die ideologischen und administrativen Voraussetzungen dafür (vgl. hierzu den Beitrag „Die Neuerfindung eines Volkes. Sächsische Identitäten vor und nach den Sachsenkriegen" in diesem Band).

Ein sehr verwirrender, stets umstrittener und immer noch nicht aufgeklärter Sachverhalt ist das Verhältnis von *Saxones* und Thüringern. Laut Gregor von Tours (*594) rebellierten sie 547 nach der Zerschlagung des Thüringerreiches (ab 531) gemeinsam gegen die fränkische Herrschaft. Waren also die *Saxones* rechts des Rheins, gegen die Clothar I. einen Herrschaftsanspruch erhob, Bewohner Thüringens? Und warum glaubt der Frankenkönig genauso wie alle seine Nachfolger, auch sie müssten ihm Gehorsam leisten? Von einer zuvor erfolgten Unterwerfung von *Saxones* rechts des Rheins durch fränkische Könige ist nirgends die Rede. Widukind von Corvey hingegen behauptet über 400 Jahre später, *Saxones* und Thüringer seien Feinde gewesen: In dem Kapitel seines Buches, dass auf die Ursprungssage folgt, stellt er fest, seine *Saxones* hätten den Frankenkönigen im 6. Jh. geholfen, die Thüringerkönige zu unterwerfen, und seien dafür mit Land belohnt worden. Die erste Schlacht zwischen Franken und Thüringern verortet Widukind bei einem Ort namens *Runibergun*. Gregor von Tours weiß weder vom einen noch vom anderen. Wie erwähnt, sehen wir im archäologischen Befund in der 2. H. des 5. und der 1. H. des 6. Jh.s an der mittleren Weser und der unteren Elbe Repräsentanten der Anhängerschaft von in Mitteldeutschland ansässigen Potentaten – also wohl der in den Schriftquellen überlieferten Thüringerkönige (vgl. hierzu das Kapitel „Vieler Herren Land?"). Daraus kann man folgern, dass sich bis hierhin *totam thuringia* erstreckte, das ganze Thüringen, das Clothar I. Gregor von Tours zufolge 547 verwüstet. Und es gibt spektakuläre neue Grabfunde, die darauf hinweisen, dass der erste Kampf zwischen fränkischen Kriegern und Anhängern des Thüringerkönigs im Jahr 531 nicht in Mitteldeutschland, sondern am Hellweg, auf heute niedersächsischem Boden, stattgefunden haben könnte. Bei Hemmingen-Hiddestorf in der Region Hannover wurde ein Kriegerfriedhof mit dem

Der Sax – tödlicher Allrounder des Frühen Mittelalters

PHILIPP SULZER

Der Name klingt vertraut, die Verwandtschaft mit der Bezeichnung *Saxones* springt so deutlich entgegen, dass schon Widukind von Corvey im 10. Jh. folgerte, die Sachsen seien nach jenen Waffen benannt, die sie angeblich zum heimtückischen Mord an unbewaffneten Thüringern während einer Friedensverhandlung genutzt hätten. Dieses Ereignis mag nie stattgefunden haben. Die Behauptung führte jedoch zu einer noch engeren Verbindung der Waffe „Sax" mit jenen Personengruppen, die als „Sachsen" bezeichnet wurden. Archäologen verstehen hierunter ein einschneidiges, gerades Schwert. Tatsächlich sind die Namen eng verwandt: Das althochdeutsche *sahs* bzw. altnordische *sax* geht zurück auf die Wurzel *sĕk-/*sah- für „schneiden". Worte wie „Säge" oder „Sichel" stehen ebenfalls in dieser Tradition. Der Begriff „Sax" bezeichnet in den germanischen Sprachen in erster Linie ein kurzes Schwert oder ein Messer, wird aber auch für größere Schwerter verwendet.

Dass nun Personen(-gruppen), deren früheste verlässliche historische Erwähnung sie als seefahrende Plünderer vorstellt, durch eine Ableitung von *sahs* zu *Sachsa, -o* als „Mann mit dem Messer" oder eben „Männer mit (Kurz-)Schwert" bezeichnet werden, ist durchaus plausibel. Falsch wäre es nun aber anzunehmen, der Sax sei eine „sächsische" Waffe. Einschneidige eiserne Schwerter bzw. lange (Kampf-)Messer sind seit der Vorrömischen Eisenzeit in Mittel- und Nordeuropa belegt. Zu Beginn des Frühmittelalters taucht mit dem merowingischen Sax eine neue Konstruktionsvariante in den Gräbern auf, deren Aufbau spätantiken Messern ähnelt und die in den folgenden Jahrhunderten bezüglich der Klingenmaße und der Klingensymmetrie sowie in ihrer Verwendung im Kampf mehrfach Veränderungen durchläuft. In fränkischen, alamannischen und bajuwarischen Gräberfeldern ist er über lange Zeit fester Bestandteil der Ausstattung beigabenreicher Grablegen.

Diese ersten konkret als Waffen ansprechbaren Saxe neuen Typs kommen seit etwa Mitte des 5. Jh.s in westeuropäischen Gräbern vor, fehlen aber im norddeutschen Raum. Sie werden archäologisch als Kurzsax bezeichnet. Ihre Klingenlänge erreicht bis zu 25 cm bei etwa 3 cm maximaler Breite. Die ausgeschmiedete Griffangel, auf welcher die Hilze, also der eigentliche Griff des Schwertes, angebracht wird, liegt in der Blattmitte, während der Ort, die Spitze des Schwertes, zwischen dem Blattrücken und der Mittellinie der Waffe liegt. In der 2. H. des 6. Jh.s löst der sogenannte Schmalsax, welcher auch in Norddeutschland in Gräbern belegt ist, den Kurzsax allmählich ab. Sein Blatt ist im Mittel ca. 5 cm länger und aufwendiger gestaltet: Parallel zum Klingenrücken verlaufen oft paarweise Riefen, deren Zwischenräume Gravuren aufweisen können. Der Schmalsax wird häufig zusammen mit dem zweischneidigen Langschwert, der Spatha, mit ins Grab gegeben, kann aber auch als einziges

Abb. 1 Saxklinge des 8./9. Jh.s aus Dörverden (Ldkr. Verden).

Schwert in Gräbern enthalten sein. Seine Dimensionen lassen an eine Stichwaffe denken, die das Langschwert ergänzt. Der ab dem Ende des 6. Jh.s aufkommende Breitsax ist eine wuchtige Hiebwaffe, bei der die Forschung „leichte" und „schwere" Exemplare gruppiert. Der schwere Breitsax kann ein 5 cm breites Blatt aufweisen und erreicht Klingenlängen von durchschnittlich 35 cm bei möglichen Gesamtlängen von über einem halben Meter. Dass zeitgleich die Kampfbeile aus den waffenführenden Gräbern verschwinden, dürfte mit dem Gebrauch dieser massiven Seitenwaffe zusammenhängen, die häufig zusätzlich zum Langschwert beigegeben wird, deren Stellenwert in der Bewaffnung innerhalb des Merowingerreichs jedoch ungleich höher zu sein scheint, als dies im norddeutschen Raum der Fall ist. Ganz anders kommen ab dem Ende des 7. Jh.s die Langsaxe daher – ihre ca. 50 cm langen Klingen, deren Breite rund 1 cm geringer ist als jene der Breitsaxe, haben ab der 2. H. des 8. Jh.s ihren Ort, die Klingenspitze, in der Schneidenlinie und scheinen als Stoß-/Stichwaffen konzipiert. Ihre Gesamtlänge mit Griff erreicht mitunter jene des Langschwerts, welches sie in manchen Regionen im Grab ersetzen, während andernorts durchaus beide Blankwaffen beigegeben werden.

Der Langsax übernimmt im sächsischen Gebiet Ende des 7. und in der 1. H. des 8. Jh.s nach Ausweis der Gräber tatsächlich den Platz der zweischneidigen Spatha – für etwa einhundert Jahre scheint dieser Typ Sax das „Schwert der Wahl" sächsischer Krieger zu sein. Ab Mitte des 8. Jh.s tauchen hier auch wieder Spathen in Gräbern auf, allerdings in der Regel nicht gemeinsam mit Saxen. Auffällig ist hierbei auch die besonders hohe Schmiedequalität vieler Saxe, die in technischer Finesse dem jahrhundertelang perfektionierten Schwertschmiedehandwerk im Frankenreich nicht nachsteht.

Gegen Ende des 8. Jh.s scheint der Sax im Karolingerreich ausgemustert zu werden, im sächsischen Raum endet die archäologische Überlieferung mit der Beigabensitte zu Beginn des 9. Jh.s. Der Waffentyp Sax erfährt aber sowohl im skandinavischen Gebiet als auch im angelsächsischen England weiter große Beliebtheit, wird fortentwickelt und bleibt bis mindestens ans Ende des Hochmittelalters eine gängige Waffe, deren Prestigewert, entgegen der mitunter in der Forschung vorherrschenden Meinung, jenem des zweischneidigen Langschwerts je nach Zeit und Region in nichts nachsteht.

Literatur

Heiko Steuer: Historische Phasen der Bewaffnung nach Aussagen der archäologischen Quellen Mittel- und Nordeuropas im ersten Jahrtausend n. Chr. Frühmittelalterliche Studien 4, 1970, 348–383.

Herbert Westphal: Untersuchungen an Saxklingen des sächsischen Stammesgebiets – Schmiedetechnik, Typologie, Dekoration. In: Hans-Jürgen Häßler (Hrsg.): Studien zur Sachsenforschung 7 (Hildesheim 1991), 271–365.

Wolfgang Pfeifer: Messer In: Ders.: Etymologisches Wörterbuch des Deutschen (Lizenzausgabe 2013), 864–865.

Grab eines schwer bewaffneten Anführers entdeckt (vgl. hierzu das Kapitel „Das Spiel der Könige"). Beachtenswert ist die Nähe von Hemmingen-Hiddestorf zu dem Ort Ronnenberg: Die nur rund sechs Kilometer entfernte kleine Stadt dürfte jenes *Runibergun* sein, das Widukind von Corvey als den Ort der ersten Schlacht zwischen Franken und Thüringern nennt.

Einig war sich die Forschung hingegen bislang darüber, dass das gesellschaftliche Gefüge der *Saxones* auf dem Kontinent als einziges der germanischen *gentes* des 1. Jahrtausends ohne zentrale Herrscher ausgekommen sei. Aber das muss man in Frage stellen. Tatsächlich ist Heinrich der erste sächsische König, den wir kennen – aber er ist keineswegs der erste König, der im Gebiet seiner *Saxones* Vorherrschaft über die dort ansässige Oberschicht beansprucht: Vor ihm haben das bereits die fränkischen Könige aus den Dynastien der Karolinger und Merowinger getan (mit unterschiedlichem Erfolg), und vor diesen ganz offensichtlich auch schon die Könige der Thüringer und die Herrscher an der Spitze der Elite im Elbe-Weser-Dreieck, die man mit römischem Wortgebrauch ebenfalls als *reges*, Könige, bezeichnen darf.

Alles auf Anfang: Wer sind die alten Sachsen?

Zu den geschilderten Erkenntnissen der Forschung haben zuletzt einige sensationelle archäologische Entdeckungen in Niedersachsen beigetragen. Dazu gehören unter anderem die schon genannten Gräber von Hemmingen-Hiddestorf, aber auch das germanisch-römische Schlachtfeld am „Harzhorn" bei Kalefeld im Landkreis Northeim oder das „Fürstinnengrab" von Grethem im Heidekreis aus dem 3. Jh. (vgl. hierzu das Kapitel „Die Netzwerker"). Das Fundament für die neue Sicht auf das 1. Jahrtausend in Niedersachsen und Westfalen hat aber die fortwährende wissenschaftliche Auseinandersetzung mit archäologischen Sammlungsbeständen von Museen und mit der schriftlichen Überlieferung gelegt. Hieran waren alle Autorinnen und Verfasser der im vorliegenden Band versammelten Beiträge maßgeblich beteiligt. Einige von ihnen sind Mitglieder des Fachverbandes „Internationales Sachsensymposion. Arbeitsgemeinschaft zur Archäologie der Sachsen und ihrer Nachbarvölker in Nordwesteuropa IVoE". Das Symposion ist eines der großen wissenschaftlichen Foren für die Archäologie des 1. Jahrtausends in Nordwesteuropa mit heutigem Sitz in Brüssel. Seine Gründung im Jahr 1949 geht zurück auf einen Kreis von Archäologen um den Lehrer Karl Waller (1892–1963) aus dem Landkreis Cuxhaven und Albert Genrich (1912–1996), erst Kurator, später Direktor der Abteilung Urgeschichte am Niedersächsischen Landesmuseum Hannover. Sie hatten zunächst eine „Arbeitsgemeinschaft für Sachsenforschung" ins Leben gerufen. Durch das Engagement britischer und niederländischer Kollegen fand die Arbeitsgemeinschaft Anschluss an die internationale Forschung. Heute gehören dem Sachsensymposion über 180 gewählte Mitglieder aus zehn europäischen Ländern an. Sie haben sich die Aufgabe gestellt, die Geschichte des 1. Jahrtausends in Nordwesteuropa und der damals dort ansässigen Bevölkerungsgruppen durch eine kontinuierliche gemeinsame Forschungsarbeit aufzuhellen.

Das vorliegende Buch bündelt alle wesentlichen Erkenntnisse zu einer neuen Erzählung der Geschichte des 1. Jahrtausends in Niedersachsen und Westfalen. Es versucht sichtbar zu machen, vor welchem historischen Hintergrund sich die wirkmächtige sächsische Identität Heinrichs I., Ottos I. und Widukinds von Corvey herausgebildet hat. Ihre Zeit, das 10. Jh., ist der letzte von insgesamt neun Ereignishorizonten, die das Buch für das 1. Jahrtausend im Land zwischen Nordsee und Harz entwirft. Wir stellen Ihnen diese neun Zeitabschnitte in chronologischer Abfolge in neun Kapiteln vor. In „Alles auf Anfang: Von Sachsen keine Spur" gehen wir zurück in die Zeit um 100, aus der wir erste schriftliche Nachrichten aus unserem Gebiet kennen. Im 3. Jh. sehen wir „Die Netzwerker" agieren. Das 4. Jh. und die 1. H. des 5. Jh.s erweisen sich als veritable „Gründerzeit" und in der 2. H. des 5. Jh. und der 1. H. des 6. Jh. bewegen wir uns wohl durch „Vieler Herren Land?" Im Jahr 531 gibt „Das Spiel der Könige" der Geschichte eine Wende, die dazu führt, dass in der 2. H. des 6. Jh. und im 7. Jh. zwischen Nordsee und Harz „Undurchsichtige Verhältnisse" herrschen. Und im 8. Jh. sind die Menschen, die dort leben, plötzlich „Alles Sachsen!". Im 9. Jh. hat das „Unternehmen Gottesstaat" in ihrem Land großen Erfolg und schließlich sehen wir Leute dort von sich behaupten: „Gewinner machen Geschichte: Wir sind die Sachsen!" (10. Jh.). 43 Archäologen und Historiker legen unter diesen Titeln in längeren Essays und kürzen Einzeldarstellungen ihre Erkenntnisse zum Geschehen vom 1./2. bis zum 10. Jh. dar. Eröffnet werden die Kapitel jeweils mit einem kurzen Panorama der Schlussfolgerungen, die sich hieraus ableiten lassen.

Die Geschichte, die wir so erzählen, ist eine politische Geschichte. Sie berichtet von Gewinnern und Verlierern der Zeitläufte, von Kämpfen um Macht und Wohlstand und ihren Folgen. Das soll auch ganz konkret „auf einen Blick" erfassbar werden: Szenische Darstellungen aus dem Leben von insgesamt neun ausgewählten Persönlichkeiten, die im 1. bis 10. Jh. hierzulande gewirkt haben, erzählen die Zusammenhänge und Entwicklungen induktiv von einzelnen Akteuren her. Als anspruchsvolle

Visualisierungen von Forschungserträgen ermöglichen sie einen individualisierten, „persönlichen" Zugang zu den thematisierten Fragestellungen und Sachverhalten und zu archäologischen Funden. Für die Ausarbeitung der Darstellungen konnte mit Kelvin Wilson einer der profiliertesten archäologischen Illustratoren gewonnen werden. Wilsons Werke sind das Ergebnis einer intensiven künstlerischen Auseinandersetzung mit erkenntnistheoretischen Fragen in der archäologisch-historischen Forschung. Seine ausdrucksstarken Bilder begegnen ihrem Gegenstand mit Respekt. Im Blickkontakt mit den von ihm vielmehr porträtierten als rekonstruierten historischen Individuen erlischt die zeitliche Distanz zwischen ihnen und uns – imaginierte Vergangenheit wird für einen kurzen Moment einprägsam erlebte Gegenwart. „Die Bilder erzählen die Geschichte auf ihre Weise. Wir sehen eine Braut, die mit elf oder zwölf Jahren viel zu jung ist, um eine zu sein; wir sehen einen Kriegsherrn, der Entscheidungen von großer Tragweite zu treffen hat, aber zu alt ist und zu unsympathisch aussieht, um uns an einen Helden denken zu lassen. Sie zeigen eine befremdlich wirkende Welt, aber zugleich erkennen wir, dass wir uns täuschen, wenn wir denken, diese Welt damals hätte ganz anders funktioniert als unsere heutige" (Kelvin Wilson).

Die neue historische Erzählung für das 1. Jahrtausend in Niedersachsen, die der vorliegende Band entwirft, widerspricht der immer noch populären, aber heute veralteten Geschichte von den alten Sachsen, die ihre Wurzeln in Vorstellungen und Betrachtungsweisen des 19. Jh.s hat. Das Buch versucht deshalb auch transparent zu machen, wie aus Forschung Geschichte gemacht wird. Es will wissenschaftliche Kontroversen und Unwägbarkeiten sichtbar machen und aufzeigen, dass jede neue Erkenntnis vor allem viele neue Fragen aufwirft. Dazu gehört auch die Frage, wie wahr unsere Erzählung ist: Entspricht sie wirklich den Tatsachen? Ich denke: Wir sind zumindest ziemlich nah dran.

Und ich bin mir gleichzeitig sicher: Manches könnte auch ganz anders gewesen sein. Aber machen Sie sich selbst ein Bild. Das Buch erschließt und stellt dar, was die archäologische und historische Forschung heute sieht, wie sie das interpretiert und welche Erzählung daraus entstehen kann.

Es bleibt spannend

Unser Buch liefert eine Erklärung, warum die *Saxones* des 10. Jh.s, über die Widukind von Corvey schreibt, *Saxones* waren und hießen: Aus einer Fremdbezeichnung war eine Selbstbezeichnung geworden. Offen bleibt dabei die Frage, woher diejenigen *Saxones* ihren Namen hatten, die wir aus der Zeit kennen, bevor damit rechtsrheinische Konkurrenten der Frankenkönige bezeichnet wurden, also die *Saxones* aus den schriftlichen Quellen des 4. und 5. Jh.s. War *Saxones* damals wirklich nur ein gängiger Sammelbegriff für Plünderer, Söldner und Piraten? Widukind von Corvey würde dem vermutlich zustimmen: Für die Zeit, bevor „seine" *Saxones* in Konflikt mit den Frankenkönigen geraten waren, beschreibt er sie als beutegierige Männer unklarer Herkunft, die übers Meer kommen, um mit großen Messern zu morden, zu stehlen und die Herrschaft an sich zu reißen. Aber vielleicht hatte er selber Schriften des 4./5. Jh.s gelesen und sich einen Reim darauf gemacht, dass und in welchem Zusammenhang dort der Name seiner Leute auftaucht. Widukind war ein hochgebildeter Mann und hatte Zugriff auf eine sehr gut ausgestattete Klosterbibliothek.

Die Sache mit den Sachsen ist und bleibt also vertrackt. Identitäten sind soziale Konstrukte: Die alten Sachsen waren und bleiben die, die dazu erklärt werden. Das letzte Wort soll deshalb Widukind von Corvey haben. Er hat schon vor tausend Jahren in seinem *Tatenbericht der Sachsen* festgestellt: „Die allzu ferne Zeit verdunkelt fast jede Gewissheit."

Anmerkungen

1 Ein frühes Werk, das die spätere Forschung stark beeinflusst hat, ist die 1920 erschienene Untersuchung von Alfred Plettke über „Ursprung und Ausbreitung der Angeln und Sachsen".
2 Vgl. beispielsweise Genrich 1981.
3 Die traditionelle Sicht der Forschung auf die Sachsen hat zuletzt Torsten Capelle 1998 dargestellt; ein weiteres Resümee von Capelle erschien 2008.
4 Vgl. hierzu Springer 2004 und Fliermann 2017.

Literatur

Torsten Capelle: Die Sachsen des frühen Mittelalters (Darmstadt 1998).
Torsten Capelle: Widukinds heidnische Vorfahren. Das Werden der Sachsen im Überblick (Bielefeld 2008).
Widukind von Corvey: Res gestae Saxonicae – Die Sachsengeschichte. Übersetzt und herausgegeben von Ekkehart Rotter und Bernd Schneidmüller (Stuttgart 1981).
Robert Fliermann: Saxon Identities AD 150-900 (London/New York 2017).
Albert Genrich: Die Altsachsen. Veröffentlichungen der urgeschichtlichen Sammlungen des Landesmuseums Hannover 25 (Hannover 1981).
Alfred Plettke: Ursprung und Ausbreitung der Angeln und Sachsen (Hannover 1920).
Matthias Springer: Die Sachsen (Stuttgart 2004).

Alles auf Anfang: Von Sachsen keine Spur

1. UND 2. JAHRHUNDERT

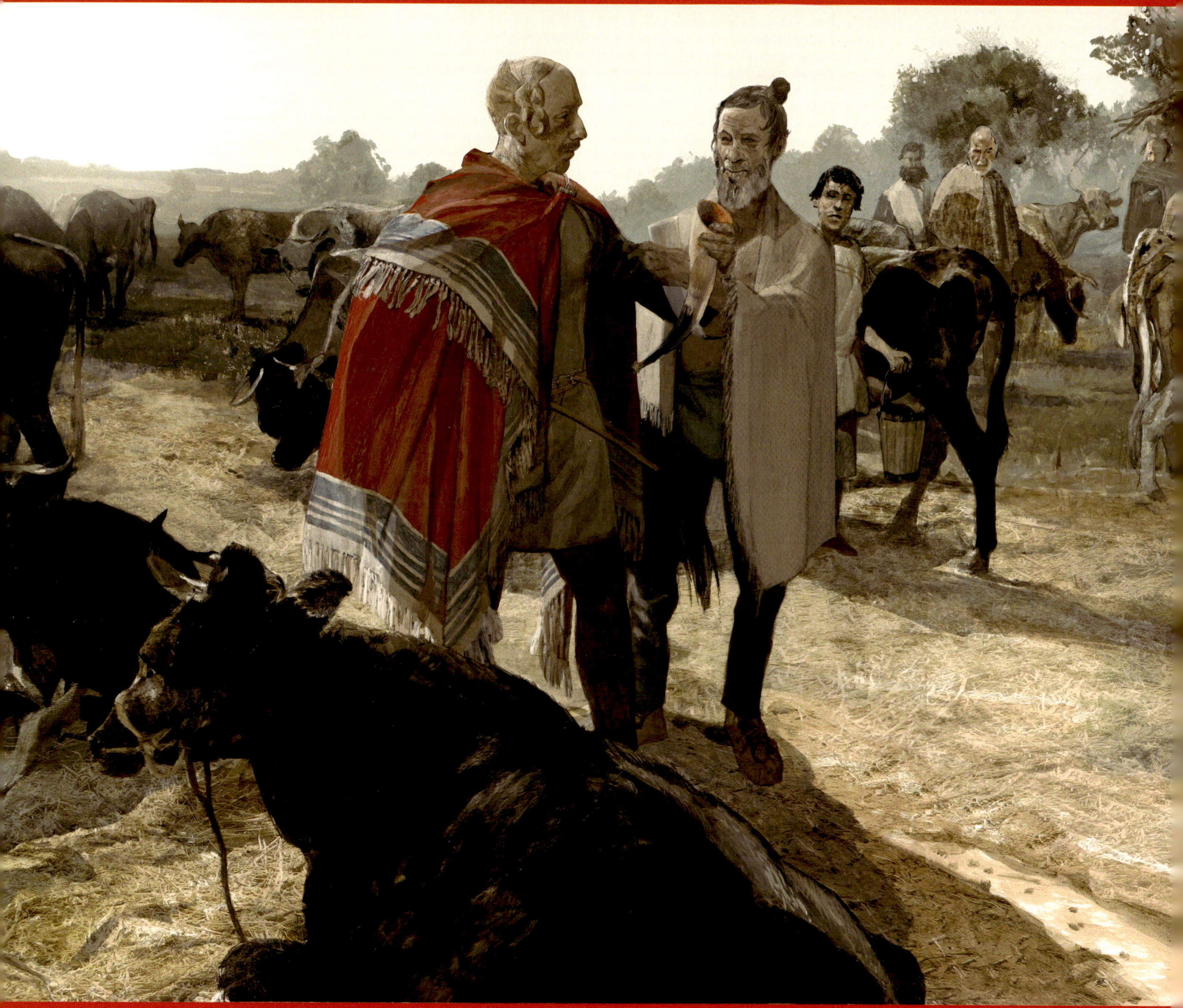

Wo fängt die Geschichte an? In der Zeit um 100: Damals verfassen römische Autoren die ältesten Berichte über das Land zwischen Rhein und Ostsee, die überliefert sind. In den heute niedersächsischen und westfälischen Gebieten leben zusammen kaum mehr als einige Hunderttausend Menschen. Die Römer zählen sie zu den „Germanen" und unterscheiden verschiedene *gentes*, Clans oder Stämme. Der Römer Tacitus (* um 58, † um 120) gehört zu den Ersten, die schriftlich fixieren, was man über diese Gruppen weiß – oder zu wissen glaubt. Wie er in seiner Schrift „Germania" feststellt, wurden den Römern rechts des Rheins „erst unlängst [...] einige Völkerschaften und Könige bekannt, zu denen der Krieg den Zugang eröffnet hat." Zu den *gentes*, die er und andere in den weiten Landschaften zwischen Rhein und Elbe lokalisieren, gehören Sugambrer, Amsivarier, Brukterer, Chasuarier, Langobarden, Chauken, Dulgubnier, Angrivarier, Fosen, Sueben und Cherusker. *Saxones* oder Sachsen sind nicht dabei.

Kaiser Augustus († 14) hatte dieses Gebiet als Teil der römischen Provinz Germania behandelt. Es gab dort Freunde Roms – aber auch entschiedene Gegner. Kopf des Widerstands war Arminius, ein Cherusker. Im Jahr 9 fügte er Truppen des Kaisers unter der Führung des Feldherrn Varus eine vernichtende Niederlage zu. Nach dem Tod des Augustus zog sich das Imperium zurück. Was die germanischen Clanführer davon hielten? Notiert haben sie es nicht: Man benutzte zu ihrer Zeit hierzulande keine Schrift. Fest steht aber: Kontakte ins römische Reich werden aufrechterhalten und gepflegt. Wohlhabende Familien begraben ihre Toten mit römischen Luxusgütern. Sie sind Statussymbole der Elite.

Merkur mischt mit Haben Sie sich auch schon immer gefragt, was die Römer hier eigentlich wollten? Sicher nicht zuletzt Rohstoffe: Holz, Erze, vielleicht Vieh. Und Menschen: Nachschub für die florierenden Sklavenmärkte des Imperiums. Begehrt ist aber auch *plumbum gemanicum*, Blei aus Germanien. Daraus werden unter anderem Wasserrohre gemacht. Im Sauerland gibt es römische Bleiminen. Man schafft das Blei über den Hellweg zum Rhein. Davon profitieren nicht zuletzt Einheimische, die die politischen und wirtschaftlichen Netzwerke entlang dieser Route kontrollieren. Ein römisch-germanisches Joint-Venture? Tacitus notierte, Merkur, der römische Gott der Händler und Diebe, sei der beliebteste göttliche Schutzherr bei den Germanen.

In „Colonia Claudia Ara Agrippinensium", dem heutigen Köln, sitzen seit dem 1. Jh. hochrangige Vertreter des römischen Imperiums aus Politik und Verwaltung. Kaiser Augustus hatte den Ort zum Mittelpunkt der Provinz Germania gemacht. Am Rhein traf man seither auf weitgereiste Menschen aus allen Teilen des Reiches. Römische Zivilisation prägt das Leben: Ein multikultureller Lebensstil, Errungenschaften einer mediterranen Hochkultur, urbaner Wohlstand – um daran teilzuhaben, muss man nicht mehr die Alpen überqueren.

Grenzerfahrung Die germanische Führungsschicht ist im 1. und 2. Jh. zerstritten: Wer profitiert von guten Verbindungen ins römische Reich? Unter Augustus wurden Kinder einflussreicher Familien in Rom erzogen. Nicht ohne Zwang – aber sie erhielten volles römisches Bürgerrecht. Rom wollte germanische Aristokraten an sich binden. Ihr Nachwuchs konnte im römischen Heer Karriere machen, wie zum Beispiel Arminius, der Sohn eines Cheruskerfürsten. Männer wie er waren mehr Römer als Germanen. Zu Hause in zwei Welten: das weckte Misstrauen. Auf welcher Seite steht die romanisierte Elite? Rom musste erfahren: nicht immer auf der gewünschten. Arminius kämpfte in der Varusschlacht gegen das Imperium. Das Schicksal vieler germanischer Clans hing seither von einer Entscheidung ab: für oder gegen Rom? Und wie lange?

Die germanischen Anführer des 1. und 2. Jh.s heißen im Römischen Reich *reges*, Könige. Der Römer Tacitus berichtet, sie würden „nach edler Abstammung gewählt". Zu Hause streiten die feinen Herren um Vorherrschaft, Macht und Einfluss. Gewalttätige Auseinandersetzungen sind alltäglich. Nur die reichsten Männer gewinnen in diesem Spiel: Ihre Anhänger und Krieger erwarten einen Lohn. Das dafür nötige Vermögen kann man erwirtschaften, mit Vieh zum Beispiel. Ertragreicher ist aber sicher ein Bündnis mit Rom, gerne gegen Rivalen. Dafür fließt gutes Geld. Noch im Grab präsentiert sich mancher ungeniert als Nutznießer guter Beziehungen zum Imperium: Wer auf sich hält, wird mit römischem Tafelgeschirr beigesetzt. (B.L.)

Zur Illustration auf der vorherigen Seite In der Szene stoßen zwei germanische Anführer auf einen gerade abgeschlossenen Handel an. Der Herr links im Bild stellt einen Mann dar, dessen Urnengrab bei Hankenbostel (Gem. Faßberg) im Landkreis Celle entdeckt wurde. Er starb im 2. Jh. Kelvin Wilson: „Die Germanen werden auch heute noch häufig so dargestellt, wie die Römer sie sahen: als Barbaren, als grimmige grobschlächtige Krieger. Ich wollte ihre Anführer lieber als clevere Spieler zeigen, die ihren Einfluss vor allem durch eine schlaue Bündnispolitik stärken. Ihr Wohlstand bemaß sich nicht allein an der Menge der Dinge, die sie besaßen, sondern auch an deren Qualität. Mit ihren sogenannten ‚Prachtmänteln' aus feinen, fast schimmernden Geweben und ihren kunstvollen Frisuren haben sie eine gute Figur gemacht. Ja, diese Männer waren gefährlich, machtpolitisch gerissen. Die Römer haben sie gefürchtet. Meistens haben sie sich den Frieden mit ihnen mit viel Geld erkauft."

Am Rande des römischen Imperiums
Das rechtsrheinische Germanien bis zur Elbe

WERNER ECK

Rom ist nicht an einem Tag erbaut worden. Das gilt auch für das Imperium Romanum – es ist über viele Jahrhunderte gewachsen. Gegen Ende der Republik, als Rom bereits auf eine siebenhundertjährige Geschichte zurückblickte, beschleunigte sich die Expansion des Reiches. Im Osten der Mittelmeerwelt ist dies vor allem mit dem Namen des Pompeius Magnus (106–48 v. Chr.) verbunden, im Westen mit Gaius Iulius Caesar (100–44 v. Chr.). Er hat den gewaltigen gallischen Raum in den Jahren zwischen 58 und 51 v. Chr. erobert; aber am Rhein hat er, trotz einiger Eingriffe auf dem rechten Ufer, Halt gemacht.

Sein Adoptivsohn, der später den Namen Augustus erhielt (63 v. Chr.–14 n. Chr.), ist ihm darin nicht gefolgt. Denn sehr bald wurde deutlich, dass das nun römische Gallien immer wieder durch germanische Stämme von rechts des Rheins beunruhigt wurde. Vor allem aber grenzten an Italien, das Kernland der römischen Bürger, bis in die letzten Jahrzehnte des 1. Jh.s v. Chr. im Norden und Nordosten noch Gebiete, die nicht römisch waren. So entstand bei Augustus und seinem Chefstrategen Marcus Agrippa der Plan, das Vorfeld Roms nach Norden über die Alpen nach Germanien und nach Osten auf den Balkan zu erweitern. Seit spätestens 15 v. Chr. wurde der Plan umgesetzt, indem zunächst

Abb. 1 Römische Dolche aus dem Lager bei Hedemünden an der Werra.

Abb. 2 Teile römischen Pferdegeschirrs aus Bentumersiel an der Ems.

die Alpen sowie das Alpenvorland erobert wurden. Am Rhein begann die Offensive erst im Spätsommer des Jahres 12 v. Chr. unter dem Kommando von Drusus, einem der zwei Stiefsöhne von Augustus; der andere, Tiberius, kommandierte gleichzeitig die Truppen, die den westlichen Balkan für Rom gewinnen sollten.

In den Jahren 12 bis 9 erreichte Drusus fast das Ziel, das geostrategisch sinnvoll war; vermutlich hatte es Augustus vorgegeben: Im Jahr 9 stand er mit den Legionen an der Elbe, eine äußerste Grenze, die Augustus im Jahre 14 n. Chr. kurz vor seinem Tod in seinem damals abgeschlossenen Tatenbericht (seinen sogenannten *Res gestae*) nochmals bekräftigt hatte. Drusus drang auf verschiedenen Wegen in das von germanischen Stämmen besiedelte Gebiet vor, von der Nordsee aus mit der Flotte über die Flüsse, ebenso auf dem Land vor allem entlang der Flüsse, die sich in den Rhein ergossen. Schon im Jahr 11 überschritt er die Weser. Es kam zu Kämpfen mit den germanischen Stämmen der Friesen, Usipeter, Chauken, Cherusker, Sugambrer, Chatten und Markomannen. Bei Hedemünden an der Werra hat man mehrere Lager ausgegraben, die während des Vormarsches angelegt wurden, als Stützpunkte und für den Nachschub (Abb. 1). Sie sind aber nicht über längere Zeit mit Truppen besetzt gewesen und nicht zu permanenten Zentren umgewandelt worden, wie das bald darauf bei Lagern an der Lippe geschehen ist. Andere Lager dieser frühen Zeit der Offensive lagen bei Olfen an der Lippe, bei Barkhausen bei der Porta Westfalica und vielleicht bei Bentumersiel an der Emsmündung (Abb. 2).

Nach der römischen Überlieferung soll Drusus an der Elbe von einer übermenschlichen Frauengestalt, einer Barbarin, gewarnt worden sein, weiter vorzudringen, weshalb er im Spätsommer 9 v. Chr. Siegesaltäre an der Elbe errichtete und dann zur Rückkehr an den Rhein aufbrach. Doch erlag er bald darauf seinen Verletzungen, die er sich bei einem Sturz vom Pferd zugezogen hatte. Sein Bruder Tiberius, der in einem Gewaltritt von Rom aus seinen Bruder noch lebend antraf, übernahm nach dessen Tod sein Kommando. Er zwang im Jahr 8 die Sugambrer, auf das linke Rheinufer überzusiedeln und erreichte schließlich die weitgehende Unterwerfung der Stämme zwischen Rhein und Elbe. Augustus ließ ihn im Jahr darauf wegen des Erfolgs in Germanien einen Triumph in Rom feiern, der Bruder Drusus wurde postum mit Siegernamen Germanicus geehrt. Damals schien die Anerkennung der römischen Herrschaft durch die germanischen Stämme abgeschlossen zu sein, auch wenn es noch einzelne Unruheherde gegeben hat. Es war eine neue römische Provinz erobert, die den Namen Germania trug.

M·CAELIVS
M·L·
PRIVATVS

M·CAELIVS
M·L·
THIAMINVS

M·CAELIO·T·F·LEM·BON
O·LEG·XIIX·ANN·LIII
CIDIT·BELLO·VARIANO·OSSA
INFERRE·LICEBIT·P·CAELIVS·T·F
LEM·FRATER·FECIT

Gekommen, um zu bleiben

Noch mehr als 80 Jahre später ist der Reflex auf diese neue Provinz in römischen Dokumenten greifbar. Sie umfasste die Gebiete, die später auf der linken Rheinseite die Provinzen *Germania inferior* und *superior* bildeten, und das eroberte Gebiet auf der rechten Rheinseite bis zur Elbe. Der Rhein war damals keine Grenze, sondern die verbindende Achse zwischen den beiden Seiten des Stromes. Die Provinz erhielt auch sogleich ein politisches, religiöses und administratives Zentrum im *oppidum Ubiorum* (= die heutige Kölner Altstadt). Dort wurde ein Kultbezirk errichtet, an dem die germanischen Stämme jährlich ihre Loyalität gegenüber der Göttin Roma und Augustus durch Opfer und öffentliche Feiern zeigen sollten. Bezeugt ist dies sehr klar im Jahr 9 n. Chr. Als die Nachricht von der Vernichtung des Varus und seiner Legionen im *saltus Teutoburgiensis* (= ein waldiges Gelände, das so genannt wurde, das aber nicht mit dem heutigen Teutoburger Wald identisch ist) das *oppidum* erreichte, hielt sich dort der Cherusker Segimundus auf, der im Kultbezirk als Priester tätig war. Er war von den Vertretern der germanischen Stämme dazu gewählt worden. Er riss sich die Kopfbinde, die ihn als Priester kennzeichnete, vom Haupt und floh zu seinem Stamm auf der rechten Rheinseite.

Dass Augustus und seine Vertreter am Rhein, die ebenfalls im *oppidum Ubiorum* ihren Sitze hatten, Germanien als Provinz, als integralen Teil des Imperium Romanum betrachteten, wird nicht nur durch den Kultbezirk für alle links- und rechtsrheinischen Stämme deutlich, sondern besonders durch viele Maßnahmen auf der rechten Rheinseite. Dass Rom hier bleiben wollte, wurde vor allem durch siedlungspolitische Maßnahmen deutlich. Das Lager Haltern an der Lippe ist einer dieser Plätze, an denen dies mehr als klar hervortritt. Zwar war Haltern zunächst ein militärischer Stützpunkt, der zudem logistische Aufgaben erfüllen musste. Die Innenausbauten im Lager lassen viele Wohnkomplexe erkennen, die für höhere Offiziere, für Tribunen und Zenturionen, bestimmt waren, also Leuten im Rang des *centurio* Marcus Caelius, der im Jahr 9 n. Chr. gefallen war und dessen Grabmal in Xanten gefunden wurde (Abb. 3). Doch die Zahl dieser Häuser und damit die Zahl der dort untergebrachten Offiziere waren so groß, dass die Truppen, die üblicherweise von diesen Offizieren befehligt wurden, im Lager gar nicht untergebracht werden konnten. Diese Offiziere hatten somit wohl Aufgaben, die mehr auf die Beherrschung und Organisation des unterworfenen Gebiets ausgerichtet waren. Auch große Rundgräber außerhalb des Lagers waren in einer Weise angelegt, dass sie das Gedenken an die dort Bestatteten über lange Zeit bewahren sollten. Die Römer wollten in der neuen Provinz bleiben.

Den ultimativen Beweis dafür aber bringt die von den Römern an der Lahn errichtete Siedlung, die bei Waldgirmes, rund 70 km nördlich von Frankfurt entdeckt und seit 1993 ausgegraben wurde. Alle Einzelheiten, die dort aufgedeckt wurden, zeigen, dass Planung und Ausbau der Siedlung von römischer Seite seit ca. 4 v. Chr. erfolgte, dass aber die Bewohner hauptsächlich Germanen waren. Die Siedlung, etwas mehr als 7 Hektar groß, war durch einen Wall geschützt. Innerhalb waren Straßen angelegt, die von Säulengängen gesäumt waren. Das Innere der Siedlung wurde außer durch Brunnen mit fließendem Wasser versorgt, wofür sogar Bleirohre verwendet wurden. Im Zentrum lag ein Forum, das von Säulenhallen eingefasst war. Und in der Mitte des Platzes erhoben sich fünf bronzene Reiterstatuen, die auf Basen aus Lothringer Kalkstein standen. Reste dieser Statuen, die nach der Niederlage des Varus in viele Fragmente zerschlagen worden waren, wurden bei den Grabungen entdeckt, u. a. ein vollständiger Pferdekopf. Dass auf einem der Pferde Augustus, der Herr der neuen Provinz dargestellt war, ist nicht zu bezweifeln. Wer eine solche Siedlung errichtet, zeigt, dass die Region ein Teil des Imperiums ist, den man nicht mehr aufgeben wird.

Auch die ökonomische Ausbeutung der Provinz hat unmittelbar nach dem Abschluss der Kämpfe eingesetzt. Durch Funde bei Brilon und bei Soest ist nachgewiesen, dass unter Augustus im Sauerland Blei gewonnen wurde. Auf einem Bleibarren aus Soest wird ein Römer genannt, dessen Name auch auf Barren steht, die im Meer vor der Rhonemündung geborgen wurden: Lucius Flavius Verucla; er hat *plumbum Germanicum* produziert, Blei aus Germanien (Abb. 4). Und auf einem Bleistück aus Brilon erscheint der Name *Pudens* (in der Form *Pudentis*), der auch auf Barren steht, die vor der Insel Sardinien in einem Schiffswrack entdeckt wurden. In beiden Fällen erscheint stets auch der Name von Caesar Augustus. Daraus wird klar, dass Augustus teilweise durch eigenes Personal, teilweise aber auch durch Pächter germanisches Blei ausbeuten ließ. In Rom wurde dieses massenweise benötigt, unter anderem bei den vielen neuen Bauten: Das Blei diente als Mittel zur Fixierung von Eisenklammern, mit denen Steinblöcke verbunden wurden. Die Pacht, die Augustus erhielt, wurde in natura abgeliefert, eben als Bleibarren. Auf diese

← **Abb. 3** Grabmal des Marcus Caelius aus Xanten. Der Centurio fiel im Jahr 9 n. Chr. in der „Varusschlacht".

Abb. 4 Blei aus Germanien. Dieser in Soest gefundene Barren trägt eine römische Namensinschrift: Lucius Flavius Verucla.

haben kaiserliche Sklaven ihre Namen eingepunzt und damit die sachgerechte Ablieferung dokumentiert. Das zeigt zudem, dass bereits unter Augustus für die rechtsrheinischen Gebiete eine Art Finanzadministration eingerichtet worden war, ebenfalls im *oppidum Ubiorum*, wo das gewaltige Grabmal eines kaiserlichen Sklaven, der bei diesem Administrationszweig tätig war, rekonstruiert werden konnte.

Die Provinz war somit vollständig eingerichtet; vermutlich wurden auch schon in der einen oder anderen Form Steuern erhoben. Ferner wurden bedeutsamere Rechtsverletzungen vor dem Statthalter verhandelt. Dabei wurden Konflikte, die zwischen verschiedenen Clans innerhalb einzelner Stämme ausbrachen, vor den kaiserlichen Legaten gebracht, weil manche Germanen sich aus dem Verfahren vor dem Statthalter Vorteile erhofften oder einfach einen weniger voreingenommenen Richter, als dies innerhalb der Stammesgemeinschaft zu erwarten war. Dass bei der Gegenseite durch dieses Verfahren Abneigung und Hass gegen Rom entstehen konnte, ist nicht verwunderlich.

Bei den Cheruskern sind Auseinandersetzungen dieser oder ähnlicher Art zwischen den Familien zweier Stammeshäuptlinge, des Arminius und des Segestes, bezeugt. Dabei ist es wichtig, dass beide bereits das römische Bürgerrecht erhalten hatten, also Vollbürger Roms geworden waren. Auf diese Weise sollte gerade die Stammesaristokratie an Rom gebunden werden.

Der Kaiser täuscht die Öffentlichkeit

Doch verschiedenste Gründe führten schließlich unter der Statthalterschaft des Quinctilius Varus (ca. 6–9 n. Chr.) dazu, dass Arminius, der eine hohe Offiziersstellung im römischen Heer einnahm, eine weitausgreifende Revolte gegen die römische Herrschaft organisieren konnte. Als Varus mit drei Legionen, drei Alen und sechs weiteren Hilfstruppeneinheiten im Herbst 9 n. Chr. in die Winterlager zurückkehren wollte, wurde er auf dem Marsch von Arminius und den mit ihm verbündeten Stämmen überfallen. Am Ende eines drei Tage dauernden Marsches, der u. a. durch die Funde bei Kalkriese dokumentiert ist, und der mit ständigen Überfällen verbunden war, machten Varus und andere Offiziere ihrem Leben selbst ein Ende. Der Großteil der Truppen wurde vernichtet, nur kleinen Kontingenten gelang es, sich bis zum Rhein durchzuschlagen. Die römische Herrschaft im rechtsrheinischen Teil der Provinz Germania schien beendet. Auch Siedlungen wie die bei Waldgirmes wurden zerstört.

Augustus war zutiefst geschockt von dieser Katastrophe. Aber er dachte nicht daran, die einmal gewonnene Provinz aufzugeben. Er verstärkte die Truppen an der Rheinfront und ordnete die Wiedereroberung des verlorenen Gebiets an. Zunächst übernahm Tiberius dort das Kommando, nach ihm ab dem Jahr 11 n. Chr. Germanicus, der Sohn des Drusus, den Tiberius im Jahr 4 n. Chr. adoptiert hatte. Als Augustus im August 14 n. Chr. starb, war die Wiedereroberung im vollen Gange. Doch dann revoltierten die Rheintruppen, weil sie Germanicus und nicht Tiberius als Kaiser wollten. Das hinterließ bei Tiberius ein tiefes Misstrauen gegen seinen Adoptivsohn, obwohl sich dieser mit äußerster Loyalität dem Wunsch des Heeres verweigerte. Noch im Jahr 14 zog er mit allen Truppen gegen rechtsrheinische Stämme, was er in den folgenden zwei Jahren fortsetzte. Doch Tiberius drängte ihn, die Wiedereroberung einzustellen und die Germanen ihren inneren Streitigkeiten zu überlassen. Seinen Entschluss, dies zu tun, begründete er damit, Augustus habe keine weiteren Eroberungen gewollt, sondern vielmehr empfohlen, das Reich innerhalb seiner Grenzen zu halten. Tiberius benutzte diese Aussage für die Rheingrenze, während Augustus damit die Elbe gemeint hatte. Doch Germanicus wurde nach Rom zurückbeordert, wo er einen Triumph über die Germanen feiern durfte. Die Provinz Germania war wegen des Misstrauens des Tiberius gegen Germanicus aufgegeben. Der Rhein wurde, jedenfalls im niedergermanischen Bereich, zur Grenze. Aus dem rechtsrheinischen Teil der Provinz Germania, der für rund zwanzig Jahre zum Imperium gehört hatte, wurde – wieder – eine *Germania libera*, das freie Germanien. Nie zuvor hatte Rom eine Provinz aufgegeben, die es einmal erworben hatte.

Dabei ist es in den folgenden Jahrhunderten geblieben, trotz gelegentlicher militärischer Eingriffe jenseits des Rheins. Aber das war immer nur okkasionell; zu einer dauerhaften Herrschaft führte das nirgends. Nur am Mittel- und Oberrhein etablierte sich Rom jenseits des Stromes bis etwa in die Mitte des 3. Jh.s Aber die norddeutsche Tiefebene, die südlich anschließenden Mittelgebirge und die dort wohnenden Stämme blieben außerhalb des römischen Herrschaftsraums. Am Niederrhein wurden lediglich die Gebiete, die auf der rechten Rheinseite nahe am Strom lagen, von Rom als ökonomisches Vorland in Anspruch genommen, aber nicht besiedelt. Mit den rechtsrheinischen Stämmen gab es Handelsverbindungen, was auch dadurch deutlich wird, dass am Rhein Zoll auf den Handel mit dem freien Germanien erhoben wurde. Allerdings gab es Handelsbeschränkungen von Seiten Roms. So durften vor allem Waffen nicht über den Rhein exportiert werden. Auch Lebensmittelausfuhr war nicht gestattet. „Diplomatische" Verbindungen mit einzelnen Stämmen hat es gelegentlich gegeben, aber wohl stets aus besonderen Anlässen. Rom hat Germanien in Ruhe gelassen, solange nicht Kriegerverbände aus einzelnen Stämmen Einfälle ins nunmehr nur noch linksrheinische römische Germanien und Gallien unternahmen wie etwa unter Marc Aurel in den 70er-Jahren des 2. Jh.s. Wenn spätere Kaiser wie etwa Commodus (180–192) oder Caracalla (211–217) den Siegerbeinamen Germanicus trugen, dann ging das auf Kämpfe mit germanischen Völkern jenseits des hier vor allem betrachteten Raumes zurück.

Die Funde am Harzhorn, die die Anwesenheit römischer Truppen und deren Kampf mit einheimischer Bevölkerung im 3. Jh. bezeugen, sind einerseits eine Überraschung für alle heutigen Beobachter gewesen. Andererseits haben sie aber sicherlich nichts mit einem späten Versuch Roms zu tun, nochmals Herrschaft über das nördliche Germanien zu erreichen. Damals war Rom längst damit zufrieden, wenn es sein über so lange Zeit beherrschtes Gebiet gegen Feinde von außen, nicht zum wenigsten gegen germanische Stämme verteidigen konnte. Vielleicht sollten die Truppenverbände, die am Harzhorn gekämpft haben, gerade helfen, diese Verteidigung zu sichern. Weshalb dies damals so tief im Innern Germaniens geschah, dafür scheint es bis heute noch keine befriedigende Erklärung zu geben.

Literatur

Armin Becker und Gabriele Rasbach: Waldgirmes. Die Ausgrabungen in der spätaugusteischen Siedlung von Lahnau-Waldgirmes (1993–2009). 1. Befunde und Funde (Mainz 2016).

Frank Berger, Felix Bittmann, Michael Geschwinde, Petra Lönne, Michael Meyer und Günther Moosbauer: Die römisch-germanische Auseinandersetzung am Harzhorn (Ldkr. Northeim, Niedersachsen). Germania 88, 2010, 313–402.

Werner Eck: Köln in römischer Zeit. Geschichte einer Stadt im Rahmen des Imperium Romanum (Köln 2004).

Werner Eck: Augustus und die Großprovinz Germanien. Kölner Jahrbuch 37, 2004 [2006], 11–22.

Werner Eck: Roms Germanenpolitik vom 1. bis 3. Jahrhundert n. Chr.: Von der Dominanz zur Schwäche. In: Gabriele Rasbach (Hrsg.): Westgermanische Bodenfunde. Akten des Kolloquiums anlässlich des 100. Geburtstages von Rafael von Uslar am 5. und 6. Dezember 2008 (Bonn 2013), 21–30.

Werner Eck: Consilium coercendi intra terminos imperii: Motivationswandel in der augusteischen Expansionspolitik? In: S. Segenni (Hrsg.): Augusto dopo il bimillenario. Un bilancio (Mailand 2018), 128–137.

Klaus Grote: Römerlager Hedemünden: Der augusteische Stützpunkt, seine Außenanlagen, seine Funde und Befunde (Dresden 2012).

Norbert Hanel und Peter Rothenhöfer: Germanisches Blei für Rom. Germania 83, 2005, 53–65.

Henner v. Hesberg und Werner Eck: Der Rundbau eines Dispensator Augusti und andere Grabmäler der frühen Kaiserzeit in Köln – Monumente und Inschriften. Kölner Jahrbuch 36, 2003 [2005], 151–205.

Michael Alexander Speidel: Der römische Neubeginn im Gebiet der Helvetier und in der Vallis Poenina. In: idem, Heer und Herrschaft im Römischen Reich der Hohen Kaiserzeit (Stuttgart 2009), 545–562.

Martin Straßburger: Plumbi nigri origo duplex est. Bleierzbergbau der römischen Kaiserzeit im nordöstlichen Sauerland In: Walter Melzer und Torsten Capelle (Hrsg.): Bleibergbau und Bleiverarbeitung während der römischen Kaiserzeit im rechtsrheinischen Barbaricum (Soest 2007), 57–70.

Reinhard Wolters: Die Schlacht im Teutoburger Wald. Arminius, Varus und das römische Germanien (München 2008).

Werner Zanier: Der Alpenfeldzug 15 v. Chr. und die Eroberung Vindelikiens. Bayerische Vorgeschichtsblätter 64, 1999, 99–132.

Provinzielle Verhältnisse?
Das Land zwischen Rhein und Elbe im 1. und 2. Jahrhundert

JAN SCHUSTER

Die Römer hatten es mit ethnischen Zuweisungen der Menschen, die im 1. und 2. Jh. n. Chr. in den weiten Gebieten zwischen Rhein und Elbe lebten, nicht leicht. Julius Cäsar (13. Juli 100 – 15. März 44 v. Chr.) hatte, seinen politischen Zielen folgend, die Barbaren des Nordens in zwei Teile gegliedert und legte als Trennlinie zwischen beiden den Rhein fest: Westlich von ihm sollten „Gallier" (Kelten) leben, östlich davon „Germanen". Letztere verstanden sich aber nie als Einheit und auch die Herkunft des Namens „Germanen" ist unklar. Möglicherweise bezog sich Caesar damit ursprünglich lediglich auf einen Stamm in Rheinnähe.

Von der römischen Geschichtsschreibung des 1. Jh.s n. Chr. sind uns dann zahlreiche Stammesnamen überliefert, auch liegen Angaben zu deren Stammessitzen vor. Grundsätzlich gilt dabei aber: Je näher die Stämme am Rhein wohnten, der bis zum Ende des Römischen Reiches dessen Grenze bilden sollte, desto sicherer sind die Angaben, auf weit entfernt liegenden Gebieten hingegen ruhte der Nebel des Halbwissens und Sagenhaften. Am genauesten informiert uns der römische Historiker und Senator Tacitus († um 120 n. Chr.) in seinem Werk *De origine et situ Germanorum*: Ihm zufolge saßen im Winkel zwischen Niederrhein und Nordseeküste die Bataver und die Friesen. Unmittelbar östlich Letzterer, ebenfalls an der Küste, aber auch ihrem Hinterland beiderseits der Weser, siedelten die Chauken. Das sich östlich anschließende Niederelbegebiet wiederum gilt als Sitz der Langobarden. Unmittelbar am Nieder- und Mittelrhein lebten von Nord nach Süd die Chamaver, Brukterer, Marser, Usipeter, Tenkterer und Mattiaker, östlich dieser Stämme die Chatten und Cherusker. Deren Nachbarn im Osten, im heutigen Mitteldeutschland, waren die Hermunduren. Schon zu dieser Zeit waren die Ubier und wohl auch die Sugambrer von der Karte der rechtsrheinischen Germania verschwunden: Sie sind von den Römern in den Jahren vor der Zeitenwende auf Reichsgebiet umgesiedelt worden und haben sich offenbar sehr schnell im römischen Milieu assimiliert.

Als geradezu charakteristisch für die germanische Welt kann die politisch-ethnische Instabilität gelten. Nicht nur gehörten Migrationen im Grunde zum Alltag, was zu Verschiebungen und Veränderungen der Siedlungsgebiete führte, auch die Stämme und Stammesgruppen unterlagen einem permanenten Wandel. Namen, von denen wir etwa aus den Schriftquellen des 1. Jh.s erfahren, verschwinden anschließend im Dunkel der Geschichte; spätestens im 3. Jh. finden viele davon in den Schriftquellen keine Erwähnung mehr. Einige tauchen nach längerer Zeit wieder auf – aber wir haben keine Gewissheit, dass es sich tatsächlich um ein und denselben Stamm handelt. Das betrifft beispielsweise die Langobarden, die im Zusammenhang mit den Markomannenkriegen in der 2. H. des 2 Jh.s zunächst letztmalig erwähnt werden und deren Name dann erst wieder am Ende des 5. Jh.s auftaucht – jetzt aber im Gebiet nördlich der mittleren Donau!

Was sieht die Archäologie?

Was wir heute über die konkrete Lebenswirklichkeit der Menschen im 1. und 2. Jh. n. Chr. zwischen Rhein und Elbe wissen, ist im Wesentlichen das Ergebnis intensiver archäologischer Forschung. Archäologen haben diesen Raum im 20. Jh. entsprechend der Verbreitung bestimmter Sachgüter- und Bestattungsformen eingeteilt, und zwar in drei große Kulturräume, die nach den großen Flüssen des Landes und der Nordsee bezeichnet wurden: Für das von den Mittelgebirgen dominierte Gebiet zwischen Rhein, Main und Leine wird von den „Rhein-Weser-Germanen" gesprochen, für einen Raum östlich der Leine bis hin zur Oder von den „Elbgermanen". Die Landschaften im nordwestdeutschen Tiefland hingegen prägen Hinterlassenschaften der sogenannten „Nordseeküsten-Germanen". Die Grenzen zwischen diesen Gebieten lassen sich nicht scharf ziehen und waren zudem über die Zeit hinweg nicht konstant; auch sind nur innerhalb kurzer Zeiträume verfolgbare Bevölkerungsverschiebungen oder kleinräumige Migrationen mit den archäologischen Kulturbegriffen kaum darzustellen. So sind etwa im Rheinland in der Zeit kurz vor der Zeitenwende elbgermanische Elemente im archäologischen Fundstoff spürbar, die dann von rhein-weser-germanischen Hinterlassenschaften abgelöst wurden. Ähnliches lässt sich für Westthüringen beobachten. Hier folgte auf eine elbgermanisch dominierte Besiedlung eine rhein-weser-germanische Periode; ab dem ausgehenden 2. Jh. wiederum lässt sich die Region mit einer elbgermanischen Besiedlung verbinden. Es muss aber betont werden, dass die genannten Kulturräume von der Forschung schon vor über einem halben Jahrhundert definiert und ihre Ausdehnungen umrissen wurden[1]: Eine erneute Überprüfung der damaligen Festlegungen auf der Grundlage neuester Forschungsergebnisse steht noch aus, allenfalls gewisse Untersuchungen zur Verbreitung von Keramikgruppen wurden vorgenommen[2].

Wohnen

Gelebt haben die Germanen zwischen Rhein und Elbe im 1. und 2. Jh. n. Chr. meistens in offenen weilerartigen Ansiedlungen aus mehreren Gehöften. Diese bestanden aus ein bis zwei sogenannten Langhäusern, auf Pfosten stehenden Speichern und mitunter eingetieften Bauten, den sogenannten Grubenhäusern. Vor allem aus den nördlichen Regionen sind geschlossene oder unterbrochene Zauneinfassungen der Gehöfte bekannt. In den einzelnen Regionen existierten bestimmte Hausbautraditionen, die sich zu größeren Hausbaulandschaften zusammenfassen lassen[3]: In den Gebieten der Nordseeküsten- und der Elbgermanen dominierte die dreischiffige Hausbauweise, in einem südlich davon gelegenen Streifen wurden auch oder vornehmlich zweischiffige Häuser errichtet.

Die Siedlungen im Tiefland sind großflächig angelegt und zeigen oftmals eine lockere Raumplanung[4]. Der Forschungsstand ist für viele Regionen aber immer noch sehr unbefriedigend und es lassen sich derzeit keine genaueren Aussagen zu Hausformen und Siedlungsgrößen treffen. Von der Nordseeküste kennen wir jedoch eine ganz besondere Form der Siedlungen, die sogenannten Wurten oder Terpen: Hierbei handelt es sich um im Marschgebiet angelegte, bei Flut wasserumspülte Hügel. Sie bestanden häufig zunächst aus separaten Aufschüttungen für einzelne Langhäuser und den sie unmittelbar umgebenden Wirtschaftsraum, die dann im Laufe der Zeit durch weiteren Materialauftrag zusammenwuchsen und rundliche, größere Erhebungen bildeten. Am besten ist der Siedlungsplatz Feddersen Wierde bei Cuxhaven untersucht[5], der vom 1. bis zum 5. Jh. n. Chr. bestand und eine etwa ringförmige Struktur aufwies. Und tatsächlich berichtet der römische Chronist Plinius († 25. August 79) in seiner *Naturalis historia* von der Siedlungsweise der Chauken, dass diese auf Erdhügeln im Wattenmeer wohnen.

Leben und Wirtschaften

Die Lebensgrundlage der meisten Menschen war die Landwirtschaft. Es wurde Feldbau betrieben, wobei wir uns aber keinesfalls die heutigen mitunter riesigen Ackerflächen vorstellen dürfen: Die Felder waren klein und lagen dicht bei den Siedlungen. Auf ihnen wurde Einkorn, Emmer, Gerste und Roggen angebaut. Zweites Standbein der Wirtschaft war die Viehzucht. Schweine, Ziegen und Schafe wurden ebenso gehalten wie Rinder, denen wohl eine besondere Bedeutung zukam, da ihre Anzahl den Reichtum der Familie ausdrückte. Baubefunde von den Wurten und in anderen Regionen entdeckte abgebrannte Häuser mit den im Boden verbliebenen Resten des Inventars belegen, dass Mensch und Vieh unter einem Dach lebte: Ein Teil des Hauses war den Menschen vorbehalten, von diesem durch einen Korridor abgetrennt befand sich auf der gegenüberliegenden Seite der Stall.

Einen weiteren Erwerbszweig würden wir heutzutage nicht unbedingt mit der Wirtschaft in Verbindung bringen: Raubzüge. Schon vor der Zeitenwende und bis weit in das Frühmittelalter hinein waren auf Plünderungen ausgerichtete Kriegszüge in benachbarte und auch in weit entfernt gelegene Gebiete eine übli-

Abb. 1 Ausstattungsteile aus dem „Fürstengrab" 2 von Marwedel im Landkreis Lüchow-Dannenberg (2. Jh.).

che Methode, den eigenen Lebensstandard zu erhöhen. Diese räuberischen Unternehmungen hatten aber auch eine soziale Komponente: Die für die germanischen Stämme charakteristischen, nicht an Stämme gebundenen Kriegerverbände – Gefolgschaften – scharten sich wegen der guten Aussicht auf Beute um charismatische Anführer; diese wiederum mussten, wenn sie Anführer bleiben wollten, dafür Sorge tragen, dass der Zufluss an Beute nicht abbrach.

Was bleibt ...

Wichtige Erkenntnisse über die Menschen und wie sie sich kleideten und schmückten, über ihre sozialen Hierarchien, aber auch über die Krankheiten, unter denen sie litten, liefern den Archäologen die Begräbnisstätten. Ihre Verstorbenen haben die Germanen auf mitunter recht ausgedehnten Nekropolen beigesetzt, die bis zu mehrere Hundert Gräber umfassen konnten. Hauptbestattungsform war die schon seit vielen Jahrhunderten praktizierte Einäscherung der Toten auf Scheiterhaufen. Die kremierten Überreste der Leichname, der sogenannte Leichenbrand, wurde bei den Rhein-Weser-Germanen überwiegend in Gruben ohne Leichenbrandbehälter niedergelegt, im Norden und Osten hingegen wurden die Überreste der Toten zumeist in Keramikurnen beigesetzt. Während die Beigaben im elbgermanischen Gebiet durchaus umfangreich sein können – Frauenbestattungen zeichnen sich durch Trachtbestandteile und Schmuck aus, in Männergräbern sind nicht selten Waffen und Sporen zu finden –, sind die Grabausstattungen im Nordseeküstenraum und bei den Rhein-Weser-Germanen eher ärmlich, Waffen sind so gut wie nicht aus Gräbern bezeugt. Ein Ungleichgewicht hinsichtlich gut untersuchter Gräberfelder im elbgermanischen Raum und in den Gebieten westlich davon wirkt sich aber erschwerend auf die Beurteilung der damaligen Verhältnisse aus.

Römischer Einfluss – im Boden gespeichert!

Archäologische Kulturen sind Hilfskonstrukte und es liegt in ihrer Natur, dass sie sich mit den von den Schriftquellen überlieferten ethnischen Einheiten aus methodischen Gründen nicht in Deckung bringen lassen. Trotzdem ist es allein der archäologischen Forschung zu verdanken, dass wir heute viele Details über die Vorstöße der Römer in unserem Gebiet wissen, die die schriftliche Überlieferung nicht festgehalten hat.

Der römische Expansionsdrang zur Zeit des Augustus führte die Legionen Roms auch in die Gebiete östlich des Rheins. Diese im wahrsten Sinne des Wortes einschneidenden Ereignisse haben Niederschlag in einer reichen archäologischen Fundlandschaft der Zeit um Christi Geburt gefunden, die, in etwa dem Lauf der Lippe folgend, wie ein ostwärts gerichteter Keil in die germanischen Siedlungsgebiete Nordwestdeutschlands ragte und bis zur Weser reichte. Durch einzelne Fundplätze wie temporäre Truppenlager oder Wachtposten belegt, demonstriert diese Landschaft eine beginnende römische Raumerschließung, die im Zusammenspiel mit den weiter südlich im Maingebiet stattfindenden ähnlichen Abläufen zu einer Besetzung der gesamten rechtsrheinischen Gebiete bis zur Elbe und zur Gründung einer römischen Provinz führen sollte. Die Entdeckung eines römischen Platzes bei Waldgirmes in Hessen mit zivilen Strukturen lässt den Schluss zu, dass offensichtlich sogar mit der Errichtung einer Provinzhauptstadt, zumindest aber der Hauptstadt einer *civitas* tief im Innern der Germania begonnen wurde[6].

Dass es dann doch nicht zu der Einrichtung einer Provinz „Germania" kam, lag unter anderem an der Niederlage des Statt-

Abb. 2 Beigaben aus dem „Reitergrab" von Hankenbostel im Landkreis Celle (2. Jh.).

halters Varus im Jahre 9 gegen die vom Cherusker Arminius angeführte Allianz germanischer Kriegergruppen im Teutoburger Wald. Von den römisch-germanischen Auseinandersetzungen jener Jahre zeugt der Kampfplatz bei Kalkriese im Osnabrücker Land, der als Ort der Varusschlacht propagiert, hinsichtlich seiner tatsächlichen Bedeutung und genauen Datierung aber nach wie vor kontrovers diskutiert wird[7].

Infolge des germanischen Widerstandes zogen sich die Römer hinter die Rheinlinie zurück, festigten die Grenze und errichteten zahlreiche Stützpunkte und Truppenlager. Die weitere Entwicklung der Stämme östlich des Rheins vollzog sich somit zwar außerhalb der Reichsgrenzen, aber dennoch keineswegs unbeeinflusst von Rom[8]. Ausdruck der Wirkmächtigkeit römischer Präsenz im Rheingebiet ist unter anderem ein reicher Grabfund des frühen 1. Jh.s n. Chr. bei Voerde-Mehrum unweit der Lippemündung, der aufgrund der Waffen- und Trinkhornbeigabe als Bestattung eines in römischen Diensten stehenden Germanen gedeutet wird[9]. Das Grab barg neben römischer Keramik auch mehrere qualitätvolle römische Bronzegefäße und ist eines der wenigen im nordwestlichen Teil der Germania, dass an die Gruppe der Prunkgräber vom sogenannten Lübsow-Typ erinnert. Derartige Grablegen von Vertretern der einheimischen Eliten – überwiegend Körpergräber, aber nicht nur – sind erst in größerem Abstand vom Limes zu finden. Das Entstehen dieser Fürstengrabsitte stand in einem engen Zusammenhang mit dem Einfluss des römischen Weltreiches auf die germanische Lebenswelt. Die Römer nutzen Geschenke im Rahmen von politischen Verhandlungen mit Stämmen des Hinterlandes, um deren Anführer für sich zu gewinnen und damit im Rücken der Stämme „der ersten Reihe" – in unmittelbarer Grenznähe – Verbündete zu haben. Mit diesen Geschenken ließ sich nun prunken… auch im Tod! Der genannten Lübsow-Gruppe werden auch die unweit der Elbe gelegenen „Fürstengräber" von Marwedel im Hannoverschen Wendland zugerechnet. Bei diesen handelt es sich um zwei reich mit römischen Importgefäßen ausgestattete Körpergräber aus der Mitte des 2. Jh.s.[10] (Abb. 1). Eine niedrigere Ebene als diese repräsentiert offensichtlich die Brandbestattung eines Reiterkriegers von Hankenbostel im Lüneburgischen[11] (Abb. 2). Der Mann wurde in für die Fürsten nicht üblicher Weise mit Vollbewaffnung kremiert und beigesetzt: ihn begleiteten ein Schwert, ein Speer mit ungewöhnlich langer eiserner Speerspitze, eine Lanze und ein eisenbeschlagener Schild. Darüber hinaus wurden ihm eine römische Kelle-/Siebgarnitur, eine römische Kasserolle und einheimische Trinkhörner beigegeben. Es handelte sich wohl um einen verdienstvollen Krieger mit hohem Ansehen, der hier vermutlich in separater Lage bestattet worden war.

Während die Bestattungssitte der Inhumation gute Voraussetzungen zum Erhalt der Beigaben bot, mag die Beigaben vernichtende Kremation der Grund dafür sein, dass wir in Gebieten, wie jenem der Rhein-Weser-Germanen, mit ausschließlich praktizierter Brandbestattung bis heute noch keine derart reichen Gräber gefunden haben.

Anmerkungen

1 Vgl. von Uslar 1951.
2 Siehe Beiträge in Rasbach 2013.
3 Nüsse 2014.
4 Zum Beispiel der Siedlungsplatz Mahlstedt bei Oldenburg (Eichfeld 2014).
5 Haarnagel 1979.
6 Becker und Rasbach 2015.
7 Schlüter und Wiegels 1999; Kehne 2008.
8 Für das Gebiet unmittelbar östlich des Rheins exemplarisch: Mirschenz 2013.
9 Gechter und Kunow 1983.
10 Laux 1992.
11 Cosack 1977.

Literatur

Armin Becker und Gabriele Rasbach: Waldgirmes. Die Ausgrabungen in der spätaugusteischen Siedlung von Lahnau-Waldgirmes (1993–2009). Römisch-Germanische Forschungen 71 (Darmstadt 2015).

Erhard Cosack: Das Kriegergrab von Hankenbostel aus der Älteren Römischen Kaiserzeit. Studien zur Sachsenforschung 1, 1977, 35–47.

Ingo Eichfeld: Mahlstedt. Ldkr. Oldenburg. Ein Siedlungsplatz der Römischen Kaiserzeit und Völkerwanderungszeit. Studien zur Landschafts- und Siedlungsgeschichte im südlichen Nordseegebiet 5 (Rahden/Westf. 2014).

Michael Gechter und Jürgen Kunow: Der frühkaiserzeitliche Grabfund von Mehrum. Ein Beitrag zur Frage von Germanen in römischen Diensten. Bonner Jahrbücher 183, 1983, 449–468.

Werner Haarnagel: Die Grabung Feddersen Wierde. Methode, Hausbau, Siedlungs- und Wirtschaftsformen sowie Sozialstruktur. Feddersen Wierde 2, Ergebnisse der Ausgrabung in den Jahren 1955–1963 (Wiesbaden 1979).

Peter Kehne: Neues, Bekanntes und Überflüssiges zur Varusschlacht und zum Kampfplatz Kalkriese. Die Kunde N. F. 59, 2008, 229–280.

Friedrich Laux: Überlegungen zu den germanischen Fürstengräbern bei Marwedel, Gde. Hitzacker, Kr. Lüchow-Dannenberg. Bericht der Römisch-Germanischen Kommission 73, 1992, 315–376.

Manuela Mirschenz: Fließende Grenzen. Studien zur römischen Kaiserzeit im Ruhrgebiet. Bochumer Forschungen zur Ur- und Frühgeschichtlichen Archäologie, Bd. 6 (Rahden/Westf. 2013).

Hans-Jörg Nüsse: Haus, Gehöft und Siedlung im Norden und Westen der *Germania magna*. Berliner Archäologische Forschungen 13 (Rahden/Westf. 2014).

Gabriele Rasbach (Hrsg.): Westgermanische Bodenfunde. Kolloquien zur Vor- und Frühgeschichte 18 (Bonn 2013).

Wolfgang Schlüter und Rainer Wiegels (Hrsg.): Rom, Germanien und die Ausgrabungen von Kalkriese. Kulturregion Osnabrück 10 (Osnabrück 1999).

Rafael von Uslar: Bemerkungen zu einer Karte germanischer Funde der älteren Kaiserzeit. Germania 29, 1951, 44–47.

Bleierne Zeiten?
Auf der Spur eines römisch-germanischen Joint Ventures am Hellweg

WOLFGANG EBEL-ZEPEZAUER

Fragt man nach der Identität der Menschen, die im 1. und frühen 2. Jh. am Hellweg ansässig waren, so bietet die Forschung seit siebzig Jahren das wissenschaftliche Konstrukt der „Rhein-Weser-Germanen" an (vgl. den Beitrag „Provinzielle Verhältnisse? Das Land zwischen Rhein und Elbe im 1. und 2. Jahrhundert" in diesem Band). Der neutrale Begriff suggeriert eine Definition über regionaltypische Besonderheiten, was aber de facto kaum der Fall ist[1]. Interessanter ist der Blick in die Frühzeit der Kontakte zwischen Römern und Germanen: Hier liegt der Verdacht nahe, dass es sich bei den Einheimischen, die die politischen und wirtschaftlichen Netzwerke in der Hellwegzone administrierten, um die Personen handelt, die in den Schriftquellen als Sugambrer bezeichnet werden. Ein archäologischer Nachweis lässt sich dafür aus methodischen Gründen allerdings nicht erbringen[2].

Zu den archäologischen Hinterlassenschaften der in der Hellwegzone ansässigen Bevölkerung gehören zahlreiche Funde von Bleiartefakten und Bleibarren aus der älteren Römischen Kaiserzeit (1./2. Jh.), die in der Hellwegzone, aber auch dem südlich angrenzenden Sauerland entdeckt wurden[3]. Neben Resten römischer Großbarren, wie sie aus den römischen Militärlagern an der Lippe und aus römischen Schiffswracks aus dem nördlichen Mittelmeerraum bekannt sind, fallen vor allem trapezoide Kleinbarren auf, die am Kopfende eine Lochung aufweisen. Viele dieser Kleinbarren haben als Zufalls- oder Sondengängerfunde keinen archäologischen Kontext und sind deshalb leider nicht genauer datierbar. Durch Neufunde hat sich der Verbreitungsraum der Bleifunde im Mittelgebirge jüngst bis nach Lennestadt (Abb. 2) erweitert, erreicht also die Nordgrenze des Siegerländer Bergbaureviers, in dem bis in die Jahrzehnte vor und während der römischen Okkupation des Raumes hinein schwerpunktmäßig Eisengewinnung und Stahlerzeugung betrieben wurden.

Die Gewichte der bisher bekannten Barren variieren zwischen 166 und 751 g, was gegen eine Einbindung in das damals übliche metrische System spricht[4]. Auf einem Exemplar aus Lennestadt-Elspe lässt sich eine x-förmige Markierung belegen, aber auch hieraus kann kein Bezug zu einem Gewichtssystem abgeleitet werden (Abb. 2). Die Bezeichnung als „Barren" beruht auf wenigen formähnlichen Exemplaren in den gallischen und hispanischen Montanregionen des Imperiums. Aber auch eine Verwendung als Webgewicht ist belegt (Abb. 1). Außer in den älterkaiserzeitlichen Siedlungen des Hellwegraumes häufen sich die Funde im Hochsauerland (Abb. 3), das nach archäometrischen Analysen ebenfalls als Herkunftsgebiet des Bleis betrachtet werden kann[5]. Entsprechende sicher datierbare Abbauspuren wurden dort bisher allerdings noch nicht publiziert und es besteht auch die Möglichkeit, dass das Blei aus Erzen gewonnen wurde, die in Bächen und Flüssen gefunden werden, sogenannte „Seifen".

Bislang wurden diese Bleifunde mit den Aktivitäten der römischen Besatzung Westfalens zwischen 11 v. Chr. und 16 n. Chr. in Verbindung gebracht. Eine Untersuchung von Bleifunden in den bekannten Lagern der römischen Armee weist meist auf eine Herkunft aus anderen europäischen Bergbaulandschaften hin und die genannten Kleinbarren treten dort sehr selten auf. Trotz der militärischen Auseinandersetzungen der Jahre 4–16 n. Chr. zwischen Römern und Germanen ist es aber sehr wohl denkbar, dass auch eine römische Ausbeutung von Erzlagerstätten im germanischen Raum erfolgte. Belege dafür existieren schon seit vielen Jahren für das Bergische Land. Ohne Duldung und Unterstützung lokaler Machthaber wäre dies allerdings kaum durchführbar gewesen. Handelt es sich also bei den Bleifunden aus dem Sauerland und am Hellweg um Relikte eines römisch-germanischen Joint Ventures? Und falls ja, in welchem Umfang und von welcher Dauer? Was wurde konkret produziert und wer waren die Abnehmer dieser Endprodukte? Und auf welchen Wegen erfolgte der Transport?

Produktion

Innerhalb der Hellwegzone treten die Kleinbarren aus Blei konzentriert im Gebiet zwischen Werl und Erwitte auf. Dieses Produkt war demnach offensichtlich nicht für den Fernhandel gedacht. Andererseits gibt es kaum erkennbare Verwendungszwecke für die in germanischen Siedlungen gefundenen Bleimengen. Man muss damit rechnen, dass daraus Dinge hergestellt wurden, die sich dem archäologischen Nachweis bisher entziehen, beispielsweise Pigmente oder auch Großbarren, für die in germanischen Siedlungen kein Bedarf bestand. Die Frage, ob man es hier mit den Zeugnissen eines römisch-germanischen Joint Ventures zu tun hat, scheint damit auf den ersten Blick obsolet: Für Blei in nennenswerten Mengen hatte man im ersten

Abb. 1 Bleibarren in Form eines Webgewichtes aus Sundern; Gewicht 600 g.

Abb. 2 Bleibarren Typ Garbeck mit kreuzförmiger Markierung an der Basis aus Lennestadt-Elspe; Gewicht 569 g.

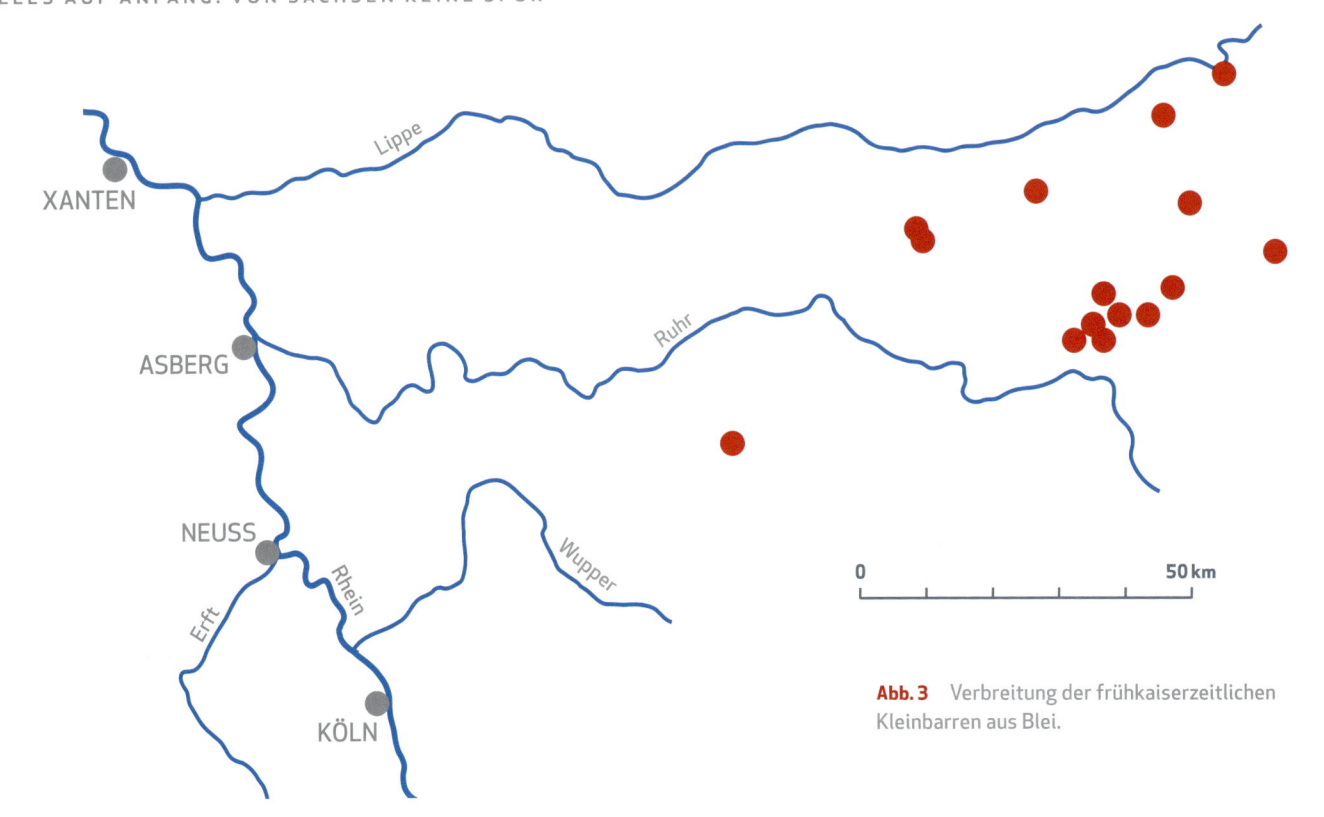

Abb. 3 Verbreitung der frühkaiserzeitlichen Kleinbarren aus Blei.

Jahrhundert – anders als in den römischen Provinzen – am Hellweg keine Verwendung.

Um die solchermaßen kuriosen Funde zu verstehen, muss man alle Akteure der Zeit um Christi Geburt betrachten. Hier sind nicht nur zwei, sondern gleich drei unterschiedliche Gruppen bzw. Kulturverhältnisse zu berücksichtigen: Neben den römischen Investoren gab es zum einen Einheimische, die sich bereits durch Kontakte und Austausch mit dem römischen Reich „modernisiert" hatten. Es gab aber auch Gruppen, die stärker der traditionellen Lebensweise der ausgehenden Eisenzeit, d.h. dem 3.–1. vorchristlichen Jh., verhaftet blieben. Hierzu gehören auch die Bergbautraditionen im Siegerland, die sich bis zum Ende der sogenannten Übergangszeit belegen lassen (50 v. Chr. bis 16 n. Chr.), also bis in die Jahrzehnte vor und während der römischen Okkupation des Raumes[6]. Entsprechende Fundstellen bezeugen eine Besiedlung des Mittelgebirgsraums bis in die Zeit um Christi Geburt. Aufgrund ihrer technischen Kenntnisse und Montanerfahrung waren diese Gruppen ein idealer Ansprech- und Kooperationspartner in einem auf die Ausbeutung metallischer Rohstoffe ausgerichteten Joint Venture unter römischer Regie: Ohne Duldung und Förderung durch die Einheimischen waren weder die Gewinnung von Material noch der Transport der Abbauprodukte vorstellbar. Eine wie auch immer geartete Zusammenarbeit war also zwingend nötig.

Einen weiteren wichtigen Hinweis liefern Siedlungsfunde aus Soest. Sie stammen aus der 1. H. des 1. Jh.s und weisen auf eine recht vielfältige Nutzung von Blei als Werkstoff für Formen im Buntmetallguss (Abb. 4) und eventuell auch als Legierungszu-

Abb. 4 Bleimodelle für plastische Verzierungen von frühkaiserzeitlichen Fundstellen in Soest.

satz hin. Zwar fanden sich die entsprechenden Reste in Häusern einheimischer Bauweise, das besagt jedoch wenig über die Abstammung oder Zugehörigkeit dort ansässiger Handwerker. Es könnte sich sowohl um fremde Personen als auch um Einheimische gehandelt haben. In letzterem Fall wäre ein Technologietransfer zu konstatieren[7]. Die intensive handwerkliche Beschäftigung mit Blei könnte eine älterkaiserzeitliche Brandbestattung aus Soest (St. Petri) widerspiegeln: Der kremierte Leichnam war mit Blei kontaminiert. Allerdings war er zusammen mit einem Bleibronzegefäß eingeäschert worden, weshalb dieser Befund mit äußerster Vorsicht zu betrachten ist[8].

Alle bisher vorgelegten bearbeiteten Bleireste weisen in ein römisches Umfeld: Entsprechende Modelle und Formreste kommen im germanischen Sachformenspektrum nicht vor. Andere Fundstellen wie zum Beispiel Warburg-Daseburg machen deutlich, dass germanische Feinschmiede der älteren Kaiserzeit ohne Blei als Werkstoff auskamen. Auch in der jüngeren Kaiserzeit bleibt Blei etwa als Bestandteil von Buntmetalllegierungen außerhalb des Imperiums unbeliebt.

Leider wurden die möglichen Abbauorte von Blei durch mittelalterliche und neuzeitliche Aktivitäten fast ganz zerstört. Eine Abschätzung des Umfangs und der Dauer des Bergbaus kann deshalb kaum gelingen. Aufgrund der gleichen Umstände sollte aber weiter überlegt werden, ob nicht auch noch anderen Erzen nachgegangen wurde. So spielt ab dem Mittelalter die Gewinnung von Kupfererzen im Sauerland eine dominierende Rolle. Ein archäologischer Nachweis römischer Buntmetallgewinnung wäre hier reiner Zufall. In den Siedlungen wäre man mit Kupfer- oder Messingbarren sicher nicht so achtlos umgegangen wie mit Blei.

Abnehmer

Aufgrund der skizzierten Sachlage kommen als Abnehmer von Bleiprodukten eher Konsumenten im Römischen Reich in Betracht. Gleiches dürfte in der Tendenz auch für andere Metalle gelten. Angesichts der bekannten Lagerstätten dürfte die Gewinnung relativ schnell unrentabel geworden sein. Auch die Konkurrenz des Stolberger Reviers bei Aachen mit ergiebigeren Lagerstätten und deutlich kürzeren Transportwegen wird sich hier nachteilig ausgewirkt haben. Neben rein wirtschaftlichen Argumenten muss man auch die politische Gesamtsituation berücksichtigen: Die römische Eroberung zerstörte das komplexe einheimische und keltisch beeinflusste Wirtschafts- und Handelssystem der Hellwegzone komplett. Die sich neu bildenden, sehr einfachen Strukturen germanischer Landwirtschaft waren hiervon hingegen nur in geringem Umfang betroffen. Der gesamte Mittelgebirgsraum wird in dieser Zeit als Wirtschafts- und Lebensraum für Jahrhunderte weitgehend aufgegeben und das dürfte kein Zufall sein.

Transportwege

Der Hellweg als Transitraum und mögliche Transportroute für römische und germanische Produkte hat in den vergangenen Jahren in der Forschung eine sehr kontroverse Beurteilung erfahren, die von „marginal" bis „sehr bedeutend" reicht. Dabei handelt es sich unbestritten um eine zwischen dem 1. und 10. Jh. sehr wichtige Region, die gerade für den Austausch zwischen römischer Provinz und Barbaricum während der römischen Kaiserzeit aufgrund archäologischer Quellen eine zentrale Rolle spielt[9]. Hierzu erweist es sich allerdings als nötig, die Entwicklung über einen längeren Zeitabschnitt zu betrachten und nicht zu stark auf ein einzelnes Ereignis zu fokussieren. So ist der Hellweg aufgrund seiner naturräumlichen Gegebenheiten schon seit dem Frühneolithikum nicht nur hochwasserfreie Verkehrsstrasse, sondern aufgrund der guten Böden auch bevorzugtes Siedlungsgebiet. Auch die römische Okkupation heute westfälischer Gebiete folgt diesen natürlichen Verbindungen und dem vorhandenen lokalen Verkehrsnetz. Dass dabei eine Nutzung der Lippe als zusätzlicher Versorgungsweg angestrebt wurde, darf den Blick darauf nicht verstellen, dass die römischen Truppen in erster Linie marschierten und dabei selbstverständlich schon vorhandene Wege nutzten. Auch die einheimischen Siedlungskonzentrationen wurden berücksichtigt – ihnen galt ja schließlich die militärische Aktion. Die drususzeitlichen Lager von Oberaden und Beckinghausen wurden im Bereich eines älteren Verkehrsknotenpunktes und Siedlungszentrums angelegt und auch unter dem Lager von Kneblinghausen finden sich ausgedehnte Siedlungsschichten der Übergangszeit[10]. Eine erste Auswertung der Funde der übergangszeitlichen Siedlung von Beckinghausen demonstriert die immense Rolle des Platzes schon im vorrömischen Ost-West-Austausch, hier vor allem zwischen dem Rheinland und Mitteldeutschland. Für die südlich anschließende Mittelgebirgsregion mehren sich die Anzeichen, dass dort zumindest lokal mit einer Besiedlung zu rechnen ist, die auch mit Aktivitäten zur Metallgewinnung zu tun haben könnten. Bleibergbau dürfte dabei sicher keine Rolle gespielt haben, zumal dieser regelmäßig nur betrieben wurde, um das in den Erzen ebenfalls enthaltene Silber zu gewinnen. Die Briloner Erze enthalten jedoch praktisch kein Silber.

Strukturen

Betrachtet man die Kulturverhältnisse am Ende der Übergangszeit, also zur Zeit der römischen Okkupation Westfalens, in der Hellwegzone mit Bergbauaktivitäten im Hinterland, regem Warenaustausch in Ost-Westrichtung und zumindest an den entsprechenden Knotenpunkten einer Geldwirtschaft, so bekommt die offensichtlich angestrebte Provinzialisierung des Raumes durch Rom einen realistischen Hintergrund. Allerdings begannen die Verhältnisse schon vor dem Jahr 11 v. Chr. deutlich zu kippen, was den römischen Beobachtern eventuell nicht in vollem Umfang klar war. Agrarwirtschaft nach germanischem Muster war für eine Einbeziehung in das Wirtschaftssystem der römischen Provinzen denkbar ungeeignet[11]. Der militärische Vorstoß des Jahres 11 v. Chr. hatte einen zusätzlichen, wenn nicht sogar entscheidenden Einfluss auf diese Entwicklung. Bereits seit dem Ende der keltischen Herrschaft in Gallien und am Rhein durch die Eroberungen Julius Caesars nahm die Orientierung der Bevölkerung der Hellwegzone nach Osten deutlich zu. In der Sachkultur, zum Beispiel bei der Keramik- und Schmuckgestaltung, lassen sich in der zweiten Hälfte des letzten vorchristlichen Jh.s prägende Impulse aus dem mitteldeutschen Raum feststellen. Dabei handelt es sich um einen längeren Prozess, der in Etappen verlief und nur partiell und in geringem Umfang durch eine Zuwanderung von dort zu erklären ist[12]. So gelangten etwa charakteristische Keramikformen und -verzierungsmuster aus Mitteldeutschland nicht direkt bis in die Hellwegzone und auch das Spektrum der Fibeln (Gewandspangen) entspricht nur ausschnittsweise den dort bekannten Formen. Rezipiert und dann lokal nachgeahmt wurden aber die Grundformen. Sie verdrängten ab ca. 40 v. Chr. die einheimischen Formen. Damit einher ging ein Wandel des landwirtschaftlichen Anbaus: Der Anbau von Wintergetreide wird aufgegeben, Weizensorten befinden sich auf dem Rückzug. Anstelle von Silogruben mit enorm großen Speichermengen und einer Vorratsdauer von bis zu vier Jahren geht man auf gestelzte Speicher über, in denen sich Saatgetreide nur zwischen Ernte und nächstem Frühjahr aufbewahren lässt. Es ist davon auszugehen, dass auch in der Viehhaltung entsprechende Veränderungen stattfanden, die letztlich auf die komplette Aufgabe von Zuchtzielen hinausliefen[13]. In den nördlichen Niederlanden wurde eine entsprechende extensive Viehhaltung schon seit der vorrömischen Eisenzeit praktiziert.

Am Ende der Drususfeldzüge in die Germania (12.–8. v. Chr.) wurde die Oberschicht der Sugambrer deportiert. Das dürfte die geschilderten Vorgänge katalysiert haben, verlor man doch damit jenseits des Rheins die Ansprechpartner, die eine Provinzialisierung hätten unterstützen können. Das Sozialgefüge wurde massiv gestört, regionale Austauschsysteme, wie sie etwa für die Montanaktivitäten der Mittelgebirgszone subsidiär waren, dürften ebenfalls in Mitleidenschaft gezogen worden sein. Vor dem Hintergrund historischer Überlieferung wird dieser Prozess in der Forschung als „Germanisierung" bezeichnet, aber man muss sich darüber im Klaren sein, dass dies keine Zuwanderung aus anderen Gebieten im großen Maßstab bedeutet.

Die römische Okkupation wie auch das Vordringen einer neuen landwirtschaftlichen Produktionsweise aus den östlichen und nördlichen Kontaktzonen bedeuten also zu Beginn der älteren Kaiserzeit einen massiven Einschnitt. Die Siedlungen des Mittelgebirgsraumes werden rar, lediglich bis zum Ende des 2. Jahrzehnts n. Chr. könnten ältere Strukturen weiter bestanden haben. Auch am Hellweg selbst kommt es zu einer Siedlungsverdünnung. Wenn es in frühgeschichtlicher Zeit je einen Bedeutungsverlust dieser Überlandroute gab, dann um die Mitte des 1. nachchristlichen Jh.s. Gegen Ende des 1. Jh.s werden archäologische Belege für einheimische Siedlungstätigkeit dann wieder häufiger. An allen Plätzen finden sich jetzt Hinweise auf römisches Fundgut. Interessanterweise kommen aber Luxusgüter wie die rotglänzende Terra-sigillata-Keramik nur selten vor. Es dominieren einfache Waren und Gegenstände des täglichen Bedarfs. Abseits des Hellwegs verändern sich die Mengenanteile signifikant, die Gebrauchskeramik wird schnell selten und aufwendig dekorierte Terra-sigillata-Bilderschüsseln dominieren[14].

Fazit

Die Hellwegzone weist in der Übergangs- und anschließenden älteren Römischen Kaiserzeit eine erstaunliche Dynamik auf, die man nur als Umbruchssituation begreifen kann. Die römische Okkupation ab dem Jahr 11 v. Chr. greift in diesen „Germanisierungsprozess" ein und katalysiert ihn. Gleichzeitig entsteht eine neue Kulturverbindung ins Imperium, die über mehr als 400 Jahre weiterexistiert. Archäologisch betrachtet kommen römische Sachgüter in kontinuierlichem Zustrom in die Region. Alltagsgegenstände verbleiben dort, aber Prestigeprodukte werden offensichtlich gezielt weiter Richtung Osten und Norden getauscht und gehandelt: Alle Produkte, die als Prestigegüter zu betrachten sind, finden sich vor allem in der Peripherie des Hellwegs. Letztere gelangen kontinuierlich in diesen Raum und finden sich in allen kaiserzeitlichen Fundstellen. Die Metallgewinnung im Sauerland stellt wahrscheinlich nur eine kurze Episode während der römischen Okkupation dar. Sie markiert zugleich den Beginn der römisch-germanischen Kontakte wie auch das Ende der komplexen Austauschsysteme der Übergangszeit. Später fehlten die geeigneten Partner für solche Joint Ventures, die Rohstoffquellen selbst waren möglicherweise wirtschaftlich nicht längerfristig konkurrenzfähig. Der Hellweg als Verkehrstrasse zwischen Ost und West bleibt in seiner Funktion erhalten und gewinnt ab der Mitte des 1. Jh.s zunehmend überregionale Bedeutung[15].

Anmerkungen

1. Meyer 2013, S. 37 f.
2. Brather 2013, S. 60.
3. Hanel und Rothenhöfer 2007, S. 41–46; Pieper 2010, S. 105–164.
4. Pfeffer 2012, S. 86.
5. Bode 2007, S. 105–124.
6. Zeiler 2014, S. 111.
7. Pfeffer 2012, S. 112; ähnlich später bei der Keramik: Hegewisch 2001, S. 148 Anm. 20.
8. Pfeffer 2012, S. 321 f.
9. Mirschenz 2013, S. 79–118.
10. Ebel-Zepezauer 2017, S. 219–229; Eggenstein 2003, S. 71–102.
11. Kreuz 2000, S. 238.
12. Ebel-Zepezauer 2017, S. 229.
13. Kreuz 2000, S. 235 f.; Kalis, Meurers-Balke, Stobbe 2013, S. 74; Beneke 2000, S. 252 f.
14. Mirschenz 2013, S. 87 f.
15. Walther 2000, S. 104–108.

Literatur

Norbert Benecke: Archäozoologische Befunde zur Nahrungswirtschaft und Praxis der Tierhaltung in eisen- und kaiserzeitlichen Siedlungen der rechtsrheinischen Mittelgebirgszone. In: Alfred Haffner und Siegmar v. Schnurbein (Hrsg.): Kelten, Germanen, Römer im Mittelgebirgsraum zwischen Luxemburg und Thüringen. Kolloquien zur Vor- und Frühgeschichte 5 (Bonn 2000), 243–255.

Michael Bode, Andreas Hauptmann und Klaus Mezger: Rekonstruktion frühkaiserzeitlicher Bleiproduktion in Germanien: Synergie von Archäologie und Materialwissenschaften. In: Walter Melzer und Torsten Capelle (Hrsg.): Bleibergbau und Bleiverarbeitung während der römischen Kaiserzeit im rechtsrheinischen Barbaricum. Soester Beiträge zur Archäologie 8 (Soest 2007), 91–104.

Sebastian Brather: „In stammesgeschichtlichen Fragen erscheint es angebracht, möglichste Zurückhaltung zu üben." Ethnische Interpretationen und frühgeschichtliche Archäologie. In: Gabriele Rasbach (Hrsg.): Westgermanische Bodenfunde. Akten des Kolloquiums anlässlich des 100. Geburtstags von Rafael von Uslar am 5. und 6. Dezember 2008. Kolloquien zur Vor- und Frühgeschichte 18 (Bonn 2013), 53–61.

Wolfgang Ebel-Zepezauer: Zwischen Ost und West am Nordrand der Mittelgebirge: die Fibeln aus Lünen-Beckinghausen. In: Dirk Brandherm (Hrsg.): Memento dierum antiquorum… Festschrift für Majolie Lenerz-de Wilde zum 70. Geburtstag. Archaeologia Atlantica 1 (Hagen 2017), 219–234.

Georg Eggenstein: Das Siedlungswesen der jüngeren vorrömischen Eisenzeit und der frühen römischen Kaiserzeit im Lippebereich. Bodenaltertümer Westfalens 40 (Mainz 2003).

Norbert Hanel und Peter Rothenhöfer: Römische Bleigewinnung im Raum Brilon und der Bleitransport nach Rom. In: Walter Melzer und Torsten Capelle (Hrsg.): Bleibergbau und Bleiverarbeitung während der römischen Kaiserzeit im rechtsrheinischen Barbaricum. Soester Beiträge zur Archäologie 8 (Soest 2007), 41–46.

Morten Hegewisch: Zur Drehscheibenkeramik im Westen der Germania Magna. Anfänge, Weiterentwicklung und Verbreitung. In: Jan Bemmann, Morten Hegewisch, Michael Meyer und Michael Schmauder (Hrsg.): Drehscheibentöpferei im Barbaricum. Bonner Beiträge zur vor- und frühgeschichtlichen Archäologie 13 (Bonn 2011), 119–174.

Arie J. Kalis, Jutta Meurers-Balke und Astrid Stobbe: Öde Wälder und wüste Sumpfgebiete oder blühende Felder und saftige Weiden? Zur Landwirtschaft der Rhein-Weser-Germanen. In: Gabriele Rasbach (Hrsg.): Westgermanische Bodenfunde. Akten des Kolloquiums anlässlich des 100. Geburtstags von Rafael von Uslar am 5. und 6. Dezember 2008. Kolloquien zur Vor- und Frühgeschichte 18 (Bonn 2013), 63–75.

Angela Kreuz: „tristem cultu aspectuque"? Archäobotanische Ergebnisse zur frühen germanischen Landwirtschaft in Hessen und Mainfranken. In: Alfred Haffner und Siegmar v. Schnurbein (Hrsg.): Kelten, Germanen, Römer im Mittelgebirgsraum zwischen Luxemburg und Thüringen. Kolloquien zur Vor- und Frühgeschichte 5 (Bonn 2000), 221–241.

Michael Meyer: Rhein-Weser-Germanen: Bemerkungen zur Genese und Interpretation. In: Gabriele Rasbach (Hrsg.): Westgermanische Bodenfunde. Akten des Kolloquiums anlässlich des 100. Geburtstags von Rafael von Uslar am 5. und 6. Dezember 2008. Kolloquien zur Vor- und Frühgeschichte 18 (Bonn 2013), 31–38.

Manuela Mirschenz: Fließende Grenzen. Studien zur römischen Kaiserzeit im Ruhrgebiet. Bochumer Forschungen zur ur- und frühgeschichtlichen Archäologie 6 (Rahden 2013).

Ingo Pfeffer: Das Blei der Germanen – Die Besiedlung der älteren Kaiserzeit in Soest. Soester Beiträge zur Archäologie 12 (Soest 2012).

Michael Pieper: Untersuchungen zum Import von römischen Waren im mittleren Hellwegraum während der römischen Kaiserzeit. In: Walter Melzer (Hrsg.): Imperium Romanum produxit – Römische Sachgüter in Soest und im mittleren Hellwegraum. Soester Beiträge zur Archäologie 11 (Soest 2010), 105–164.

Wulf Walther: Frühe rhein-weser-germanische Keramik aus dem Gräberfeld von Körner, Unstruth-Hainich-Kreis. In: Susanne Biegert, Siegmar v. Schnurbein, Bernd Steidl und Dörte Walter (Hrsg.): Beiträge zur germanischen Keramik zwischen Donau und Teutoburger Wald. Kolloquien zur Vor- und Frühgeschichte 4 (Bonn 2000), 97–108.

Manuel Zeiler, Eva Cichy und Michael Baales: Die vorrömische Eisenzeit in Südwestfalen. In: Hans-Otto Pollmann (Hrsg.): Archäologische Rückblicke. Festschrift für Daniel Bérenger. Universitätsforschungen zur Prähistorischen Archäologie 254 (Bonn 2014), 91–125.

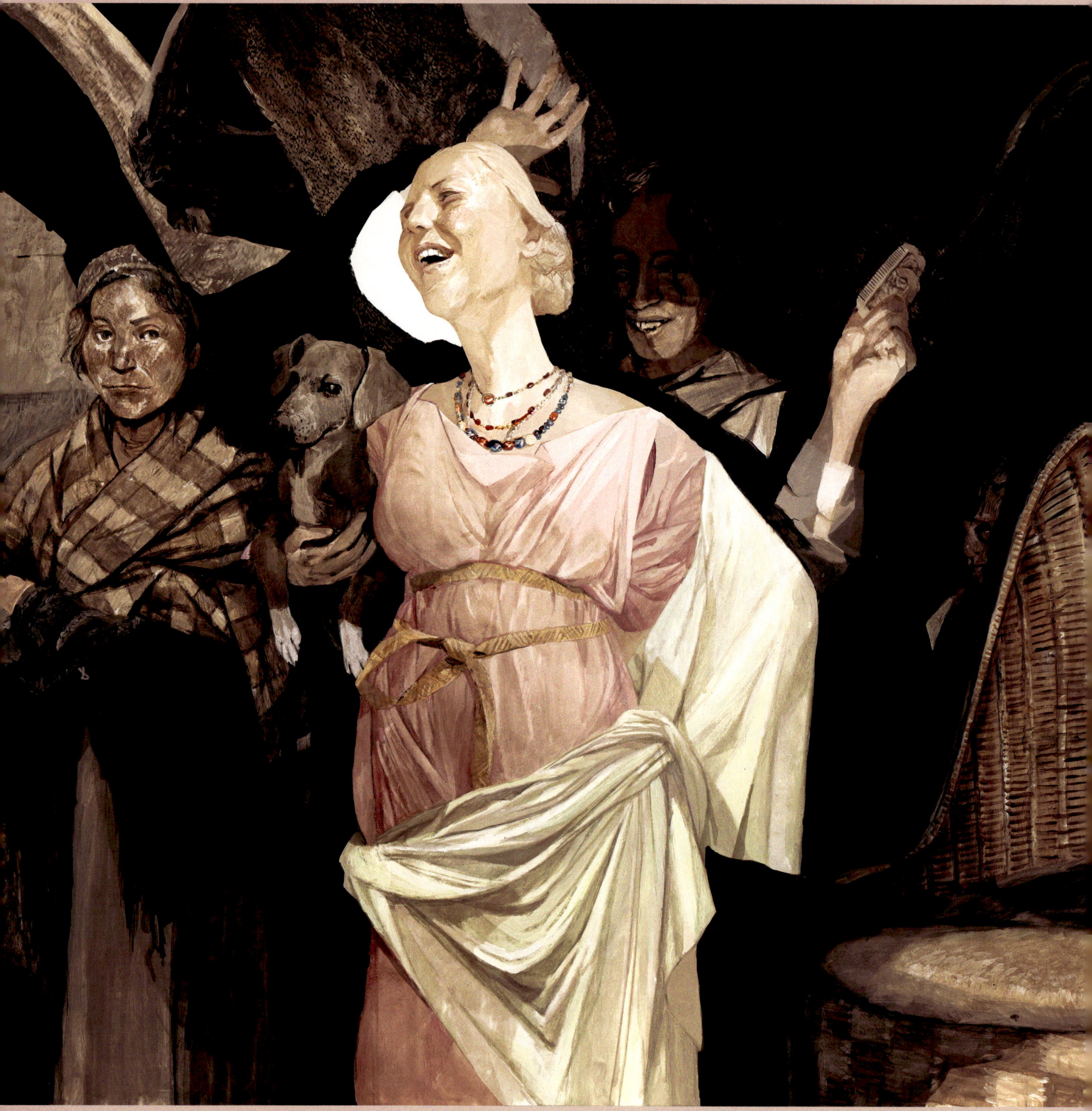

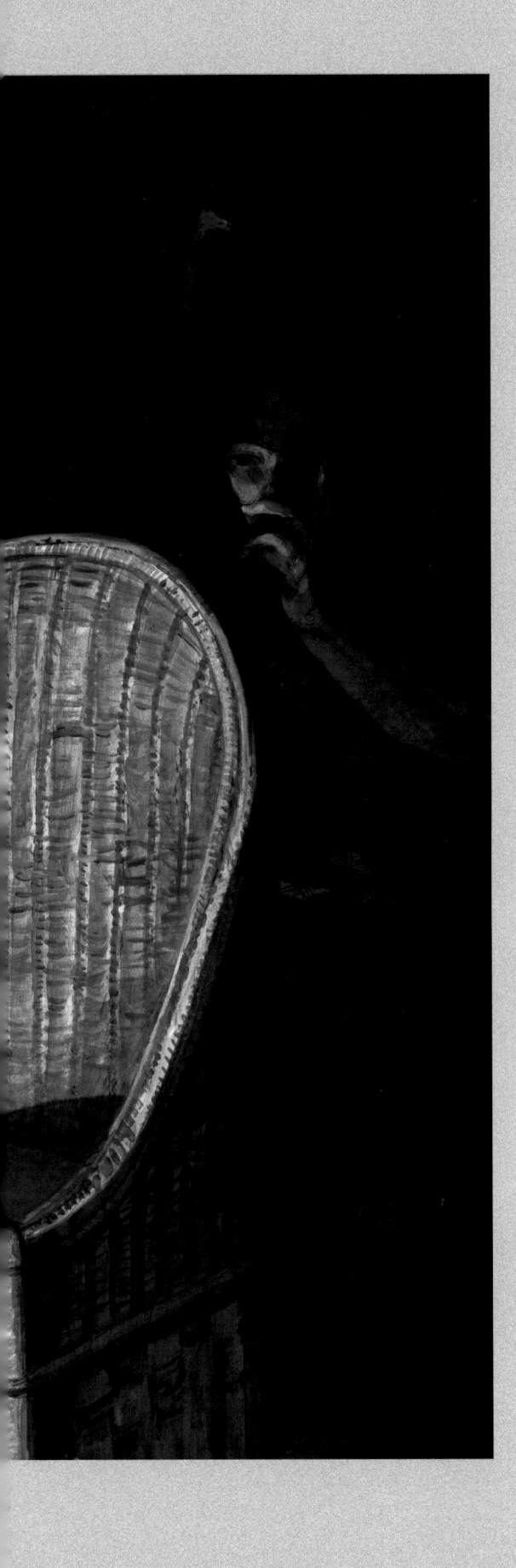

Die Netz- werker

3. JAHRHUNDERT

Römische Sitten, Mythen und Moden – im 3. Jh. ist das seit Generationen präsent. Ein effizientes Netz von Land- und Wasserwegen bringt römischen Luxus in entlegene Winkel. Eine selbstbewusste Elite hat jetzt das Sagen. Die Reichen im Land sind Teil eines europaweiten Netzwerks der germanischen Oberschicht. In diesen Kreisen zirkulieren Menschen, Waren und Wissen, über Hunderte von Kilometern. Teure Geschenke aus aller Herren Länder besiegeln Bündnisse. Mehr denn je gilt: Auch im Tod wird gezeigt, was man hat und wer man ist.

Anführer in Südskandinavien und Mitteldeutschland bauen im 3. Jh. ihre Macht aus. Und römische Truppen marschieren wieder in Richtung Elbe. Sind die Netzwerker zu mächtig geworden? Militärisch sind sie jedenfalls sehr gut organisiert. Hochmobile germanische Kriegerverbände schließen sich für Raubzüge ins römische Reich zusammen. Sie fallen auch im Rheinland ein. Die Römer nennen die Plünderer „Franken", das bedeutet die „Kühnen" oder „Mutigen".

Blut und Bling-Bling Der Hellweg, der alte Aufmarschweg der Römer entlang der Mittelgebirge, ist der Highway ins römische Rheinland. Dort, aber auch überall an Furten und Kreuzungen, am Ufer und der Mündung vieler Flüsse und an der Nordseeküste entstehen Warenumschlagplätze. Sie werden von lokalen Machthabern kontrolliert. Nicht alles, was dort ankommt, ist legal beschafft. An manchen „Importen" klebt buchstäblich Blut: Germanische Warlords organisieren im 3. Jh. brutale Raubzüge nach Köln, ins Rheinland und weiter, bis tief ins heutige Frankreich.

Auch die Mündung der Leine in die Aller ist ein Knotenpunkt im Netzwerk. Archäologen fanden dort die Spuren einer Leichenverbrennung aus dem 3. Jh.: Ein römisches Bronzegefäß mit Knochenresten einer Frau und eine Grube mit der Asche ihres Scheiterhaufens. Beides barg winzige Reste verbrannter Gegenstände: einheimisches und importiertes Geschirr, römische Gläser, alle möglichen Utensilien, sogar Möbel. Der Scheiterhaufen war überladen. Und die Tote trug feinen römischen Gold- und Silberschmuck – im Stil reicher Frauen im römischen Rheinland. Das eigentliche Highlight ist eine Antiquität: Ein 200 Jahre alter Elfenbeinkamm, gefertigt in Rom. Ein Familienerbstück? Scherben von Keramikgefäßen, wie sie im 3. Jh. in Mitteldeutschland mit römischer Technologie gefertigt werden, zeigen: Auch dorthin hatte die Familie Kontakte. Verbindungen anderer Clans reichen noch viel weiter, bis nach Skandinavien.

Das Imperium schlägt zurück Am „Harzhorn" im Landkreis Northeim wurden Waffen und Ausrüstungsteile der römischen Armee aus dem 3. Jh. gefunden, verstreut über einige Kilometer. Roms Truppen sind zurückgekommen – über 200 Jahre nach der Varusschlacht! Geführt hat sie vermutlich Kaiser Maximinus Thrax im Jahr 235/236, zunächst von Mainz aus nach Mitteldeutschland, dann um den Harz herum zurück. Das war kein Spaziergang: Am „Harzhorn" schneiden ihm einheimische Krieger den Rückweg ab. Die Angreifer handeln zielgerichtet, schnell und effektiv. Viele Germanen kämpfen mit römischen Waffen. Ihre Anführer statten sie mit allem Nötigen aus. Möglicherweise unterhalten sie dafür regelrechte Rüstkammern.

Die Kaiser von Köln Für oder gegen Rom? Die Frage verliert an Bedeutung: Im Jahr 260 ruft sich in Köln der römische Statthalter Postumus zum Gegenkaiser aus. Seine Soldaten hatten die Stadt erfolgreich gegen germanische Plünderer verteidigt. Der neue starke Mann wird im gesamten Westen des römischen Reiches anerkannt. Ein „gallisches Sonderreich" entsteht. Köln ist bis 272 seine Hauptstadt. Postumus und seine Nachfolger lassen Gold- und Kupfermünzen prägen, die auch im norddeutschen Flachland kursierten. Davon wurden dort bislang deutlich mehr gefunden als Münzen der „richtigen" Kaiser in Rom. Zufall? Eher nicht. Auch die Kölner Kaiser wussten: Germanische Kriegerbanden sind käuflich. Gegen Geld halten sie die Füße still – oder wechseln die Seite. (B.L.)

Zur Illustration auf der vorherigen Seite Das Vorbild für die Dame, die hier gerade so etwas wie eine römische Frisur erhält, ist die Frau, deren Urne an der Leinemündung (bei Grethem, Heidekreis) gefunden wurde. Sie lebte in einer wohlhabenden Familie und starb im 3. Jh. im Alter von 40–60 Jahren. Mit rund 155 Zentimetern Körperhöhe war die Frau auffallend zierlich. Kelvin Wilson: „Als wir darüber nachdachten, wie wir diese Frau darstellen könnten, haben wir sie schon bald die „Spielerfrau" genannt. Von den Beigaben, mit denen ihr Leichnam verbrannt worden ist, sollte ihr wertvoller römischer Schmuck und ein antiker Elfenbeinkamm aus einer stadtrömischen Werkstatt zu sehen sein. Die Frau hatte diese Preziosen sicher nicht selbst erworben. Sie hat den Schmuck nur getragen – und vielleicht hat sie damit auch ordentlich angegeben: Seht her, in was für Kreisen unsereins verkehrt! Das könnte durchaus schiefgegangen sein: Vielleicht war ihr römischer „Style" bestenfalls „second hand" – und die Frisur schlecht abgeguckt von Frauenköpfen auf römischen Münzen."

Das vergessene Jahrhundert
Was geschah in Niedersachsen zwischen 200 und 300 n. Chr.?

BABETTE LUDOWICI

Für die Gebiete des heutigen Bundeslandes Niedersachsen liegen aus dem 3. Jh. keine schriftlichen Nachrichten vor. Auch die archäologische Überlieferung ist übersichtlich: Zahlenmäßig überwiegen unter den Befunden, die dieser Zeit zugewiesen werden können, Urnengräber auf Brandbestattungsplätzen der Römischen Kaiserzeit. Bei den Leichenbrandbehältern handelt es sich fast ausschließlich um Keramikgefäße, die regional unterschiedlich mehr oder weniger aufwendig verziert sind. Mitunter wurden aber auch im Römischen Reich gefertigte Buntmetallgefäße als Urnen benutzt. Häufig sind das glockenförmige Bronze- oder Messingeimer mit einem Fuß und einem beweglichen Henkel. Allein aus einem Brandbestattungsplatz bei Hemmoor im Landkreis Cuxhaven sind davon rund ein Dutzend bekannt und nach diesem Fundplatz hat dieser Eimertyp auch seinen Namen: „Hemmoorer Eimer". Die teilweise mit Reliefen verzierten Eimer werden in die 2. H. des 2. und die 1. H. des 3. Jh.s datiert. Die Leichenbrandbeisetzungen in diesen materiell sehr viel wertvolleren Behältern wurden von der Forschung schon früh als Grabstellen wohlhabenderer Leute betrachtet. Vor dem Hintergrund, dass Bronze und Messing bzw. die Bestandteile dieser Legierung, also Kupfer und Zinn oder Zink, in Norddeutschland importiert werden müssen, stellt ein „Hemmoorer Eimer" tatsächlich einen nicht ganz unbeträchtlichen Wert dar: Schmilzt man ihn ein, gewinnt man Material für beispielsweise rund 100 kleine Fibeln in Formen des 2./3. Jh.s.

„Hemmoorer Eimer" liegen vor allem von Bestattungsplätzen im Elbe-Weser-Dreieck und aus Gebieten beiderseits der

Abb. 1 „Hemmoorer Eimer" aus Grethem (Heidekreis). Der Behälter barg den Leichenbrand einer erwachsenen Frau.

Abb. 2 Grethem (Heidekreis): Grube mit Brandrückständen eines Scheiterhaufens.

Weser vor (vgl. hierzu die Karte im Beitrag „Im Zentrum des Geschehens? Mitteldeutschland im 3. Jahrhundert" in diesem Band.). Offensichtlich gab es hier vielerorts gut situierte Familien. Im Vergleich zu anderen germanischen Gebieten wirkt dieser Befund gleichwohl unspektakulär. Vor allem fällt auf, dass es hierzulande keine „Fürstengräber" aus dem 3. bis 4. Jh. gibt. Als solche werden in aller Regel Gräber nicht eingeäscherter Toter bezeichnet, die üppig mit römischen Luxusgütern aller Art, umfangreichen Geschirrsätzen und zahlreichen Objekten aus Edelmetall ausgestattet wurden. Sie gelten als Beisetzungen von Mitgliedern einer europaweit eng vernetzten germanischen Führungsschicht. In Südskandinavien beispielsweise, vor allem auf den dänischen Inseln (vgl. hierzu den Beitrag „Gesellschaften in Bewegung. Südskandinavien im 3. Jahrhundert"" in diesem Band), aber auch im benachbarten Mitteldeutschland sind solche reichen Grabfunde in größerer Zahl entdeckt worden. Die Gründe für ihr Fehlen im heutigen Niedersachsen werden seit Langem diskutiert: Gab es dort keine Elite in dieser Zeit? Oder hatte sie kein Bedürfnis nach Repräsentation in Gestalt von aufwendig begangenen Begräbnissen?

Vornehme Zurückhaltung?

Seit einigen Jahren wissen wir, dass beides nicht der Fall ist. Die Ursache dafür, dass eine Elite mit einem schichtspezifischen Totenbrauchtum im Flachland zwischen Ems und Elbe bislang nicht gesehen wurde, dürfte vielmehr deren Bestattungsbrauchtum sein. Den entscheidenden Hinweis darauf lieferte die Untersuchung eines jüngerkaiserzeitlichen Brandbestattungsplatzes am Zusammenfluss von Aller und Leine. Unweit der Ortschaft Grethem (Heidekreis) wurden dort insgesamt fünf Leichenbrandbeisetzungen in römischen Buntmetallgefäßen gefunden, darunter drei Hemmoorer Eimer. Zwei der Eimer waren in etwa 20 Metern Entfernung von einer großen Grube mit Brandrückständen eines Scheiterhaufens begraben worden. Es lässt sich zeigen, dass einer der beiden Eimer (Abb. 1) die Knochenreste einer Frau barg, die auf eben diesem Scheiterhaufen eingeäschert

Abb. 3 Grethem (Heidekreis): Zierblech mit Punzverzierung aus vergoldetem Silber.

Abb. 4 Grethem (Heidekreis): Teile einer römischen Gliederkette aus Silber und andere Silberreste, darunter vermutlich ein Stück vom Rand eines silbernen Gefäßes (links oben).

worden ist[1]. Aus der Füllung der großen Grube (Abb. 2) konnten unzählige zum Teil nur wenige Millimeter große Überreste von Dingen ausgelesen werden, die mit der Toten verbrannt worden waren. Dazu gehören u. a. verschiedene Gegenstände aus Gold, Silber und vergoldetem Silber oder mit diesen Edelmetallen verzierte Artefakte, zum Beispiel ein Objekt, das mit einem feinen punzverzierten Blech aus vergoldetem Silber besetzt war (Abb. 3). Und die Tote besaß römischen Schmuck: eine römische Gliederkette aus Silber (Abb. 4), ein sehr feines Kettchen mit winzigen Perlen aus facettiert geschliffenen roten Halbedelsteinen (Abb. 5) und eine Kette mit kleinen blauen Glasperlen (Abb. 6). Ein Stück Gagat zeigt, dass auch Schmuck aus diesem Material dabei gewesen sein könnte, zum Beispiel ein Armring. Vergleichbare Schmuckstücke kennen wir aus reich ausgestatteten Mädchengräbern des 3. Jh.s aus dem römischen Rheinland (Abb. 8 und 9).

Überraschend ist aber auch die große Menge und Qualität von mit der Toten verbranntem Geschirr. Keramikscherben sowie rund 250 Gramm zerschmolzenes Glas (Abb. 7) und knapp zweieinhalb Kilo Buntmetallschmelz bezeugen, dass auf dem Scheiterhaufen der Toten mindestens drei bis vier römische Gläser, wenigstens zwei bis drei römische Bronzegefäße, unter Umständen ein silberner Becher (vgl. Abb. 4), mindestens zwei Gefäße römischer Drehscheibenkeramik (Abb. 10) und drei Keramikgefäße aus einheimischer Produktion gestanden haben. Unter Letzteren sind zwei Gefäße besonders auffällig (Abb. 11a und 11b): Sie entsprechen in der Formgebung und Scherbenbeschaffenheit mitteldeutschen Drehscheibenwaren des 3. Jh.s, wie sie aus den „Fürstengräbern" von Haßleben in Thüringen (Abb. 12) und einer bei Haarhausen in Thüringen gelegenen Töpferei bekannt sind. Dort wurde im 3. Jh. hochwertiges Geschirr nach römischem Vorbild und mit römischer Technologie gefertigt.

Interessant und ungewöhnlich ist außerdem die große Vielfalt von Gegenständen aus Bein bzw. Elfenbein: Nachweisbar sind mindestens zwei germanische Dreilagenkämme aus Bein, wenigstens zwei große Beinnadeln, Bruchstücke mindestens einer mit einer Reliefschnitzerei geschmückten Zierplatte aus Elfenbein römischer Provenienz und mindestens ein römischer Kamm aus Elfenbein mit einer Reliefschnitzerei (Abb. 13). Dargestellt ist eine Szene aus der antiken Mythologie, wohl ein Geschehen um die Göttin Venus. Der Elfenbeinkamm dürfte in der 1. H. des 1. Jh.s in einer italischen und vermutlich stadtrömischen Werkstatt entstanden sein. ^{14}C-Analysen des Leichenbrandes seiner letzten Besitzerin haben ergeben, dass diese zwischen 225 und 241 n. Chr. verstorben sein wird. Der Kamm war also eine vielleicht ererbte Antiquität. Insgesamt sind heute nur noch vier weitere römische Elfenbeinkämme dieser Art bekannt, einer davon aus Köln (Abb. 14).

Das Spektrum der Beigaben auf dem Scheiterhaufen der „Dame von Grethem" ist in Quantität und Qualität den Inventaren der reichen Körpergräber aus Mitteldeutschland ebenbürtig (vgl. hierzu Abb. 4 und die Ausführungen im Beitrag „Im Zentrum des Geschehens? Mitteldeutschland im 3. Jahrhundert" in diesem Band.). Der Befund beweist: Auch im heutigen Niedersachsen gibt es im 3. Jh. eine sehr vermögende und weit vernetzte Oberschicht. Es spricht nichts dagegen, in Betracht zu ziehen, dass die Tote selbst aus Mitteldeutschland, vielleicht aber auch aus dem römischen Rheinland an die Mündung der Leine gekommen war. Und dort legte man sehr wohl Wert auf Repräsentation: Der Scheiterhaufen der „Dame von Grethem" war geradezu überladen.

Dass sie ganz offensichtlich auf die Körperbestattung ihrer Toten verzichtet haben, macht Familien wie die bei Grethem bestattende im archäologischen Befund extrem unauffällig. Große und kleine Gruben mit Scheiterhaufenrückständen sind im Raum beiderseits der Weser in der Vergangenheit schon häufiger entdeckt worden, aber ihr Inhalt wurde nur ganz ausnahmsweise mit Sorgfalt durchgesehen. Einige dieser Altfunde lassen erkennen, dass der in Grethem aufscheinende Reichtum kein Einzelfall gewesen sein dürfte: Eine bei Schwarmstedt (Heidekreis), nur ca. sechs Kilometer von Grethem entfernt entdeckte „Brandgrube" enthielt Reste von insgesamt wohl sechs römischen Bronzege-

Abb. 5 Grethem (Heidekreis): Perlen aus facettiert geschliffenen roten Halbedelsteinen; Länge: 3,5 bis 6 Millimeter.

Abb. 6 Grethem (Heidekreis): Glasperlen; Durchmesser: 3 bis 13 Millimeter.

Abb. 7 Grethem (Heidekreis): Überreste von im Feuer zerstörten römischen Glasgefäßen.

Abb. 8 Goldene Gliederkette, goldenes Kettchen mit blauen Edelsteinen, Goldfingerring und Silberbecher aus dem Grab zweier Mädchen aus dem 3. Jh. (Rheinbach-Flerzheim, Rhein-Sieg-Kreis).

Abb. 9 Gliederkette, Ohrschmuck und Fingerringe aus Gold, ein goldenes Kettchen mit Perlen aus facettiert geschliffenen roten Halbedelsteinen und ein Armring aus Gagat aus dem Grab eines Mädchens; 3. Jh. (Bonn).

fäßen, darunter zumindest zwei Hemmoorer Eimer und zwei bronzene Kellen[2]. Ein anderes Beispiel ist der Brandbestattungsplatz von Helzendorf (Ldkr. Nienburg/Weser), wo sich in einer „Brandgrube" ein goldener Fingerring fand[3]. Damit fassen wir im Umfeld der Weser gleich drei Familien von weit überdurchschnittlichem Wohlstand.

Aber nicht nur die Befunde von Grethem haben die archäologische Überlieferung zum 3. Jh. in Niedersachsen bereichert. Das Land kann aus dieser Zeit seit einigen Jahren auch mit einem der sehr seltenen archäologischen Befunde aufwarten, die mit einer beachtlichen Wahrscheinlichkeit mit einem historisch überlieferten Ereignis in Zusammenhang gebracht werden können. Am sogenannten „Harzhorn", einem Höhenzug bei Kalefeld im Landkreis Northeim, wurden seit 2008 bei Prospektionen und Ausgrabungen zahlreiche Reste vor allem römischer, aber auch germanischer Waffen und Militärausrüstung geborgen (vgl. hierzu den Beitrag „Roms vergessener Feldzug: das Harzhorn-Ereignis" in diesem Band). Das Spektrum und die Auffindungssituation der weitverstreuten Militaria und Münzfunde beweisen, dass dort im 3. Jh. Kämpfe zwischen römischen Truppen und ein-

Abb. 10 Grethem (Heidekreis): Fragment eines römischen Bechers mit Barbotine-Verzierung (Terra sigillata), 3. Jh. Dargestellt ist eine Tierhatz.

heimischen Kampfverbänden stattgefunden haben. Vieles spricht dafür, dass die Römer zunächst von Süden kommend durch Mitteldeutschland an die Elbe marschierten und von dort nördlich um den Harz herum wieder zurück, wo sie dann am „Harzhorn" auf Widerstand stießen. Dabei müssen sie erhebliche Verluste erlitten haben. Angeführt hat den Vorstoß vermutlich Kaiser Maximinus Thrax im Jahr 235 von Mainz aus. Seit der Entdeckung des „Harzhorn-Ereignisses" steht fest: Die Römer sind über 200 Jahre nach der Varusschlacht und den Feldzügen des Germanicus zu Beginn des 1. Jh.s wieder mit einem größeren militärischen Kontingent sehr weit in die Germania vorgedrungen. Dafür gab es bislang keine Anhaltspunkte.

Perspektivwechsel

Zu den schon länger bekannten Phänomenen, die die archäologische Überlieferung zum 3. Jh. in Niedersachsen sichtbar macht, gehören Veränderungen in der Binnenstruktur von Wurtensiedlungen an der Nordseeküste. Sie werden als Nachweis für die Herausbildung von „Herrenhöfen" in dieser Zeit betrachtet. Der Brandbestattungsbefund von Grethem wird die Diskussion darum sicher beleben, offenbart er doch für das 3. Jh. in Niedersachsen soziale Ungleichheit in einer bislang unbekannten Größenordnung.

Der Befund von Grethem macht außerdem deutlich, dass man an der Leinemündung – einer heute eher abseits gelegenen Gegend – im 3. Jh. Verbindungen sowohl nach Mitteldeutschland

→ **Abb. 11a und b** Grethem (Heidekreis): Fragmente von zwei scheibengedrehten Gefäßen.

73

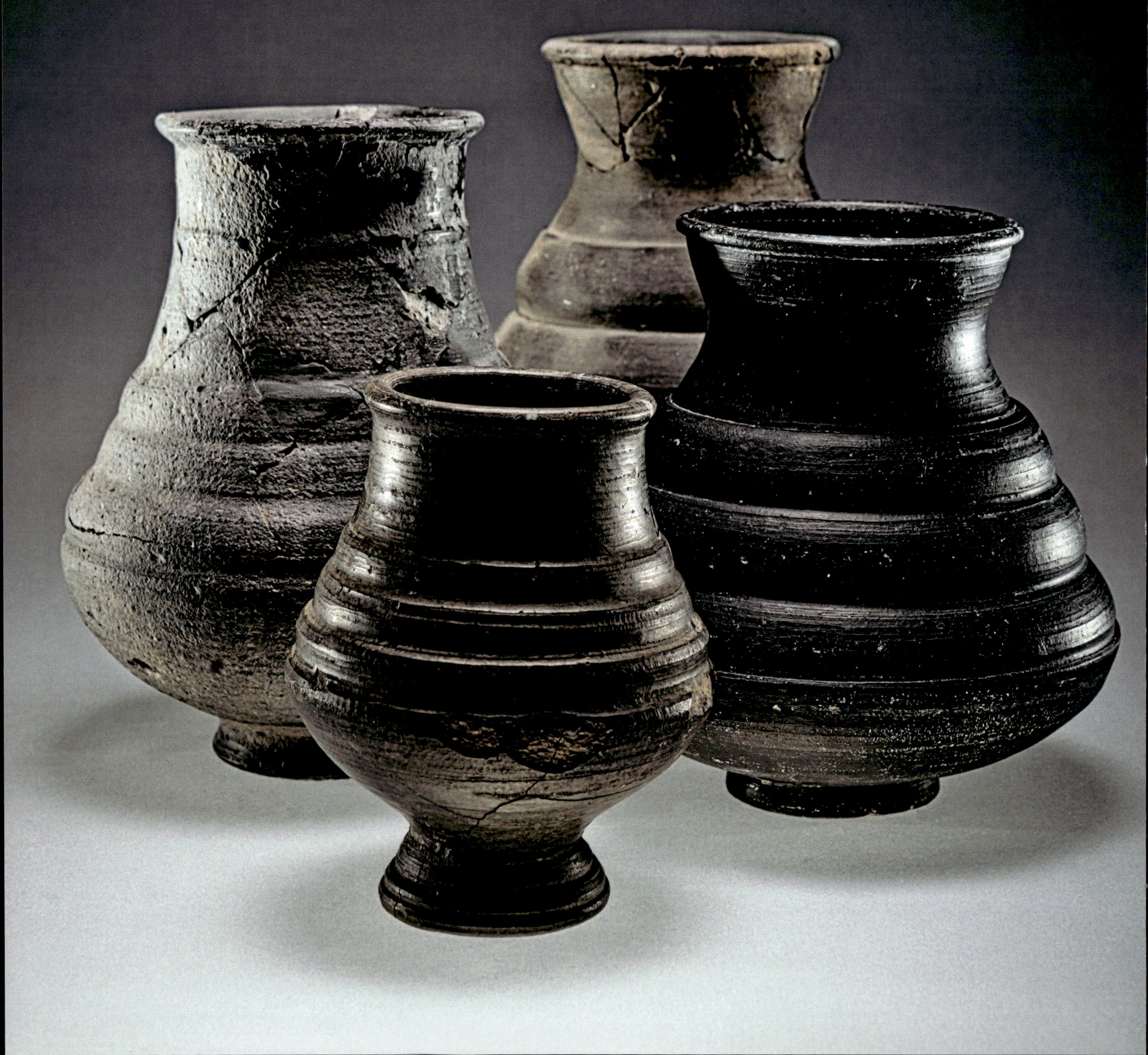

Abb. 13 Grethem (Heidekreis): Römischer Elfenbeinkamm mit einer Reliefschnitzerei aus dem 1. Jh. Dargestellt ist eine Szene aus der antiken Mythologie.

Abb. 14 Römischer Elfenbeinkamm mit Reliefschnitzerei aus Köln, 1. Jh.

← **Abb. 12** Scheibengedrehte Keramikgefäße des 3. Jh.s aus Haßleben (Ldkr. Sömmerda).

Roms vergessener Feldzug: das Harzhorn-Ereignis

MICHAEL GESCHWINDE

Vermutlich im Herbst des Jahres 235 n. Chr. kam es am Westrand des Harzes zu einer militärischen Konfrontation zwischen Römern und Germanen, die, obwohl sie die Zeitgenossen sicher sehr beschäftigt haben wird, allenfalls schemenhafte Spuren in der schriftlichen Überlieferung hinterließ: Ein römisches Heer wurde auf dem Rückmarsch von einer militärischen Aktion, die es vermutlich bis an die mittlere Elbe geführt hatte, in einem Hinterhalt von germanischen Kriegern attackiert, konnte sich dann aber den Weg freikämpfen. Da der römische Feldherr und Kaiser Maximinus schon drei Jahre später ermordet wurde und seine Erinnerung der damnatio memoriae verfiel, wurde mit ihm auch die Überlieferung an seine *expeditio germaniae* 235 n. Chr. in der römischen Geschichtsschreibung ausgeblendet. Erst als 2008 die Kreisarchäologie Northeim Funde eindeutig römischer Waffen und Ausrüstungsgegenstände am Harzhorn meldete, rückte dieser vergessene Aspekt römisch-germanischer Geschichte wieder in den Fokus. Die Archäologie muss also in diesem Fall mit ihren Methoden „Geschichte schreiben", weil die historische Überlieferung fast komplett ausfällt. Der historische Kontext lässt sich mit wenigen Stichwörtern skizzieren: Der verlorene Feldzug des Kaisers Severus Alexander in Mesopotamien gegen die Sasaniden 332 n. Chr., der durch den Germaneneinfall am Mittelrhein im selben Jahr erzwungene Abbruch der römischen Militäroperationen im Osten und der Aufmarsch eines römischen Heeres in Mainz 234 n. Chr., die Ermordung des Kaisers im März 235 und die Thronbesteigung des Offiziers C. Iulius Verus Maximinus geben den Rahmen ab für die Ereignisse, deren archäologische Reste am Harzhorn erforscht werden.

Dass sich das römische Heer im Moment des Überfalls der Germanen auf dem Rückmarsch in Richtung Süden befand, zeigen die zahlreichen in diese Richtung geschossenen Projektile der Bogenschützen und der leichten Torsionsgeschütze im Osten des kilometerweiten Kampfareals (Abb. 1). Auffallend ist die dichte Konzentration von Geschossen der Torsionsgeschütze im Westen: Hier haben offenbar die Römer durch gezieltes „Sperrfeuer" die Germanen daran gehindert, ihren rechten Flügel zu umgehen und in das Zentrum ihrer Kampflinie gelenkt, wo sie leichte Ziele der syrischen Bogenschützen wurden, die als Spezialeinheit im römischen Heer dienten. Auf einen ganz anderen Ablauf der Kampfhandlungen deuten die Verteilungsmuster, die am sogenannten Hauptkamm dokumentiert wurden: Hier war es den Germanen offenbar gelungen, Teile des römischen Trosses aus dem Hinterhalt zu überfallen und die Trossbegleiter zu vertreiben. Die Funde zeigen, dass es sich um zweirädrige Wagen handelte, die von Maultiergespannen gezogen wurden. Zahlreiche im Gelände verteilte Funde sind offenbar Teile der von den Wagen gerissenen Beute, darunter z. B. der Deckel eines Tintenfässchens, ein ungebrauchtes Kettenhemd oder eine

Abb. 1 Die Fundverteilung und die Ausrichtung der Projektile im Osten des Harzhorns dokumentiert die Abwehr eines germanischen Angriffes von Süden durch römische Bogenschützen und Torsionsgeschütze. Rot: Geschossspitzen der Torsionsgeschütze, Grün: die römischen Pfeilspitzen.

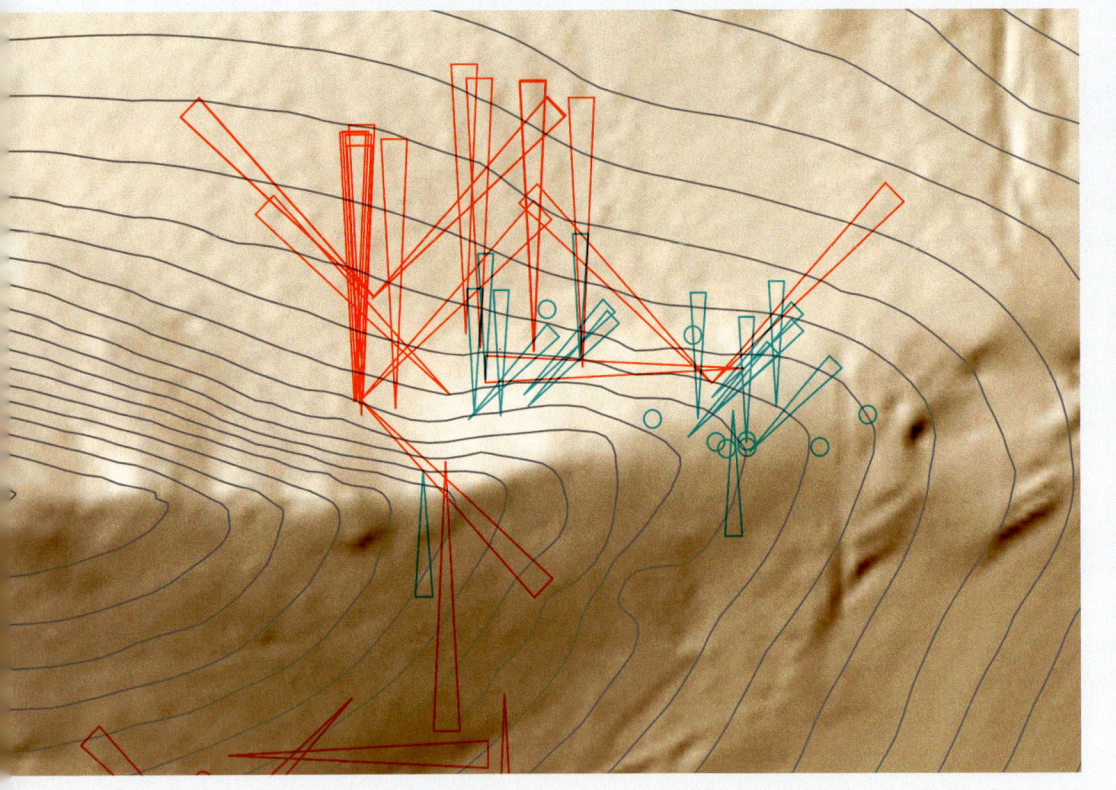

Schusterwerkstatt. Zusätzlich war es den Angreifern wohl gelungen, gefangene Germanen, die die Römer als Geiseln mitführten, zu befreien. Noch während der Plünderungen wurde das Areal jedoch von römischen Bogenschützen und Torsionsgeschützen der Nachhut unter Beschuss genommen, und schließlich gelang es der römischen Infanterie, die Germanen zu vertreiben. Gleichzeitig war die römische Vorhut mehr als zwei Kilometer weiter südlich am Westrand des Kahlbergs attackiert worden. Hier hatten die Germanen eine günstige Geländesituation genutzt, als sich der römische Marschzug vor dem Abstieg zu einer Quelle staute. Über Bogenschützen und Torsionsgeschütze verfügten die hier angegriffenen Römer nicht, und es war nach den Funden die Auxiliar-Reiterei, die von Nordosten die Gegner zurückdrängte.

Bei dem Harzhorn-Ereignis handelte es sich also nicht um eine offene Feldschlacht, sondern um den Überfall auf ein marschierendes Heer durch einen zahlenmäßig unterlegenen, aber sehr beweglichen und hoch motivierten Gegner (Abb. 2). Viele Handlungsabläufe lassen sich besser verstehen, wenn man sie unter dem Oberbegriff der „asymmetrischen Kriegsführung" analysiert, der für militärische Auseinandersetzungen der Gegenwart angewandt wird und zeigt, wie eine zahlenmäßig und technisch unterlegene Seite gewinnen kann, wenn sie es schafft, ihrem Gegner einen für diesen ungünstigen Ort und ihre Kampfesweise aufzuzwingen. Am Harzhorn konnten sich beide Seiten nach dem Ende der Gefechte als Sieger fühlen: die Germanen, weil sie die überlegene römische Armee erfolgreich atta-ckiert, Gefangene befreit und Beute gemacht hatten, die Römer, weil es ihnen gelungen war, unter geringen eigenen Verlusten die Angreifer zu vertreiben und den Rückweg zu ihren Winterquartieren in Mainz wieder aufzunehmen. Das „Harzhorn-Ereignis" zeigt, dass Rom mit dem Ende der augusteischen Okkupationsphase 16 n. Chr. keineswegs auf eine militärisch offensive Germanen-Politik verzichtete. Vielmehr war das Imperium angesichts seiner vergleichsweise kleinen Berufsarmee und seiner enormen Außengrenzen darauf angewiesen, immer wieder kurzfristig an aktuellen Krisenschauplätzen schlagkräftige Truppen zusammenzuziehen, mit denen dann bis weit in das Hinterland des Gegners getragene militärische Schläge durchgeführt wurden – so 232 n. Chr. gegen die Sasaniden, 235 n. Chr. gegen die Germanen an der mittleren Elbe. Gleichzeitig wird erkennbar, dass Norddeutschland auch im 3. Jh. noch im Blickfeld des Imperiums stand und wie eine wechselvolle Geschichte die beiden Kulturräume miteinander verband.

Abb. 2 Germanische Blattpfeilspitze in situ.

Literatur

Peter Heather: Invasion der Barbaren. Die Entstehung Europas im ersten Jahrtausend nach Christus (Darmstadt 2011).

Günther Moosbauer: Die vergessene Römerschlacht. Der sensationelle Fund am Harzhorn (München 2018).

Heike Pöppelmann, Korana Deppmeyer und Wolf-Dieter Steinmetz (Hrsg.): Roms vergessener Feldzug. Die Schlacht am Harzhorn. Veröffentlichungen des Braunschweigischen Landesmuseums 115 (Darmstadt 2013).

als auch ins römische Rheinland hatte. Dass wohlhabende Clans im niedersächsischen Flachland sehr weit vernetzt und offensichtlich hochmobil waren, beweist auch die schon lange bekannte Scheibenfibel von Tangendorf aus dem 3. Jh. (Ldkr. Harburg; Abb. 15): Parallelen für das darauf montierte Zierblech mit dem Bild eines Vierbeiners finden sich vor allem im südlichen Ostseeraum (Abb. 16), aber auch in der heutigen Slowakei. Die damit verzierten Artefakte gelten als „statuskennzeichnende Objekte […], die eine einheitliche Symbolsprache und somit ein überregionales Kontaktnetz der kaiserzeitlichen Eliten erschließen lassen"[4].

Die Kontaktpflege zwischen den Angehörigen der Eliten erfolgte über ein Netz von regionalen und überregionalen Verkehrswegen. Dieses Verkehrswegenetz muss auch im heutigen Niedersachsen effizient gewesen sein: Nicht nur Hemmoorer Eimer, auch anderer römischer Import aller Art erreicht den Raum unbeschadet in großen Mengen und kommt auch in entlegenen Regionen an[5]. Als ein weiteres Beispiel seien hier zerbrechliche Dinge wie römische Keramikbecher angeführt, von denen ein Exemplar aus Grethem (Abb. 10) vorliegt. Auch sie werden häufiger gefunden, so etwa auf dem Urnenfriedhof von Dingen (Gem. Imsum, Ldkr. Cuxhaven), von dem gleich zwei Stück bekannt sind (Abb. 17).

Abb. 15 Scheibenfibel von Tangendorf aus dem 3. Jh. (Ldkr. Harburg).

Die eingangs erwähnte Karte der Fundstellen von Hemmoorer Eimern macht die Hauptverkehrswege sichtbar, über die diese Dinge transportiert wurden: die Nordsee, die Weser, die Elbe und der Hellweg, die alte Überlandverbindung vom Rhein zur Elbe. Jüngste Forschungen zur Verkehrstopografie und Infrastruktur der Römischen Kaiserzeit belegen, dass es an der Nordseeküste und an den großen sowie den kleinen damit verbundenen Flüssen vor allem im Umfeld von Mündungssituationen und bei Furten zahlreiche Landeplätze und regelrechte Ufermärkte gab (vgl. hierzu den Beitrag „Über Stock und Stein? Verkehrssysteme und Warenumschlag in Westfalen und Niedersachsen zur Römischen Kaiserzeit" in diesem Band). Auch die Mündung der Leine in die Aller, an der Grethem liegt, dürfte ein Verkehrsknotenpunkt mit Warenumschlag gewesen sein. Die Entdeckung des importwarenreichen Brandgrabes dort verweist nachdrücklich auf die damalige Bedeutung der Leine bzw. des Leinetales als Verkehrsweg; über ihn konnte von der Nordsee aus Mitteldeutschland erreicht werden.

Die Trassen des Hellwegs, die Weser, Leine und Elbe am Nordrand der Mittelgebirge kreuzen, binden unseren Raum direkt ans römische Rheinland an. Aus dem westfälischen Abschnitt dieser Landwege sind schon lange Siedlungen der römischen Kaiserzeit mit hohem Importaufkommen bzw. Warenumschlag bekannt, z. B. Kamen-Westick. Das „Einzugsgebiet" dort ansässiger Akteure spiegelt ein Zierblech mit einem Verbeiner wie auf der Scheibenfibel von Tangendorf (vgl. hierzu Abb. 1 im Beitrag „Über Stock und Stein? Verkehrssysteme und Warenumschlag in Westfalen und Niedersachsen zur Römischen Kaiserzeit" in diesem Band). Dank intensiver bodendenkmalpflegerischer Aktivitäten ist ein vergleichbarer Platz vor einiger Zeit erstmals auch an einer niedersächsischen Hellwegtrasse entdeckt worden, bei Gehrden in der Region Hannover (vgl. hierzu den Beitrag „Über Stock und Stein? Verkehrssysteme und Warenumschlag in Westfalen und Niedersachsen zur Römischen Kaiserzeit" in diesem Band).

Nicht alles, was an solchen Orten oder den Ufermärkten den Besitzer wechselte, dürfte „normaler" Import gewesen sein: Im 3. Jh. unternahmen Kriegerbanden aus Gebieten rechts des Rheins systematisch organisierte Plünderungszüge ins römische Rheinland und nach Gallien. Auch Köln haben sie wiederholt heimgesucht. 260 hat dort der römische Statthalter Postumus

→ **Abb. 16** Silberner Pokal von Nordrup, 3. Jh. (Seeland/Dänemark).

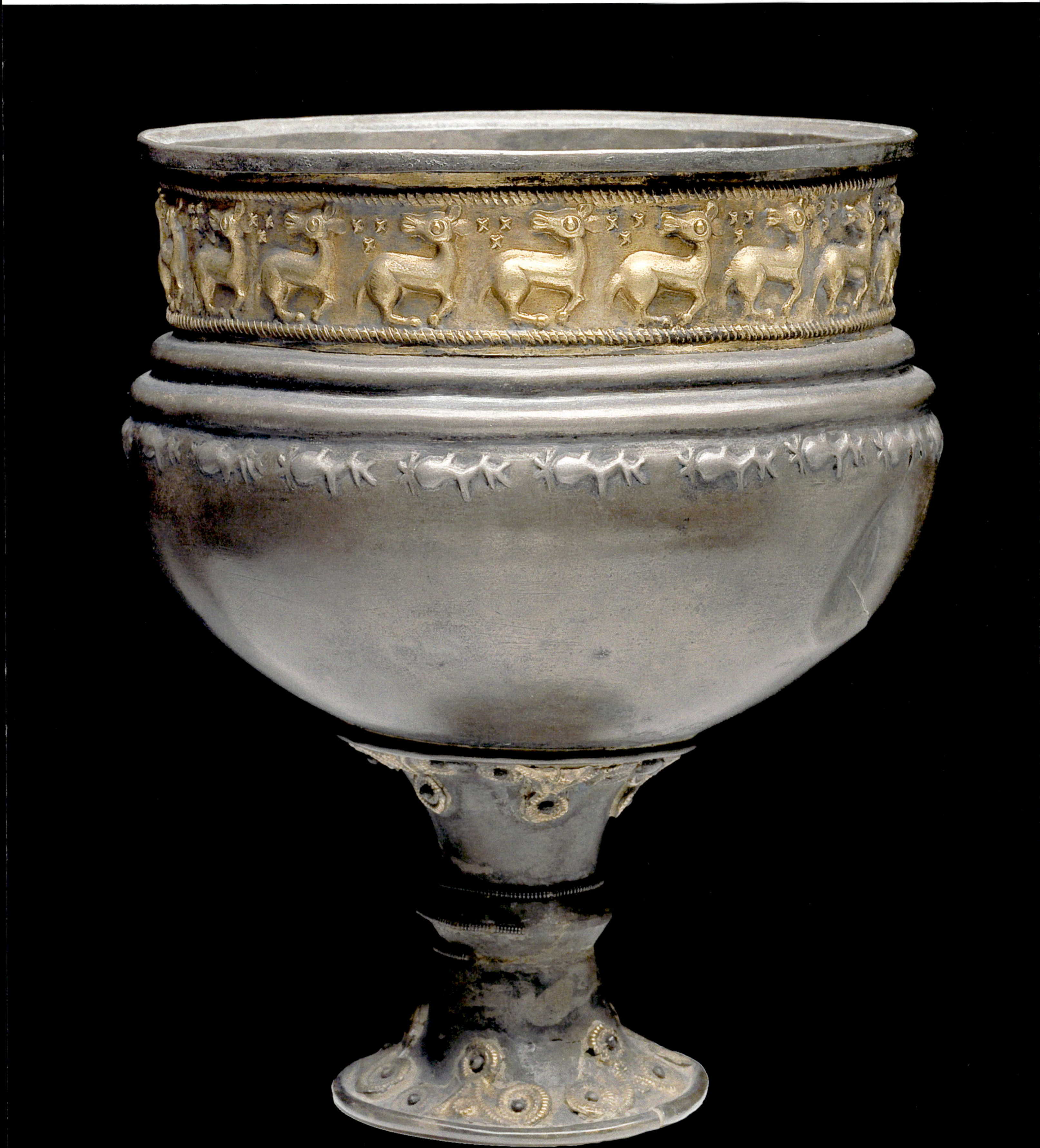

erfolgreich nach der Macht gegriffen (vgl. hierzu den Beitrag „Köln zur Zeit des Gallischen Sonderreiches" in diesem Band). Als römische Gegenkaiser in einem „gallischen Sonderreich" mit Hauptort Köln ließen er und einige Nachfolger eigene Münzen prägen. Der Archäologe Jan Bemmann hat aufgezeigt, dass diese Münzen (Abb. 18) im Flachland zwischen Rhein und Elbe und vor allem in Niedersachsen zahlreich vorkommen, sogar häufiger als Münzen der Kaiser in Rom[6]. Waren sie Soldzahlungen, Stillhaltegelder oder Beute? Profitable Kontakte verschiedenster Natur ins römische Rheinland bzw. ins gallische Sonderreich hat die Forschung bisher vor allem der mitteldeutschen Elite des 3. Jh.s unterstellt. Aber Bemann vermutet vollkommen zu Recht, dass das eher für das heutige Niedersachsen zutreffend ist: Das Grab der „Dame von Grethem" und insbesondere ihr Schmuck deuten in dieselbe Richtung.

Das „Harzhornereignis" der 230er-Jahre beweist, dass sich hierzulande nicht nur „Schlägertrupps" für Beutezüge ins römische Reich zusammenfanden. Als Maximinus Thrax 235 seine militärische Expedition in die Gebiete um den Harz unternahm, haben sich ihm offensichtlich sehr gut organisierte germanische Kampfverbände in den Weg gestellt. Das Gebiet, aus dem sie sich rekrutiert haben dürften, umfasst neben Mitteldeutschland auch den Raum zwischen der Elbe und der Leine mit dem Unterlauf von Aller und Weser[7]. Ihre Anführer dürften dort Familien wie der bei Grethem bestattenden angehört haben. Es gibt Anhaltspunkte dafür, dass Kriegergruppen aus diesem Gebiet auch an den innergermanischen Auseinandersetzungen des 3. Jh.s beteiligt gewesen sein könnten, von denen die großen Mooropferfunde Südskandinaviens zeugen[8]. Die Einwohnerschaft unseres Raumes muss folglich über militärische Organisationsstrukturen verfügt haben, die die effektive Planung und Ausführung von Kampfhandlungen selbst in weit entfernten Gebieten erlaubten – in wessen Auftrag auch immer.

Mittendrin statt außen vor

Die Befunde vom „Harzhorn" und von Grethem eröffnen viele neue Perspektiven auf das gesellschaftliche Gefüge und das Wirken politischer und ökonomischer Kräfte zwischen Rhein und Elbe im 3. Jh. Noch wissen wir zu wenig, um eine Geschichte des 3. Jh.s in Niedersachsen schreiben zu können. Weitere Forschung

Abb. 17 Zwei römische Becher mit Barbotine-Verzierung (Terra sigillata) aus Dingen (Gem. Imsum, Ldkr. Cuxhaven), 3. Jh. Dargestellt ist eine Tierhatz.

Abb. 18 Goldmünze des Postumus aus Bielefeld-Sieker (263 n. Chr.).

ist notwendig und Neufunde können das Bild jederzeit verändern. Aber es darf festgehalten werden: Auch hier gab es damals eine „international" agierende Elite.

Mit Brandbestattungsbefunden wie bei Grethem oder Schwarmstedt schließt sich die Lücke in der Verbreitung von „Fürstengräbern" des 3./4. Jh.s zwischen Dänemark und Mitteldeutschland. Schon lang ist klar: Die Körperbestattung ist mit Sicherheit nicht *das*, sondern lediglich *ein* Merkmal elitärer Bestattungssitten, denn auch in Mitteldeutschland und Südskandinavien gibt es etliche sehr reiche Brandgräber dieser Zeit (vgl. hierzu den Beitrag „Im Zentrum des Geschehens? Mitteldeutschland im 3. Jahrhundert" in diesem Band.). Das Fehlen von Körpergräbern hierzulande kann jedoch umgekehrt zumindest bis auf Weiteres als ein Alleinstellungsmerkmal des heute niedersächsischen Raumes gelten. Eine politische oder ethnische Einheit wird dadurch aber nicht fassbar. Was sich archäologisch abzeichnet, ist eine Oberschicht, die im Spannungsfeld zwischen den Interessen Roms und denen der germanischen Eliten in Südskandinavien und Mitteldeutschland agiert. Ihre mutmaßlichen Kontakte nach Mitteldeutschland und die Verbindungen, die man dort und wohl auch in unserem Gebiet nach Südskandinavien hat, verweisen vielleicht auf einen Zusammenhang zwischen den innergermanischen Auseinandersetzungen des 3. Jh.s, die die Moorofperfunde Südskandinaviens anzeigen, und dem Vorstoß des Maximinus Thrax 235 in die Germania.

Die Menschen des 3. Jh.s im heutigen Niedersachsen erscheinen eher mitten im Geschehen drin als außen vor. Die Vorstellung, dass es sich dabei um frühe Sachsen gehandelt hat, in deren Stammesverband oder Großstamm jetzt die für das 1./2. Jh. überlieferten *gentes* wie die Cherusker aufgegangen seien sollen, ist nur ein wissenschaftliches Konstrukt.

Anmerkungen

1 Ludowici 2013; 2017.
2 Potratz 1942.
3 Asmus 1939.
4 Blankenfeldt 2015, 259.
5 Erdrich und Teegen 2002.
6 Bemmann 2014.
7 Berger 2013.
8 Blankenfeldt 2015, 283 f.

Literatur

Wolfgang Dietrich Asmus: Ein Grabfeld des 3. Jahrhunderts von Helzendorf, Kr. Grafschaft Hoya (Hannover). Germania 23, 1939, 168–174.

Jan Bemmann: Mitteldeutschland und das Gallische Sonderreich 260–274. Eine liebgewonnene These auf dem Prüfstand. Kölner Jahrbuch 47, 2014, 179–213.

Frank Berger: Die römischen Münzen am Harzhorn. In: Heike Pöppelmann, Korana Deppmeyer und Wolf-Dieter Steinmetz (Hrsg.): Roms vergessener Feldzug. Die Schlacht am Harzhorn. Veröffentlichungen des Braunschweigischen Landesmuseums 115 (Darmstadt 2013), 285–293.

Ruth Blankenfeldt: Das Thorsberger Moor, Band 2. Die persönlichen Ausrüstungen (Schleswig 2015).

Michael Erdrich und Wolf-Rüdiger Teegen: Corpus der römischen Funde im europäischen Barbaricum. Deutschland. Band 4, Hansestadt Bremen und Bundesland Niedersachsen (Bonn 2002).

Babette Ludowici: Auf der Spur des Luxus. Die Suche nach den germanischen Eliten des 3. Jhs n. Chr. In: Heike Pöppelmann, Korana Deppmeyer und Wolf-Dieter Steinmetz (Hrsg.): Roms vergessener Feldzug. Die Schlacht am Harzhorn. Veröffentlichungen des Braunschweigischen Landesmuseums 115 (Darmstadt 2013), 162–166.

Babette Ludowici: Aus zwei mach eins? Beobachtungen an Relikten beigabenreicher Feuerbestattungen der jüngeren Römischen Kaiserzeit aus Niedersachsen. In: Berit Valentin Eriksen et al. (Hrsg.): Interaktion ohne Grenzen. Beispiele archäologischer Forschungen am Beginn des 21. Jahrhunderts, Band 2 (Schleswig 2017), 257–264.

Hans Potratz: Ein kaiserzeitliches Brandgrubengräberfeld in Schwarmstedt, Kreis Fallingbostel. Nachrichten aus Niedersachsens Urgeschichte 16, 1942, 66–108.

Köln zur Zeit des Gallischen Sonderreiches

THOMAS FISCHER

In den römischen Provinzen Obergermanien und Raetien kam es seit der 1. H. des 3. Jh.s immer wieder zu Germaneneinfällen. Die Lage in Niedergermanien mit seiner Hauptstadt Köln, damals *Colonia Claudia Ara Agrippinensium* (CCAA) genannt, war hingegen ruhig geblieben. Allerdings hatten sich auch hier jenseits der Grenzen neue und gefährliche Entwicklungen ergeben: Die westgermanischen Völkerschaften der Brukterer, Chamaver, Chattwarier und Ampsivarier schlossen sich für Einfälle und lukrative Plünderungen im römischen Reichsgebiet zusammen. In der schriftlichen Überlieferung nennt man sie jetzt „Franken". Die Dinge spitzten sich zu, als der römische Kaiser Valerian (253–259 n. Chr.) zu Beginn seiner Herrschaft aus der Rheinarmee größere Verbände herauslöste und diese zum Bürgerkrieg nach Italien führte. Die Truppen kamen nach dem Sieg des Valerian aber nicht an den Rhein zurück, denn im Jahre 256 brach Valerian zu einem Feldzug gegen die Perser in den Osten auf. Nach einigen Erfolgen wurde er 260 vernichtend geschlagen und geriet in Gefangenschaft. Als Valerian in den Osten aufbrach, regierte sein Sohn Gallienus (253–268 n. Chr.) den ganzen Westen des Reiches. Nach der Gefangennahme seines Vaters herrschte Gallienus dann über das ganze Imperium Romanum. Von allen Seiten brach nun das Unheil über das Reich herein: In Obergermanien und Raetien brach zu Beginn seiner Alleinregierung der Limes unter dem Druck von Franken und Alamannen zusammen. Im Osten bereiteten die Angriffe der Perser und die Abspaltung der reichen und mächtigen Handelsstadt Palmyra Probleme. Zusätzlich kam es zu zahlreichen Usurpationsversuchen ranghoher Militärs. Auch im Westen ergaben sich für Gallienus zusätzliche innenpolitische Probleme: Die Franken überrannten 256 oder 257 n. Chr. mit verheerenden Folgen die Rheingrenze und zogen plündernd durch das völlig ungeschützt daliegende Gallien und Spanien. Archäologische Zeugnisse dieser Frankeneinfälle am Rhein sind neben Brandschichten und vielen Münzschätzen die Überreste der Leichen von Soldaten und Zivilisten, die in einem aufgelassenen unterirdischen Tempel des Mithraskultes in Krefeld-Gellep verscharrt worden sind. Valerian und Gallienus residierten anfangs in Köln. Eine später ausgelöschte Inschrift dieser Zeit vom Kölner Nordtor nennt die Stadt nun samt neuem Beinamen „CCAA Valeriana Gallienana". Möglicherweise stammt aus dieser Zeit eine immer wieder beobachtete Reparatur und Verstärkung der Kölner Stadtmauer; vielleicht hat man das Kölner Nordtor unter Valerian und Gallienus sogar komplett neu errichtet. Die beiden Kaiser hatten zur Finanzierung der Germanenkriege am Rhein in Köln auch eine Münzstätte eingerichtet. Gallienus blieb in Köln bis zum Jahr 258, dann musste er sich nach ersten Erfolgen gegen die Franken wegen einer Rebellion im Osten in den Donauraum begeben. Er ließ seinen unmündigen Sohn Saloninus unter der Obhut des Praetorianerpräfekten Silvanus in Köln zurück. Als es zu weiteren Frankeneinfällen kam, wurden die Eindringlinge von M. Cassianus Latinius Postumus im Jahre 260 n. Chr. erfolgreich bekämpft, der damals wohl Statthalter in Niedergermanien war. Dieser konnte die Plünderer bei Köln abfangen und ihnen eine beträchtliche Beute abnehmen. Silvanus wollte diese Beute der Staatskasse zukommen lassen, aber Postumus beanspruchte sie für sich und seine siegreichen Soldaten. Der Streit eskalierte und wurde zur gewaltsamen Auseinandersetzung, bei der Silvanus den Kürzeren zog: Die Armee des Postumus belagerte und stürmte Köln, Silvanus und der junge Kaisersohn Saloninus wurden getötet. Postumus nutzte nun seine Chance: Im Besitz einer großen Armee und der kaiserlichen Münzstätte ließ er sich im Sommer 260 n. Chr. von seinen Soldaten zum Kaiser ausrufen. Er hatte damit Erfolg und bald schon schloss sich ihm der ganze Westen des Reiches an. Postumus war nun Kaiser des Gallischen Sonderreiches. Köln wurde nach dem Vorbild Roms zur Hauptstadt des neuen Reiches, sogar einen eigenen Senat soll Postumus dort eingesetzt haben. Er hielt sich eine Leibwache aus Prätorianern und prägte, vor allem in Köln, auch eigene Münzen.

Postumus hatte innerhalb von nur elf Jahren fünf Nachfolger. Der fünfte, Tetricus I., verlegte die Hauptstadt des Gallischen Sonderreiches im Jahre 272 nach Trier, weil Köln wegen der ständigen Bedrohung durch die Franken zu unsicher geworden war. Das Ende des gallischen Sonderreiches und die Wiedereinsetzung der römischen Zentralgewalt am Rhein brachte kein Aufhören der Frankeneinfälle. Es gibt Hinweise darauf, dass die Einrichtung des Gallischen Sonderreiches durch Postumus Köln und sein Umland eine Zeit lang vor den Frankenstürmen verschont hat, doch danach ging die Germanengefahr unvermindert weiter. Die Archäologie zeichnet von Köln in der Zeit der Germanenstürme nach dem 1. Drittel des 3. Jh.s ein widersprüchliches Bild: Einerseits kommen ab den späten 30er-Jahren des 3. Jh.s in Köln und seiner Umgebung offenbar vermehrt aufgrund von äußeren Gefahren vergrabene Münzschätze vor. Villen im Umland wurden zerstört und verlassen, andere wurden durch den Bau von befestigten Speicherbauten (*burgi*) in Vereinigungsbereitschaft versetzt. Um die Mitte des 3. Jh.s wurden die meisten unbefestigten Kleinstädte (*vici*) im Kölner Umland zerstört und aufgelassen. Die Archäobotanik belegt im Kölner Umland Indizien für großflächige Wüstungsprozesse. In Köln werden ab der Mitte des 3. Jh.s die unbefestigten Vorstädte aufgegeben, zum Teil wohl nach gewaltsamen Zerstörungen. Auch das Flottenlager in Köln-Alteburg endet in den Jahren um 270 n. Chr. Andererseits weist innerhalb der Stadtbefestigung von Köln alles auf eine gewisse Stabilität hin: Die Stadt hatte sich offenbar durch die Erneuerung und Verstärkung der Stadtmauer gut auf gefährliche Zeiten vorbereitet. Auch kommen im 3. Jh. immer wieder Zeugnisse erstaunlichen privaten Reichtums vor. Das belegen der Ausbau von Wohnhäusern und die Verlegung von teuren Mosaikböden (Abb. 1). Flächige Brand- und Zerstörungsschichten fehlen. Einzelne Brandspuren innerhalb der Stadtmauern nach 260 können auch mit den Ereignissen um die Machtübernahme des Postumus zusammenhängen. Reiche Bestattungen über den Resten der aufgelassenen Vorstädte, die noch aus den letzten Jahrzehnten des 3. Jh.s stammen, belegen im Einzelfall noch erheblichen Wohlstand Kölner Bürger.

Das Ende des Gallischen Sonderreichs kam mit der Kapitulation des Tetricus im Jahre 273 n. Chr. Mit der Wiedereinsetzung der römischen Zentralgewalt am Rhein konnten die Frankeneinfälle allerdings nicht gestoppt werden – im Gegenteil: Im Jahr 276 kam es zu einem besonders schweren Übergriff, dem Xanten zum Opfer fiel. Erst unter Probus (276–282 n. Chr.) ist es gelungen, die Franken von weiteren Einfällen abzuhalten und die Rheingrenze wieder zu stabilisieren.

Abb. 1 „Dionysus"-Mosaik aus dem Speisesaal einer römischen Villa des 3. Jh.s in Köln. Es besteht aus über einer Million Steinchen. Hauptmotiv ist Bacchus, der Gott des Weines.

Literatur

Werner Eck: Köln in römischer Zeit. Geschichte der Stadt Köln, Bd. 1 (Köln 2004).
Thomas Fischer und Marcus Trier: Das römische Köln (Köln 2014).
Bernd Päffgen: Köln und sein Umland zur Zeit der Soldatenkaiser (235–285 n. Chr.), besonders im Hinblick auf das Gallische Sonderreich. In: Thomas Fischer (Hrsg.): Die Krise des 3. Jahrhunderts n. Chr. und das Gallische Sonderreich. Akten des Interdisziplinären Kolloquiums Xanten 26. bis 28. Februar 2009. Univ. zu Köln, ZAKMIRA-Schriften 8 (Wiesbaden 2012), 97–150.

Über Stock und Stein?
Verkehrssysteme und Warenumschlag in Westfalen und Niedersachsen zur Römischen Kaiserzeit

ANNETTE SIEGMÜLLER, UTE BARTELT UND PATRICK KÖNEMANN

Landeplatz und Ufermarkt – Wasserwege als Hauptverkehrsadern der Römischen Kaiserzeit in Niedersachsen
ANNETTE SIEGMÜLLER

Die Erforschung von Transportwegen und Austauschsystemen war in den letzten Jahren ein Schwerpunkt der archäologischen Forschung zur Römischen Kaiserzeit (1.–4. Jh. n. Chr.) in Norddeutschland. Je nach Untersuchungsgebiet lag der Fokus dabei auf Land- oder auf Wasserwegen. Eine Ballung der bis dato als archäologische Funde bekannt gewordenen Fremdgüter entlang der Flüsse führte schnell dazu, die großen Ströme als die Hauptverkehrsadern anzusprechen, über die große Teile dieser Waren in die Region gelangten. Das Hauptinteresse galt dabei Objekten provinzialrömischer Provenienz. Durch den zunehmenden Einsatz von Metalldetektoren bei systematischen Feldbegehungen hat sich das Fundaufkommen von metallenen Kleinfunden in den letzten Jahren vervielfacht. Das hat neue Forschungsperspektiven eröffnet. Neben schon gut erforschten Siedlungsregionen wie den Wurten im Landkreis Cuxhaven, vor allem die Feddersen Wierde und die Fallward, haben sich dadurch auch neue geografische Schwerpunkte der Siedlungsarchäologie etabliert: Plätze wie beispielsweise Elsfleth-Hogenkamp an der Huntemündung, Leer-Westerhammrich und Bentumersiel an der Ems, Freiburg an der Elbe oder Holtorf-Lunsen an der Weser. Gemeinsam ist ihnen allen ein hohes Metallfundaufkommen, aber auch die Lage auf natürlichen Kuppen oder künstlich aufgeschütteten Wurten bei flachen Uferstellen von frequentierten Wasserwegen, wo Boote gut an Land gezogen werden konnten (Abb. 1).

Die Erforschung dieser „Landeplätze" zielt darauf, über die reinen Verbreitungsmuster von Importwaren hinaus Einblicke in Produktions-, Transport-, Verteilungs- und Kommunikationsmechanismen zu erlangen. Besonderes Augenmerk gilt dabei der jeweiligen lokalen Infrastruktur und deren Entwicklung in Abhängigkeit vom sich immer wieder rasch verändernden Landschaftsraum an einem Fluss oder der Küste. Einige Landeplätze haben offensichtlich eine Infrastruktur entwickelt, aus der eine marktähnliche Situation entstand. Diese „Ufermärkte" zogen spezialisierte Handwerker an. Hier wurden Güter produziert und verkauft, die die Fähigkeiten der Produzenten in den umliegenden Siedlungen überstiegen. So wurde auf der Feddersen Wierde beispielsweise ein vollständiger Metallverarbeitungsbereich dokumentiert. Auch auf dem Ufermarkt Elsfleth-Hogenkamp waren Handwerker anwesend, die in großem Umfang Buntmetall verarbeiteten. Als Rohstoffquelle dienten Metallobjekte, die eingeschmolzen wurden, darunter auch zahlreiche römische Münzen.

„Hotspots" des Warenverkehrs über die Wasserwege waren die Kreuzungspunkte mit anderen Verkehrsachsen: Mündungssituationen der Flüsse, aber auch die Querungsmöglichkeiten der Gewässer, also Brücken und Furten als Schnittstellen von Land- und Wasserwegen. Hier konnten die Waren umgeladen und zusätzliche lokale Güter erworben werden. So entstanden fast automatisch Verkehrsknotenpunkte. Landestellen und Ufermärkte sind dort regelhaft zu erwarten. Aber oft sind sie im Gelände nur schwer genau zu lokalisieren: Die heutige Topografie entspricht nicht mehr der von damals, sie hat sich seither teils stark verändert. Dies gilt vor allem für den Lauf der Flüsse, deren Mündungssituationen sich über Kilometer verlagern können. Die Aller beispielsweise verband sich während der Römischen Kaiserzeit fast 20 km weiter nordwestlich mit der Weser als heute.

Mehrfach sind aus den Mündungsregionen der Flüsse auch Bestattungsplätze bekannt, deren Gräber viele Gegenstände fremder Herkunft bargen. Darunter finden sich vereinzelte exquisite Luxusgegenstände, wie die herausragenden Elfenbeinschnitzereien aus dem „Fürstengrab" von Grethem des 3. Jh.s an der Leinemündung. Sie zeigen den Zugang von Teilen der Bevölkerung zum überregionalen Warenstrom und teils herausragenden Importwaren auch dort an, wo kaum archäologische Hinweise zu Landeplätzen oder anderen infrastrukturellen Einrichtungen vorliegen.

Die Landeplätze und Ufermärkte entwickelten sich im Verlauf der Römischen Kaiserzeit immer weiter. In Abhängigkeit von regionalen wie überregionalen politischen sowie naturräumlichen Wandlungen variieren die Warenströme, die produzierten Güter und auch die Rohstoffquellen. Im 1. und 2. Jh. n. Chr. erreichen den Unterweserraum erst vereinzelt provinzialrömische, eng mit militärischen Kontexten verbundene Einzelobjekte, vor

Abb. 1 Gut erhaltener Steg mit Uferrandbefestigung aus dem 1. Jh. n. Chr. am Siedlungsrand der Feddersen Wierde, Ldkr. Cuxhaven.

Abb. 2 Auswahl an Fremdgütern verschiedener Zeitstellung aus der Wurtensiedlung Feddersen Wierde, Ldkr. Cuxhaven.

allem Gewandfibeln (Abb. 2). Ab dem 2. Jh. zeichnet sich dann die Herausbildung einer germanischen Handwerkstradition ab, deren spezialisierte Werkstätten auf Ufermärkten wie Elsfleth-Hogenkamp nachweisbar sind. In großem Umfang kommen jetzt römische Metallobjekte in die ufernahen Siedlungen des Nordseeküstenraumes, die dort auch umgearbeitet werden. Befördert von technischen Innovationen bei der Metallverarbeitung und einem offenbar leichten und gesicherten Zugriff auf die Rohstoffe erreicht diese Entwicklung zum 3. Jh. hin einen Höhepunkt: Es gibt jetzt regelrechte von den Siedlungen abgegrenzte Marktsituationen. Im 4. Jh. verlieren einige der blühenden Ufermärkte an Bedeutung, bestehen aber weiter, z.B. Elsfleth-Hogenkamp, aber auch die Wurt Feddersen Wierde. Bis in die Gegend um Verden an der Aller erleben andererseits vereinzelt Plätze in dieser Phase eine späte Blütezeit, die bereits während der gesamten Römischen Kaiserzeit im Umfeld der größeren Ufermärkte bestanden hatten, etwa Schlüte bei Berne in der Wesermarsch oder die im nördlichen Butjadingen gelegene Wurt Iggewarden. An allen bekannten küstennahen Plätzen bricht die Entwicklung im 5. Jh. dann jäh ab. Im Mittelweserraum passiert das nicht, hier entwickeln sich die Plätze kontinuierlich weiter. Zu verdanken ist das sicher ihrer Anbindung südwärts über Weser und Leine zu den großen Überlandwegen, vor allem zur Hellwegtrasse.

Literatur

Ingo Eichfeld, Daniel Nösler: Farmers, Merchants, Seafarers: a new discovery of an emporium of the 1st Millennium AD on the southern Lower Elbe. In: Claus von Carnap-Bornheim, Falko Daim, Peter Ettel und Ursula Warnke (Hrsg.): Interdisziplinäre Forschungen zu den Häfen von der Römischen Kaiserzeit bis zum Mittelalter in Europa. RGZM-Tagungen 34 (Mainz 2018), 281–300.

Kai Mückenberger: Elsfleth-Hogenkamp. Archäologische Funde des 1. Jahrtausends n. Chr. am Zusammenfluss von Hunte und Weser. Studien zur Landschafts- und Siedlungsgeschichte im südlichen Nordseegebiet 4 (Rahden/Westf. 2013).

Annette Siegmüller: Siedlung-Verkehrsweg-Landschaft. Römisch-kaiserzeitliche Landeplatzstrukturen im Unterweserraum. Siedlungs- und Küstenforschung im südlichen Nordseegebiet 38, 2015, 173–190.

In bester Lage – eine Siedlung des 1. Jahrtausends von Gehrden am Hellweg

UTE BARTELT

Im Calenberger Land zwischen Deister und Leine sind in den vergangenen Jahren wiederholt Siedlungsplätze des 1. nachchristlichen Jahrtausends entdeckt geworden. Der sicherlich außergewöhnlichste dieser Plätze ist ein Siedlungsareal am Rand der heutigen Stadt Gehrden. Ausgrabungen haben gezeigt, dass hier mindestens vom 2./3. bis in das 6./7. Jh. gewohnt und gewirtschaftet worden ist. Dabei wurden bislang mehr als 40 römische Münzen gefunden, mehrheitlich Denare (Silbermünzen). Hinzu kommt eine halbierte spätantike Goldmünze. Eine derartig große Anzahl römischer Münzen ist noch von keinem anderen germanischen Siedlungsplatz im Calenberger Land bekannt geworden. Auffällig ist aber auch das Spektrum der in Gehrden entdeckten Importwaren: Scherben von Terra sigillata, einer rot glänzenden hochwertigen Keramik aus den römischen Rheinprovinzen, wurden ebenso gefunden wie Fragmente von bronzenem römischen Trinkgeschirr. In Niedersachsen bislang einmalig sind zwei Gagatschnitzereien (Abb. 3). Dargestellt sind exotische Tiere: Panther oder Löwen. Vermutlich handelt es sich dabei um Bruchstücke aufwendig gestalteter Messergriffe, deren nächste Vergleiche im römischen Köln zu finden sind. Rund zwei Dutzend Glasperlen, darunter mehrere Mosaikperlen, und zahlreiche Fragmente von Glasgefäßen des 5. und 6. Jh.s – Sturzbecher und Glasschalen – runden das nicht alltägliche Fundmaterial ab.

Der Bedarf an feinem römischem oder diesem zumindest ebenbürtigen Tischgeschirr war offensichtlich vor allem im 4./5. Jh. sehr groß: In der Siedlung fanden sich Hunderte von Scherben der sogenannten „Hannoverschen Drehscheibenkeramik", einer dünnwandigen Drehscheibenkeramik dieser Zeit aus lokaler Produktion nach römischem Vorbild. Mengenmäßig ist das ein Vielfaches dessen, was von anderen Fundplätzen in der Region bekannt ist. Ob die Feinkeramik auch direkt in der Siedlung hergestellt worden ist, muss offen bleiben. Im Fundmaterial ist nur ein einziger Fehlbrand vertreten und bislang konnte vor Ort noch kein Töpferofen dokumentiert werden.

Weniger formschön, aber gleichermaßen ungewöhnlich ist die beachtlich große Menge an Metallfunden: Neben einer Vielzahl von verschiedenen Fibeln, Werkzeugen, Teilen von römischen Pferdegeschirren und spätrömischen Militärgürteln handelt es sich dabei überwiegend um klein zerteilte bzw. zerschnittene, teils auch zusammengedrückte oder angeschmol-

Abb. 3 Gagatschnitzereien der Römischen Kaiserzeit aus der Siedlung Gehrden (Region Hannover).

zene Buntmetallfragmente. Der hohe Anteil von Buntmetallbruch verweist auf eine ausgeprägte Buntmetallverarbeitung in der Siedlung.

Für handwerkliche Tätigkeiten wurden wohl vor allem die zahlreichen Grubenhäuser in der Siedlung genutzt, von denen bislang über 60 ausgegraben wurden. Sie dienten auch der Weberei, wie der Fund von Webgewichten und einmal auch die Standspuren eines Gewichtswebstuhls anzeigen. Die große Anzahl an Rutenbergen und kleineren Pfostenspeichern deutet darauf hin, dass in der Siedlung landwirtschaftliche Produkte in größerem Stil bevorratet wurden, die wohl zumindest teilweise auf zu der Siedlung gehörigen Flächen angebaut wurden. Eine zusätzliche Versorgung durch umliegende Siedlungen ist ebenfalls denkbar.

Neben diesen Wirtschaftsbauten wurden auch verschiedene langrechteckige Wohngebäude nachgewiesen. Unter ihnen sticht ein hallenartiger Bau mit Standspuren mächtiger Pfosten und einer Grundfläche von rund 300 Quadratmetern heraus. Damit war das Gebäude mehr als doppelt so groß wie die anderen erfassten Langhäuser. Die „Halle" wurde frühestens im 5. Jh. errichtet, zu einer Zeit, als die Siedlung schon wenigstens 250 Jahre lang existiert hatte. Es ist denkbar, dass in diesem Bauwerk weniger gewohnt als vielmehr repräsentiert wurde.

Eine erste Durchsicht der zahlreich in der Siedlung gefundenen Tierknochen hat gezeigt, dass das gesamte Spektrum domestizierter Tiere vorhanden war: Schaf und Ziege, Schwein, Rind und Pferd. Die Versorgung der Bewohner muss insgesamt gut gewesen sein, da man sich nur selten die Mühe gemacht hat, die Tierknochen aufzubrechen, um auch das nahrhafte Mark zu gewinnen. Bemerkenswert und ungewöhnlich ist die große Zahl von Wildschweinkiefern unter den Schlachtabfällen. Es wurden Dutzende Unter- und Oberkiefer sowohl junger Tiere beiderlei Geschlechts als auch älterer Eber gefunden. Bei ihrer Erlegung ging es vermutlich weniger darum, Ernährungsengpässe zu überbrücken. Vielmehr wird man sich der Wildschweinjagd als Standesvergnügen gewidmet haben, wie es die Schriftquellen ab dem Frühmittelalter überliefern. Die Jagd vor allem auf ausgewachsene Keiler war nicht ungefährlich und galt als besonders prestigeträchtig.

Die auffallend reichen Funde der Siedlung in Gehrden überraschen nur auf den ersten Blick. Zwar waren die Grenzen des Römischen Reiches mehr als 220 Kilometer entfernt, aber die Siedlung liegt direkt an einer Trasse des vom Rheinland an die Elbe führenden Hellwegs. Der Streckenabschnitt, der von Bad Nenndorf über Pattensen zur Leine führt, durchläuft zwischen dem Benther Berg im Norden und dem Gehrdener Burgberg im Süden eine nur knapp zwei Kilometer breite Engstelle – und genau dort liegt die Siedlung, am Fuß des Burgberges, in Sichtweite des Weges. Ihre Bewohner wussten ihre überaus vorteilhafte Lage zu nutzen: Wer diesen Platz kontrollierte, kontrollierte den Verkehr auf einem der damals europaweit wichtigsten Überlandwege.

Literatur

Ute Bartelt: Gehrden FStNr. 24, in: Fundchronik Niedersachsen 2013. Nachrichten aus Niedersachsens Urgeschichte, Beih. 18, 2015, 70.

Knotenpunkt im Netzwerk?
Die Siedlung der Römischen Kaiserzeit von Kamen-Westick am Hellweg

PATRICK KÖNEMANN

Die Siedlung Kamen-Westick (Kr. Unna) liegt in der Hellwegzone. Dieser Begriff umschreibt das Gebiet zwischen Ruhr und Lippe in Nordrhein-Westfalen und leitet sich von der historischen Handelsroute ab. In der jüngeren römischen Kaiserzeit bestanden in dieser Region mehrere Siedlungen, in denen zahlreiche römische Importe vorgefunden wurden.

Die Forschungsgeschichte der Siedlungsfundstelle von Kamen-Westick reicht annähernd hundert Jahre zurück. Erste archäologische Untersuchungen fanden hier bereits in den 1920er-Jahren statt. Ausgrabungen in den 1930er-Jahren, zwischen 1998 und 2001 sowie die tatkräftige Unterstützung ehrenamtlicher Mitarbeiter der LWL-Archäologie, Außenstelle Olpe, legten seitdem zahlreiche Funde und Befunde frei. Bislang konnten mehr als 10 000 m² der Fundstelle am Zusammenfluss der Flüsse Körne und Seseke untersucht werden. Fünf Hausgrundrisse wurden bisher rekonstruiert, deren genaue zeitliche Einordnung allerdings noch unklar ist. Für den größten Bau, der mit einer Länge von 48 m und einer Breite von 7,5 m rekonstruiert wurde, wird eine

Abb. 4 Bleibeschlag mit vergoldetem Pressblech. Dargestellt ist ein zurückblickendes Huftier.

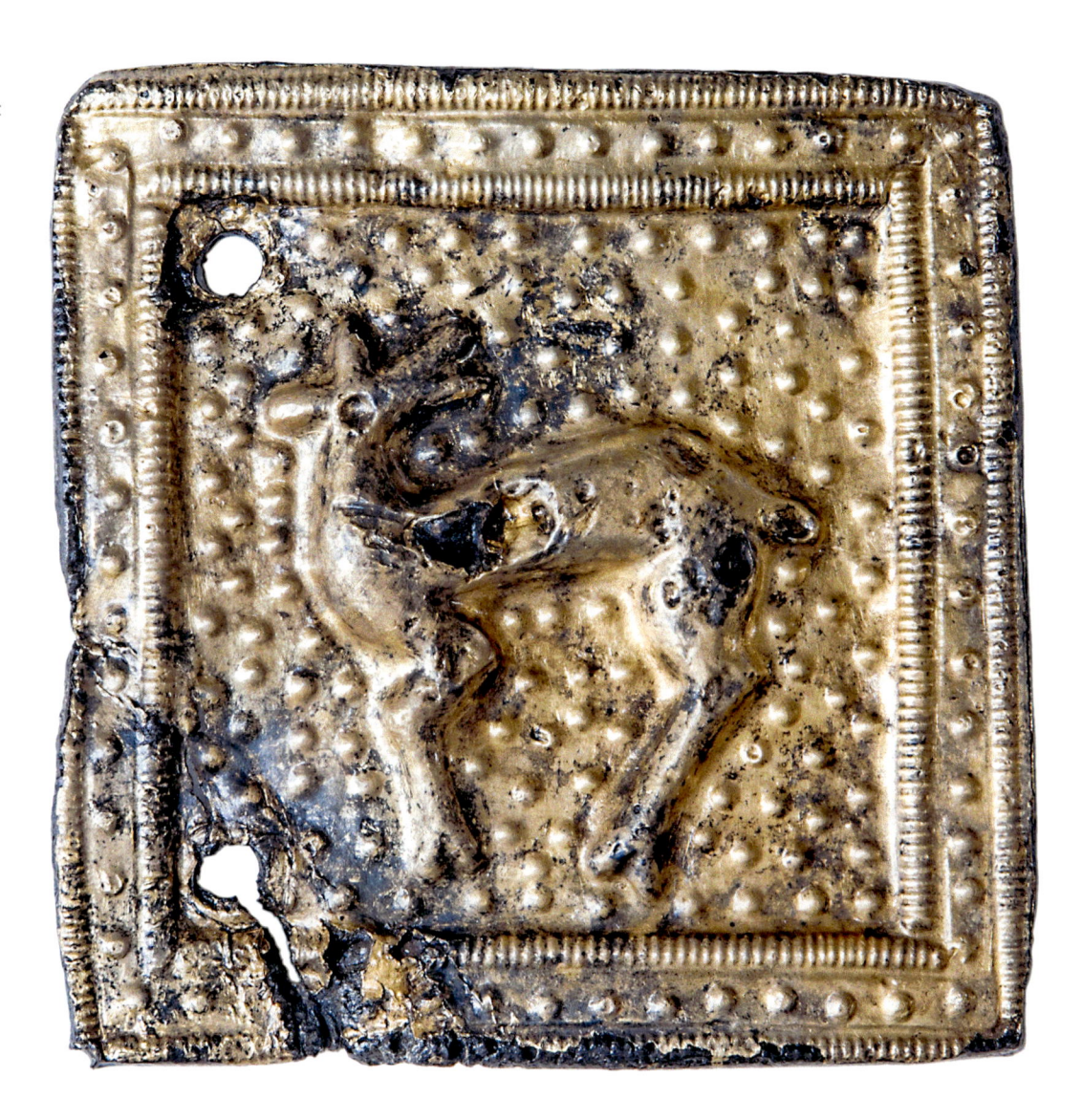

Datierung in das 4. Jh. angenommen. Das umfangreiche und qualitativ hochwertige Fundmaterial umfasst sowohl germanische als auch römische Funde. Gerade der überdurchschnittlich hohe Anteil römischer Importe machte früh deutlich, dass sich Kamen-Westick von anderen Siedlungen der Römischen Kaiserzeit zwischen Rhein und Weser absetzt. Dennoch ist der Fundplatz nur in Ansätzen ausgewertet, weshalb hier nur vorläufige Aussagen möglich sind. Jüngst wurden die Metallfunde vom Autor ausgewertet, die römische Keramik wird derzeit von Robert Fahr aufgearbeitet. Diese Arbeiten sind erste Schritte in Richtung einer lange überfälligen Gesamtauswertung von Kamen-Westick.

Der Siedlungsbeginn ist noch ungeklärt. Die frühesten Metallfunde gehören in die Zeit um Christi Geburt. Zeitgleiche Befunde und Keramik wurden bisher nicht identifiziert. Erst ab dem 2. Jh. ist eine größere Zahl an Funden nachgewiesen. Weitgehend lassen sich die Stücke allgemein dem 2. und 3. Jh. zuweisen. Für das 3. Jh. sind unter den Metallfunden Kamen-Westicks in geringer Zahl auch Formen vertreten, die überwiegend entlang der Elbe sowie in Schleswig-Holstein und der dänischen Halbinsel belegt sind. Herausragend sind darunter eine Silberfibel mit vergoldeter Blechmanschette und ein vergoldeter Zierbeschlag mit der Darstellung eines zurückblickenden Tieres (Abb. 4). Vergleichbare Fundstücke sind im Ursprungsgebiet vor allem in Prunkgräbern belegt, den sogenannten „Fürstengräbern" der jüngeren Römischen Kaiserzeit. Das lässt vermuten, dass auch die Bewohner der Siedlung von Kamen-Westick auf führender Ebene mit Personen aus dem norddeutschen-skandinavischen Raum bzw. dem Elbegebiet interagierten.

Die meisten Funde fremden Ursprungs in Kamen-Westick weisen jedoch in einen anderen Kulturraum, nämlich in die nördlichen Provinzen des Römischen Reiches. So kommen in der Siedlung römische Kistenbestandteile, Metallgefäßfragmente, militärische Beschläge, Götterstatuetten, Keramik sowie weitere Gebrauchsgegenstände, wie der Deckel eines Tintenfasses, vor. Die militärischen Beschläge und Metallgefäße wurden weitgehend im 2. und 3. Jh. produziert, können zum Teil aber auch noch im 4. Jh. hergestellt worden sein. Unter den Keramikimporten ragen im 2. und 3. Jh. Terra-sigillata-Reliefschüsseln heraus, die zum feinen Tafelgeschirr römischer Haushalte gehören. Im 4. Jh. ist es jedoch nicht luxuriöse Tonware, die den größten Anteil unter den Keramikimporten ausmacht, sondern rauwandige Gebrauchskeramik. Der Siedlungsschwerpunkt Kamen-Westicks liegt eindeutig im 4. Jh., was sowohl die römischen als auch einheimischen Funde deutlich belegen. Die zahlreichen Fibeln mit kastenförmigem Nadelhalter, Stützarmfibeln und Haarpfeile der Typen Wijster und Fécamp des 4. und frühen 5. Jh.s sind Formen, die nicht nur zwischen Rhein und Weser bekannt sind, sondern auch im römischen Nordgallien und Norddeutschland.

Bisher sind mehr als tausend römische Münzen nachgewiesen, von denen der Großteil in die 1. H. des 4. Jh.s datiert. Die hohe Zahl römischen Kupferkleingelds, die auch von anderen Fundstellen Westfalens bekannt ist, lassen die Vermutung zu, dass es in der Region möglicherweise eine kurze Phase einer Münzwirtschaft gegeben haben könnte.

Funde, die nach der 2. H. des 5. Jh.s datieren, sind nur noch sporadisch vertreten. Bislang muss offen bleiben, ob die Siedlung im 6. Jh. vollständig abbricht oder sich die Hauptsiedlungstätigkeiten an eine andere Stelle verlagern.

Chronologisch nicht eindeutig einzuordnen sind zahlreiche Reste einer Buntmetallverarbeitung. Vor Ort wurden in Kamen-Westick römische Metallwaren aus Kupferlegierungen eingeschmolzen, um daraus eigene Produkte zu fertigen. Davon zeugen in größerer Zahl zerschnittene römische Metallgefäße, Guss- bzw. Schmelzreste, Gusszapfen sowie 98 Tiegelfragmente. Halbfabrikate und Schmelzplätze sind bislang keine nachgewiesen. Neben einer Verarbeitung von Kupferlegierungen legen zerteilte Objekte und Schmelzreste aus Silber sowie das Fragment eines Kolbenarmrings auch eine Herstellung von Gegenständen aus Edelmetall nahe. Metallanalysen an einigen Objekten aus Kamen-Westick zeigten, dass bei den typisch einheimischen Fibelformen im 2. und 3. Jh. Messing überwiegt, während es sich bei den späteren Fibeln eher um Zinnbronzen handelt.

Welche Funktion die Siedlung in ihrer Region einnahm, ob es sich, wie vermutet, um einen Warenumschlagplatz handelte, lässt sich bei derzeitigem Forschungsstand noch nicht beurteilen. Fakt ist aber, dass die Siedlung aufgrund der hohen Zahl römischer Funde, die den Umfang anderer Fundstellen in der Region bislang übersteigt, heraussticht. Auch die Edelmetallfunde, die u. a. auf Kontakte zum Prunkgräberhorizont Nordeuropas und dem Elbe-Gebiet weisen, sprechen dafür, dass wir es hier nicht mit einer einfachen, rein agrarisch geprägten Ansiedlung zu tun haben.

Literatur

Georg Eggenstein (Hrsg.): Vom Gold der Germanen zum Salz der Hanse. Früher Fernhandel am Hellweg und in Nordwestdeutschland (Bönen 2008).

Patrick Könemann: Die kaiserzeitlichen Bunt- und Edelmetallfunde von Kamen-Westick. Verarbeitung römischer Metallimporte in einer germanischen Siedlung. Der Anschnitt, Beiheft 37 (Bochum 2018).

Patrick Könemann und Robert Fahr: Neues zu Kamen-Westick – Forschungen zu Metallfunden und zur Importkeramik. Archäologie in Westfalen-Lippe 2015, 2016, 196–200.

Im Zentrum des Geschehens?
Mitteldeutschland im 3. Jahrhundert

MATTHIAS BECKER

Von der archäologischen Forschung werden die mit Beigaben versehenen Gräber der Römischen Kaiserzeit im germanischen Barbaricum als ein Spiegel der damaligen ökonomischen Verhältnisse und gesellschaftlichen Gliederungen betrachtet. Grabformen und Bestattungssitten werden dazu benutzt, die Situation in ganzen Regionen zu beschreiben und dann Vergleiche zwischen den Regionen zu ziehen.

Im 3. Jh. wurden die Toten in ihrer Tracht, mit Teilen einer persönlichen Ausrüstung und gelegentlich weiteren Objekten entweder unverbrannt begraben oder auf einem Scheiterhaufen eingeäschert. Die Scheiterhaufen- und Knochenreste kamen dann wiederum in verschiedener Form auf Gräberfeldern in die Erde, z. B. mit oder ohne Urne.

In den Körpergräbern, die die unverbrannten Leichname aufnahmen, haben sich die mitbegrabenen Trachtbestandteile, Ausrüstungsgegenstände und weitere Beigaben regelmäßig recht gut erhalten. Wenn eine große Zahl an Objekten erhalten ist, oder man besondere Materialien oder Qualitäten erkennen kann, entsteht schnell der Eindruck eines „reichen Grabes". Etwas anders verhält es sich bei den Brandgräbern: Lagen die Beigaben mit den Toten auf dem Scheiterhaufen, dann hat die zerstörerische Kraft des Feuers teilweise sehr stark gewütet. So erweckt z. B. der Inhalt einer Urne, in der man nur noch etwas Metall- und Glasschmelz, zersprungene Knochenobjekte oder unbestimmbare Reste findet, den Anschein einer gewissen Ärmlichkeit. Dieser Eindruck verstärkt sich, wenn die Brandreste gänzlich ohne Behältnis, nur in einer Erdgrube angetroffen werden oder sich in den Urnen praktisch nur menschliche Knochenreste befinden. Das heißt noch lange nicht, dass es in der Lebenswelt der eingeäscherten Toten keinen Reichtum und keine soziale Differenzierung gegeben hat – aber es ist archäologisch schwer oder gar nicht zu fassen.

Abb. 1 Gommern. Rekonstruktion des Fürstengrabes von Gommern als Beispiel für das reich ausgestattete Körpergrab eines Mannes in einer Holzkammer in Mitteldeutschland.

Abb. 2 Ichstedt. Inventar von Grab 51, einem reich ausgestatteten mitteldeutschen Brandgrab einer Frau. Neben den Resten von mindestens fünf unterschiedlichen Bronzegefäßen lassen sich Reste mindestens eines Glasgefäßes, eine Terra-sigillata-Schale, reichhaltiger Silberschmuck, Perlenketten, eine Spindel und die Beschläge eines Holzkastens nachweisen.

So verwundert es nicht, dass man früher allein schon die unterschiedliche Totenbehandlung – also unverbrannt begraben oder einäschern – als Kriterium für Reichtum oder Armut in Anspruch genommen hat: Die Körpergräber mit ihren vielen erhaltenen Beigaben erscheinen einfach als die „reicheren" Befunde. Im Vergleich mit den Brandgräbern, die kaum Reste von Beigaben überliefern, wirken sie wie „Prunkgräber". Ein gutes Beispiel dafür ist das üppig ausgestattete Grab des 3. Jh.s von Gommern, dass 1990 entdeckt wurde (Abb. 1).

„Fürstengräber" – mehr Schein als Sein?

In Mitteldeutschland wurden 1834, 1917 und 1926 die reich ausgestatteten Körpergräber des 3. Jh.s von Leuna ausgegraben, 1911/12 und 1932–37 die von Haßleben. Die Befunde beeindruckten durch eine große Anzahl von römischen Importwaren und Gegenständen aus Edelmetall. Mit den grundlegenden Bearbeitungen durch Walter Schulz wurden sie zum Synonym für Prunkgräber bzw. „Fürstengräber" der späten römischen Kaiserzeit. Eine größere Anzahl weiterer, ähnlich üppig ausgestatteter Gräber dieser Zeit aus Mitteldeutschland erweckte den Eindruck einer relativen Dichte solcher Befunde. Das Vorhandensein von Edelmetallgegenständen und römischen Importstücken verleiht den mitteldeutschen Gräbern im gesamtgermanischen Vergleich eine gewisse Exklusivität und führte dazu, in der Kombination von Edelmetall und römischem Import ein Merkmal zur Abgrenzung von Gräbern der Führungsschicht zu sehen.

Inzwischen hat jedoch die intensive Beschäftigung mit dem Inhalt von Brandgräbern gezeigt, dass die ursprüngliche Totenausstattung bei Brand- und Körpergräbern in Mitteldeutschland sehr ähnlich gewesen ist. So finden sich dort Brandgräber, deren ursprüngliche Ausstattung jener von Körpergräbern entsprochen haben muss, auch wenn sie im archäologischen Befund nur fragmentiert überliefert sind. Ein Beispiel dafür ist Grab 51 von Ichstedt, Kyffhäuserkreis (Abb. 2).

Im 3. Jh. verlor die Brandbestattung an Bedeutung, während die Zahl der Körpergräber zunahm. Für diesen Wandel werden verschiedene Ursachen diskutiert, jedoch scheint inzwischen sicher zu sein, dass nicht die Spitze der Gesellschaft oder eine zugewanderte Gruppe zuerst anfing, die Toten nicht mehr zu verbrennen. Dieser Eindruck war entstanden, weil die besseren Erhaltungsbedingungen in den Körpergräbern die darin enthaltenen wertvollen Objekte aus Edelmetall und seltene Importgegenstände aus dem Römischen Reich schon bei der Ausgrabung optisch eindrucksvoll und von den Brandgräbern verschieden erscheinen ließen. Bereits von G. Mildenberger wurde für Mitteldeutschland aber sehr früh darauf hingewiesen, dass die Inventare aus Brand- und Körpergräbern strukturell und typologisch Kontinuität aufweisen. Der seither angewachsene Fundstoff und die bessere Erforschung der Brandgrabinventare bestätigen die seinerzeitigen Erkenntnisse eindrücklich.

Unbeschadet der Tatsache, dass beide Fundkategorien materiellen Wert verkörpern, muss bedacht sein, dass Reichtum eine relative Kategorie ist, über die man nur im Vergleich mit dem übrigen Fundmaterial diskutieren kann. Hierzu zählen neben allen Grabinventaren auch Siedlungsfunde. In letzter Zeit hat sich die Zahl der Metallfunde von kaiserzeitlichen Siedlungsplätzen

Abb. 3 Großjena. Fundmaterial vom Gelände einer kaiserzeitlichen Siedlung. Neben zerkleinerten römischen Buntmetallgefäßen und Gebrauchsgegenständen sowie Silber- und Buntmetallmünzen finden sich Schmelzreste und Halbfabrikate sowie germanische Objekte aus Buntmetall und weisen so auf die Verarbeitung römischer Gegenstände im germanischen Feinschmiedehandwerk hin.

erhöht. Das führt dazu, dass bislang bevorzugt aus Gräbern bekannte Objekte nun auch aus Siedlungen vorliegen und sich damit Häufigkeiten und Verteilungsmuster ändern. Daraus ergeben sich Konsequenzen für die Beurteilung des Fundmaterials. Herkunft römischer Gegenstände, Erwerb und innergermanische Verteilung dieser Objekte und die verschiedenen Arten ihrer Nutzung sind weitaus komplexer, als es noch vor wenigen Jahrzehnten erschien. Vor allem aber zeigt sich, dass für eine umfassende Beurteilung der damaligen Verhältnisse alle Arten archäologischer Befunde und auch alle Objekte, selbst wenn sie nur noch in Spuren vorhanden sind, berücksichtigt werden müssen. Mit der wachsenden Menge an Metallfunden von kaiserzeitlichen Siedlungsplätzen haben sich hier die Maßstäbe etwas verschoben. So zeigt sich deutlich, dass es in mehreren Siedlungen Mitteldeutschlands, wie z. B. in Großjena, Burgenlandkreis, ein florierendes Buntmetallhandwerk gegeben hat, dessen Rohmaterial römische Buntmetallgegenstände – wie Gefäße, Bewaffnungs- und Bekleidungsteile oder Münzen – waren (Abb. 3). Dazu zählen auch Gefäßtypen, die man bislang gewöhnlich aus Grabinventaren kannte und die dort als Zeichen für Reichtum interpretiert wurden. Einige von ihnen sind inzwischen häufiger aus Siedlungen als aus Gräbern bekannt. Das trifft in ähnlicher Art und Weise auch auf Silberobjekte, z. B. Fibeln, zu, die ebenfalls zum Fundspektrum von Siedlungen zählen können.

Römische Importgegenstände und Edelmetall waren offensichtlich im 3. Jh. in Mitteldeutschland nicht unüblich. Setzt man mit diesem Wissen die Grabfunde in Relation zu den Siedlungsfunden, dann zeigt sich schnell, dass nicht das Vorhandensein eines Objektes oder eines bestimmten Materials der Hinweis auf Reichtum ist, sondern dass es in jedem Fall auf die Menge des verwendeten Materials und auf die Anzahl und Qualität der enthaltenen Gegenstände sowie den Gesamteindruck ankommt.

Machtzentrum Mitteldeutschland?

Mitteldeutschland hebt sich mit den Fürstengräbern der sogenannten „Haßleben-Leuna-Gruppe" im gesamtgermanischen Gebiet deutlich ab (Abb. 4). Der augenscheinliche Reichtum der Toten wurde mit der Konzentration politischer Macht gleichgesetzt. Bedingt durch den guten Erhaltungszustand in den Körpergräbern wirkte die scheinbar große Menge römischer Importstücke wie der sichere Beleg für die besondere Bedeutung Mitteldeutschlands im römisch-germanischen und im innergermanischen Beziehungsgefüge. Die Verknüpfung der archäologischen Befunde mit der schriftlichen Überlieferung zu den germanischen Hilfstruppen der gallischen Sonderkaiser rundete das Bild ab. Als wichtige Quelle vieler römischer Gegenstände wurden Sold- und Subsidienzahlungen angesehen.

Während sich bei jetziger Kenntnis die Metallfunde aus den Siedlungen in Menge und typologischer Struktur in ganz Mitteldeutschland im Wesentlichen ähneln, sind in den Gräbern deutliche Unterschiede zu erkennen. Im nördlichen Mitteldeutschland sind fast keine reich ausgestatteten Körpergräber bekannt und in den Brandbestattungen sind Nachweise auf die ehemals auf dem Scheiterhaufen deponierten Gegenstände selten. In zahlreichen Fällen entsteht der gut begründete Eindruck, dass man aus dem Scheiterhaufen bevorzugt Knochenreste ausgelesen hat, weil man offensichtlich ganz bewusst nur die Person selbst bestatten wollte. Dieser Umgang mit den Scheiterhaufenresten verschließt dem Archäologen die weiteren Interpretationsmöglichkeiten. So wird man verstärkt auf die Ergebnisse der Untersuchung von Siedlungsplätzen zurückgreifen müssen.

Der herausragende Eindruck, den das südliche Sachsen-Anhalt und Thüringen in der spätrömischen Kaiserzeit wegen der reich ausgestatteten Gräber der Gruppe Haßleben-Leuna vermittelt, muss beim Vergleich mit anderen Regionen unter einem quellenkritischen Aspekt betrachtet werden. Im 3. Jh. führen die ökonomischen Möglichkeiten der Region und die vorherrschenden Grabsitten zu einer Fundlandschaft, die auf den ersten Blick den Eindruck von Reichtum und damit Macht vermittelt.

Inwiefern der Kontrast zu den angrenzenden Regionen – so wie ihn die Grabinventare vermitteln – tatsächlich so stark war, bleibt aber zu prüfen. Richtung Nordwesten beispielsweise, stehen den wenigen herausragend ausgestatteten Körpergräbern in relativer Dichte und einer größeren Anzahl sehr gut ausgestatteter Brandgräber in Mitteldeutschland zahlreiche, als einheitlich und gleichförmig angesehene Brandgräber im nördlich anschließenden Niedersachsen gegenüber. Das scheint den Kontrast zwischen einer stark gegliederten Gesellschaft auf der einen Seite und einer gleichförmigen Gemeinschaft auf der anderen Seite zu spiegeln. Aber aktuelle Forschungen und der genaue Blick auf die Brandgrabinventare revidieren diese Interpretation: Für Niedersachsen sind ähnlich differenzierte und hierarchisch gegliederte gesellschaftliche Verhältnisse anzunehmen wie für die übrigen germanischen Gebiete.

So wie die Verhältnisse in Mitteldeutschland einen selten deutlichen Einblick gewähren, verschleiern in Niedersachen die regionalen Grabsitten und eine besondere Art der Totenbehand-

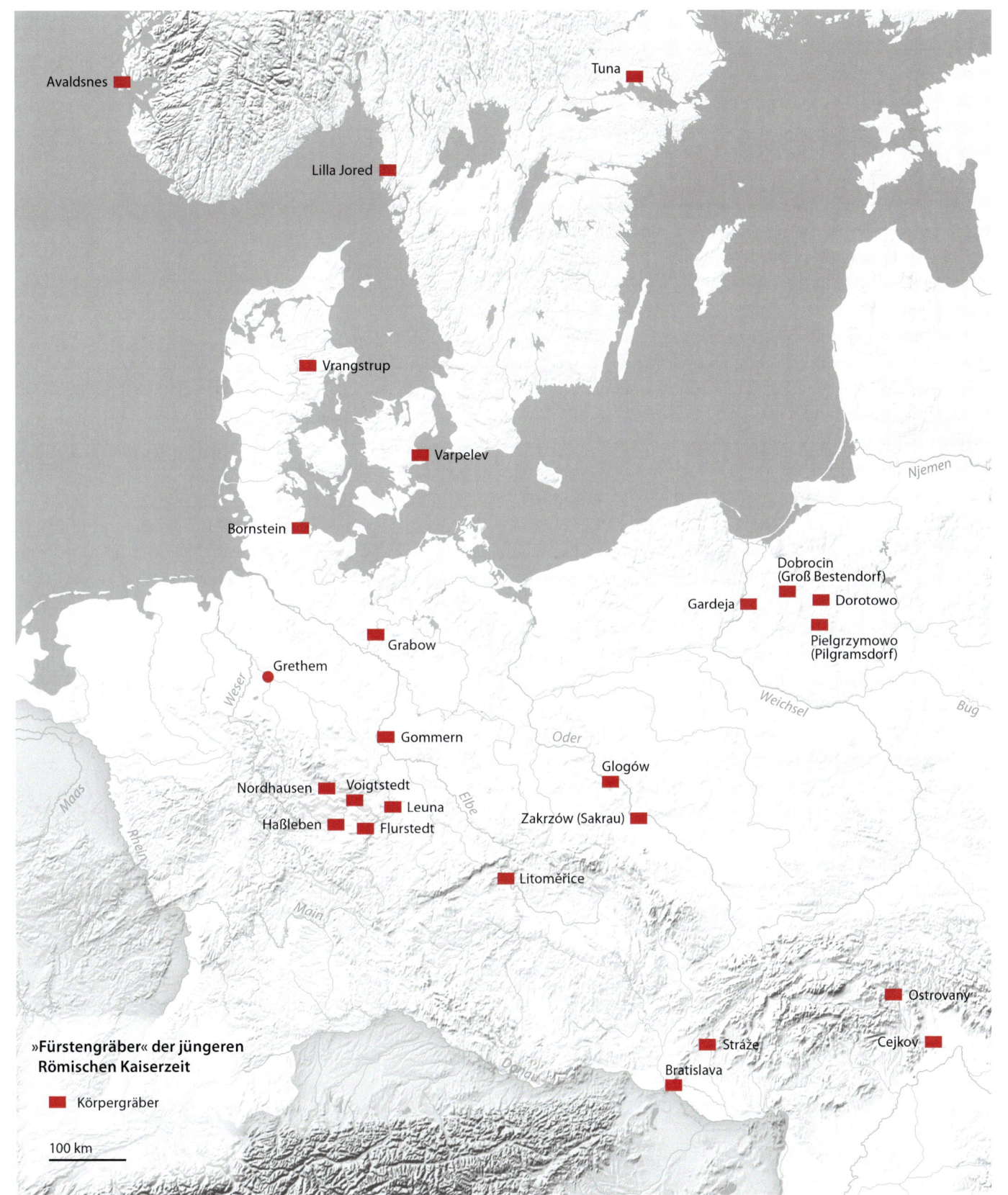

Abb. 4 Fürstengräber der jüngeren Römischen Kaiserzeit. Nach den aktuellen Kriterien für Fürstengräber ergibt sich ein weit und relativ gleichmäßig gestreuter Nachweis solcher Grabanlagen über das gesamte germanische Gebiet hinweg. Die Konzentration in Mitteldeutschland kann mit der naturräumlichen Gunst dieses Gebietes und der dadurch bedingten höheren Bevölkerungsdichte, mit der starken modernen Nutzung dieses Gebietes und der damit erhöhten Fundwahrscheinlichkeit sowie mit der besonderen verkehrsgeografischen Lage dieser Region zusammenhängen. Das Brandgrab von Grethem (roter Punkt) kann aufgrund seines besonderen Inventars in diesen Zusammenhang gestellt werden.

96

lung die tatsächlichen Gegebenheiten. Als Kennzeichen für Reichtum werden zumeist das Vorhandensein von Edelmetall und römische Importgegenstände gewertet. Zu diesen zählen unter anderem Gefäße aus Metall und Glas, die naturgemäß auf einem Scheiterhaufen starken Zerstörungen unterliegen. Oftmals bleiben von ihnen nur amorphe Schmelzreste übrig. Die Nutzung römischer Gefäße als Urne bewahrte einzelne Bronzegefäße vor diesem Schicksal und so ist ein niedersächsischer Ort namengebend für einen Typ römischer Bronzegefäße geworden: Die sogenannten „Hemmoorer Eimer" verdanken ihre Bezeichnung ihrem gehäuften Vorkommen auf einem Gräberfeld nahe Hemmoor im Landkreis Cuxhaven (Abb. 5). Hier wurden sie mehrfach als Urne genutzt und in dieser Nutzung sind sie inzwischen von zahlreichen Plätzen vor allem im Wesergebiet bekannt. Sie scheinen aus dem Römischen Reich bevorzugt über den Hellweg, der sich als Linie von Fundpunkten abzeichnet, in das Gebiet an der Weser gekommen zu sein. Ferner ist auch der Transport über den Seeweg denkbar. Ihre weite Verbreitung und ihre Nutzung für Bestattungen legen den Schluss nahe, dass in der Nutzung eines Hemmoorer Eimers als Urne ein Hinweis auf die besondere Qualität solcher Gräber zu sehen ist.

Eine neue Perspektive erschließt sich nun mit dem Brandgrab von Grethem (vgl. hierzu den Beitrag: „Das vergessene Jahrhundert. Was geschah in Niedersachsen zwischen 200 und 300 n. Chr?" in diesem Band). Das vollständige Grabensemble aus Grethem, bestehend aus vielen Scheiterhaufenresten in einer Grube und fast nur Leichenbrand in einem Hemmoorer Eimer, verändert die Diskussionsbasis grundlegend und zwingt zur Neuinterpretation von Altfunden. Der Inhalt des Grabes von Grethem stellt dieses wegen seiner Beigaben fraglos und gleichwertig in eine Reihe mit den bekannten „Fürstengräbern" und der Befund des Leichenbrandes in einem Hemmoorer Eimer verankert es fest in der Region.

Man konnte ferner feststellen, dass in manchen Gegenden, zu denen auch das nördliche Mitteldeutschland und Teile Niedersachsens gehören, offensichtlich bevorzugt nur der Leichenbrand der Verstorbenen in Urnen oder einfachen Erdgruben deponiert wurde. Für das Wesergebiet wird es mit dem Grab von Grethem wahrscheinlich, dass man diesen Brauch noch insofern verändert hat, als man – zwar auf einem Platz, aber an unterschiedlichen Orten – einerseits die Knochenreste der Person und andererseits die Brandreste des Scheiterhaufens in die Erde gebracht hat. Fügt man, wie dies in Grethem möglich ist, beide Teile dieses Ensembles wieder zusammen, erhält man ein überwältigendes Grabinventar, das in Reichhaltigkeit und Qualität seinesgleichen sucht. Die Erkenntnisse zur getrennten Niederlegung von Leichenbrand und Scheiterhaufenresten werden bei zukünftigen Brandgrabuntersuchungen vor allem in den mit Niedersachsen verknüpften Gebieten des nördlichen Mitteldeutschlands zu beachten sein.

Mit dem beispielhaften Fund von Grethem wird die Bevölkerung des südöstlichen Niedersachsen deutlich in das innergermanische Beziehungsgefüge des 3. Jh.s n. Chr. eingeordnet. Diese namenlose Gruppe ist in mehrere hierarchisch gegliederte Einheiten unterteilt, an deren Spitze jeweils „Fürsten" im unten erläuterten Sinne stehen, und unterhält zu den anderen namenlosen Gruppen der näheren und weiteren Umgebung intensive Beziehungen. Die soziale Differenzierung und Gliederung unterscheidet sich nicht von der der Nachbarn, ist jedoch mit archäologischen Methoden bisher nicht und jetzt gerade ansatzweise zu erkennen. Wie in allen anderen germanischen Gebieten ist auch hier mit den „Fürstengräbern" die Wurzel der späteren Entwicklung hin zu größeren Einheiten, Stämmen, und deren Hierarchiespitzen zu erkennen. Es erfordert in diesem Gebiet allerdings etwas mehr archäologischen Aufwand. Derzeit ist die Frage offen, wie es sich in anderen Gegenden des heutigen Niedersachsen verhält, bzw. wie groß das Areal ist, das durch Gräber vom Typ Grethem charakterisiert wird.

In Mitteldeutschland kommen Hemmoorer Eimer in einigen Körpergräbern vor und dienen hier als Zeichen für eine luxuriöse Ausstattung mit importiertem Geschirr. Vergleicht man die Verbreitung dieser Gefäße in Niedersachsen und in Mitteldeutschland, so fällt auf, dass sie sich bevorzugt im Wesergebiet und an der Elbmündung konzentrieren und hier in absoluten Zahlen häufiger sind als in Mitteldeutschland (Abb. 6). Die Fundpunkte im nördlichen Sachsen-Anhalt sind vor allem Nachweise von Gefäßfragmenten aus Siedlungen und im Zusammenhang mit ihrer Nutzung als Rohstoff in der Buntmetallverarbeitung zu sehen. Einige wenige Hemmoorer Eimer dienten allerdings auch hier als Urne.

Im südlichen Sachsen-Anhalt und in Thüringen sind sie Bestandteil besonders reichhaltiger Grabinventare aus Körpergräbern. Weiterhin liegen Fragmente aus Siedlungen vor. Die ungleiche Verteilung von Hemmoorer Eimern und anderer römischer Importstücke im germanischen Gebiet weist u. a. auf innerger-

← **Abb. 5** „Hemmoorer Eimer" aus Hemmoor (Ldkr. Cuxhaven).

Abb. 6 Verbreitung der „Hemmoorer Eimer" im Römischen Reich und im germanischen Gebiet (Stand 2008).

Abb. 7 Beigaben aus Grab 2 von Emersleben.

manische Austauschbeziehungen hin. Diese Beziehungen können sich über größere Entfernungen erstrecken.

Mit der Kenntnis von Grethem kann man nun auch entsprechende Befunde in weiter entfernten Regionen neu betrachten. So sind die im angrenzenden nördlichen Mitteldeutschland bekannten Eimer von Althaldensleben, Zedau, Großmöhringen und Tangermünde ebenso in diesem Sinne zu prüfen wie Grab 3 von Stráže in der Slowakei, wo auf dem bekannten Platz neben den reichen Körpergräbern auch ein Brandgrab in einem Hemmoorer Eimer überliefert ist. Der Eimerinhalt von Stráže ist nicht überliefert, jedoch sind auch keine Funde aus diesem Eimer beschrieben. Die Form des Eimers ist für diese Gegend eher ungewöhnlich. Man muss bei jetzigem Kenntnisstand diese Beispiele als Hinweise auf die weitreichende innergermanische Verflechtung der Eliten mit einem Teil des heutigen Niedersachsen sehen.

Ganz wichtig für das Verständnis der Verhältnisse in Mitteldeutschland sind Aussagen zu Fernbeziehungen zwischen den Gebieten, die sich im Wesentlichen über innergermanische Kontakte zwischen kleinen Personenkreisen der führenden Familien realisiert haben. Es hat ganz sicher den Austausch von Personen gegeben, wie verschiedene Hinweise – vor allem in Körpergräbern – nahelegen. Als Beispiele aus Mitteldeutschland sollen Grab 2 von Emersleben (Abb. 7) und das Frauengrab von Freienbessingen genannt werden, die beide Bezüge nach Skandinavien aufweisen. Ähnliche Beispiele sind auch aus den mit Mitteldeutschland verbundenen Regionen bekannt, wie das Grab von Hagerup eindrucksvoll zeigt. Diese Art der Kontakte ist jedoch nicht auf die späte Römische Kaiserzeit und auf Körpergräber beschränkt, wie beispielsweise das branddeformierte Inventar eines Mädchengrabes aus Hagenow aus der frühen römischen Kaiserzeit mit Bezügen zur Przeworsk-Kultur erkennen lässt.

Zeig mir Dein Grab und ich sag Dir, wer Du bist?

Wenn an das archäologische Fundmaterial die Frage nach Reichtum und Macht gestellt wird, ergeben sich für den Archäologen zwei Aufgaben: Wie erkennt man Reichtum, da dieser sich immer nur relativ und auf bestimmte Zeiten und Räume bezogen diskutieren lässt? Und: Aus welchen Befunden lassen sich genügend deutliche Hinweise auf Macht ableiten?

Auf den ersten Blick scheint man diese Fragen ganz leicht beantworten zu können: Man erkennt natürlich, wer reich ist, und meint, aus dem erkennbaren Reichtum auf eine gewisse Macht schließen zu können. Auf den zweiten Blick stellt man fest, dass die Frage nach der Sichtbarkeit von Reichtum und Macht dem Problem nicht gerecht wird. Allerdings kann man unter Berücksichtigung aller archäologischen Quellen Reichtum erkennen und über Macht diskutieren.

Im 3. Jh. ist das germanische Gebiet von regional unterschiedlichen Gruppen besiedelt, denen „Erste" vorstehen. Die Gruppengrößen unterscheiden sich, die Ausdehnung der Territorien ebenso. Im Grabbrauch stellen sich die „Ersten" (und ihre Familien) in Körpergräbern durch die Nutzung statuszeigender Symbole (z. B. Kammern), Ambiente/Inszenierungen und die Mitgabe wertvoller persönlicher Ausrüstung dar. In Brandgräbern ist diese (Selbst-)Darstellung stark verzerrt, jedoch sind auch hier besondere Umhüllungen (Bronzegefäße als Urnen), ein Ambiente und wertvolle persönliche Ausrüstungen zu erschließen. Aus den Grabinhalten und den Abstufungen zwischen ihnen wird nicht nur für Mitteldeutschland eine hierarchisch gegliederte Gesellschaft mit einzelnen Gruppen mit besonderer ökonomischer und politischer Macht abgeleitet. Die weitreichende innergermanische Vernetzung wird an einzelnen Elementen in den Inventaren deutlich, die aus jeweils sehr fernen Herkunftsgebieten stammen, und es betrifft sowohl Männer- als auch Frauengräber.

Im Fundmaterial der Römischen Kaiserzeit im germanischen Barbaricum ist also eine überregional vergleichbare und jeweils lokal gefärbte Gruppe von Gräbern zu bestimmen, die mit dem Terminus technicus „Fürstengräber" gut zu beschreiben ist. Die Personen in diesen Gräbern repräsentieren die Spitzengruppe jeweils lokaler Hierarchien und waren innerhalb des gesamten germanischen Gebietes vernetzt. Die Dichte solcher Gräber steht in Bezug zur Bevölkerungsdichte. Die Grabform und Qualität der Inventare können lokal, regional und in der Tiefe der Zeit schwanken.

Literatur

Matthias Becker: Ichstedt. Untersuchungen zu einem Gräberfeld der späten Latènezeit bis späten römischen Kaiserzeit. Jahresschrift für mitteldeutsche Vorgeschichte 82, 1999, 7–210.

Matthias Becker: Klasse und Masse – Überlegungen zu römischem Sachgut im germanischen Milieu. Germania 81, 2003, 277–288.

Matthias Becker: Metallgefäße aus Siedlungsfunden Mitteldeutschlands im Vergleich mit den Fundspektren der Brand- und Körpergräber – Methodische Anmerkungen zur Fundüberlieferung, Chronologie und Befundstrukturen. In: Hans-Ulrich Voß und Nils Müller-Scheeßel (Hrsg.): Archäologie zwischen Römern und Barbaren. Zur Datierung und Verbreitung römischer Metallarbeiten des 2. und 3. Jahrhunderts n. Chr. im Reich und im Barbaricum – ausgewählte Beispiele (Gefäße, Fibeln, Bestandteile militärischer Ausrüstung, Kleingerät, Münzen). Internationales Kolloquium Frankfurt am Main, 19.–22. März 2009 (Bonn 2016), 5–24.

Matthias Becker: Das Fürstengrab von Gommern. Veröffentlichungen des Landesamtes für Archäologie – Landesmuseum für Vorgeschichte Sachsen-Anhalt, 2 Bde (Halle 2010).

Matthias Becker, Hans-Jürgen Döhle, Monika Hellmund, Rosemarie Leineweber und Renate Schafberg: Nach dem großen Brand. Verbrennung auf dem Scheiterhaufen – ein interdisziplinärer Ansatz. Berichte der RGK 86, 2005 (2006) 61–196.

Fabian Gall: Zwei Gräberfelder vom Roten Berg bei Loitsche. Veröffentlichungen Landesamt für Denkmalpflege und Archäologie Sachsen-Anhalt 59 (Halle [Saale] 2005).

Babette Ludowici: Aus zwei mach eins? Beobachtungen an Relikten beigabenreicher Feuerbestattungen der jüngeren Römischen Kaiserzeit aus Niedersachsen. In: Berit Valentin Eriksen, Angelika Abegg-Wigg, Ralf Bleile und Ulf Ickerodt (Hrsg.): Interaktion ohne Grenzen. Beispiele archäologischer Forschungen am Beginn des 21. Jahrhunderts (Schleswig 2017), 257–264.

Gerhard Mildenberger: Die thüringischen Brandgräber der spätrömischen Zeit. Mitteldeutsche Forschungen 60 (Köln/Wien 1970).

Andreas Rau: Das nördliche Barbaricun zur Zeit der Krise des 3. Jahrhunderts n. Chr. Einige kritische Anmerkungen zur Diskussion über provinzialrömisch-nordeuropäische Verbindungen. In: Thomas Fischer (Hrsg.): Die Krise des 3. Jahrhunderts n. Chr. und das gallische Sonderreich. Akten des Interdisziplinären Kolloquiums Xanten 26. bis 28. Februar 2009, ZAKMIRA-Schriften 8, 2012, 343–430.

Dieter Quast: „Wanderer zwischen den Welten". Die germanischen Prunkgräber von Stráže und Zakrzów. Mosaiksteine. Forschungen am Römisch-Germanischen Zentralmuseum, Band 6 (Mainz 2009).

Wolfgang Schlüter: Versuch einer sozialen Differenzierung der jungkaiserzeitlichen Körpergräbergruppe von Haßleben-Leuna anhand einer Analyse der Grabfunde. Neue Ausgrabungen und Forschungen in Niedersachsen 6, 1970, 117–145.

Walter Schulz: Leuna. Ein germanischer Bestattungsplatz der spätrömischen Kaiserzeit. Dt. Akad. d. Wiss. Berlin, Schriften der Sektion Vor- und Frühgeschichte 1 (Berlin 1953).

Hans-Ulrich Voß: Eine frühe Dynastie in Mecklenburg. Fürstengräber der älteren Römischen Kaiserzeit von Hagenow. In: Konflikt. 2000 Jahre Varusschlacht (Stuttgart 2009), 352–355.

Gesellschaften in Bewegung
Südskandinavien im 3. Jahrhundert

CLAUS VON CARNAP-BORNHEIM

Sollen die archäologisch-historischen Verhältnisse und Veränderungsprozesse im südlichen Skandinavien des 3. Jh.s n. Chr. betrachtet werden, so muss zunächst einmal der Landschaftsraum beschrieben werden. Grundsätzlich ist es die maritime Prägung der Küstenlandschaften, die erheblichen Einfluss auf die Verteilung der archäologischen Hinterlassenschaften dieses Jahrhunderts haben. Da ist einerseits die ruhige Ostsee, die das südliche Schweden und Dänemark charakterisiert, dann aber auch die wilde Küste des südlichen Norwegens mit ihren tiefen Fjordlandschaften und ihren hohen Gebirgszügen. Der geografische Raum ist somit keineswegs einheitlich.

Betrachten wir das gesamte Siedlungsbild in Südskandinavien, so zeichnen sich in Norwegen deutliche Schwerpunkte im Bereich des Trondheimfjordes, in Südwestnorwegen (Jæren) und im nördlichen Umfeld des Oslofjordes (Oppland) ab; in Schweden konzentriert sich die Besiedlung einerseits auf die Inseln Öland und Gotland im Osten, dazu dann im festländischen Uppland, in Öster- und Västergötland sowie in Schonen. In Dänemark zeichnen sich weitere Siedlungsverdichtungen auf Bornholm sowie im östlichen Seeland und dem östlichen Fünen ab. Neuere Forschungen auf der jütischen Halbinsel lassen erkennen, dass insbesondere im mittleren und westlichen Teil mit einer signifikanten Siedlungsaktivität zu rechnen ist. Darüber hinaus ist Dänemark allerdings mit einem lockeren Netz von kleineren Ansiedlungen überzogen, so wie es sich auch in Gunstlagen in Südschweden und an geeigneten Küstenstreifen der norwegischen Fjorde nachweisen lässt. Ihnen allen ist gemeinsam, dass sie entweder für die Landwirtschaft günstige Flächen okkupieren oder verkehrsgeografisch signifikante Positionen ausnutzen. Siedlungsungünstige Gebiete wie die tiefen Wälder Schwedens oder die Höhenlagen des Fjells in Norwegen werden nur temporär aufgesucht; Teil eines differenzierten Siedlungsgefüges werden sie nicht. Es ist die landwirtschaftliche Produktion, die die wesentliche Lebensgrundlage bildet, daneben treten Fischfang und nur selten die Jagd auf Groß- und Kleinwild. Bemerkenswert sind allerdings jene Regionen, in denen schon in dieser Zeit eine gewisse Spezialisierung in der Gewinnung von Rohstoffen erkennbar ist, so etwa in Trøndelag in Mittelnorwegen, wo auf hohem technischem Niveau Eisen gewonnen und dann weiterverhandelt wurde.[1]

Einführend muss weiterhin erwähnt werden, dass uns für das 3. Jh. in Südskandinavien praktisch keinerlei schriftliche Quellen zur Verfügung stehen. Die Reichweite römischer Literatur berührte nicht diese entlegenen Regionen des germanischen Barbaricums, in denen sich die eigene Schriftlichkeit auf einige wenige kurze Runeninschriften beschränkt. Somit können für südskandinavische Territorien weder historische Ereignisse noch einzelne Stämme oder Stammesverbände identifiziert werden, was für die Rekonstruktion und Bewertung einer politischen Geschichte dieses Raumes eine große Einschränkung darstellt.

Doch trotz der oftmals harschen Bedingungen der Landschaftsräume war Südskandinavien in dieser Zeit keinesfalls isoliert und unzugänglich. Vielmehr belegen die archäologischen Quellen eine dynamische, sozial differenzierte Gesellschaft, die offensichtlich über ein hohes Konfliktpotenzial verfügt. Ein Indiz für die weit gespannten Netzwerke dieser Zeit sind zweifellos die zahlreichen römischen Importe, die sich in Gräbern (so z. B. im Grabfund von Hågerup, Fünen, Dänemark[2]), in Siedlungen oder aber in den Mooren finden[3]. Dabei gelangte einerseits Massenware wie römisches Bronzegeschirr in den Norden, das in standardisierten Sätzen über Zwischenstationen innerhalb des Barbaricums vertrieben wurde, zudem gelegentlich Gegenstände aus Silber, die von den germanischen Eliten dieser Zeit gerne als Statussymbole instrumentalisiert wurden. Nicht zu unterschätzen ist darüber hinaus der Zufluss an römischen Silbermünzen, die allerdings nur als Rohstoff, kaum aber im Sinne einer Münzgeldwirtschaft genutzt wurden. Überhaupt war es der Tauschhandel, der das ökonomische System prägte. Der römische Import im südlichen Skandinavien stammte ganz überwiegend aus den westlichen Provinzen und gelangte über Verkehrsnetze entlang der Küsten und über die großen Flusssysteme, aber auch über den Landweg in den Norden. In südöstliche Richtung weist ab dem 3. Jh. ein weiteres Kontaktnetz, das über die Mündung der Weichsel, dann weiter über Bug und Dnjestr die Nordküste des Schwarzen Meeres erreichte. Über diesen Weg scheinen ganz überwiegend Gegenstände barbarischer Produktion ausgetauscht worden zu sein. Es liegt nahe, dieses mit der historisch überlieferten Wanderung gotischer Stammesverbände aus Skandinavien nach Südosten in Verbindung zu bringen[4].

Bemerkenswert sind die Aspekte der maritimen Archäologie dieser Zeit. Große Schiffe oder Boote sind aus dem 3. Jh. für Südskandinavien nur in ganz wenigen Ausnahmefällen überliefert[5]. Dass sie aber existiert haben müssen, belegen Schiffssperren, die insbesondere in Dänemark einzelne Meeresarme abriegelten und somit verhinderten, dass größere Schiffe – wohl in kriegerischer Absicht – in diese schmalen Küstengewässer eindringen konnten. In dieses Umfeld gehören zudem einige Schiffshäuser des 3. Jh.s n. Chr., die insbesondere in Norwegen nachweisbar sind und die zur Unterbringung großer Fahrzeuge während des Winters dienten. An den Küsten orientierte Handelsplätze wie Lundeborg auf Fünen und Sorte Muld auf Bornholm sind als Knotenpunkte regionaler und überregionaler Verkehre zu verstehen. Das reiche, oftmals mit Metalldetektoren gewonnene Fundmaterial auf diesen Plätzen belegt mit Halbprodukten und Produktionsabfall ein differenziertes Handwerk, das besonders in der Verarbeitung von Eisen Meisterschaft hervorgebracht hat.

Eine wichtige Quelle für die archäologische Forschung stellen wie auch in zahlreichen anderen Fundlandschaften Mittel- und Nordeuropas Gräberfelder dar. Sie sind im hier betrachteten Untersuchungsraum in vielfältiger Ausprägung zu finden. Vorherrschend sind Brand- und Körpergräberfelder, in denen sich bis mehrere Hundert, selten mehr als Tausend Bestattungen finden können. Die Gräber der gesellschaftlichen Elite wie in Himlingøje auf Seeland in Dänemark oder in Avaldsnes auf Karmøy in Westnorwegen sind u. a. durch die Beigabe von massivgoldenem Ringschmuck zu erkennen (Abb. 1)[6]. Die allgemein verbreitete, aber regional und lokal unterschiedlich ausgeführte Waffenbeigabe (Schwerter, Lanzen, Speere, Schilde) ermöglicht die Identifikation von Kriegern, die für das Jenseits gelegentlich mit kompletter Bewaffnung ausgestattet waren. In Frauengräbern findet sich dagegen als bestimmendes Element Glasschmuck, oft in Form aufwendiger Kettengehänge, dazu weiterhin Fibeln, die mit vergoldetem Silberpressblech belegt sind.

Römischer Import, vor allem Glas- und Metallgefäße, sind sowohl in Gräbern von Männern als auch von Frauen beigegeben. Diese wertvollen Beigaben reflektieren daher nur bedingt bestimmte gesellschaftliche Rollen und scheinen eher allein der angemessenen Ausstattung im Jenseits zu dienen. Nur in Ausnahmefällen sind die Gräber des 3. Jh.s oberirdisch markiert, Grabhügel sind als eine ausgesprochene Seltenheit beispielsweise in Norwegen und Dänemark bekannt.

In Form deutlich sichtbarer Geländedenkmäler ist das 3. Jh. n.Chr. in Südskandinavien ganz allgemein nur sehr schwer zu finden, denn dieser Zeitabschnitt kannte keine befestigten Siedlungen, Höhenburgen, Ringwälle oder Ähnliches, wobei einzelne Ausnahmen vom Ende des 3. Jh.s möglicherweise von der Insel Öland in Schweden erhalten sind. Erst in den Jahrhunderten danach entwickelten sich entsprechende Anlagen, die dann überall in Südskandinavien zu finden sind. In diese Gruppe gehören auch die als „Volkswälle" bezeichneten Wall-Graben-Systeme, die wir von der jütischen Halbinsel kennen, deren Datierung ins 3. Jh. allerdings nicht immer ganz sicher ist. Vor diesem Hintergrund ist es daher schwer, eindeutige Aussagen über territoriale Gliederungen oder gar Herrschaftsbereiche zu entwickeln; die Quellenlage erlaubt dies nicht.

In keinem Lebensbereich wird der Unterschied zwischen dem römischen Imperium jenseits des Limes und den germanischen Lebenswelten deutlicher als im Siedlungswesen. Der Blick auf die zahlreichen archäologisch untersuchten Siedlungen in

Abb. 1 Der reiche Grabfund aus Avaldsnes in Westnorwegen. Der Tote war u. a. mit einer reichen Schild- und Schwertgarnitur sowie römischem Import ausgestattet. Besonders hingewiesen sei auf den goldenen Armring, durch den der Status des Toten als Angehöriger einer gesellschaftlichen Elite besonders hervorgehoben wurde.

Südskandinavien, die in das 3. Jh. datiert werden können, zeigt in der Regel Einzelgehöfte oder Ansammlungen einiger weniger Gehöfte, selten aber größere Siedlungen, in denen kaum mehr als drei oder vier Familienverbände gelebt haben dürften, und ganz selten Ansammlungen mit zweistelliger Gehöftzahl (Abb. 2). Das ist ein deutlicher Kontrast zu jenen städtischen Strukturen, die in dieser Zeit im Römischen Imperium zum allgemeinen Bild gehörten. Damit fehlen im Norden auch alle jene in städtischen Siedlungen zusammengefassten Merkmale wie Marktplätze, Kultbereiche, Strukturen der Ver- und Entsorgung oder gar politische Architekturen, die für die römische Stadt typisch sind. Es sollte noch weitere 700 bis 900 Jahre und damit bis in die Wikingerzeit bzw. das frühe Hochmittelalter dauern, bis entsprechende frühstädtische Anlagen auch in Südskandinavien nachhaltig entstehen konnten.

Neben Gräber und Siedlungen tritt in Südskandinavien eine dritte umfangreiche Gruppe archäologischer Komplexe, die ganz wesentlich zu unserem Verständnis des 3. Jh.s im Norden beigetragen hat: die in ehemaligen Binnengewässern niedergelegten Kriegsbeuteopfer. Sie konzentrieren sich deutlich auf die Ostküste der jütischen Halbinsel (z. B. Illerup), finden sich aber auch auf Fünen (Vimose) und auf Öland (Skedemosse) (Abb. 3)[7]. Hier wurden in mehreren Niederlegungen große Mengen von Waffen und persönlichen Ausrüstungen von Kriegern unwiederbringlich geopfert. Die Vielfalt und Qualität des Fundmaterials ist erstaunlich: Hunderte von Schwertern, die aus dem römischen Reich importiert worden waren, Hunderte von Lanzen und Speeren, deren einheitliche Ausführung auf die Produktion in effizienten Waffenschmieden schließen lässt, Hunderte Schilde, die mit Schildbuckeln aus Eisen, Bronze oder gar Silber besetzt waren, und dazu ein weites Spektrum persönlicher Ausrüstungen wie Gürtel und Lederbeutel mit persönlichem Besitz. Schon mit diesem Material ist ein tiefer Einblick in die Ausstattung der Krieger des 3. Jh.s möglich. Ergänzt wird das Bild durch Pferdegeschirre und die Prachtausrüstungen der Kriegerelite, die mit vergoldeten Silberpressblechen reich verziert waren. Die Fundgruppe der Kriegsbeuteopfer des 3. Jh.s wirft eine Vielzahl von Fragen auf, die heute nur zum Teil bereits schlüssig beantwortet werden können. Da ist einmal der hohe Anteil römischer Waffen und Bewaffnungsteile, der auf einen konstanten Zustrom dieser Materialgruppen schließen lässt. Dabei handelt es sich ganz überwiegend um Schwerter bzw. Bestandteile der Schwertaufhängung. Andere römische Waffen- oder Ausstattungskategorien treten nur in wenigen Ausnahmen auf. Klarer als zuvor können wir die militärische Gliederung jener Verbände rekonstruieren, deren Waffen von den Siegern der Schlachten niedergelegt wurden. Drei größere Gruppen sind erkennbar: einmal jene die mit Lanzen und Speeren kämpften, dann jene, die als Schwertkämpfer – gelegentlich auch mit Lanze und Speer bewaffnet – in die Schlacht zogen, und dann die Gruppe jener, die als militärische Elite mit edelmetallverzierten Waffen und Ausrüstungen ausgestattet waren (Abb. 4)[8]. Auch in den Gürteln der persönlichen Ausrüstungen der Krieger lässt sich eine entsprechende Differenzierung erkennen. Es liegt nahe, diese archäologische Aufteilung mit dem Bild der germanischen Gefolgschaft zu vergleichen, so wie es uns durch den römischen Autoren Tacitus zumindest für das 1. nachchristliche Jh. überliefert ist. Die Analyse des Fundstoffes belegt in aller Deutlichkeit, dass es sich bei den Auseinandersetzungen, die den Opferungen vorangingen, um mit großen Kontingenten ausgetragene Konflikte handelte, die in weiten Teilen Südskandinaviens nachweisbar sind. Die Verbreitungsbilder charakteristischer Typen der persönlichen Ausstattungen der Krieger zeigen aber ebenso, dass diese kriegerischen Auseinandersetzungen weiter nach Süden

Abb. 2 Die Siedlung von Vorbasse in Westjütland im 3. Jh. n. Chr. Das Siedlungsbild zeigt abgegrenzte Hofareale mit Wohn- und Wirtschaftsgebäuden. Bemerkenswert ist die relativ große Anzahl von Gehöftgruppen, die sowohl in Jütland als auch im gesamten Südskandinavien nur sehr wenige Parallelen kennt.

Abb. 3 Verbreitung der kaiserzeitlichen Mooropferplätze.
Deutlich ist die Konzentration dieser Fundplätze an der Ostküste Jütlands bis hin nach Schleswig-Holstein erkennbar.

ausgriffen und die Regionen zwischen unterer Weser und unterer Oder erfassten[9]. Somit dürften Krieger aus dem Raum des heutigen Niedersachsens an diesen Kämpfen beteiligt gewesen sein. Was allerdings der Auslöser dieser gewalttätigen Spannungen war, das bleibt uns bis heute verborgen.

Sind die Bilderwelten der Völkerwanderungs- und der Wikingerzeit des Nordens außerordentlich reich und hoch differenziert, so müssen wir für das 3. Jh. eine gewisse Armut konstatieren. Selten sind Darstellungen von Menschen oder Tieren auf Gegenständen aus Metall oder Keramik zu finden und wenn, dann sind diese wenig anspruchsvoll, oftmals laienhaft ausgeführt. Damit wird deutlich, dass die Wurzeln für das Kunstschaffen der späteren Jahrhunderte zwar in einigen wenigen Einzelfällen im 3. Jh. gefunden werden können, die Basis oder gar der Ausgangspunkt für dieses spätere Schaffen ist dieses Jahrhundert aber nicht. Das Kunstschaffen orientiert sich vielmehr ganz eindeutig an römischen Vorbildern, ohne diese Inhalte wie eben die Darstellung von menschlichen Köpfen oder einzelnen Tierarten wie Hirschen oder Ebern kraftvoll weiterzuentwickeln. So hat die Darstellung von Köpfen, Szenen, Figuren oder Gegenständen auf den doch zuhauf im 3. Jh. bekannten römischen Münzen in Skandinavien offenbar keinen Anklang im Kunstschaffen der einheimischen Bevölkerung gefunden. Römische Importe in Südskandinavien dokumentieren nachdrücklich das große Gefälle, das zwischen den römischen Bilderwelten einerseits und den germanischen Adaptionen (als gutes Beispiel der aus einheimi-

DIE NETZWERKER

scher Produktion stammende Silberbecher aus Nordrup, Seeland, Dänemark) andererseits besteht.

Andere Lebenswelten des 3. Jh.s in Südskandinavien bleiben uns weitgehend verschlossen. Dazu gehört die Frage, welche Rolle das religiöse Leben im Alltag gespielt haben könnte. Deponierungen etwa von Keramikgefäßen in Mooren oder intentionelle Niederlegungen vollständiger Gefäße in anderen Zusammenhängen gewähren schlaglichtartige Einblicke[10]. Einzelne Darstellungen etwa von Tieren lassen erahnen, dass sie vor dem Hintergrund der wesentlich jüngeren nordischen Mythologie verstanden werden könnten. Völlig unklar ist aber, ob eben die Götterwelt dieser jüngeren Zeit mit Odin, Thor und Freya bis in die ersten Jahrhunderte nach Christi zurückverfolgt werden kann. Eindeutige archäologische Befunde hierfür gibt es bislang nicht.

Schwer zu beurteilen ist auch die Frage nach Altersgruppen und ihrer sozialen Bedeutung in der Gesellschaft, wie etwa die Rolle, die Kindern in den Gesellschafen des 3. Jh.s beigemessen wurde. Das große Defizit von Kinderbestattungen auf den gut untersuchten Friedhöfen dieser Zeit lässt vermuten, dass ihnen zu Lebzeiten als auch im Tod eine besondere Bedeutung zukam.

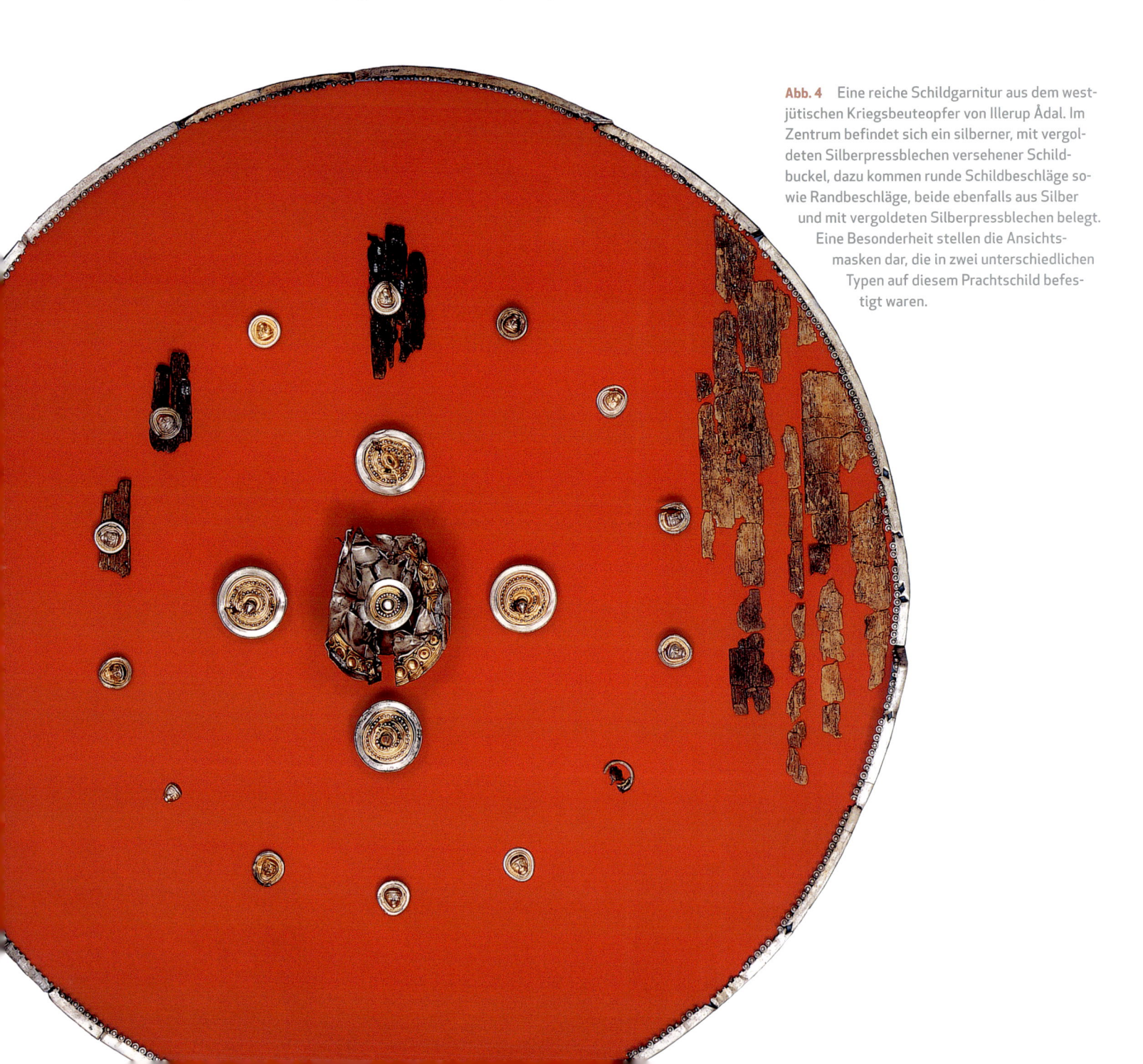

Abb. 4 Eine reiche Schildgarnitur aus dem westjütischen Kriegsbeuteopfer von Illerup Ådal. Im Zentrum befindet sich ein silberner, mit vergoldeten Silberpressblechen versehener Schildbuckel, dazu kommen runde Schildbeschläge sowie Randbeschläge, beide ebenfalls aus Silber und mit vergoldeten Silberpressblechen belegt. Eine Besonderheit stellen die Ansichtsmasken dar, die in zwei unterschiedlichen Typen auf diesem Prachtschild befestigt waren.

Das bedeutet keineswegs, dass sie nicht in familiären Zusammenhängen integriert und mit persönlicher Fürsorge bedacht wurden. Aber auch hier schweigen die archäologischen Quellen, sodass gesicherte Aussagen nicht möglich sind.

Insgesamt kann für das 3. Jh. in Südskandinavien damit ein differenziertes Bild gezeichnet werden, das allerdings einige Fehlstellen aufweist. Es zeigt uns eine agrarisch orientierte Gesellschaft, die in Einzelgehöften oder kleineren Siedlungen lebte. Deutlich sind soziale Hierarchien erkennbar, an deren Spitze reiche Familien standen, die Zugang zu römischem Import und zu römischer Bewaffnung hatten. Bemerkenswert und geradezu charakteristisch für diesen Zeitabschnitt sind kriegerische Auseinandersetzungen, die oftmals in überregionalen Zusammenhängen ausgetragen wurden. Hochgerüstete Krieger traten in geordneten Verbänden mit größerer Mannstärke gegeneinander an, wobei die Ursachen für diese Auseinandersetzungen im Dunkeln liegen. Das Bild der überregionalen Verflechtungen wird durch jene zivilen Kontaktnetze vervollständigt, über die die Bevölkerung Südskandinaviens sowohl in südliche Richtung zum Imperium Romanum als auch an die Nordküste des Schwarzen Meeres verfügte. Der Blick in diese beiden Richtungen dürfte Mitauslöser für jene gesellschaftlichen Wandlungsprozesse gewesen sein, die das 4. Jh. und dann später die Völkerwanderungszeit Nordeuropas mit prägten.

Anmerkungen

1 Stenvik 1997.
2 Albrectsen 1986, S. 123 Nr. 62, Taf. 24–26.
3 Immer noch grundlegend: Eggers 1951; Lund Hansen 1987.
4 Siehe z. B. Kat. Schätze der Ostgoten 1995.
5 Rieck 2013, S. 10–16.
6 Himlingøje, Dänemark: Lund Hansen et al. 1995; Avaldsnes, Norwegen: Skre (Hrsg.) 2018.
7 Illerup (Jütland): Ilkjaer 2000; Vimose (Fünen): Engelhardt 1869; Skedemosse (Öland): Hagberg 1967.
8 Von Carnap-Bornheim und Ilkjaer 1996, Bd. 5, S. 279–298; Bd. 7, z. B. Taf. 53–64.
9 Blankenfeldt 2015, S. 283–287; Abb. 168.
10 Mit umfassendem Überblick: Jørgensen et al. 2003.

Literatur

Erling Albrectsen: Fynske jernaldergrave III. Yngre romersk jernalder. Fynske Studier 7 (Odense 1986).
Ruth Blankenfeldt: Das Thorsberger Moor 2. Die persönlichen Ausrüstungen (Schleswig 2015).
Claus v. Carnap-Bornheim und Jørgen Ilkjær: Illerup Ådal. Die Prachtausrüstungen. Jutland Archaeological Society Publications 25, 5–7 (Aarhus 1996).
Hans Jürgen Eggers: Der römische Import im freien Germanien. Atlas der Urgeschichte 1 (Hamburg 1951).
Conrad Engelhardt: Vimose Fundet. Fynske Mosefund 2 (Kjøbenhavn 1869).
Ulf Erik Hagberg: The Archaeology of Skedemosse I u. II (Stockholm 1967).
Jørgen Ilkjær: Illerup Ådal. Ein archäologischer Zauberspiegel (Moesgård 2000).
Ulla Lund Hansen: Römischer Import im Norden. Warenaustausch zwischen dem Römischen Reich und dem freien Germanien während der Kaiserzeit unter besonderer Berücksichtigung Nordeuropas. Nordiske Fortidsminder, Serie B, Bd. 10 (Kopenhagen 1987).
Ulla Lund Hansen et al.: Himlingøje – Seeland – Europa. Nordiske Fortidsminder, Serie B, Bd. 13 (Kopenhagen 1995).
Lars Jørgensen et al.: Sejrens Triumf – Norden i skyggen af det romeske Imperium. Kat. Kopenhagen (2003).
Flemming Rieck: Funde von Schiffen und Schiffsteilen aus dem Nydam-Moor 1859–2011. In: A. Rau (Hrsg.): Nydam Mose 4. Die Schiffe. Jysk Arkæologisk Selskabs Skrifter 72,4 (Schleswig 2013).
Christian Leiber (Hrsg.): Schätze der Ostgoten (Stuttgart 1995). Katalog zur Ausstellung im Weserrenaissanceschloß Bevern vom 25. März bis 29. Oktober 1995.
Dagfinn Skre (Hrsg.): Avaldsnes – a Sea-Kings' Manor in first Millenium Western Scandinavia. Reallexikon der Germanischen Altertumskunde. Ergänzungsband 104 (Berlin/Boston 2018).
Lars F. Stenvik: Iron Production in Mid-Norway, an answer to local demand? Studien zur Sachsenforschung 10, 1997, 253–263.
Jeanette Varberg: Jernalder. In: Historien om Danmark [Bd. 1]. Oldtid og middelalder (København 2017), 111–179.

Gründerzeit

4. JAHRHUNDERT BIS UM 450

Germanen sind in der römischen Armee schon seit Jahrhunderten nichts Besonderes. Sie dienen Rom als einfache Söldner, aber auch als *foederati*: Das sind nicht-römische Anführer, die gegen Bezahlung mit eigenem Gefolge kämpfen. Im 4. Jh. sind solche freien „Gewaltunternehmer" das Rückgrat der Streitkräfte des Imperiums. Das Geschäft ist lukrativ: Auch Männer aus unserem Gebiet erwerben damit enorme Vermögen. Am Hellweg boomt der Warenverkehr, mit einem Geldumlauf wie links des Rheins in der römischen Provinz. Das Leben hier und dort ist verwoben – und gar nicht so verschieden.

Im Elbe-Weser-Dreieck greifen Heimkehrer in der 1. H. des 5. Jhs. erfolgreich nach der Macht. Sie können ihre Anhänger reich beschenken. Ihr Herrschaftsgebiet reicht bis zur mittleren Weser. Manche Forscher sind überzeugt: An der Spitze ihrer Hierarchie steht ein König. Um 410 gibt das weströmische Reich seine Provinz in England auf. Das entstandene Machtvakuum lockt germanische Warlords vom Kontinent an. Vielerorts gelingt es ihnen, Land und Leute zu unterwerfen. Von Anfang an dabei: Glücksritter aus dem Elbe-Weser-Dreieck, angeworben als Söldner, noch von den Römern, oder von britischen Magnaten. Sie bringen romano-britische Münzen mit nach Hause. Manche fassen auf der anderen Seite der Nordsee dauerhaft Fuß, gründen Familien, holen Verwandte nach.

Selfmade men   Einige Rückkehrer aus römischen Armeediensten haben es wirklich geschafft: Sie verfügen über große Mengen an römischem Gold und Silber, in Form von Münzen, Schmuck und militärischen Rangabzeichen. Ihre Vermögen investieren sie nicht nur in den Unterhalt und die Vergrößerung ihrer militärischen Gefolge. In der Hellwegzone wird jetzt feines Trinkgeschirr produziert: nach germanischem Geschmack und mit römischem Know-how. Hier wächst zusammen, was schon lange zusammen funktioniert.

Söldner der römischen Armee sind weitgereiste Männer. Sie kennen sich aus in der Welt, wissen, was passiert. Ferne Länder, fremde Sprachen, Speisen und Gewohnheiten – das ist vielen vertrauter als die Heimat. Ihre Identität hat viele Facetten. Eine davon ist ihnen buchstäblich auf den Leib geschneidert: breite römische Militärgürtel mit prächtigen Beschlägen. Auch wenn sie reich zurückkehren: Zu Hause ist edle Abstammung für den Erfolg eines Anführers genauso wichtig. Um 400 lassen sich erfolgreiche Heimkehrer bei großen alten Grabhügeln beerdigen. Die Botschaft: Wir sind legitime Nachfolger mächtiger Herrscher der Vergangenheit. Bei ihren Gräbern entstehen mit der Zeit teils riesige Friedhöfe, die bis zu 500 Jahre lang weitergenutzt werden. Das Wirken dieser Männer hallt lange nach.

Verbindungsmuster   Für die Menschen an der Küste ist die Nordsee das Tor zur Welt. Boote sorgen für Verbindungen. Bei Wremen im Landkreis Cuxhaven wird um 430 ein reicher Mann sogar in einem Boot begraben. Auch er trägt einen prächtigen Gürtel im römischen Militärstil. Die Handwerker in seiner Heimat übernehmen die Dekore der Militärgürtelbeschläge. Sie entwickeln eine Art *military look* – eigenwillig, unverwechselbar und prestigeträchtig. Er wird zum Erkennungszeichen einer wohlhabenden und einflussreichen *warrior community* im Elbe-Weser-Dreieck. Die typischen „Kerbschnitt"-Muster zieren den Schmuck der Frauen, aber auch hölzernes Mobiliar.
Keramik und Schmuck im Stil der Machthaber im Elbe-Weser-Dreieck tauchen auch in England auf. Die Dekore ihrer *corporate identity* werden auf der Insel weiterentwickelt: Unter den Nachfahren der Menschen vom Kontinent stiftet Schmuck in diesem Stil ein Gefühl von Zusammengehörigkeit und gemeinsamer Abstammung.   (B. L.)

Zur Illustration auf der vorherigen Seite   Das Panorama zeigt einen Heimkehrer aus dem römischen Militärdienst. Es porträtiert den Mann, der in der Zeit um 430 bei Wremen (Landkreis Cuxhaven) in einem Boot bestattet worden ist (Bootsgrab 2). Kelvin Wilson: „Diese Illustration hat sich langsam entwickelt. Die Herausforderung: Wie bekomme ich den Betrachter und das hölzerne Mobiliar, das wir zeigen wollten, unter den weiten Himmel an der Nordseeküste? Die Lösung: Ich zeige den Heimkehrer aus römischem Militärdienst bei einem Transport seines Besitzes. Die endlos wirkende Küstenlandschaft seiner Heimat mit ihren Wiesen und Prielen erstreckt sich hinter ihm, seine Leute sind froh, dass er wieder da ist. Aber irgendwie wirkt er fehl am Platz, mit seiner kostümhaft verzierten gelben Armee-Tunika und seiner breiten goldglänzenden Militärgürtelschnalle. Seine Welt hier zu Hause wird sich verändern: Der Mann verschafft seinen Leuten großes Ansehen."

„Bauernland in Veteranenhand"
Söldnergräber und Schatzfunde des 4./5. Jahrhunderts in Niedersachsen und Westfalen

ANDREAS RAU

Aus Gräberfeldern und Siedlungen des 4. und 5. Jh.s im westlichen germanischen Barbaricum ist eine Vielzahl römischer Militärgürtelgarnituren bekannt (Abb. 1). Sie belegen, dass sich ein sehr erheblicher Teil der Bevölkerung zwischen Rhein und unterer Elbe zeitweilig in den Provinzen am Rhein und in Britannien aufgehalten und Kontakt mit dem römischen Heer unterhalten haben muss. Dies wird unterstrichen durch weitere Kategorien spätantiker Importfunde im Barbaricum: Glas- und Buntmetallgefäße, Waffen, Münzen, Ringschmuck, Fibeln oder römische Rasiermesser. Sie bilden aber sicherlich nur die Spitze des Eisberges, da uns organische Materialien (z.B. Mobiliar und Kleider, aber auch Nutz- und Haustiere) sowie jeglicher immaterieller Import in Form von Know-how und Denkmustern weitgehend verborgen bleiben. Zwar sind römische Importe auch in den vorausgehenden Jahrhunderten zahlreich in das germanische Barbaricum gelangt, jedoch erreicht gerade das mit dem militärischen Milieu verknüpfte Fundgut in der Spätantike ein besonderes Gewicht.

Militär und Mobilität

Das für das 4. und 5. Jh. skizzierte Fundbild wird in der aktuellen Forschung meist auf eine aktive, auf bestehende Kriegergruppen fokussierte Rekrutierungspolitik der spätrömischen Militärverwaltung zurückgeführt. Dabei konnten ganze Jungmannschaften nach militärischen Interventionen außerhalb der Reichsgrenzen „zwangsrekrutiert" oder bestehende barbarische Verbände frei angeworben und ihrem Anführer ein reguläres römisches Kommando gegeben werden. Außerdem wurden zeitlich befristete Verträge (*foedera*) zwischen dem römischen Kaiser bzw. seinen ausführenden Beamten und den außerhalb des Reiches lebenden Gemeinwesen geschlossen. Sie basierten auf der Zufuhr von Unterstützungsleistungen in Form von Nahrungsmitteln, gemünzten und ungemünzten Edelmetallen (s. u.) oder gar der Zuweisung von Wirtschaftsland gegen die Bereitstellung von weitgehend autonom bleibenden barbarischen Truppen (*foederati*).

Über den präzisen Rechtsstatus einzelner barbarischer Gruppen innerhalb des Heeres, die Dauer ihres Dienstes und das Aufnahmezeremoniell in das römische Militärwesen liegen nur ausschnitthaft Informationen vor. Man wird sich aber für jede Form des Vertragsschlusses und der Aufnahme fremder Einheiten in die römische Militärstruktur einen standardisierten Ablauf vorstellen müssen, der mit Symbolik reich beladen war und besonders auf die nicht-römischen Rekruten einen erheblichen identitätsstiftenden Charakter gehabt haben muss. Hierzu gehörte auch die offizielle Vergabe von Kleidung, Militärgürteln, Waffen oder Auszeichnungen an Anführer und einfache Soldaten und – dies ist zumindest für reguläre Truppen anzunehmen – der damit gekoppelte Eid, sich bedingungslos in den Dienst des römischen Kaisers zu stellen (*sacramentum militare*).

Diese Objekte aus den Händen der römischen Militärverwaltung dienten in der Folge innerhalb der barbarischen Gesellschaft als Identitätsmarker und Statusanzeiger (vgl. auch den

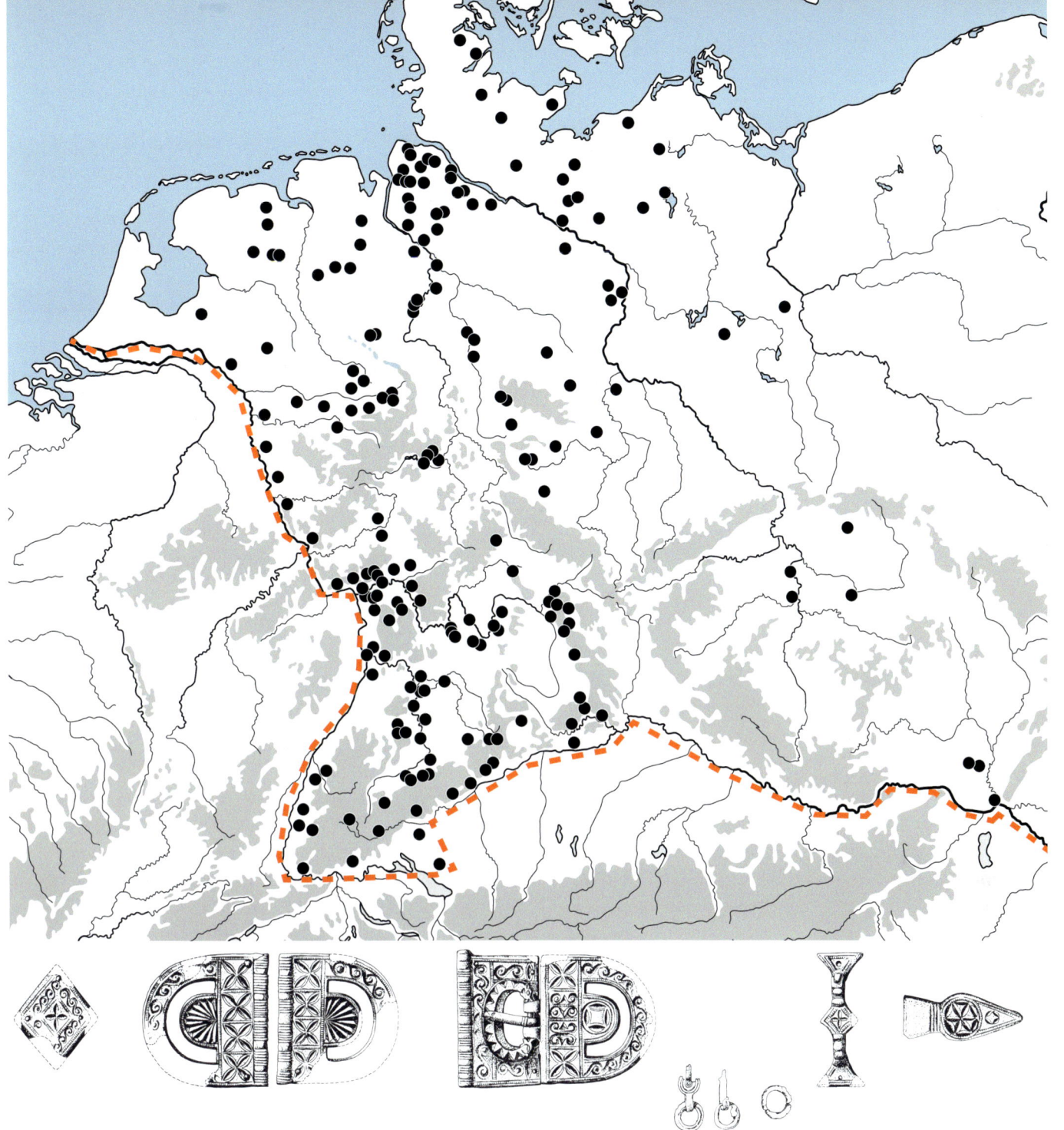

Abb. 1 Eine Gesamtkartierung sogenannter „spätrömischer" Militärgürtel des 4. und 5. Jh.s bezeugt die enge Beziehung zwischen römischer Armee und den in den Niederlanden und Nordwestdeutschland siedelnden Gemeinwesen. Die auf den Publikationen von H. W. Böhme beruhende Karte kann inzwischen durch zahlreiche unpublizierte Detektorfunde vor allem aus Niedersachsen, Westfalen, Schleswig-Holstein und den Niederlanden erheblich ergänzt und verdichtet werden. Rote Linie: Rhein und Donau bilden die Grenze der Kartierung.

Beitrag „Die Neuerfindung eines Volkes. Sächsische Identitäten vor und nach den Sachsenkriegen" in diesem Band). Doch nicht jeder Militärgürtel belegt zwangsläufig einen abgeleisteten Dienst: entsprechende Gürtel auch in Frauen- und Kinderbestattungen deuten auf ein besonderes Milieu von Soldatenfamilien bzw. eine Kriegerideologie hin.

Rückkehrer und Reorganisation

Nach dem festgelegten oder auch durch Vertragsbruch herbeigeführten Ende der „Auftragsarbeit" kehrten einige Gruppen von Kriegern als eingeschworene Fraktionen in ihre Heimat zurück. Sie hatten jahrelang im provinzialrömischen Gebiet gelebt und waren mit dem Militärapparat und der provinzialrömischen

Abb. 2 Runenritzung „ksamella lguskaþi" („Bänkchen" und „Hirsch-Schädigung") auf dem hölzernen Fußbänkchen aus Bootsgrab 2.

Kultur vertraut geworden. Dabei ist zu bedenken, dass die Krieger auch von ihren Familien begleitet wurden, die entweder bereits aus der Heimat mit in die Provinzen gekommen waren oder sich vielfach durch Heirat und Nachwuchs erst dort bildeten. So manche in der älteren Forschung aufgrund von importiertem Schmuck in Grabfunden als „Heimkehrerin" aus Gallien bezeichnete Frau könnte ebenso gut eine in Gallien geborene und aufgewachsene und später mit ihrem Mann „ausgewanderte Provinzialrömerin" gewesen sein. Die Rolle solcher Personen und Lebenswege in der Vermittlung provinzialrömischer Kulturweisen in unseren Raum wird bislang sicher erheblich unterschätzt.

Eine solche „warrior community" hatte ein eigenes Gruppengefühl entwickelt. Es kam nicht nur in der offensichtlichen materiellen Kultur, etwa dem Tragen römischer Militärgürtelgarnituren in den Kriegerfamilien zum Ausdruck, sondern auch bewusst in neuen Sitten: etwa die Bestattung von Toten ohne Verbrennung des Leichnams. Solche Körpergräber treten im Raum zwischen Ems und Elbe im 4. Jh. und konzentriert in dessen letztem Drittel auf, was die Forschung als direkten Einfluss aus dem provinzialrömischen Nordgallien deutet.

Zudem hatten die einzelnen Personen innerhalb des römischen Heeres Dinge gelernt, die sie von den Daheimgebliebenen absetzten. Sie besaßen neben einer generellen Weltläufigkeit zudem militärisches Kalkül und monetär-ökonomisches Denken, wie es auf den römischen Märkten vonnöten war. Nicht nur in der Waffentechnik, sondern auch in anderen Bereichen, etwa der Landwirtschaft oder dem Kunsthandwerk, kam es durch sie zu einem Zufluss von Know-how wenn nicht gar provinzialrömische Spezialisten die Heimkehrer begleiteten. So wurde vermutet, dass der sogenannte „sächsische Reliefstil", der der spätantiken Kerbschnittornamentik überaus nahesteht, auch durch die „Einwanderung" spätantiker Handwerker aus den Provinzen entstanden sei (vgl. den Beitrag „Stammeskunst? – Handwerk und Identität im Elbe-Weser-Dreieck im 4. und 5. Jahrhundert" in diesem Band). Schwierig abzuschätzen sind Einflüsse und Übernahmen römischer Vorstellungen über Aufteilung von Land, über Erbrecht sowie Straf- und Steuerbestimmungen, die weitgehend außerhalb archäologischer Aussagemöglichkeiten liegen, aber die Gemeinwesen erheblich beeinflusst haben dürften.

Es ist zu unterstellen, dass ein wesentliches Motiv der Heimkehr die Erkenntnis war, in der angestammten Gemeinschaft nun Mitbestimmung, Macht und Besitz einfordern und erlangen zu können. Auf jeden Fall kam den Rückkehrern das entstandene Ungleichgewicht an Ressourcen zugute – neben Edelmetallen und Luxusartikeln vor allem die Verfügbarkeit von Waffen und militärisch trainiertem Personal. Einige waren der lateinischen Sprache zu einem gewissen Grad sprach-, lese- und schreibkundig und damit qualifiziert, Kontakte mit den Provinzen zu ihrem Nutzen aufrechtzuerhalten. Ein Beispiel aus dem reich ausgestatteten Bootsgrab an der Wurt Fallward (vgl. den Beitrag „‚Jeder hat einen Sitz für sich und einen eigenen Tisch'. Hölzernes Mobiliar des 4. und 5. Jahrhunderts von der Fallward" in diesem Band) mit der um 430 angelegten Bestattung eines unzweifelhaft aus dem römischen Militärdienst heimgekehrten Mannes verdeutlicht die Stellung der „Veteranen" als „Wanderer zwischen den Welten": Die an der Längsseite des hölzernen Fußbänkchens (Abb. 2) eingeritzte Runeninschrift „ksamella lguskaþi" gibt in ihrem ersten Wort – durch Vertauschung der beiden ersten Konsonanten leicht falsch – das lateinische Wortes *scamella* (Femininum Sg., auch *scamellum*) für „Bänkchen" wider. Aus diesem lateinischen Begriff ist das heutige „Schemel" entstanden. Da der Ritzer oder die Ritzerin (ob dies der Bestattete selbst oder jemand in seinem Umfeld war, bleibt offen) entgegen der üblichen Praxis gleiche Konsonanten nur einmal zu ritzen – zu erwarten wäre also skamela – die Doppelschreibung des l entsprechend der lateinischen Orthographie ausführte, darf gemutmaßt werden, dass er neben der germanischen Sprache auch eine fundierte lateinische Sprach- und Schriftkenntnis besessen hat.

Gründer und Gräber

Überaus auffallend ist die Anlage neuer Gräberfelder in weiten Bereichen Niedersachsens im fortgeschrittenen 4. Jh. Diese Nekropolen können in der Folgezeit unterschiedlich lang belegt werden und mehrere Tausend Bestattungen in Form von Körper- und Brandgräbern aufnehmen. Als prominente Beispiele seien aus dem Landkreis Stade die Gräberfelder von Issendorf und Buxtehude-Immenbeck, aus dem Landkreis Cuxhaven die Bestattungsplätze bei der Sahlenburg und an der Wurt Otterndorf-Westerwörden sowie aus dem Mittelwesergebiet das Gräberfeld von Liebenau (Ldkr. Nienburg) genannt.

Am Beispiel der nahezu vollständig untersuchten Nekropole von Issendorf lässt sich die Rolle der „Heimkehrer" veranschaulichen: Der im größten Kammergrab der Nekropole im späten 4. Jh. bestattete Mann war in Militärtracht mit einem Gürtel mit Tierkopfschnalle römischer Prägung am Becken beigesetzt, mit provinzialrömischen Reitersporen an den Füßen sowie mit einer großen einheimischen Fibel, die an der rechten Schulter einen Soldatenmantel verschloss (Abb. 3). Die Anlage seiner Bestat-

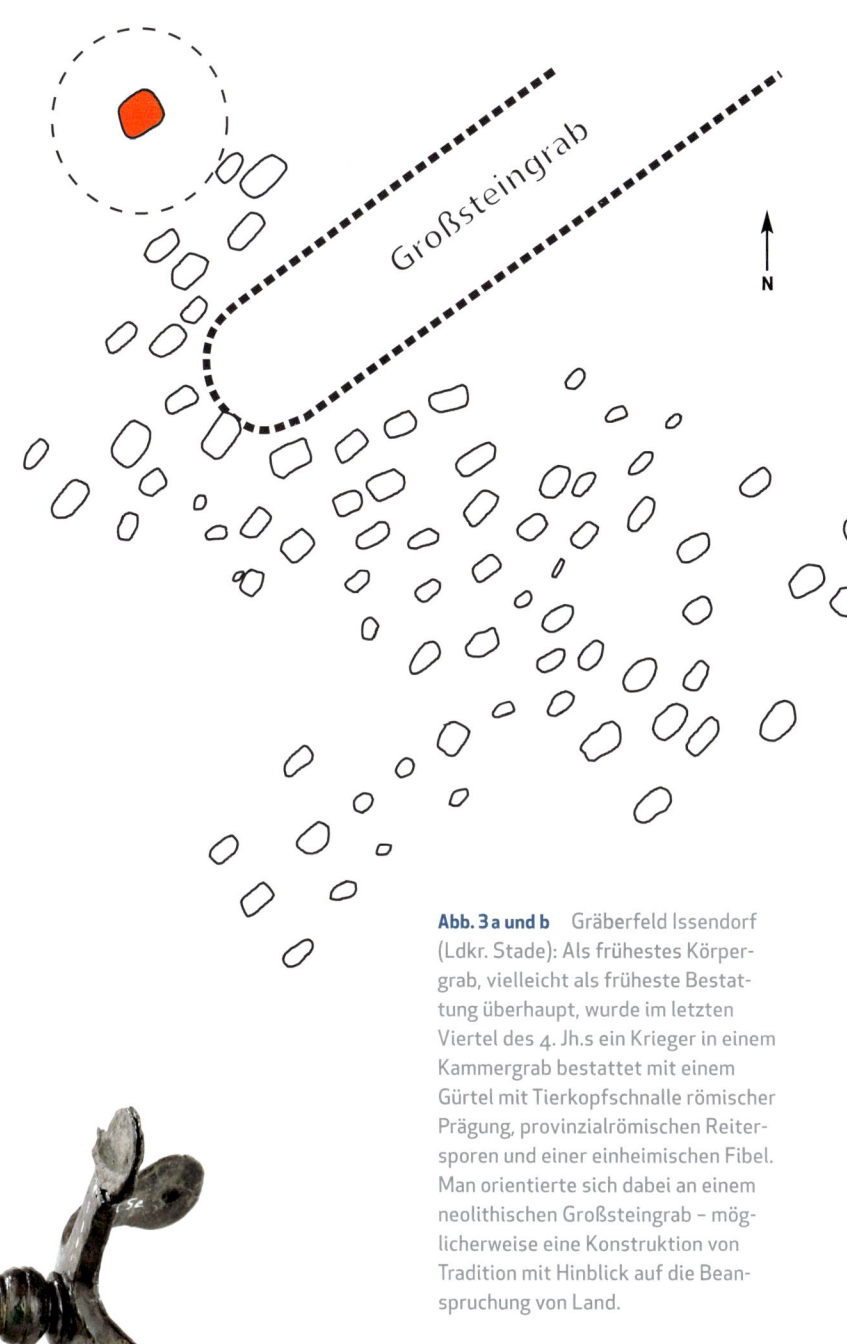

Abb. 3 a und b Gräberfeld Issendorf (Ldkr. Stade): Als frühestes Körpergrab, vielleicht als früheste Bestattung überhaupt, wurde im letzten Viertel des 4. Jh.s ein Krieger in einem Kammergrab bestattet mit einem Gürtel mit Tierkopfschnalle römischer Prägung, provinzialrömischen Reitersporen und einer einheimischen Fibel. Man orientierte sich dabei an einem neolithischen Großsteingrab – möglicherweise eine Konstruktion von Tradition mit Hinblick auf die Beanspruchung von Land.

tung geschah mit beabsichtigtem Bezug zu einem neolithischen Großsteingrab, wobei Abstand und Anordnung der nachfolgend eingebrachten Gräber eine ursprüngliche Überhügelung der Kammer andeuten. Unzweifelhaft hat die Bestattungsgemeinschaft hier für das erste Körpergrab, vielleicht gar die erste Bestattung der großen Nekropole insgesamt, bewusst die Anknüpfung an ein viel älteres, wohl als Ahnendenkmal betrachtetes Monument betont. Dies kann mit einem Anspruch der hier neu beisetzenden Familie auf Landbesitz in Verbindung stehen.

Nicht so offensichtlich gestaltet sich die Frage nach einem vergleichbaren „Gründergrab" auf der kleineren gemischt belegten Nekropole von Cuxhaven-Sahlenburg. Die frühesten Gräber können nicht völlig eindeutig bestimmt werden und aus dem Umfeld sind auch Bestattungen des 1.–3. Jh.s bekannt. Auffallend ist aber gleichsam, dass eines der frühesten Körpergräber, Grab 32 vom Ende des 4. oder Anfang des 5. Jh.s, einen Militärgürtel mit breiten, reich mit Kerbschnittornament verzierten Beschlagplatten enthielt, der auf gehobenen Dienst in der römischen Armee hinweist. Auch hier nimmt das um 400 n. Chr. neu angelegte kleine Separatgräberfeld Bezug auf einen mächtigen bronzezeitlichen Grabhügel, den „Galgenberg".

Die Anlage des Gräberfeldes von Liebenau an der Mittelweser am Ende des 4. Jh.s n. Chr. lehnt sich ebenso an einen bronzezeitlichen Langhügel an: Die Ausrichtung der frühesten Körperbestattungen und auch der nachweisbaren Scheiterhaufenpfosten bezieht sich auch hier auf die Orientierung des prähistorischen Monuments. Zwar sind die frühesten Gräber ebenfalls nicht eindeutig festzulegen, doch ist eine enge Beziehung zum römischen Militär in den ersten drei Generationen der Männergräber durch entsprechende Tracht- und Waffenausstattungen unverkennbar.

Betrachten wir die Bestattungsgemeinschaften, die eine Nekropole gemeinsam nutzten, als Spiegel eines sich in irgendeiner Form zusammengehörig fühlenden Gemeinwesens – in Issendorf immerhin etwa 800–1000 gleichzeitig lebende Individuen –, so ist es bezeichnend, dass gerade diejenigen Personen mit

Abb. 4 Teilinventar des schon 1847 entdeckten und nur noch partiell überlieferten Schatzfunds von Lengerich (Ldkr. Emsland). Mit überzeugenden Gründen wird dem Besitzer eine höhere Position innerhalb des römischen Heeres unter Gegenkaiser Magnentius (350–353 n. Chr.) zugeschrieben.

Abb. 5 Qualitätvoll mit Kerbschnitt und figürlichen Motiven verzierte Beschläge eines spätrömischen Militärgürtels aus Bootsgrab 2 von Wremen-Fallward.

deutlichem Bezug zum römischen Militär diese Gemeinschaften neu ordneten. Im Fall des Gräberfeldes von Liebenau bestand die Bestattungsgemeinschaft gar bis weit in das 9. Jh. fort!

Inwieweit sich diese Beobachtungen für die betrachtete Zeit auch in den Restrukturierungen von Siedlungen bzw. landwirtschaftlichen Flächen bemerkbar macht, bleibt weitgehend offen – ein merklicher Einschnitt in der Siedlungsweise ist jedenfalls bislang nicht zu erkennen.

Gold und Gefolge

Ein weiteres Charakteristikum des betrachteten Zeitraums ist ein auffallender Horizont von Einzel- und Schatzfunden römischer Goldmünzen, sogenannte *Solidi*. Besonders konzentriert sind diese Funde in einem Gebiet, das von der Ruhr und der Eder im Süden, dem Osnabrücker Land im Norden sowie der oberen Weser bzw. der Werra im Osten begrenzt wird. Jüngste systematische Prospektionen auf Siedlungsplätzen haben zudem Neufunde entsprechender Goldmünzen aus der Region zwischen Unterweser und Niederelbe erbracht.

Nach Ausweis der Häufigkeiten der Prägungen repräsentieren diese Funde keinen kontinuierlichen Zufluss einzelner Goldmünzen, sondern bestimmte Phasen, in denen die römische Verwaltung barbarische Gruppen mit Zahlungen in Form von Sold, Stillhaltegeldern oder im Rahmen von *foedera* versorgte. Die Verbindung mit historisch überlieferten Ereignissen wird in der Forschung unterschiedlich bewertet. Eine Gruppe von Einzelfunden und Horten ist unzweifelhaft mit der Anwerbung von Barbaren durch Gegenkaiser Magnentius zwischen 350–353 zu verbinden, die sich auch im Schatzfund von Lengerich, Ldkr.

Gut abgeschnitten! „Britannisches" Geld in Nordwestdeutschland

ANDREAS RAU

Römische Münzen, die in den germanischen Gebieten gefunden werden, werfen stets Fragen zu Ort, Zeitpunkt und Grund ihres „Grenzübertritts" aus dem Römischen Reich auf. In den meisten Fällen ist Genaueres über die Zirkulationswege einzelner Münzen von der Prägung bis zu ihrem Verlust in außerrömischem Gebiet kaum zu ermitteln. Das gilt grundsätzlich auch für eine Gruppe spätantiker Silbermünzen, die mit dem modern eingeführten lateinischen Begriff *siliqua* (Pl. *siliquae*) belegt werden und seit ca. 320 n. Chr. geprägt wurden. Allerdings kann ein besonderes Phänomen der Behandlung dieser Münzen im frühen 5. Jh. n. Chr. in einen historischen Kontext eingebettet werden. Es gewährt spannende neue Einblicke in das Verhältnis zwischen der Einwohnerschaft Nordwestdeutschlands und dem spät- und nachrömischen Britannien.

Das für die Zivilwirtschaft und das Militär notwendige staatliche Geld gelangte im 4. Jh. überwiegend direkt aus italischen oder in den westlichen Provinzen gelegenen Münzstätten in die römischen Provinzen Britanniens. Lediglich von ca. 286 bis 325 n. Chr. in London sowie kurzzeitig unter dem Usurpator Magnus Maximus (383–388 n. Chr.) wurden dort auch vor Ort Münzen geprägt. Der Begriff „britannisches Geld" mag deshalb zunächst etwas irreführend sein. Mit der allgemeinen Reduzierung der Ausgabe von Münzen im römischen Westen am Ende des 4. Jh.s nahm die Zufuhr jeglichen Geldes auch nach Britannien rapide ab und kam um ca. 402 n. Chr. nahezu zum Erliegen. Nur wenige neue Münzen haben nach diesem Jahr die Insel erreicht, zuletzt nachweislich einige Prägungen des Gegenkaisers Constantinus III. (407–411 n. Chr.),

Abb. 1 Eine randlich sehr stark beschnittene spätantike Silbermünze (*Siliqua*) aus Horneburg (Ldkr. Stade). Noch weitgehend erhalten ist das vorderseitige Abbild des Kaisers Flavius Honorius (395–423 n. Chr.). Zu einem späteren Zeitpunkt wurde die Münze noch hinter dem Haupt des Kaisers durchbohrt, vermutlich um sie als Anhänger tragen zu können.

der in Britannien ausgerufen worden und dann mit den in Britannien stationierten Resttruppen nach Gallien gezogen war. Neues Geld blieb nun weitgehend aus. Zeitgleich kam es zu einer zunehmenden Anlage von Edelmetallhorten und der Abwanderung vermögender Personen in Militär und Wirtschaft auf den Kontinent. In Britannien führte das zu einem ungewöhnlichen Umgang mit dem nicht mehr durch neue Münzen aufgefrischten Silbergeld. Offensichtlich mit Duldung und vielleicht gar unter Kontrolle der verbliebenen provinzialrömisch-britannischen Verwaltung setzt zwischen 402 und 407 n. Chr. das Phänomen der *clipped siliquae* ein: Die Ränder dieser Silbermünzen wurden mit einem scharfkantigen Werkzeug rund abgeschnitten. Die Umschrift der Münzen ging bei vielen Stücken nahezu gänzlich verloren, lediglich das vorderseitige Kaiserporträt blieb unbeschädigt. Auf diese Weise konnte unter Beibehaltung der Form einer Münze neues Silbermaterial gewonnen werden. Die ursprüngliche Prägung verlor dabei bis zu einem Drittel ihres Durchmessers und Gewichts. Neben der Gewinnung von Silber als reinem Thesaurierungsmaterial wurden aus dem abgetrennten Material augenscheinlich in vielen Fällen auch lokale Siliqua-Imitationen mit gleichem Silbergehalt nachgeprägt. Dieses randliche Beschneiden von Siliquae ist ein rein britannisches Phänomen. Mit wenigen Ausnahmen aus Nordspanien und Südfrankreich, die historisch mit im Jahr 407 n. Chr. mit Constantinus III. aus Britannien kommenden Soldaten in Verbindung gebracht werden können, wurde dieses Prozedere nirgendwo sonst auf dem Gebiet des spätantiken Imperiums angewendet bzw. geduldet. Außerhalb des Reiches sind *clipped siliquae* allerdings von bislang ca. 20 Fundstellen in den Niederlanden, in Niedersachsen, auf der jütischen Halbinsel und aus Inseldänemark bekannt gewor-

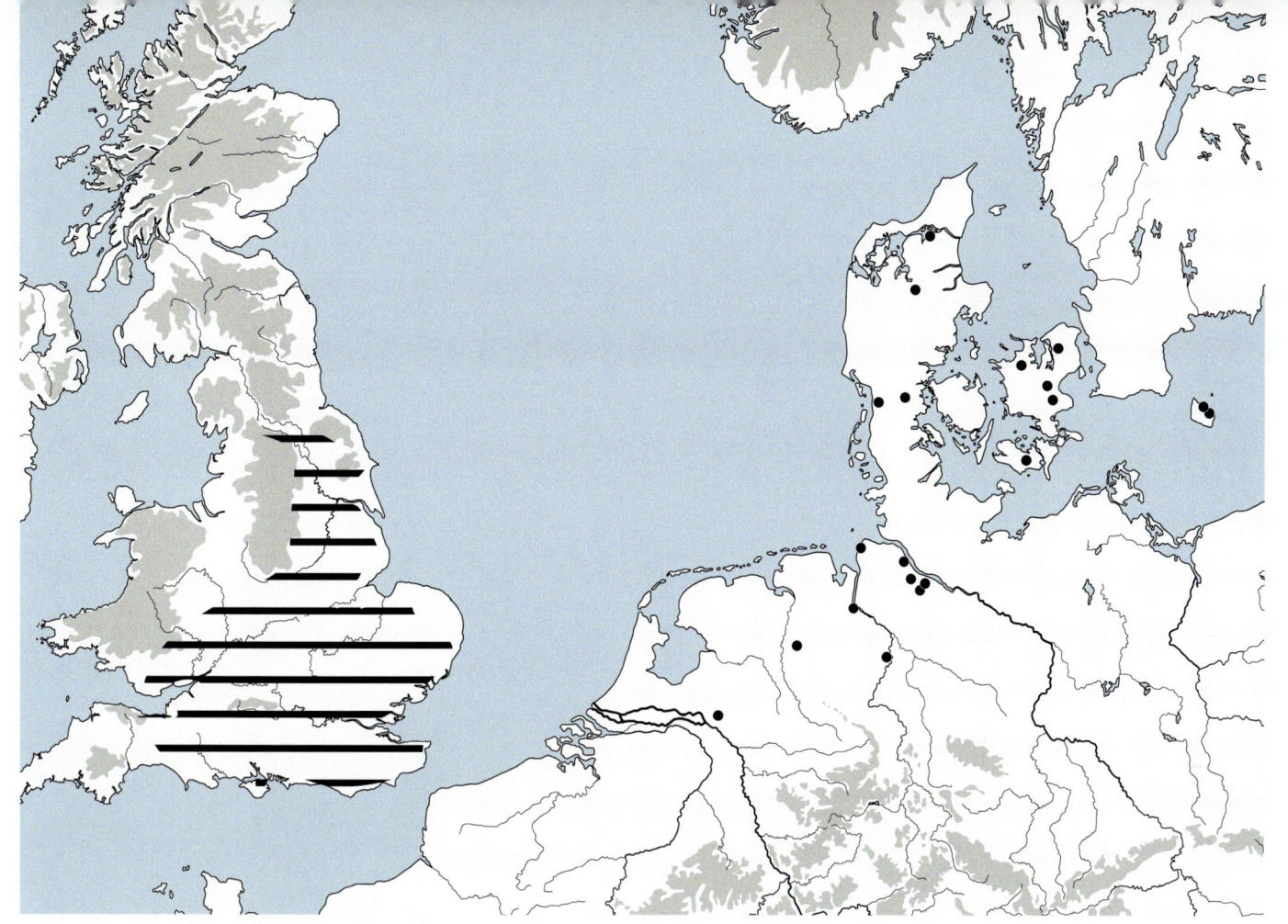

Abb. 2 Fundverbreitung von *clipped siliquae* in Nordwesteuropa und Südskandinavien (Stand August 2018). Kartiert sind die einzelnen Fundorte unabhängig von der dort gefundenen Zahl der Münzen. Das britannische Fundgebiet dieser Münzen umfasst mehr als 200 Fundorte mit mehreren Tausend Exemplaren (in ständig steigender Anzahl) und ist schraffiert dargestellt. Nicht kartiert sind einzelne Funde von *clipped siliquae* aus Schottland und Irland.

den. Sie entsprechen in Prägezeiträumen, -orten und der Art der Beschneidung den Stücken aus Britannien und können nur von dort in das nordwesteuropäische und südskandinavische Gebiet gekommen sein. Einige dieser Münzen sind zusätzlich im Barbaricum zum Zweck der Aufhängung als Schmuck oder Abzeichen perforiert worden. Für dieses Auftreten von *clipped siliquae* im Barbaricum kommen zum einen Plünderungsaktivitäten in Britannien oder die Entlohnung von Soldaten mittels Silberwerten durch romano-britische Anführer in Betracht. Das inzwischen vermehrte Auftreten von Trachtbestandteilen aus Britannien in Nordwestdeutschland und die durch eine revidierte Chronologie nun bezeugte dauerhafte Ansiedlung von Personengruppen vom Kontinent in Britannien bereits im ersten Drittel des 5. Jh.s n. Chr. legen nahe, dass es überwiegend von dort heimgekehrte Söldner waren, die Silberwerte in Form von meist schon im Römischen Reich zerhackten Gegenständen aus Silber und Barren sowie Münzen aus diesem Material mitbrachten.

Eine genauere Eingrenzung des Zuflusses und der Zirkulation der *clipped siliquae* im Barbaricum ist bislang schwierig. Ihre Ankunft muss nach dem Beginn der „clipping"-Epidemie" 402/407 n. Chr gelegen haben. Dabei haben die Praxis des Beschneidens und eine regelhafte Münzökonomie in Britannien generell kaum das erste Drittel des 5. Jh.s überdauert.

Die meisten „britannischen" *clipped siliquae* sind bislang in Dänemark gefunden worden, wobei die winzigen Münzen überwiegend durch den Einsatz von Metalldetektoren entdeckt wurden. Viele dänische Stücke dürften indes über das nordwestdeutsche Küstengebiet „gereist" sein. Es bleibt daher zu erwarten, dass sich die Anzahl auch in Nordwestdeutschland in den kommenden Jahren merklich erhöhen wird.

Literatur

Peter S. W. Guest: The Late Roman Gold and Silver Coins from the Hoxne Treasure (London 2005).

Roger Bland, Sam Moorhead and Philippa Walton: Finds of late Roman silver coins from Britain: the contribution of the Portable Antiquities Scheme. In: Fraser Hunter und Kenneth Painter (Hrsg.): Late Roman Silver. The Traprain Treasure in Context (Edinburgh 2013).

Emsland (Abb. 4), ausdrückt. Die Häufigkeit der Prägungen aus frühen Emissionen der Kaiser Valentinian I. und Valens lässt auf einen weiteren erheblichen Zufluss von Solidi kurz vor 370 n. Chr. schließen. Eine prägnant vertretene Anzahl von Horten enthält zudem Solidi, die überwiegend im ersten Jahrzehnt des 5. Jh.s in das Barbaricum gelangt sind. Es liegt nahe, hier *foedera* anzunehmen, die sowohl der weströmische Heermeister Stilicho zwischen 395 und 408 als auch der Gegenkaiser Constantinus III. (407–411) mit als Franken bezeichneten Gruppen abschlossen bzw. erneuerten, wobei diese barbarischen Foederaten nach einem Totalabzug der regulären Truppen aus der Germania secunda an Nieder- und Deltarhein nun die Grenzverteidigung und ggf. auch Aufgaben der Bewirtschaftung in diesem Gebiet übertragen bekamen.

Abb. 6 Goldhalsringe und Münzen aus Dortmund. Die zwischen 335 und 407/408 geschlagenen Solidi und 16 Silberprägungen wurden 1907 in einem Tongefäß entdeckt. Sie stellen eine Anhäufung mehrerer Goldzahlungen vermutlich an die Anführerfamilie einer barbarischen, aber im Dienst Roms tätigen Kriegergruppe dar. Umstritten ist die Ansprache der drei massivgoldenen Halsringe als im Barbaricum produzierte Statussymbole oder als römische Auszeichnungen.

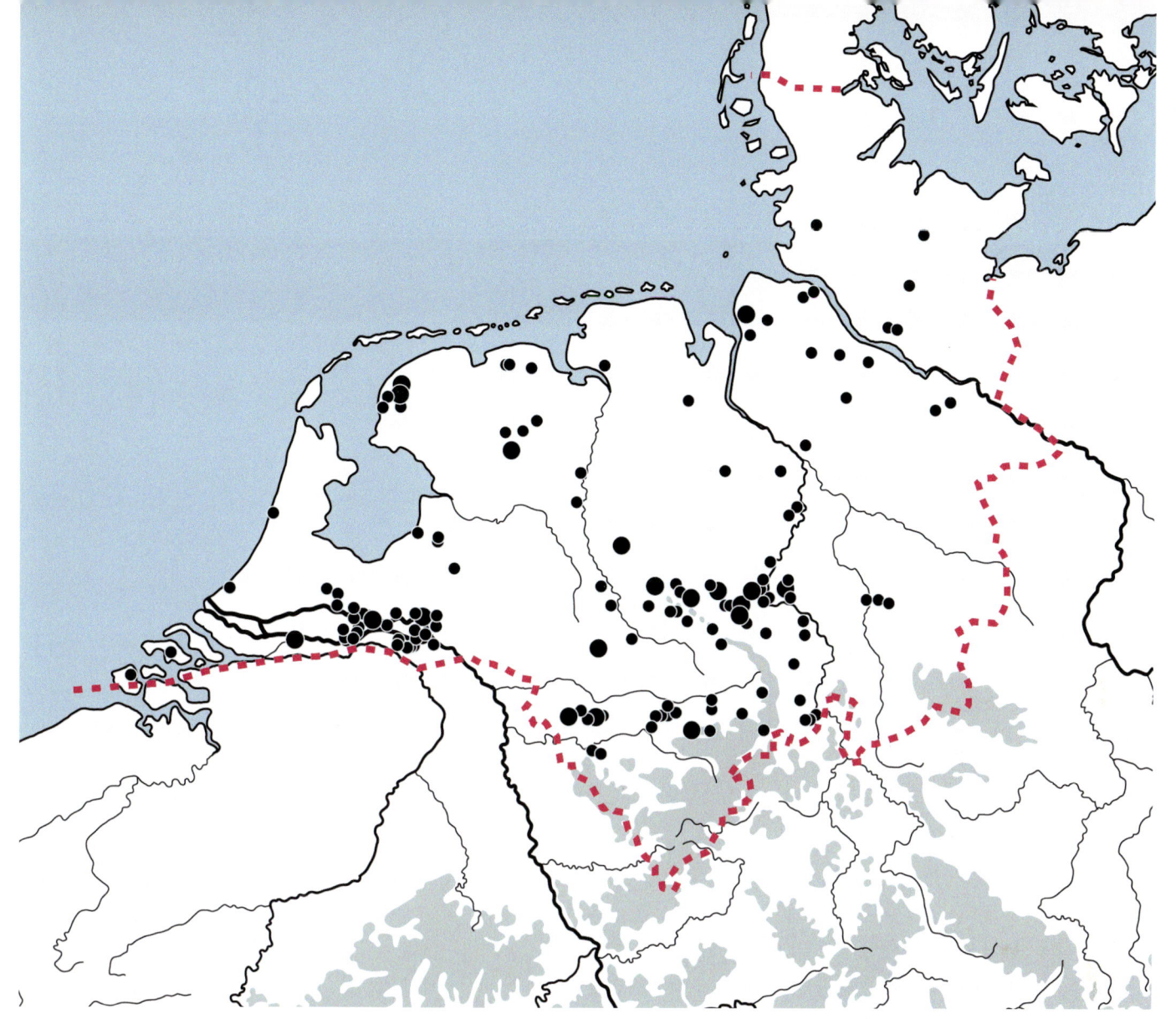

Abb. 7 Verbreitung spätrömischer zwischen 350 und 455 n. Chr. geprägter Solidi in den nordrheinischen Niederlanden und Nordwestdeutschland. Horte sind mit großen Signaturen gekennzeichnet. Seit der Mitte des 4. Jh.s sind in mehreren Phasen große Mengen an Gold und Silber von der römischen Administration in das westliche Barbaricum geflossen. Rote Linie: Grenze der Kartierung.

Auch während der Regierungszeit des Kaisers Valentinian III. (425–455) und seines von 429 bis 454 n. Chr. agierenden Heermeisters Flavius Aëtius sind Zahlungen von Edelmetall nach Nordwestdeutschland geflossen. Zudem belegen zahlreiche einheitlich wirkende Militärgürtelgarnituren des sogenannten „einfachen Typs" aus Westfalen, dem Mittelwesergebiet und dem Elb-Weser-Dreieck, aber auch das prunkvolle Stück aus dem genannten Bootsgrab 2 von der Fallward (Abb. 5), für die Zeit des zweiten Viertels des 5. Jh.s eine sehr starke Anwesenheit von Männern dieser Regionen im späteströmischen Aufgebot.

Die Goldfunde bezeugen offenbar weniger die Entlohnungen einzelner regulärer Soldaten, sondern – wie die großen Horte und die Fluktuation in den Prägephasen nahelegen – größere Goldsummen, die barbarischen Anführern von der römischen Administration übergeben wurden. In dieses Bild passen die massivgoldenen Hals- und Armringe aus einigen Schatzfunden, etwa aus Lengerich, Letmathe und Dortmund (Abb. 6), deren Interpretation als genuin barbarisches Würdezeichen oder als römische Militärauszeichnung umstritten ist – indes sind beide Interpretationen durchaus vereinbar!

Die barbarischen *warlords* verteilten das Edelmetall alsdann an Clans und Krieger weiter, sodass die Verbreitungskarte (Abb. 7) auch das innergermanische Netzwerk aufzeigt, auf dem die zusammengesetzten Heere basierten. Dabei scheint auch für die Spätantike das Gebiet der Mittelweser immer stärker als Bindeglied und Drehkreuz zwischen den küstengebundenen Landschaften und dem südniedersächsischen und dem westfälischen Raum hervorzutreten.

Abb. 8 In Trier gefertigte römische Silberbarren von Dierstorf an der Weser. Die ca. 11 × 6 cm großen Barren sind ursprünglich jeweils zu einem römischen Pfund von 327 g justiert worden, wiegen aber heute durch antike und moderne Materialverluste etwas weniger. Der überwiegende Teil der Forschung bringt die Barren mit dem Regierungsantritt von Valentinian III. (425 n. Chr.) in Verbindung.

Die gelieferten großen Zahlungen von Solidi und massiven Goldobjekten, aber auch von Barrensilber, wie die Funde von Dierstorf an der Mittelweser (Abb. 8), sowie vollständigem oder bereits in Fragmente zerteiltem Silbergeschirr, nutzten die Anführer der barbarischen Truppen wiederum zum Unterhalt und zur Vergrößerung ihres militärischen Gefolges. Die Entwicklung stabilerer Herrschaften durch Ressourcenkontrollen, ausgeprägte Thesaurierungs-, Geschenk- und Entlohnungspraktiken und damit eine sozialhierarchisch und geografisch ausgeprägtere Machtverteilung – und auf diese Weise die Bildung barbarischer Herrschaftskomplexe (*regna*) – ist ohne das Gold und Silber aus römischer Hand nicht vorstellbar.

In Ergänzung zu den genannten Nachweisen von Goldmünzen im niedersächsischen Küstengebiet zwischen Weser und Elbe lässt sich hier ein wachsender Bestand von spätantiken Silbermünzen des 4. und frühen 5. Jh.s mit nachträglich recht rabiat abgeschnittenen Rändern ausmachen. Diese sogenannten *clipped siliquae* offenbaren einen anderen Bezugsraum als die aus Gallien stammenden Goldmünzen: Solche nachgearbeiteten Silberprägungen wurden mit dem Abflauen einer römischen

Münzzufuhr nach Britannien und vor dem Hintergrund der eintretenden Edelmetallknappheit dort vor allem zwischen 405 und 440 n. Chr. in Umlauf gebracht. Innerhalb dieses Zeitraums müssen sie (neben anderen größeren Silbermengen, die sich sekundär in den massiv gegossenen gleicharmigen Kerbschnittfibeln aus diesem Material im nordwestdeutschen Küstengebiet nachweisen lassen) in die Hände von auf dem Festland rekrutierten Soldatengruppen gekommen sein, die die Münzen aus Britannien heimbrachten – ein wichtiger Fingerzeig auf den Ursprung und die Struktur der oft irrigerweise recht einspurig gedachten „Wanderung" von Germanen nach Britannien (vgl. den Beitrag „Gut abgeschnitten! ‚Britannisches' Geld in Nordwestdeutschland" in diesem Band).

Fragt man zusammenfassend nach Spezifika der politischen Entwicklung des 4. und 5. Jh.s im betrachteten Raum, so können die spätantike Rekrutierung barbarischer Kriegergruppen sowie die große Menge an akkumulierten Edelmetallen als wesentliche Stimuli für die Neuordnung, strukturelle Vergrößerung und Etablierung barbarischer Herrschaften und die Schaffung großräumiger Identitäten angeführt werden.

Literatur

Claus Ahrens (Hrsg.): Sachsen und Angelsachsen. Veröffentlichungen des Helms-Museums 32 (Hamburg 1978).

Frank Berger: Untersuchungen zu den römerzeitlichen Münzfunden in Nordwestdeutschland. Studien zu Fundmünzen der Antike 9 (Berlin 1992).

Horst Wolfgang Böhme: Germanische Grabfunde des 4. und 5. Jahrhunderts zwischen unterer Elbe und Loire. Münchner Beiträge zur Vor- und Frühgeschichte 19 (München 1974).

Horst Wolfgang Böhme: Sächsische Söldner im römischen Heer. In: Frank Both und Heike Aouni (Hrsg.): Über allen Fronten. Nordwestdeutschland zwischen Augustus und Karl dem Großen (Oldenburg 1999), 49–73.

Vera Brieske und Gregor Schlicksbier: Zur Chronologie des Gräberfeldes von Liebenau, Kr. Nienburg (Weser). In: Hans-Jürgen Häßler (Hrsg.): Neue Forschungsergebnisse zur nordwesteuropäischen Frühgeschichte unter besonderer Berücksichtigung der altsächsischen Kultur im heutigen Niedersachsen. Studien zur Sachsenforschung 15 (Oldenburg 2005), 97–118.

Robert Flierman: Saxon Identities AD 150–900. Studies in Early Medieval History (London 2017).

Hans-Jürgen Häßler: Das sächsische Gräberfeld von Issendorf, Landkreis Stade. Die Körpergräber. Studien zur Sachsenforschung 9,4 (Oldenburg 2002).

Stijn Heeren: From Germania Inferior to Germania Secunda and beyond. A case study of migration, transformation and decline. In: Nico Roymans, Stijn Heeren, Wim de Clercq (Hrsg.): Social Dynamic in the Northwest Frontiers of the Late Roman Empire. Amsterdam Archaeological Studies 26 (Amsterdam 2017), 149–178.

Jörg Kleemann: Bemerkungen zur Waffenbeigabe in Föderatengräbern Niedersachsens. In: Clive Bridger und Claus von Carnap-Bornheim (Hrsg.): Römer und Germanen – Nachbarn über Jahrhunderte. BAR International Series S678 (Oxford 1997), 43–48.

Max Martin: Edelmetallhorte und -münzen des 5. Jahrhunderts in Nordgallien und beiderseits des Niederrheins als Zeugnisse der frühfränkischen Geschichte. In: Martin Müller (Hrsg.): Grabung – Forschung – Präsentation. Xantener Berichte 15 (Mainz 2010), 1–50.

Johan A. W. Nicolay: The splendour of power. Early medieval kingship and the use of gold and silver in the southern North Sea area (5th to 7th century AD) (Groningen 2014).

Johan A. W. Nicolay: Bürger Roms. Germanische Heimkehrer aus dem römischen Militärdienst. In: VARUSSCHLACHT im Osnabrücker Land GmbH – Museum und Park Kalkriese (Hrsg.): 2000 Jahre Varusschlacht. Konflikt (Stuttgart 2009), 258–278.

Dieter Quast: Velp und verwandte Schatzfunde des frühen 5. Jahrhunderts. Acta Praehistorica et Archaeologica 41, 2009, 207–230.

Nico Roymans: Gold, Germanic foederati and the end of imperial power in the Late Roman North. In: Nico Roymans, Stijn Heeren, Wim de Clercq (Hrsg.): Social Dynamic in the Northwest Frontiers of the Late Roman Empire. Amsterdam Archaeological Studies 26 (Amsterdam 2017), 57–80.

Michael Schmauder: Der „Schatzfund" von Lengerich: Hort eines römischen Offiziers? In: Frank Both und Heike Aouni (Hrsg.): Über allen Fronten. Nordwestdeutschland zwischen Augustus und Karl dem Großen (Oldenburg 1999), 85–90.

Matthias D. Schön: Feddersen Wierde, Fallward, Flögeln – Archäologie im Museum Burg Bederkesa, Landkreis Cuxhaven (Cuxhaven 1999).

Eva Thäte: Alte Denkmäler und frühgeschichtliche Bestattungen: Ein sächsisch-angelsächsischer Totenbrauch und seine Kontinuität. Eine vergleichende Studie. Archäologische Informationen 19, 1996, 105–116.

„Jeder hat einen Sitz für sich und einen Tisch."
Hölzernes Mobiliar des 4. und 5. Jahrhunderts von der Fallward

ANDREAS HÜSER

Als im Jahr 1962 in der Archäologischen Landesaufnahme eine „Tonscherbe zwischen vielen kleinen Kieselsteinen" verzeichnet wurde, die man gut 220 m nordwestlich der kaiser- bis völkerwanderungszeitlichen Dorfwurt Fallward (Wremen, Ldkr. Cuxhaven) gefunden hatte, war noch nicht abzusehen, auf welch reiche Funde man dort über 30 Jahre später stoßen würde. In den Jahren 1993 bis 1998 entdeckten Mitarbeiter der Archäologischen Denkmalpflege des Landkreises Cuxhaven im Bereich zweier flacher Kuppen ein Gräberfeld mit rund 200 in Verbindung mit dem Ritus der Brandbestattungen stehenden Befunden sowie gut 60 völlig unterschiedlich ausgestatteten Körpergräbern des 4./5. Jh.s. Besonders die Körpergräber zeigen eine ungewöhnliche Vielfalt an Grabformen, bei denen die Toten auf Heulagen oder Totenbrettern, aber auch in Trögen, Einbäumen und Baumsärgen ruhten. Die Ausstattung der Gräber umfasst Ringe, Perlen, Fibeln und Keramikgefäße. In einem Grab fand sich eine Spatha, in einem anderen lagen Pfeile und ein Bogen. Überregionales Interesse erregte aber vor allem die Fülle und Reichhaltigkeit an exzellenten Holzfunden. Ihre sehr gute Erhaltung verdanken die Objekte der Lagerung im grauen Marschenklei, der sich hier im Bereich des einstigen Strandwalles an der Wesermündung abgelagert hat.

Zu den frühesten Körpergräbern gehört das Grab eines Mädchens aus der Zeit kurz nach 327 n. Chr. Die Verstorbene lag in einem mit einem Brett abgedeckten hölzernen Trog. Neben Textilresten fanden sich zwei Tutulusfibeln und Perlen aus Glas und Bernstein. Hinzu kommen gedrechselte und geschnitzte Schalen, ein weiterer kleiner Trog, ein Kästchen mit Deckel und zwei als mögliches Spielzeug gedeutete kleine Holzobjekte. Besonders hervorzuheben sind ein kleiner dreibeiniger Hocker mit runder Sitzfläche, eine Fußbank sowie ein Tischchen mit kurzen Beinen und einer Kerbschnittverzierung.

Ein ähnlich umfangreiches Beigabenspektrum zeigt das Grab eines etwa 100 Jahre später, also in der 1. H. des 5. Jh.s verstorbenen Mannes. Er wurde in einem Einbaum liegend mit einer außergewöhnlich qualitätvollen römischen Gürtelgarnitur beigesetzt. Seine Grabausstattung umfasst außerdem eine große Holzschale mit Rosettendekor auf den Handhaben und Kerbschnittdekor auf dem Rand sowie ein singuläres, üppig in Kerbschnittdekor verziertes Holzgefäß in Vogelform. Hervorzuheben ist der Fund eines weiteren reich dekorierten Tischchens mit prunkvollen Drechselarbeiten. Komplettiert wird das Ensemble durch einen aus einem Erlenstamm gefertigten 65 cm hohen „Klotzstuhl", der als „Thron aus der Marsch" weithin Bekanntheit erlangt hat. Das Sitzmöbel ist mit prunkvoller Kerbschnittverzierung wie Hakenkreuzmäandern, Kerbreihen oder Flechtbändern dekoriert. Zusätzlich heben halbkreisförmige Durchbrechungen und farbliche Absetzungen die außergewöhnliche Gestalt hervor. Ebenfalls zum Inventar und funktional wohl in Verbindung mit dem Stuhl gehört eine Fußbank mit einer Jagdszene und Runen-Inschrift (wohl „skamella" für Schemel und „alguscaÞi" für „Hirschschädigung oder Hirschschädiger").

Das breite Spektrum europaweit einzigartiger Holzobjekte von der Fallward erweitern weitere, teils schlicht gehaltene Hocker mit drei oder vier Beinen, ein kleiner aus einem ausgehöhlten Baumstamm gefertigter Hocker mit halbkreisförmigen Durchbrechungen, eine gedrechselte Schale mit Reparaturspuren und eine aus Birke gedrechselte Pyxis inklusive Deckel. Die Funde weisen eine hervorragende handwerkliche Qualität auf. Neben der sorgfältigen Drechselarbeit fallen Details wie Blattung und Gehrung sowie andere Holzverbindungstechniken auf, die in hervorragender Qualität umgesetzt sind.

So ungewöhnlich diese Funde auch wirken: Die Gräber von der Fallward repräsentieren eine Fundgattung, die auf anderen Gräberfeldern nur nicht erhalten geblieben ist. Auf dem nahe der Fallward gelegenen Gräberfeld von Dingen fanden sich nicht nur Hinweise auf trogförmige Särge, sondern auch auf Holzgefäße und auf einen Schemel mit gedrechselten Beinen. Bei anderen Gräberfeldern, etwa in Issendorf oder Immenbeck, konnten Bodenverfärbungen dokumentiert werden, die die letzten Spuren vergleichbarer Gegenstände sein dürften. In den Brandgräbern des 4./5. Jh.s ist der Nachweis solcher Beigaben kaum möglich. Allenfalls einzelne Metallfunde oder verkohlte Holzstücke könnten auf Möbel schließen lassen, die mit den Toten eingeäschert worden sind. „Ein großer Stuhl macht noch keinen König", so lautet ein Sprichwort. Dennoch liegt es auf der Hand, die an der Fallward

Abb. 1 Die im Gräberfeld des 4. und 5. Jh.s an der Fallward (Ldkr. Cuxhaven) gefundenen Möbel und andere Holzobjekte bezeugen eindrücklich die hohe Qualität des lokalen Holzhandwerkes.

beigesetzten Toten als Teil einer sozial herausragenden Familie anzusehen. Es wird sich vermutlich um die Bewohner eines „Herrenhofes" einer ländlichen Siedlung handeln, wie ein solcher auf der nahegelegenen Wurt Feddersen Wierde archäologisch belegt ist. Ob der „Thron" lediglich ein profanes Sitzmöbel oder aber auch von sakraler Bedeutung war, ist spekulativ. Vielleicht bestätigen die Funde zudem die Aussage des römischen Schriftstellers Tacitus (†120 n.Chr.) über die Germanen, dass ein jeder beim Gelage einen eigenen Sitz und Tisch besaß. Mit den im Museum Burg Bederkesa präsentierten Gräbern von der Fallward ist der Archäologischen Denkmalpflege des Landkreises Cuxhaven eine der großartigsten Entdeckungen der letzten Jahrzehnte in Niedersachsen gelungen. Der seltene Einblick in ein frühgeschichtliches Mobiliar und dessen soziokulturelle Einordnung finden über die Landesgrenzen hinaus besondere Aufmerksamkeit. Die Formenvielfalt und die handwerkliche Qualität der „High-End-Produkte" überzeugen dabei auf ganzer Linie.

Literatur

Bernd Habermann: Holzspuren. Befundbeobachtungen in Kammergräbern auf dem sächsischen Gräberfeld in Immenbeck, Stadt Buxtehude, Ldkr. Stade. Studien zur Sachsenforschung 15, 2005, 213–221.

Hans-Jürgen Hässler: Neue Ausgrabungen in Issendorf, Niedersachsen. Ein Beitrag zur Erforschung der Kulturgeschichte des sächsischen Stammes auf dem Kontinent. Studien zur Sachsenforschung 9 (Hannover 1994).

Friedrich Plettke: Der Urnenfriedhof Dingen, Kr. Wesermünde (Hildesheim 1940).

Matthias D. Schön: Feddersen Wierde, Fallward, Flögeln. Archäologie im Museum Burg Bederkesa, Landkreis Cuxhaven (Bad Bederkesa 1999).

Matthias D. Schön: Germanische Holzmöbel von der Fallward in Niedersachsen. In: Ludwig Wamser (Hrsg.): Die Römer zwischen Alpen und Nordmeer. Zivilisatorisches Erbe einer europäischen Militärmacht (Rosenheim 2000), 231–235.

Matthias D. Schön: Gräber des 4. und 5. Jh.s in der Marsch der Unterweser an der Fallward bei Wremen, Ldkr. Cuxhaven. In: Mamoun Fansa, Frank Both und Henning Hassmann (Hrsg.): Archäologie|Land|Niedersachsen. 25 Jahre Denkmalschutzgesetz – 400 000 Jahre Geschichte. Archäologische Mitteilungen aus Nordwestdeutschland, Beiheft 42 (Oldenburg 2004), 526–534.

Matthias D. Schön: Gräber eines „Herrenhofes" an der Fallward bei Wremen, Landkreis Cuxhaven. Siedlungs- und Küstenforschung im südlichen Nordseegebiet 33, 2010, 77–85.

Matthias D. Schön, Klaus Düwel, Rolf Heine, Edith Marold: Die Inschrift auf dem Schemel von Wremen, Ldkr. Cuxhaven. Germania 84, 2006-1, 143–168.

Kein Kampf der Kulturen
Leben am Hellweg im 4. und 5. Jahrhundert

STEFAN KÖTZ UND BABETTE LUDOWICI

Die Trassen und Wegebündel des Hellwegs ziehen von der Elbe zum Niederrhein. Sie verbinden die fruchtbaren Lössgebiete im nördlichen Vorfeld der Mittelgebirge direkt mit der linksrheinischen römischen Provinz. Im 4. und 5. Jh. vollzieht sich über den Hellweg ein komplexer Transfer von Waren, Innovationen und Technologie, von Wissen und Lebensweisen – in beide Richtungen. Ablesbar ist das unter anderem an zwei Gruppen von Objekten, die Archäologen in der Hellwegzone finden und die als Einzelexemplare materiell nahezu wertlos sind: römisches Kleingeld aus der 1. H. des 4. Jh.s, sogenannte Folles aus Bronze, und keramisches Trinkgeschirr des 4. und 5. Jh.s. Als Belege für einen regulären Geldumlauf und Requisiten sozialer Praktiken werfen beide Fundgattungen ein Licht auf die Ökonomie, die gesellschaftlichen Verhältnisse und das kulturelle Milieu in der Hellwegzone. Dabei wird deutlich: Die Menschen, die damals dort unterwegs oder ansässig sind, als Händler oder Angehörige der römischen Armee, als Migranten und Rückkehrer, wirkten als „Kulturübersetzer" – in beide Richtungen.   **B.L.**

Gab es im 4. Jh. n. Chr. in der westfälischen Hellwegzone eine Münzgeldwirtschaft?
STEFAN KÖTZ

Geld, egal welcher Form und welchen Materials, ist definiert als universelles Tauschmittel, als Medium, das den Austausch von Gütern und Dienstleistungen aller Art ermöglicht. Häufigste Geldform seit über zweieinhalb Jahrtausenden ist die Münze: ein Stück (Edel-)Metall, das aufgrund seiner inneren Werthaltigkeit und/oder staatlicher Wertzuweisung Geldfunktion erfüllt. Münzen sind jedoch nicht immer Zeugnis von Münzgeldwirtschaft; sie können auch, als bloßes Metall betrachtet, eingetauscht werden. Oder aber sie können als Sonderform der Ware (Edel-)Metall, als Metall nach Gewicht, auch Tauschmittel sein, man spricht dann von Gewichtsgeldwirtschaft. Münzschatzfunde, also eine Mehrzahl von gemeinsam verborgenen oder verlorenen Münzen, entstehen in allen drei Fällen. Die Häufung von Einzelfundmünzen, zumal kleinerer Werte, auch aus unedlem Metall, die in der Regel auf Verluste beim Bezahlvorgang zurückgehen, deutet dagegen auf Münzgeldwirtschaft.

In der sogenannten westfälischen Hellwegzone gibt es gerade aus dem 4. Jh. n. Chr. Münzfunde beiderlei Art in einigem Umfang. Unter Hellwegzone versteht man das gegenüber dem feuchten Münsterland im Norden und dem bergigen Sauerland im Süden kulturlandschaftlich und verkehrstopografisch vielfach begünstigte Gebiet zwischen Lippe und Ruhr von deren

Abb. 1 Die Münzreihe aus Sunrike (Gem. Borgentreich, Kr. Höxter) beginnt mit einigen Denaren und einem Sesterz des 2. Jh.s. Den Hauptteil bilden die Bronzemünzen der 1. H. des 4. Jh.s: nach zwei Stücken der 300/10er-Jahre vor allem der 330er- und abgeschwächt 340er-Jahre bis hin zu Magnentius 350/53, dazu eine Kleinbronze des späteren 4. Jh.s. Dass die Folles hier mit irregulären Ausgaben des 2. Viertels des 4. Jh.s stark durchsetzt sind, ist ein weiterer Fingerzeig auf das Funktionieren der Münzgeldwirtschaft dieser Zeit.

Mündung in den Rhein bis weit ins Ostwestfälische. Zwar wird die namengebende Wegetrasse auf dem Nordrand des Mittelgebirges erst im Frühmittelalter fassbar, doch spielte sie sicherlich schon seit der Jungsteinzeit eine Rolle. Die Hellwegzone gehörte nie zum römischen Reich, aber dessen Grenze, der Rhein, bildete nie auch eine gleichsam unüberwindbare zivilisatorische Scheidelinie zwischen römischem Reich links und sogenanntem germanischem Barbaricum rechts. Meist herrschte friedliches Miteinander, Handel und Verkehr brachten römische Gebrauchs- und Luxusgüter, auch römische Technologie und Lebensart nach Germanien. Anschlussstelle war der linksseitige Rheinhafen Gelduba (Krefeld-Gellep); seit dem späteren 3. Jh. zogen von dort aus römische Zwischenhändler in die germanischen Zentren entlang des Hellwegs, Siedlungen und spezialisierte Warenumschlagsplätze für den Außen- wie den Binnenmarkt. Hochzeit war die 1. H. des 4. Jh.s, und untrügliches Zeichen dafür, dass das Wirtschaften auch rechts des Rheins mit Münzgeld abgewickelt wurde, sind die Münzfunde, Funde römischer Münzen.

Zu den Fundplätzen, die jetzt Münzfunde in zuvor ungekanntem Ausmaß erbringen, gehören vor allem Kamen-Westick (Kr. Unna), aber auch Soest-Ardey (Kr. Soest), Dortmund-Oespel, Castrop-Rauxel/Zeche Erin (Kr. Recklinghausen) oder Borken-West (Kr. Borken). Die Hunderte von Münzen, in der Hauptsache Bronzemünzen, sogenannte Folles, Kleingeld für den täglichen Bedarf, stehen denen in der römischen Provinz kaum nach, und auch das Spektrum ist weitgehend identisch. Doch auch weiter im Osten, im Fortsetzungsgebiet des Hellwegs, gibt es umfangreiche Streufunde, Häufungen von Einzelmünzen, begleitet von Schatzfunden, die auch jenseits der großen Handelsplätze im Westen in so gut wie allen Siedlungen der späteren römischen

Kaiserzeit in der erweiterten Hellwegzone die Normalität von Münzen als Geld anzeigen. So etwa auf dem Gebiet der spätmittelalterlichen Wüstung Sunrike (Gem. Borgentreich, Kr. Höxter), wo lizensierte Metallsondengänger zwischen 2003 und 2007 insgesamt 59 antike Münzen entdeckten (Abb. 1). Mit den massiven Raubzügen rechtsrheinischer Germanen in die römische Provinz seit 340/50 brach dieser Münzumlauf allerdings überall größtenteils zusammen.

In der Forschung hat man den Bewohnern der Gebiete zwischen Rhein und Elbe eine Münzgeldwirtschaft lange abgesprochen, und tatsächlich ist die Münze den Germanen an sich fremd. Doch finden sich gerade in der Hellwegzone schon in der 1. und vor allem 2. H. des 1. Jh.s v. Chr. durchaus Münzen, keltische Münzen. Es folgen die Münzen aus der Zeit, als Rom zwischen 12 v. Chr. und 16 n. Chr. versuchte, sich das Gebiet bis zur Elbe einzuverleiben und dabei bekanntlich kläglich scheiterte; es erscheint allerdings fraglich, ob speziell die Bronzemünzen wirklich ausschließlich im militärischen Kontext zu sehen sind. Die ungezählten Funde silberner Denare sowie teils bronzener Sesterze und Dupondien des gesamten 2. Jh.s sprechen ohnehin für einen kontinuierlichen Münz(geld)import.

Man hat freilich überlegt, ob Münzen den Germanen nicht hauptsächlich als Ausgangsmaterial für ihr einheimisches Feinschmiedehandwerk dienten. Auffällig sind nämlich die nicht wenigen halbierten oder segmentierten Großbronzen ebenso wie die vielen angeschmolzenen bzw. ganz verschmolzenen silbernen Denare. Für die Vielzahl kleiner Bronzemünzen der 1. H. des 4. Jh.s passt dies jedoch nicht, zumal an zahlreichen Handelsplätzen offenbar gezielt römischer Buntmetallschrott importiert wurde, um vor Ort verarbeitet und – gegen Münzgeld? – ins germanische Hinterland weiterverhandelt zu werden. Eine derartige Entfunktionalisierung von Münzen schließt als flankierendes Element eine Geldwirtschaft mit Münzen als abstraktem Tauschmedium aber keineswegs aus.

Die ebenfalls zahlreichen Goldfunde des späteren 4. und früheren 5. Jh.s, Einzelfunde und ganze Schatzfunde, sind dagegen weniger mit Handel oder Beutezügen zu erklären als durch das Militär, denn die gerade in dieser Zeit in großem Stil angeworbenen germanischen Söldner wollten bezahlt werden. Für das alltägliche Wirtschaften waren diese und auch die kleineren Goldmünzen des merowingischen Frühmittelalters des 6. und 7. Jh.s, oft als Grabbeigaben genutzt, zu hochwertig; es galt jetzt wieder Naturaltauschwirtschaft in Germanien. Erst die Sachsenkriege Karls des Großen zwischen 772 und 804 bereiteten den Boden für das erneute Eindringen von Münzgeld in den norddeutschen Raum zwischen Rhein und Elbe.

Wer hat aus diesen Becherchen getrunken?
Drehscheibenkeramik des 4. und 5. Jahrhunderts in der Hellwegzone

BABETTE LUDOWICI

Terra nigra ist der archäologische Fachbegriff für eine dunkelfarbige qualitätvolle Keramikware der römischen Kaiserzeit, die im römischen Reich, aber auch jenseits seiner Grenzen gefunden wird. In römischen Töpfereien auf schnelllaufenden Drehscheiben gefertigt, dünnwandig und von oft fast schwarzer Färbung, unterscheidet sich Terra nigra deutlich vom übrigen keramischen Geschirr in ihren Fundgebieten. Ein Phänomen des 4. und 5. Jh.s sind „Terra-nigra-artige" Waren. Dazu zählt die Forschung unter anderem pokalartige Schalen mit betont ausgebildeten Gefäßfüßen und in der Form sehr ähnliche, aber kleinere Becher, die aus Nordfrankreich und Belgien, vor allem aber aus dem niederländischen Rheingebiet und der westfälischen Hellwegzone bekannt sind. Hergestellt wurden sie mit römischem Know-how und nach germanischem Geschmack. Die Gefäße gelten als Behälter zum Auftragen und geselligen Konsumieren von – wohl alkoholischen – Getränken. Geochemische und petrografische Analysen von Exemplaren aus der westfälischen Hellwegzone legen nahe, dass es vor Ort zumindest einen größeren Hersteller und sehr wahrscheinlich mehrere kleinere Produktions- bzw. Nachahmerstandorte für dieses Trinkgeschirr gegeben hat. Gearbeitet wurde dort vermutlich im Auftrag lokaler Magnaten, die dafür Spezialisten mit den nötigen Kenntnissen aus römischen Töpfereien angeworben haben könnten.

„Terra-nigra-artiges" scheibengedrehtes Geschirr des 4. und 5. Jh.s gibt es aber auch in der östlichen Hellwegzone, im Ab-

→ **Abb. 2** Als Urnen verwendete Drehscheibengefäße des 4./5. Jh.s aus dem Braunschweiger Land.

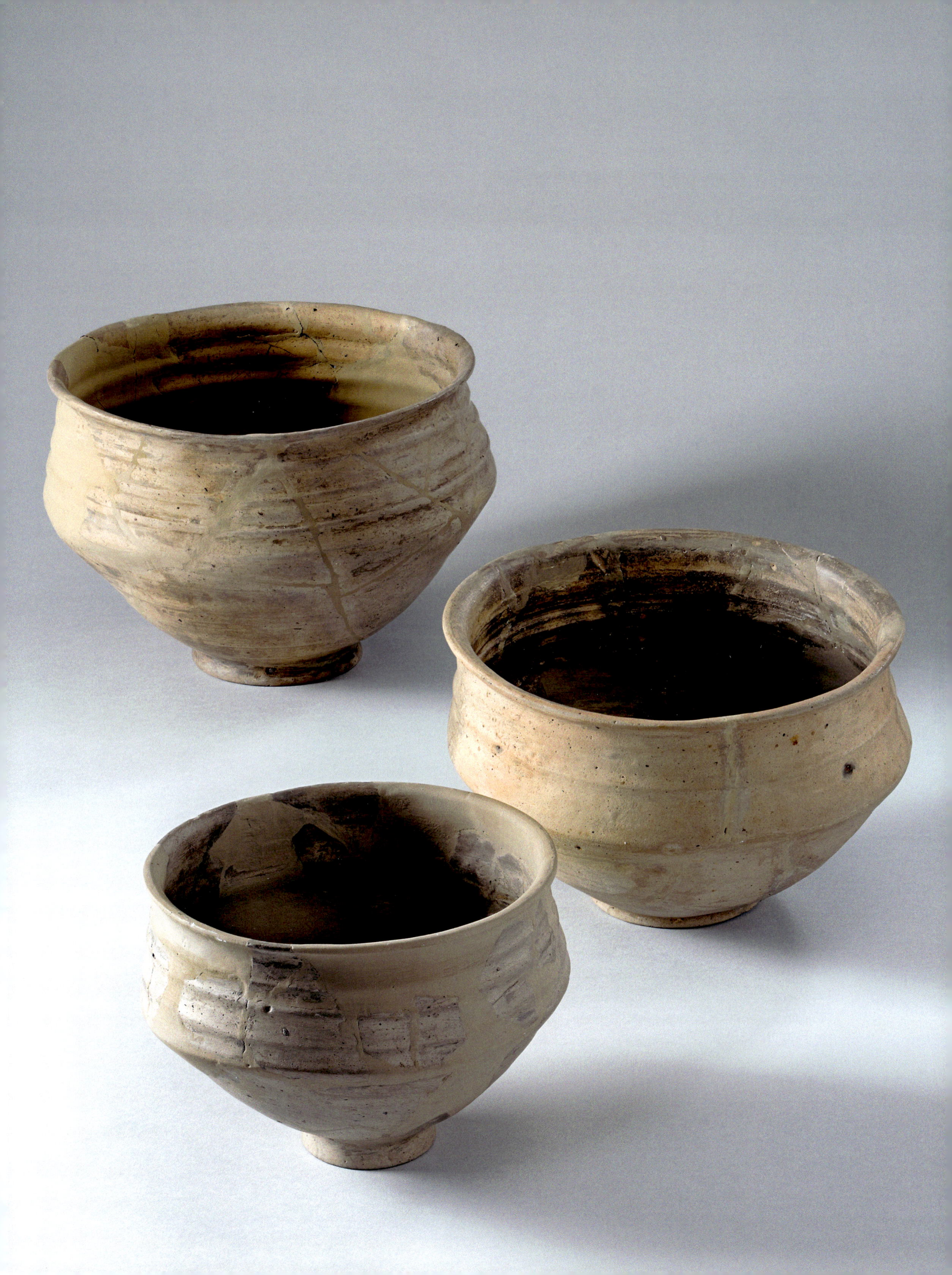

Abb. 3 Der Münzhort von Laatzen (Region Hannover) aus dem 4. oder 5. Jh.

schnitt zwischen Weser und Elbe. Dazu gehören zum einen die sogenannte „Braunschweiger Drehscheibenware" aus Fundplätzen im Braunschweiger Land bzw. im Nordharzvorland und zum anderen die „Hannoversche Drehscheibenkeramik" mit einem Hauptverbreitungsgebiet zwischen Hannover und Hildesheim.

Auffallend und charakteristisch für die „Braunschweiger Drehscheibenware" sind eine kreidig-weiche Oberfläche und eine hellgraue Färbung vieler Gefäße. Aber auch abriebfeste, eher sandfarben-bräunliche Exemplare kommen vor. Bekannt sind sie vor allem aus Urnenfriedhöfen des 2./3. bis 6./7. Jh.s: Die Ware ist dort in stets nur kleiner Stückzahl, aber regelhaft vertreten. Das Spektrum der Gefäßformen ist beschränkt: Hauptsächlich sind es große pokalartige Schalen (Abb. 2), die als Leichenbrandbehälter besonders geeignet sind. Aber auch deutlich kleinere, engmündige Becher sind bekannt. Charakteristisch für beide Varianten sind betont ausgebildete Gefäßfüße. Vereinzelt liegen in den Urnen Überreste von Dingen, die mit den Toten verbrannt wurden, zum Beispiel Kämme oder Fibeln. Sie erlauben die Datierung der „Braunschweiger Drehscheibenware" in das 4. bis 5. Jh. Die Ware findet sich auch in Siedlungen und ist dort mit denselben Gefäßformen vertreten. Ihr Anteil am gesamten Keramikbestand aus Siedlungsbefunden ist äußerst gering. Sie war demzufolge ein nicht alltäglich gebrauchtes Geschirr mit einem offenbar speziellen und wohl auf einen kleineren Personenkreis begrenzten Verwendungszweck. Produktionsstandorte sind bislang unbekannt.

Die „Hannoversche Drehscheibenkeramik" erscheint ebenfalls in Form pokalartiger Schalen und kleinerer, engmündiger Becher, aber hier kommen noch bauchige Krüge mit einem Henkel dazu. Alle drei Formen kennzeichnet ein ausgeprägter Gefäßfuß. Die Ware unterscheidet sich von der „Braunschweiger Drehscheibenware" durch eine etwas andere Führung des Gefäßprofils, abriebfeste Oberflächen und eine tendenziell sehr viel dunklere Färbung. Ein gut datierbarer und prominenter Vertreter ist der Becher, der den Münzschatzfund von Laatzen (Abb. 3) barg. Er gelangte um 400 oder in der 1. H. des 5. Jh.s in den Boden. Bei Rössing im Landkreis Hildesheim wurde ein Töpferofen mit „Hannoverscher Drehscheibenkeramik" entdeckt. Ob der Ofen bei oder abseits einer Siedlung lag, konnte nicht festgestellt werden, aber offensichtlich hat es an seinem Standort mindestens einen weiteren Ofen gegeben. Größe und Struktur dieses Produktionsstandortes sind derzeit nicht zu ermitteln. Wie die „Braunschweiger Drehscheibenware" ist die „Hannoversche Drehscheibenkeramik" außerdem von Brandbestattungsplätzen und in geringer Scherbenzahl aus Siedlungen bekannt. Bislang singulär ist ihr weit überdurchschnittlicher Anteil an den Keramikfunden aus der Siedlung von Gehrden am Hellweg (vgl. hierzu den Beitrag „Über Stock und Stein? Verkehrssysteme und Warenumschlag in Westfalen und Niedersachsen in der Römischen Kaiserzeit" in diesem Band). Eine genaue Analyse steht noch aus, aber eine erste Sichtung der Scherben zeigt, dass in Gehrden auch „Terra-nigra-artige" Gefäße vorhanden sind, deren Scherbenbeschaffenheit und Formgebung sich sowohl von den hannoverschen als auch den braunschweigischen Ausprägungen unterscheiden. Mit weiteren Produktionsstandorten vor Ort außer dem von Rössing, aber auch mit Importen aus der westfälischen Hellwegzone oder linksrheinischen Regionen muss also gerechnet werden.

Typische Vertreter der „Braunschweiger Drehscheibenware" und der „Hannoverschen Drehscheibenkeramik" scheinen sich beim derzeitigen Kenntnisstand in ihrer Verbreitung auszuschließen – offenbar haben sich ihre Absatzgebiete nicht überschnitten. Trotz aller Ähnlichkeit lassen beide Keramikgruppen die „Handschriften" von mehr als nur einem Hersteller erkennen. Wie viele Produktionsstandorte es tatsächlich gab, wer die Handwerksbetriebe unterhielt und unter welchen Umständen die Gefäße in die Hände derer gelangten, die die Asche ihrer Toten darin beigesetzt haben, ob sie als Geschenke verteilt wurden oder ob man sie durch Tausch oder Kauf erwerben konnte – all das ist derzeit noch weitgehend unerforscht. Der Münzschatz von Laatzen verweist auf ein gehobenes soziales Umfeld, in dem diese Keramik Verwendung fand und das gilt auch für die große Mengen von „Terra-nigra-artiger" Keramik aus der Siedlung Gehrden:

Viele Wildtierknochen und insbesondere Knochen von Keilern aus den Siedlungsabfällen legen nahe, dass dort Mitglieder der Oberschicht ansässig waren, die dem prestigeträchtigen Standesvergnügen der Jagd nachgingen.

Mit ihren großen Fußschalen und kleinen Bechern lassen sich sowohl die „Braunschweiger Drehscheibenware" als auch die „Hannoversche Drehscheibenkeramik" dem „Terra-nigra-artigen" Trinkgeschirr aus der westfälischen Hellwegzone und dem niederländischen Rheinland zur Seite stellen. Die Krüge der „Hannoverschen" Ware bestätigen diesen speziellen Verwendungszweck mit Nachdruck. Am westfälischen Hellweg und im niederländischen Rheinland entstand das Geschirr jüngsten Untersuchungen zufolge für einen trinkfreudigen Abnehmerkreis, der germanische und römische ebenso wie militärische und bäuerlich-zivile Identitäten vereinte. Die „Braunschweiger Drehscheibenware" und die „Hannoversche Drehscheibenkeramik" führen deutlich vor Augen, dass es ein derartiges gesellschaftliches Milieu im 4. und 5. Jh. auch in der östlichen Hellwegzone gegeben haben dürfte.

Literatur

Erhard Cosack: Ein spätkaiserzeitlicher Töpferofen mit Drehscheibenware aus dem „Hildesheimischen" sowie zur Frage der römischen Handwerker. Nachrichten aus Niedersachsens Urgeschichte 76, 2007, 59–76.

Die Fundmünzen der römischen Zeit in Deutschland, Abt. VI: Nordrhein-Westfalen, Bde. 4–6, bearb. von Bernard Korzus (Berlin 1971–1973); Münzfundberichte 1981–2010, bearb. von Peter Ilisch. In: Ausgrabungen und Funde in Westfalen-Lippe 1–10 und Beiheft 5 (Mainz 1983–2012).

Peter Ilisch: Römische Münzen in Westfalen. In: Walter Melzer und Torsten Capelle (Hrsg.): Bleibergbau und Bleiverarbeitung während der römischen Kaiserzeit im rechtsrheinischen Barbaricum. Soester Beiträge zur Archäologie, Bd. 8 (Soest 2007), 163–167.

Peter Ilisch: Germanen, Römer und Münzen in Westfalen. In: Georg Eggenstein (Hrsg.): Vom Gold der Germanen zum Salz der Hanse. Früher Fernhandel am Hellweg und in Nordwestdeutschland (Bönen 2008), 52–61.

Bernard Korzus: Die römischen Fundmünzen von Erin, Westick und Borken. Ein Vergleich größerer Fundkomplexe römischer Kupfermünzen der ersten Hälfte des vierten Jahrhunderts aus Westfalen. In: Hans Beck (Hrsg.): Spätkaiserzeitliche Funde in Westfalen. Bodenaltertümer Westfalens 12 (Münster 1970), 1–21.

Babette Ludowici: Frühgeschichtliche Grabfunde zwischen Harz und Aller. Die Entwicklung der Bestattungssitten im südöstlichen Niedersachsen von der jüngeren römischen Kaiserzeit bis zur Karolingerzeit. Materialhefte zur Ur- und Frühgeschichte Niedersachsens 35 (Rhaden/Westf. 2005).

Christoph Reichmann: Der Hellweg als Handelsverbindung und der Rheinhafen Gelduba. In: Walter Melzer und Torsten Capelle (Hrsg.): Bleibergbau und Bleiverarbeitung während der römischen Kaiserzeit im rechtsrheinischen Barbaricum. Soester Beiträge zur Archäologie 8 (Soest 2007), 147–167.

Vince van Thienen, Clarissa Agricola, Ole Stilborg und Stijn Heeren: Characterising Terra Nigra foot-vessels of the Late Roman Period (4th–5th century) from Germany, the Netherlands and Belgium. Archäologisches Korrespondenzblatt 47, 2017, 87–106.

Volker Zedelius: Hannoversche Drehscheibenkeramik. In: Hans-Jürgen Häßler (Hrsg.): Studien zur Sachsenforschung (Hildesheim 1977), 445–457.

Ein frühes Königreich im Elbe-Weser-Dreieck?

JOHAN A. W. NICOLAY

Nach dem Niedergang des weströmischen Reiches entwickelten sich im südlichen Nordseeraum regionale und größere, im angelsächsischen England und in den Niederlanden überregionale Königreiche. Weiter im Osten, in Nordwestdeutschland, wurde aufgrund der Ausdeutung historischer Nachrichten bislang lange eine andere Situation postuliert: Die damals dort ansässige Bevölkerung soll einer Stammesgruppe namens „Sachsen" angehört haben, deren Gesellschaft auf eine moderne, demokratische Art und Weise organisiert war – ohne zentrale Herrscherfigur, ohne einen König; nur in Kriegszeiten unterwarf man sich der Führung gewählter militärischer Befehlshaber.

Das Bild, das die archäologische Forschung vom Leben dieser Menschen entwarf, schien diese im frühmittelalterlichen Europa überaus ungewöhnlichen Verhältnisse zu bestätigen. Doch diese Menschen waren alles andere als eine Ausnahmeerscheinung: Heute kann die Archäologie aufzeigen, dass sie ganz im Gegenteil zur Annahme, keine zentralen Organisationsstrukturen zu haben, im 5. Jh. zu den allerersten Nordseevölkern gehörten, die den Aufstieg kleiner regionaler Königreiche miterlebten, welche sich dann nach und nach in ein größeres Königreich eingliederten. Tatsächlich waren es diese Leute, die die Prozesse der „Machtbildung" entlang westlicher Abschnitte der Nordseeküste einleiteten oder zumindest beschleunigten[1].

Von Prestigegütern zu Elitennetzwerken

Der Zugang zu Gold und Silber im frühmittelalterlichen Europa war auf eine sehr kleine Gruppe von Menschen beschränkt. Regionale oder überregionale Könige hatten den Import jener Edel-

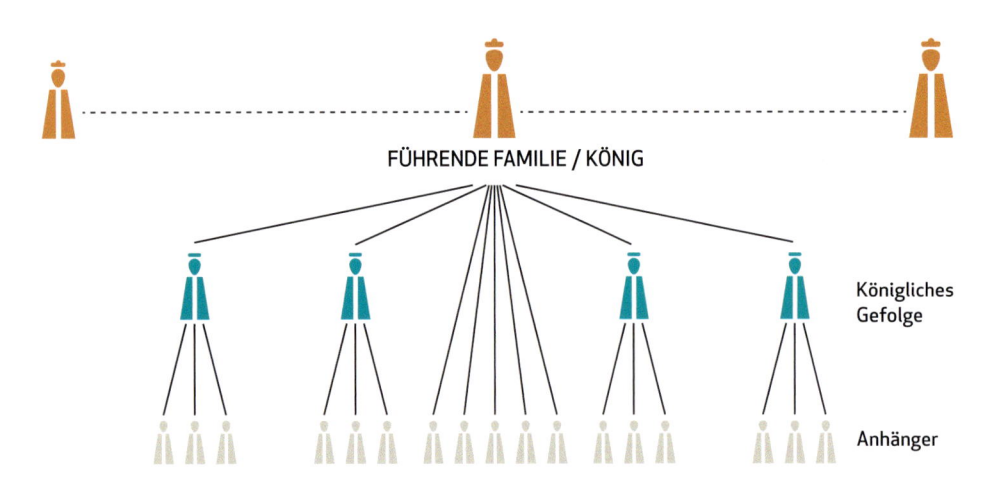

Abb. 1 Die Hierarchie der Beziehungen innerhalb frühmittelalterlicher Gesellschaften in Nordwesteuropa. Abhängigkeitsverhältnisse existierten zwischen Königen, führenden Familien und den Mitgliedern ihrer Anhängerschaft; Letztere konnten eigene Anhänger haben, sodass ein pyramidenförmiges Beziehungsnetzwerk entstand.

Abb. 2 Eine vergoldete gleicharmige Silberfibel aus Dösemoor, Namensgeberin der Fibeln vom Typ Dösemoor (Ldkr. Stade). Die Fibel wurde vor der Niederlegung in einem Moor beschädigt und in Textil gewickelt (Maßstab 1:1).

metalle, die die Nordseewelt über große Entfernungen als politische Geschenke, aber auch durch kommerzielle Formen des Austausches erreichten, unter Kontrolle. Neben „horizontalen" Beziehungen zwischen mehr oder minder gleichrangigen Anführern wurden Netzwerke von „vertikalen" Beziehungen durch die Verteilung von Kostbarkeiten als Geschenke zwischen Anführern und ihren Anhängern hergestellt und gefestigt. Da Angehörige des königlichen Gefolges und diejenigen der niedrigeren Ränge ihre jeweils eigenen Anhängergruppen hatten, ergab sich hieraus eine Pyramidenstruktur von Abhängigkeitsverhältnissen, in der sich der Status einer Person aus ihrer Nähe (oder Ferne) zum König ergab (Abb. 1).

Die Rekonstruktion dieser Elitennetzwerke beruht auf der geografischen Verbreitung von Gold- und Silbergegenständen, die von einem König oder von Anführern der niedrigeren Ränge unter ihren Anhängergruppen aufgeteilt wurden. Ihre Verbreitung spiegelt theoretisch den Machtbereich solcher Männer wider, vor allem wenn die Gegenstände eine regionale oder überregionale Gruppenidentität zum Ausdruck brachten. Weil das Verbreitungsmuster von Prestigegütern sehr stark von den archäologischen Überlieferungsbedingungen abhängt, ist eine Rekonstruktion von Herrschaftsgefügen auf dieser Basis nur in Regionen mit einer guten „Elite-Sichtbarkeit" möglich, d.h. in Regionen, wo der archäologische Fundbestand von Prestigegütern wie Edelmetallobjekten ausreichend umfangreich und vielfältig ist, um Elitennetzwerken und ihren Einflussbereichen auf die Spur zu kommen.

Eine dieser Regionen ist das Elbe-Weser-Dreieck mit seinem außergewöhnlichen Bestand an Silberschmuck aus Gräbern (vor allem des 5. Jh.s) und rituellen Niederlegungen von Goldobjekten (des späten 5. bis 1. H. des 6. Jh.s). In Ostfriesland und im westlichen Schleswig-Holstein sind ähnliche Funde dementgegen äußerst selten, sodass die Frage nach dem Bestehen und der Entwicklung von Königreichen in diesen Gebieten mit den Methoden der Archäologie nicht beleuchtet werden kann.

Silberglanz im *military look*

Im späten 4. und 5. Jh. orientierte sich die Nordsee-Elite kulturell am weströmischen Reich im Süden. Inspiriert von der sogenannten Kerbschnittverzierung der beeindruckenden Bronzebeschläge der spätrömischen Militärgürtel, entwickelten Metallhandwerker in England, Deutschland und Skandinavien regionale Ornamente in diesem spätrömischen Stil. Die wichtigsten derart dekorierten Statussymbole aus dieser Zeit sind Silberfibeln, die aus spätrömischem Silber gefertigt wurden, das den Nordseeraum vor allem als an germanische Anführer in ungeprägter Form gelieferte Tribute erreichte. Eine solche Zahlung dürfte beispielsweise der Hacksilberhort aus Großbodungen in Thüringen darstellen, der neben 21 Solidi über 800 g Silbergefäßfragmente enthielt und wahrscheinlich in der ersten Hälfte des 5. Jh.s vergraben worden ist[2].

In Norddeutschland führte die Verwendung von Kerbschnittverzierung auf Fibeln einheimischer Formgebung zu der Entwicklung des in der Forschung sogenannten „sächsischen Reliefstils": Er ist charakteristisch für Stützarmfibeln, Schalenfibeln und vor allem für reich verzierte, teils vergoldete gleicharmige Fibeln (Abb. 2)[3]. Die Funde solcher Fibeln konzentrieren sich im nördlichen Teil des Elbe-Weser-Dreiecks (vgl. den Beitrag „Stammeskunst? – Handwerk und Identität im Elbe-Weser-Dreieck im 4. und 5. Jahrhundert" in diesem Band). Weniger ausgeprägte Fundkonzentrationen in den Niederlanden und Südostengland dürften mit der Migration von Menschen auf die britische Hauptinsel in Verbindung stehen. Im südlichen Nordseeraum wurden Fibeln im „sächsischen Stil" über den größten Teil des 5. Jahrhunderts hinweg getragen.

Goldgepränge nach skandinavischem Vorbild

Ab dem späten 5. und in der 1. H. des 6. Jh.s lässt sich eine kulturelle Umorientierung der Nordsee-Elite beobachten, und zwar in Richtung Nordosten. Zum einen wird das Edelmetall für die Anfertigung hochrangiger Statussymbole jetzt in Form von Goldmünzen (*solidi*) oströmischer Herkunft vor allem über Südskandinavien importiert und zum anderen sind jetzt auch die Form und die Verzierung solcher Objekte typisch skandinavisch: Statt Silberfibeln dominieren im archäologischen Fundmaterial jetzt neben Goldarmringen und Goldhalsringen insbesondere Goldbrakteaten (vgl. den Beitrag „Fragmente einer Weltanschauung: Goldbrakteaten und Goldhalsringe aus Niedersachsen" in diesem Band).

Die zurzeit bekannten Goldbrakteaten aus dem südlichen Nordseebereich weisen eine merkwürdige Verbreitung auf: Sie konzentrieren sich in mehreren kleinen Gebieten, getrennt von weiten fundleeren Zonen[4]. Eine der Konzentrationen besteht im Raum Sievern (Ldkr. Cuxhaven). Hier wurden zwei Brakteatenhorte und ein einzelner Brakteat sowie ein Goldhalsring zusammen mit fünf Goldmünzen gefunden[5]. Diese Funde wurden wahrschein-

Abb. 3 Zwei Goldhorte mit Geschmeide skandinavischer Art aus dem Gebiet um Sievern: ein Halsring vom Typ Mulsum, fünf Münzanhänger (links) und zwei Brakteaten (rechts) (Maßstab 1:2 [links] und 1:1 [rechts]).

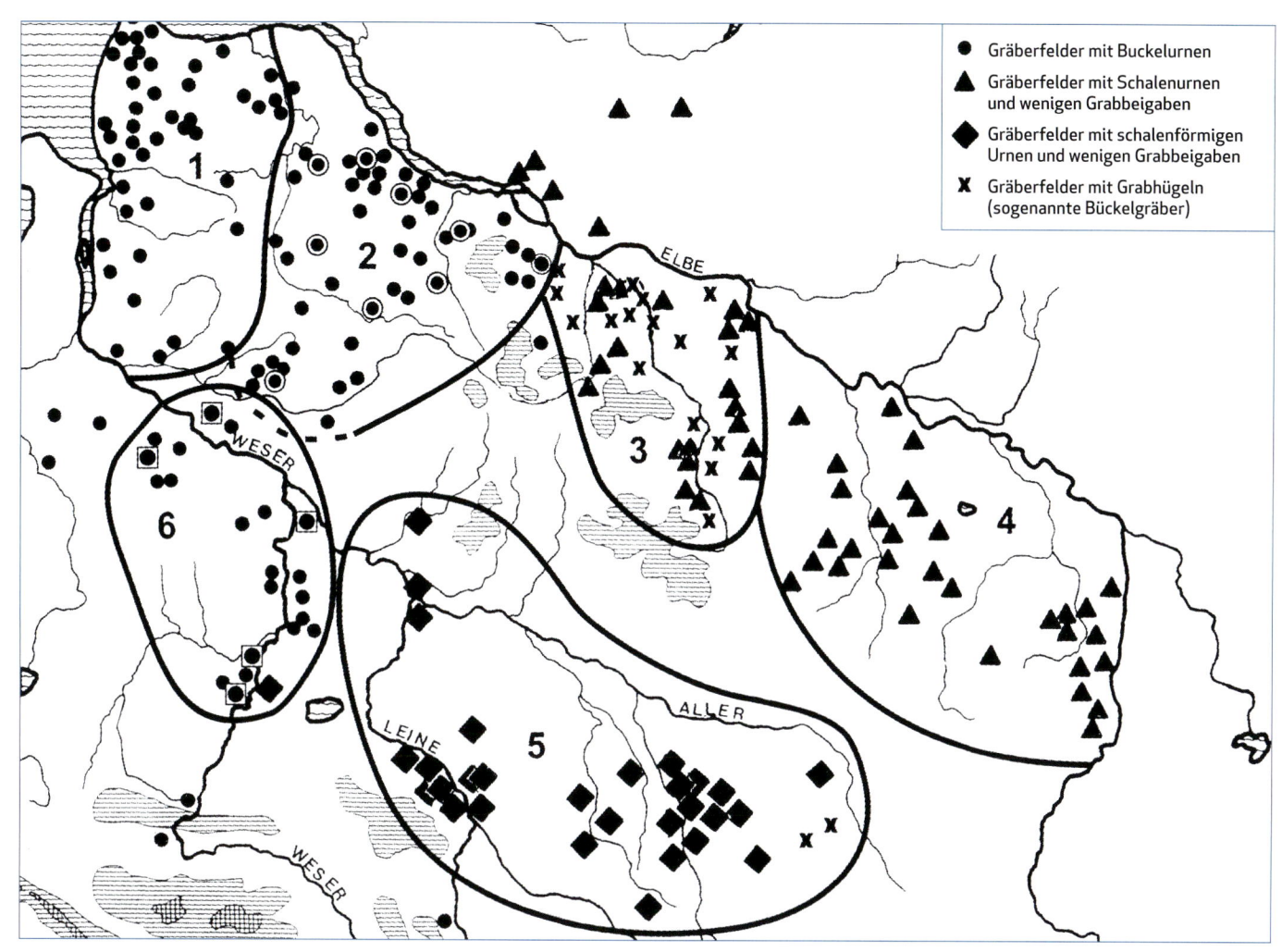

Abb. 4 Sechs Gruppen von Gräberfeldern mit Brand- und Körperbestattungen des späten 3. bis 5. Jh. im Elbe-Weser-Dreieck mit unterschiedlichen Charakteristika. Die größeren Gräberfelder in den Regionen 1 und 6 sind mit einem runden oder mit einem quadratischen Rahmen markiert.

lich als Votivgaben in der Nähe von zwei Landmarken begraben, nämlich der beeindruckenden Ringwallanlagen Heidenschanze und Heidenstadt. Letztere wurde im 4. oder 5. Jh. gebaut und war zur Zeit der Deponierungen noch in Funktion (vgl. den Beitrag „Kultzentrum Sievern?" in diesem Band). Andere Fundkonzentrationen entlang der südlichen Nordseeküste liegen in Friesland (in den Niederlanden) sowie in Kent und Norfolk (Südengland).

Trotz ihrer engen kulturellen Verbindungen zu Südskandinavien zeigen die meisten Goldbrakteaten aus dem südlichen Nordseeraum regionale Merkmale und wurden wahrscheinlich in regionalen Werkstätten angefertigt. Das gilt auch für die Goldhalsringe vom sogenannten Typ Mulsum (Abb. 3), die nur im Elbe-Weser-Dreieck vorkommen. Die Halsringe dieses Typs sind re-gionale Nachahmungen von skandinavischen Beispielen und wurden eher hohl angefertigt als massiv[6].

Mit der Anfertigung von Goldbrakteaten wurde in Skandinavien um die Mitte des 5. Jh.s begonnen. Die Funde aus Norddeutschland sind etwas jünger und datieren in die Zeit zwischen ca. 475 und 550 n. Chr. Die Goldarmringe und Goldhalsringe stammen vermutlich aus dem gleichen Zeitraum.

Verbindungsmuster: Die Rekonstruktion eines Königreichs

Aufgrund der Verbreitung von bestimmten Schalenfibeln und Varianten der gleicharmigen Fibeln im „sächsischen Reliefstil" hat der deutsche Archäologe Albert Genrich in den 1950ern zwei re-

Stammeskunst?
Handwerk und Identität im Elbe-Weser-Dreieck im 4. und 5. Jahrhundert

KAREN HØILUND NIELSEN

Das Frühmittelalter war reich an ornamentaler Kunst, ausgehend von der Entwicklung des sogenannten „Kerbschnitts" und verschiedener Tierstile. Im Elbe-Weser-Dreieck ist dieses Kunstschaffen kaum fassbar. Eine Ausnahme stellen allein die wenigen Jahrzehnte vom Ende des 4. Jh.s bis Mitte des 5. Jh.s dar, als die Bewohner dieser Region unter den Einfluss spätantiker Traditionen gerieten. Archäologisch sichtbar wird dies am Fund einer Reihe von Gürtelgarnituren, die in Werkstätten in der römischen Provinz Gallia Belgica angefertigt wurden, vermutlich in der Zeit zwischen 375 und 420 n. Chr. Es handelt sich dabei um dreiteilige Gürtelbeschläge mit aufwendiger Verzierung, zusammengesetzt vor allem aus in Kerbschnitttechnik ausgeführten Spiralen und anderen geometrischen Mustern. Vereinzelt finden sich auch im Profil dargestellte Seelöwen oder Löwen.

Inspiriert vom Vorbild dieser Stücke entwickelten ortsansässige Handwerker einen eigenen Stil. Sie fertigten zunächst Gürtelgarnituren im selben Look, aber im Laufe der Zeit fügten sie immer häufiger weitere Tiere ein und verwandelten sie in Wesen, die Raubtieren ähneln. Die Handwerker bevorzugten eine eingepunzte Verzierung für die Gürtelbeschläge, aber sie entwickelten auch den geometrischen Kerbschnitt als Muster weiter und konzentrierten sich dabei auf eine eingeschränkte Reihe von Motiven: Spiralen, Zungen, Sterne, Palmetten, Blumenkreuze und zoomorphe Figuren. Ihre häufig tiefe und saubere Kerbschnitttechnik sowie die Vielfalt von Mustern und deren Kombination zeugen von einer höchst professionellen Handwerkskunst. Ihr ganzes Können zeigt sich in den Schmuckstücken, die sie anfertigten: gleicharmige Fibeln und Schalenfibeln. Wo diese hohe Kunstfertigkeit ihren Ursprung hatte, geben die im Gräberfeld bei der Fallward gefundenen Holzarbeiten zu erkennen: Stühle, Fußbänkchen oder Kästchen sind flächig mit denselben aufwendigen Kerbschnittmustern bedeckt.

Punzverzierte Gürtelschnallen mit Tierköpfen am Bügel finden sich häufig im Elbe-Weser-Dreieck. Ab ca. 400 n. Chr. folgten Gürtelschnallen mit aus einem Guss gefertigtem Bügel und Beschlag und mit eingepunzter Ornamentik. Sie haben vereinzelt immer noch Tierkopfabschlüsse und werden mit punzverzierten lanzettförmigen Riemenzungen kombiniert. Gleicharmige Fibeln, deren Form an Schmetterlinge erinnert, haben fast identische Kopf- und Fußplatten. Sie sind durch einen bogenförmigen Bügel verbunden. Diese Fibeln tragen fast schon normierte Verzierungen. Auf den dreieckigen Mittelbereichen finden sich Reihen aus kombinierten Spiral-, Zungen- und Palmettenmustern. An manchen Stücken besetzen Reihen von Tieren die Ränder, halbplastisch und mit punzverziertem Körper.

Die Schalenfibeln, die rund und napfförmig sind, gliedern sich in zwei Typen. Bei der einen Variante ist auf einem gegossenen Körper ein Pressblech montiert. Bei der anderen ist die ganze Fibel aus einem Guss gefertigt und hat dadurch auch eine gegossene Verzierung. Die Verzierung der Schalenfibeln umfasst eine sehr begrenzte Auswahl an Motiven: fünf oder sieben Spiralen, Sterne, Blumenkreuze oder zoomorphe Muster. Sie werden eingepunzt oder in Kerbschnitttechnik gefertigt. Die Schalenfibeln mit Pressblech kom-

Abb. 1 Schalenfibeln und eine gleicharmige Fibel mit Kerbschnittdekor aus Issendorf (Ldkr. Stade; Grab 3532).

Abb. 2 „Buckelurne" des 4./5. Jh.s aus Wehden (Ldkr. Cuxhaven).

men im gesamten Elbe-Weser-Dreieck vor. Die ganz gegossenen Exemplare treten nur im Gebiet um Stade und Verden auf, während sich die gleicharmigen Fibeln mit Tieren und diejenigen ohne Tiere im Cuxhavener Gebiet konzentrieren.

Ein elaborierter Verzierungsstil findet sich darüber hinaus auch an Urnen. Die Dekore der sogenannten „Buckelurnen" sind von römischen Silber-, Bronze- und Glasgefäßen inspiriert, entwickelten sich aber zu komplizierten eigenständigen Kompositionen. Typische „Buckelurnen" haben kugelförmige Körper mit einem hoch platzierten steilen Hals und häufig auch einen Fuß. An dieser Gefäßform war die Ausbildung von Buckeln zwischen kurvenförmigen Mustern möglich. Mitunter bildeten die Dekore überaus plastische Strukturen.

Die Verzierung der Urnen ist in horizontale Bereiche gegliedert. Der Halsbereich ist durch horizontale Linien oder schmale Bänder markiert. Zickzackmuster, Hufeisen, Bögen, Buckel und verzierte Buckel, Linien oder Liniengruppen und Fischgrätenmuster kommen häufig auf dem Körper vor. Auch Stempel wurden verwendet: Rosetten, Füße oder Hakenkreuze sind zu finden. In manchen Fällen sind halbnatürliche Tiere dargestellt. Die geometrischen Muster auf dieser Keramik unterscheiden sich von den Dekoren der Fibeln, stehen ihnen aber in Vielfalt und Kunstfertigkeit nicht nach. Während die Buckelurnen im späten 4. Jh. Mode wurden und bis zur Mitte des 6. Jh.s vorkamen, verschwanden die Gürtelschnallen und Riemenzungen zur Mitte des 5. Jh.s wieder. Die Schalenfibeln und die gleicharmigen Fibeln verschwanden kurz danach. Nur die aufwendigsten Typen der gleicharmigen Fibeln überlebten bis in die 2. H. des 5. Jh.s. Jüngere Varianten, die ihnen ge-

folgt sind, kennen wir nicht – das örtliche Metallhandwerk wirkt wie ausgelöscht. Die Handwerkskunst im Elbe-Weser-Dreieck erlebte in der 1. H. des 5. Jh.s eine kurze, aber eindrucksvolle Blüte. Obwohl die Motive und Verzierungsarten der Metallarbeiten und Urnen römischer Herkunft waren, wurde hieraus vor Ort sehr rasch ein unverwechselbarer, sehr eigener Stil entwickelt. Die Kunstfertigkeit der Handwerker erreichte ein sehr hohes Niveau, auch bei der Verarbeitung von Holz. Auch wenn man heute nicht mehr wie bislang in der Forschung von einem „sächsischen" Stil sprechen würde, den diese Handwerker entwickelten, werden ihre Erzeugnisse nichtsdestotrotz Ausdruck einer zumindest örtlichen, vielleicht aber auch ethnischen Identität gewesen sein. (Übersetzung: Wil Huntley und Babette Ludowici)

Literatur

Hans-Jürgen Hässler: Neue Ausgrabungen in Issendorf Ldkr. Stade, Niedersachsen. Ein Beitrag zur Erforschung der Kulturgeschichte des sächsischen Stammes auf dem europäischen Kontinent. Studien zur Sachsenforschung 9, 1994, 1–73.

Günther Haseloff: Römische Elemente in sächsischem Schmuck, am Beispiel der gleicharmigen Fibeln. In: Claus Ahrens (Hrsg.): Sachsen und Angelsachsen (Hamburg 1978), 153–161.

Karen Høilund Nielsen: Saxon art between interpretation and imitation. The influence of Roman, Scandinavian, Frankish, and Christian art on the material culture of the Continental Saxons. In: Dennis Green und Frank Siegmund (Hrsg.): The Continental Saxons from the Migration Period to the tenth Century. An ethnographic perspective. Studies in Historical Archaeoethnology 6 (Woodbridge 2003), 193–233.

Matthias D. Schön und Wolf-Dieter Tempel: Römische Kaiserzeit und frühe Völkerwanderungszeit. In: Hans-Eckhard Dannenberg und Heinz-Joachim Schulze (Hrsg.): Geschichte des Landes zwischen Elbe und Weser I: Vor- und Frühgeschichte (Stade 1995), 161–219.

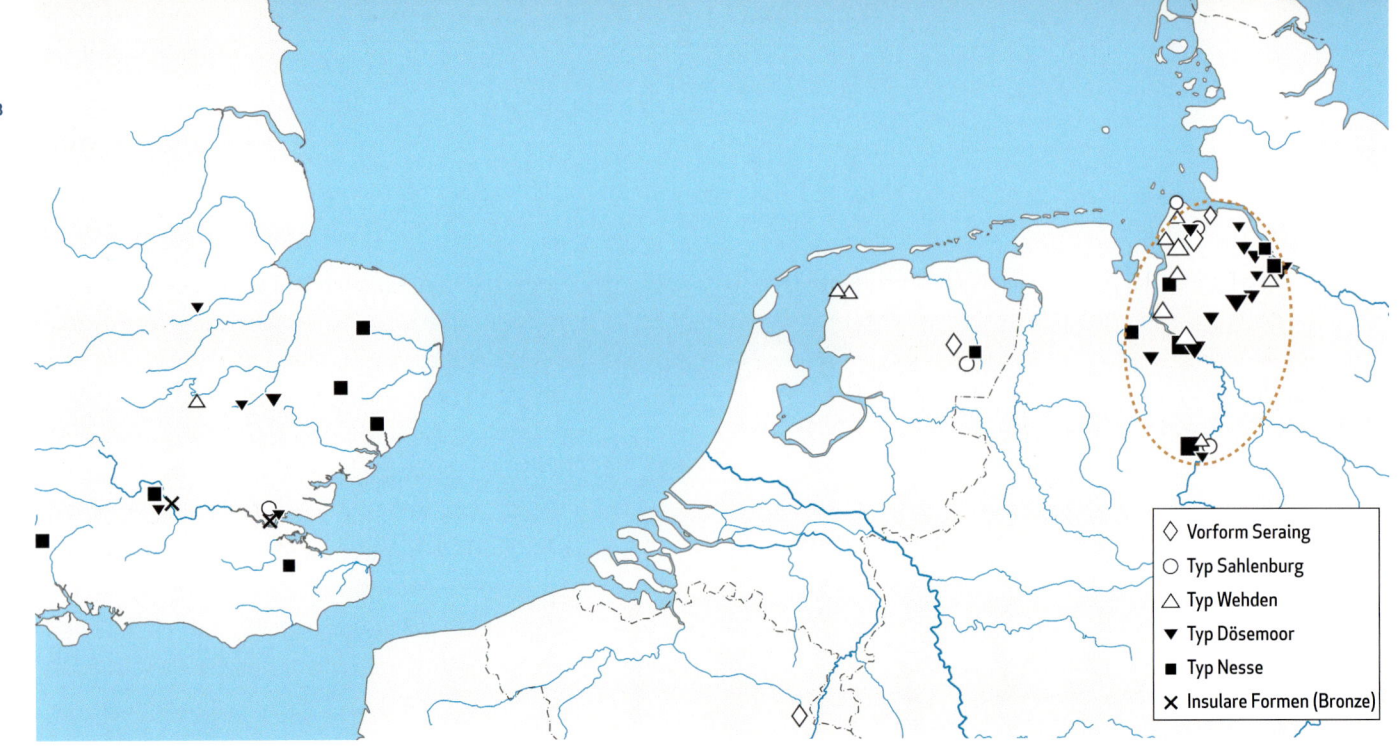

Abb. 5 Geografische Verbreitung der gleicharmigen Fibeln des 5. Jh.s ohne kauernde Tiere (weiße Zeichen) und derjenigen mit solchen Tieren (schwarze Zeichen). Innerhalb des nördlichen Elbe-Weser-Dreiecks zeigen diese Fibeln eine Konzentration in einer „westlichen Gruppe" und einer „östlichen Gruppe"; aufgrund der Verbreitung der zu beiden Gruppen gehörenden Fibeln wird die Reichweite eines „sächsischen Königreichs um die Mitte des 5. Jh.s" rekonstruiert.

gionale Stilgruppen im Bereich der deutschen Nordseeküste unterschieden[7]. Typisch für eine östliche Gruppe zwischen dem Flüsschen Oste und der Elbe sind in Formen gegossene Schalenfibeln und gleicharmige Fibeln mit einem Dekor aus am Rand kauernden Tieren, eine westliche Gruppe zwischen der Oste und der Weser ist hingegen von aus Blechen montierten Schalenfibeln und gleicharmigen Fibeln ohne Randdekor aus kauernden Tiere gekennzeichnet. In jedem der beiden Gebiete fanden nach Genrichs Ansicht die Erzeugnisse nur jeweils einer bestimmten Werkstatt Verbreitung. Interessanterweise decken sich sowohl das Verbreitungsgebiet der zweiten Gruppe mit demjenigen der Gräberfelder der sogenannten Westerwannagruppe (Abb. 4, Nr. 1) und das Verbreitungsgebiet der ersten mit demjenigen der Gräberfelder der Perlberggruppe (Abb. 4, Nr. 2), sodass sich deutlich zwei „Kulturgruppen" fassen lassen.

Trägt man nach den 1950er-Jahren zutage getretene Funde in Genrichs Karten ein, zeigen sich bemerkenswerte Veränderungen im Verbreitungsbild der genannten Objekte. Gleicharmige Fibeln ohne Randdekor aus kauernden Tiere einschließlich Fibeln von den sogenannten Typen Seraing, Hannover, Sahlenburg und Wehden dominieren nach wie vor in der westlichen Gruppe (Abb. 5)[8]. Aber die vornehmeren, zum Teil vergoldeten Silberfibeln von den Typen Dösemoor und Nesse, die nach Genrich zu der östlichen Gruppe gehören, sind jetzt nicht mehr nur zwischen der Oste und der Elbe vertreten: Sie sind jetzt auch über das Gebiet der westlichen Gruppe verstreut. Auch das Verbreitungsbild der Schalenfibeln hat sich verändert: Während die gegossenen Exemplare in der Tat charakteristisch für die östliche Gruppe bleiben, weisen die aus Blechen montierten Schalenfibeln jetzt eine deutlich verstreutere Verbreitung über beide Gebiete der östlichen und westlichen Gruppen hinweg auf[9].

Auch wenn nur wenig dafür spricht, dass die wertvollen Fibeln von den Typen Dösemoor und Nesse von Menschen getragen wurden, die einer höheren sozialen Schicht angehörten als der lokalen Oberschicht, verweist ihr Vorkommen gleichwohl auf die Teilhabe dieser Oberschicht an einem Elitenetzwerk, das weit über einen nur regionalen Bezugsrahmen hinausgreift. Dieses Netzwerk umfasste die Gebiete der Westerwannagruppe und der Perlberggruppe und wahrscheinlich auch das der südlicheren Mittelwesergruppe (Abb. 4, Nr. 6). In diesen drei Gebieten findet sich auf den Friedhöfen der Zeit auch ein bestimmter Typ von Keramikgefäß häufiger, die sogenannten Buckelurnen. Obwohl gleicharmige Fibeln bislang erst von wenigen Fundstellen in der mittleren Weser-Region bekannt wurden, sind sie allein auf dem Gräberfeld von Liebenau (Ldkr. Nienburg an der Weser) mit fünf verschiedenen Typen vertreten, darunter auch der Typ Dösemoor.

Aus diesen Beobachtungen ergibt sich, dass die beiden Gebiete westlich und östlich der Oste am Ende der Römischen Kaiserzeit mit großer Wahrscheinlichkeit verschiedene sozio-politische Einheiten waren, die dann irgendwann im 5. Jh. in ein größeres Königreich einbezogen wurden. Das Vorkommen von gleicharmigen Fibeln aller Art einschließlich ihrer ältesten Form im Gebiet der Westerwannagruppe ist ein deutlicher Hinweis darauf, dass deren Herstellung in einer oder mehreren Werkstätten im westlichen Teil des nördlichen Elbe-Weser-Dreiecks erfolgte. Die besonders wertvollen Fibeln der Typen Dösemoor und Nesse stammen wahrscheinlich auch aus diesen westlichen Werkstätten und wurden als Geschenke unter den Angehörigen der Elite des Königreiches verteilt. Hierzu gehörte auch die sogenannte „Prinzessin von Issendorf" (Abb. 6), die im Gebiet östlich der Oste lebte.

Die Konzentration von Goldfunden und der Bau einer Wallanlage (Heidenstadt) im Raum Sievern unterstreichen die soziopolitische Bedeutung bzw. Dominanz des westlichen Gebietes[10]. Die Heidenstadt umfasste eine Fläche von 4,3 ha und Ausgrabungen haben gezeigt, dass sie im 5. Jh. als Versammlungs- und möglicherweise Kultstätte am Ort eines königlichen Herrschaftszen-

Abb. 6 Grabinventar der „Prinzessin von Issendorf" (Grab 3532). Dazu gehören unter anderem eine vergoldete gleicharmige Silberfibel des Typs Dösemoor, zwei vergoldete Schalenfibeln und ein Silberhalsring.

trums fungiert haben könnte (vgl. den Beitrag „Kultzentrum Sievern?" in diesem Band). Wie in Skandinavien nachgewiesen, waren solche Plätze keine „Zentralorte" im geläufigen Sinn, sondern mehr oder minder weitläufige Areale, in denen politische, religiöse und wirtschaftliche Aktivitäten innerhalb eines Herrschaftskomplexes konzentriert und zusammengeführt wurden[11].

Fazit

Die Einwohner Nordwestdeutschlands waren also keineswegs eine Ausnahme unter den germanischen Gruppen des 1. Jahrtausends und königlicher Führung abhold. Vor allem Silberfibeln ermöglichen die Rekonstruktion von zwei Elitenetzwerken als regionale Königreiche zwischen der Elbe und der Weser, das eine östlich und das andere westlich der Oste. Das westliche Netzwerk wurde dominant und bezog das östliche Netzwerk sowie die Mittelweser-Region im Süden ein. Diese Expansion wurde von einer mächtigen königlichen Elite initiiert, die wahrscheinlich ihren Wohnsitz im Sieverner Gebiet hatte. Hier wurden möglicherweise nicht nur hochrangige Fibeln zum Verteilen von der führenden Elite angefertigt, sondern es wurden auch Goldornamente im skandinavischen Stil rituell deponiert, um die quasi übernatürliche Berechtigung ihres Herrschaftsanspruchs aufzuzeigen. Die Einwohner des nördlichen Elbe-Weser-Dreiecks drücken im 5. und 6. Jh. ein Zugehörigkeitsgefühl dadurch aus, dass sie Fibeln von bestimmten Typen trugen und die Toten auf höchst spezifische Weise begruben. Eine ethnische Verbindung mit Gruppen, die damals den Namen *Saxones* trugen, lässt sich nicht beweisen. (Übersetzung Wil Huntley und Babette Ludowici)

Anmerkungen

1. Nicolay 2014, S. 346 ff.
2. Berghaus 1999.
3. Böhme 2003, S. 256–257; Nielsen 2003.
4. Nicolay 2014, S. 238–243, Abb. 9.7–9.
5. Hauck 1970; Aufderhaar 2016, S. 222–246.
6. Brieske 2001, S. 149–151.
7. Genrich 1951, S. 27–29; siehe auch Genrich 1952, S. 188–189.
8. Zu der Typologie von gleicharmigen Fibeln siehe Böhme 1974, S. 14–19; Bruns 2003.
9. Böhme 1974, Karten 7–8.
10. Aufderhaar 2016, besonders S. 80–113 (Heidenstadt), S. 222–246 (Goldniederlegungen).
11. Aufderhaar 2016, S. 260–269.

Literatur und Quellen

Bede, Historia ecclesiastica gentis anglorum: Leo Sherley-Price, 1990 (1955), Bede. Ecclesiastical history of the English people. London (Penguin Classics).

Iris Aufderhaar: Sievern, Ldkr. Cuxhaven – Analyse zur Entwicklung einer Mikroregion mit zentralörtlichen Merkmalen im westlichen Elbe-Weser-Dreieck von der ausgehenden Vorrömischen Eisenziet bis zum 6. Jh. n. Chr. Studien zur Landschafts- und Siedlungsgeschichte im südlichen Nordseegebiet 8 (Rahden/Westf. 2016).

Matthias Becher: Sachsen vom 6. bis 8. Jahrhundert. In: Frank Both und Heike Aouni (Hrsg): Über allen Fronten. Nordwestdeutschland zwischen Augustus und Karl dem Großen (Oldenburg 1999), 145–161.

Peter Berghaus: Großbodungen. Reallexikon der Germanischen Altertumskunde 13, 1999, 76–78.

Horst Wolfgang Böhme: Germanische Grabfunde des 4. bis 5. Jahrhunderts, zwischen unterer Elbe und Loire. Studien zur Chronologie und Bevölkerungsgeschichte (München 1974).

Horst Wolfgang Böhme: Das nördliche Niedersachsen zwischen Spätantike und frühem Mittelalter. Zur Ethnogenese der Sachsen aus archäologischer Sicht. Probleme der Küstenforschung im südlichen Nordseegebiet 28, 2003, 251–270.

Vera Brieske: Schmuck und Trachtbestandteile des Gräberfeldes von Liebenau, Kr. Nienburg/Weser. Vergleichende Studien zur Gesellschaft der frühmittelalterlichen Sachsen im Spannungsfeld zwischen Nord und Süd. Studien zur Sachsenforschung 5,6 (Oldenburg 2001).

Dorothee Bruns: Germanic equal arm brooches of the Migration period. A study of style, chronology and distribution, including a full catalogue of finds and contexts. BAR Int. Series 1113 (Oxford 2003).

Torsten Capelle: Widekinds heidnische Vorfahren. Das Werden der Sachsen im Überblick (Bielefeld 2008).

Albert Genrich: Über Schmuckgegenstände der Völkerwanderungszeit im nordöstlichen Niedersachsen. Neues Archiv Niedersachsen 23, 1951, 251–281.

Albert Genrich: Die gleicharmigen Fibeln der Völkerwanderungszeit im Gebiet der Unteren Elbe. Hammaburg 8, 1952, 181–190.

Albert Genrich: Die Altsachsen. Hildesheim. Veröffentlichungen der urgeschichtlichen Sammlungen des Landesmuseums zu Hannover 25 (Hildesheim 1981).

Johan A. W. Nicolay: The splendour of power. Early medieval kingship and the use of gold and silver in the southern North Sea area (5th to 7th century AD). Groningen Archaeological Studies 28 (Groningen 2014).

Karen Høilund Nielsen: Saxon art between interpretation and imitation: the influence of Roman, Scandinavian, Frankish and Christian art on the material culture of the Continental Saxons AD 400–1000. In: Dennis H. Green und Frank Siegmund (Hrsg): The Continental Saxons from the Migration period to the tenth century: an ethnographic perspective. Studies in Historical Archaeoethnology 6 (Woodbridge 2003), 193–233.

Matthias Springer: Die frühesten Nennungen des Namens der Sachsen. Probleme der Küstenforschung im südlichen Nordseegebiet 28, 2003, 235–250.

Wer kommt im 4. und 5. Jahrhundert vom Kontinent nach Britannien, ab wann und warum?

CHARLOTTE BEHR UND JOHN HINES

Die Perspektive der schriftlichen Überlieferung
CHARLOTTE BEHR

Die Autoren der wenigen erhaltenen zeitgenössischen Quellen, in denen es um das römische und nachrömische Britannien im 4. und 5. Jh. geht, waren in erster Linie an militärischen und politischen Geschehnissen interessiert. Deswegen tauchen in der schriftlichen Überlieferung auch nur dann Menschen vom Kontinent auf, wenn sie mit kriegerischen Ereignissen in Verbindung standen. Sicherlich kamen regelmäßig Händler, Mitglieder der römischen Provinzverwaltung und deren Familien, Sklaven, vielleicht auch Pilger vom Kontinent auf die Insel, doch werden sie nur ausnahmsweise in den schriftlichen Zeugnissen erwähnt. Mit dem römischen Militär erreichten traditionell Einheiten germanischer Soldaten Britannien. Um 371 etwa gelangte Fraomarius, König der Bucinobantes, eines alemannischen Stamms, der gegenüber von Mainz siedelte, im Rang eines Tribunen mit seiner Truppe alemannischer Krieger nach Britannien[1]. Diese barbarischen Kontingente waren ein integraler Teil der römischen Armee, die zusammen mit dieser Armee in die verschiedenen Reichsteile verlegt wurden.

Immer wieder werden auch *Saxones*, also „Sachsen" vom Kontinent, genannt. Zunächst erscheinen sie in den Texten als Piraten und Plünderer, die kamen, aber nicht blieben, sondern mit ihrer Beute wieder abzogen, wenn sie nicht vorher von den Römern geschlagen worden waren. Erst nach ihrer Anwerbung als Söldner bekamen sie Land im Osten Britanniens, um dort zu siedeln und im Gegenzug die Briten gegen Angreifer aus dem Norden der Insel und aus Irland zu verteidigen. Die Wahrnehmung und Beschreibung dieser Sachsen änderte sich bei den späteren Autoren, die im Rückblick Jahrzehnte oder Jahrhunderte nach ihrer Ansiedlung über sie schrieben und ihre Ankunft auf der Insel dem Geschichtsbild ihrer eigenen Gegenwart anpassten.

Sächsische Piraten

Die frühesten zeitgenössischen Nachrichten, dass Sachsen Britannien angriffen, stammen von dem römischen Historiker Ammianus Marcellinus, der in den 390er-Jahren sein Geschichtswerk verfasste. Als ehemaliger Offizier in der römischen Armee verfügte er über gute Kenntnisse der militärischen Lage an den Grenzen des Reichs. Er berichtete, wie im Jahr 364, als Valerian und Valens gerade römische Kaiser geworden waren, „wildeste Völker" in mehrere römische Grenzlande eindrangen und sie verwüsteten. Unter ihnen waren auch Pikten, die im Norden Britanniens wohnten, Schotten, die damals in Irland beheimatet waren, Attacotti, deren genaue Herkunft auf der Insel nicht bekannt ist, und Sachsen, die die Bewohner Britanniens mit „unablässiger Drangsal peinigten"[2]. Wenige Jahre später beschrieb Ammianus erneute Unruhen in Britannien als eine „barbarische Verschwörung", bei der wiederum Pikten, Schotten und Attacotti Britannien verwüsteten, während diesmal Sachsen zusammen mit Franken zur gleichen Zeit Gallien raubend und mordend heimsuchten. Nachdem der befehlshabende General der Küstenregion getötet und ein zweiter General gefangen genommen worden waren, wurde schließlich Theodosius entsandt, der Vater des späteren Kaisers Theodosius, dem es mit Geschick gelang, die plündernden Banden zu überwältigen und die gestohlene Habe ihren Besitzern zurückzugeben[3].

Dass wir diese ersten Hinweise auf die Aktivitäten von Sachsen in Britannien aus den 360er-Jahren haben, mag auch daran liegen, dass wir mit Ammianus' Werk eine zeitgenössische Geschichte des dritten Viertels des 4. Jh.s haben, im Gegensatz zu der ersten Hälfte und den letzten Jahrzehnten des 4. Jh.s, aus denen ansonsten keine vergleichbaren Texte erhalten sind. Anders als andere Barbaren, die Ammianus als „gens" oder „natio" (Stamm, Volk) beschrieb, benutzte er keinen dieser Begriffe für die Sachsen. Er erwähnte, dass sie Nachbarn der Franken waren, die damals am Unterlauf des Rheins lebten und mit denen sie in den ersten Berichten ihrer Raubzüge entlang der Küsten Galliens stets zusammen genannt wurden. Es ist auffallend, dass Ammianus, der in Gallien gedient hatte, keine genaueren Angaben zu ihrer Herkunft machte oder machen konnte. Er beschrieb sie als eine Gruppe seefahrender Räuber, deren Seetüchtigkeit sie auszeichnete. Die Charakterisierungen als wild und grausam, unberechenbar und heimtückisch dagegen entsprachen ganz den klassischen Stereotypen, mit denen die Römer ihre barbarischen Nachbarn beschrieben.

Um 400 erwähnte der römische Dichter Claudius Claudianus in seinen Gedichten häufig römische Siege gegen sächsische Angreifer Britanniens, allerdings stets sehr knapp. Deswegen ist es schwierig, diese Anspielungen mit konkreten historischen Ereignissen in Verbindung zu bringen. Es gehörte zum traditionellen Kaiserlob, möglichst viele gefährliche Barbaren besiegt zu haben, oder, wie in dem Preisgedicht anlässlich des vierten Konsulats des Kaisers Honorius, der noch zu jung für Siege war, als Claudian sein Panegyricus schrieb, wenigstens einen erfolgreichen Vorfahr wie Theodosius zu haben. Demnach „triefen die Orkney Inseln von sächsischem Blut"[4]. Die geografische Lokalisierung des Sieges bei Inseln nördlich von Schottland war phantasievoll.

Unklar ist, welche militärischen Aktionen der römische General Stilicho in Britannien unternommen hatte. In Claudians Panegyricus zu dessen erstem Konsulat im Jahr 400 sprach die Provinz Britannia selbst und feierte Stilicho, denn dank dessen Eingreifen brauche sie weder die benachbarten Schotten und Pikten zu fürchten, noch müsse sie entlang der Küsten nach Sachsen Ausschau halten, die kamen, wohin der Wind sie blies[5]. In einem satirischen Gedicht, das gegen den oströmischen Politiker Eutropius, einen Gegenspieler Stilichos, gerichtet war, ließ Claudian die Göttin Roma sprechen. Sie lobte Honorius' und Stilichos' Erfolge gegen germanische Stämme, dank derer „sich ihre Macht wieder zeige, denn als der Sachse bezwungen war, war das Meer friedlicher, und als der Pikte zerschmettert war, war Britannien sicher"[6]. Auch wenn die historische Zuverlässigkeit dieser Verweise zweifelhaft ist, so spricht die häufige Nennung von Siegen über seefahrende sächsische Eindringlinge dafür, dass sie im Bewusstsein der Zeitgenossen eine große Gefahr darstellten.

Ein Einfall von Barbaren, die von jenseits des Rheins kamen, in den Jahren 409/410 hatte weitreichende Folgen. Der byzantinische Historiker Zosimus schilderte in seiner „Neuen Geschichte", die er im frühen 6. Jh. verfasste, wie „die Briten zahlreiche gefährliche Unternehmungen zu ihrem eigenen Schutz auf sich nahmen, bis sie ihre Städte von den Barbaren befreit hatten, die sie belagert hatten"[7]. Sie sahen sich dazu gezwungen, selbst zu den Waffen zu greifen, nachdem der britische Usurpator Constantin III. Truppen aus Britannien abgezogen hatte, um auf dem Kontinent Aufständische zu bekämpfen und seinen Machtbereich auszuweiten. Deswegen lehnten sich im Jahr 410 die Bewohner Britanniens gegen die römische Herrschaft auf und fielen vom Reich ab, um nicht länger unter römischem Gesetz zu leben. Im Gegensatz zu Claudian stand Zosimus als Heide den christlichen Kaisern kritisch gegenüber, und so betonte er das kaiserliche Versagen, Britannien gegen Barbaren zu verteidigen, in seiner Geschichtsschreibung.

In der Gallischen Chronik von 452 wurde zum Jahr 409/410 knapp erwähnt, dass „Britannien von einem sächsischen Einfall verwüstet wurde"[8]. Bei dieser Nachricht könnte es sich um dieselben Ereignisse handeln, von denen Zosimus berichtet und den allgemeinen Begriff Barbaren verwendet hatte. Der Text der Chronik ist als Fortsetzung der Chronik des Kirchenvaters Hieronymus überliefert und stammt von einem unbekannten Autor, der im späten 5. oder frühen 6. Jh. im Süden Galliens lebte.

Sächsische Söldner

Ereignisse in den folgenden Jahrzehnten hatten dazu geführt, dass Sachsen nicht nur permanent in Britannien blieben, sondern zu neuen Machthabern wurden. Doch ist die Chronologie in den wenigen und disparaten Quellen umstritten.

In einem weiteren Eintrag der Gallischen Chronik von 452 heißt es zum Jahr 441, dass „Britannien, nachdem es mancherlei Katastrophen und Miseren erlitten hatte, unter die Herrschaft von Sachsen gebracht wurde"⁹. Auch die Gallische Chronik von 511 berichtet zum Jahr 440, dass „Britannien von den Römern aufgegeben, sich in die Herrschaft von Sachsen fügte"¹⁰. Auf welche Weise Sachsen die Macht übernommen hatten, wurde nicht erzählt.

Die wahrscheinliche Antwort darauf findet sich in der Schrift des Gildas, *Über den Untergang der Briten*, dessen Datierung um 500 oder in der ersten Hälfte des 6. Jh.s umstritten ist. Der Kleriker Gildas schrieb diese Mahnpredigt, um die Sündhaftigkeit und Unmoral seiner Zeitgenossen, besonders der Könige, Richter und Kleriker, in dramatischer Sprache anzuprangern. Sie seien verantwortlich für die düstere Lage im Land, denn sie hatten in ihrer Gottlosigkeit ein Strafgericht Gottes heraufbeschworen.

Über den Autor, abgesehen von einigen wenigen Angaben im Text, ist nichts bekannt. Vermutlich lebte er in der 2. H. des 5. oder in der 1. H. des 6. Jh.s im Südwesten Britanniens. Im ersten Teil seiner Schrift verfasste er einen Abriss der Geschichte Britanniens unter den Römern. Doch ist es kein historischer Text. Er enthält keine Daten und die zeitliche Abfolge und Dauer der Ereignisse bleibt vage. Gildas schilderte, wie auch nach dem Abzug der römischen Armee Truppen noch zweimal zurückkehrten, um gegen einfallende Pikten und Schotten zu kämpfen. Als die Briten ein weiteres Mal Unterstützung brauchten, sandten sie einen Brief an Agitius, der dreimal Konsul gewesen war. Doch diesmal kam keine Hilfe mehr. Schließlich gelang es den Briten, die Angriffe auch ohne römische Unterstützung zurückzuschlagen. Daraufhin folgte eine Periode relativer Ruhe, in der Genusssucht, Laster und Lügen gediehen, sodass, wie Gildas argumentierte, Gott entschied die Briten zu bestrafen¹¹.

Zunächst wurde ihnen mit Gerüchten über bevorstehende Angriffe der alten Feinde Furcht eingeflößt. Dann suchte sie eine todbringende Epidemie heim. Und schließlich, als schlimmste Strafe, folgte der törichte Beschluss eines Rates, der zusammen mit dem „hochmütigen Tyrannen" entschied, Sachsen auf die Insel zu lassen, damit sie sie gegen die Angreifer aus dem Norden verteidigten. Gildas nannte ihren Namen in seiner Predigt nur ein einziges Mal, denn sie waren so „ruchlos und verhasst bei Gott und den Menschen", dass man ihren Namen nicht aussprechen sollte¹². Auf Vorschlag des Tyrannen hin, wurde das erste Aufgebot im Ostteil der Insel angesiedelt. Als die Daheimgebliebenen von den günstigen Bedingungen erfuhren, folgte mit einer noch größeren Gruppe Verstärkung.

Zunächst leisteten diese Söldner ihren Militärdienst und waren zufrieden mit der vereinbarten monatlichen Vorsorgung. Dann jedoch beklagten sie sich darüber, drohten damit den Vertrag zu brechen und begannen auch gleich das Land und die Städte zu brandschatzen und die Einwohner zu ermorden. Nach einer Weile sammelten sich die Überlebenden und fingen an sich zu wehren. Es kam zu vielen Schlachten, die mal von der einen, mal von der anderen Seite gewonnen wurden.

Obwohl Details in der drastischen Schilderung unklar bleiben, so ist es doch möglich, daraus zu schließen, dass sächsische Krieger als Söldner, sogenannte Foederaten, verpflichtet worden waren, wie es römischer Gepflogenheit entsprach. Gildas benutzte einschlägige technische Ausdrücke dieser Verträge (*foedera*), wie sie auch aus anderen Provinzen bekannt sind, in denen Gruppen barbarischer Soldaten unter dem Kommando ihrer eigenen Anführer militärischen Schutz gegen andere Barbaren oder aufständische Provinziale übernahmen und dafür bezahlt wurden.

Eine Entwicklung, in der diese Foederaten allmählich die politische Macht über die provinzialrömischen Bewohner übernahmen, kann auch in anderen Teilen des weströmischen Reichs in der 1. H. des 5. Jh.s beobachtet werden. Allerdings scheint dieser Prozess in anderen Provinzen friedlich verlaufen zu sein. Vielleicht versprachen sich die Provinzialen mehr Schutz von den neuen Herren als von dem fernen Kaiser. Nur in Britannien gab es offenbar Widerstand und weitreichende Zerstörungen.

Die Schwierigkeit mit der Chronologie dieser Ereignisse entsteht durch die eine Angabe in Gildas' Text, die möglicherweise datiert werden kann. Agitius wurde bereits von Beda dem Ehrwürdigen im 8. Jh. als der römische Heermeister Aëtius identifiziert. Dieser bekleidete im Jahr 446 zum dritten Mal das Konsulat. Aus dieser Angabe errechnete Beda in seiner „Kirchengeschichte des englischen Volkes", dass die Ankunft der Sachsen einige Jahre später im Jahr 449 stattgefunden habe¹³. Dieses Datum steht allerdings im Widerspruch zu den Einträgen in den beiden Gallischen Chroniken, nach denen Sachsen bereits 440 oder 441 die Macht in Britannien übernommen hätten. Ihre Chronologien sind bei anderen Einträgen recht zuverlässig.

Verschiedene Erklärungen für das Missverständnis von Gildas' Text sind möglich. Die Identifizierung von Agitius mit Aëtius könnte falsch sein, oder die Abfolge der Ereignisse ist durcheinander oder die Bitte um Hilfe war an Aëtius im Jahr 446 gerichtet, aber es ging um militärische Unterstützung gegen Sachsen, die mittlerweile die Herrschaft an sich gerissen hatten, und nicht gegen Pikten und Schotten.

Ein weiterer Text könnte die Datierung der Chroniken stützen. In seiner Biografie des Bischofs Germanus von Auxerre berichtete Constantius, dass der Bischof im Jahr 429 nach Britannien reiste, um dort den Anhängern des als Häretiker verurteilten Pelagius entgegenzutreten. Bei der Gelegenheit erzielte er auch gleich einen wunderbaren Sieg gegen ein sächsisches und piktisches Heer und zwar ganz ohne Waffen und Blutvergießen. Er führte die gerade an Ostern getauften britischen Soldaten in ein Tal, das von hohen Bergen eingeschlossen war, und ermunterte sie mit ihm Halleluja zu singen. Das Echo des Gesangs an den Hängen war so laut, dass die Feinde erschraken und fortrannten[14].

Die Nachricht, dass Sachsen und Pikten vereint gegen die Briten kämpften, lässt vermuten, dass dieser Sieg stattfand, nachdem die sächsischen Foederaten bereits ihren Vertrag gebrochen hatten und nun mit den Pikten, die sie eigentlich bekämpfen sollten, ein Bündnis eingegangen waren. Sollte diese Interpretation korrekt sein, dann fanden Ankunft und Ansiedlung der sächsischen Söldner einige Zeit vor 429 statt, in der sie zunächst eine unbestimmte Zeit lang friedlich neben den Briten lebten, bevor sie anfingen „von einer Küste zur anderen Stadt und Land zu verwüsten"[15].

Gildas schrieb seine Predigt viele Jahrzehnte nach der Ankunft von Sachsen in Britannien. Er war an ihnen an sich nicht interessiert, denn sie waren für ihn nur das Instrument der Strafe Gottes. Er machte nur wenige Angaben zu ihnen, abgesehen von den üblichen Klischees ihrer Grausamkeit und Verschlagenheit. So kamen sie aus dem „Bau der barbarischen Löwin", wie er in bildreicher Sprache, aber ohne Wissen oder Interesse ihre Herkunft beschrieb. Er kannte das Wort, mit dem sie ihre Schiffe in ihrer Sprache beschrieben, *cyulus*, OE *ceol*. Außerdem wusste er von günstigen Omen und Prophezeiungen und verwies damit auf Glaubensvorstellungen der Sachsen, die auch andere zeitgenössische Autoren erwähnten[16].

Auch wenn Details wie Dauer, Ausmaß und Gegenden der Angriffe, Zerstörungen und Ansiedlungen in Britannien nicht überliefert wurden, so wird doch deutlich, dass Sachsen vom Kontinent eine entscheidende Rolle im Britannien des 4. und frühen 5. Jh.s spielten. Sie griffen die Insel oftmals an, provozierten die Rebellion der Briten gegen die römische Herrschaft, wurden als Foederaten angeheuert und etablierten sich schließlich als die neuen Herren.

Ein Volk der Sachsen

Erst im 8. Jh. wurden die Sachsen, die nach Britannien gekommen waren, wieder erwähnt. Der Mönch, Theologe und Historiker Beda der Ehrwürdige skizzierte in den ersten Kapiteln seiner „Kirchengeschichte des englischen Volkes", die er 731 fertigstellte, knapp die römische Herrschaft und deren Ende in Britannien.

Beda lehnte sich dabei eng an den Text Gildas' an, als er über den Abzug der römischen Truppen von der Insel, die wiederholten Hilfegesuche an die Römer, um die Iren und Pikten zu bekämpfen, schließlich die Weigerung von Aëtius, nochmals Truppen nach Britannien zu entsenden, und die Einladung an den „Stamm der Sachsen aus Gebieten in Übersee" berichtete. Obwohl Beda genauso wie Gildas die Ankunft der Sachsen und ihre späteren Verwüstungen als Strafe Gottes für die Verbrechen der sündigen Briten deutete, so war doch aus Gildas' „grausamen Sachsen" bei Beda ein „Stamm der Sachsen" geworden[17]. Im Zentrum seiner Kirchengeschichte standen Missionierung und Bekehrung der heidnischen Einwanderer vom Kontinent und so bekamen die verhassten Sachsen eine neue Rolle als ein christliches Volk.

Auch für die Erzählung der Ankunft, Ansiedlung und zunächst erfolgreichen Abwehr der Feinde aus dem Norden durch die sächsischen Söldner und dem Eintreffen einer weiteren, noch größeren Flotte mit Kriegern war Gildas' Predigt Bedas Hauptquelle. Doch beschrieb Beda die Ankömmlinge hier zunächst als Angeln *oder* Sachsen, so als ob diese Namen austauschbare Synonyme waren[18]. Während Gildas keine weiteren Einzelheiten über die Herkunft der Ankömmlinge, ihre Anführer und Siedlungsgebiete in Britannien erwähnte, gab Beda darüber detaillierte Auskünfte im folgenden Abschnitt, für den er offenbar heute nicht mehr erhaltene Quellen zur Verfügung hatte. Demnach stammten die ankommenden Krieger aus drei starken Völkern Germaniens, den Sachsen, Angeln und Jüten und wurden von zwei Brüdern, Hengist und Horsa, angeführt. Und während von den Jüten die Bewohner Kents, der Isle of Wight und dem dieser Insel gegenüberliegendem Gebiet herrührten, kamen die Ostsachsen, die Bewohner von Essex, die Westsachsen, die Bewohner von Wessex, und die Südsachsen, die Bewohner von Sussex aus einem Gebiet, das „*jetzt auch das der Altsachsen genannt*" wurde, und die Angeln kamen aus dem Land Angeln, das zwischen den Provinzen der Jüten und Sachsen lag. Von ihnen stammten die Mittelangeln, Ostangeln, Mercier, Nordhumbrier und alle übrigen Völker der „Angli" Engländer ab[19].

Lange Zeit galt Bedas Erzählung als ein authentischer Bericht der Ereignisse im 5. Jh. und ihrer Protagonisten. Doch ist man sich mittlerweile einig, dass er in seiner Herkunftserzählung die politische Situation nicht des 5. Jh.s, sondern seiner eigenen Gegenwart im 8. Jh. reflektierte.

Beda kam an anderer Stelle noch einmal auf die Völker auf dem Kontinent zu sprechen, von denen die Angeln und Sachsen Britanniens (!) ihre Abstammung herleiteten, wenn er von den Plänen des Priesters Egbert erzählte, der im späten 7. Jh. plante, ihnen das Wort Gottes zu predigen, und dabei Friesen, Rugier, Dänen, Hunnen, Altsachsen und Brukterer nannte[20]. Offenbar kannte Beda unterschiedliche Traditionen zur kontinentalen Herkunft der Einwanderer nach Britannien.

Beda nannte nicht nur die Bewohner Ostangliens, Merciens und Nordhumbriens Angeln, sondern sprach auch von Angeln, wenn er sich auf alle Bewohner Britanniens, die vom Kontinent kamen, bezog. Er folgte dabei Papst Gregor I., der als Erster vom Volk der Angeln gesprochen hatte. So teilte er etwa bereits in einem Brief aus dem Jahr 596 der fränkischen Königin Brunichilde mit, dass das „Volk der Angeln" zum Christentum übertreten wolle. Er bat die Königin um Unterstützung für die durchreisenden Missionare auf ihrem Weg nach Britannien[21]. Beda erklärte Gregors Sorge für die Missionierung der Angeln mit einer Geschichte, die sich schon, bevor er Papst geworden war, auf einem Sklavenmarkt in Rom zugetragen habe. Hier sah Gregor Knaben von schöner Gestalt und erfuhr, dass sie aus Britannien stammten und Heiden waren. Als er sie fragte, zu welchem Volk sie gehörten, antworteten sie „Angli" Angeln und Gregor machte in einem Wortspiel daraus „angeli" Engel. Daraufhin bat Gregor den damaligen Papst Missionare zum Volk der Angeln zu entsenden, eine Aufgabe, die er schließlich übernahm, nachdem er selbst Papst geworden war[22].

Beda unterschied in seinem Text sorgfältig zwischen Sachsen, den ost-, west- und südsächsischen Königreichen in Britannien, und den Altsachsen auf dem Kontinent. Sachsen nannte er nur, wenn er von den Überfällen sächsischer Piraten, der Anwerbung sächsischer Söldner und ihrer Ankunft in Britannien, dem Sieg des Bischofs Germanus über sie und dem Versagen der Briten, den heidnischen Angeln und Sachsen die christliche Botschaft zu predigen, berichtete, also von der Zeit vor ihrer Bekehrung zum Christentum in Britannien.

Anders die Ost-, West- und Südsachsen, denn sie lebten zu Bedas Zeit bereits in christlichen Königreichen. Von ihnen grenzte er wiederum die *antiqui saxones*, die Altsachsen, ab, die auf dem Kontinent lebten und zu seiner Zeit noch nicht bekehrt waren. Er lokalisierte ihre Heimat in der Nachbarschaft zu den Angeln und beschrieb als Erster ihre politische Organisation, denn sie kannten keinen König, sondern hatten zahlreiche Fürsten, die, wenn ein Krieg ausbrach, das Los warfen und so ihren Anführer bestimmten, dem sie, solange der Krieg dauerte, gehorchten[23].

Bedas Bezeichnungen für die Sachsen und Angeln waren wohl überlegt und er verwendete sie ganz gezielt. Dabei ging es ihm nicht um Kontinuitäten ethnischer Identitäten kontinentaler Völker oder Stämme in Britannien. Die Namen kennzeichneten Identitäten, die erst nach der Ankunft in Britannien und der Christianisierung entstanden waren.

Anmerkungen

1. Ammianus Marcellinus 29. 4. 7.
2. Ammianus Marcellinus 26. 4. 5.
3. Ammianus Marcellinus 27. 8. 1–8.
4. Claudius Claudianus, Panegyricus de quarto Consulatu Honorii Augusti 31–32.
5. Claudius Claudianus, De Consolatu Stilichonis 2, 253–255.
6. Claudius Claudianus, In Eutropium 1, 391–393.
7. Zosimus, 6,5.
8. Chronica Gallica anno 452, 62.
9. Chronica Gallica anno 452, 126.
10. Chronica Gallica anno 511, 602.
11. Gildas, De excidio Britonum 14–21.
12. Gildas, De excidio Britonum 23.
13. Venerabilis Bedae historia ecclesiastica gentis Anglorum 1, 13; 15.
14. Constantius, Vita sancti Germani 3, 17.
15. Gildas, De excidio Britonum 24.
16. Gildas, De excidio Britonum 23.
17. Venerabilis Beda Historia Ecclesiastica Gentis Anglorum 1, 14.
18. Venerabilis Beda Historia Ecclesiastica Gentis Anglorum 1, 15.
19. Venerabilis Beda Historia Ecclesiastica Gentis Anglorum 1. 15.
20. Venerabilis Beda Historia Ecclesiastica Gentis Anglorum 5, 9.
21. Gregor I., Brief 6, 60.
22. Venerabilis Beda Historia Ecclesiastica Gentis Anglorum 2. 1.
23. Venerabilis Beda Historia Ecclesiastica Gentis Anglorum 5. 10.

Quellen

Ammianus Marcellinus. Vol. 1–3, hg. von John C. Rolfe. Loeb Classical Library (Cambridge and London 1982–1986).

Beda der Ehrwürdige: Kirchengeschichte des englischen Volkes, hg. von Günter Spitzbart (Darmstadt 1997).

Claudii Claudiani carmina, hg. von Theodor Birt. MGH AA 10 (Berlin 1961).

Chronica Minora, hg. von Theodor Mommsen. MGH AA 9, vol. 1 (Berlin 1961).

Constance de Lyon: Vie de Saint Germain d'Auxerre, hg. von René Borius. Sources Chrétiennes 112 (Paris 1965).

Gildas: The Ruin of Britain and other works, hg. von Michael Winterbottom (London and Chichester 1978).

S. Gregorii Magni registrum epistularum libri I – VII, hg. von Dag Norberg. Corpus Christianorum. Series latina 140 (Turnholt 1982).

Zosimus: Historia Nova. The Decline of Rome, hg. von James J. Buchanan and Harold T. Davis (San Antonio 1967).

Literatur

Robert Flierman: Saxon Identities AD 150–900 (London and New York 2017).

James M. Harland: Rethinking Ethnicity and „Otherness" in Early Anglo-Saxon England. Medieval Worlds 5, 2017, 113–142.

Nicholas J. Higham and Martin J. Ryan: The Anglo-Saxon World (New Haven and London 2013).

Nicholas Howe: Migration and mythmaking in Anglo-Saxon England (New Haven and London).

Edward James: Britain in the First Millennium (London and New York 2001).

Michael E. Jones: St. Germanus and the Adventus Saxonum. The Haskins Society Journal 2, 1990, 1–11.

Michael E. Jones: The End of Roman Britain (Ithaca and London 1996).

Steven Muhlberger: The fifth-century chroniclers: Prosper, Hydatius, and the Gallic Chronicler of 452 (Leeds 1990).

Alheydis Plassmann: Origo gentis. Identitäts- und Legitimitätsstiftung in früh- und hochmittelalterlichen Herkunftserzählungen (Berlin 2006).

Hanna Vollrath: Die Landnahme der Angelsachsen nach dem Zeugnis der erzählenden Quellen. In: Michael Müller-Wille und Reinhard Schneider (Hrsg.): Ausgewählte Probleme der europäischen Landnahmen des Früh- und Hochmittelalters. Methodische Grundlagendiskussion im Grenzbereich zwischen Archäologie und Geschichte. Vorträge und Forschungen 41,1 (Sigmaringen 1993), 317–337.

Ian Wood: The End of Roman Britain: continental evidence and parallels. In: Michael Lapidge and David Dumville (Hrsg.): Gildas: New Approaches (Woodbridge 1984), 1–25.

Ian Wood: Pagan religions and superstitions east of the Rhine from the fifth to the ninth century. In: Giorgio Ausenda (Hrsg.): After Empire. Towards an Ethnology of Europe's Barbarians (Woodbridge 1995), 253–279.

Alex Woolf: The Britons: From Romans to barbarians. In: Hans-Werner Goetz et al. (Hrsg.): Regna and gentes: the relationship between late antique and early medieval peoples and kingdoms in the transformation of the Roman world (Leiden 2003), 345–380.

Barbara Yorke: Anglo-Saxon gentes and regna. In: Hans-Werner Goetz et al. (Hrsg.): Regna and gentes: the relationship between late antique and early medieval peoples and kingdoms in the transformation of the Roman world (Leiden 2003), 381–407.

Die Perspektive der archäologischen Überlieferung

JOHN HINES

Vom 5. bis 10. Jh. n. Chr. entwickelte sich im Kern der Provinzen Britanniens des römischen Reiches ein vereinigtes Königreich von England. Das Gebiet südlich der römischen Grenze, die der Hadrianswall quer durch die Insel Britannia zog, stand von der Mitte des 1. Jh.s n. Chr. bis 411 in engem Kontakt mit weiten Teilen Kontinentaleuropas und Ländern im Mittelmeerraum, bis hin nach Afrika und Asien. Die Beziehungen umfassten Handel und Warenaustausch, Wellen intellektuellen und religiösen Einflusses und die Umsiedlung von Menschen. Viele Männer bewegten sich damals als Amtsträger oder im Militärdienst durch das Reich; andere Menschen, besonders Frauen, hatten persönlichere Gründe: Grabinschriften aus York nennen beispielsweise Marcus Verecundius Diogenes, einen Amtsträger, der aus *Biturigum* (Bourges) in Gallien hierhergezogen war, samt seiner Frau Julia Fortunata, die aus Sardinien stammte (RIB 687–8).

Das römische Militär rekrutierte „barbarische" Truppen und Einheiten aus allen Randgebieten des Imperiums. Inschriften in Britannien, besonders in der Nähe des Hadrianswalls, verweisen auf Individuen und Gruppen aus den Niederlanden und dem Rheinland, die man „Friesen" und „Bataver" nannte. Der Nachweis von Bestattungen in auffallend anderer Art und Weise als im Römischen Reich üblich, darf deshalb als Beleg für die multikulturellen Gemeinschaften interpretiert werden, die dieser Zuzug erzeugt haben muss. Nicht das einzige, aber ein besonders auffälliges Beispiel dafür ist ein spätrömisches Gräberfeld am Rand der regionalen Hauptstadt *Venta Belgarum* (Winchester, Hampshire), auf dem sowohl Brand- als auch Körperbestattungen sowie eine ungewöhnlich hohe Anzahl von Gräbern mit Grabbeigaben angelegt worden sind. Isotopenanalysen der Skelette haben gezeigt, dass viele derjenigen, die in ortsunüblicher Manier bestattet waren, von weit her gekommen sind: aus Pannonien, heute Ungarn, aber auch aus dem Mittelmeerraum[1].

Dieser Nachweis von Migration, die für eine gewisse kulturelle Vielfalt sorgte, fällt zeitlich zusammen mit anderen Verän-

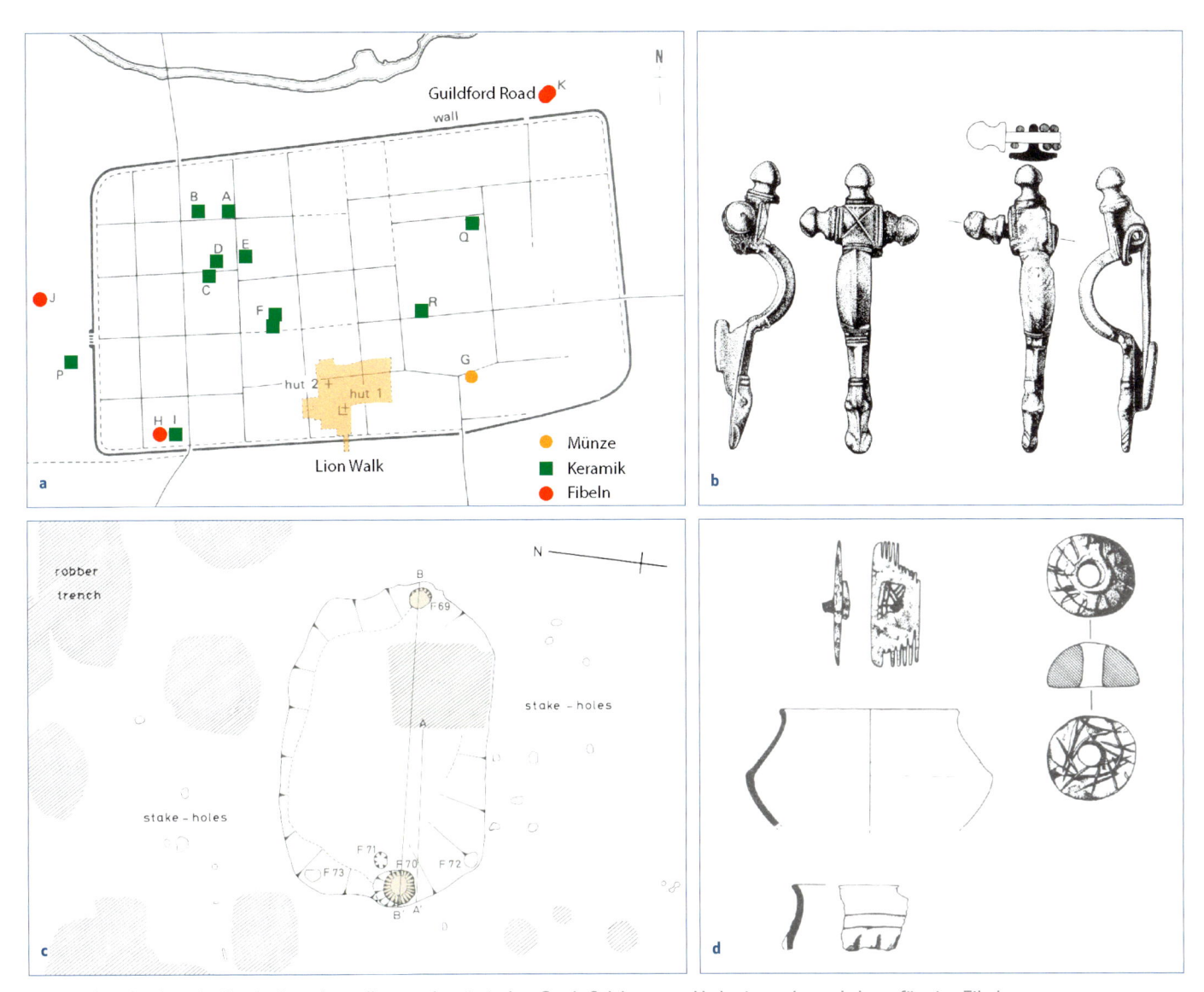

Abb. 1 Angelsächsische Funde des 5. bis 7. Jh.s aus der römischen Stadt Colchester. a: Verbreitungskarte; b: kreuzförmige Fibeln, vermutlich aus einem Grab, Guildford Road Friedhof; c: Grubenhaus („hut 2"), Lion Walk; d: Auswahl an Funden vom Grubenhaus 2 in Lion Walk.

derungen, die das spätrömische Britannien kennzeichnen. So kam im 4. Jh. das städtische Leben weitgehend zum Erliegen. In einigen Gebieten verschwanden zugleich die Villen, in anderen hingegen florierten sie. In einem kontinuierlichen strategischen Umstrukturierungsprozess entstanden spätrömische Militäranlagen und wurden wieder aufgelöst[2]. Eine Reihe von Veränderungen, die im 5. Jh. greifbar werden, sind von anderer Natur und einer anderen Größenordnung. Ein gutes Beispiel dafür bietet Colchester (Essex), eine der wichtigsten Großstädte des römischen Britanniens[3]. In archäologischen Schichten innerhalb der Stadt, die in das 5. Jh. datieren, fanden sich Reste einer neuen Gebäudeform mit eingetieftem Boden, so genannte Grubenhäuser, zusammen mit bestimmten Keramik- und Fibelformen, die auch in einigen Bestattungen dieser Zeit auf dem Gräberfeld außerhalb der römischen Stadt vorkommen (Abb. 1). Befund und Strukturen nach diesem Muster wiederholen sich massenhaft in weiten Bereichen des südlichen und östlichen Britanniens. Die Keramik- und Fibelformen und Grubenhäuser blieben üblich und wurden über viele Generationen weiterentwickelt. Am häufigsten finden sie sich im Bereich neu gegründeter Siedlungs- und Bestattungsplätze ohne römerzeitliche Vorläufer. Dort, wo sich diese neuen Kulturerscheinungen wie im Fall von Colchester an spätrömischen Standorten zeigen, belegen sie in aller Regel den Niedergang jener Orte. Ein Fortbestand von Siedlungen aus spätrömischer Zeit während des 5. Jh.s und darüber hinaus ist so gut wie unbekannt.

Diesen im archäologischen Befund fassbaren Wandel betrachten wir als den Übergang von der römischen zur angelsächsischen Epoche, d.h. von Britannia zu England. Im römischen Britannien hatte es ein vielfältiges und regelmäßig wiederkehrendes Spektrum von Siedlungen gegeben, städtische und ländliche; Großstädte, kleine Städte, Villen, Dörfer und Gehöfte. Das frühe England kannte hingegen nur agrarische Siedlungen ohne klare Struktur, mit einem begrenzten Bestand von Gebäudetypen, und mit Einwohnerzahlen, die ca. 100 Personen kaum überschritten haben dürften[4]. Ihre Grubenhäuser und einfache rechteckige Pfostenhallen haben zeitgleiche Parallelen in Norddeutschland; die multifunktionalen Langhäuser des Kontinents sind in England allerdings weitgehend unbekannt. Die vorhandene Sachkultur umfasste einfache handgemachte Töpferwaren, deren Formen und dekorative Details ebenfalls unmittelbare Parallelen in Norddeutschland und Südskandinavien haben. Die Toten dieser Gemeinschaften wurden in neu angelegten Gräberfeldern bestattet, eingeäschert oder unverbrannt beigesetzt. In beiden Fällen waren die Toten voll bekleidet, als ob sie noch lebten, und sie wurden mit persönlicher Ausrüstung ausgestattet, zum Beispiel die Männer mit Waffen. Wo große Mengen solcher Grabbeigaben erhalten sind, geben sie Hinweise auf den Alltag und die Kontakte der Bevölkerung[5]. Es überrascht nicht, dass die deutlich erkennbaren Bezüge dieser archäologischen Phänomene zum Kontinent bzw. Nordeuropa als eine Bestätigung der noch fast zeitgenössischen historischen Erzählung von germanischen Siedlern aus Norddeutschland und Südskandinavien betrachtet werden, die im 5. Jh. in Britannien eingefallen seien und das Land erobert und kolonialisiert hätten (vgl. „Die Perspektive der schriftlichen Überlieferung" in diesem Band).

Gildas beschreibt um 500 oder in der 1. H. des 6. Jh.s die Niederlassung germanischer Gemeinschaften im Britannien des 5. Jh.s als Folge militärischer Bündnisse, so wie es für das 4. Jh. in Nordgallien gut bezeugte Praxis war[6]. Das ist plausibel und die Aussage von Gildas bedeutet nicht, dass es vorher noch nicht dazu gekommen war. Es gibt in England eine ganz Reihe von Fundplätzen germanischen Charakters, die sehr gut mit der Anwesenheit solcher „Foederaten" (militärische Bündnispartner) im 5. Jh. in Einklang gebracht werden können: Zu nennen wären hier etwa die Siedlung Mucking (Essex), auf einem Hügel, der einen optimalen Blick auf die Themse-Mündung bietet, oder Dorchester-on-Thames (Oxfordshire), wo am Rand einer bedeutenden römischen Stadt die Bestattungen eines Mannes mit einem spätrömischen Militär- oder Amtsträgergürtel und zweier Frauen mit germanischen Fibeln gefunden wurden[7] (Abb. 2). Im größeren regionalen Rahmen bleibt das Argument überzeugend, dass das Territorium der Atrebaten in Sussex in einen noch römischen Westen und einen von Foederaten kontrollierten Osten aufgeteilt war[8]; Thomas Green hat unlängst ein vergleichbares Arrangement auch für das Umfeld der Stadt Lincoln vorgeschlagen[9].

Die Ausgrabungen bei Mucking erbrachten deutlich mehr belastbares Fundmaterial als Dorchester-on-Thames, nämlich die Überreste einer Siedlung und die zugehörigen Bestattungsplätze, die von der 1. H. des 5. bis in das 7. Jh. bestanden. Insgesamt sind über 800 Gräber dokumentiert, 463 Brandbestattungen und 345 Körperbestattungen (Abb. 3). Die Gebäude der Siedlung erstreckten sich auf einem Areal von ca. einem Kilometer Länge über den Hügel; an einigen Stellen teilen sie sich in getrennte Flächen, aber sie verlagern sich immer wieder[10]. Am südlichen Ende des Fundplatzes fand sich in der Füllung von Grubenhäusern römische Keramik des späten 4. und frühen 5. Jh.s zusammen mit frühen Töpferwaren germanischen Stil und es wurde hieraus geschlossen, dass beide Keramikarten von einer spätrömisch-germanischen Mischbevölkerung verwendet wurden[11]. Es ist unklar, ob diese zwei Keramiktraditionen tatsächlich zu einer verschmolzen; es ist auch möglich, dass die jüngsten Töpferwaren der Römerzeit, beschädigt oder nicht, noch so lange in Nutzung waren, dass sie erst zusammen mit der frühesten Keramik der nächsten Phase in die Erde gelangten.

Das kulturelle Profil der Bevölkerung, die die Toten aus den erfassten Gräberfeldern von Mucking repräsentieren, bietet gleichfalls ein komplexes Bild, besonders im 5. Jh Die Brandbestattung war eine germanische Tradition, die im Römischen Reich schon lange veraltet war. Die frühen Männergräber sind unterschiedlich. Drei Gräber von Männern enthielten Gürtelbeschläge, die aufgrund ihres römischen Charakters mit der Gürtelgarnitur aus Dorchester-on-Thames vergleichbar sind. Einer dieser Männer trug bei seiner Beisetzung einen Mantel, der an der rechten Schulter mit einer Fibel verschlossen war – eine eindeutig römisch-britische Tracht (Abb. 4). Das Gleiche trug der Tote aus Grab 789, aber zusammen mit einer Schnalle germanischen Typs und darüber hinaus einen Geldbeutel mit vier römischen Silbermünzen. Ein anderes Grab enthielt eine kontinental aussehende Gürtelgarnitur zusammen mit einem schmalen Langsax, dessen Form im thüringischen und alemannischen Gebiet im 5. Jh. üblich war. Drei andere Männergräber enthielten Wurfäxte, wie sie am häufigsten im fränkischen Raum in Nordgallien vorkamen. Neben diesen Gräbern gibt es nur vier Bestattungen mit frühen Schildbuckeln, die typisch angelsächsisch sind[12]. Die zeitgleichen Frauengräber sind kulturell sehr viel homogener. Nachrömische mit den Gürtelbeschlägen der Männer vergleichbare Metallarbeiten treten selten auf; hauptsächlich handelt es sich um wiederverwendete Altstücke. Sehr viel üblicher sind in den Frauengräbern Gegenstände, die kennzeichnend für das Elbe-Weser-Dreieck sind, nämlich komponierte oder gegossene Schalen- und Scheibenfibeln, eine Stützarmfibel und gleicharmige Fibeln[13]. Führende Männer in Mucking scheinen im 5. Jh. keinem bestimmten Bekleidungs- und Ausrüstungsvorbild gefolgt zu sein, die erwachsenen Frauen hingegen kleiden sich größtenteils in einem kontinentalen Stil, der von der Forschung lange als „sächsisch" bezeichnet worden ist (vgl. den Beitrag „Stammeskunst? – Handwerk und Identität im Elbe-Weser-Dreieck im 4. und 5. Jahrhundert" in diesem Band).

Süd- und Ostbritannien erreichten im 5. Jh. Materialien und Artefakte aus vielen verschiedenen Richtungen. Wir gehen nicht davon aus, dass diese Gegenstände immer von Menschen aus denselben Gebieten bewegt wurden und in deren Händen blieben. Aber sie zeigen die Vielfalt und die Reichweite der Netzwerke auf, in die auch das frühangelsächsische England eingebunden blieb. Elfenbein aus Afrika oder Indien, neu hergestelltes Glas aus dem östlichen Rand des Mittelmeerraums und Bernstein aus dem südlichen Baltikum müssen durch Handelsnetzwerke transportiert worden sein. Anders waren die Wege der Beeinflussung, die sich in der Übernahme von Bau- und Keramikstilen widerspiegeln. Die kontinentalen Schalenfibeln sind das vorherrschende weibliche Kleidungszubehör in einem Gebiet Südenglands, das in etwa mit dem deckungsgleich ist, von dem Beda im 8. Jh. behauptet, dass es von Leuten bewohnt wurde, die er für *Saxones* hielt[14] (Abb. 5a). Beda war auch der Ansicht, dass diese Gebiete von jenem Teil Norddeutschland aus erobert und besiedelt worden war, wo die *antiqui Saxones* seiner Zeit zu finden seien – zwischen Friesen im Westen, Thüringern im Süden, und der Elbe im Osten und Norden. Eine frühe Schildbuckelform mit einem konkaven Kegel und einem betonten Dorn, die kennzeichnend für eben dieses Gebiet in England ist, hat gute Parallelen in Schildbuckeln der Form Liebenau, die nach einer Fundstelle in Niedersachsen benannt ist[15].

Der deutlichste Gegensatz zu jenem „sächsischen" Charakter Südenglands ab der Mitte des 5. Jh.s ist im Norden und Osten zu finden, in Gebieten, die Beda für „anglisch" hielt, sowohl hinsichtlich der Identität der Menschen dort im 8. Jh. als auch hinsichtlich ihrer Wurzeln im 5. Jh. Kennzeichnend für weibliche Be-

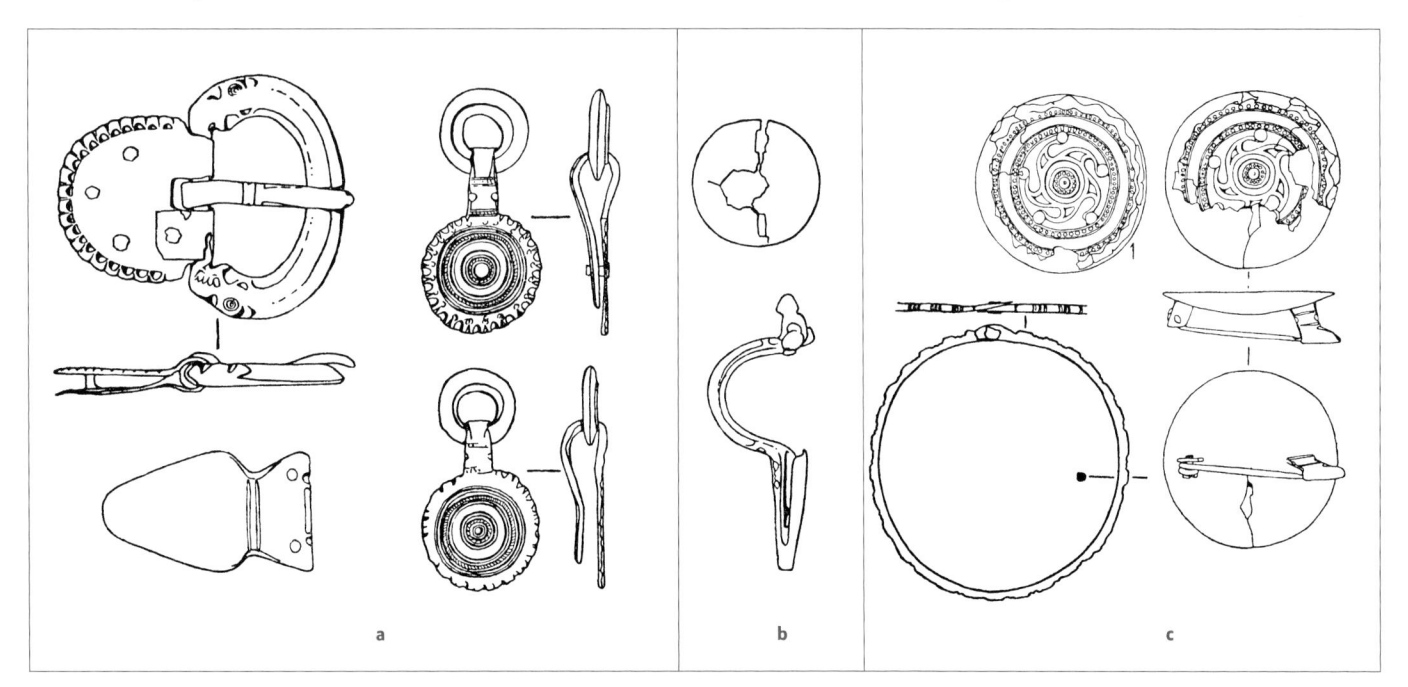

Abb. 2 Grabfunde aus Gräbern I–III in Dyke Hills, Dorchester-on-Thames, Oxfordshire. a: Spätrömische Gürtelgarnitur, Grab I; b: kreuzförmige Fibel und Rückenplatte einer komponierten Schalenfibel, Grab II; c: Armband und komponierte Schalenfibeln, Grab III.

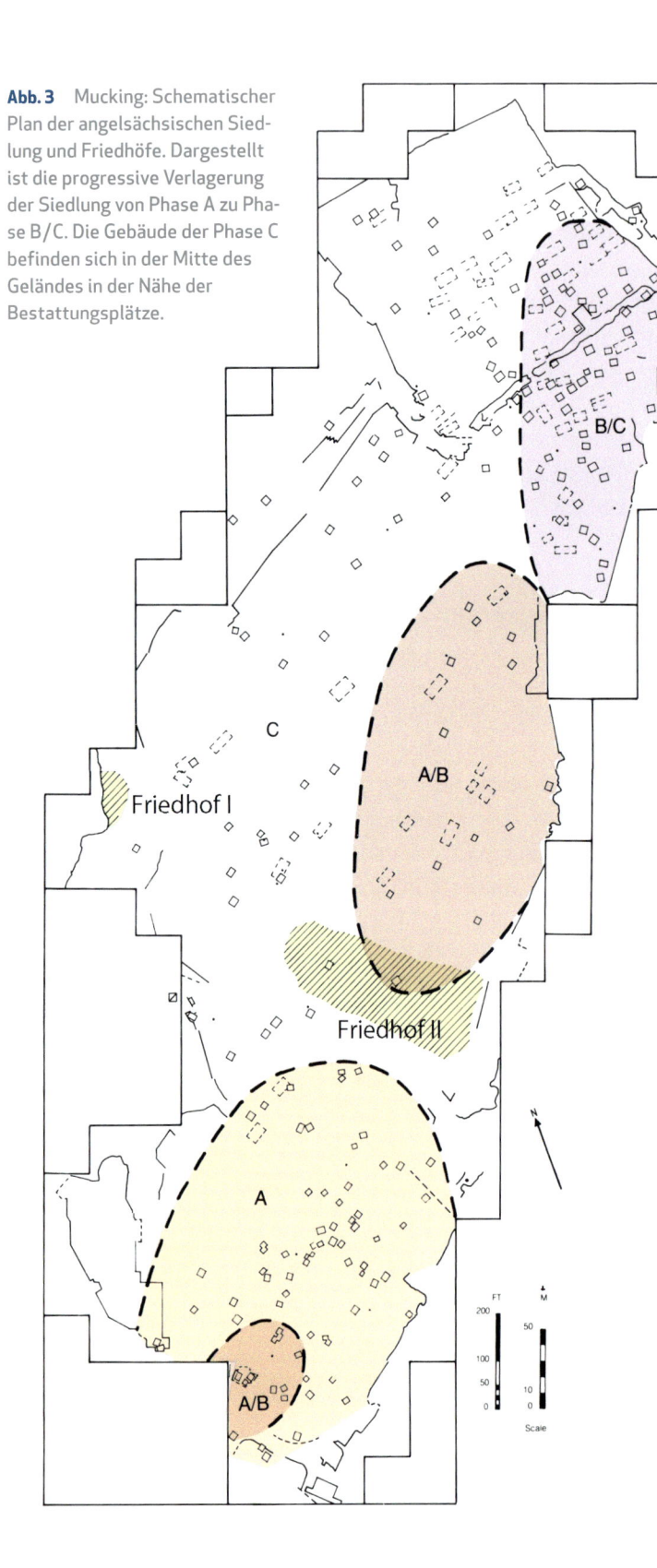

Abb. 3 Mucking: Schematischer Plan der angelsächsischen Siedlung und Friedhöfe. Dargestellt ist die progressive Verlagerung der Siedlung von Phase A zu Phase B/C. Die Gebäude der Phase C befinden sich in der Mitte des Geländes in der Nähe der Bestattungsplätze.

kleidung dort waren Bügelfibeln, vor allem kreuzförmige Typen, aber kombiniert mit kleineren Fibeln, die wie die Schalenfibel paarweise getragen wurden und als „kleine Langfibeln" bekannt sind. Kreuzförmige Fibeln sind weit verbreitet im nördlichen, germanischen, Raum, von den Niederlanden im Westen bis ins südliche Baltikum im Osten und bis ins arktische Skandinavien hinauf, aber ihr Schwerpunkt befindet sich im Süden der Jütischen Halbinsel in Schleswig-Holstein und in Mecklenburg-Vorpommern (Abb. 5b). Das „anglische" England wird im archäologischen Befund im 5. Jh. von mehreren großen Brandgräberfeldern wie Spong Hill in Norfolk repräsentiert, wo ab der Mitte des 5. Jh.s zu datierende Keramikformen auch gut mit zeitgleichen Töpferwaren aus Schleswig-Holstein und auch der Region Angeln vergleichbar sind. Andere Elemente, die als regelmäßige Bestandteile der weiblichen Bekleidung in diesem Gebiet Englands gelten dürfen, können jedoch nur aus Regionen sehr viel weiter im Norden, aus Norwegen, eingeführt worden sein[16]. Eine Erklärung dafür, wie diese Dinge und Gewohnheiten über die Nordsee nach Ostengland gelangten, lässt sich nur finden, wenn wir davon ausgehen, dass es nicht bloß jene Ausgangsorte der Migration nach England im 5. Jh. gab, von denen Beda im 8. Jh. gehört hatte, sondern noch viele andere mehr.

Die angebliche Migration einer Bevölkerung von „Jüten" aus Jütland nach Kent und der Isle of Wight/Solent-Region in Hampshire ist im archäologischen Befund nur schwer verifizierbar. In Canterbury und Gillingham in Kent sind eindeutig südskandinavische Relieffibeln im Nydamstil gefunden worden; außerdem sind in Kent in den letzten zwei Jahrzehnten mit Metalldetektoren auch mehrere frühe kreuzförmige Fibeln aufgespürt worden, für die es durchaus jütländische Parallelen gibt[17]. Die Ähnlichkeit zwischen dem Solent-Gebiet und Kent, wie sie die Abbildung 5a darstellt, spiegelt die in beiden Gebieten fassbare Übernahme von Gegenständen, die Artefakte des 6. Jh.s aus dem fränkischen Gallien jenseits des Ärmelkanals zum Vorbild haben. Gleichzeitig wurden jedoch auch goldene D-Brakteaten, ein ausgeprägt jütländischer Artefakttyp, in Kent eingeführt und angefertigt. Ihre Konzentration in Kent legt nahe, dass sie Symbole einer jütländischen Abstammung sein könnten.

Im Fall Englands hat der Begriff Völkerwanderungszeit also durchaus seine Berechtigung. Auch wenn Isotopen- und ADNA-Untersuchungen an menschlichen Skelettresten aus dieser Zeit noch methodischer Schärfung bedürfen, bestätigen die bislang vorliegenden Daten, wie viel demografischen Aufruhr Westeuropa im 5. Jh. erlebte. Die frühesten schriftlichen Quellen, die von

Grab 970

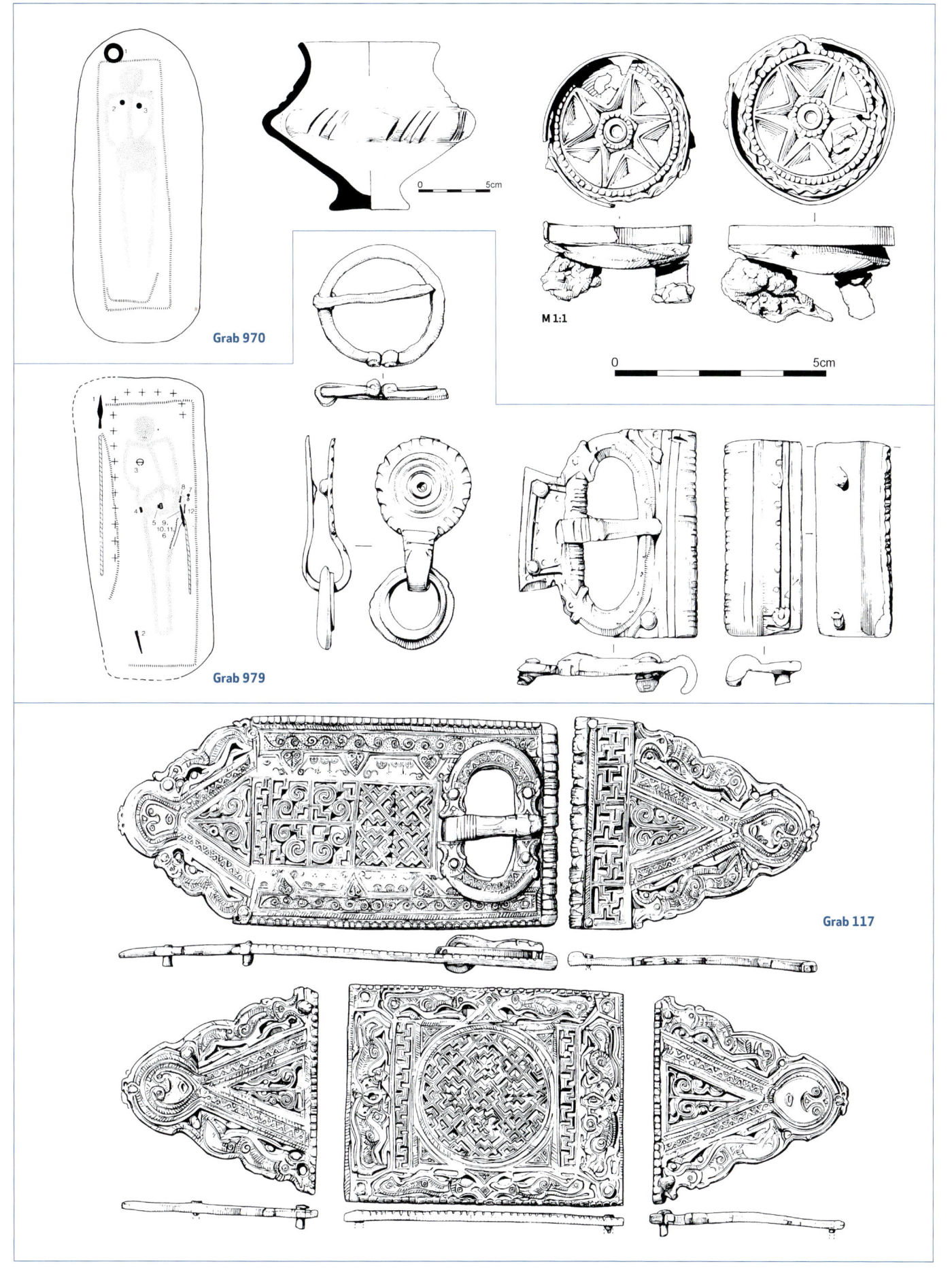

Grab 979

Grab 117

Abb. 4 Grabfunde aus Mucking (Friedhöfe I u. II), die verschiedene kulturelle Traditionen repräsentieren.

152 GRÜNDERZEIT

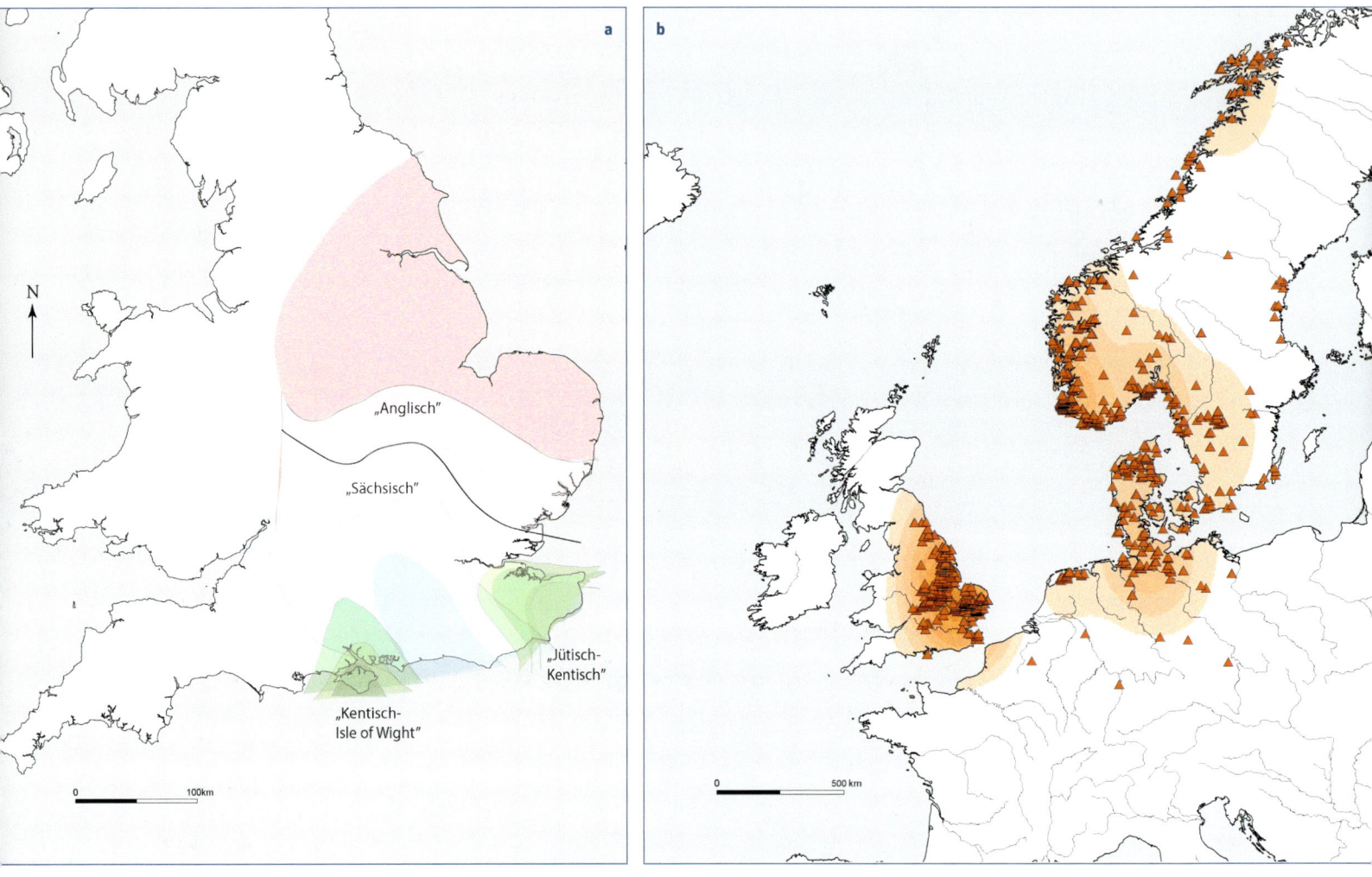

Abb. 5 Kulturkreise des frühen Mittelalters auf der Grundlage der Verbreitung von weiblichem Kleidungszubehör (Fibeln).
a: Die drei „ethnisch-kulturellen" Gruppen in England; b: Die Verbreitung von kreuzförmigen Fibeln in Nord-Europa.

den Anfängen des nachrömischen, jetzt „angelsächsischen" Englands berichten, liefern zweifellos nur höchst vereinfachte Darstellungen und selektive Perspektiven. Der archäologische Befund legt mehr und mehr offen, wie diese Wahrnehmungen der jüngsten Geschichte haben entstehen können. Die Überlieferungen, die von Gildas an Beda und folgende Generationen weitergegeben wurden, waren teilweise das Ergebnis vorgefasster Meinungen und Missverständnisse dogmatischer christlicher Autoren mit einer speziellen politischen und moralischen Agenda. Sie wurzeln aber ebenso in Verbindungen und Migrationen, die tatsächlich stattgefunden haben.

(Übersetzung Wil Huntley und Babette Ludowici)

Anmerkungen

1. Booth et al. 2010.
2. Gerard 2013.
3. Crummy 1981, S. 1–24.
4. Hamerow 2012.
5. Lucy 2000.
6. Böhme 1986; Welch 1993.
7. Kirk und Leeds 1954.
8. Welch 1983.
9. Green 2012.
10. Hamerow 1993.
11. Lucy und Evans 2016.
12. Hirst und Clark 2009, S. 480–582 und 674–680.
13. Hirst und Clark 2009, S. 480–489 und 653–656.
14. Høilund Nielsen 1997.
15. Dickinson und Härke 1993, S. 17–19; Böhme 1974, S. 113.
16. Hines 1984.
17. Kruse 2007; Martin 2015, S. 80–85.

Literatur

Horst Wolfgang Böhme: Germanische Grabfunde des 4. bis 5. Jahrhunderts zwischen unterer Elbe und Loire (2. Aufl. München 1975).

Horst Wolfgang Böhme: „Das Ende der Römerherrschaft in Britannien und die angelsächsische Besiedlung Englands im 5. Jahrhundert". Jahrbuch der Römisch-Germanischen Kommission Mainz 33, 1986, 469–574.

Paul Booth, Andrew Simmonds, Angela Boyle, Sharon Clough, H. E. M. Cool and Daniel Poore: The Late Roman Cemetery at Lankhills, Winchester: Excavations 2000–2005 (Oxford Archaeology 2010).

Philip Crummy: Aspects of Anglo-Saxon and Norman Colchester (CBA, York 1981).

Tania M. Dickinson und Heinrich G. H. Härke: Early Anglo-Saxon Shields. Archaeologia 110 (Society of Antiquaries of London 1993).

James Gerrard: The Ruin of Roman Britain: An Archaeological Perspective (Cambridge University Press 2013).

Thomas Green: Britons and Anglo-Saxons: Lincolnshire AD 400–650. Society for Lincolnshire History and Archaeology (Lincoln 2012).

Helena Hamerow: Excavations at Mucking. Volume 2: The Anglo-Saxon Settlement. English Heritage (London 1993).

Helena Hamerow: Rural Settlements and Society in Anglo-Saxon England (Oxford University Press 2012).

John Hines: The Scandinavian Character of Anglian England in the pre-Viking Period. BAR British Series 124 (Oxford 1984)

Sue Hirst und Dido Clarke: Excavations at Mucking. Volume 3: The Anglo-Saxon Cemeteries. 2 parts. English Heritage (London 2009).

Karen Høilund Nielsen: „The schism of Anglo-Saxon chronology". In: Claus K. Jensen und Karen Høilund Nielsen (Hrsg): Burial and Society: The Chronological and Social Analysis of Archaeological Burial Data (Aarhus University Press 1997), 71–99.

Sam Lucy: The Anglo-Saxon Way of Death: Burial Rites in Early England (Sutton, Stroud 2000).

Sam Lucy und Christopher Evans: Romano-British Settlement and Cemeteries at Mucking: Excavations by Margaret and Tom Jones, 1965–1978 (Oxbow, Oxford 2016).

Pernille Kruse: „Jutes in Kent? On the Jutish nature of Kent, southern Hampshire and the Isle of Wight". Probleme der Küstenforschung des südlichen Nordseegebiets 31, 2007, 243–376.

Toby Martin: The Cruciform Brooch and Anglo-Saxon England. Boydell (Woodbridge 2015)

RIB. R. G. Collingwood und R. P. Wright (Hrsg.): The Roman Inscriptions of Britain. Now available as RIB Online: www.romaninscriptionsofbritain.org (letzter Zugriff 3. September 2018).

Martin G. Welch: Early Anglo-Saxon Sussex. 2 vols. BAR British Series 112 (Oxford 1983).

Martin G. Welch: „The archaeological evidence for federate settlement in Britain". In: F. Vallet und Michel Kazanski (eds): L'Armée romaine et des barbares au IIIe et VIIe siècle. Mémoires de l'Association Française de l'Archéologie Mérovingienne 5 (Paris 1993), 269–278.

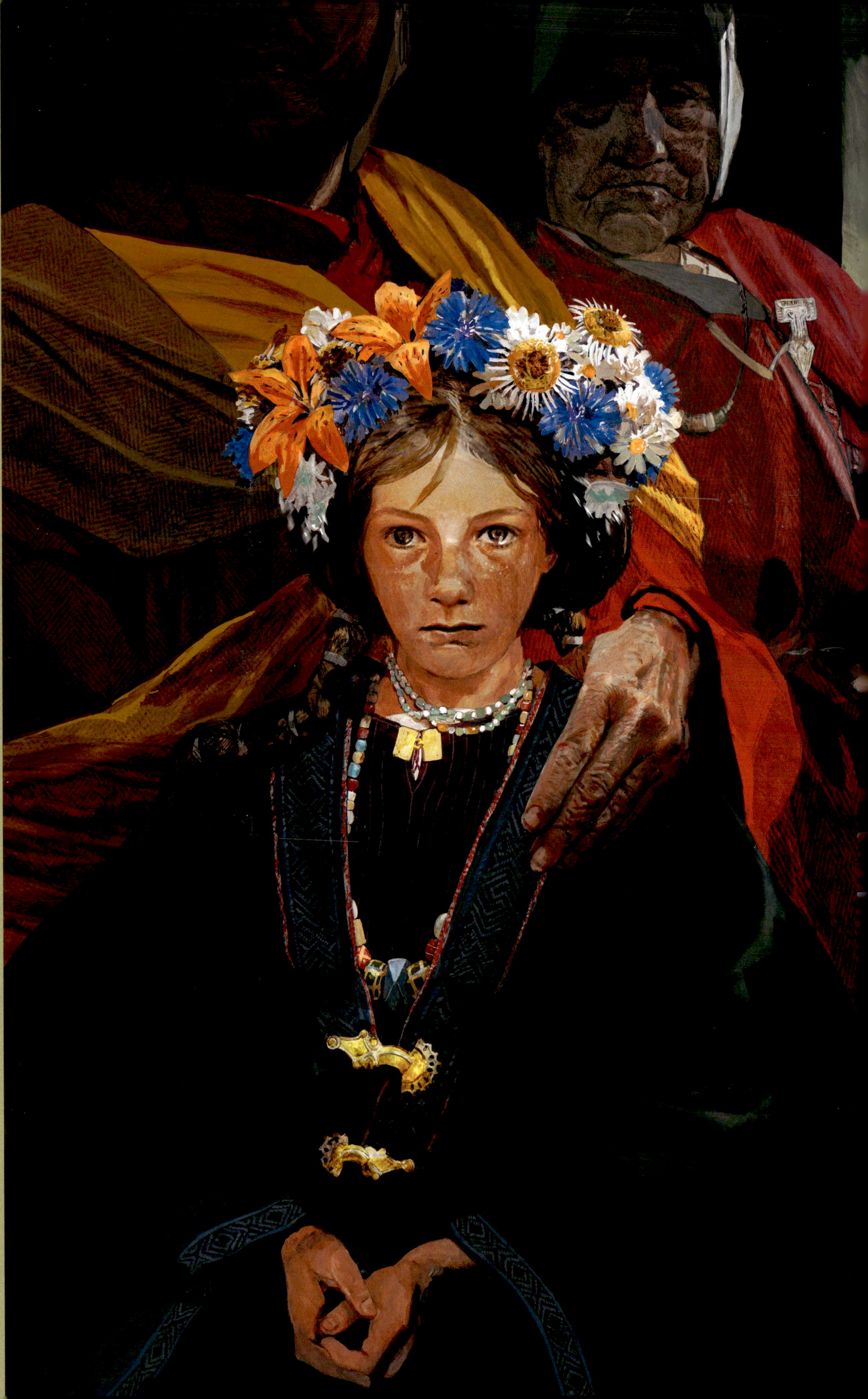

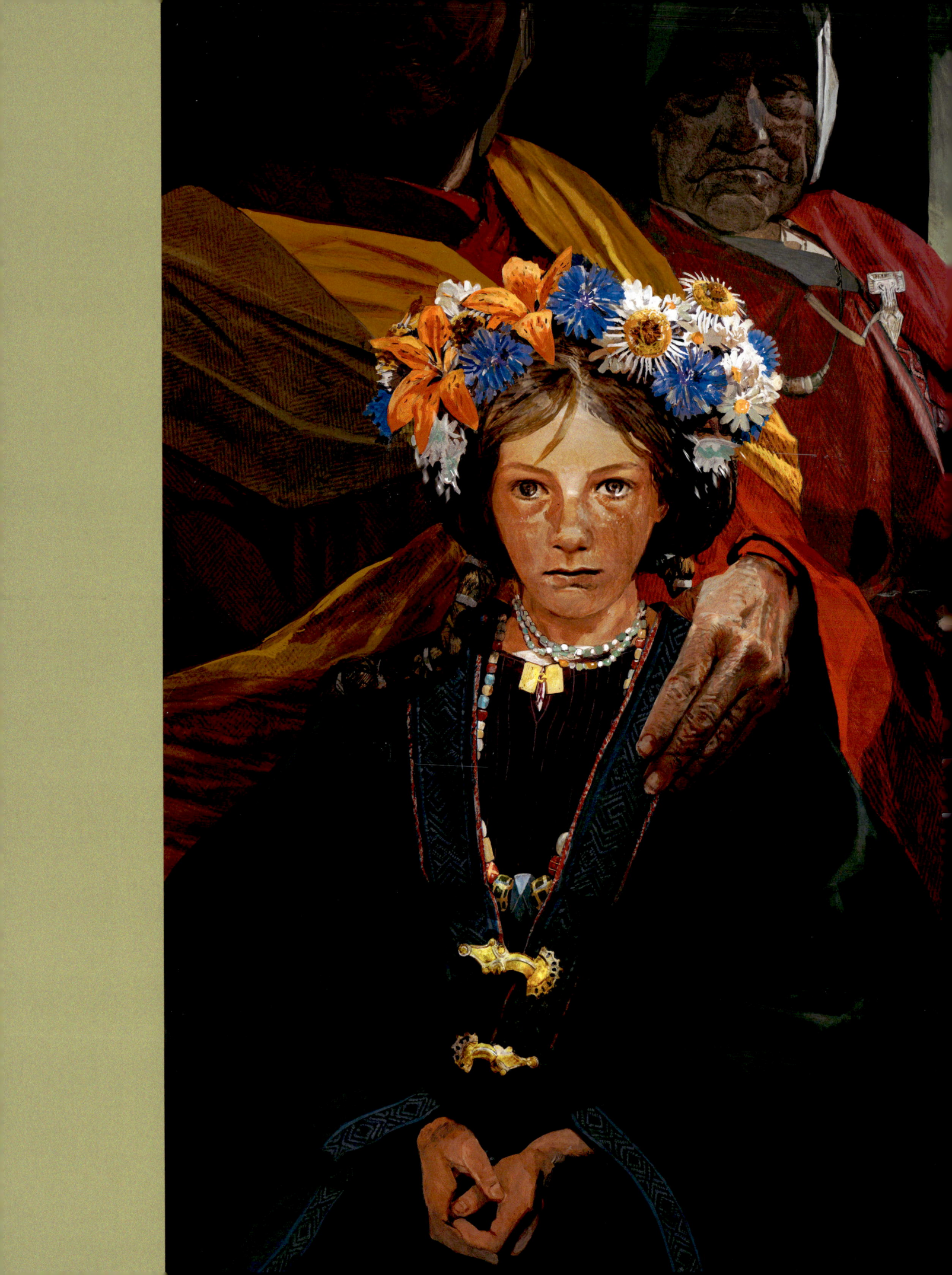

Vieler Herren Land?

UM 450 BIS MITTE 6. JAHRHUNDERT

Die Herren der *warrior community* im Elbe-Weser-Dreieck gehören zu den maßgeblichen Akteuren rund um die Nordsee. Tonangebend werden dort jetzt südskandinavische Magnaten. Ihr Code der Macht: goldene Halsringe und Amulette, sogenannte Goldbrakteaten mit skurril verrenkten Menschen- oder Tiergestalten. Um 500 löst er bei uns den *military-look* der Söldner ab. Im Hinterland können oder wollen die Machthaber an der Küste ihren Einfluss nicht ausbauen. Dort drängen Konkurrenten ins Spiel: Die in Mitteldeutschland ansässigen Könige der Thüringer haben auch an Elbe und Weser Anhänger. Um 500 sind sie *die* mitteleuropäische Großmacht.

An den zwei großen Flüssen und am Hellweg pflegt man außerdem Verbindungen nach Gallien. Es kommt dort hergestelltes Glas von bester Qualität an, in auffallend großen Mengen. Schon seit dem 3. Jahrhundert hatten sich Zuwanderer von rechts des Rheins in Gallien niedergelassen, viele als römische Armeeangehörige. Im 5. Jahrhundert gerät das Gebiet unter die Herrschaft einer ehrgeizigen Familie: die Merowinger. Auch ihre Vorfahren waren zugewanderte Germanen, sogenannte „Franken". Als Foederaten stiegen sie im 4. Jahrhundert in höchste Ämter der römischen Provinzverwaltung auf. Einer der ihren, Childerich, schafft es ganz nach oben: Er stirbt 481 als König einer multiethnischen Bevölkerung. Seine Gemahlin Basina ist vermutlich die Exfrau des Thüringerkönigs.

Diese germanischen Eliten haben ein klares Bewusstsein von Zusammengehörigkeit. Aber sie kämpfen um Einfluss und Vorherrschaft, auch hierzulande. Sie herrschen wie eine große zerstrittene Familie.

Wer ist der Drachenmann? Goldene Halsringe sind in Skandinavien Herrschaftszeichen. Wie die Goldbrakteaten werden sie von Goldschmieden in Zentralorten angefertigt, im Auftrag und unter dem Schutz dort ansässiger Machthaber. Ein vergleichbares Herrschaftszentrum gibt es wohl auch bei Sievern im Elbe-Weser-Dreieck, wo solche Preziosen unweit einer Befestigungsanlage im Boden vergraben wurden. Auch das ist ein typisch skandinavischer Brauch. Die Brakteaten signalisieren einen speziellen gesellschaftlichen Status und sicher schreibt man ihnen magische Kräfte zu. Wer die darauf dargestellten Fabelwesen sind, ist schwer zu entscheiden: Helden? Drachen? Dämonen? Oder ein schamanistischer Mix aus allem? Vielleicht. Sicher ist nur: Wo sie auftauchen, teilen Menschen skandinavische Werte und gesellschaftliche Normen.

Frauensache(n)   Politik wird auch mit arrangierten Ehen gemacht: Die Frau des Thüringerkönigs ist eine Nichte Theoderichs des Großen, seit 493 Herrscher im weströmischen Reich. Frauen der Oberschicht heiraten jung. Sehr jung: Elf oder zwölf Jahre alte Kinderbräute sind nichts Ungewöhnliches. Aber die Mädchen sind nicht immer völlig machtlos. Eine vornehme Abstammung verschafft ihnen Respekt und Handlungsspielräume. Ihr Schmuck kann die Herkunft reicher Frauen und die Beziehungen ihrer Familien verraten. Moden sind erkennbar, aber auch typische Designs einzelner Goldschmiede, die für die Oberschicht arbeiten. An der mittleren Weser und der unteren Elbe tragen um 500 einige Damen sehr wertvolle Fibeln, die ihre besten Parallelen im mitteldeutschen Stammland der Thüringerkönige haben. Sie zeigen: Auch in Norddeutschland gibt es Bündnispartner dieser Potentaten.   (B.L.)

Zur Illustration auf der vorherigen Seite   Das Mädchen ist die Braut für einen Mann aus einer Familie von der unteren Elbe, die Kontakte nach Mitteldeutschland unterhält oder knüpfen will. Ihr Mantel ist mit zwei für Mitteldeutschland typischen Fibeln geschlossen. Sie starb als erwachsene Frau im 6. Jahrhundert und wurde in einer großen Grabkammer auf dem Gräberfeld von Issendorf im Landkreis Stade beigesetzt (Grab 3575). Kelvin Wilson: „Im Mittelpunkt dieses Bildes könnte ein Mädchen mit schönen Augen stehen, aber diese Augen sind der Mittelpunkt einer hässlichen Szene. Viele Elemente im Bild lassen im Betrachter ein ungutes Gefühl entstehen: Die Braut ist sehr jung; ihr Kleid wirkt etwas zu groß. Der Blumenschmuck auf ihrem Kopf lastet ebenso schwer auf ihr wie die fleischige Hand einer der beiden älteren Frauen auf ihrer Schulter. Man könnte erwarten, dass der Fokus eines Bildes, das einen archäologischen Befund inszeniert, auf der Darstellung des schönen Schmucks der Frau liegt. Aber das würde vielleicht eine traurige Geschichte beschönigen: Die Kinderbraut könnte das Unterpfand eines machtstrategischen Deals zwischen zwei Clans gewesen sein, ein Einsatz in einem germanischen *Game of Thrones*."

Fragmente einer Weltanschauung
Goldbrakteaten und Goldhalsringe aus Niedersachsen

ALEXANDRA PESCH

Vor rund 1500 Jahren, im Laufe der Völkerwanderungszeit (375 bis 568 n. Chr.), sind in Norddeutschland wertvolle Schätze vergraben worden. Sie enthalten Goldobjekte, darunter oft ganz besonderen Schmuck, der auch eine Funktion als Zeichen hohen sozialen Rangs oder als Insignie von Macht und Herrschaft besitzen konnte. Archäologen haben in Hortfunden beispielsweise kleine, scheibenförmige Anhänger mit figürlichen Darstellungen gefunden, sogenannte Brakteaten, und auch große goldene Halsringe mit Stempelmustern. Wem genau diese Stücke einst gehörten, warum sie vergraben wurden und welche Funktion sie hatten, entzieht sich heute vielfach unserer Kenntnis. Dies liegt auch daran, dass die germanischen Gruppen im Gegensatz zu anderen Völkern selbst niemals etwas über ihre Gesellschaft, ihre Geschichte oder eben ihre materielle Kultur aufgeschrieben haben und uns somit wichtige Möglichkeiten des Zugangs zu ihren Vorstellungen und den Dingen, die sie besaßen, fehlen. Stattdessen drückten sie sich mit Bildern aus: Es ist eine Bildkultur. Allerdings lassen sich gerade die Goldobjekte in unterschiedlicher Weise analysieren und als archäologisch-historische Quellen nutzen. Denn sie verraten nicht nur vieles zum „Geschmack" ihrer Auftraggeber bzw. Kunden und zu deren technologischen Fähigkeiten, sondern auch über kulturelle und politische Zugehörigkeiten sowie über internationale Kontakte in einer Zeit, die in Nordeuropa nicht umsonst als Goldzeitalter bezeichnet wird.

32 Goldbrakteaten des 5. und 6. Jh.s sind aus der Region des heutigen Niedersachsens erhalten, die meisten davon aus Schatzfunden[1]. Zum Hort aus Nebenstedt (Dannenberg, Ldkr. Lüchow-Dannenberg), der in einem Moorgebiet angetroffen wurde, gehörten elf Brakteaten (Abb. 1) sowie heute verlorene Eisenteile, möglicherweise Teile eines Pferdegeschirrs. Aus dem Umfeld von Sievern (Ldkr. Cuxhaven) im Elbe-Weser-Dreieck stammen gleich zwei Horte und zwei Einzelfunde, insgesamt 14 Brakteaten (Abb. 2). Ob vier Brakteaten und eine römische Goldmünze aus Landegge (Haren, Ldkr. Emsland) zu einem oder mehreren Horten gehörten, ist nicht ganz geklärt, aber bei den übrigen beiden Brakteaten handelt es sich um Grabfunde aus den großen sächsischen Gräberfeldern Issendorf und Liebenau.

Erst beim genauen Hinsehen lassen sich auf den Goldbrakteaten winzige Figuren erkennen. Sie machen die besondere Faszination dieser Stücke aus. Es gibt Darstellungen von Menschen oder menschlichen Köpfen, von Tieren oder tierischen Wesen und von allerlei anderen Chiffren. Besonders die frühen Brakteaten des 5. Jh.s erinnern an römische Münzen, deren Bilder offenbar als Vorlagen genutzt worden sind. Als Beispiel dafür kann eines der Zentralmotive aus dem Hortfund von Sievern genannt werden (Abb. 2): Es zeigt ein menschliches Haupt, das noch entfernt die Kaiserbilder der Münzen widerspiegelt, aber doch durch viele zusätzliche Chiffren gekennzeichnet ist. Eine solche Weiterentwicklung ist typisch für die germanische Bildkunst. Im Laufe der Jahrhunderte wurden immer wieder Elemente der antiken und spätantiken Bildersprachen analysiert und synthetisch in die eigene Bilderwelt integriert. Damit setzte sich die Bildkul-

FRAGMENTE EINER WELTANSCHAUUNG 159

Abb. 1 Der Schatzfund aus Nebenstedt (Dannenberg, Ldkr. Lüchow-Dannenberg). Insgesamt 11 Goldbrakteaten des 5. oder 6. Jh.s n. Chr. wurden aus dem ehemaligen Moorgebiet geborgen, der größte von ihnen mit einem Durchesser von 3,68 cm. Drei der fein geprägten und sehr komplexen Bilddarstellungen von Menschen und/oder Tieren sind jeweils auf mehreren der Anhänger zu sehen (vgl. auch Abb. 4). Zwei der Stücke tragen Runeninschriften. Möglicherweise wurde der Hort als Versteck vergraben oder im Moor als Opfer an die Götter niedergelegt.

Abb. 2 Goldbrakteaten aus Sievern (Ldkr. Cuxhaven). In Sievern wurde 1942 ein Hortfund mit 11 Brakteaten gefunden, ein weiteres Stück kam 1950 als Einzelfund hinzu (IK 333, vgl. Abb. 3). Bei Ausgrabungen 1999 wurden dann noch zwei weitere Brakteaten entdeckt. Die Häufung von Schatzfunden in einer Region wird oft als Anzeichen für einen dortigen Zentralplatz verstanden, der quasi als Hauptstadt für ein größeres Gebiet fungierte und in dem Goldschmiedewerkstätten existieren konnten. Über die konkrete Bedeutung dieser Amulette ist nichts überliefert, doch dürften sie neben ihrer Funktion als Anzeiger eines speziellen gesellschaftlichen Status' grundsätzlich auch Schutzwirkungen besessen haben.

tur auch beständig inhaltlich mit anderen Kulturen auseinander. Mit der Rezeption der Motive und ihrer Veränderung ging sicherlich auch eine Bedeutungsveränderung einher. Außerdem kamen bei den Brakteaten bald auch neue Motive auf, die sich völlig von den Vorbildern gelöst haben, etwa reine Tierdarstellungen (Abb. 4). Niemals wurden Goldbrakteaten als Münzen verwendet.

Die Motive in den runden Bildfeldern wurden mit Matrizen (Modeln) in dünnes Goldblech gestempelt. Mit ein und demselben Model konnten mehrere Brakteaten hergestellt werden, die anschließend jeweils mit einem Randdraht und einer Öse versehen und zu Anhängern gestaltet worden sind. Manche Bleche waren aber wesentlich größer als die Model: Bei ihnen war es möglich, mithilfe von Punzen umlaufende Musterzonen einzustempeln, wodurch besonders große und prachtvolle Stücke entstanden. Dies lässt sich beim Hort aus Nebenstedt (Abb. 1) an mehreren Exemplaren sehen. Auch weitere sekundäre Verzierungen waren möglich, beispielsweise sogenannte Schmuckdreiecke unter den Ösen (Abb. 2), aufgelötete Goldkörner (Granalien) oder auch besondere Randdrähte[2]. Die Verwendung unterschiedlicher Metalle bzw. Legierungen sowie auch regionale Vorlieben bestimmter Merkmale zeigen, dass die Brakteaten an vielen unterschiedlichen Stellen angefertigt worden sein müssen. Ihr Verbreitungsgebiet erstreckt sich über weite Teile Nordeuropas: Von Norwegen bis Süddeutschland, von England bis Polen werden sie gefunden, die meisten von ihnen allerdings in Südskandinavien. Bisher konnte keine einzige Werkstatt archäologisch ausgegraben werden. So ist nur zu vermuten, dass die Werkstätten sich in größeren Siedlungen befanden, den sogenannten Zentralplätzen, in welchen die weltlichen und religiösen Eliten als Auftraggeber und Kunden saßen und auch militärischen Schutz boten, der für Handwerk und Handel nötig war[3].

Drachen, Helden und Dämonen

Durch ihre Zentralmotive lassen sich die Goldbrakteaten in fünf Typen (A, B, C, D und F) sortieren[4]. Ihre Bilder sind also nicht völlig individuell gestaltet, sondern die gesamte Produktion erscheint genormt. Dies gilt umso mehr, als sich innerhalb der einzelnen Typen noch enger definierte Motivgruppen finden: die sogenannten Formularfamilien (Abb. 3 und 4). Deren Angehörige sind jeweils grafisch so eng verwandt, dass sie nicht unabhängig voneinander oder von einer gemeinsamen Vorlage entstanden sein können. Viele weitere Angehörige mag es einst gegeben haben, die aber im Laufe der Zeit verloren gegangen sind oder umgeschmolzen wurden, oder die in anderen Schätzen vergraben

Abb. 3 Umzeichnungen von motivisch eng verwandten Brakteaten aus Nebenstedt (IK 308), Sievern (IK 333, hier nur das Bildfeld gezeigt) und Sjöhagen in Schweden (IK 337), die gemeinsam eine Formularfamilie (B3) bilden. Der Durchmesser von IK 308 beträgt 3,5 cm. Auf den Bildern ist eine menschliche Figur dargestellt, deren Gliedmaßen von greifen- bzw. drachenartigen Wesen umschlungen werden.

worden sind und noch immer im Boden auf ihre Entdeckung warten. Offensichtlich wurden die Formularfamilien durch wiederholte Kopierprozesse hergestellt[5]. Die einzelnen Bilder unterscheiden sich lediglich durch kleinere Variationen. Der Brakteat IK 308 aus Nebenstedt (drei Prägungen) und sein enger Formularverwandter IK 333 aus Sievern verdeutlichen dies: Sie gehören zur selben Formularfamilie B3 (Abb. 3). Am detailreichsten erscheint das Motiv auf den Prägungen IK 308 aus Nebenstedt. Hier ist eine menschliche Vollgestalt mit angewinkelten Beinen und Schnauzbart zu sehen, deren direkt unter der Öse platziertes Gesicht nach oben zeigt. Um sie sind drei sonderbare Wesen mit Bandleibern gruppiert, die sich teilweise um ihre Arme, Beine und den Unterleib schlingen. Sie haben kleine Köpfe, die praktisch nur aus einem runden Auge bestehen, an das sich eine lange Maul- oder Schnabelpartie anschließt. Während das untere Wesen keine Gliedmaßen hat und damit als schlangenartig

Abb. 4 Vier Beispiele der Bilder aus Formularfamilie D9, mit Vertretern aus Landegge (IK 461, Durchmesser 2,2 cm), Nebenstedt (IK 468) und Sievern (IK 505; IK 507). Die zunächst schwer lesbaren Bildfelder zeigen im Relief ein Wesen mit langem, S-förmig gebogenem Bandleib und spitzer Maul- bzw. Schnabelpartie. Der Kopf liegt am oberen Bildfeldrand. Der dünne Körper ist in fünf einzelne durch das Bildfeld laufende Segmente getrennt, an denen sich die Schulter- und Hüftschleifen gegenüberliegen. Gezeichnet sind je ein Vorder- und ein Hinterbein, beide mit dem Körper verflochten. Ungefähr in der Bildmitte ist ein menschlicher Fuß erkennbar: Tritt er auf das Wesen, oder ist es der letzte Überrest eines vom Untier verschlungenen Menschen?

angesprochen werden kann, besitzen die anderen beiden jeweils Vorder- und Hinterbeine. In der Forschung werden sie aufgrund ihres gebogenen, schnabelartigen Mauls als Greifen angesprochen. Nach germanischem Verständnis könnte es sich aber auch um Drachen handeln, denn diese waren flügellos gedacht. Alle Figuren sind stark stilisiert, und zwar in einer für die Germanen typischen Weise[6]. Zwischen den drei Bildern sind klare Qualitätsunterschiede ersichtlich, die sich beim Kopieren ergeben haben müssen. Bei dem Exemplar aus Sievern, IK 333, ist die menschliche Gestalt noch gut vergleichbar mit derjenigen auf IK 308, aber die Tiere wären ohne diese Vorlage kaum mehr erkennbar; die Schlange fehlt ganz. Noch ein wenig weiter fortgeschritten ist die Degenerierung des Motivs bei einem Fund aus dem südschwedischen Sjöhagen (IK 337).

Die greifenartigen Tierfiguren mit Schnabel (?) und vier Beinen erscheinen bei Brakteaten vom Typ D auch als Hauptmotive, zum Beispiel bei der relativ großen Formularfamilie D9, deren knapp 60 bekannte Vertreter vorwiegend aus England und Jütland stammen (Abb. 4). Aus Nebenstedt kommen vier Angehörige (modelgleiche Prägungen), aus Sievern acht teilweise modelgleiche Stücke, und ein weiteres Exemplar aus Landegge. Das in der Seitenansicht meistens von links gesehene Tier besitzt einen Kopf aus drei Segmenten. Am ebenfalls segmentiert dargestellten Bandleib sind Schulter- und Hüftschlaufe erkennbar, von denen ausgehend sich je ein Vorder- und ein Hinterbein mit dem Körper verflechtet. Unter der Maulspitze ist ein pelta- bzw. brezelförmiges Beizeichen platziert.

Auch die menschliche Gestalt der oben genannten Formularfamilie B3 (Abb. 3) findet Verwandte in anderen Motiven, die beispielsweise im Nebenstedt-Hort (Abb. 1) mit IK 128 und IK 129,1 vorliegen[7]. Insbesondere durch die Kopfgestaltung und die Armhaltung, bei der die rechte Hand vor dem Kinn liegt, ergeben sich klare Parallelen. Sie sind außerdem gekennzeichnet durch umlaufende Runeninschriften, zu denen sich auch Symbole und andere Beizeichen gesellen. Runische Inschriften auf Brakteaten sind selten gut lesbar und verständlich, ihr Sinn erschließt sich nicht eindeutig. Immerhin wird die Inschrift aus Nebenstedt als „GliaugiR" gelesen, was „Der Glanzäugige" bedeuten kann und sich auf Odin, den vielschichtigen Gott der Germanen, beziehen lässt. Die Figur wird also als Götterdarstellung verstanden.

Corporate Identity?

Spätestens jetzt muss die Frage gestellt werden nach der Bedeutung dieser Bilddarstellungen. Was zeigen sie: Götter, oder vielleicht auch Menschen? Drachen- oder Dämonenkämpfe, oder aber wunderbare Heldentaten, die mit tiergestaltigen Helfern ausgeführt werden? Sind die Tiere als in sich selbst gefesselte und damit gebannte Untiere zu verstehen, oder als quirlige, glückbringende Mischwesen? Grundsätzlich handelt es sich bei den Brakteaten ja um Goldobjekte, mit denen sicherlich ein besonderer gesellschaftlicher Status angezeigt werden konnte. Es scheint, als wären die Anhänger sowohl von Frauen als auch Männern getragen worden, einzeln oder zu mehreren, an einfachen Schnüren oder mit Perlen und anderem Schmuck in großen Kolliers. Es liegt nahe, sie auch als Amulette anzusehen, deren komplexe Bilder vielleicht verschiedenartige Wirkungen ausüben sollten. Alle weiteren Aussagen allerdings sind schwierig. Denn leider lassen sich Bilder ohne dazugehörige schriftliche Überlieferung praktisch nicht verstehen in der Weise, wie sie gemeint waren, mit ihrer ursprünglichen Aussagekraft und Bedeutung. Solche genormten Darstellungen entstehen als Essenzen aus komplexeren Hintergrundgeschichten, also geistigen Kontexten oder Vorstellungen. Es können beispielsweise wichtige Schlüsselszenen dieser Geschichten sein. Im Falle der germanischen Bilder wird versucht, verschiedene Zugänge zu ihnen zu finden, also Indizien zusammenzutragen und dann zu einer gemeinsamen Deutungsmöglichkeit zu gelangen[8]. Hierzu werden nicht nur die Runeninschriften ausgewertet, sondern unterschiedliche Quellengruppen. Dies sind zunächst andere Bildersprachen benachbarter Kulturen: Ähnliche Darstellungen in römischen, spätantiken und mittelalterlichen Umgebungen können helfen, generelle Einblicke in die bildnerischen Möglichkeiten und Gewohnheiten der Epochen zu gewinnen. Ein Glücksfall ist es auch, dass auf Island noch im 12. Jh. und später Texte aufgeschrieben worden sind, in denen Geschichten aus der heidnischen Vorzeit enthalten sind, darunter Götter- und Heldensagen, die vorher wohl im ganzen germanischen Raum verbreitet gewesen waren. Ihre Inhalte lassen sich – mit großer Vorsicht – auf die Bilddarstellungen der Brakteaten beziehen. Die zusammengenommenen Ergebnisse dieser Analysen machen es dann möglich, erste Deutungsansätze für einige der Darstellungen zu gewinnen und die Hintergrundgeschichten, die von ihnen illustriert und symbolisiert werden, ansatzweise zu rekonstruieren. So lassen sich vergessene Geschichten und Vorstellungen der Germanen in Teilen beleuchten, und sehr fragmentarisch sind Einblicke in ihre Weltanschauungen zu gewinnen. Allerdings ist in diesen Fragen innerhalb der Forschung noch lange kein Konsens erreicht, zu viele Variablen, zu viele Rätsel bleiben offen.

Doch auch ohne die Botschaft der Brakteatenbilder ganz konkret zu verstehen, lassen sich interessante Erkenntnisse gewinnen aus der Analyse der Verbreitung bestimmter Motive. Denn wenn in unterschiedlichen Fundregionen voneinander kopierte Darstellungen auftreten, wie dies etwa bei den genannten Formularfamilien B3 und D9 (Abb. 3 und 4) der Fall ist, dann sind Beziehungen der dort lebenden Menschen untereinander ablesbar. Mehr noch, wer ein Motiv kopiert, versucht damit sicherlich auch, an dessen Bedeutung anzuknüpfen. Wenn dies regelhaft geschieht und viele gleichartige Funde in zwei oder mehreren Regionen auftreten, werden gemeinsame Kulturräume erkennbar. Diese können in gemeinsamen politischen und religiösen Vorstellungen begründet sein. Mit dem Auftreten von Goldbrakteaten in Niedersachsen zeichnen sich klare Verbindungen nach Skandinavien ab: Im Spiegel der Dinge orientierte sich Niedersachsen am Norden.

Dies wird auch anhand einer anderen Fundgattung deutlich, den goldenen Halsringen. Ein gut erhaltenes Exemplar wurde in Mulsum, Ldkr. Cuxhaven (Abb. 5), also in der Region von Sievern, entdeckt[9]. Fragmente eines zweiten, sehr ähnlichen Rings stammen aus Liebenau, Ldkr. Nienburg (Weser), seine Stempel weisen allerdings kleine Unterschiede auf[10]. Beide Ringe sind in gleicher Weise hergestellt worden und im Vorderbereich aus Goldblech

Abb. 5 Halsring von Mulsum (Ldkr. Cuxhaven). Der ca. 20 cm im Durchmesser große Ring wurde in einem Hort zusammen mit fünf spätrömischen geösten Goldmünzen gefunden. Seine Oberfläche ist mit halbmondförmigen Punzeindrücken verziert. In seiner Form und dem Dekor kopiert der Ring skandinavische Vorbilder, wodurch sich kulturelle Beziehungen nach Skandinavien aufdecken lassen.

hohl gearbeitet. Trotzdem wiegt der Ring aus Mulsum immerhin noch stattliche 98,2 g. Seine beiden Teile sind hinten mit einem Haken-Ösen-Verschluss verbunden, während vorne ein aufgeschobener Goldblechstreifen (ursprünglich waren es wohl zwei) die überlappenden Enden zusammenhält. Interessanterweise gibt es in Skandinavien ähnliche Halsringe, die jedoch massiv und daher vom Goldwert her höher sind. Damit lassen sich die niedersächsischen Funde des späten 5. oder frühen 6. Jh.s als lokale Produkte bestimmen, die sich doch klar auf die Vorbilder im Norden beziehen. Goldhalsringe wurden bei den Germanen nicht nur als Schmuck getragen, sondern sie hatten Funktionen als Würde- und Herrschaftszeichen. Auch sie erfahren nur wenig individuelle Ausgestaltung und lassen sich gut in unterschiedliche Typen unterteilen, die gewiss auch verschiedenartig Bedeutung hatten und etwa verschiedene Hierarchiestufen bzw. Positionen weltlicher oder geistlicher Macht dekorierten.

An den norddeutschen Funden, insbesondere den Goldbrakteaten und Goldhalsringen, sind grundsätzlich enge Beziehungen der völkerwanderungszeitlichen Menschen nach Südskandinavien ablesbar, wo das Verbreitungszentrum ähnlicher Objekte liegt. In beiden Regionen wurde eine gleichartige Bilder- und Formensprache gepflegt. Diese ist wohl auch als Ausdruck eines verbundenen Kulturraums zu verstehen, der auf gemeinsamen Wertvorstellungen und Gesellschaftsstrukturen beruhte. Mit den historisch überlieferten Völker- bzw. Gruppennamen, etwa Sachsen, Friesen oder Jüten, lässt sich das kaum korrelieren. Vielmehr standen die germanischen Eliten dieser Zeit international in reger Interaktion, sie entwickelten gemeinsam ihre Bildersprache und nutzten diese als Ausdruck ihrer überregionalen Identität. Sicherlich waren die Chiffren damals in ihrer Aussagekraft allgemeinverständlich; heute allerdings stellen sie die Wissenschaft vor viele Rätsel.

Anmerkungen

1 Häßler 2003, S. 117–128, mit genauen Beschreibungen der Funde und der Fundgeschichte. Alle Brakteaten bzw. deren Model sind mit eindeutigen Nummern im Ikonographischen Katalog (IK) erfasst, abgebildet und beschrieben, siehe Hauck et al. 1985–89; neuere Funde in Heizmann/Axboe [Hrsg.] 2011. Allgemein zu Schatzfunden im Norden siehe auch Andersson 2008.
2 Kontinentale Funde etwa zeichnen sich häufig durch gedrehte Randdrähte aus (vgl. Abb. 1), wogegen die nordischen Brakteaten gewöhnlich geperlte Drähte haben.
3 Zu Sievern als möglichem Zentralplatz, wie bereits von Hauck 1970 erwogen, siehe auch Jöns 2010; Aufderhaar et al. 2011. Allgemein zu den Zentralplätzen und ihrem netzwerkartigen Zusammenspiel siehe auch Pesch, in Heizmann/Axboe (Hrsg.) 2011, S. 231–277.
4 A = menschlicher Kopf im Profil; B = menschliche Vollgestalt(en); C = menschlicher Kopf über vierbeinigem Tier; D = Stilisierte Tierfigur(en); F = Tierfigur, die derjenigen auf den C-Brakteaten ähnelt. Es können zusätzliche Chiffren auftreten, etwa weitere Figuren, Beizeichen oder Runen.
5 Pesch 2005; 2007.
6 Sie wird als „Tierstil I" bezeichnet und von der Mitte des 5. Jh.s bis in die 2. H. des 6. Jh.s im Norden ausschließlich verwendet. Klare zeichnerische und motivische Detailkriterien und Gestaltungsregeln kennzeichnen die teilweise komplizierten, oft schwer lesbaren Bilder, die vor allem auf Gebrauchsobjekten aus Edelmetall erhalten sind.
7 Die beiden Darstellungen gehören zur Formularfamilie B4, deren vier weitere Angehörige ansonsten alle aus Dänemark stammen.
8 Karl Hauck, in Heizmann/Axboe (Hrsg.) 2011, S. 1–60; Pesch 2007, 369; Pesch 2014, S. 346–349.
9 Ausführlich dazu Häßler 2003, S. 106–114. Zu den Ringen mit überlappenden Enden vgl. auch Andersson 2008, S. 59–60; Pesch 2014, S. 290–294. Allgemein siehe auch Adler 2003.
10 Die beiden 1,0 bzw. 1,4 cm langen Fragmente stammen aus Scheiterhaufengrab H12/B2. Dass der Rest des Rings während der Brandbestattung verdampft sein könnte, vermutet Häßler 2003, S. 114–115.

Literatur

Wolfgang Adler: Der Halsring von Männern und Göttern: Schriftquellen, bildliche Darstellungen und Halsringfunde aus West-, Mittel- und Nordeuropa zwischen Hallstatt- und Völkerwanderungszeit (Bonn 2003).

Kent Andersson: Gold des Nordens. Skandinavische Schätze von der Bronzezeit bis zu den Wikingern (Stuttgart 2008).

Iris Aufderhaar et al. 2011: Neue Forschungen am Zentralplatz von Sievern, Ldkr. Cuxhaven. Germania 87, 2009 (2011), 173–220.

Hans-Jürgen Häßler: Frühes Gold. Ur- und Frühgeschichtliche Goldfunde aus Niedersachsen (Oldenburg 2003).

Karl Hauck: Goldbrakteaten aus Sievern. Spätantike Amulett-Bilder der 'Dania Saxonica' und die Sachsen- 'Origo' bei Widukind von Corvey. Mit Beiträgen von Klaus Düwel, Heinrich Tiefenbach und Hajo Vierck (München 1970).

Karl Hauck et al.: Die Goldbrakteaten der Völkerwanderungszeit. Ikonographischer Katalog. Münstersche Mittelalter-Schriften 24, 1,1–3,2 (München 1985–1989).

Wilhelm Heizmann und Morten Axboe (Hrsg.): Die Goldbrakteaten der Völkerwanderungszeit – Auswertung und Neufunde. Ergänzungsbände zum Reallexikon der Germanischen Altertumskunde 40 (Berlin/New York 2011).

Hauke Jöns: Case Study 1: the Elbe-Weser Region in Northern Germany (the regions of Sievern and Stade in the first millennium AD). In: Trade and Communication Networks of the First Millennium AD in the northern part of Central Europe. Babette Ludowici et al. (Hrsg.): Neue Studien zur Sachsenforschung 1 (Hannover 2010), 69–89.

Alexandra Pesch: Fragment einer Weltanschauung. Überlegungen zum winzigen Überrest eines Goldbrakteaten aus Liebenau, IK 292. In: Hans-Jürgen Häßler (Hrsg.): Neue Forschungsergebnisse zur nordwesteuropäischen Frühgeschichte unter besonderer Berücksichtigung der altsächsischen Kultur im heutigen Niedersachsen. Studien zur Sachsenforschung 15 (Oldenburg 2005), 377–387.

Alexandra Pesch: Thema und Variation – Die Goldbrakteaten der Völkerwanderungszeit. Ergänzungsbände zum Reallexikon der Germanischen Altertumskunde 36 (Berlin/New York 2007).

Alexandra Pesch: Iconologia sacra. Entwicklung und Bedeutung der germanischen Bildersprache im 1. Jahrtausend. In: Uta von Freeden, Herwig Friesinger, Egon Wamers (Hrsg.): Glaube, Kult und Herrschaft. Phänomene des Religiösen im 1. Jahrtausend n. Chr. Röm.-Germ. Kommission des Deutschen Archäologischen Instituts, Kolloquien zur Vor- und Frühgeschichte 12 (Bonn 2009), 203–217.

Alexandra Pesch: Die Kraft der Tiere. Völkerwanderungszeitliche Goldhalskragen und die Grundsätze germanischer Kunst. Unter Mitarbeit von Jan Peder Lamm, Maiken Fecht und Barbara Armbruster. Kataloge Vor- und Frühgeschichtlicher Altertümer 47, zugleich Schriften des archäologischen Landesmuseums Schleswig, Monographien 12 (Mainz 2015).

Kultzentrum Sievern?

IRIS AUFDERHAAR

Die Ortschaft Sievern liegt an der Außenweser im nordwestlichen Elbe-Weser-Dreieck. Ihre Umgebung zeichnet sich durch eine in Niedersachsen einzigartige Verdichtung archäologischer Fundstellen aus. Forscher, die sich mit der Geschichte des ersten nachchristlichen Jahrtausends in Norddeutschland befassen, haben dieser Region daher schon lange eine besondere Bedeutung zugeschrieben. Sie gilt heute als eine Zentralregion des 1. Jahrtausends n. Chr., deren damalige Bewohner es verstanden, sozial und wirtschaftlich von ihrer strategisch und verkehrstechnisch günstigen Lage zu profitierten, über ihre Außenkontakte Einflüsse aus Kultur und Kunstschaffen zu adaptieren und so überregionale Bedeutung im soziokulturellen Bereich zu erlangen.

Am besten erhalten und vor Ort zu besichtigen sind die noch rund acht Meter hohen Wallsysteme der „Pipinsburg". Die Befestigungsanlage stammt aus dem 10. bis 12. sowie dem 14. Jh. n. Chr. In der Nähe wurden eine goldene Buckelscheibenfibel und drei ottonische Silbermünzen aus dem 10. oder 11. Jh. n. Chr. entdeckt. Darüber hinaus liefern schriftliche Quellen zur mittelalterlichen Gerichtsbarkeit der Region Indizien für einen Versammlungsplatz der allgemeinen Landversammlung. Es fallen dabei auch verschiedene Flurnamen auf, die auf Lokalitäten regelmäßiger Zusammenkünfte hinweisen.

Die archäologischen Funde zeigen aber, dass die Gegend um Sievern bereits deutlich früher, gegen Ende des 1. Jahrtausends vor Christus und in der 1. H. des 1. Jahrtausends n. Chr., Funktionen eines politischen, wirtschaftlichen, gesellschaftlichen und kulturellen Zentrums im Nordseeküstengebiet auf sich vereinigte. Die Besiedlung des Gebietes bestand zu dieser Zeit aus zahlreichen kleineren Niederlassungen, verteilt über die Landschaftsräume Geest und Marsch. Sie erfüllten offenbar unterschiedliche Funktionen: Neben rein landwirtschaftlich ausgerichteten Niederlassungen gab es auch Siedlungen, die verkehrstopografisch günstig an den Wasserrouten der Region positioniert waren. Die Funde von Gegenständen, die aus dem römischen Reich stammen oder auf Verbindungen mit Skandinavien und den britischen Inseln verweisen, legen nahe, dass zumindest ein Teil dieser Plätze als Bootsanlandestellen und Umschlagplätze im Gütertausch genutzt wurden. Dafür boten sich insbesondere jene Siedlungen an, die sich – aufgereiht wie auf einer Schnur – entlang der damaligen Küstenlinie der Außenweser entwickelten. Sie sind noch heute als erhöhte Wurten in der Marsch auszumachen. Bekannt sind vor allem die Feddersen Wierde und die Fallward (vgl. den Beitrag „‚Jeder hat einen Sitz für sich und einen Tisch'. Hölzernes Mobiliar des 4. und 5. Jahrhunderts von der Fallward" in diesem Band). Über Wasserwege, welche die damals noch unbedeichte Marsch durchzogen, waren die Niederlassungen und Landwege des Hinterlandes auf der Geest erreichbar.

Der Gegend um Sievern wird eine Rolle in der Entwicklung und Verbreitung bestimmter Kunststile und Symbole zugesprochen. Beispielhaft seien hier Funde aus dem Gräberfeld der Fallward genannt. Es handelt sich um qualitativ hochwertige Möbel und andere Objekte, die aus einheimischen Hölzern gefertigt wurden. Zu ihrer Verzierung verwendeten die Handwerker Techniken und Dekorationen, die sie offenbar anhand von Buntmetallarbeiten aus den römischen Provinzen kennen gelernt hatten und hier für ihre eigene Produktion adaptierten. Ähnliches wird auch für die Verzierung zahlreicher einheimischer metallener Trachtbestandteile angenommen (vgl. die Beiträge „Ein frühes Königreich im Elbe-Weser-Dreieck?" und „Stammeskunst? – Handwerk und Identität im Elbe-Weser-Dreieck im 4. und 5. Jahrhundert" in diesem Band).

Der ehemalige Kernbereich der Zentralregion lässt sich auf den trockenen und sandigen Ausläufern der Geest verorten. Unweit der mittelalterlichen „Pipinsburg" finden sich mit der „Heidenschanze" aus den beiden Jahrhunderten um Christi Geburt und der „Heidenstadt" aus dem 4./5. Jh. n. Chr. zwei weitere große Befestigungsanlagen aus Wallsystemen. Der Ausbau der Wälle und die Anzahl und Struktur der Eingänge verdeutlichen, dass es sich vermutlich nicht um durchweg militärisch genutzte Einhegungen handelte. In jedem Falle war der Bau jeder dieser Wallanlagen mit einem erheblichen Aufwand verbunden, der den Gestaltungswillen und gehobenen Status ihrer Erbauer erkennen lässt.

Eine Reihe sehr wertvoller Fundstücke spricht dafür, dass hier eine ortsansässige Elite nicht nur das politisch-gesellschaftliche Geschehen und die wirtschaftliche Entwicklung beeinflusste, sondern vermutlich auch religiöse Aufgaben erfüllte. Für das 6. Jh. n. Chr. wird dies im Spiegel verschiedener Goldobjekte fassbar, die im weiteren Umfeld der Befestigungsanlagen im Boden verborgen wurden: fünf geöste Goldmünzen, ein goldener Halsreif und insgesamt 14 Goldbrakteaten. Die Goldbrakteaten wurden im Kontext kultischer Praktiken und religiöser Vorstellungen hergestellt und verwendet. Untersuchungen haben gezeigt, dass ihre Motive vor Ort vervielfältigt, geändert und neu gestaltet wurden. Damit spricht alles dafür, dass die Region Sievern tatsächlich auch ein Kulturzentrum war (vgl. hierzu den Beitrag „Fragmente einer Weltanschauung. Goldbrakteaten und Goldhalsringe aus Niedersachsen" in diesem Band). Nicht zuletzt legt das auch die topografische Lage nahe: Die „Heidenschanze" und die „Heidenstadt" und die Golddeponierungen sind in eine Landschaft eingebettet, die durch Moorgebiete gegliedert und durch eine große Anzahl von jungsteinzeitlichen Großsteingräbern sowie Grabhügeln verschiedener Zeitstellung geprägt wurde. Eine Skizze aus der Mitte des 18. Jh.s zeigt, dass jedes der Wallsysteme diese monumentalen Grabdenkmäler auch einband.

Literatur

Iris Aufderhaar: Sievern, Ldkr. Cuxhaven – Analyse einer Zentralregion von der ausgehenden Vorrömischen Eisenzeit bis in das 6. Jh. n. Chr. Studien zur Landschafts- und Siedlungsgeschichte im südlichen Nordseegebiet 8 (Rahden/Westf. 2016).

Iris Aufderhaar et al.: Neue Forschungen am Zentralplatz von Sievern, Lkr. Cuxhaven. Germania 87, 2009 (2011), 173–220.

Abb. 1   Pipinsburg (links), Heidenschanze (rechts unten) und Heidenstadt (rechts oben) sowie die Großsteingräber Steendanz und Bülzenbett, dargestellt um 1755 (Martin Mushardt, Palaeogentilismus Bremensis).

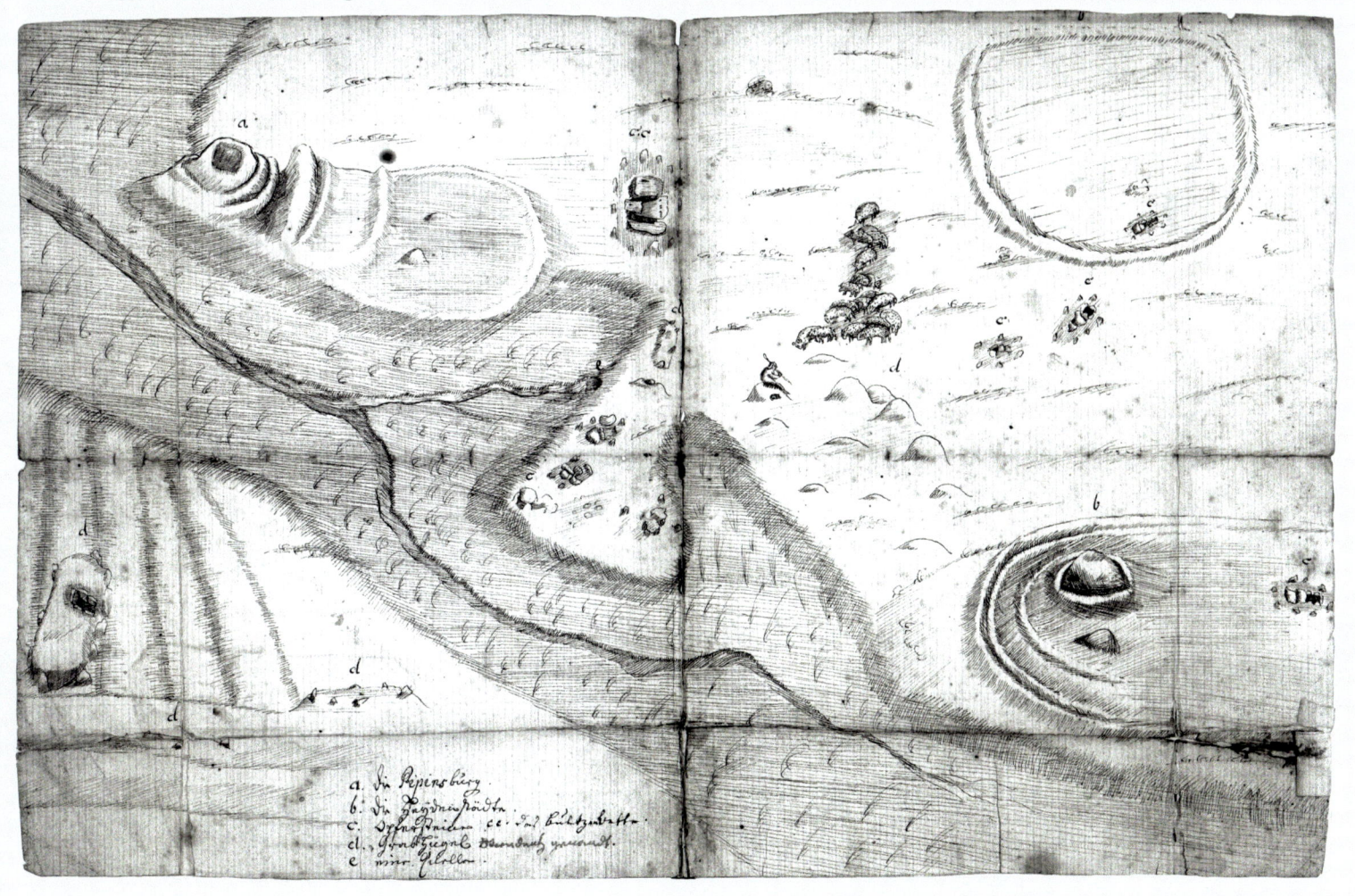

Wie weit reicht der Arm Herminafrids?
Die Könige der Thüringer und ihr Reich

MATTHIAS HARDT

Im Jahr 531 oder wenig später wurde Herminafrid, der König der Thüringer, in Zülpich (westlich von Köln) von einer Befestigungsmauer gestürzt und starb. Gemäß dem Geschichtsschreiber Gregor von Tours passierte dies, als Herminafrid sich dort in Verhandlungen mit dem Frankenkönig Theuderich I. befand. „Wer ihn von dort herabwarf, wissen wir nicht; man behauptet aber, daß ganz gewiß eine Hinterlist Theuderichs dabei im Spiele gewesen war"[1]. Mit Herminafrids Ende war auch der Untergang des Thüringerreiches besiegelt, eines Königreiches, das zumindest in der späteren Erinnerung auch eine große Bedeutung für die Frühzeit der Sachsen hatte[2]. Herminafrids Tod soll hier zum Anlass genommen werden, die Bedeutung des thüringischen Königtums und die Reichweite seiner Herrschaft zu beschreiben.

Der im östlichen Teil des Frankenreiches herrschende Theuderich I. hatte Herminafrid unter Zusicherung seiner Unversehrtheit nach Zülpich gebeten und ihn dort reich beschenkt, obwohl beide Herrscher kurz zuvor ihre Armeen gegeneinander geführt hatten und Herminafrid dabei unterlegen war. Zu diesem Krieg war es gekommen, weil Herminafrid, der zuvor bereits seinen Bruder Berthachar umgebracht hatte, gemeinsam mit Theuderich gegen das Teilreich eines weiteren Bruders namens Baderich vorgegangen war und zuvor vereinbart hatte, dieses mit Theuderich I. zu teilen. Gemeinsam kamen sie zum Erfolg und Baderich „verlor durch das Schwert sein Leben ... Sofort aber vergaß Herminafrid sein Versprechen und gedachte nicht mehr zu erfüllen, was er dem Könige Theuderich verheißen hatte: deshalb brach unter ihnen alsbald große Feindschaft aus"[3]. Im Jahr 531 führte der um seinen Anteil am Gebiet Baderichs geprellte Theuderich I., unterstützt von seinem Sohn Theudebert I. und seinem Bruder Chlothar I., dann Krieg gegen Herminafrid, der zweimal unterlag, bevor er in Zülpich umgebracht wurde.

Die Auseinandersetzungen zwischen den Frankenkönigen und Herminafrid waren aber nicht nur in gebrochenen Vereinbarungen und Streit um benachbarte Teilreiche und Beute begründet. Verursacht wurden sie auch durch Rivalitäten, die aus dynastischen Verbindungen vorangegangener Generationen hervorgegangen, vor allem aber in der Zugehörigkeit zu ebenfalls über Jahrzehnte gewachsenen unterschiedlichen Bündnissystemen verwurzelt waren. Schon in der Schlacht auf den katalaunischen Feldern bei Troyes im Jahr 451 hatten die in der Zeit um 400 erstmals überlieferten Thüringer gemeinsam mit Ostgoten auf der Seite des Hunnenkönigs Attila gekämpft[4], während zumindest Teile der Franken mit dem römischen Heermeister Aetius auf der anderen Seite standen. Ihren ostgotischen Mitstreitern aus dieser Zeit blieben die Anführer der Thüringer auch verbunden, nachdem Theoderich der Große seit 493 in Italien ein Königreich errichtet hatte und dieses mit einem Bündnissystem abzusichern versuchte, das zahlreiche benachbarte Herrschaftsbildungen durch dynastische Eheschließungen mit der ostgotischen Königsfamilie der Amaler verwob. So heiratete Herminafrid um 510 Amalaberga, eine Nichte Theoderichs des Großen[5]. Auch die Franken hatten ursprünglich in die-

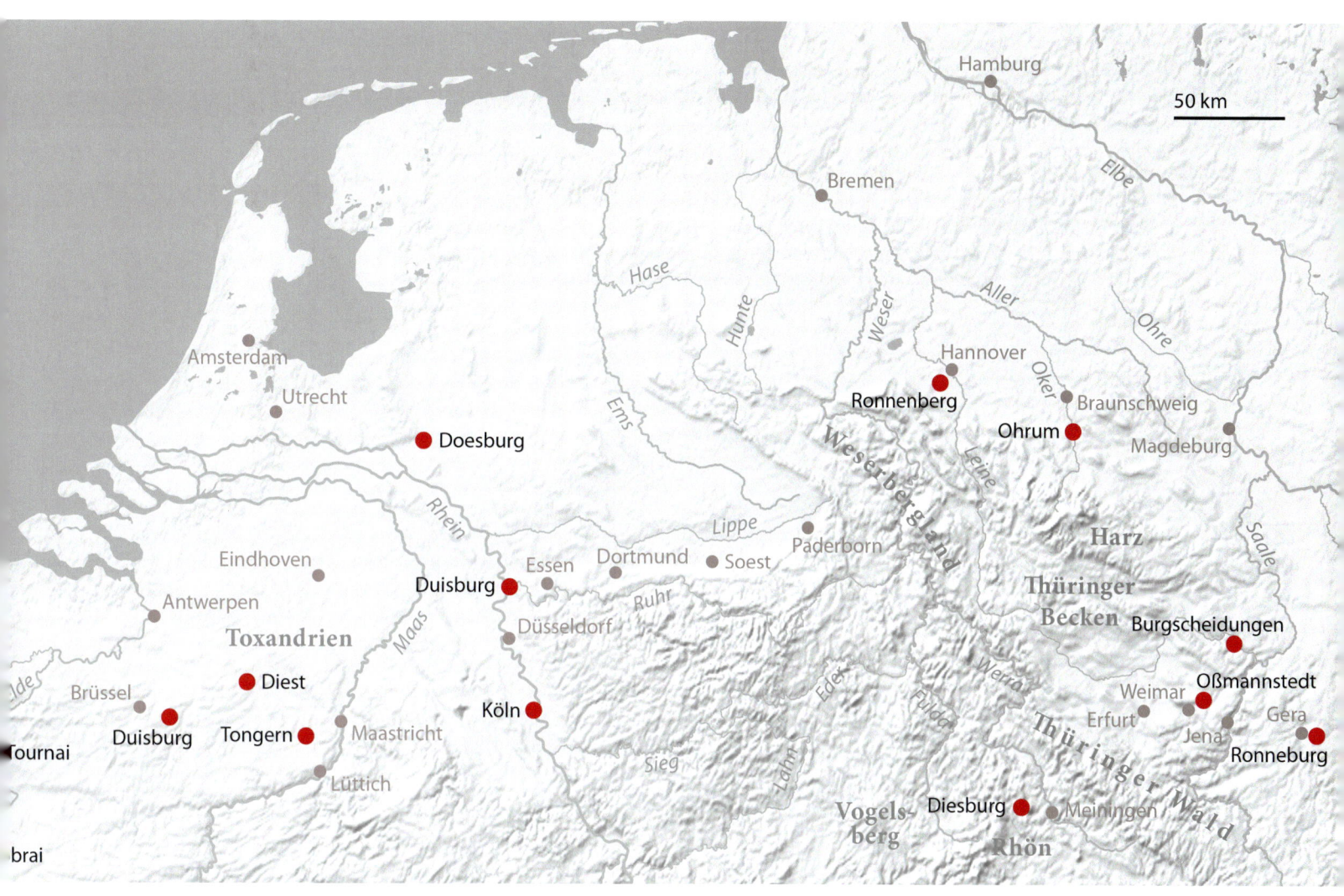

Abb. 1 Rote Punkte: im Text genannte Orte.

ses System eingebunden werden sollen, als Theoderich 493 Audofleda, eine Tochter Childerichs I. und Schwester Chlodwigs heiratete. Aber die Franken scherten früh aus diesem System wieder aus, nachdem sie 507/08 mit der Ernennung Chlodwigs zum Ehrenkonsul ihre Verbindung zum oströmischen Reich auf eine neue Stufe gestellt hatten. Er, der Vater des Thüringersiegers Theuderich I. und Begründer des Frankenreiches, hatte mit Basina eine thüringische Mutter. Sie war Childerich I., Chlodwigs Vater, gefolgt, als dieser vor dem Jahr 481 eine Zeit lang im Exil am Hof des Thüringerkönigs Bisin gelebt hatte. Basina war vor ihrem Wechsel zu dem fränkischen Exulanten Bisins Frau[6]. Zwar ist es eher unwahrscheinlich, dass dieser Bisin auch der namensgleiche Vater Herminafrids, Berthachars und Baderichs war.

Dennoch war die enge Verflechtung der fränkischen und thüringischen Herrscherfamilien gegeben, aus der schon Chlodwig Ansprüche auf die Herrschaft im Thüringerreich ableitete, die er in einem Krieg um 490/91 jedoch wohl nur kurz durchsetzen konnte[7].

Wo aber lag das Königreich der Thüringer, und welchen Einfluss konnten seine mit den merowingischen Franken verwandten und mit dem Ostgotenkönig Theoderich dem Großen politisch und dynastisch verbundenen Herrscher ausüben? Die Vereinbarung der Teilung des Gebietes Baderichs zwischen Theuderich und Herminafrid setzt voraus, dass Franken- und Thüringerreich eine gemeinsame Grenze hatten. Die weitere Ausdehnung des Letzteren ist nur auf einem indirekten Weg zu ermitteln, der sich aus der engen Beziehung von Thüringern und Warnen ergibt. Diese schlägt sich unter anderem darin nieder, dass ein Exemplar des zu Beginn des 9. Jh.s niedergeschriebenen Rechtes der Thüringer den Titel *Lex Angliorum et Werinorum, hoc est Thuringorum* trug und Angeln, Warnen und Thüringer somit gleichsetzte[8]. Von den Warnen wusste der oströmische Geschichtsschreiber Prokopius von Caesarea in der Mitte des 6. Jh.s, dass sie „jenseits der Donau" wohnen und „sich bis zum nördlichen Ozean und zum Rhein hin" ausdehnten, „der sie und die Franken und die übrigen dort beheimateten Völkerschaften trennt"[9]. Offensichtlich bezeichnete Prokop die Thüringer aus seiner oströmischen Perspektive als Warnen. Auf ein Ausgreifen des Thüringerreiches an die Donau finden sich schon Hinweise in der einige Jahrzehnte älteren Lebensbeschreibung des Heiligen Severin des Eugippius, der von thüringischen Überfällen auf Passau und die südlich der Donau liegende Provinz Noricum im späten 5. Jh. berichtete[10]. Ein gleichlautender Brief[11] Theoderichs des Großen aus dem Jahr 507 an die Könige der Thüringer, Warnen und Heruler mit dem Aufruf zur Geschlossenheit gegenüber dem Frankenkönig Chlodwig zeigt sogar eine thüringische Verbindung mit den zu diesem Zeitpunkt nördlich der mittleren Donau noch die Langobarden beherrschenden Herulern. Am von Prokop von Caesarea genannten Rhein wird nördlich der Mittelgebirge die Grenze des Thüringerreiches zum Frankenreich verlaufen sein. Wahrscheinlich gehörten auch die Boruktuarier im später westfälischen Hellweggebiet zum Königreich der Thüringer[12]. Die bei dem oströmischen Historiografen behauptete Erstreckung bis zur Nordsee ist noch schwerer nachzuweisen, aber mit dem Nordthüringgau nördlich des Harzes ist dafür ebenso ein Anhaltspunkt gegeben wie mit der von Widukind von Corvey im 10. Jh. vermuteten früheren Zugehörigkeit des Elbe-Weser-Dreiecks zum Thüringerreich[13].

So spät, also etwa vier Jahrhunderte nach den Ereignissen, aufgeschriebene und deshalb entsprechend kritisch zu beurteilende Berichte existieren auch zum Verlauf desjenigen Krieges, der zum Untergang des Thüringerreiches führte. Während der relativ zeitnah schreibende Gregor von Tours nur von zwei für Herminafrid schlecht verlaufenen Schlachten weiß, deren letzte am Fluss Unstrut stattgefunden habe, behaupten Rudolf von Fulda in der Translatio Sancti Alexandri[14] und die in sächsischen geistlichen Gemeinschaften entstandenen Res Gestae Saxonicae Widukinds von Corvey sowie die Quedlinburger Annalen eine Beteiligung von Sachsen auf Seiten der Franken und enthalten darüber hinaus auch konkretere Angaben über die Orte und Regionen, in denen sich die Gefechte abgespielt hätten. Als Platz der ersten Schlacht nennt Widukind *Runibergun*[15], das als Ronnenberg südwestlich von Hannover angesehen wird, weil die Quedlinburger Annalen ergänzend wussten, die Kämpfe seien *in regio Maerstem* verlaufen[16], wo sich tatsächlich auch Ronnenberg befindet[17]. Die Schlacht an der Unstrut schließlich lokalisieren die beiden letztgenannten sächsischen Quellen in *Skithinga/Schidinga*, das in der Forschung mit Burgscheidungen gleichgesetzt wird[18]. Herminafrid allerdings entkam auch hier; seine Frau Amalaberga und sein Sohn Amalafrid, der später Karriere als byzantinischer Heerführer machen würde, flohen nach Ravenna zum ostgotischen König Theodahad[19].

Wenn auch in Burgscheidungen bisher keine archäologischen Funde zutage gekommen sind, die auf eine Bedeutung des Ortes im 6. Jh. hindeuten würden, so liegt die Unstrut doch in jenen Regionen, die während des gesamten Mittelalters und bis in die Gegenwart den Namen der Thüringer tragen. Im zentralen Thüringen, am südöstlichen Harzrand und wenig östlich der Saale liegen die Gräberfelder und Fürstengräber des 5./6. Jh.s, die in erster Linie mit den Eliten des Thüringerreiches in Verbindung gebracht worden sind: Erfurt-Gispersleben, Leubingen, Weimar, Oßmannstedt, Großörner bei Hettstedt und Stößen[20]. Von hier aus hielten die Könige der Thüringer vielleicht mit Methoden, die ihnen im Umgang mit den reiternomadischen Hunnen vertraut wurden, mit großer Mobilität die weiten Räume zwischen Niederrhein und mittlerer Donau, zwischen Mainfranken und norddeutscher Tiefebene unter ihrer Kontrolle. Deshalb ist es nicht unwahrscheinlich, dass die Franken Theuderichs I. im Jahr 531 über den Hellweg kamen und ihnen Herminafrid südwestlich von Hannover entgegentrat. Dass er dabei von Sachsen unterstützt wurde, behaupteten diese später mit Vehemenz. Ob man diesen kolportierenden Texten in irgendeiner Hinsicht vertrauen sollte, ist inzwischen eine wissenschaftliche Glaubensfrage geworden, in der es um die Dauerhaftigkeit und Überlebensfähigkeit mündlicher Überlieferung in schriftloser Zeit geht[21]. Denn nur damit könnte das Wissen um die Bedeutung von Sachsen bei der Zerschlagung des Thüringerreiches über die Jahrhunderte weiter getragen worden sein. Auszuschließen ist das mit Sicherheit nicht.

Anmerkungen

1 Gregor von Tours, Zehn Bücher Geschichten III, 8, S. 155.
2 Hardt 2009, S. 253–264.
3 Gregor von Tours, Zehn Bücher Geschichten III, 4, S. 149.
4 Grahn-Hoek 2002, S. 38–39.
5 Wiemer 2018, S. 273, 367.
6 Hardt 2015, S. 217–224.
7 Gregor von Tours, Zehn Bücher Geschichten II, 27, S. 113; Grahn-Hoek 2001, S. 37–40.
8 Grahn-Hoek 2002, S. 69.
9 Prokop von Caesarea, Gotenkriege, IV, 20, S. 863, 865; Grahn-Hoek 2001, S. 19; Grahn-Hoek 2002, S. 68–71.
10 Eugippius, Vita Sancti Severini. Hg. von Hermann Saupe. Monumenta Germaniae Historica, Auctores Antiquissimi 1, 2 (Berlin 1877), c. 27, 21 und c. 31, 23 f.; Grahn-Hoek 2002, S. 40.
11 Cassiodor, Variae III, 3 S. 79 f.; Cassiodorus: Variae S. 47 f.; Wiemer 2018, S. 333, 368.
12 Grahn-Hoek 2002, S. 80–84.
13 Widukind von Korvei, Res Gestae Saxonicae I, 9, S. 5. Zum Nordthüringgau siehe Springer 2004, S. 208.
14 Rudolf von Fulda, Translatio Sancti Alexandri, S. 12–15, hier S. 13.
15 Widukind von Korvei, Res Gestae Saxonicae I, 9, S. 12.
16 Die Annales Quedlinburgenses, S. 413.
17 Grahn-Hoek 2002, S. 63–65.
18 Widukind von Korvei, Res Gestae Saxonicae I, 9, S. 13; Die Annales Quedlinburgenses, S. 414.
19 Prokop von Caesarea, Gotenkriege, I, 13, S. 105; Brandes 2009, S. 300–305.
20 Schmidt 1996, S. 287.
21 Vgl. dazu Hardt 2009 sowie Springer 2004, S. 57–96.

Quellen und Literatur

Cassiodor, Variae, hg. von Theodor Mommsen. Monumenta Germaniae Historica, Auctores Antiquissimae XII (Berlin 1894, Ndr. 1981).
Cassiodorus: Variae. Translated with notes and introduction by S. J. B Barnish. Translated Texts for Historians 12 (Liverpool 1992).
Die Annales Quedlinburgenses. Hg. von Martina Giese. Monumenta Germaniae Historica Scriptores rerum Germanicarum in usum scholarum [72], (Hannover 2004).
Gregor von Tours: Zehn Bücher Geschichten. Auf Grund der Übersetzung Wilhelm Giesebrechts neubearbeitet von Rudolf Buchner. Erster Band. Ausgewählte Quellen zur deutschen Geschichte des Mittelalters; Freiherr vom Stein-Gedächtnisausgabe II (Darmstadt 1977).
Prokop von Caesarea: Gotenkriege, IV, 20. Griechisch-deutsch von Otto Veh. Tusculum-Bücherei (München 1966).
Rudolf von Fulda: Translatio Sancti Alexandri. In: Quellen zur Geschichte der sächsischen Kaiserzeit. Neu bearbeitet von Albert Bauer und Reinhold Rau. Ausgewählte Quellen zur deutschen Geschichte des Mittelalters; Freiherr vom Stein-Gedächtnisausgabe VIII (Darmstadt 1971).
Widukind von Korvei: Res Gestae Saxonicae. Hg. von Paul Hirsch. Monumenta Germaniae Historica Scriptores rerum Germanicarum in usum scholarum [60] (Hannover 1935, Ndr. 1989).
Wolfram Brandes: Thüringer/Thüringerinnen in byzantinischen Quellen. In: Helmut Castritius, Dieter Geuenich und Matthias Werner (Hrsg.): Die Frühzeit der Thüringer. Ergänzungsbände zum Reallexikon der Germanischen Altertumskunde 63 (Berlin/New York 2009), 291–327.
Heike Grahn-Hoek: Gab es vor 531 ein linksniederrheinisches Thüringerreich? In: Zeitschrift des Vereins für Thüringische Geschichte 55, 2001, 15–55.
Heike Grahn-Hoek: Stamm und Reich der frühen Thüringer nach den Schriftquellen. In: Zeitschrift des Vereins für Thüringische Geschichte 56, 2002, 7–90.
Matthias Hardt: Thüringer und Sachsen. In: Helmut Castritius, Dieter Geuenich und Matthias Werner (Hrsg.): Die Frühzeit der Thüringer. Ergänzungsbände zum Reallexikon der Germanischen Altertumskunde 63 (Berlin/New York 2009), 253–264.
Matthias Hardt: Childerich I. in den historischen Quellen. In: Dieter Quast (Hrsg.): Das Grab des fränkischen Königs Childerich in Tournai und die Anastasis Childerici von Jean-Jacques Chifflet aus dem Jahre 1655. Monographien des Römisch-Germanischen Zentralmuseums 129 (Mainz 2015), 217–224.
Berthold Schmidt: Das Königreich der Thüringer und seine Eingliederung in das Frankenreich. In: Reiss-Museum Mannheim (Hrsg.), Die Franken. Wegbereiter Europas. Vor 1500 Jahren: König Chlodwig und seine Erben, Bd. I. (Mainz 1996), 285–297.
Matthias Springer: Die Sachsen (Stuttgart 2004).
Hans-Ulrich Wiemer: Theoderich der Große. König der Westgoten, Herrscher der Römer. Eine Biographie (München 2018).

Fremde Frauen? Thüringischer Schmuck in Niedersachsen

VERA BRIESKE

Im nordwestdeutschen Flachland ist eine ganze Reihe von wertvollen Schmuckstücken des 5. bis 6. Jh.s n. Chr. entdeckt worden, wie sie ansonsten vor allem aus dem heutigen Thüringen und Sachsen-Anhalt bekannt sind. Es handelt sich dabei um sogenannte Bügelfibeln. Sie wurden damals europaweit getragen und haben ein breites Formenspektrum. Im Gegensatz zu den meisten anderen Typen haben die Bügelfibeln in Mitteldeutschland meistens keine Knöpfe an den Kopfplatten. Es herrschen dort im Wesentlichen drei Varianten vor, die ihre Wurzeln in donauländischen Formen haben: Vogelkopffibeln mit jeweils zwei einander zu- oder abgewandten Vogelköpfen, Zangenfibeln, deren Kopfplatte an vier Ecken zipfelartig ausgezogen ist und schließlich eine dritte Fibelform, die nach einem Fundort als Typ Rositz bezeichnet wird. Charakteristisch für Letztere sind die spiralverzierte, von einem mehrgliedrigen Randfries umgebene Kopfplatte und die meist rhombische, von skandinavischen Vorbildern übernommene Fußplatte. Dazu kommen noch einige Kleinfibeltypen wie gleicharmige Zangenfibeln und Dreirundelfibeln mit Almandineinlagen.

Ein wertvolles Fibelpaar vom Typ Rositz (Abb. 1) aus vergoldetem Silber fand sich beispielsweise auf dem frühgeschichtlichen Friedhof von Issendorf im Ldkr. Stade. Mit ca. 6500 Urnengräbern und 80 Körpergräbern war er einer der größten Friedhöfe des 1. Jahrtausends in Norddeutschland. Die Fibeln vom Typ Rositz stammen aus Grab Nr. 3575. Hierin ist um die Mitte des 6. Jh.s eine erwachsene Frau bestattet worden. Man hatte die Tote in einen Kastensarg gelegt und diesen in Ost-West-Ausrichtung in einem unterirdischen Totenhaus aus Holz beigesetzt, dessen Dach und Giebel oberirdisch sichtbar waren. Dieser aufwendige Grabbau ist in Niedersachsen bislang einzigartig. Das Grab enthielt überdurchschnittlich viele Beigaben, darunter handgemachte Keramikgefäße. Auch sie finden ihre besten Parallelen in Mitteldeutschland.

Bei Bremen-Mahndorf an der Weser wurde auf einem Gräberfeld des 4.–9. Jh.s in einem Süd-Nord-ausgerichteten Körpergrab eine kleine gleicharmige Zangenfibel gefunden. Das Grab wird in das frühe 7. Jh. datiert, die Zangenfibel dagegen stammt aus dem frühen bis mittleren 6. Jh. Vielleicht war sie ein Erb- oder ein Fundstück? Vom gleichen Friedhof sind eine zweite kleine gleicharmige Zangenfibel und das Fragment einer Dreirundelfibel bekannt, beide leider ohne Fundzusammenhang geborgen.

Auch aus dem Gräberfeld von Liebenau an der Weser ist derartiger Schmuck bekannt: Neben einem vergoldeten Bügelfibelpaar des Typs Rositz aus Silber stammen von dort zwei silberne Vogelkopffibeln (Abb. 2) und kleine S-förmige Fibeln mit direkten Parallelen in Thüringen, kleine Dreirundelfibeln mit Almandineinlagen und eine kleine gleicharmige Zangenfibel. Zwei weitere dieser Zangenfibeln, aus vergoldetem Silber mit Almandineinlagen, fanden sich in einem Grab zusammen mit einem massiven Bronzering. Der Ring weist auf eine Verschlusstechnik von Beuteln hin, die auch in Mitteldeutschland nachgewiesen ist – interessanterweise stammen entsprechende Funde dort aus Gräbern, die umgekehrt Schmuck des 5. Jh.s enthielten, wie er damals im nordwestlichen Niedersachsen getragen wurde. Die Gräber mit den mitteldeutschen Schmuckstücken lagen in zwei Konzentrationen am westlichen Rand und in der Mitte des Bestattungsplatzes von Liebenau. Offensichtlich besaßen dort zwei Gruppen, möglicherweise Familien, die sich durch das Tragen von ortsfremdem Schmuck von anderen unterschieden, ihre eigenen Grabareale. Zweifelsohne haben Mitglieder der Siedlungsgemeinschaften, die ihre Toten bei Issendorf, Bremen-Mahndorf und Liebenau bestatteten, Kontakte in den mitteldeutschen Raum gepflegt oder stammten vielleicht selbst von dort. Der historische Rahmen dieser archäologisch gut greifbaren Verbindungen liegt nahe: Viele Forscher sehen in Trägerinnen von für Mitteldeutschland typischen Schmuckstücken Angehörige der Elite im Reich des Thüringerkönigs (vgl. den Beitrag „Wie weit reicht der Arm Herminafrids? Die Könige der Thüringer und ihr Reich" in diesem Band). Vielleicht haben einzelne Thüringerinnen in der norddeutschen Tiefebene neuen familiären Anschluss gefunden. Oder es haben sich dort ganze Familien oder Gruppen angesiedelt, sei es in Folge der Zerschlagung des thüringischen Königreiches ab 531 n. Chr. oder unabhängig davon schon vorher. Die Frau, die in dem Totenhaus von Issendorf beigesetzt wurde, könnte in diesem Sinne als Thüringerin gelten, deren Hinterbliebene wussten, wie sie auf die ihrem Rang und ihrer Herkunft zustehende Art zu bestatten war. Aber das ist nur eine mögliche Interpretation. Enge Kontakte zwischen der mitteldeutschen Oberschicht und ihren Nachbarn dürften zu Handel oder sonstigem Austausch im weitesten Sinne geführt haben; vielleicht war es zeitweise en vogue, „thüringische" Fibeln zu tragen und damit zu zeigen, welche weit reichenden Verbindungen man hatte. Dass in Liebenau Verstorbene mit mitteldeutschem bzw. „thüringischem" Schmuck nach den ortsüblichen Gepflogenheiten eingeäschert und damit in einer für Mitteldeutschland ganz untypischen Weise bestattet wurden, mag darauf hinweisen, dass sie in der Siedlungsgemeinschaft assimiliert waren bzw. dass Einheimische dafür sorgten, wie sie ihren Weg ins Jenseits antraten, nämlich so, wie es an der Weser üblich war.

Literatur

Vera Brieske: Schmuck und Trachtbestandteile des Gräberfeldes von Liebenau, Kreis Nienburg (Weser). Vergleichende Studien zur Gesellschaft der frühmittelalterlichen Sachsen im Spannungsfeld zwischen Nord und Süd. Studien zur Sachsenforschung 5,6 (Oldenburg 2001).

Ernst Grohne: Mahndorf. Frühgeschichte des bremischen Raums (Bremen 1953).

Max Martin: Ethnic identities as constructions of archaeology (?): the case of the Thuringi. In: Janine Fries-Knoblauch und Heiko Steuer (Hrsg.): The Baiuvarii and Thuringii. An ethnographic perspective. Studies in historical archaeoethnology 9 (Woodbridge 2014), 243–270.

Berthold Schmidt: Thüringische Einflüsse in Niedersachsen während des 5./6. Jahrhunderts n. Chr. – Issendorf, Ldkr. Stade, Grab 3575. Studien zur Sachsenforschung 10 (Oldenburg 1997), 241–251.

Abb. 1 Issendorf, Körpergrab 3575. Thüringisches Fibelpaar vom Typ Rositz.

Abb. 2 Liebenau, Brandgrab L12/B10. Thüringische Vogelkopffibeln der Form Eischleben.

Unterwegs in Raum und Zeit

IRIS AUFDERHAAR, CHRISTOPH GRÜNEWALD UND BABETTE LUDOWICI

Zu den Meilensteinen der archäologischen Forschung in Niedersachsen gehört die Ausgrabung des Gräberfeldes von Buxtehude-Immenbeck (Ldkr. Stade). Die Eigenarten der 262 Beisetzungen, die dort dokumentiert wurden, die über Jahrhunderte ausgebildete Gesamtanlage des Friedhofs, aber auch die große Zahl unverbrannt überlieferter Grabausstattungen des 4. bis 6. Jh.s n.Chr. sowie deren Erhaltungszustand sind in Norddeutschland einzigartig. In ihrer Gesamtheit bilden sie einen kulturgeschichtlichen Schlüsselbefund. Die wissenschaftliche Bearbeitung der zwischen 2000 und 2004 erfassten Befunde dauert noch an und die Fachwelt sieht ihrer Gesamtpublikation mit Spannung entgegen. Der Friedhof von Immenbeck liegt in nächster Nachbarschaft zu früher, zeitgleich und auch länger belegten Friedhöfen des ersten Jahrtausends wie Issendorf und Ketzendorf (beide Ldkr. Stade). Damit kann im Raum um Buxtehude erstmals in Niedersachsen die demografische und kulturelle Entwicklung der frühgeschichtlichen Bevölkerung eines größeren Gebietes über Jahrhunderte hinweg beobachtet werden. Der Gesamtbefund wird Aufschluss geben über die Struktur und Entwicklung der Kulturlandschaft im ersten Jahrtausend an der unteren Elbe. Wir wissen schon heute: Ihren erkennbaren Wohlstand verdanken die Menschen dort den klassischen Erfolgsprinzipien der Menschheit – Migration, Handel und Austausch von Ideen. Von ihrem enorm weitgespannten Verbindungsnetz zeugt unter anderem eine überaus fragile Fracht, die sie im 5. und 6. Jh. trotz langer Transportwege unbeschadet erreicht hat: Kostbare Trinkgläser aus Glashütten in Nordfrankreich oder dem Rheinland.

Mit den Beigaben aus den Gräbern von Immenbeck – zusammen rund 8000 Einzelobjekte – liegt ein faszinierender Bestand an regionaler und internationaler Sachkultur aus dem ersten Jahrtausend von seltener Qualität und enormer Vielfalt vor. Die Ausgräber haben vieles davon in Blöcken geborgen, also mitsamt der umgebenden Erde. Diese sogenannten „Blockbergungen" sind Zeitkapseln: Sie konservieren nicht nur die Objekte, sondern auch den originalen archäologischen Befundzusammenhang. Oft genügt eine Computertomografie oder ein einfaches Röntgenbild, um ihren Inhalt zu erfassen. Die darin eingeschlossenen Objekte können vollkommen berührungsfrei magaziniert werden – vielleicht bis in eine Zeit, in der ganz neue Methoden zu ihrer Untersuchung entwickelt worden sind. Aber auch schon jetzt liefert die Öffnung der Blockbergungen unter Laborbedingungen fortlaufend neue Erkenntnisse über die in Immenbeck bestattende Gemeinschaft. Ein besonders spannendes Beispiel dafür bietet Grab Nr. AE 236. Zur Kleidung der darin beigesetzten Frau gehören zwei auf den ersten Blick recht unscheinbare kleine Scheibenfibeln (Abb. 1). Sie bestehen aus runden Trägerplatten aus Buntmetall mit einer Anstecknadel, auf denen vergoldete Pressbleche aus Silberfolie montiert wurden. Das Motiv dieser Pressbleche ist überaus skurril: Man schaut in sechs dreieckige Gesichter mit großen Schnauzbärten, die wie Tortenstücke im Kreis sitzen. Auf dem Kontinent sind die beiden Fibeln bis-

Abb. 1 Eine der beiden Pressblechfibeln aus Grab AE 236 des Friedhofs von Buxtehude-Immenbeck. Durchmesser ca. 5,5 cm.

lang einzigartig. Schöne Vergleichstücke sind allerdings in größerer Zahl aus England bekannt und sie sind so auffallend ähnlich, dass man davon ausgehen darf, dass auch die Immenbecker Fibeln dort hergestellt wurden. Die englischen Fibeln werden in das 5. Jh. datiert, kommen aber auch im 6. Jh. noch vor. Bemerkenswerterweise sind sie eine Weiterentwicklung von Fibeln, die im 5. Jh. vor allem im Elbe-Weser-Dreieck getragen wurden und mit Menschen von dort nach England gelangten.

Die Fibeln aus Grab AE 236 könnten als Mitbringsel von der Insel an die Elbe gekommen sein. Möglicherweise war aber auch ihre Besitzerin selbst ein Mitbringsel – oder neutraler formuliert: eine in Britannien geborene Frau, die an die Elbe zog. Wie dem auch sei: Die Schmuckstücke sind in jedem Fall ein eindrücklicher Beweis für Kontakte und sicher auch enge Familienbande, die zwischen Menschen an der unteren Elbe und auf der britischen Hauptinsel ab der Zeit um 400 geknüpft und von nachfolgenden Generationen gepflegt worden sind (vgl. hierzu das Kapitel „Gründerzeit").

Einen weiten Horizont hatte man damals aber nicht nur an der Elbe. Auch tief im Binnenland zwischen Rhein und Elbe werden Schmuckstücke aus dem 5. bis 6. Jh. gefunden, die aus England stammen dürften. Ihre Botschaft: Selbst in Gebieten weitab der großen Flüsse und der Küste stand man vielleicht in Kontakt mit den Nachkommen von Männern, die auf die britische Hauptinsel aufgebrochen waren. Nach England und zurück: Die Nordsee ist keine Einbahnstraße.

B.L.

Weiter Horizont:
Der Hortfund und das Gräberfeld von Beelen

CHRISTOPH GRÜNEWALD

In Westfalen war die Besiedlungsdichte im Zeitraum vom späten 4. bis zum frühen 6. Jh. n. Chr. sehr unterschiedlich. Am Unterlauf der Ems häufen sich Fundstellen mit zum Teil sehr qualitätvollen archäologischen Funden. In Beelen (Kr. Warendorf) wurde ein kleiner Friedhof ausgegraben, dessen Belegung schon im 3. Jh. n. Chr. beginnt. Ein frühes Brandgrab enthielt einen Satz Spielsteine aus Knochen, wie wir ihn aus dem Elbe-Weser-Dreieck kennen. Vielleicht fassen wir hiermit bereits eine sich herausbildende Elite mit weitreichenden Kontakten. In der Toten aus dem ältesten Körpergrab von Beelen aus der 2. H. des 5. Jh.s findet sich dafür jedenfalls eine herausragende Exponentin: Schon die Tatsache, dass die Bestattungsgemeinschaft es wagt, mit der traditionellen Brandbestattungssitte zu brechen, zeigt, dass sie nicht nur die Anregung dazu von außen bekam, sondern auch, dass sie die Möglichkeit hatte, sich über das Althergebrachte hinwegzusetzen. Die in Süd-Nord-Richtung beigesetzte Frau war reich mit Beigaben ausgestattet (Abb. 2). Sie öffnen den Blick auf die Welt, in der die Frau lebte: Einheimisch war hier nichts – außer der Wahl des Bestattungsplatzes.

Man hatte ihr einen Krug aus spätrömischer Sigillata ins Grab gestellt, er stammt wie ein gläserner Sturzbecher aus dem Rheinland. Fünf Fibeln gehörten zur Trachtausstattung der Frau: Ein Gewand verschloss sie mit zwei eisernen Armbrustfibeln, die ihre Verbreitungsschwerpunkte im alamannischen Südwesten und Thüringen haben. Auf den Schultern trug die Frau zwei bronzene „komponierte" Scheibenfibeln. Die Verzierung – Perlkränze und Sternmuster – ist auf dem Kontinent nicht üblich, wohl aber in England. Technisch gleich aufgebaut sind zwei Fibeln mit Fundorten an Rhein und Maas, sodass eine kontinentale Produktion nach britischem bzw. angelsächsischem Vorbild in Frage kommt. Die Sitte, die Fibeln mit einer Kette zu verbinden, weist aber wieder eindeutig in Richtung Norden, in Gebiete beiderseits des Ärmelkanals. Einzigartig ist die große Scheibenfibel mit goldenem Pressblech. Das Blech trägt ein geprägtes Ornament, das zweifach lesbar ist. Auf den ersten Blick sieht man eine zentrale Maske, die den Betrachter anschaut. Löst man das Ornament weiter auf, treten zwei sich gegenüberstehende Köpfe zum Vorschein. Die Fibel gehört damit zu den allerfrühesten Objekten, die im sogenannten Germanischen Tierstil I verziert sind, der sich im Norden Europas aus spätrömischen Elementen entwickelte. Doppeldeutige Darstellungen sind im Stil I häufig. Sicher ging es dabei nicht um ein Bilderrätsel, sondern darum, zu dokumentieren, dass man zu einer Gruppe mit speziellem „geheimem" Wissen gehörte.

Insgesamt gewinnt man den Eindruck, dass sich die Frau bewusst von ihrem Umfeld absetzen wollte, indem sie möglichst viele Dinge aus weit entfernten Regionen besaß und zeigte. Die Herkunft ihrer Trachtbestandteile umreißt dann die beträchtliche Größe ihres Netzwerkes.

Nur wenige Hundert Meter von dem Friedhof entfernt wurde 1928 ein kleiner Hortfund geborgen (Abb. 3). Er erlaubt einen Einblick in die religiösen Vorstellungen der einheimischen Oberschicht im 5. Jh. n. Chr. So enthält der Hort zwei Orakelstäbchen, einfache, glatte Bronzezylinder, von denen einer auf den Endflächen unauffällig mit einem Kreuz markiert war. Solche Stäbchen dienten zunächst ganz profan als Entscheidungshilfe, wurden aber auch in Gerichtsverhandlungen verwendet. Auffälligstes Fundstück ist aber eine bronzene Merkurstatuette, eine provinzialrömische Arbeit aus dem 2. oder 3. Jh.. Mangels eigener Werkstätten bedienten sich die Germanen auf dem römischen Markt, wobei für jede einheimische Gottheit ein römisches Pendant gefunden wurde. Für Donar war dies Herkules und für Wotan/Odin Merkur, dessen Statuetten in Germanien am häufigsten sind. Bei der Statuette lag ein goldener Ring mit Ösenverschluss und punzverzierter Schmuckplatte. Zu klein für einen Halsring und unbrauchbar als Armring, muss er speziell für das Ensemble gefertigt worden sein – ebenso wie mehrere Ringe aus Silberblech. Der Goldring ist formal sicher von Ringen abzuleiten, die in Opferfunden der Zeit um 400 n. Chr. an Rhein, Maas und Hellweg auftauchen. Er wird aber kaum dort produziert worden sein, denn seine einzigen Vergleichsstücke stammen aus England. In einem Frauengrab aus Emscote, Warwickshire, aus der Zeit um 500 n. Chr. lag ein fast identischer Silberring, ein weiterer stammt aus Leicestershire. Der Ring aus Emscote belegt, dass der Hortfund von Beelen erst um 500 n. Chr. in die Erde gelangte, als die Merkurstatuette schon mehrere Jahrhunderte alt war. Wenn der Goldring von Beelen wirklich aus England kommt, belegt er wie die Scheibenfibeln aus dem Friedhof, dass die auch

UNTERWEGS IN RAUM UND ZEIT 177

Abb. 2 Netzwerkerin mit weitreichenden Verbindungen: Grabbeigaben der Dame aus Beelen, bestattet im 5. Jh.

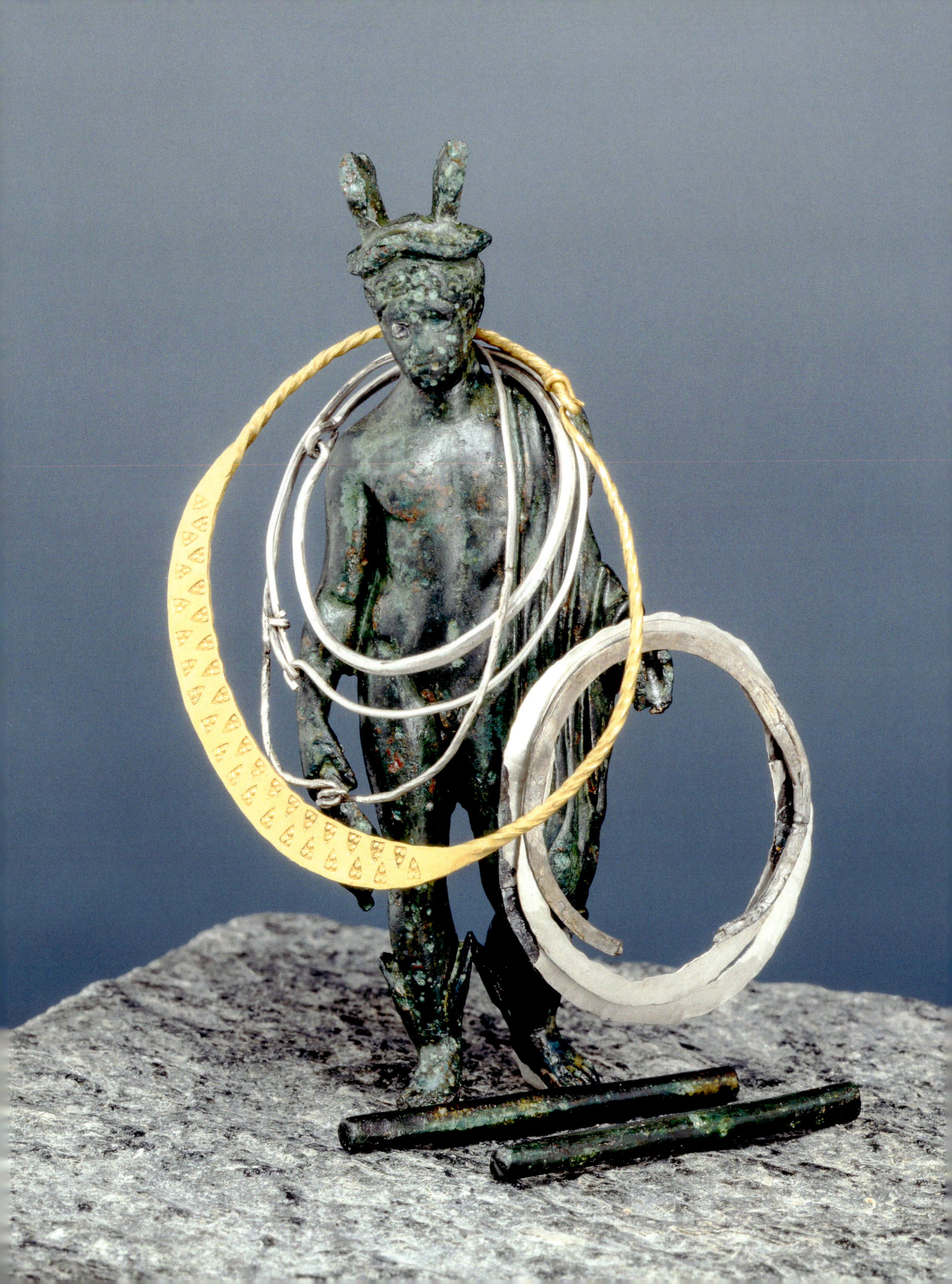

persönlichen Kontakte, die zwischen dem Kontinent und England seit dem 1. Drittel des 5. Jh.s n. Chr. archäologisch nachweisbar sind, nie abbrachen.

Die Zusammensetzung des Hortes zeigt: Hier wurden weder Altmetall noch Reichtümer vergraben. Vielmehr muss man an eine Art Hausaltar oder Privatheiligtum denken, wie es ganz ähnlich auch in einer römischen Villa gestanden haben könnte. Bedenkt man die Herkunft des Goldrings, könnte die Anregung dazu, vielleicht sogar die ursprünglichen Besitzer, aus England ins Münsterland gekommen sein.

Fragile Fracht:
Gläser des 5. und 6. Jahrhunderts zwischen Nordsee und Harz
IRIS AUFDERHAAR

Auf archäologischen Fundplätzen im Raum zwischen Nordsee und Harz werden immer wieder Scherben von Gläsern aus dem 5. und 6. Jh. gefunden, auf Friedhöfen mit Körpergräbern auch ganze Gefäße. Es herrscht in der archäologischen Forschung weitestgehend Einigkeit darüber, dass es sich bei im Raum nördlich der Mittelgebirgszone gefundenen Gläsern des 5. bis 6. Jh.s n. Chr. um importierte Objekte handelt. Die Glashütten werden im Rheinland, in Belgien, dem Norden Frankreichs und den südlichen Niederlanden verortet. Hier lagen bereits in römischer Zeit wichtige Produktionszentren.

Charakteristisch für diese Gläser sind Verzierungen, die aus auf- bzw. eingeschmolzenen Glasfäden aus anders- oder gleichfarbigem Material gefertigt und in Zonen begrenzt oder aber um den gesamten Gefäßkörper gewickelt wurden. Sie wurden im norddeutschen Raum bislang vor allem in Gräbern entdeckt. Das Bild hinsichtlich von Fundaufkommen und Formenvielfalt wird aber gravierend durch die dort vorherrschende Brandbestattungssitte beeinflusst: Grabbeigaben wurden häufig mit dem Toten verbrannt. Glasgefäße sind deshalb zumeist nur durch kleine Scherben oder völlig verschmolzene Überreste repräsentiert, so zum Beispiel im Fall des Gräberfeldes von Liebenau. Unversehrte oder gut rekonstruierbare Gläser liegen aus den vergleichsweise wenigen Körpergräbern unseres Gebietes vor. Gräberfelder mit Körperbestattungen wie Deersheim im nördlichen Harzvorland oder Buxtehude-Immenbeck an der Elbe verdanken ihre Bekanntheit gerade auch gut erhaltenen Glasfunden, die Rückschlüsse auf ihre Zeitstellung und genauere Herkunft erlauben.

Im Raum nördlich der Mittelgebirgszone scheinen vor allem becher- und schalenförmige Gläser beliebt gewesen zu sein. Aus Deersheim liegt neben einer flachen Schale ein Gefäß vor, dessen Boden ein Vierpassmuster aus opak-weißem Glas ziert; aus Immenbeck eine Schale von bauchig-gedrungener Form, mit einem umlaufenden blauen Glasfaden auf der steilen Halspartie und plastisch angesetzten Rippen auf dem Gefäßunterteil. Eine der gängigsten Gefäßformen aus dem 5. und der 1., teilweise auch der 2. H. des 6. Jh.s n. Chr. sind jedoch Spitzbecher. Sie sind langgestreckt bis gedrungen mit spitzkonischer Grundform, die Gefäßwände durch auf- bzw. eingeschmolzene Glasfäden verziert. Eher selten ist eine Verzierung belegt, die an zwei Bechern aus Deersheim vorkommt: In die hellgrüne Grundmasse der beiden Gläser wurde ein vogelfederartiges Muster aus opak-weißen Glasfäden eingearbeitet.

Zu den becherartigen Gläsern gehören auch aufgrund ihrer ausschwingenden Form sogenannte Glockenbecher. Eine bemerkenswerte Erscheinung sind Rüsselbecher: Sie verdanken ihren Namen zwei Reihen rüsselartiger Fortsätze am Gefäßkörper. Weitere Verzierungen erhielten sie durch Fadenauflagen, die umlaufend, aber auch als Zickzackmotive und Kerbleisten ausgeführt sein können. Zwei der Rüsselbecher aus dem Gräberfeld von Immenbeck tragen am Ende eines ihrer Fortsätze jeweils eine kleine Inschrift, die in das noch warme, verformbare Glas eingeprägt wurde. Die Inschriften wurden als VINI ([Gefäß] des Weines) und VIVA IN VIN (Lebe im/durch den Wein) entziffert. Die beiden Becher wurden getrennt in zwei Gräbern gefunden, ähneln sich aber auch über die Inschriften hinaus so sehr, dass davon auszugehen ist, dass sie in derselben Werkstatt, unter Umständen sogar durch denselben Handwerker gefertigt wurden.

Beobachtungen auf den Gräberfeldern von Deersheim und Immenbeck zeigen, dass Maßnahmen ergriffen wurden, um die

← **Abb. 3** Ein germanischer Hausaltar an der Ems? Der Hortfund aus Beelen.

Abb. 4 Eine gläserne Schale, zwei Spitz- und ein Rüsselbecher aus Gräbern des 5. und 6. Jh.s aus dem Friedhof von Immenbeck (Stadt Buxtehude). Sie stammen aus Glashütten im Rheinland, Belgien, Nordfrankreich oder den südlichen Niederlanden.

fragilen Gläser sicher zu verwahren: Spitzkonische Becher wurden in Immenbeck in einem Fall in einem Tongefäß und mehrfach in rundlichen Bodenverfärbungen angetroffen, die als vergangene Holzgefäße gedeutet wurden. Abgesehen davon, dass sie offenbar zu einem Trinkservice gehörten, waren die Gläser durch die größeren Gefäße für die Niederlegung im Grab gut geschützt. Die beiden Becher mit Vogelfedermuster aus Deersheim wurden für die Deponierung sorgfältig ineinandergesteckt.

Um die Rüsselbecher aus dem Gräberfeld von Immenbeck wurden Bodenverfärbungen beobachtet, die als Spuren kleiner Holzkisten gelten.

Wie das fränkische Importgeschirr an seine norddeutschen Fundorte gelangte, lässt sich im Einzelfall kaum nachvollziehen. Handel oder Gütertausch kommt in Frage, es kann sich aber auch um persönliche Mitbringsel oder Geschenke handeln; Raub oder auferlegte Abgaben sind auch nicht auszuschließen. Und der Küste und der großen Flüsse Elbe und Weser sowie ihrer Zuflüsse gefunden. Dass diese Transportwege unter Umständen im 5. und 6. Jh. n. Chr. einer gewissen Organisation unterlagen, lässt ein Fundplatz auf der Nordseeinsel Amrum erahnen. Der als Ufermarkt beurteilte Platz gilt als Zwischenstation einer Austauschroute, über die Güter von der Rheinmündung entlang der Nordseeküste verbreitet wurden. Rund zwanzig Fragmente fränkischer Glasbecher von dort legen nahe, dass dazu auch Gläser gehörten.

über welche Wege wurden die zerbrechlichen Waren transportiert? Den Raum nördlich der Mittelgebirgszone prägten ausgedehnte Wälder und vermoorte Gebiete. Angesichts dieses Naturraumes und meist unbefestigter Überlandwege dürften Wasserwege die geeigneteren Routen für überregionalen Austausch, Verkehr und den Transport gerade fragiler Materialien geboten haben. Dies lässt sich an der Verbreitung von Glasgefäßen deutlich nachvollziehen: Sie werden vor allem entlang

Literatur

Tanya Armbrüster: Herstellung, typologische Entwicklung und Verbreitung von Hohlgläsern in Spätantike und Frühmittelalter. Ethnographisch-archäologische Zeitschrift 44, 2003, 205–253.

Imke Berg: Computertomographien (CT) und archäologische Blockbergungen am Beispiel von Befunden aus dem frühmittelalterlichen Gräberfeld von Immenbeck (Stadt Buxtehude, Ldkr. Stade). Nachrichten aus Niedersachsens Urgeschichte 80, 2011, 137–141.

Horst-Wolfgang Böhme: Merowingisches in Liebenau. In: Hans-Jürgen Häßler (Hrsg.): Neue Forschungsergebnisse zur nordwesteuropäischen Frühgeschichte unter besonderer Berücksichtigung der altsächsischen Kultur im heutigen Niedersachsen. Studien zur Sachsenforschung 15, 2005, 83–95.

Philip B. Chatwin: Anglo-Saxon Finds at Warwick. Antiquaries Journal 5, 1925, 268–272.

Bernd Habermann: Immenbeck. Ein sächsisches Gräberfeld bei Buxtehude, Ldkr. Stade. Wegweiser zur Vor- und Frühgeschichte Niedersachsens 28 (Oldenburg 2008).

Peter A. Inker: The Saxon Relief Style (Oxford 2006

Dorothee Menke: Die Fundplätze von Beelen und Herzbrock-Clarholz. Bodenaltertümer Westfalens 52 (Darmstadt 2014).

Jürgen Schneider: Deersheim. Ein völkerwanderungszeitliches Gräberfeld im Nordharzvorland. Jahresschrift für mitteldeutsche Vorgeschichte 66, 1983, 75–358.

Helmut Schoppa und Karl Hucke: Ein merkwürdiger Schatzfund von Beelen. Westfalen 21, 1936, H. 7 = Bodenaltertümer Westfalens 5, 1936, 403–409.

Martin Segschneider: Fränkisches Glas im Dünensand. Ein Strandmarkt des 5. Jahrhunderts auf der nordfriesischen Insel Amrum und die völkerwanderungszeitliche Handelsroute zwischen Rhein und Limfjord. Archäologisches Korrespondenzblatt 32, 2002, 117–136.

Wulf Thieme: Glasfunde aus der späten römischen Kaiserzeit und Völkerwanderungszeit beiderseits der Elbe in Norddeutschland. In: M. Lodewijckx (Hrsg.): Bruc Ealles Well. Archaeological Essays concerning the peoples of north-west Europe in the first millennium AD. Acta Archaeologica Lovanisia, Monographiae 15, 2004, 211–219.

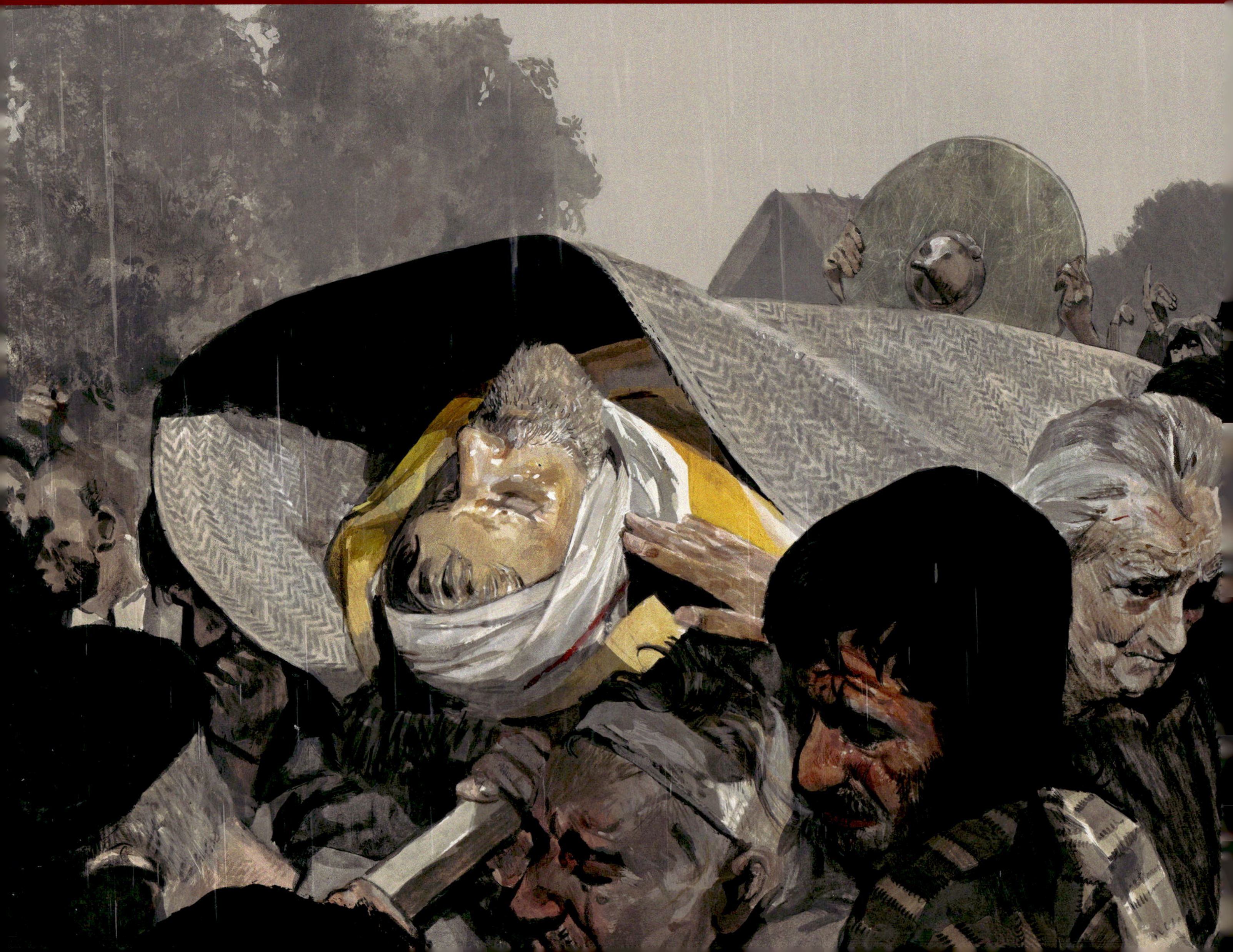

Das Spiel der Könige

Im Jahr 531 nimmt die Geschichte eine entscheidende Wendung. Links des Rheins, im alten Gallien, herrschen der Franke Clothar I. und seine Brüder aus der Dynastie der Merowinger. Zum Ausbau ihrer Macht ist ihnen jedes Mittel recht. Sie morden sogar in der eigenen Verwandtschaft. Rechts des Rheins steht ihnen Herminafrid im Weg, der mächtige König der Thüringer. Der hat seine Brüder beseitigt. Clothar I. und sein Halbbruder Theuderich I. stoßen zusammen nach Mitteldeutschland vor. Es kommt zur Schlacht mit Herminafrid. Der Thüringer entkommt, aber seine Tage sind gezählt: Die Frankenkönige werden ihn belügen, verraten und wenig später töten.

Ober sticht Unter – in den Gesellschaften Europas herrscht eine rigorose Hackordnung. Gefolgsleute der Könige sind selber mächtige Herren mit eigener Klientel, die ihrerseits Leute um sich scharen. Die Gräber hochrangiger Anführer zeigen: Sie gehören zu einer Kriegerkaste. Für wen sie gekämpft haben, verraten die Gräber aber meistens nicht. Die Ausstattung der Toten wirkt fast wie eine Art Uniform: Wir sehen überall die gleiche Ausrüstung. Im Spiel der Könige sind sie die Figuren.

Auf verlorenem Posten? Verlierer gibt es in diesem Spiel viele. Dazu zählen wohl auch fünf Männer, die zusammen auf einem eigenen kleinen Friedhof am Hellweg begraben wurden. Er liegt bei der heutigen Ortschaft Hemmingen-Hiddestorf in der Region Hannover. Den Mittelpunkt bildet ein Kammergrab. Es enthält alles, was einem Herrn gebührte – volle Bewaffnung, reichlich Geschirr. Die Grabbeigaben zeigen: Der Krieger starb um 530. Es gibt reicher ausgestattete Gräber, aber unbedeutend war dieser Tote nicht. Waren die vier anderen Männer seine Gefolgsleute, die mit ihm gefallen sind? Neben ihm wurde auch ein Pferd begraben. Das ist ein Brauchtum, das seinen Ursprung in Mitteldeutschland hat. Die damals dort ansässigen Thüringer sind für ihre Pferdezucht weithin berühmt.

War der Anführer von Hemmingen-Hiddestorf ein Anhänger des Thüringerkönigs? Dafür spricht vor allem ein dunkles, glänzendes Keramikgefäß in seinem Grab: Feinstes Tischgeschirr des 5. und 6. Jh.s, gefertigt von erfahrenen Keramikmeistern in Mitteldeutschland. Dort gehören solche Gefäße zur üblichen Totenausstattung der Oberschicht. Aber auch anderswo werden sie gefunden: Das edle Geschirr wurde weitergereicht. Vielleicht hat es der Thüringerkönig selbst an loyale Anhänger verschenkt. Starben die Männer von Hemmingen-Hiddestorf bei dem Versuch, den Vorstoß der Franken gegen den Thüringer zu stoppen? Vieles deutet daraufhin, dass Clothar I. und Theuderich I. über den Hellweg Richtung Mitteldeutschland vorgedrungen sind. (B. L.)

Zur Illustration auf der vorherigen Seite Der Leichenzug ist der letzte Weg des Mannes aus dem zentralen Kammergrab des Kriegerfriedhofs von Hemmingen-Hiddestorf in der Region Hannover. Kelvin Wilson: „Man kann Beerdigungsszenen entwerfen, in denen die Grabbeigaben im Mittelpunkt stehen und die Trauernden andächtig sind. Aber hier haben wir es mit der Beisetzung eines Anführers zu tun, der einen Kampf verloren hat. Er wird im Bild von seinen geschlagenen Anhängern zu Grabe getragen. Ich stelle mir vor, wie orientierungslos sie waren, und wollte das Begräbnis als ein trübseliges, sie vollends entmutigendes Geschehen darstellen. Es sind deshalb keine Waffen zu sehen, nur ein ramponierter Schild. Die warmen gelben Farben, die sie sonst stolz tragen, wirken nur noch ausgeblichen. Die Leute sehen mitgenommen aus. Bodybuilder-Typen, aber voller Narben, einige mit Verbänden über bösen Kampfverletzungen. Ihre Gleichgültigkeit gegenüber dem Pferd, dem sie gleich die Kehle durchschneiden werden, wirkt wie stumme Wut. Wind und Regen tun das Ihre: Alles ist glanzlos."

Beschönigen – kritisieren – betrauern
Die Unterwerfung der Thüringer durch die Frankenkönige 531 in zeitgenössischen Zeugnissen

DANIEL FÖLLER

Die antisemitische Zeitschrift „Deutsches Volkstum" veröffentlichte 1935 eines der merkwürdigsten Produkte völkischer Wissenschaft. Felix Genzmer (1878–1955) – Juraprofessor in Tübingen und Autor einer berühmten, bis heute nachgedruckten Übersetzung der altisländischen Lieder-Edda – hatte das Iringlied „rekonstruiert", ein verloren gegangenes „germanisches Heldenlied" über das Ende der Thüringerkönige im 6. Jh. Er bezog sich auf den *state of the art* damaliger Forschung, die aus lateinischen Texten des 6. bis 11. Jh.s Aufbau wie Inhalt der darin verarbeiteten mündlichen Überlieferungen ableitete, und setzte diesen poetisch um: Genzmer schrieb ein Gedicht in frühmittelalterlichem Versmaß, aber neuhochdeutscher Sprache, wobei er die Aussagen seiner Quellen da abänderte, wo sie nicht seinen Vorstellungen von germanischem Heroismus entsprachen (Abb. 1).

Heute erscheinen uns dieser Text und sein Zustandekommen skurril. An ihm wird aber sichtbar, wie in Deutschland seit dem 19. Jh. mit der Geschichte des spätantiken und poströmischen Europa umgegangen wurde, bis weit in die Nachkriegszeit hinein – Genzmers Iringlied etwa wurde 1953 erneut publiziert. Es gab das Bedürfnis, der römisch und christlich geprägten Überlieferung jener Zeit eine dezidiert „germanische" Perspektive entgegenzusetzen. Die Beschäftigung mit der „germanischen Heldendichtung", deren Existenz sich zwar erkennen lässt, deren Produkte aber fast ausnahmslos verloren sind, war ein Mittel dazu. Die sogenannte „Völkerwanderungszeit" wurde zum *heroic age* der Deutschen verklärt, die politischen Akteure zu Helden, die einer nichtrömischen und nichtchristlichen Moral folgten. Dieser erfundene „germanische" Ehrenkodex war eine der ideologischen Grundlagen des Nationalsozialismus[1].

Dieser Gedankenwelt entsprangen auch diejenigen historischen Narrative, auf denen teilweise noch unser Bild von jener Zeit basiert[2]. Um einen frischen und möglichst unverstellten Blick auf die Ereignisse von 531 zu gewinnen, die den hier betrachteten Raum so nachhaltig veränderten, sollen daher die zeitnahen Zeugnisse des 6. Jh.s im Zentrum dieses Essays stehen. Es wird also darum gehen, wie der diplomatische Stab eines Frankenkönigs, der Rechtsberater eines oströmischen Generals, ein italischer Dichter im Auftrag einer traumatisierten Überlebenden und ein galloromanischer Bischof über die Unterwerfung der Thüringer durch eine fränkische Koalition und die Auslöschung der Thüringerkönige dachten und schrieben. Obwohl die Forschung jene gallischen *warlords*, die sich selbst als „Könige der Franken" verstanden, zumeist dynastisch als „Merowinger" bezeichnet und davon auch den Periodenbegriff „Merowingerzeit" ableitet, soll dies hier vermieden werden, da diese Terminologie weder die Selbstwahrnehmung der Zeitgenossen spiegelt noch analytischen Gewinn verspricht.

Wer waren diese Frankenkönige, die 531 mit den Thüringern eine *gens* angriffen, deren Könige gut in die Netzwerke des poströmischen Westens eingebunden waren? Seit dem späten 3. Jh. waren (vor allem germanische) Nichtrömer in den Grenzprovinzen Galliens angesiedelt worden, um das römische Militär zu ver-

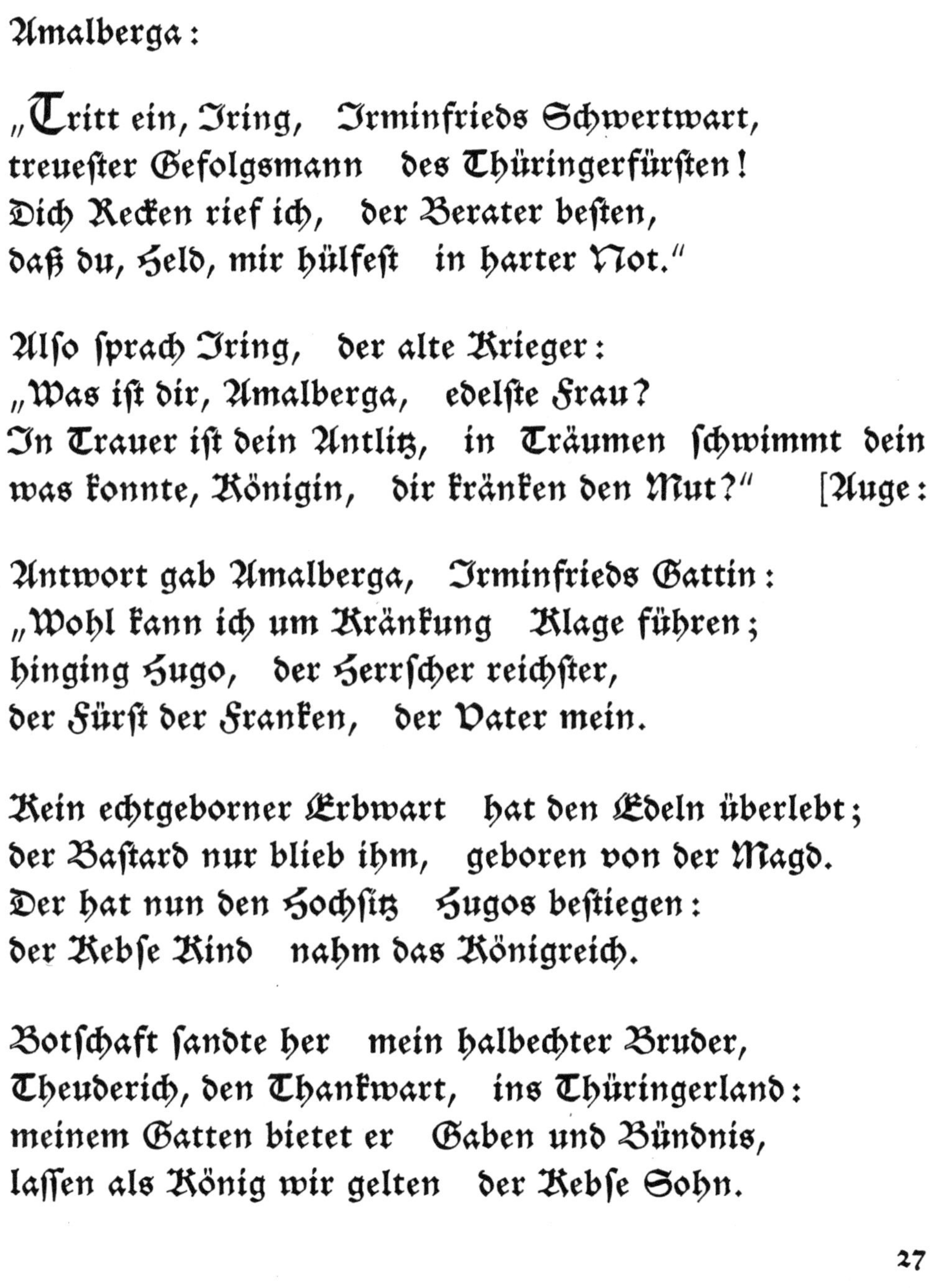

Amalberga:

„Tritt ein, Iring, Irminfrieds Schwertwart,
treuester Gefolgsmann des Thüringerfürsten!
Dich Recken rief ich, der Berater besten,
daß du, Held, mir hülfest in harter Not."

Also sprach Iring, der alte Krieger:
„Was ist dir, Amalberga, edelste Frau?
In Trauer ist dein Antlitz, in Träumen schwimmt dein [Auge:
was konnte, Königin, dir kränken den Mut?"

Antwort gab Amalberga, Irminfrieds Gattin:
„Wohl kann ich um Kränkung Klage führen;
hinging Hugo, der Herrscher reichster,
der Fürst der Franken, der Vater mein.

Kein echtgeborner Erbwart hat den Edeln überlebt;
der Bastard nur blieb ihm, geboren von der Magd.
Der hat nun den Hochsitz Hugos bestiegen:
der Kebse Kind nahm das Königreich.

Botschaft sandte her mein halbechter Bruder,
Theuderich, den Thankwart, ins Thüringerland:
meinem Gatten bietet er Gaben und Bündnis,
lassen als König wir gelten der Kebse Sohn.

Abb. 1 Beginn von Felix Genzmers Nachdichtung des „Iringlieds".

stärken; einige von ihnen bezeichnete man seit etwa 300 als „Franken", was zu dieser Zeit wohl als Oberbegriff für verschiedene Gruppen mit jeweils eigenen Anführern zu verstehen ist. Diese Militärmigranten integrierten sich gut in die galloromanische Mehrheitsgesellschaft, und seit der Mitte des 4. Jh.s bekleideten Franken auch höhere Offiziersränge; einige von ihnen stiegen sogar zu römischen Generälen auf (Merobaudes †383, Bauto †387/88, Richomer †394, Arbogast †394). Als im 5. Jh. das Engagement der weströmischen Zentrale in Gallien abnahm, sie sich in den 470er-Jahren sogar auflöste, waren auch fränkische Anführer unter den *warlords*, die nun im postimperialen Gallien konkurrierten. Die Franken hatten dabei den Standortvorteil gegenüber anderen Nichtrömern wie Westgoten oder Burgunden, dass sie schon seit Generationen in Gallien siedelten und Teil der regionalen Gesellschaften waren. Einer dieser fränkischen Anführer war der als *rex* (König) angesprochene Chlodwig (Kg. 481/82–511). Ihm gelang es durch seine Annahme der katholischen Konfession, sich der galloromanischen Mehrheit noch weiter anzunähern, und zudem agierte er militärisch ungeheuer erfolgreich: Er beseitigte römische und barbarische Konkurrenten in Gallien und verdrängte 507 sogar die mächtigen Westgoten nach Spanien. Bei Chlodwigs Tod waren die Frankenherrscher die stärksten politischen Akteure in Gallien. Als nach dem Tod des Ostgotenkönigs Theoderich „des Großen" 526 die gotische Hegemonie im poströmischen Europa schwächer wurde, ergaben sich für sie neue Möglichkeiten politischer Entfaltung[3].

Um 545 – ein König weist einen Kaiser zurecht

Die älteste Erwähnung, dass die Franken die Thüringer unterworfen hatten, findet sich in einem Brief aus der Zeit um 545. Darin ließ der Frankenkönig Theudebert I. (Kg. 533–547/48) eine Antwort an den römischen Kaiser in Konstantinopel aufsetzen, Justinian I. (Ks. 527–565). Dieser hatte seine Beunruhigung über Vorstöße der Franken nach Norditalien und in den Donauraum ausgedrückt, in Regionen also, die der Kaiser als oströmische Territorien betrachtete. In vollendeter diplomatischer Form wies Theudebert den Einspruch des Kaisers zurück und forderte ihn zum Stillhalten auf, „weil wir wissen, dass Eure kaiserliche Hoheit über den Fortschritt der Katholiken, so wie es auch in Euren Briefen bezeugt wird, hocherfreut ist"[4].

Der Brief zählt die von den Frankenkönigen eroberten „Völker und Provinzen" auf, unter ihnen die Thüringer. „Durch das Erbarmen Gottes haben wir glücklich die Thüringer unterworfen und ihre Provinzen erworben, nachdem damals ihre Könige ausgelöscht worden sind." Der Satz lohnt genaueres Hinsehen. Durch das Verb „unterwerfen" (*subagere*) wird eine Militäraktion impliziert, dieser ging allerdings das „Auslöschen" (*extingere*) der Thüringerkönige voraus, wohlgemerkt in einer unpersönlichen Konstruktion. Die Frankenkönige, so der Subtext, hatten mit deren Ende nichts zu tun, sie nutzten nur das entstandene Machtvakuum.

Zwei Merkmale fränkischer Politik in den letzten Jahrzehnten des 5. und den ersten des 6. Jh.s werden an dem Brief deutlich. Zum einen waren die Franken die am stärksten expandierende Gruppe im poströmischen Westeuropa. Chlodwigs Nachfolger setzten seine Eroberungspolitik mit den Thüringern und den Burgundern in den 530ern fort, von Norditalien und dem Donauraum war bereits die Rede. Nach Theudeberts Schreiben hatten sich auch „die Sachsen und die Jüten aus eigenem Willen uns unter-

Abb. 2 Gotische und fränkische Aneignung imperialer Repräsentation. Oben Solidus Theoderichs des Großen (Kg. 470/89–526), Rom, im Namen und mit dem Porträt des Kaisers Anastasius I. (Ks. 491–518) und der Inschrift: D(ominus) N(oster) ANASTASIVS P(ater) P(atriae) AVG(ustus) – Unser Herr Anastasius, Vater des Vaterlandes, Augustus. Unten Solidus des Frankenkönigs Theudebert I. (Kg. 533–547/48), Mainz, mit seinem Porträt und der Inschrift: D(ominus) N(oster) THE[O]DEBERTVS – Unser Herr Theudebert.

worfen", die fränkische Macht strahlte also über die ehemaligen römischen Grenzen hinaus. Kein Wunder, dass Theudebert nicht nur den Kaiser rhetorisch in die Schranken wies, sondern sich auch Elemente imperialer Herrschaftssymbolik aneignete, indem er kaiserliche Titel führte, Goldmünzen im eigenen Namen prägen ließ und Zirkusspiele in Arles veranstaltete[5] (Abb. 2).

Der zweite Aspekt ist die Verschränkung des Politischen und des Religiösen. Aus heutiger Sicht mag es geradezu zynisch erscheinen, wenn Aggressoren über ihre politisch-militärische Expansion schreiben: „… wir [haben] über verschiedene Völker und Provinzen die geliebte Freundschaft Gottes ausgebreitet". In Gallien war aber im Laufe des 5. Jh.s ein politisches System entstanden, das nach dem Versagen imperialer Strukturen von lokalen Eliten bestimmt wurde, die sich nicht staatlich, sondern religiös legitimierten, den Bischöfen. Die Bistümer waren stabile kirchliche Institutionen, die nach und nach Aufgaben übernahmen, die zuvor der römische Staat erfüllt hatte. Politisches und Religiöses verschmolzen, und die seit Jahrhunderten in Gallien siedelnden Franken waren an dieses System gewöhnt und bewegten sich darin wie selbstverständlich[6].

Um 550 – ein kaiserlicher Rechtsberater diffamiert die Franken

Die nächste Quelle ist so etwas wie ein Gegenschuss zu Theudeberts Brief. Zwischen 550 und 554 schrieb Prokopios von Cäsarea in Konstantinopel seine „logoi über die Kriege" (Hyper tōn polemōn logoi) Kaiser Justinians. Der Autor war ein hochgebildeter Jurist aus Palästina und bis 542 Rechtsberater des oströmischen Generals Belisar (ca. 500–565), den er auf seinen Feldzügen begleitete – unter anderem 536 nach Italien gegen die Ostgoten. Wir haben es also mit einem vorzüglich informierten Zeitzeugen zu tun, der klar aus oströmischer Sicht schrieb und nach antiker Tradition Geschichtsschreibung als Teil der Dichtkunst verstand[7].

Dementsprechend anders liest sich auch seine Version der Ereignisse in Thüringen, auf die er in seinem Werk dreimal zu sprechen kommt. Die erste Erwähnung findet sich in einem Exkurs zur Geschichte der Franken bis in die 530er-Jahre: „Nach Theoderichs Tod (526) stand niemand mehr den Franken im Wege. Sie griffen also die Thüringer an, töteten deren König Herminafrid und brachten das ganze Volk unter ihre Botmäßigkeit. Herminafrids Gattin aber floh heimlich mit ihren Kindern zu ihrem Bruder Theodahad, dem damaligen Gotenkönig." Die Franken erscheinen als rücksichtslose Invasoren, die Thüringer als Opfer von deren Expansionsstreben. Indem Prokopios die Flucht der Thüringerkönigin nach Italien in die Herrschaftszeit des Ostgotenkönigs Theodahad datiert (Oktober 534 bis November 536), liefert er auch eine ungefähre chronologische Einordnung[8].

Die zweite Erwähnung lässt die Franken in einem noch ungünstigeren Licht erscheinen. In einer militärisch kritischen Situation verhandelte der Ostgotenkönig Witigis (Kg. 536–540) Ende 539 oder Anfang 540 mit Franken und Oströmern. Vorangegangen war der Einfall eines fränkischen Heeres in Venetien, bei dem diese sowohl Römer als auch Goten angegriffen hatten, obwohl sie mit Letzteren verbündet waren[9]. Prokopios inszeniert einen dramatischen rhetorischen Schlagabtausch der Diplomaten vor dem ostgotischen Hofstaat. Auf das Vertragsangebot der Franken reagieren die Oströmer so: „Was aber ihre so stolz gepriesene Vertragstreue gegenüber allen Barbaren betrifft, so haben sie diese nach den Thüringern und dem Burgundervolk nun auch an euch, ihren Bundesgenossen, deutlich bewiesen. Gerne möchten wir die Franken daher fragen, bei welchem Gott sie denn schwören wollen, wenn sie euch ihre Vertragstreue feierlich zusagen. Wie sie den Gott einschätzen, bei dem sie bereits ihren Eid leisteten, kennt ihr nur zu gut." Die Unterwerfung der Thüringer deutet Prokopios als allgemein bekanntes Ergebnis fränkischen Verrats.

Zuletzt zeichnet er das Schicksal desjenigen Teils der thüringischen Königsfamilie nach, der nach Italien geflohen war, also der Königin Amalaberga und ihrer Kinder. Als Witigis sich 540 dem oströmischen Oberbefehlshaber Belisar ergab, befanden sie sich noch am ostgotischen Königshof in Ravenna und gelangten als Teil der Kriegsbeute nach Konstantinopel. Mit ihnen konnte der Kaiser noch Politik machen: Zwischen 546/47 und 552 verheiratete er die Tochter – deren Name unbekannt ist – an den Langobardenkönig Audoin, einen Verbündeten gegen die Franken im Donauraum. Der Sohn Amalafrid machte im oströmischen Militär Karriere und erscheint 552 als Kommandeur eines römischen Hilfskontingents für eben diese Langobarden. Vielversprechende Thronkandidaten aus barbarischen Dynastien in der Hinterhand zu haben war ein bewährtes Mittel kaiserlicher Politik.

Um 569/70 – eine traumatisierte Königin kontaktiert ihren Cousin

Mit einer weiteren Überlebenden aus der thüringischen Königsfamilie ist die nächste Gruppe an Quellen zur Unterwerfung der Thüringer durch die Frankenkönige verbunden. Radegunde war eine Nichte des letzten Thüringerkönigs Herminafrid und damit

Abb. 3 Das 19. Jahrhundert imaginiert das poströmische Gallien als exotische Gegenwelt. Lawrence Alma-Tadema (1836–1912): Venantius Fortunatus trägt Radegunde und der Äbtissin Agnes im Kloster von Poitiers seine Gedichte vor.

eine Cousine Amalafrids und seiner Schwester. Gemeinsam mit einem Bruder unbekannten Namens war sie noch als Kind in fränkische Gefangenschaft geraten. Der Frankenkönig Chlothar I. (Kg. 511–561) ließ das Mädchen auf einer königlichen *villa* erziehen und heiratete sie um 540. Radegunde erwies sich aber als schwierige Ehefrau, da sie tief religiös war und selbst bei Hof einen asketischen Lebensstil pflegte. Nachdem ihr Bruder im Zuge einer politischen Intrige ermordet worden war, wohl um 550/55, ließ sie sich zur Diakonin weihen und gründete schließlich (wohl um 560) in Poitiers ein Kloster, in dem sie den Rest ihres Lebens verbrachte. Sie starb am 13. August 587 und wurde rasch als Heilige verehrt[10].

Seit etwa 567 hielt sich Venantius Fortunatus, ein aus Oberitalien stammender Dichter, im Umfeld Radegundes in Poitiers auf, wo er zuerst Priester (um 576) und schließlich Bischof wurde (um 600). Er hinterließ ein breites poetisches Œuvre und mehrere Heiligenbiografien, darunter eine über Radegunde (Abb. 3). Von ihm sind zwei versifizierte Briefe überliefert, die er um 569/70 im Namen Radegundes an ihre thüringischen Verwandten in Konstantinopel schrieb. Den ersten richtete sie an ihren Cousin Amalafrid, mit dem sie seit ihrer Trennung in den 530er-Jahren keinen Kontakt mehr hatte, den zweiten an dessen Sohn Artachis, nachdem dieser ihr von Amalafrids Tod berichtet hatte[11].

Die Briefe vermitteln den Eindruck sehr lebendiger persönlicher Erinnerung an die fränkische Eroberung. Da sie aber mit einem Abstand von mehr als 30 Jahren und von einem spätantiken Dichter in einem hochartifiziellen Stil verfasst wurden, ist diese Direktheit eher als poetisches Mittel zu deuten. Nichtsdestotrotz erlauben sie einen Einblick, wie ein direktes Opfer des Konflikts diesen im Rückblick deutete. Der Fokus liegt stark auf Radegundes Gefühlslage, insbesondere ihrem Kummer angesichts des Verlustes von Heimat und Verwandten im Krieg, ihrer Trauer um den ermordeten Bruder wie den in der Ferne verstorbenen Cousin und ihrer Sehnsucht nach ihren Verwandten in Konstantinopel. Die eindringlichen Schilderungen ihrer Gefühlswelt lassen sie dem modernen Leser als tief traumatisiert erscheinen[12].

Trotz aller poetischen Stilisierung und der Konzentration auf Radegundes Leiden, das sie selbst als Kern ihrer christlichen Religiosität begriff, sind den Briefgedichten auch prosaischere Informationen zu entnehmen, etwa dass Radegunde noch als kleines Kind ihren Vater Berthachar verlor und gemeinsam mit Amalafrid am Hof ihres Onkels Herminafrid aufwuchs; wie ihr Vater ums Leben kam, bleibt unklar. Für sie prägend war die Zerstörung des Königspalastes nach einer verlorenen Schlacht, wobei offenbar zahlreiche Männer getötet und alle anderen Bewohner gefangen genommen wurden. Unklar bleibt auch, wann Herminafrid starb, ob im Zusammenhang mit der Brandschatzung seines Palastes oder zu einem anderen Zeitpunkt. Die Ermordung ihres Bruders, „als ihm der zarte Bartflaum spross", wird in Zusammenhang gesetzt mit dessen Plänen, sich Amalafrid im Osten anzuschließen, wobei er aber gezögert habe, seine Schwester zurückzulassen (weshalb sie Schuldgefühle hat).

Um 590 – ein gallischer Bischof erzählt Geschichten

Kurz vor seinem Tod 594 stellte der galloromanische Bischof Gregor von Tours (Bf. 573–594) seine „Zehn Bücher Geschichten" (*Historiarum libri decem*) fertig, an denen er seit knapp zwanzig Jahren gearbeitet hatte. Sie sind das ausführlichste Werk zur Geschichte Galliens im 6. Jh., und viele Historikerinnen und Historiker lehnen sich stark an sie an. Das gilt auch für die Unterwerfung der Thüringer, zu der er das wohl ausführlichste Narrativ anbietet. Er kannte Radegunde gut, und man nimmt dementsprechend an, dass seine Informationen zu einem erheblichen Teil auf ihren Erinnerungen basieren. Allerdings muss man bei der Interpretation seiner Erzählung immer die komplexen heilsgeschichtlichen Konzepte mitdenken, nach denen er sein Werk aufbaute, und die moralische Botschaft des Geschilderten[13].

Gregor erzählt die Ereignisse so (III.4 und III.7 f.): Angestiftet von seiner ostgotischen Ehefrau Amalaberga beseitigt der Thüringerkönig Herminafrid seine beiden Brüder Berthachar und Baderich, mit denen er bis dahin seine Herrschaft geteilt hatte. Um sich gegen Letzteren durchsetzen zu können, versichert er sich der Hilfe des Frankenkönigs Theuderich I. (Kg. 511–533) und bietet diesem die Hälfte der Beute an. Danach aber hält Herminafrid die Vereinbarung nicht ein. Um dieses Unrecht zu rächen, verbündet sich Theuderich mit seinem Bruder Chlothar I. und besiegt die Thüringer in einer blutigen Schlacht an der Unstrut, die sich einigermaßen sicher auf 531 datieren lässt. Herminafrid entkommt. Später lädt Theuderich den Thüringerkönig zu Verhandlungen nach Zülpich ein, wo Herminafrid, „ich weiß nicht von wem", von der Stadtmauer gestoßen wird. Gregor vermutet „ganz gewiss eine Hinterlist Theuderichs".

Gegenüber dieser Erzählung ist Skepsis angebracht. Mit Amalaberga wird eine arianische Ostgotin als Initiatorin der thüringischen Bruderkämpfe dargestellt, die schließlich zum Untergang der Königsherrschaft führen. Angesichts von Gregors Bewertung der Arianer als schädliche Häretiker, die von den katholischen Frankenkönigen mit Gottes Hilfe zu bekämpfen waren, ist das ein naheliegendes Erzählmuster. Der Feldzug von 531 wird durch Herminafrids Betrug zu einer gerechtfertigten Vergeltungsaktion. Selbst seine Ermordung wird mit Theuderich einer ambivalenten Figur zugeschrieben, wenngleich die Chronologie dem widerspricht. Theuderich starb kurz vor dem 1. September 533, die Flucht von Herminafrids Familie ist aber nach Prokopios frühestens in den Oktober 534 zu datieren. Möglicherweise wollte Gregor so Theuderichs Sohn Theudebert entlasten, in dessen Herrschaftsbereich Zülpich lag, da er diesen als tugendhaften Herrscher inszenierte; auch andere problematische Handlungen Theudeberts verschwieg er[14].

Strukturell ist an Gregors Beschreibung interessant, wie sehr Theuderich vor dem Feldzug um die Zustimmung seiner Krieger werben musste, indem er eine lange Rede auf einer Versammlung hält, bei der er nicht nur Herminafrids Fehlverhalten ihm gegenüber, sondern auch vergangene Gräueltaten der Thüringer gegenüber Franken als Grund für den Feldzug nennt; deren Kontext ist aber völlig unklar, sie könnten sehr wohl erfunden sein. Das oft fragile Verhältnis der Frankenkönige zu ihrer militärischen Klientel, die sie bei Laune halten und regelmäßig mit Beute versorgen mussten, um ihre Macht zu erhalten, zeigt sie als die *warlords*, als die man sie verstehen sollte[15].

Andere Passagen in Gregors Historien verdeutlichen, dass er von älteren Verbindungen zwischen Franken und Thüringern ausging. Von Chlodwigs Vater Childerich (Kg. ca. 458–481/82) erzählt er (II.12), dass dieser eine Zeit im Exil bei einem Thüringerkönig namens Bisin gewesen sei und ihm die Ehefrau abspenstig gemacht habe, die dann Chlodwigs Mutter geworden sei – die Frankenkönige des 6. Jh.s wären somit Verwandte der Thüringerkönige. Chlodwig selbst „griff […] im zehnten Jahr seiner Herrschaft (491) die Thüringer an und unterwarf sie seiner Botmäßigkeit", so Gregor (II.27), womit schon so etwas wie ein alter fränkischer Anspruch auf Oberherrschaft formuliert wäre.

Vom gotischen zum fränkischen Europa

Folgendes lässt sich den Quellen also entnehmen. Durch den Tod des Ostgotenkönigs Theoderich des Großen 526 war die gotische Hegemonie im poströmischen Europa geschwächt worden, was die Frankenkönige zu weiterer Expansion nutzten. Möglicherweise begünstigt durch interne Konflikte zwischen den Thüringerkönigen kam es spätestens 531 zu einem Angriff der Frankenkönige Theuderich und Chlothar, bei dem die Thüringer militärisch geschlagen wurden und der Königspalast Herminafrids verbrannte, wobei Teile der Königsfamilie in fränkische Gefangenschaft gerieten. Herminafrid und seine Familie konnten entkommen, er wurde aber einige Jahre später (534/36) von den Franken durch Verrat getötet. Seine Frau Amalaberga floh mit ihren Kindern zu ihrem Bruder Theodahad, der damals König der Ostgoten in Italien war; 540 fielen sie bei der Kapitulation Ravennas dem oströmischen General Belisar in die Hände, der sie nach Konstantinopel brachte. Obwohl bis in die 550er-Jahre noch thüringische Königssöhne in fränkischer bzw. oströmischer Gefangenschaft lebten und thüringische Königstöchter attraktive Ehefrauen für nichtrömische Herrscher waren, blieb das thüringische Königtum Vergangenheit. Für das Jahr 555 zeigt eine Strafexpedition Chlothars gegen aufständische Sachsen und Thüringer, von der Gregor von Tours berichtet (IV.10), dass die Frankenkönige ihre Herrschaft in diesem Raum militärisch behaupten konnten[16].

Die fränkische Eroberung Thüringens in den frühen 530ern ist Teil einer generellen Machtverschiebung im poströmischen Europa, bei der die gotische Hegemonie durch eine fränkische abgelöst wurde, die mit einigen Höhen und Tiefen bis ins 10. Jh. Bestand haben sollte. Die kulturellen Folgen sind weitreichend, da sich ursprünglich gallische Phänomene auch in anderen Teilen Europas ausbreiteten: Die Verschmelzung des Politischen und des Religiösen in einer Gesellschaft, die ihren politischen Referenzrahmen als „Kirche" (*ecclesia*) definierte; die Dominanz der katholischen Konfession in Westeuropa, die zu einem wesentlichen Identitätsmerkmal wurde; die Verdrängung des homogenen römischen Rechtssystems durch einen Pluralismus ethnischer Rechtsordnungen; die durch Erbteilungen, wirtschaftliche Ungleichheiten und ethnische Unterschiede bedingte Regionalisierung von Herrschaft; nicht zuletzt eine Lösung von der römischen Zentrale in Konstantinopel. Der Unterschied wird noch deutlicher, wenn man die Goten dagegenhält, deren Herrschaften um 500 zentral, multikonfessionell, mit dem römischen Recht als Ordnungssystem und der römischen Verwaltung als Rückgrat organisiert waren und die sich auf den oströmischen Kaiser bezogen[17]. Ein materieller Ausdruck dieser Divergenz sind die Goldmünzen, die von gotischen und fränkischen Herrschern geprägt wurden (Abb. 2).

Auch wenn die gemeinsame Rebellion der Sachsen und Thüringer gegen Chlothar auf eine Verbindung der beiden Gruppen in den 550er-Jahren deutet, werden die Sachsen erst in der Sage zu einem Teil des Narrativs vom Untergang der Thüringerkönige. Zwischen 851 und 865 wurde im Kloster Fulda die älteste erhaltene Version einer Geschichte aufgezeichnet, in der die komplizierten politischen Verhältnisse des 6. Jh.s zu einem Erbstreit vereinfacht wurden (vgl. hierzu den Beitrag „Imagepflege: die Sachsengeschichte Rudolfs von Fulda" in diesem Band.) Erst hier erscheint die Figur des thüringischen Gefolgsmannes Iring, der beide Könige getötet haben soll, und nun sind auch die Sachsen Teil der Erzählung. Für den eingangs erwähnten Felix Genzmer und seine Zeitgenossen stand sie für eine von der Kirche unterdrückte Gegenwahrheit. Doch sollte man die Iringsage als das sehen, was sie ist: die erzählerische Bewältigung eines unübersichtlichen politischen Prozesses[18]. Ähnlich wie der dekolonisierte „globale Süden" der Gegenwart war das nachrömische Westeuropa ein postimperialer Raum, zerrissen von Machtkämpfen zwischen *warlords*, verschiedenen Rechtsordnungen, ethnischen Spannungen und religiösen Konflikten. Diese Spannung und Komplexität muss man aushalten, in unserer heutigen Welt ebenso wie beim Blick in die ferne Welt der Vergangenheit (Abb. 4).

Anmerkungen

1 Zu Genzmer vgl. Wilms 2003. Für die Erstpublikation der „Rekonstruktion" vgl. Genzmer 1935. Hier verwendet wurde der Nachdruck Genzmer 1953, S. 8–11, [25]–33. Einen knappen Abriss zur Forschungsgeschichte zum „germanischen Heldenlied" bietet Millet 2008. Für die geschichtswissenschaftliche Grundlegung zentraler Begriffe der NS-Ideologie vgl. exemplarisch Kroeschell 1995.
2 Als Referenz immer noch verwendet wird Schmidt 1970, S. 327–334 (der fragliche Teil ist ein unveränderter Nachdruck der Auflage von 1940), so etwa bei Scholz 2015, S. 85 f. über Zöllner 1970, S. 82 f. Die letzte ausführlichere Auseinandersetzung ist Scheibelreiter 2009.
3 Aktuelle Überblicke zur frühen Geschichte der Franken bis Chlodwig bieten Scholz 2015, S. 11–82 und Jussen 2014, S. 17–51. Zu Chlodwig vgl. noch die Biografie Becher 2011 und den Sammelband Patzold und Meier 2014. Der Name „Merowinger" für der Verwandtschaftsverband der Könige erscheint erstmals um 640 in einer Quelle aus Italien, vgl. Jonas: Vita Columbani (Krusch 1905), I. 28, S. 217 f.
4 Für den lateinischen Text vgl. Epistolae Austrasicae (Gundlach 1892), Nr. 20, S. 132 f. Übersetzung nach: Kaiser und Scholz 2012, Nr. 17, S. 124 f. Für die Einordnung der Briefsammlung vgl. Barrett und Woudhuysen 2016; Jakobi 2015; Dumézil und Lienhard 2011.
5 Zu Theudebert vgl. Beisel 1993; Jenks 2002; Scholz 2015, 88–96.
6 Dieser Zusammenhang ist in den neuesten Einführungen mittlerweile sehr präsent, vgl. Jussen 2014 und Scholz 2015. Zu den Bischöfen immer noch grundlegend Heinzelmann 1976. Zur jüngsten Kritik vgl. Patzold 2014.
7 Vgl. die zweisprachige Ausgabe Prokop: De bellis (Veh 1966), V.13.1, S. 104 f.; VI.28.17, S. 416 f.; VIII.25.11, S. 916 f. Nützliches Standardwerk ist nach wie vor Cameron 1985. Eine Zusammenstellung aktueller Forschung, auch zu hier angesprochenen Einzelproblemen, bietet Lillington-Martin und Turquois 2017.
8 Zu Theodahad vgl. jüngst Vitiello 2014.
9 Zur historischen Situation vgl. Wolfram 2009, 341–349 und jüngst Wiemer 2018, 589–606.
10 Zu Radegunde allgemein vgl. den Ausstellungskatalog Eidam und Noll 2006 sowie die populärwissenschaftliche Biografie Bernet 2007. Unersetzt ist Aigrain 1952. Für die hiesige Frage besonders interessant: Huber-Rebenich 2009.
11 Vgl. Venantius Fortunatus: Carmina, App. 1 und 3; lateinischer Text nach Reydellet 2004, S. 133–140 (App. 1), S. 144–146 (App. 3); deutsche Übersetzung nach: Fels 2006, S. 297–302 (App. 1), 305 f. (App. 3). Für die Biografie vgl. auch Venantius Fortunatus: Vita s. Radegundis (Huber-Rebenich u. a. 2008). Neben den Einleitungen der genannten Ausgaben vgl. noch allgemein George 1992 und speziell zu den Texten vgl. Dumézil 2016.
12 Zur Frage der Traumatisierung Radegundes vgl. König 2008.
13 Vgl. für den lateinischen Text Gregor von Tours: Historiae (Krusch und Levison 1937–51), II.12, S. 61 f.; II.27, S. 73; III.4, S. 99 f.; III.7 f., S. 103–106; IV.10, S. 141; deutsche Übersetzung nach: Buchner 1955–56, S. 94 (II.12), 112 (II.27), 146–148 (III.4), 152–154 (III.7 f.), 204 (IV.10). Den Forschungsstand fasste jüngst zusammen: Murray 2016. Unverzichtbar zum Verständnis des Werkes sind Heinzelmann 1994 und Breukelaar 1994.
14 Die Jahreszahl 531 ergibt sich aus der Beschreibung eines westgotischen Angriffs bei Gregor von Tours, Historiae (Krusch und Levison 1937–51), III.9 f., S. 106 f. während bzw. direkt nach der Expedition nach Thüringen, der in einer anderen zeitnahen Quelle entsprechend datiert wird; vgl. Consularia Caesaraugustana (Cardelle de Hartmann 2001), §115a, S. 37, 106. Die Datierung von Theuderichs Tod ergibt sich aus einem Schreiben Cassiodors, das dieser zu seinem Amtsantritt als Verwaltungschef (*praefectus pratorio*) zum 1. September 533 an den römischen Senat richtete; darin erwähnte er den kürzlichen Tod des Frankenkönigs: vgl. Cassiodor: Variae (Fridh 1973), XI.1.12, S. 422–426, hier 424; Datierung von Cassiodors Amtsantritt ebd. IX.24.9, S. 377. Zu Theudebert I. als Protagonisten von Gregors Buch III vgl. Heinzelmann 1994, 120–122.
15 Zu den Frankenkönigen als *warlords* vgl. Sarti 2013 und Jäger 2017.
16 Für den derzeit aktuellsten Überblick zur fränkischen Herrschaft über die Thüringer vgl. Kälble 2009.
17 Eine übergeordnete Perspektive bringen die Beiträge in Patzold und Meier 2014. Zur politischen Kultur der Ostgoten vgl. Wiemer 2018. Zu den verschiedenen rechtspolitischen Konzeptionen im poströmischen Europa vgl. Ubl 2017, 37–135. Zur fränkischen Identität vgl. Reimitz 2015.
18 Die ausführlichste Auseinandersetzung mit der literarischen Verarbeitung des Stoffes bietet nach wie vor Weddige 1989. Eine neuere geschichtswissenschaftliche Reflexion zur Beziehung von Thüringern und Sachsen unter Einbeziehung archäologischer Funde bringt Hardt 2009.

Quellen und Literatur

René Aigrain: Sainte Radegonde (Poitiers 1952).

Graham Barrett und George Woudhuysen: Assembling the Austrasian Letters at Trier and Lorsch. Early Medieval Europe 24, 2016, 3–57.

Matthias Becher: Chlodwig I. Der Aufstieg der Merowinger und das Ende der antiken Welt (München 2011).

Fritz Beisel: Theudebertus magnus rex Francorum. Persönlichkeit und Zeit. Wissenschaftliche Schriften, Reihe 9: Geschichtswissenschaftliche Beiträge 109 (Idstein 1993).

Anne Bernet: Radegonde, épouse de Clotaire Ier. Histoire des reines de France (Paris 2007).

Adriaan H. B. Breukelaar: Historiography and Episcopal Authority in Sixth-Century Gaul. The Histories of Gregory of Tours interpreted in their historical context. Forschungen zur Kirchen- und Dogmengeschichte 57 (Göttingen 1994).

Rudolf Buchner (Übers.): Gregor von Tours. Zehn Bücher Geschichten. Auf Grund der Übersetzung W[ilhelm] Giesebrechts neubearbeitet. 2 Bde. Ausgewählte Quellen zur deutschen Geschichte des Mittelalters 2 f. (Darmstadt 1955–56).

Averil Cameron: Procopius and the Sixth Century. The Transformation of the Classical Heritage 10 (Berkeley/Los Angeles 1985).

Carmen Cardelle de Hartmann (Hrsg.): Victoris Tunnunensis Chronicon cum reliquis ex Consularibus Caesaraugustanis et Iohannis Biclarensis Chronicon. Commentaria historica ad Consularia Caesaraugustana et ad Iohannis Biclarensis Chronicon edidit Roger Collins. Corpus Christianorum Series Latina 173A (Turnhout 2001).

Bruno Dumézil und Thomas Lienhard: Les „Lettres austrasiennes". Dire, cacher, transmettre les informations diplomatiques au haut Moyen Âge. In: Les relations diplomatiques au Moyen Âge. Formes et enjeux. XLIe Congrès de la SHMESP, Lyon, 3–6 juin 2010. Histoire ancienne et médiévale 108 (Paris 2011), 69–80.

Bruno Dumézil: Les lettres de Venance Fortunat au nom de la reine Radegunde. L'art épistolaire au service de la diplomatie mérovingienne. In: Paolo Cammarosano, Bruno Dumézil und Stéphane Gioanni (Hrsg.): Art de la lettre et lettre d'art. Epistolaire politique III. Collection de l'École Française de Rome 517. Collana Atti 9 (Triest 2016), 57–72.

Harry Eidam und Gudrun Noll (Hrsg.): Radegunde. Ein Frauenschicksal zwischen Mord und Askese (Erfurt 2006).

Wolfgang Fels (Übers.): Venantius Fortunatus. Gelegentlich Gedichte. Das lyrische Werk. Die Vita des hl. Martin. Bibliothek der mittellateinischen Literatur 2 (Stuttgart 2006).

Åke Josefsson Fridh (Hrsg.): Magni Aurelii Cassiodori Variarum libri XII. De anima. Cura et studio J[ames] W. Halporn. Corpus Christianorum Series Latina 96 (Turnhout 1973).

Felix Genzmer: Das Iringlied. Deutsches Volkstum 17, 1935, 881–889.

Felix Genzmer: Vier altdeutsche Dichtungen. Libelli 9 (Darmstadt 1953)

Judith W. George: Venantius Fortunatus. A Latin Poet in Merovingian Gaul (Oxford 1992).

Wilhelm Gundlach (Hrsg.): Epistolae Austrasicae. In: Epistolae Merowingici et Karolini Aevi. MGH Epistolae 3 (Berlin 1892).

Matthias Hardt: Thüringer und Sachsen. In: Helmut Castritius, Dieter Geuenich und Matthias Werner unter Mitarbeit von Thorsten Fischer (Hrsg.): Die Frühzeit der Thüringer. Archäologie, Sprache, Geschichte. Ergänzungsbände zum Reallexikon der Germanischen Altertumskunde 63 (Berlin/New York 2009), 253–264.

Martin Heinzelmann: Bischofsherrschaft in Gallien. Zur Kontinuität römischer Führungsschichten vom 4. bis zum 7. Jahrhundert. Soziale, prosopographische und bildungsgeschichtliche Aspekte. Beihefte der Francia 5 (Zürich 1976).

Martin Heinzelmann: Gregor von Tours (538–594). „Zehn Bücher Geschichte". Historiographie und Gesellschaftskonzept im 6. Jahrhundert (Darmstadt 1994).

Gerlinde Huber-Rebenich u. a. (Hrsg./Übers.): Venatius Fortunatus. Vita sanctae Radegundis. Das Leben der heiligen Radegunde. Lateinisch/Deutsch. Reclams Universal-Bibliothek 18559 (Stuttgart 2008).

Gerlinde Huber-Rebenich: Die thüringische Prinzessin Radegunde in der zeitgenössischen Überlieferung. In: Helmut Castritius, Dieter Geuenich und Matthias Werner unter Mitarbeit von Thorsten Fischer (Hrsg.): Die Frühzeit der Thüringer. Archäologie, Sprache, Geschichte. Ergänzungsbände zum Reallexikon der Germanischen Altertumskunde 63 (Berlin/New York 2009), 235–252.

David Jäger: Plündern in Gallien 451–592. Eine Studie zu der Relevanz einer Praktik für das Organisieren von Folgeleistungen. Ergänzungsbände zum Reallexikon der Germanischen Altertumskunde 103 (Berlin 2017).

Rainer Jakobi: Redaktion als Literarisierung und politisches Programm. Die Sammlung der „Epistulae Austrasicae". Mittellateinisches Jahrbuch 50, 2015, 91–105.

Martha Jenks: „Romanitas" and „christianitas" in the coinage of Theodebert I of Metz. Zeitschrift für antikes Christentum 4, 2002, 338–368.

Bernhard Jussen: Die Franken. Geschichte, Kultur, Gesellschaft (München 2014), 17–51.

Mathias Kälble: Ethnogenese und Herzogtum Thüringen im Frankenreich. In: Helmut Castritius, Dieter Geuenich und Matthias Werner unter Mitarbeit von Thorsten Fischer (Hrsg.): Die Frühzeit der Thüringer. Archäologie, Sprache, Geschichte. Ergänzungsbände zum Reallexikon der Germanischen Altertumskunde 63 (Berlin/New York 2009), 329–413.

Reinhold Kaiser und Sebastian Scholz: Quellen zur Geschichte der Franken und Merowinger. Vom 3. Jahrhundert bis 751 (Stuttgart 2012).

Daniel König: Menschliche Schicksale im Kontext von Gewalt, Desintegration und Integration. Die Zerstörung von Radegundes Lebenswelt, in: Michael Borgolte, Juliane Schiel, Annette Seitz und Bernd Schneidmüller (Hrsg.): Mittelalter im Labor. Die Mediävistik testet Wege zu einer transkulturellen Europawissenschaft. Europa im Mittelalter 10 (Berlin 2008), 321–333.

Karl Kroeschell: Führer, Gefolgschaft und Treue. In: Joachim Rückert und Dieter Willoweit (Hrsg.): Die deutsche Rechtsgeschichte in der NS-Zeit. Ihre Vorgeschichte und ihre Nachwirkungen (Tübingen 1995), 55–76.

Bruno Krusch (Hrsg.): Ionae Vitae sanctorum Columbani, Vedastis, Iohannis. MGH Scriptores rerum Germanicarum in usum scholarum [37] (Hannover/Leipzig 1905).

Bruno Krusch und Wilhelm Levison (Hrsg.): Gregorii episcopi Turonensis Libri historiarum X. Editionem alteram. MGH Scriptores rerum Merovingicarum 1.1 (Hannover 1937–51).

Christopher Lillington-Martin und Elodie Turquois (Hrsg.): Procopius of Caesarea. Literary and Historical Interpretations (London 2017).

Victor Millet: Germanische Heldendichtung im Mittelalter. Eine Einführung (Berlin 2008).

Alexander Callander Murray (Hrsg.): A Companion to Gregory of Tours. Brill's Companions to the Christian Tradition 63 (Leiden 2016).

Steffen Patzold und Mischa Meier (Hrsg.): Chlodwigs Welt. Organisation von Herrschaft um 500. Roma aeterna 3 (Stuttgart 2014).

Steffen Patzold: Bischöfe, soziale Herkunft und die Organisation lokaler Herrschaft um 500. In: Ders. und Mischa Meier (Hrsg.): Chlodwigs Welt. Organisation von Herrschaft um 500. Roma aeterna 3 (Stuttgart 2014), 523–543.

Helmut Reimitz: History, Frankish Identity and the Framing of Western Ethnicity, 550–850 (Cambridge 2015).

Marc Reydellet (Hrsg.): Venance Fortunat. Poèmes. Tome III: Livres IX-XI. Appendice. In laudem sanctae Mariae (Paris 2004).

Laury Sarti: Perceiving War and the Military in Early Christian Gaul (ca. 400–700 A. D.). Brill's Series on the Early Middle Ages 22 (Leiden 2013).

Georg Scheibelreiter: Der Untergang des Thüringerreiches. Aus der Sicht des Frühmittelalters. In: Helmut Castritius, Dieter Geuenich und Matthias Werner unter Mitarbeit von Thorsten Fischer (Hrsg.): Die Frühzeit der Thüringer. Archäologie, Sprache, Geschichte. Ergänzungsbände zum Reallexikon der Germanischen Altertumskunde 63 (Berlin/New York 2009), 171–199.

Ludwig Schmidt: Die Westgermanen. Unter Mitwirkung von Hans Zeiss (München 1970).

Sebastian Scholz: Die Merowinger. Kohlhammer Taschenbücher 748 (Stuttgart 2015).

Karl Ubl: Sinnstiftungen eines Rechtsbuchs. Die Lex Salica im Frankenreich. Quellen und Forschungen zu Recht im Mittelalter 9 (Ostfildern 2017).

Otto Veh (Hrsg.): Prokop. Die Gotenkriege. Griechisch-Deutsch. Werke 2 (München 1966).

Massimiliano Vitiello: Theodahad. A Platonic King at the Collapse of Ostrogothic Italy (Toronto/Buffalo/London 2014).

Hilkert Weddige: Heldensage und Stammessage. Iring und der Untergang des Thüringerreiches in Historiographie und heroischer Dichtung. Hermaea 61 (Tübingen 1989).

Hans-Ulrich Wiemer: Theoderich der Große. König der Goten – Herrscher der Römer (München 2018).

Carsten Wilms: Genzmer, Felix Stephan. In: Christoph König (Hrsg.): Internationales Germanistenlexikon 1800–1950. Band 1, A–G (Berlin/New York 2003), 550–552.

Herwig Wolfram: Die Goten. Von den Anfängen bis zur Mitte des sechsten Jahrhunderts. Entwurf einer historischen Ethnographie (München 2009).

Erich Zöllner: Geschichte der Franken bis zur Mitte des 6. Jahrhunderts. Auf der Grundlage des Werkes von Ludwig Schmidt unter Mitwirkung von Joachim Werner neu bearbeitet (München 1970).

„It's a man's world"
Reiche Kriegergräber der 1. Hälfte des 6. Jahrhunderts in Mitteleuropa

DIETER QUAST

Bei der Ausgrabung von Nekropolen erregen reich ausgestattete Gräber immer wieder besonderes Aufsehen, und schöne Objekte sind auch für Ausstellungen attraktiv. Gold, Silber, Edelsteine – und das auch noch handwerklich hervorragend verarbeitet – sind auch heute noch als Werte zu erkennen. Der vergoldete Helm aus „Fürstengrab" 1782 aus Krefeld-Gellep, dem wohl reichsten Kriegergrab der 1. H. des 6. Jh.s, diente 1977 sogar als Motiv einer bundesdeutschen Briefmarke. Aber warum wurden diese Objekte in Gräbern deponiert? Waren religiöse Vorstellungen bestimmend und die Toten sollten auch im Jenseits über ihren Besitz verfügen? Sicherlich ist das eine denkbare Erklärung, wenngleich man sich unwillkürlich die Frage stellt, warum nur bestimmte Objekte ins Grab gelangten, die keinesfalls den gesamten Besitz einer begüterten Person darstellen dürften. Eher sind andere Gründe für die Beigaben in frühmittelalterlichen Gräbern anzuführen. Auch heute noch spielen die Feierlichkeiten rund um die Bestattung eine wichtige Rolle, bei der die Hinterbliebenen Erwartungen der Gruppe zu erfüllen haben. Hier wurde noch einmal das Bild des oder der Toten in den Vordergrund gestellt, dass die Hinterbliebenen erinnert wissen wollten – nicht zuletzt, da es einen Erben gab, der sich durch die Feierlichkeiten in die Nachfolge setzte. Das schließt keinesfalls aus, dass auch im Frühmittelalter religiöse Vorstellungen Determinanten bei der Bestattung waren, doch werden diese in der Archäologie heute weitgehend ausgeklammert. Sie wären ein eigenes Thema wert, können an dieser Stelle aber nicht mitbehandelt werden.

Die eingangs formulierte Frage nach dem Grund für die Deponierung von Wertgegenständen im Grab bietet also Einblicke in die Vorstellungswelt, letztlich auch in die Wertesysteme der betrachteten Gruppe. Das gilt auch für die reichen Kriegergräber der 1. H. des 6. Jh.s. Allerdings stellen Kriegergräber an sich – auch reich ausgestattete – nichts Neues im 6. Jh. dar. Bereits seit dem späten 4., besonders aber seit dem 5. Jh. tauchte gerade entlang der römischen Rheingrenze diese neue Beigabensitte auf. Hatte man in der Forschung hierin lange Zeit den Niederschlag eingewanderter germanischer Verbände angenommen, so wird heute die Entstehung der Waffen-, besonders der Schwertbeigabe im Limesgebiet selbst gesehen. Es war die besondere politische Situation, in der das weströmische Reich die bestehende Ordnung nicht mehr aufrechterhalten konnte.

Es entstanden neue Strukturen, die zu den frühmittelalterlichen Königreichen führten. Der Kontrollverlust des weströmischen Kaiserhofes über Gallien setzte bereits im ausgehenden 4. Jh. ein. Der Franke Arbogast hatte nach dem Tod seines Vaters Bauto im Jahre 390 dessen Heermeisteramt der römischen Armee übernommen, indem er sich von seinen Truppen dazu hatte ausrufen lassen. Die Entlassungsurkunde, die ihm der Kaiser Valentinian II in seinem Palast in Trier übergab, akzeptierte er nicht. Das Heer stand hinter dem Heermeister, und der Kaiser hatte damit die Kontrolle über sein wichtigstes Machtmittel verloren. Seine politischen Gestaltungsmöglichkeiten schmolzen dahin. Arbogasts Macht hingegen ging so weit, dass er zwei Jahre später den Kaiser in Vienne unter Hausarrest stellen konnte, wo man Valentinian dann am 15. Mai 392 erhängt fand. Arbogast setzte einen neuen Kaiser – Eugenius – im Westen ein. Fortan waren die Heermeister die entscheidenden Machtfaktoren im Westen, das Amt wurde gelegentlich sogar vererbt. Es beruhte nicht mehr auf der Gunst des Kaisers, sondern auf der Loyalität der Truppen. Das Heermeisteramt verselbständigte sich und profilierte sich als eigenständige Institution.

Ihre Bedeutung hatten die Militärs jedoch schon früher ausgebaut, denn die ständigen Bedrohungen der römischen Reichsgrenze steigerten den Bedarf an Kriegern stetig. Bereits Constantin der Große nahm in größerem Maße „barbarische" Verbände unter Vertrag. Krieg und Kampf waren in der Werteskala dieser Verbände weit oben verankert. Viele bekannte Personennamen lassen darauf rückschließen. Der Name des fränkischen Königs Childerich beispielsweise setzt sich aus „hild" Kampf und „rik" König zusammen. Gerade die Komponente „hild" findet sich mehrfach als Namensbestandteil.

Als die zentrale Kontrolle des Kaiserhofes über Gallien nachließ und faktisch erlosch, entstand ein Machtvakuum, das im 5. Jh. – zusätzlich zu den Heermeistern – von unterschiedlichen lokalen „Anführern" genutzt wurde, um eigene Herrschaften auszubauen oder zu gründen. Einige wurden zeitweise vom Römischen Reich unterstützt. Zumeist standen sie in Konkurrenz zueinander, aber keiner konnte größere Gebiete dauerhaft unter seine Gewalt bringen. Erst im ausgehenden 5. und in der 1. H. des 6. Jh.s gelang dies dem merowingischen König Chlodwig I. (481/82–511) und seinen Söhnen.

Zumindest bis dahin war Gallien mit seinen kleinteiligen Machtbereichen ein Magnet für mobile Kriegergruppen. Doch auch für das spätere 6. Jh. gibt es in den Schriftquellen noch Hinweise auf „Söldner", die als Individuen oder in Gruppen für die fränkischen Könige agierten. Gregor von Tour nennt den Sachsen Childerich, der mit seinen Kriegern zunächst im Dienste König Guntrams, später im Dienste König Childerberts II. stand. Gregor nennt aber auch Sachsen, Sueben und weitere, von ihm nicht spezifizierte *gentes*, die zu militärischen Zwecken im Frankenreich angesiedelt worden waren.

Die frühmittelalterlichen Kriegerverbände waren vermutlich „bunt" gemischt. Mobile Krieger und Kriegergruppen schlossen sich dem erfolgversprechendsten Heerführer an, wechselten bei Misserfolg oder besseren Optionen zu anderen Truppenführern. Die Verbände wurden nicht durch Stammeszugehörigkeit bestimmt sondern konnten und mussten nach Bedarf aufgestockt werden. Diese Krieger entwickelten einen speziellen *way of life*, einen Habitus, der sie über Mitteleuropa hinweg verband. Statussymbole und Rangabzeichen waren überall gleichartig und für alle gleichermaßen erkennbar. Es entwickelte sich im 5. Jh. ein regelrechter Militärstil, der sich vor allem in den Gräbern entlang der römischen Reichsgrenze findet. Seinen Ausgangspunkt hatte dieser Stil, der durch die flächendeckende Verzierung mit roten Edelsteinen – Almandinen – gekennzeichnet ist, wohl im oströmischen Reich. Dort wurden qualitativ herausragende Militärausrüstungen gefertigt, die als Geschenke im Rahmen von Vertragsabschlüssen an (barbarische) Heerführer gelangten, etwa an den fränkischen König Childerich († 481/482), dessen Grab in Tournai (Belgien) entdeckt wurde oder an den vermutlich gepidischen Mann namens Om(a)harus aus Apahida in Siebenbürgen. Dieses System von Gabe und daraus resultierender Verpflichtung zeigt deutlich die Hierarchien (Patronage) an. Es wurde entsprechend auch von den Militärführern für die Organisation ihrer Verbände genutzt. So wurden beispielsweise im fränkischen Reich Schwerter nach dem Vorbild der Spatha aus dem Grab des Childerich hergestellt und als Auszeichnung an die Gefolgsleute des Königs vergeben. In größerem Maße wurden auch almandinverzierte Schnallen für das Wehrgehänge gefertigt. Dieses System war doppelt erfolgreich: es legte nicht nur Hierarchien fest, es war auch geeignet eine Form von „Identität" zu stiften. Die Krieger benutzten ihre Ausrüstungsgegenstände zunehmend zur Außendarstellung, bis hin zur Bestattung.

Genau in dieser Entwicklung sind auch die reichen Kriegergräber der 1. H. des 6. Jh.s zu sehen. Allerdings hatte sich im Laufe der Jahrzehnte ein anderer Beigabenkanon etabliert und die Formensprache verändert. Wie diese Veränderungen aussahen, ist sehr gut an dem wohl reichsten Kriegergrab der 1. H. des 6. Jh.s zu beschreiben. Das „Fürstengrab" 1782 aus Krefeld-Gellep (Abb. 1) enthielt eine Waffenausstattung, u. a. einen vergoldeten Helm aus dem oströmischen Reichsgebiet. Weiterhin waren dem Toten Reitzubehör, bestehend aus Sattel und Zaumzeug, Glas- und Bronzegefäße und Insignien, etwa ein goldener Fingerring, beigegeben. Eine goldene Münze des oströmischen Kaisers Anastasius I. (491–518) datiert die Bestattung in das beginnende 6. Jh. Eine Besonderheit findet sich am Schwertknauf, der mit Almandinen ausgelegt ist. Am Rand sind zwei ineinandergehängte goldene Ringe angebracht. Die Ringe haben eine symbolische Bedeutung. Sie werden als Hinweis auf Gefolgschaft gedeutet, als Gabe oder Auszeichnung des Gefolgsherren an den ranghohen Gefolgsmann. Jüngst wurden die Schwerter als exklusive

198

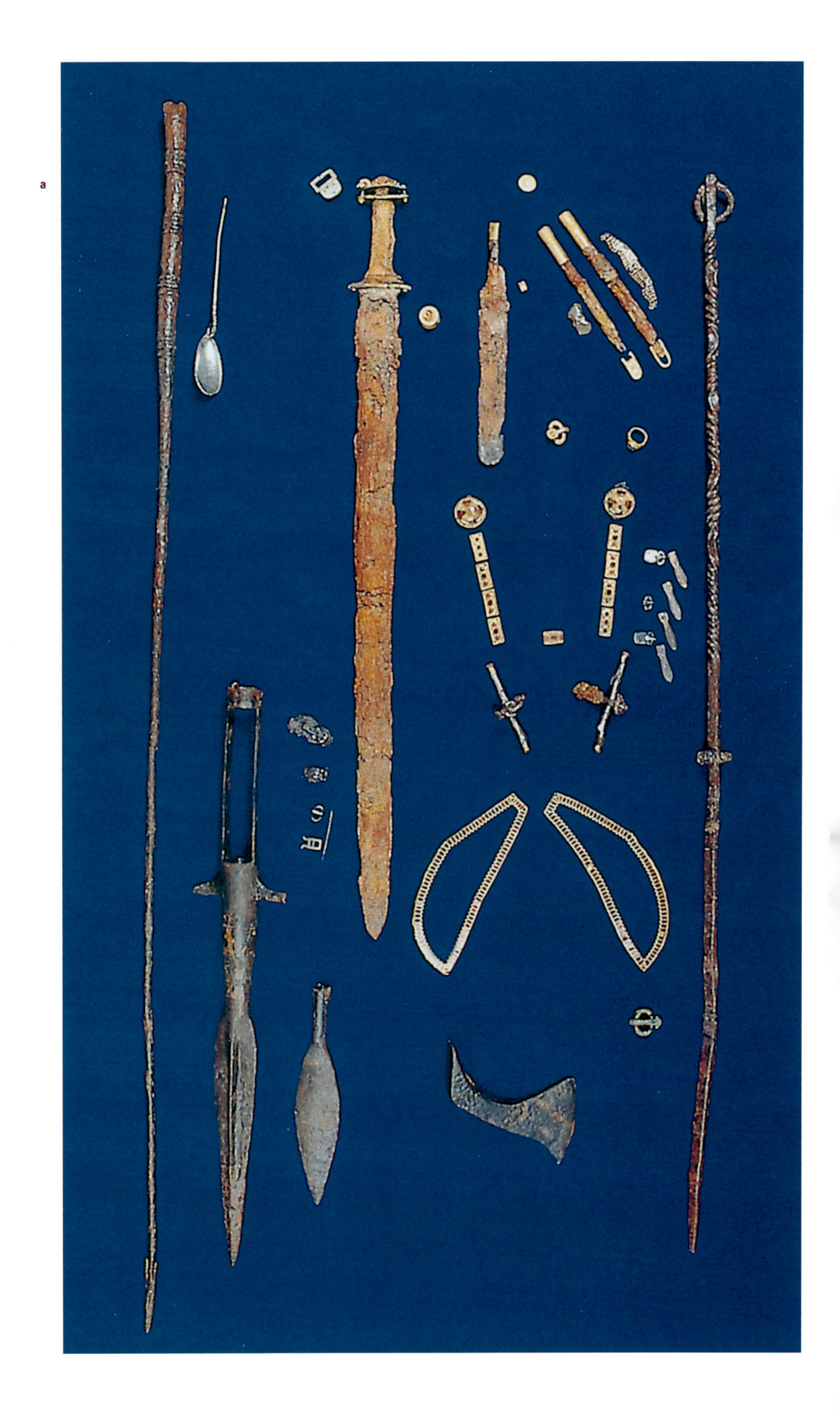

a

"IT'S A MAN'S WORLD" 199

Abb. 1 Krefeld-Gellep Grab 1782. a: Waffen, Pferdegeschirr und Teil der persönlichen Ausstattung eines Fürsten. b: Byzantinischer Spangenhelm des Fürsten von Krefeld-Gellep Grab 1782. c: Holzeimer, eiserner Dreifuß und Bronzegeschirr aus Grab 1782 von Krefeld-Gellep. d: Knaufdetail nach Pirling 1974.

1	Ango
2	eiserne Sargbeschläge
3	eiserne Sargbeschläge
4	Eiserne Trense mit Silbertauschierung
5	goldener Fingerring
6	Glasbecher
7	Bronzeschnalle
8	Eisenschnalle
9	Eisenschnalle mit Silbertauschierung
10	Schildniet
11	Schildbuckel
12	Langschwert
13	Kurzschwert (Sax)
14	Bergkristallschnalle und zwei Silberniete
16	Beilklinge
17	Bronzering
18	Pfeilspitzen
19	Bronzekessel
20	Bronzebecken
21	Kamm aus Bein
22	Glasflasche
23–26, 28	eiserne Sargbeschläge
29	Lanzenspitze
31, 32	eiserne Sargbeschläge
33	Eisennagel
35	Verschlüsse
39	Umriss des Sarges

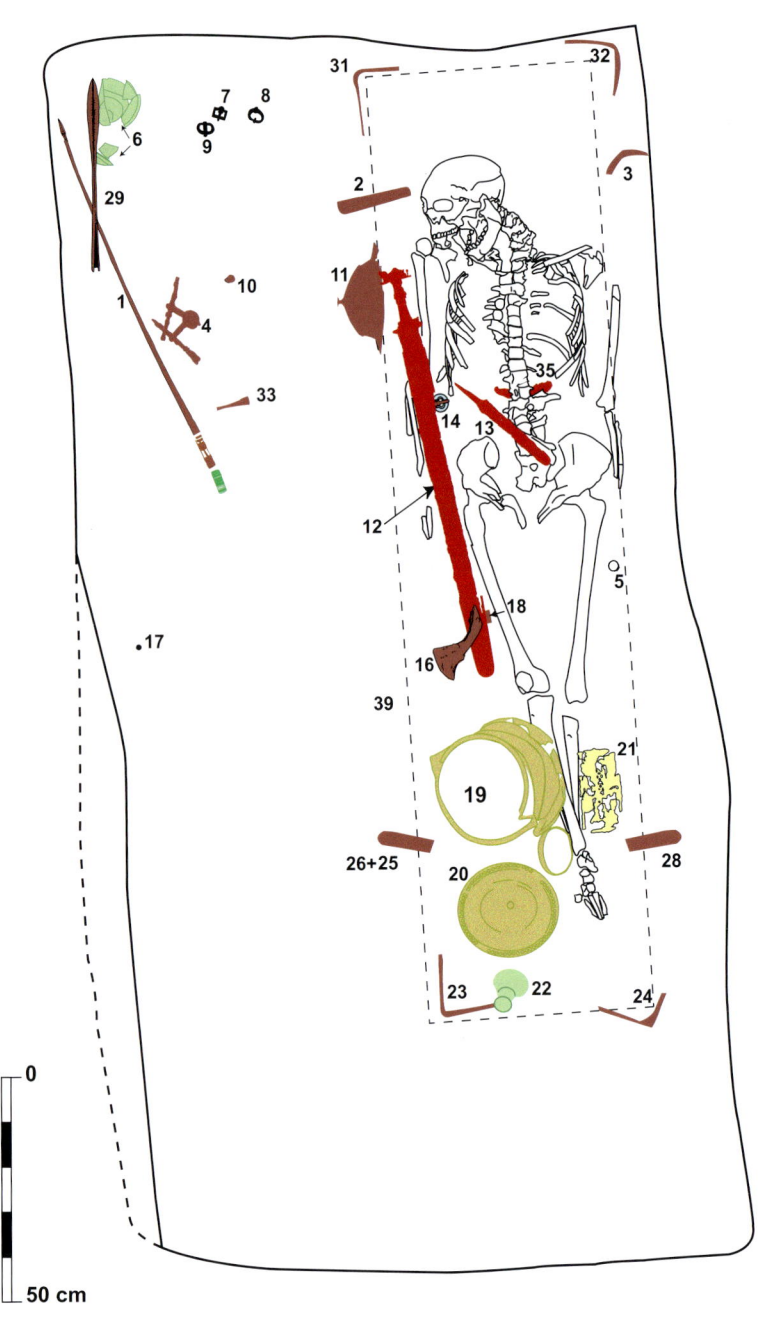

Abb. 2 Saint-Dizier (Dép. Haute-Marne, F) Grab 11. Plan des Grabes und Detail der Knaufringspatha.

Gaben an verbündete oder hochrangige Vasallen gedeutet. Es gibt Darstellungen von Kriegerprozessionen, auf denen derartige Schwerter mit Ringpaaren zu erkennen sind. Auch in den altnordischen Schriftquellen wird der Ring als Gabe herausgehoben, die „Fürsten" werden als Ringverteiler (*bauga deilir*) und Ringbrecher (*hringbrjótr*) bezeichnet.

Das „Fürstengrab" aus Krefeld-Gellep ist einer der ältesten Belege für eine Spatha mit einem Ringpaar am Knauf. Es gibt einen weiteren frühen Nachweis aus dem angelsächsischen Petersfinger (Wiltshire, UK). Dort ist ein solcher Knauf allerdings auf ein deutlich älteres Schwert montiert. Sicher ist, dass im frühen 6. Jh. die fränkischen Könige ihre ranghohen Gefolgsleute mit prächtigen Schwertern beschenkten, deren Knauf mit einem Symbol für die hohe Stellung, aber auch für das Abhängigkeitsverhältnis gekennzeichnet war. Im Grab von Chaouilley (Dép. Meurthe-et-Mosel, F) war der Knauf gleich auch noch mit dem Kreuzzeichen versehen, dem Symbol der neuen Religion, zu der König Chlodwig nach seinem Sieg über die Alamannen konvertiert war, als er sich mit 30 000 seiner Gefolgsleute hatte taufen lassen.

Schwerter mit Ringen oder Ringpaaren am Knauf finden sich in großer Anzahl im fränkischen Reich, in Skandinavien und in England, einzelne Exemplare sind aus Italien und Ungarn bekannt. Sie waren ab der Mitte des 6. Jh.s wohl ein weiträumig bekanntes Symbol. Entsprechende Waffen wurden nicht nur an einem Ort gefertigt. Vielfach werden mobile Kriegergruppen für die Verbreitung dieser Waffen verantwortlich gewesen sein. So wird beispielsweise für einige cloisonnierte Knäufe aus Schweden (Hög Edsten in Bohuslän, Sturkö in Blekinge, Skrävsta in Södermanland) eine Anfertigung im fränkischen Reich vermutet.

Auch wenn diese Schwerter mit Knaufringen ein charakteristisches Merkmal der reichen Kriegergräber des 6. Jh.s darstellen, so sind sie keinesfalls das einzige Kennzeichen. Betrachtet man die fachgerecht ausgegrabenen Beispiele, so zeigt sich, dass sie fast eine regelhafte Ausstattung aufweisen. Es waren bestimmte Bereiche des Lebens, die auch bei der Grablegung noch einmal demonstriert werden sollten. Der Nachfolger, der die jeweilige Bestattung ausrichtete, zeigt damit zugleich an, welche „Aufgaben" er nun bei sich verortete. Hatten die reichen Kriegergräber der beiden vorangegangenen Generationen, des sogenannten „Goldgriffspathenhorizontes", noch ein gewisses Maß an Variabilität in ihrer Ausstattung gezeigt, so kam es mit der Ausdehnung des fränkischen Herrschaftsgebietes unter König Chlodwig und seinen Söhnen zu einer „Normierung". Es wur-

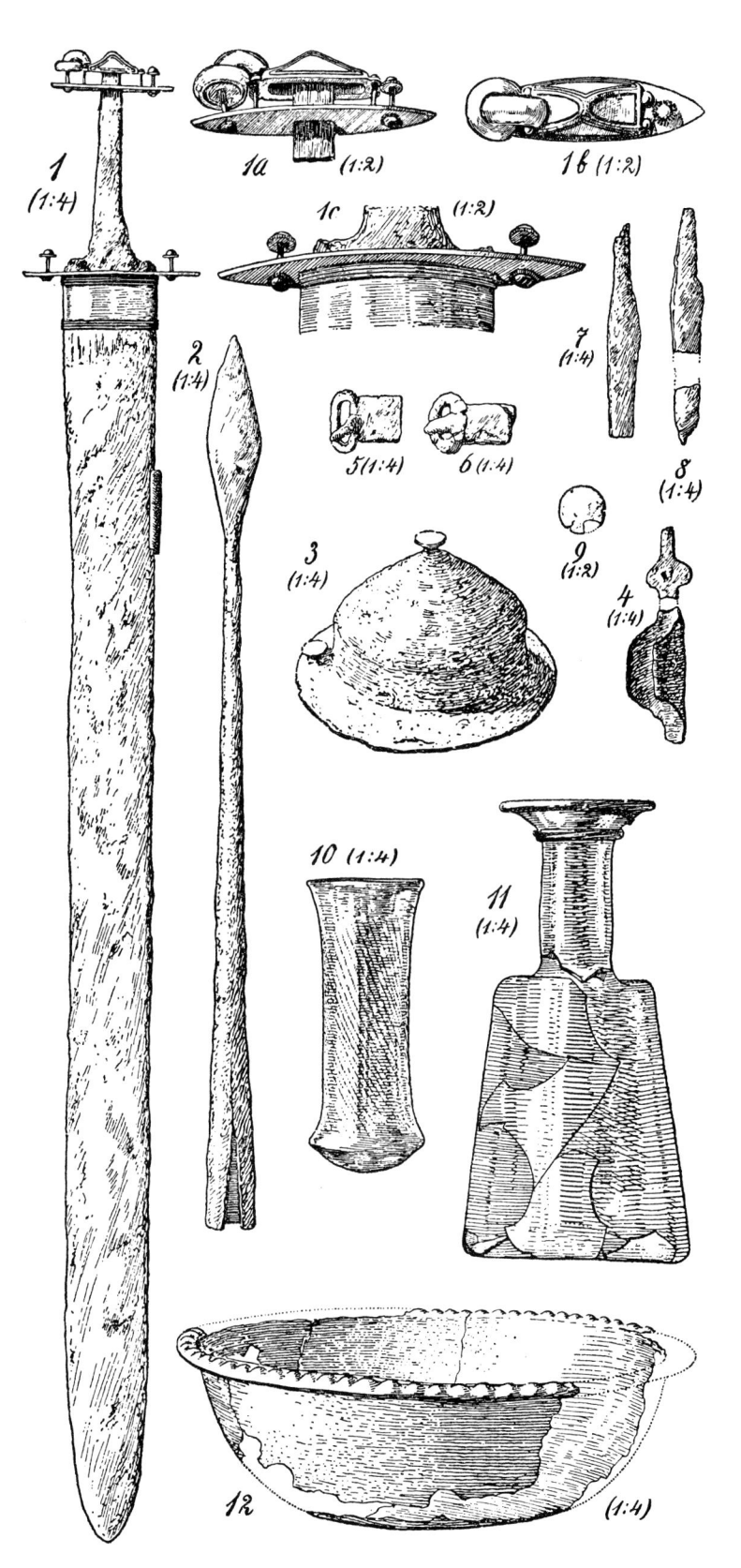

Abb. 3 Bereits 1904 unsachgemäß aufgedecktes Grab von Mainz-Kastell.

den immer wieder dieselben Bereiche des Lebens im Grab demonstriert und daher ist anzunehmen, dass genau diese Bereiche auch für das soziale bzw. politische Leben des Toten oder für sein zu Lebzeiten bekleidetes „Amt" kennzeichnend waren. Jeder, der bei der Bestattung Anwesenden wusste, welche Bedeutung die einzelnen Beigaben hatten, genauso, wie wir beispielsweise heute einen goldenen Ring am rechten Ringfinger als Hinweis auf den Familienstand deuten können. Waffen kann man auch heute noch schnell als Hinweise auf Kriegertum erkennen, auch das Reitzubehör, das jetzt im Gegensatz zu den vorangegangenen Generationen eine bestimmende Rolle spielt und oft mit Edelmetall dekoriert ist. In Krefeld-Gellep und in St. Dizier (Dép. Haute-Marne, F; Abb. 2) sind die Seitenstangen der Trensen mit geripptem Gold- bzw. Silberblech verkleidet und im erstgenannten Gab fanden sich almandinverzierte Beschläge von Sattel und Kopfzaum. Im bereits 1904 unsachgemäß aufgedeckten Grab von Mainz-Kastel (Abb. 3) deuten nur zwei kleine Schnallen auf ein möglicherweise vorhandenes Zaumzeug. Hinzu kommen andere Objekte, die zwar in ihrer Funktion, oft aber nicht in ihrer Bedeutung zu benennen sind. Sind goldene Fingerringe Rangabzeichen? Bronzebecken dienten vermutlich dem Waschen, aber warum wird das im Grab demonstriert? Vielleicht ist es eine herausgehobene Lebensweise, die ebenso durch reiches Trinkgeschirr (Glasgefäße) gezeigt wird. Kessel und Bratspieße sind Küchengerät, zeigen den Bestatteten als jemanden, der Gastmähler ausrichtet, die ein wichtiger Bestandteil im sozialen und politischen Leben waren.

Es gibt zahlreiche vergleichbare Männergräber des mittleren 6. Jh.s, denen lediglich das Ringpaar am Knauf der Spatha fehlt; sonst weisen sie allerdings dieselben Beigaben auf. In Saint-Dizier ist dem Krieger mit Knaufringspatha direkt benachbart ein anderer ohne ein solches Schwert beigesetzt. Und in einer anderen Grabgrube hatte man ein Pferd beigesetzt, das im Rahmen der Bestattungsfeierlichkeiten für den Krieger mit der Knaufringspatha getötet worden war, denn in seinem Grab fand sich das Zaumzeug. Auch dieses Ritual war keinesfalls ungewöhnlich, sondern findet sich immer wieder auf frühmittelalterlichen Bestattungsplätzen. Es sind Zeugnisse blutiger, archaischer Rituale, denn die Pferde wurden vielfach durch Halsschnitt getötet, sodass viel Blut floss. Diese Handlungen waren die wohl eindrücklichsten Höhepunkte der Feierlichkeiten. Und allem Anschein nach waren derartig eindrucksvolle Bestattungen für die Nachfolger notwendig, um sich in Szene zu setzen, denn eindeutig geregelt war die Nachfolge anscheinend nicht. Ein ständiger „Legitimierungsdruck" zeigt, wie unruhig das frühe Mittelalter in einigen Regionen war. Verlässliche Ordnungen hatten sich längst noch nicht wieder etabliert. Besonders deutlich wird das bei dem Knabengrab des 6. Jh.s, das 1959 unter dem Kölner Dom entdeckt wurde. Der Junge war bereits wie ein Krieger ausgestattet, teilweise mit Waffen, die extra für ihn gefertigt worden waren, teilweise mit Waffen für einen Erwachsenen. Es wird vermutet, dass der Knabe aus einer rheinfränkischen Königsfamilie stammen könnte. Trotz des christlichen Bestattungsplatzes hatte man großen Wert auf die Grabausstattung gelegt, die keinesfalls die Verdienste des Toten memorieren konnten – er war ja noch ein Kind. Vielmehr demonstriert hier eine Familie ihren Machtanspruch trotz eines zu früh verstorbenen möglichen Nachfolgers.

Literatur

Bernard S. Bachrach: Merovingian Mercenaries and Paid Soldiers in Imperial Perspective. In: John France (Hrsg.): Mercenaries and Paid Men. The Mercenary Identity in the Middle Ages. History of Warfare 47 (Leiden, Boston 2008), 167–192.

Gustav Behrens: Germanische Kriegergräber des 4. bis 7. Jahrhunderts im städtischen Altertumsmuseum zu Mainz. Mainzer Zeitschrift 14, 1919, 1–16.

Svante Fischer: „Les seigneurs des anneaux" (Condé-sur-Noireau 2008).

Dieter Quast (Hrsg.): Das Grab des fränkischen Königs Childerich in Tournai und die Anastasis Childerici von Jean-Jacques Chifflet aus dem Jahre 1655 (Mainz 2015).

Heiko Steuer: Helm und Ringschwert. Prunkbewaffnung und Rangabzeichen germanischer Krieger. Eine Übersicht. In: Studien zur Sachsenforschung 6 (Hildesheim 1987), 189–236.

C. Varéon (sous la direction de), Nos ancêtres les Barbares. Voyage autour de trois tombes de chefs francs. Ausstellungskatalog Musée de Saint-Dizier (Paris 2008).

Egon Wamers: Warlords oder Vasallen? Zur Semiotik der merowingerzeitlichen Bootsbestattungen von Vendel und Valsgärde in Mittelschweden. In: Sebastian Brather, Claudia Merthen und Tobias Springer (Hrsg.): Warlords oder Amtsträger? Herausragende Bestattungen der späten Merowingerzeit. Wissenschaftliche Beibände zum Anzeiger des Germanischen Nationalmuseums 41 (Nürnberg 2018), 212–237.

Alfried Wieczorek und Patrick Périn (Hrsg.): Die Franken – Wegbereiter Europas. Ausstellungskatalog Mannheim, Berlin (Mainz 1996).

Christiane Zimmermann: Ring und Ringschmuck. In: Reallexikon der Germanischen Altertumskunde², Band 25 (Berlin, New York 2003), 3–10.

Gemeinsam in den Tod
Der Krieger von Hiddestorf und seine Begleiter

DANIEL WINGER

Die Calenberger Börde südwestlich von Hannover ist eine fruchtbare, intensiv genutzte Altsiedellandschaft. Sie wird vom Hellweg, einem der wichtigsten Fernverkehrswege vom Rhein zur Elbe durchzogen. Trotz dieser Gunstlage waren lange nur vereinzelt frühgeschichtliche Fundstellen bekannt. Prospektionen und Rettungsgrabungen bei der Erschließung von Neubaugebieten haben dieses Bild revidiert. Aufsehenerregend waren Entdeckungen, die in Hiddestorf (Stadt Hemmingen) gemacht wurden[1]: Auf ca. 3 ha Fläche wurde eine Siedlung erfasst, die von der vorrömischen Eisenzeit bis in die Merowingerzeit Bestand hatte. Sie umfasst u. a. Gruben- und Langhäuser, Speicherbauten, Vorratsgruben sowie etliche Brunnen (Abb. 1). Der Siedlungsplatz liegt am nördlichen Ortsrand von Hiddestorf und nimmt Bezug auf einen alten Leinezulauf, die heutige Arnumer Landwehr. Im Plan der Grabungsbefunde zeichnet sich der alte Verlauf des Flüsschens vor der Begradigung ab. Im nördlichen Niederungsbereich der Landwehr finden sich Spuren der Siedlungen, der südliche Bereich hingegen ist bereits modern überbaut. Reizvoll,

Abb. 1 Plan der Grabungsfläche von Hiddestorf mit markierten Siedlungsstrukturen und der Gräbergruppe.

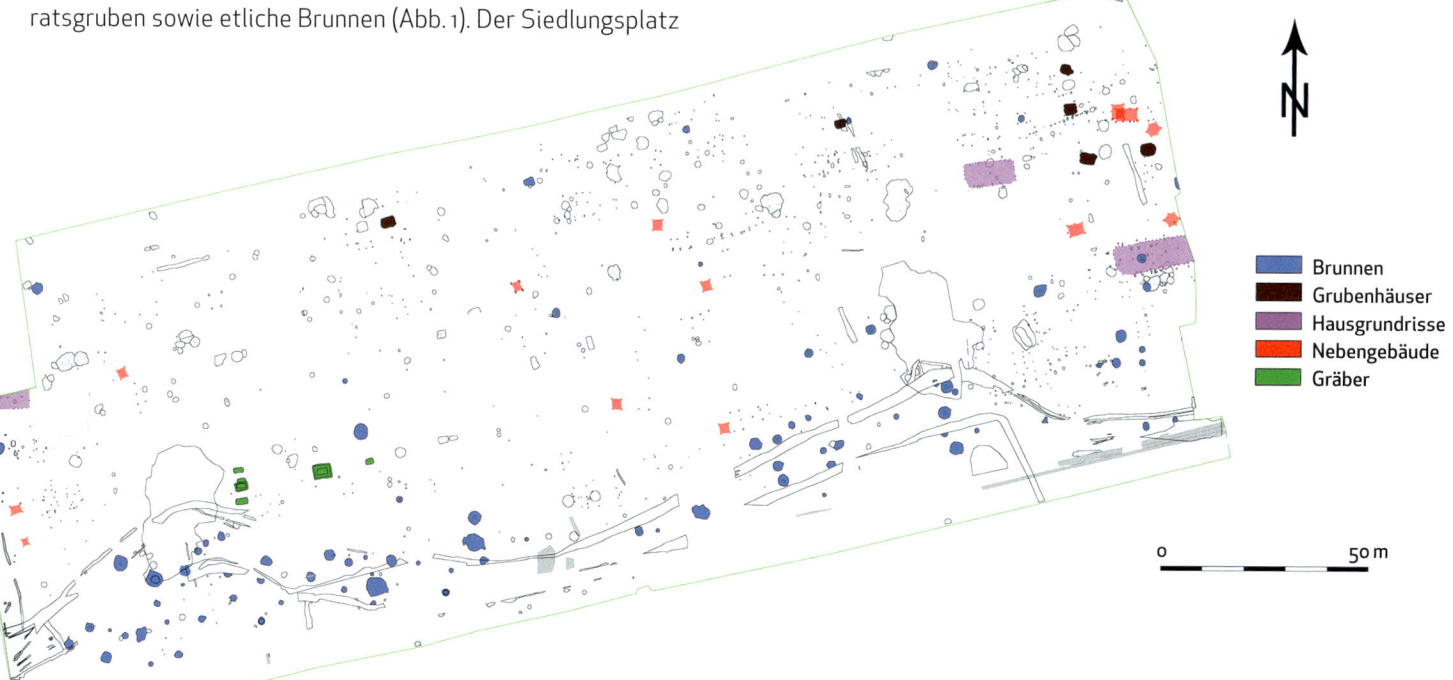

204 DAS SPIEL DER KÖNIGE

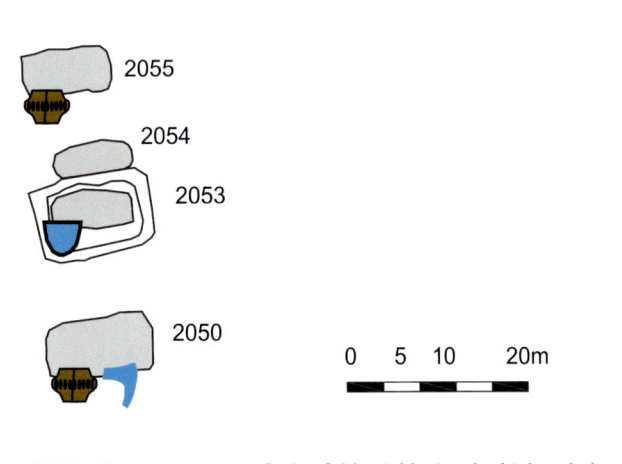

Abb. 2 Umzeichnung des Gräberfeldes inklusive der bislang bekannten Beigaben. Deutlich werden die Zentrallage und die hierarchische Konzeption der Kleinnekropole mit dem Reitpferd 1992 im Osten und den Gräbern 2055 und 2050, welche das zweite Palisadengrab 2053 flankieren.

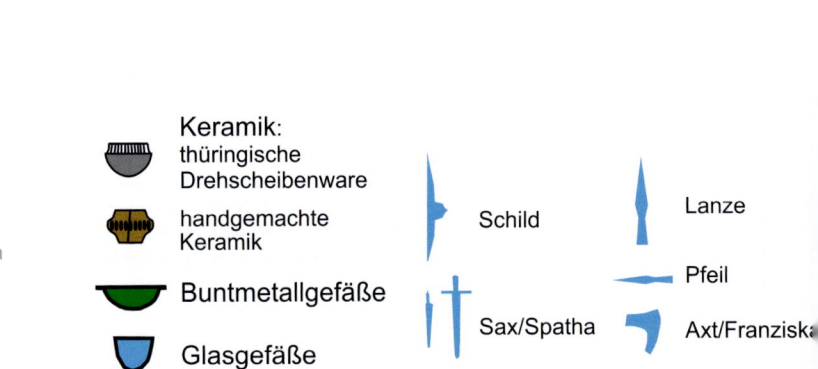

Keramik:
- thüringische Drehscheibenware
- handgemachte Keramik
- Buntmetallgefäße
- Glasgefäße
- Schild
- Sax/Spatha
- Lanze
- Pfeil
- Axt/Franziska

Abb. 3 Der eindrucksvollste Block barg den Leichnam und die im Sarg deponierten bzw. am Körper belassenen Beigaben der Bestattung 1995.

aber derzeit aufgrund des Grabungsausschnittes und der noch ungeklärten Chronologie und Geologie nicht zu beweisen, ist die Vorstellung einer Furt an dieser Stelle.

Der östliche Siedlungsbereich ist, Funden und Radiokohlenstoffdatierungen zufolge, eindeutig der jüngste und erlaubt eine Datierung in das 5./6. Jh.

Etwa 100 m westlich davon, nah am Wasserlauf und in Sichtweite der jüngsten Langhäuser, wurden im Bereich älterer, längst vergangener Gehöfte fünf Körpergräber entdeckt. Die Gräber stammen aus der 1. H. des 6. Jh.s n. Chr. und damit aus einer Zeit, in der die Verstorbenen üblicherweise noch verbrannt wurden. Die Toten waren alle männlich. In ihrer Nähe ist außerdem ein Pferd begraben worden (Abb. 2). Der kleine Friedhof ist in vielerlei Hinsicht in Norddeutschland gänzlich ungewöhnlich. Die fünf Menschengräber sind die ältesten bis jetzt bekannten Körperbestattungen des 1. Jahrtausends in der Region, das Pferdegrab das älteste frühgeschichtliche in ganz Niedersachsen. Beide Phänomene sind offensichtlich vor Ort neuartig und fremd und es stellen sich Fragen nach der Herkunft von Sitten, Normen und Moden, den Objekten und auch den Menschen. Da sich die besondere Bedeutung der Grabfunde schon früh zu erkennen gab, entschied man sich zur teilweisen Bergung der Gräber in großen Blöcken, deren Inhalte später im Magazin des Landesmuseums Hannover unter optimalen Voraussetzungen von Restauratoren freigelegt wurden (Abb. 3).

In voller Montur: der Tote aus der Holzkammer

In Grab 1995 lag ein Mann hohen Alters begraben. Sein Grab war das größte von allen und die Wände und der Boden waren aufwendig mit Holz verkleidet. Der Leichnam lag zusätzlich in einem Kistensarg, der vor der Südwand der Kammer stand. Der Freiraum in der Holzkammer vor der Nordwand wurde für größere und sichtbar deponierte Beigaben genutzt (Abb. 4). Im Sarg und unmittelbar am Leichnam platziert fanden sich Objekte der persönlichen Ausstattung: Kamm, Schere, Fingerring und Gürtelschnalle (Abb. 5) sowie eine Tasche mit Feuerstahl, Feuerstein und Messer sowie Pinzette. Es handelt sich um geläufige Formen des 6. Jh.s. Die Mitgabe eines silbernen Fingerringes ist selten, Parallelen stammen meist aus reich ausgestatteten Waffengräbern. Gleiches gilt für die Gürtelschnalle, die zwar aus Eisen gefertigt ist, aber deren Zier mit eingeschlagenen goldfarbenen Messingstreifen und -kreisaugen ein recht exklusives Artefakt der Zeit um 500 n. Chr. darstellt. Parallelen finden sich vor allem in reichen Männergräbern im merowingischen westlichen Mittel-

Abb. 4 Foto des Fundplanums des Zentralgrabes 1995 vor der Blockbergung, Schildbuckel (Mitte oben) sowie Bronzebecken (rechts unten) sind bereits entnommen.

europa und Mitteldeutschland (vgl. hierzu den Beitrag „It's a man's world'. Reiche Kriegergräber der ersten Hälfte des 6. Jahrhunderts in Mitteleuropa" in diesem Band).

Größtes Augenmerk gilt es der umfangreichen Bewaffnung des Toten zu widmen, bestehend aus Schutz- und mehreren Angriffswaffen (Abb. 6). Aufrecht an der westlichen Kammerwand, im Freiraum neben dem Kopfende des Kistensarges, lehnte der Schild, von dem der eiserne Buckel erhalten blieb. Südlich und leicht oberhalb des Kopfes fand man die auf dem Sarg deponierte Spitze einer Lanze. Drei Pfeilspitzen lagen eng beieinander neben und unter dem Schädel, evtl. sind sie in einem Köcher nie-

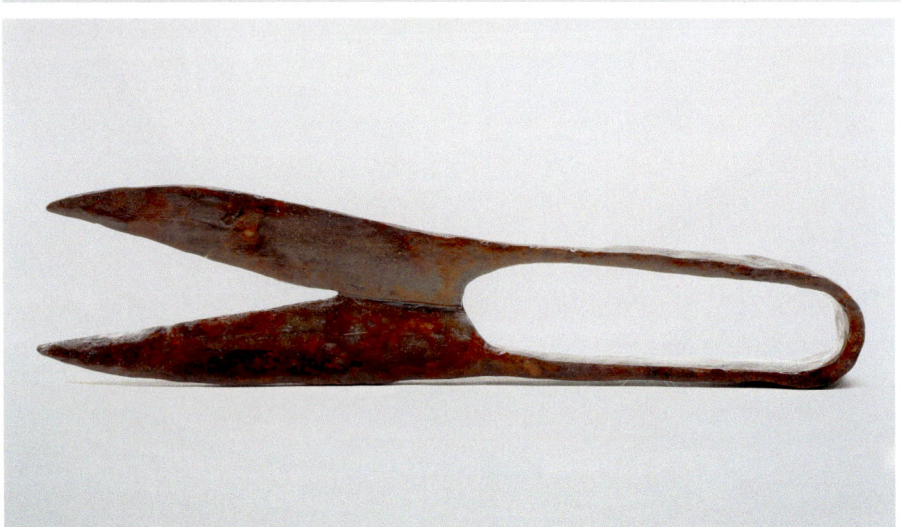

Abb. 5 Kamm, Schere, silberner Fingerring und Gürtelschnalle aus dem Zentralgrab. Im Röntgenbild wird sichtbar, dass die Schnalle mit weiteren goldglänzenden kreisförmigen Tauschierungen, d. h. eingehämmerten Messingstreifen, verziert war.

dergelegt worden, der genau wie ein Bogen nicht erhalten blieb. Ebenfalls unter dem post mortem zur Seite verlagerten Kopf des Toten lag eine Wurfaxt, die sogenannte Franziska. Einen hohen Rang kennzeichnet das mitgegebene zweischneidige Langschwert, die Spatha, die ebenso wie der sogenannte Sax, eine messerähnliche einschneidige Waffe, am linken Bein lag. Die Franziska ist dabei genauso wenig fränkisch wie der Sax sächsisch (vgl. hierzu den Beitrag „Der Sax – tödlicher Allrounder des Frühen Mittelalters" in diesem Band). Es handelt sich bei all diesen Stücken durchweg um gut datierbare Formen der älteren Merowingerzeit, die mit unterschiedlichen Schwerpunkten der 1. H. des 6. Jh.s angehören. Ihr Vorkommen in so geballter Form in einem Grab lässt ebenso aufmerken wie der Umstand der Deponierung in einem Körpergrab: Parallelen hierfür finden sich bislang ausschließlich entlang des Rheins, in Südwestdeutschland sowie im mitteldeutschen Raum.

Ein trinkfester Gastgeber?

In Grab 1995 befanden sich darüber hinaus nicht weniger als fünf Keramik-, zwei Buntmetall- und ein Glasgefäß – ein in Umfang und Qualität in Norddeutschland einzigartiges und auch im überregionalen Vergleich beachtliches Ensemble. Direkt beim Toten, also mit im Sarg, fand sich nur ein Becher, die meisten Gefäße waren im Kammerfreiraum deponiert worden. Dies geschah sicherlich öffentlich sichtbar und vermutlich im Rahmen der eigentlichen Beisetzung. Zumindest im Fall eines der Buntmetallgefäße, eines sogenannten Vestlandkessels (Abb. 7), waren Reste des Inhalts erhalten, der mindestens ebenso bedeutend wie das Behältnis selbst war und wohl die eigentliche Mitgabe darstellte: Der Oberschenkelknochen einer Ziege oder eines Schafes. Weitere Tierknochen (Schwein), auch sie Bestandteil einer Speisebeigabe, lagen mittig neben dem Sarg, wo sie ursprünglich wohl auf einer organischen Unterlage deponiert worden sind. Dazwischen standen eng beieinander vier größere Keramikgefäße, deren Inhalt unbekannt ist. Der Geschirrsatz ist nicht nur hinsichtlich seiner Größe von Bedeutung. Hervorzuheben ist zuvorderst eine sogenannte „Thüringische Drehscheibenschüssel" (Abb. 8), mutmaßlich mitteldeutscher Provenienz (vgl. hierzu den Beitrag „Für die exklusiv gedeckte Tafel: Thüringische Drehscheibenkeramik" in diesem Band), die in die Zeit um 480 bis etwa 530 n. Chr. datiert. Nicht allein ihre Form, auch ihre Tonzusammensetzung weist diese Schale als Import aus. Daneben stand ein mit „Rippen" und „Fransen" verzierter freihandgeformter Topf. Solche Gefäße kommen auch im südlichen Niedersachsen

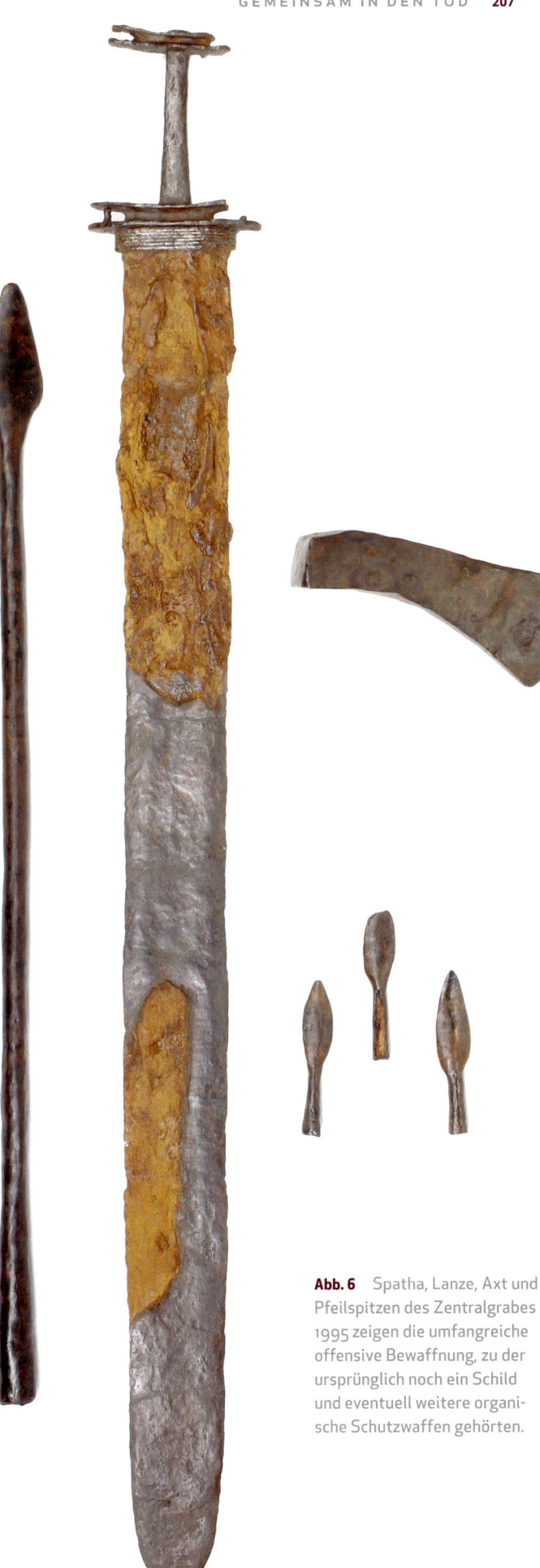

Abb. 6 Spatha, Lanze, Axt und Pfeilspitzen des Zentralgrabes 1995 zeigen die umfangreiche offensive Bewaffnung, zu der ursprünglich noch ein Schild und eventuell weitere organische Schutzwaffen gehörten.

Ross und Reiter: Pferde im frühmittelalterlichen Bestattungsritual

DANIEL WINGER

Bei der Beerdigung des amerikanischen Präsidenten Ronald Reagan im Jahr 2004 folgte ein gesatteltes Pferd seinem Sarg. Das reiterlose Pferd ist ein eindrückliches und ergreifendes Bild für den Tod eines Menschen. Bildquellen aus Neuzeit und Moderne belegen ebenso wie schriftliche Nachrichten aus Antike und Mittelalter die Teilnahme des Pferdes im Bestattungsritual. Archäologisch greifbar ist gegebenenfalls aber höchstens der Schlusspunkt dieses Rituals und zwar durch eine Vielzahl von Pferdegräbern aus nahezu allen Epochen. Findet sich Zaumzeug, ist das getötete und beigesetzte Pferd als Reittier erkennbar. Zumeist wird hernach ein Bezug zu einem im Umfeld gelegenen Kriegergrab gesucht und hergestellt. Es sei aber beispielsweise an die Beisetzung von Elizabeth Bowes-Lyon erinnert, besser bekannt als „Queen Mum", die 2002 auf ihrem letzten Weg ebenfalls von ihrem Reitpferd begleitet wurde. Und auch im frühen Mittelalter finden sich Hinweise auf reitende Frauen.

Pferdegräber kamen im 4./5. Jh. n. Chr. in Mitteldeutschland und im mittleren Donauraum auf. Sie werden über darin enthaltene Trensen- und Zaumzeugbestandteile datiert. Die mitteldeutschen Befunde werden gemeinhin mit den frühmittelalterlichen Thüringern in Verbindung gebracht, die als Verbündete des Hunnenkönigs Attila († 453 n. Chr.) gelten. Insofern läge es nahe, in diesen Vorkommen reiternomadische Einflüsse zu sehen. Aber gerade bei den Hunnen spielen Pferdegräber im Gegensatz zu allen anderen Reitervölkern keine größere Rolle. Eine besondere Beziehung zum Pferd wird im Fall der Thüringer aber in der schriftlichen Überlieferung sehr deutlich: Eine erfolgreiche Pferdezucht ist hier mehrfach im 6. Jh. überliefert, so werden beispielsweise wertvolle Pferde als Geschenke des Thüringerkönigs an den Ostgotenkönig Theoderich den Großen genannt. Auch wird gemeinhin vermutet, dass die Thüringer eine entscheidende Rolle bei der Vermittlung der Pferdegrabsitte nach Westen innehatten: Basina, die Frau des 482 n. Chr. in Tournai (Belgien) beigesetzten römischen Foederaten und Frankenkönigs Childerich war eine thüringische Königin. Als Childerich starb, wurde über seinem Grab sein Reitpferd mitsamt Zaumzeug beigesetzt und anschließend ein riesiger Grabhügel aufgeworfen. Gänzlich fremd, blutrünstig und barbarisch muss auf die römisch-spätantiken, bereits christlichen Einwohner Tournais die Tötung von mindestens 21 weiteren Pferden gewirkt haben, die rund um das zentrale Grab- und Denkmal begraben wurden.

Die Beigabe von Reitpferden verbreitete sich in der Folge im gesamten Einflussbereich der fränkischen Könige aus der Dynastie der Merowinger. Das Pferd, welches um 530 n. Chr. auf dem Gräberfeld von Hiddestorf (Stadt Hemmingen, Region Hannover) in einer Holzkammer beigesetzt wurde, unweit eines Kriegergrabes, ist das früheste bekannte Beispiel aus Niedersachsen. Ob hier westlich-merowingische oder östlich-thüringische Gebräuche wirksam wurden, ist aber kaum zu entscheiden. Oft wird vermutet, dass der zwei oder drei Generationen später mit zwölf Pferden beigesetzte „Fürst von Beckum" (Ldkr. Warendorf) dem Vorbild des Merowingers Childerich gefolgt sein soll, wobei die Forschung das Töten und Begraben dieser Pferde wahlweise als „fränkisches", „sächsisches" oder „westfälisch-regionales" Element des Bestattungsbrauchtums, als Beigabe oder als Opfer gedeutet hat.

Eine größere Anzahl von Pferdegräbern ist im nordwestdeutschen Raum erst aus dem 8./9. Jh. bekannt. Damals kommt es auch zu einer Zunahme von Pferdegräbern innerhalb einzelner Gräberfelder: Auffällig ist hier besonders der Friedhof von Rullstorf (Ldkr. Lüneburg), wo insgesamt mindestens 42 (!) Pferde begraben wurden. Diese enorme Häufung widerspricht interessanterweise den fränkischen Schriftquellen zu den Sachsenkriegen, denen zufolge die Sachsen über keine nennenswerte Kavallerie verfügt hätten.

Wahrscheinlich haben die Pferde nach der Herrichtung und Aufbahrung des Toten den Leichenzug zur vorbereiteten Grabstätte begleitet; in der weiteren Vorstellung vielleicht auch den Verstorbenen ins Jenseits. Zeitgenössische Schilderungen sind leider nicht überliefert. Auf dem Bestattungsplatz wurden die Pferde wohl per Halsschnitt getötet und auf dem Bauch oder der Seite liegend in Grabgruben eingebracht, bisweilen in aufwendig errichteten hölzernen Kammern. Es waren meist männliche Tiere. Dass jedoch nicht immer besonders wertvolle Tiere ausgesucht wurden, überrascht angesichts des überlieferten hohen Wertes eines Kriegspferdes nicht. Es muss folglich nicht zwangsläufig schon zu Lebzeiten ein Bezug zwischen Mensch und konkretem Tier bestanden haben – entscheidend war vielmehr die symbolische Handlung. In manchen Fällen mag sich der Verzehr von Pferdefleisch im Rahmen eines Totenmahls an die Beisetzung angeschlossen haben. Zumindest wird das in der Gesetzgebung Karls des Großen in Folge der Sachsenkriege im 8. Jh. unter Strafe gestellt.

Nicht immer können die auf Friedhöfen begrabenen Pferde „ihren" Reitern zugewiesen werden. Deren Gräber mögen nicht erhalten sein, vielleicht erfolgte die Pferdebeisetzung aber auch anstelle gefallener Krieger oder in Erinnerung an verstorbene Menschen. Andersherum erhielt nicht jeder Reiterkrieger ein Pferd. Den Pferden von Ronald Reagan und „Queen Mum" blieb die Tötung am Grab freilich erspart. Diese prominenten, öffentlichen Beispiele belegen ebenso wie moderne Haustierfriedhöfe, das enge Verhältnis zwischen Mensch und Tier. Vergleichbares mag für die Menschen des frühen Mittelalters häufig nicht nachweisbar sein, aber eine emotionale Nähe zum Pferd, als Begleiter in Leben und Tod, wird doch sehr deutlich ausgedrückt.

Literatur

Michael Müller-Wille: Pferdegrab und Pferdeopfer im frühen Mittelalter. Ber. ROB 20/21, 1970/71 (1972), 119–248.

Heiko Steuer: Pferdegräber. In: Reallexikon der Germanischen Altertumskunde², Band 23 (Berlin, New York 2003), 50–96.

Daniel Winger, Claudia Gerling, Ute Bartelt und Babette Ludowici: Zwischen Beckum und Alach – das Prunkgrab mit Pferdebestattung von Hemmingen-Hiddestorf am Hellweg. In: Vera Brieske, Aurelia Dickers, Michael Rind (Hrsg.): Tiere und Tierdarstellungen in der Archäologie. Beiträge zum Kolloquium in Gedenken an Torsten Capelle, 30.–31. Oktober 2015 in Herne. Veröffentlichungen der Altertumskommission für Westfalen 22 (Münster 2017), 213–232.

Abb. 1 Verbreitung der Pferdegräber der 2. H. des 5. und der 1. H. des 6. Jh.s., Hemmingen-Hiddestorf ist durch den roten Punkt hervorgehoben.

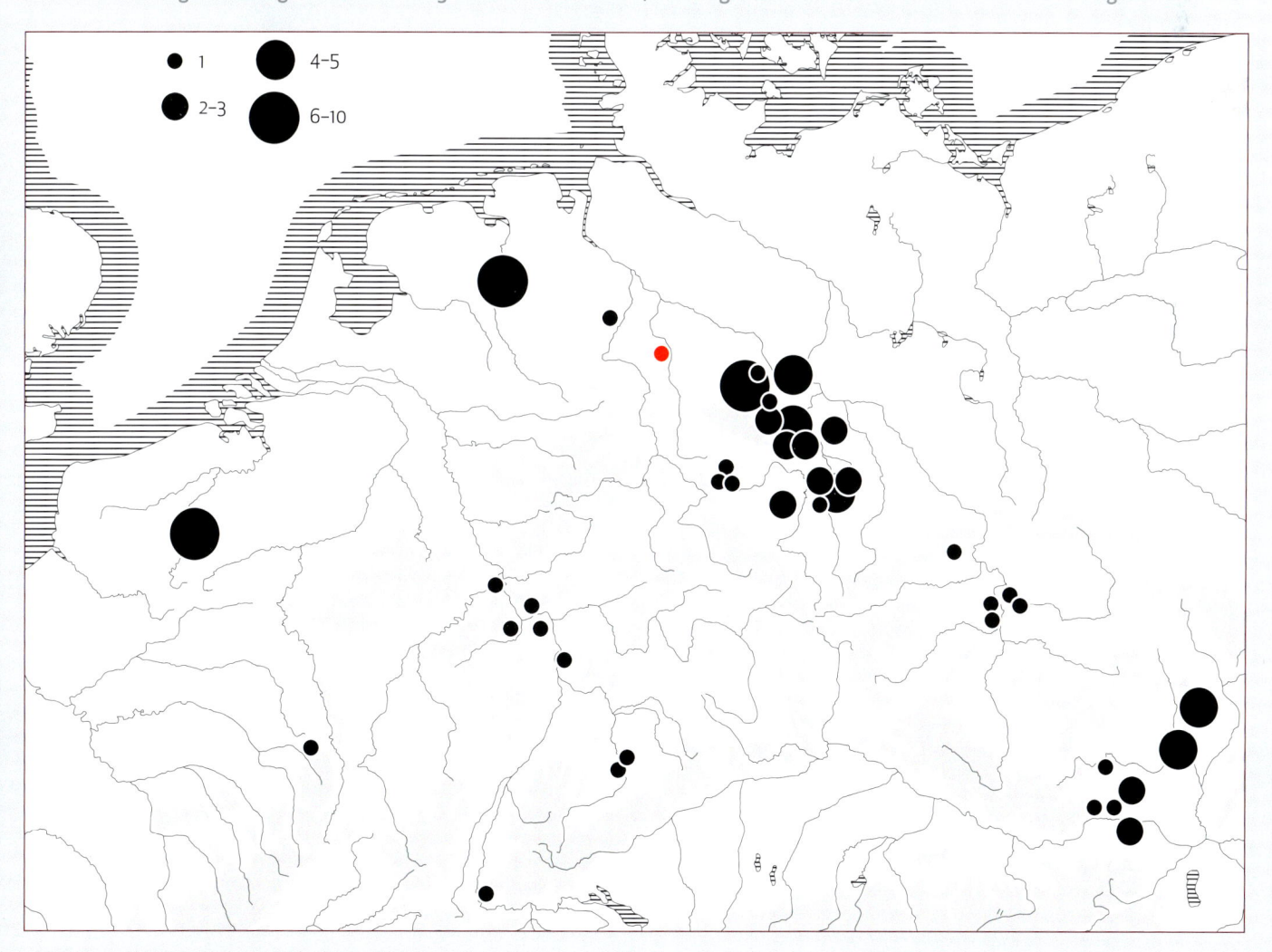

Abb. 7 Vestlandkessel sind äußerst seltene Buntmetallgefäße, die aber europaweit verbreitet zumeist in reichen Männergräbern vorkommen.

vor, schwerpunktmäßg sind sie aber aus mitteldeutschen, böhmisch-mährischen und pannonischen sowie südwestdeutschen Männergräbern des 6. Jh.s bekannt. Zwei anbei liegende grobe Kümpfe sind formenkundlich im nordwestdeutschen Raum geläufig: Parallelen finden sich zahlreich im weiteren Umfeld, als Urnen auf den Friedhöfen der sogenannten Südniedersächsischen Brandgräbergruppe. Innerhalb des Sarges stand schließlich noch ein ganz kleines Keramikgefäß, doppelkonisch und mit einer Ritzverzierung. Seine geringe Größe, vor allem aber seine Deponierung quasi „in Griffweite" des Verstorbenen, lässt auf eine besondere Funktion schließen: Den meisten Quellen unterschiedlichster Zeiten zufolge gehört ein gemeinsamer Umtrunk oder ein Totenmahl zum Bestattungsritual, es ist also durchaus vorstellbar, dass das Becherchen ein Getränk enthielt und der Verstorbene gleichsam an diesem Ritual teilhatte.

Das Grab enthielt außerdem eines der wertvollen importierten und im 6. Jh. seltenen Glasschälchen (Abb. 9). Es ist ungemein ebenmäßig geformt und unversehrt erhalten. Wertvoll und selten ist auch das am Fußende des Grabes niedergelegte bronzene Perlrandbecken. Im Gegensatz zu den anderen Gefäßen diente dieses aber nicht als Tischgeschirr, sondern symbolisierte vielmehr gehobene Tischsitten: ein Handwaschbecken, wie es der gut vernetzten internationalen (früh-)merowingerzeitlichen Elite vorbehalten war.

Ein Denkmal für fünf Männer und ein Pferd

Das große Holzkammergrab 1995 nahm die zentrale Position auf dem kleinen Bestattungsplatz ein. Es war WSW-ONO orientiert, wobei der Kopf im Westen lag. Ebenfalls westlich, genau in der Achse der Grablege, lagen in 18 Metern Entfernung die vier anderen Gräber. Auch hierin sind Männer beigesetzt worden. Ihre Ausstattung mit Grabbeigaben war weitaus bescheidener: Soweit derzeit erkennbar, barg Grab 2055 kaum mehr als ein Keramikgefäß, Grab 2050 ein Keramikgefäß und ein Beil, Grab 2053 immerhin ein wertvolles Glasgefäß (Abb. 10) und Grab 2054 offenbar nur ein kleines Keramikgefäß.

Die zentrale Bestattung umgab eine obertägige Markierung in Form eines Rechteckgrabens – solche Befunde sind selten und finden sich vor allem in späteren Zusammenhängen, z.B. nächstgelegen in Beckum in Westfalen. Zumeist werden solche allenfalls gering eingetieft erhaltenen Gräbchen als Reste oder Grenzen ehemaliger Überhügelungen interpretiert, die als Grabkennzeichnung dienten. Grabsteine waren noch kaum verbreitet und andere Formen wie aufrecht in den Boden gesteckte Lanzen, vielleicht mit Fahnen oder Feldzeichen, sind in zeitgenössischen Quellen zwar spärlich überliefert, aber archäologisch kaum nachweisbar. Der Hiddestorfer Befund jedoch war gänzlich anders bzw. aufwendiger hinsichtlich der Sichtbarkeit konstruiert: In dem Fundamentgräbchen fanden sich die Standspuren einer höl-

Abb. 8 Einglättverzierte thüringische Schale, die als exklusives Keramikprodukt gelten kann und aus dem mitteldeutschen Raum importiert wurde.

zernen Palisade. Hier ist kein einzelner Pfosten oder ein Totenhaus errichtet worden, sondern die gesamte Grablege eingezäunt gewesen. Da kein Ein- oder Durchgang verblieben ist, kann davon ausgegangen werden, dass die Konstruktion erst nach der eigentlichen Bestattung errichtet oder zumindest fertiggestellt wurde und somit der Memoria dienen sollte, also ganz bewusst als sichtbares Grabmonument für den Verstorbenen. Gleichermaßen, jedoch in kleineren Abmessungen, wurde das auf der glei-chen Achse liegende Grab 2053 umgeben. Es war seinerseits von zwei Gräbern flankiert, jeweils parallel im Norden und Süden (Gräber 2050 und 2055). Diese waren allenfalls durch einzelne Pfosten markiert worden.

Die in Lage, Grabgröße, Bauaufwand und ebenso im Fundreichtum manifestierte und für den Archäologen fassbare Abstufung war auch zeitgenössisch erkennbar, und das auch für Menschen, die nicht an der Beisetzung teilgenommen oder die

Abb. 9 Ohne jeden Kratzer wurde das grüne Glasschälchen geborgen, welches an der Unterseite mit Fadenauflagen verziert ist.

Abb. 10 Das zweite Graben- oder Palisadengrab barg ebenfalls ein exklusives Glasgefäß: Die sogenannten Rüsselbecher markieren einen Höhepunkt der merowingischen Glasproduktion und belegen außerdem die Loslösung von den formalen und technischen römischen Vorbildern und Traditionen.

bestatteten Personen zu Lebzeiten nicht gekannt hatten. Das bedeutet, dass diese Hierarchisierung intendiert war, die zugleich an eine Zusammengehörigkeit der Toten denken lässt. Damit wird zweierlei deutlich, was der gesunde Menschenverstand besagt, der Archäologe aber häufig vergisst: Eine Beerdigung wird von lebenden Menschen ausgerichtet und nicht vom Verstorbenen. Alles, was im Grab liegt, ist extra ausgesucht worden und muss keineswegs unmittelbarer Besitz gewesen sein oder auch nur einen direkten Bezug zum Verstorbenen gehabt haben. Und es wird ebenso deutlich, dass das Grab, das die Archäologen ausheben, nur ein Element des normierten Rituals einer Beerdigung war. Archäologisch nachweisbar sind in Hiddestorf dabei sogar mehrere Schritte: Vor der Beisetzung des Toten aus Grab 1995 erfolgte der Bau der hölzernen Kammer, währenddessen der Tote irgendwo anders aufbewahrt oder aufgebahrt wurde – wahrscheinlich in einem der nur hundert Meter entfernten Häuser. Erst nach der eigentlichen Niederlegung des Leichnams und seiner Beigaben, können die geschlossenen Palisaden um die Gräber 1995 und 2053 errichtet worden sein, die das Grab selber nicht mehr betreten oder sehen ließen. Ein Ritualbestandteil der zum Umgang mit dem Toten gehörte, war die Prozession zum Grab, die mehr als heute keine private, sondern eine öffentliche Handlung darstellte.

In diesem Zusammenhang wird man auch das Pferdegrab sehen müssen (Abb. 11): Es wurde gleichfalls in der genauen Achse des Zentralgrabes 1995 und bei gleicher Ausrichtung nach Osten gespiegelt angelegt, dabei aber nur etwa neun Meter entfernt, also nur etwa halb so weit vom Zentralgrab entfernt wie die vier anderen Menschengräber. Es barg einen mit einer Widerristhöhe von 141,67 cm vergleichsweise großen Hengst, für den ebenfalls eine hölzern verschalte Grabkammer gebaut worden ist. Ob es das Reitpferd des Toten war, ist unsicher: Das hohe Alter von 14–16 Jahren und der Umstand, dass es hinkte, mag die Auswahl des Tieres begünstigt haben[2] (vgl. hierzu den Beitrag „Ross und Reiter: Pferde im frühmittelalterlichen Bestattungsritual" in diesem Band).

Geweissagter Tod?
Unmittelbaren Zugang zur Vorstellungswelt der Verstorbenen und ihrer Zeit und einem Aspekt, der heutzutage wohl als Aberglaube gelten würde, liefert schließlich ein Paar knöcherner Stäbchen, sogenannte Orakelstäbchen[3] bzw. Lose (Abb. 12) aus Zentralgrab 1995. Bei gleicher Größe und Form sind sie unterschiedlich verziert: Mit einer Art Zirkel wurden Kreise mit zen-

Abb. 11 Das zugehörige Pferd ist wie sein potenzieller Reiter in einer hölzernen Kammer beigesetzt worden.

tralem Punkt eingeritzt, einmal mittig auf der Längsseite, einmal auf den Enden. Dieser Fund lädt zusammen mit den anderen Befunden zum Spekulieren ein. Die vier Gräber der westlichen Reihe weisen nämlich eine merkwürdige Besonderheit auf: Einem Leichnam fehlt der Schädel, bei anderen liegt dieser an leicht versetzter Stelle – vorbehaltlich pathologisch-anthropologischer Analysen kann man vermuten, dass diese Toten enthauptet bestattet wurden. Dagegen fanden sich im Brustbereich der im Zentralgrab beigesetzten Person Eisenreste, die auf eine dort eingedrungene Spitze, vielleicht eine Pfeilspitze, schließen ließen. Für alle Individuen liegen damit Hinweise auf einen gewaltsamen Tod vor. Die Einzigartigkeit des zu nur einem Zeitpunkt angelegten Grabensembles könnte das Resultat eines außergewöhnlichen Ereignisses sein, sei dies Krieg oder Fehde. Man mag sich vorstellen, wie im Vorfeld der Auseinandersetzung der Anführer das Los über den Ausgang des Kampfes warf – ob er und seine Gefolgsleute sich trotz düsterer Vorzeichen in den Kampf stürzten? Oder in der festen, aber tragisch falschen Überzeugung eines leichten Sieges?

„Wes Brot ich ess, des Lied ich sing" – Amtsträger und lokale Eliten in Grenzregionen

Die aus den Gräbern von Hiddestorf geborgenen Funde – soweit die Blockbergungen freigelegt und ihre Inhalte restauriert sind – legen zusammenfassend eine Datierung an die Schnittstelle zwischen dem ersten und dem mittleren Drittel des 6. Jh.s, also eine Entstehung der Nekropole um 530 n. Chr. nahe.

Abb. 12 Wie Lose wurden die beiden unterschiedlich markierten Knochenstäbchen gezogen oder geworfen.

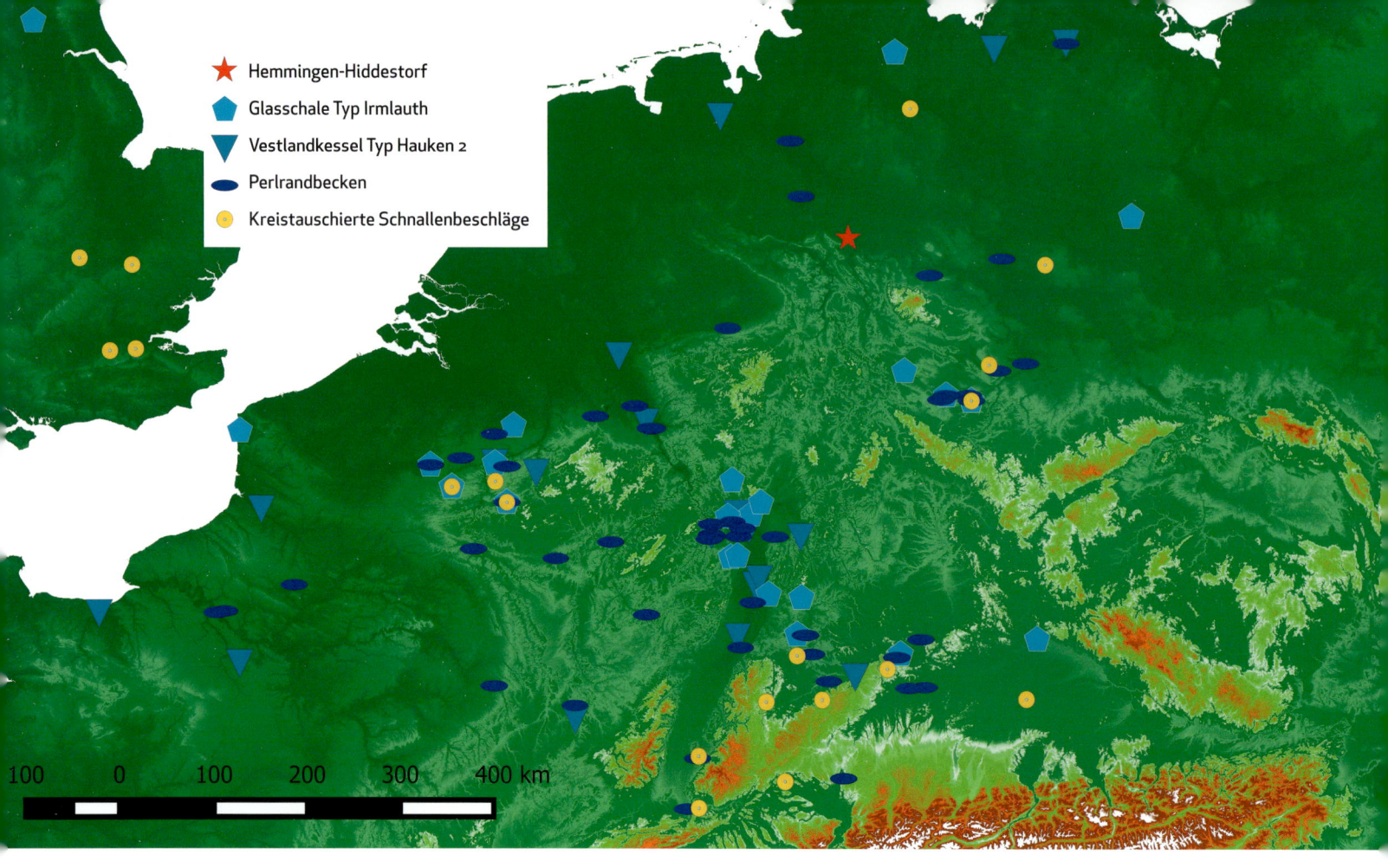

Abb. 13 Eine Kartierung der Funde nur des Zentralgrabes 1995 markiert deutlich die Mittlerstellung zwischen merowingischem Westen und Thüringischem Osten – unmittelbar im Zeitraum des fränkisch-thüringischen Krieges 531/34.

Das Inventar des Prunkgrabes wird dabei durch Statussymbole aus dem fränkisch-merowingischen Westen gekennzeichnet, wo sich auch die Parallelen zur Grabform finden lassen. Daneben sind umfangreiche Bezüge in den thüringisch-mitteldeutschen Raum fassbar (Abb. 13). Grundsätzlich ist umstritten, inwieweit materielle Kultur überhaupt geeignet ist, sich Identitäten, insbesondere ethnischen Zugehörigkeiten zu nähern, da diese im Wesentlichen auf individuellen Selbstzuschreibungen und Zusammengehörigkeitsgefühlen basieren und etwa hinsichtlich militärischer Gruppierungen in vormoderner Zeit auf zeitweiligem und damit wechselbarem Erfolg gründen. Nach traditionelleren Auswertungen von Verbreitungskarten könnte man den Hiddestorfer Befund mit ähnlicher Berechtigung Franken oder Thüringern zuweisen. Analysen von im Zahnschmelz eingelagerten stabilen Isotopen immerhin erlauben – stark vereinfacht – festzustellen, auf was für einem geologischen Untergrund ein Mensch aufgewachsen ist. Für alle fünf Hiddestorfer Individuen liegen zwar Hinweise auf Mobilitäten zu Lebzeiten vor, aber keine ortsfremden Isotopensignale einer fremden Herkunft[4], es ist also von einem lokalen Bezug auszugehen.

Die wohl beste Parallele zum Hiddestorfer Friedhof hinsichtlich der Anordnung und Zusammenstellung findet sich in Saint-Dizier (Haute-Marne, Frankreich)[5]. Auch dort gibt es ein zentrales Männergrab mit Vestlandkessel und Perlrandbecken, Glasschale, tauschierte Schnalle, goldenen Fingerring sowie einer vollständigen Bewaffnung – wobei neben Pfeil, Schild, Franziska, Lanze und Sax sogar ein sogenanntes Ringknaufschwert (vgl. hierzu den Beitrag „'It's a man's world'. Reiche Kriegergräber der 1. H. des 6. Jahrhunderts in Mitteleuropa" in diesem Band) und ein ebenfalls als Rangabzeichen geltender Ango im Grab deponiert wurden. Eine Trense kennzeichnet den Bestatteten als Reiter – dem ebenfalls in der östlichen Verlängerung ein Pferd mitgegeben wurde, während sich westlich Gräber mit ebenfalls guten Ausstattungen befanden. Interessant sind weiterhin die Gemeinsamkeiten hinsichtlich der kleinräumigen Fundsituation bei einer Siedlung nahe einem Wasserlauf und an einem Verkehrsweg, separiert vom Bestattungsplatz der weiteren Population. Und auch großräumig ist die Lage in einer Grenzregion vergleichbar: Der Befund von Saint-Dizier wird als Bestattungsplatz eines merowingischen Amtsträgers im Zuge der fränkischen Expansion in das 534 n. Chr. eroberte Burgund interpretiert.

Opfer im Spiel der Könige?

Der planmäßige Charakter des Hiddestorfer Friedhofs, die Gleichzeitigkeit der Grablegen, der kriegerische Eindruck, die Indizien für die gewaltsamen Tode, das Fehlen von Frauen, Kindern und einer breiteren Bevölkerung ließen bereits über eine ungewöhnliche Erklärung für die unüblichen Befunde spekulieren. Der Zeitpunkt der Grablegen um 530 n. Chr. lädt ein, diese Überlegungen fortzusetzen: 531 n. Chr. kam es zwischen den fränkischen Königen Theuderich und Chlothar aus der Dynastie der Merowinger auf der einen Seite und dem König der Thüringer, Herminafried, auf der anderen Seite zu einer Schlacht (vgl. hierzu den Beitrag „Wie weit reicht der Arm Herminafrids? Die Könige der Thüringer und sein Reich" in diesem Band). Der fränkische Sieg leitete den Untergang des Thüringerreiches ein. Im 10. Jh. verortet Widukind von Corvey in seiner berühmten Sachsengeschichte diese legendäre Schlacht bei einem Ort namens *Runibergun*, der – neben anderen Orten – mit dem nur einige Kilometer von Hiddestorf entfernt liegenden Ronnenberg (Region Hannover) gleichgesetzt wird. Genau wie die Frage nach einer ethnischen Selbstzuordnung ist es mit archäologischen Methoden nicht belegbar, dass es sich bei den Hiddestorfer Toten um Teilnehmer dieses Krieges, vielleicht gar Gefolgsleute des Thüringerkönigs handelt und ob sie Opfer dieser Schlacht waren. Ob dies beweisbar ist, ist vielleicht aber auch irrelevant, da der Bestattungsplatz und die dort Begrabenen das Kriegs- und Fehdewesen des 6. Jh.s dennoch plausibel illustrieren und die unsichtbaren und vergessenen Individuen hinter einer historischen Jahreszahl wieder sichtbar werden lassen. Die Toten von Hiddestorf waren auf jeden Fall Zeitzeugen dieses Ereignisses, sie entstammen einer Region, die unmittelbar von dem thüringisch-fränkischen Gegensatz beeinflusst war, und sie bezeugen Kampfesweisen, gewaltsames Sterben und den Umgang mit dem Tod in dieser Zeit. Sie lassen auch Aberglaube und Angst im Angesicht des Todes sowie die Trauer und das Bemühen des Erinnerns der Überlebenden erahnen.

Anmerkungen

1 Die Befunde wurden seit 2008 durch das Niedersächsische Landesamt für Denkmalpflege und 2012 durch die Grabungsfirma ArchaeoFirm dokumentiert. Der Fundplatz ist Gegenstand einer interdisziplinären Auswertung mehrerer Institutionen (Region Hannover [Ute Bartelt]; Sachsenforschung am Braunschweigischen Landesmuseum [Babette Ludowici, vormals Landesmuseum Hannover]; Universität Rostock [Daniel Winger, vormals Freie Universität Berlin]). Die Siedlungsbefunde werden derzeit im Rahmen einer Dissertation bearbeitet (Sonja Nolte, Freie Universität Berlin).
2 Winger et al. 2017.
3 Dickmann 2002.
4 Winger, Bartelt, Gerling 2016.
5 Truc 2012.

Literatur

Elisabeth Dickmann: Orakel. §6 Orakelstäbchen. In: Reallexikon der Germanischen Altertumskunde², Band 22 (Berlin, New York 2002), 139–141.

Babette Ludowici: Frühgeschichtliche Grabfunde zwischen Harz und Aller. Die Entwicklung der Bestattungssitten im südöstlichen Niedersachsen von der jüngeren römischen Kaiserzeit bis zur Karolingerzeit. Materialhefte zur Ur- und Frühgeschichte Niedersachsen 35 (Rahden/Westf. 2005).

Babette Ludowici, Friedrich Kunkel und Vera Brieske: Frühe Brandgräber aus dem „spätsächsischen" Friedhof von Halberstadt-Wehrstedt. Bemerkungen zur Sachsenfrage im östlichen Nordharzvorland. In: Hans-Jürgen Häßler (Hrsg.): Neue Forschungsergebnisse zur nordwesteuropäischen Frühgeschichte unter besonderer Berücksichtigung der altsächsischen Kultur im heutigen Niedersachsen. Studien zur Sachsenforschung 15 (Oldenburg 2005), 329–341.

Babette Ludowici, Ute Bartelt, Markus Brückner und Daniel Peters: Nicht allein auf weiter Flur: Siedlung und merowingerzeitlicher Friedhof in der Calenberger Börde. Archäologie in Niedersachsen 17, 2014, 118–120.

Babette Ludowici, Daniel Winger und Fleur Schweigart: Fernbeziehung und Selbstzuordnung im Bestattungsbefund: Ein neues Prunkgrab der merowingerzeitlichen Elite am Hellweg von Hemmingen-Hiddestorf, Region Hannover. Proceedings of the 65th Sachsensymposion September 2014 Warschau. Neue Studien zur Sachsenforschung (Hannover, im Druck).

Marie-Cécile Truc: Probable Frankish burials of the sixth century AD at Saint-Dizier (Haute-Marne, Champagne-Ardenne, France). In: Rica Annaert, Tinne Jacobs, Ingrid In't Ven u. Steffi Coppens (Hrsg.): The very beginning of Europe? Cultural and social dimensions of Early-Medieval migration and colonisation (5th-8th century): archaeology in contemporary Europe. Conference Brussels – May 17-19 2011 = Relicta monografieën 7 (Brüssel), 51–65.

Daniel Winger und Ute Bartelt, mit einem Beitrag von Claudia Gerling: Auf der Suche nach dem Haus des „Fürsten" – Siedlung und Prunkgrab der Merowingerzeit von Hemmingen-Hiddestorf, Region Hannover. In: Annette Siegmüller, Hauke Jöns (Hrsg.): Aktuelle Forschungen an Gräberfeldern des 1. Jahrtausends n. Chr. Siedlungs- und Küstenforschung im südlichen Nordseegebiet 39 (Rahden/Westf. 2016), 111–131.

Daniel Winger, Claudia Gerling, Ute Bartelt und Babette Ludowici: Zwischen Beckum und Alach – das Prunkgrab mit Pferdebestattung von Hemmingen-Hiddestorf am Hellweg. In: Vera Brieske, Aurelia Dickers, Michael Rind (Hrsg.): Tiere und Tierdarstellungen in der Archäologie. Beiträge zum Kolloquium in Gedenken an Torsten Capelle, 30.–31. Oktober 2015 in Herne. Veröffentlichungen der Altertumskommission für Westfalen 22 (Münster 2017), 213–232.

Für die exklusiv gedeckte Tafel: Thüringische Drehscheibenkeramik

DANIEL WINGER

Im umfangreichen Keramikgefäßset aus dem Zentralgrab des Friedhofs von Hiddestorf (Stadt Hemmingen, 1. H. 6. Jh.) sticht ein Gefäß hervor: Es ist als einziges scheibengedreht und lässt sich der sogenannten „einglättverzierten thüringischen Drehscheibenware" zuweisen. Diese Keramik – es dominieren weitmundige Schalen, deutlich seltener sind Becher und Flaschen – sind aus sehr fein geschlämmtem, grauem Ton gefertigt, die Oberfläche ist geglättet und glänzend poliert. Durch verdickten Ton von schwärzlicher Farbe sind zusätzlich filigrane Muster in die Gefäßoberfläche eingebracht, üblicherweise parallele Striche auf den kalottenförmigen Unterteilen, auf den Gefäßschultern hingegen häufig Gittermuster. Der Hals wiederum greift zumeist die parallelen Strichbündel der Unterseite wieder auf, seltener sind weitere Zierfelder mit Bögen, Zickzack- oder Schlangenlinien und anderen Mustern. Ein Standring und das konische Oberteil mit einem fließenden Übergang von Gefäßschulter zum Hals wie bei der Hiddestorfer Schale sind charakteristisch für eine ältere Formgebung, die etwa um 530 n. Chr. von Schalen eines anderen Typs abgelöst werden. Der jüngere Typ bleibt bis etwa 560/70 in Mode. Seine Kennzeichen sind das Fehlen eines Standfußes und ein sehr scharfer Knick, der eine fast waagerecht auf die Kalotte gesetzte Schulter markiert, auf welcher wiederum nahezu rechtwinklig ein hoher Rand steht.

Die herkömmliche Ansprache dieser Gefäße als „thüringische" Keramik in einem ethnischen Sinn basiert auf einem Fundschwerpunkt zwischen Harz, Thüringer Wald und Saale, im heutigen Sachsen-Anhalt und Thüringen, wo sich bis 531/34 n. Chr. das Reich der Thüringerkönige erstreckt haben soll. Es finden sich aber auch größere Mengen in anderen Gebieten: Verbreitungskonzentrationen gibt es in Böhmen und im Rhein-Main-Gebiet, einglättverzierte Schalen gleichen Typs streuen im Westen bis nach Belgien und im Osten über Mähren bis an den Balaton. Ihr Auftreten wird mal mit thüringischen Auswanderern und Exilanten in Folge der Eingliederung Mitteldeutschlands ins Frankenreich ab 531 n. Chr. erklärt, mal mit einer Ausdehnung des Thüringerreiches vor 531 oder aber mit Exogamie. Wie bei dem viele Jahrhunderte jüngeren Meißener Porzellan moderner sächsischer Provenienz,

Abb. 1 Thüringische Drehscheibenware aus Stössen (Burgenlandkreis; Grab 7 [HK 13:741]).

sollte aber auch ein profaner Handel mit dieser Keramik über von der Forschung konstruierte ethnisch-politische Grenzen hinweg nicht ausgeschlossen werden. Die Technik der Einglättverzierung ist im Frühmittelalter selten und stammt wahrscheinlich aus dem südosteuropäischen Raum bzw. den dortigen römischen Provinzen (z. B. die sogenannte Murga-Keramik in Pannonien des 4./5. Jh.s) und es finden sich weitere Gruppen des 6. Jh.s (z. B. glättverzierte Knickwandschalen des süddeutsch-österreichischen Raumes), die meist regionale Absatzgebiete aufweisen und nicht ethnisch interpretiert werden. Gemeinsam ist den „thüringischen" Drehscheibenschalen – und insofern mag der Verweis auf die königlich-sächsischen Porzellan-Manufakturen Meißens nicht gänzlich um des „Sachsenwortspieles" willen aus der Luft gegriffen sein –, dass es sich nicht um einfache Gebrauchskeramik oder Produkte des alltäglichen Hauswerkes handelt.

Im Kerngebiet ihrer Verbreitung, wo sie aus den zumeist relativ kleinen, aber vergleichsweise reich ausgestatteten mitteldeutschen Reihengräberfeldern bekannt sind, sind die Drehscheibengefäße vor allem in Gräbern von Männern und Frauen vorhanden, die als „wohlhabend" ausgestattet gelten können. Zwar ist dort die Mitgabe ganzer Geschirrsätze üblicher als anderswo, mehrere einglättverzierte Gefäße in einem Grab sind dennoch außergewöhnlich: schon eine solche kunstfertige Schale hatte bereits einen beträchtlichen Wert. Innerhalb einzelner mitteldeutscher Gräberfelder, etwa in Obermöllern (Burgenlandkreis), sind die Gefäße hinsichtlich Proportionen, Verzierung und Winkel so einheitlich, dass von der Herstellung in nur ei-

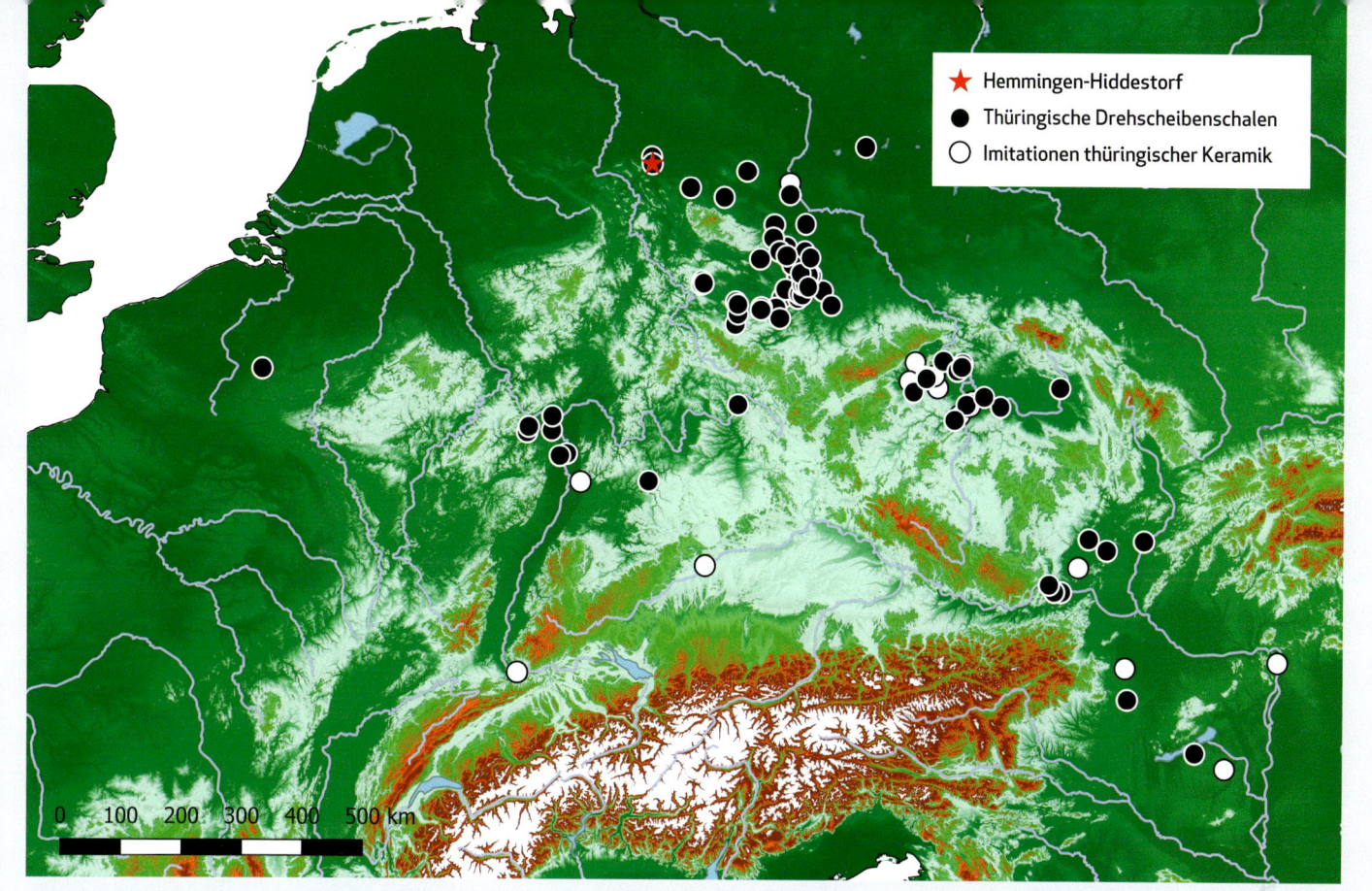

Abb. 2 Verbreitungskarte der thüringischen Drehscheibenware und deren Nachahmungen.

Legende:
- ★ Hemmingen-Hiddestorf
- ● Thüringische Drehscheibenschalen
- ○ Imitationen thüringischer Keramik

ner spezialisierten (Hof-) Werkstatt ausgegangen werden kann. Soweit naturwissenschaftliche Analysen von Magerung oder Tonart vorliegen, zeigen sie von der gleichzeitigen handgefertigten Keramik des gleichen Fundortes abweichende Rohstoffe, dies mag an der unterschiedlichen Technik und daraus resultierenden Tonanforderung gelegen haben. Tonverarbeitung und insbesondere die Einglättmustertechnik setzen Spezialistentum und Expertenwissen voraus, die ebenfalls für den Wert dieser auch heute noch ansehnlichen Keramik sprechen. Insofern ist – in der Peripherie ebenso wie im Hauptverbreitungsgebiet – Handel weniger als marktwirtschaftlich organisierter Kauf zu verstehen, sondern sind persönliche Beziehungen, Zugang zu Rohmaterialen, Verfügung über Werkstätten und Handwerker sowie Geschenketauschsysteme anzunehmen. Exportierte Exemplare kommen – gerade das Beispiel Hiddestorf in einem grenznahen Peripheriegebiet belegt dies sehr eindrücklich – häufig in herausragend ausgestatteten Gräbern vor: Ihr Wert steigt mit der zurückgelegten Distanz und der daraus resultierenden Exklusivität nochmals. Aufgrund der großen formalen Ähnlichkeiten ist bei den Vorkommen in der Fremde nicht von Nachahmungen, sondern von tatsächlichen Importen aus Mitteldeutschland auszugehen.

Um die weite Verbreitung dieser besonderen Keramik besser verstehen zu können, sind weitere naturwissenschaftliche Analysen wünschenswert. Dies gilt auch für Inhaltsanalysen, die bislang bei den zumeist alt ausgegrabenen Funden nicht vorgenommen werden konnten – man weiß nicht was bzw. ob sich überhaupt etwas in den exklusiven Schalen befand, wenn sie in ein Grab gestellt wurden. Die Gefäße sind aber sicherlich nicht zufällig aus dem Geschirrset eines beliebigen Haushaltes entnommen worden: Wert, Verbreitung und Vorkommen verweisen auf eine bewusst erfolgte Auswahl und intentionelle Mitgabe durch die Hinterbliebenen.

Literatur

Christina M. Hansen: Frauengräber im Thüringerreich. Zur Chronologie des 5. und 6. Jahrhunderts n. Chr. Basler Hefte zur Archäologie 2 (Basel 2004).

Berthold Schmidt: Die späte Völkerwanderungszeit in Mitteldeutschland. Veröffentlichungen des Landesmuseums für Vorgeschichte in Halle 18 (Berlin 1961).

Claudia Theune: Methodik der ethnischen Deutung. Überlegungen zur Interpretation der Grabfunde aus dem thüringischen Siedlungsgebiet. In: Sebastian Brather (Hrsg.): Zwischen Spätantike und Frühmittelalter. Archäologie des 4. bis 7. Jahrhunderts im Westen. Ergbd. Reallexikon der Germanischen Altertumskunde 57 (Berlin/New York 2008), 211–233.

Babette Ludowici, Daniel Winger und Fleur Schweigart: Fernbeziehung und Selbstzuordnung im Bestattungsbefund: Ein neues Prunkgrab der merowingerzeitlichen Elite am Hellweg von Hemmingen-Hiddestorf, Region Hannover. Proceedings of the 65th Sachsensymposion September 2014 Warschau. Neue Studien zur Sachsenforschung (Hannover, im Druck).

Undurchsichtige

Verhältnisse

MITTE 6. JAHRHUNDERT BIS 700

Nach dem Tod des Thüringerkönigs werden die Karten neu gemischt. Die Oberherrschaft im Raum zwischen Rhein und Elbe beanspruchen jetzt die Frankenkönige. Und vielleicht ahnen Sie es schon: Die Musik spielt offenbar auch jetzt wieder in Gebieten, die der Hellweg durchzieht. Dort gib es in der Zeit um 600 reiche Leute. Sie gehören zu einer selbstbewussten, erkennbar „frankisierten" Elite. Aber offensichtlich tanzen hierzulande nicht alle nach der Pfeife der Franken. Die neuen Machthaber unternehmen immer wieder Strafexpeditionen. Für Aufständische haben sie einen Namen: *Saxones*! Der Bischof Gregor von Tours (538–594) nennt sie so. Er hat eine Geschichte der Frankenkönige geschrieben. Diese Schrift ist das älteste Werk, das wir kennen, in dem Menschen, die irgendwo zwischen Rhein und Elbe wohnen, als *Saxones* bezeichnet werden.

In der Gewinnzone   Am Hellweg sitzen offensichtlich Gewinner der neuen politischen Großwetterlage: In Regionen um die alte Handelsroute tragen Frauen aus reichen Familien wertvollen Schmuck im Stil adliger Damen im fränkischen Reich. Auf einem Ausläufer der Asse, bei Klein-Vahlberg im Landkreis Wolfenbüttel, begräbt ein mächtiger Clan eine Angehörige in einem weithin sichtbaren Grabhügel. Von dort überblickt man das Land bis hin zum Harz – und eine der Trassen des Hellwegs. Genauso herausragend: Das berühmte „Fürstengrab" von Beckum im Münsterland. Daneben fanden Archäologen zwölf begrabene Pferde. Eine solche „Grabbeigabe" muss man sich leisten können. Das Schwert des Toten ist etwas ganz Besonderes: ein sogenanntes „Knaufring"-Schwert. Er hat es vermutlich von seinem Vater geerbt. Wer so eine Waffe besitzt, gehört zu einer sehr elitären Gruppe von Anführern, verteilt über halb Europa. Sie genießen hohes Ansehen.
Unter den Menschen in der Hellwegzone gibt es auch Christen. Man erkennt sie erst auf den zweiten Blick. Ihr Bekenntnis ist dezent: Schmuckstücke und kleine Anhänger zeigen Kreuze oder sind als Kreuze geformt. Bei Bedarf kann man sie verbergen. Anhänger der Religion der fränkischen Eroberer sind sicher nicht überall willkommen. Aber vereinzelt werden für Christen sogar Grabsteine gesetzt und selbst Kirchen dürfte es an einigen Orten geben.

Wüstes Land? An der Küste und am Unterlauf von Weser und Elbe wirkt das Land dagegen wie leergefegt. Aus der Zeit zwischen 550 und 700 kennen wir von dort nur sehr wenige archäologische Funde. Was ist da los? Vielerorts im norddeutschen Flachland kommt im 6. und 7. Jh. die Landwirtschaft zum Erliegen. Das haben Archäobotaniker festgestellt, die die Pflanzenwelt dieser Zeit rekonstruieren. Bei der Untersuchung von See- und Moorsedimenten, die sich damals ablagerten, sehen sie: Die Proben enthalten kaum Pollen von Getreide und anderen Nutzpflanzen, aber sehr viele Baumpollen. Das heißt: Wald breitete sich aus, Äcker und Felder verwilderten und wucherten zu. Erklärungsversuche gibt es dafür viele: Das Elbe-Weser-Dreieck ist entvölkert, seit dem 5. Jh. waren zu viele Menschen nach England abgewandert. Oder hat die Pest gewütet? Gab es Naturkatastrophen? 536, 540 und 547 brachen in Südostasien Vulkane aus. Gigantische Aschewolken zogen um den ganzen Globus. Bis in die 660er-Jahre wurde es in vielen Regionen der Welt kälter. Missernten und Hunger waren oft die Folge. Auch im norddeutschen Flachland? Um ehrlich zu sein: Wir wissen es nicht. (B. L.)

Zur Illustration auf der vorherigen Seite Das Bild zeigt den Mann aus dem „Fürstengrab" vom Beckum (Ldkr. Warendorf) in einer geselligen Runde. Er starb um 600 mit etwa 50 Jahren. Mit rund 190 Zentimetern Körperhöhe war der Patriarch ungewöhnlich groß und überragte die meisten seiner Zeitgenossen. Kelvin Wilson: „Bier, Klunker und ein ländlicher Fürst, dessen Macht der Testosteronspiegel seiner Anhänger aufrechthält, so etwas wie „ein Rapper auf dem Oktoberfest" – so habe ich meinen Entwurf für dieses Porträt beschrieben. Visuell galt es einiges auszubalancieren: Wie könnte sein Festsaal königlich wirken, auch wenn er sicher nur zu einem großen Hof gehörte? Wie zeigt man, dass diese Leute lokale Größen mit sehr weitreichenden Verbindungen waren? Wie stellt man den „Fürsten von Beckum" als reichen Mann dar, auch wenn sein Goldschmuck eher ungewöhnlich als vom Feinsten war? Die Lösung liegt in der Gestaltung von Details: An Schnitzereien sind einfache Körbe aufgehängt, schlecht rasierte Männer lauschen feinen Klängen. Und das Kerzenlicht lässt alles ein bisschen hübscher scheinen, als es ist."

Wüstes Land?
Die Siedlungslücke des 6. und 7. Jahrhunderts in Nordwestdeutschland

HAUKE JÖNS

Im gesamten Nord- und Ostseeküstenraum bis hin zur Weichselmündung ist ab dem 5. Jh. das Ende zahlreicher Siedlungen festzustellen, die über lange Zeiträume gewachsen waren. Auch viele seit Generationen belegte Gräberfelder wurden damals aufgelassen. Für die 2. H. des 6. und die 1. H. des 7. Jh.s sind schließlich nur noch wenige archäologische Hinweise auf menschliche Aktivitäten verfügbar. Sie bestehen nahezu ausschließlich aus einzeln geborgenen Metallobjekten meist skandinavischer oder fränkischer Provenienz, deren Aussagekraft aufgrund des fehlenden Fundzusammenhangs schwer einzuschätzen ist[1]. Zugleich zeigen vegetationsgeschichtliche Untersuchungen, dass zuvor ackerbaulich genutzte Flächen während des 6. und 7. Jh.s großflächig wieder vom Wald eingenommen wurden. Erkennbar wird das am Spektrum der Pflanzenpollen, die sich in dieser Zeit in den Sedimenten von Seen und Mooren eingelagert haben (Abb. 1): Besiedlungsanzeigende Pollen, allen voran Getreidepollen, gibt es jetzt kaum noch, dafür aber sehr viele Pollen von Laub- und Nadelbäumen. Besonders deutlich lässt sich dies für Ostholstein nachweisen. Der dort gelegene Belauer See stellt aufgrund seiner seit dem Ende der letzten Eiszeit kontinuierlich gewachsenen und zum Teil in Jahresschichten differenzierbaren Seeablagerungen ein hochauflösendes Archiv der regionalen Landschafts- und Vegetationsgeschichte dar (Abb. 2)[2]. Es ist davon auszugehen, dass der extrem siedlungsarme Zeitabschnitt im regionalen Einzugsgebiet des Sees vom 1. Jahrzehnt des 6. bis zum 2. Jahrzehnt des 8. Jh.s andauerte.

In den schleswig-holsteinischen Landschaften Angeln und Schwansen endet die Belegung aller bislang dort bekannten, zum Teil ausgedehnten römisch-kaiserzeitlichen Gräberfelder spätestens in der Zeit um 500 n. Chr. Die Nutzung der wenigen bekannten Siedlungen bricht ebenfalls spätestens in diesem Zeitraum ab[3]. Hervorzuheben ist gleichwohl, dass im Bereich der inneren Schlei insgesamt sieben wertvolle Goldbrakteaten gefunden wurden, die zusammen als Hinweis auf ein in der Zeit des Übergangs vom 5. zum 6. Jh. n. Chr. bestehendes Heiligtum oder einen Zentralplatz gewertet werden können, auch wenn eine Lokalisierung bislang noch nicht möglich war[4]. Aus der Folgezeit des 6. und 7. Jh.s sind aus Angeln und Schwansen nur noch vereinzelte Hort- und Grabfunde bekannt, die allesamt im Nahbereich wichtiger Verkehrswege wie der Eider und dem Heerweg entdeckt wurden. Es ist deshalb anzunehmen, dass das weitgehend unbesiedelte Gebiet zumindest als Verkehrsraum weiterhin von Bedeutung war[5]. Eine erneute Besiedlung der Landschaft ist erst ab dem frühen 8. Jh. festzustellen[6].

Vegetationsgeschichtliche Analysen unterstreichen auch hier zumindest für große Teile des 6. und 7. Jh.s das Szenario einer weitgehend aufgelassenen Landschaft[7]. Die dokumentierten

→ **Abb. 1** Bohrarbeiten auf dem Weißensee (Ldkr. Stade). Die Bergung von ungestört geschichteten Sedimenten vom Seegrund ist die Grundlage von Pollendiagrammen, die eine Rekonstruktion der Pflanzenentwicklung der vergangenen Jahrtausende ermöglichen.

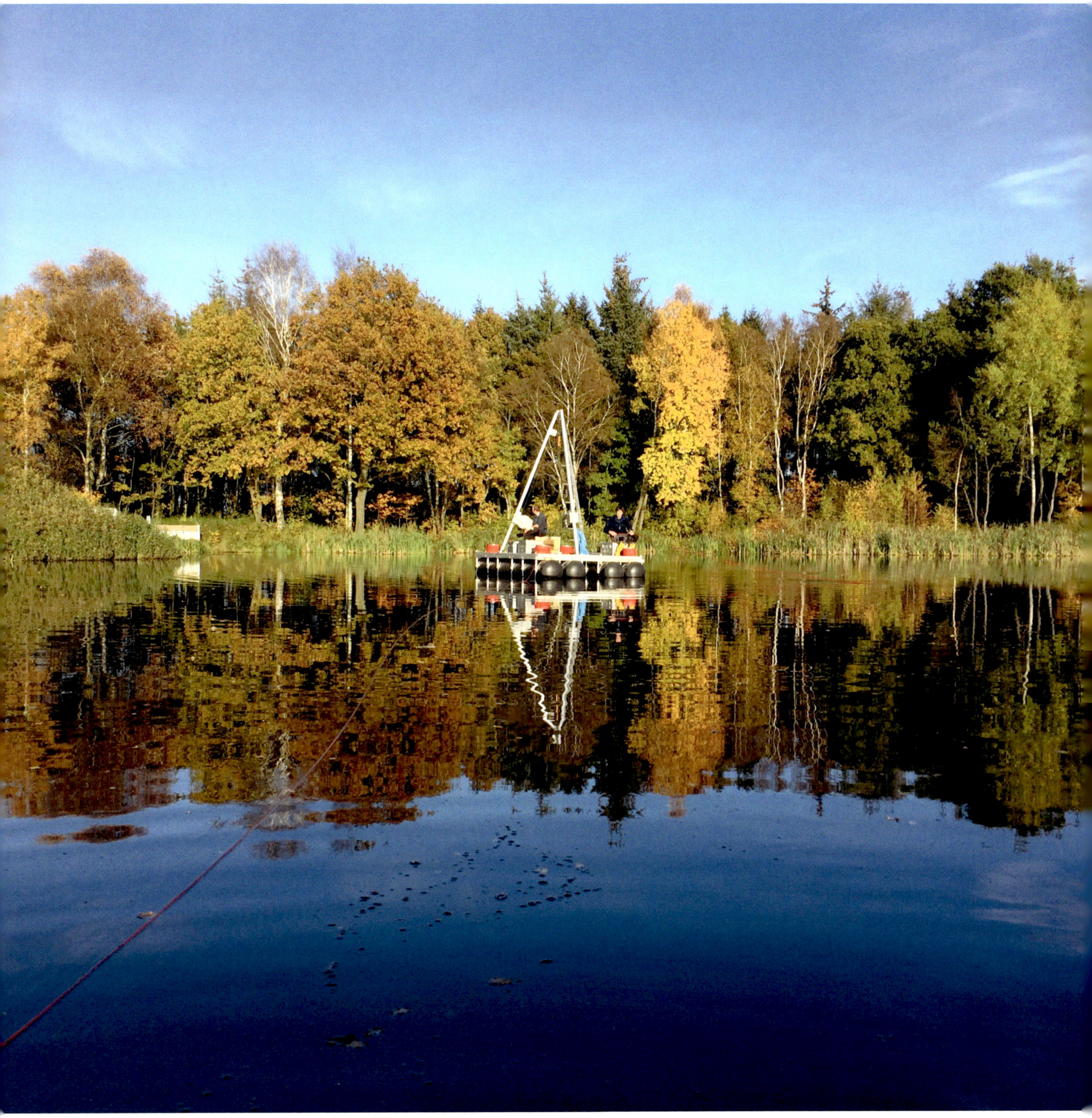

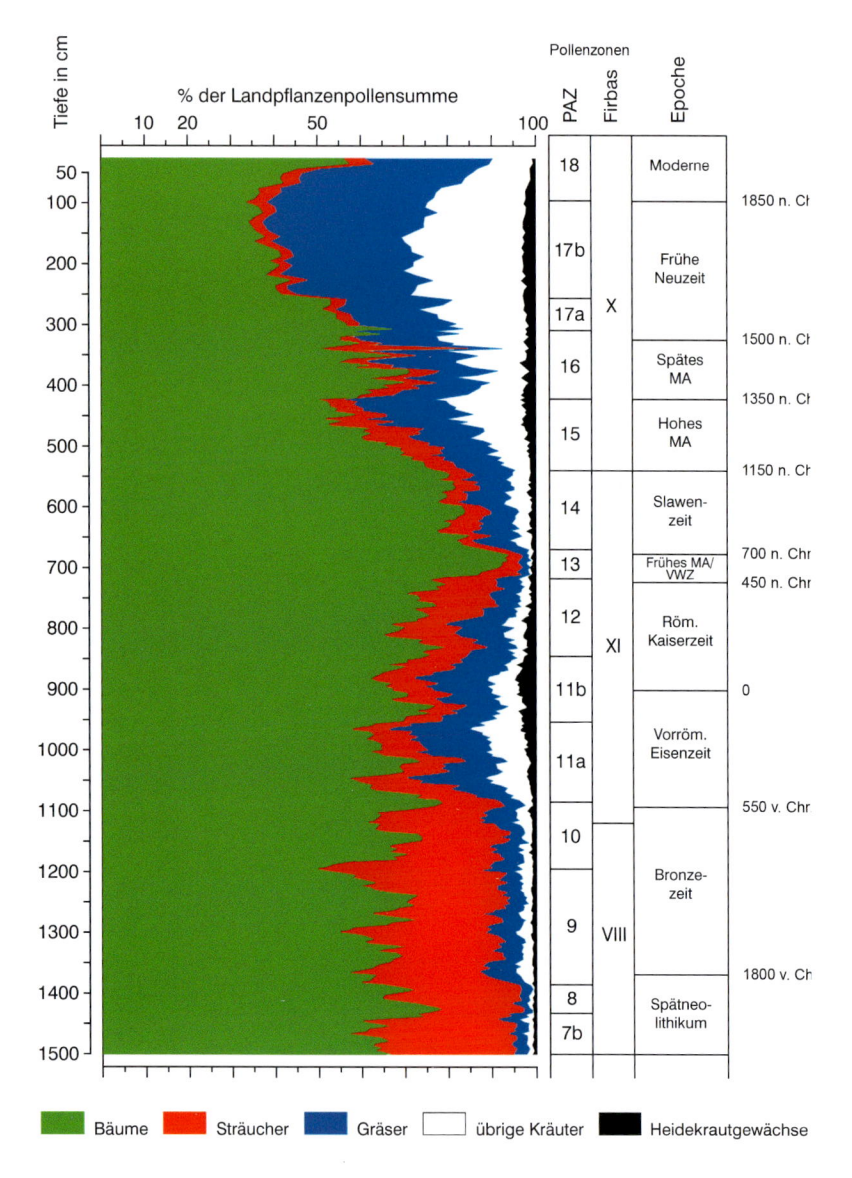

Abb. 2 Vereinfachtes Pollendiagramm aus dem Belauer See (Schleswig-Holstein). Der Anteil von Baum- und Strauchpollen zeigt die Bewaldungsdichte an. Eine weitgehende Wiederbewaldung zwischen 500 und 700 n. Chr. (Epoche Frühes MA/VWZ) ist deutlich erkennbar.

Pollenspektren zeigen deutlich, dass zwar während der Vorrömischen Eisenzeit und der Römischen Kaiserzeit ein ausgeprägter Getreideanbau stattgefunden hat; während des späten 5., im 6., im 7. und im frühen 8. Jh. ist jedoch stattdessen eine kontinuierliche Ausdehnung bewaldeter Flächen zu verzeichnen, während der Anteil der Pollen typischer Besiedlungsanzeiger stark abgenommen hat. Entsprechend ist zumindest von einer deutlich reduzierten Siedlungstätigkeit, wenn nicht gar von einem vollständigen Siedlungsabbruch auszugehen. Erst für die Zeit ab etwa 800 n. Chr. lassen die Pollendiagramme wieder Hinweise auf einen erneuten intensivierten Getreideanbau erkennen[8].

Nach den Erkenntnissen der dänischen Siedlungsforschung kam es auch im nördlich davon gelegenen Jütland im Verlauf des 5. Jh.s vielerorts zu einem Siedlungsabbruch und einer markanten Bevölkerungsabnahme. Eine ganze Reihe von Ansiedlungen existierte jedoch über das 6. und 7. Jh. hinweg, sodass hier von einer kontinuierlichen Besiedlung während des gesamten 1. Jahrtausends ausgegangen werden kann[9].

Nasse Füße? Im Land zwischen Elbe und Ems

Im Raum zwischen Elbe und Weser, aber auch für den küstennahen Teil des Weser-Ems-Gebiets ist im Verlauf des 4. bzw. 5. Jh.s eine deutliche Abnahme von Hinweisen auf eine Besiedlung zu verzeichnen. Besonders deutlich wird das in den siedlungsarchäologisch sehr intensiv erforschten Landschaften in der Spitze des Elbe-Weser-Dreiecks. Schon seit Langem ist bekannt, dass beispielsweise die Belegung der großen frühgeschichtlichen Gräberfelder von Westerwanna (Ldkr. Cuxhaven) oder Altenwalde (Ldkr. Cuxhaven) in der Mitte des 5. Jh.s endet. Es verwundert daher nur wenig, dass nach Ausweis der Forschung seit den 1960er-Jahren auch die Nutzung der Wurten, die die Besiedlung des Landes Wursten prägen, in der Mitte des 5. Jh.s endete, so beispielsweise die Feddersen Wierde oder die Fallward. Im 5. Jh. war der Meeresspiegel der Nordsee jedoch leicht gesunken, man spricht deshalb von einer Regressionsphase, sodass ausgeschlossen werden kann, dass die Aufgabe der Wurten aus Furcht vor Überschwemmungen erfolgt ist (Abb. 3).[10] Erst während des späten 7. bzw. des 8. Jh.s wurden diese Wurten erneut besiedelt. Zu dieser Zeit war der Meerspiegel wieder so weit angestiegen, dass eine Besiedlung der Marsch nur noch auf Wurten möglich war.

Für die Klärung der Besiedlungsgeschichte des 1. Jahrtausends im Bereich der benachbarten höhergelegenen Geestgebiete sind die in den 1970er- und 1980er-Jahren durchgeführten interdisziplinären Untersuchungen der Siedlungskammer Flögeln (Ldkr. Cuxhaven) von zentraler Bedeutung. Die dort unternommenen großflächigen Grabungen ergaben, dass die bereits am Ende der Vorrömischen Eisenzeit gegründete Siedlung bei Eekhöltjen zu Beginn des 6. Jh.s n. Chr. vollständig aufgelassen wurde[11]. Erst im Verlauf des 7. Jh.s ist in der Siedungskammer erneut eine Besiedlung nachweisbar; in dieser Zeit erfolgte ca. 2 km von Eekhöltjen die Gründung der Siedlung Dalem, die dann ortskonstant bis ins 14. Jh. bestand. Demnach existierte auch hier mindestens von der 2. H. des 6. bis zur 1. H. des 7. Jh.s eine deutlich fassbare Siedlungslücke[12]. Mithilfe von pollenanalyti-

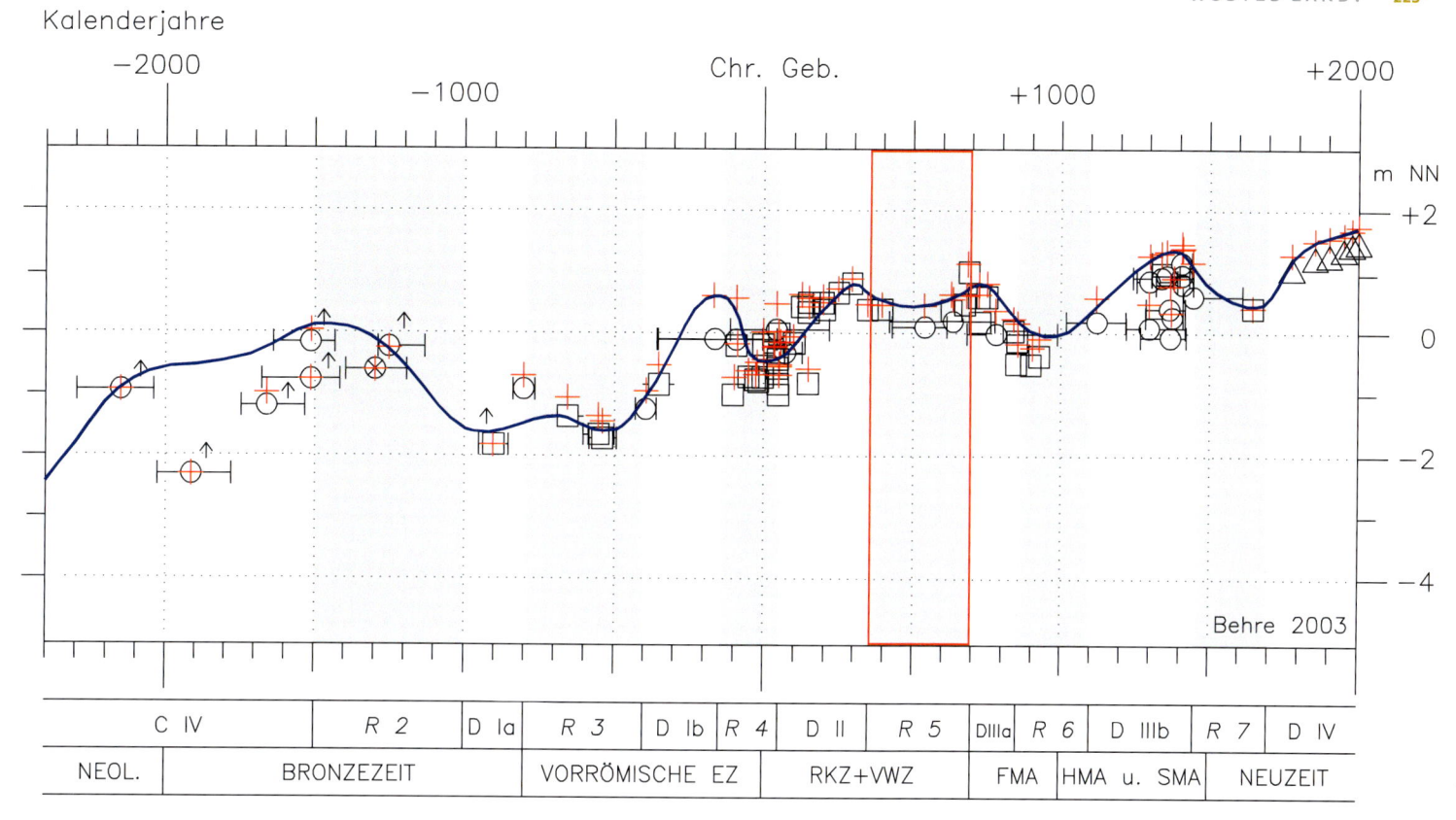

Abb. 3 Meeresspiegelkurve für die Zeit zwischen 5000 v. Chr. und heute für die südliche Nordsee (mittleres Tidehochwasser). Grau hinterlegt sind Zeiten mit stagnierendem bzw. fallendem Meeresspiegel. Der Besiedlungsrückgang in Norddeutschland während des 6. und 7. Jahrhunderts fand während der Regressionsphase 5 statt (rot umrahmt).

schen Untersuchungen der Sedimente von Kleinstmooren in unmittelbarer Nähe der Siedlung Eekhöltjen gelang es zudem, die lokale Landschaftsentwicklung und den Einfluss des Menschen auf die Vegetation zu rekonstruieren. Bei den Analysen des Moors Swienskuhle konnte für das 1. Jahrtausend ein starker Rückgang der siedlungsanzeigenden Pflanzen festgestellt werden, der darauf hindeutet, dass es tatsächlich zu einem Abbruch der Besiedlung gekommen ist[13]. Allerdings konnte mithilfe der damals verfügbaren Form der Radiokarbonmethode nur festgestellt werden, dass die erfasste Siedlungslücke irgendwann im Zeitraum zwischen 376 und 899 n. Chr. gelegen hat; eine Festlegung ihrer tatsächlichen Dauer ist hingegen nicht möglich[14].

Dennoch kann es als gesichert gelten, dass zumindest der Mündungsbereich der Weser nicht vollständig von seinen Bewohnern verlassen wurde. Bei großflächigen Ausgrabungen von Siedlungsspuren unmittelbar östlich von Loxstedt (Ldkr. Cuxhaven) wurden auch Spuren von Gebäuden entdeckt, die während des 7. Jh.s bestanden haben. Durch die detaillierte Auswertung der Keramikfunde konnte sogar nachgewiesen werden, dass um die Mitte des 6. Jh.s der westliche Teil der Siedlung aufgegeben wurde, während sein östlicher Teil – wenngleich deutlich verkleinert – fortbestand (Abb. 4)[15]. Nur zehn Kilometer südlich von Loxstedt wurde bei Wittstedt (Ldkr. Cuxhaven) eine weitere Siedlung großflächig untersucht. Sie wurde im 4. Jh. gegründet und bestand kontinuierlich bis ins 9. Jh. fort und bestätigt somit ebenfalls eine Siedlungskontinuität[16].

Auch in der ebenfalls intensiv erforschten Landschaft im Umfeld von Sievern sind zumindest Hinweise für eine Siedlungskontinuität während des gesamten 1. Jahrtausends vorhanden (vgl. hierzu auch den Beitrag „Kultzentrum Sievern?" in diesem Band). Die Phase intensiver Landnutzung beginnt hier bereits im 2. Jh. v. Chr. mit dem Bau der Befestigungsanlage „Heidenschanze" und endet zu Beginn des 6. Jh.s, als man im Umfeld der im 4. und 5. Jh. angelegten „Heidenstadt" mehrere Goldschätze, darunter insgesamt 14 Goldbrakteaten, im Moor deponierte[17]. Eine erneute Besiedlung des Raumes Sievern ist dann erst wieder für das 9. Jh. nachzuweisen. In der Zeit um 1000 erfolgte dann sogar in unmittelbarer Nähe der Pipinsburg aus dem 10. Jh. die gemeinsame Niederlegung einer goldenen Buckelscheibenfibel und dreier ottonischer Silbermünzen, sodass anzunehmen ist, dass zumindest das Wissen um die besondere kultische Bedeutung, die man der Region bis ins 6. Jh. beigemessen hatte, noch im frühen

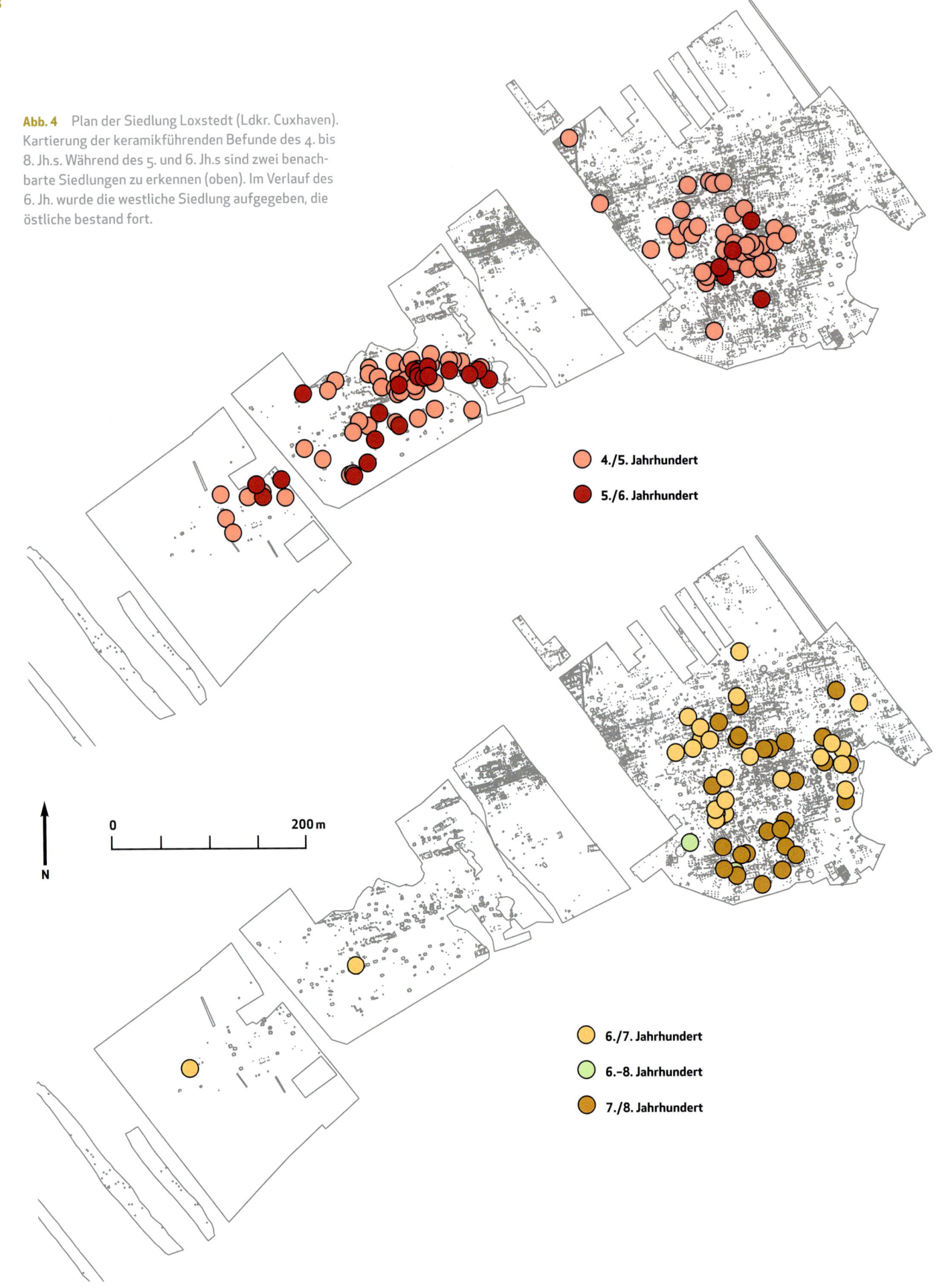

Abb. 4 Plan der Siedlung Loxstedt (Ldkr. Cuxhaven). Kartierung der keramikführenden Befunde des 4. bis 8. Jh.s. Während des 5. und 6. Jh.s sind zwei benachbarte Siedlungen zu erkennen (oben). Im Verlauf des 6. Jh. wurde die westliche Siedlung aufgegeben, die östliche bestand fort.

○ 4./5. Jahrhundert
● 5./6. Jahrhundert

○ 6./7. Jahrhundert
○ 6.–8. Jahrhundert
● 7./8. Jahrhundert

Mittelalter vorhanden war. Pollenanalytische Untersuchungen, die bereits in den 1980er-Jahren im nördlich von Sievern gelegenen Mulsumer Moor durchgeführt wurden, hatten keine Hinweise auf eine Siedlungslücke erbracht[18]. Das kann ebenfalls als Hinweis darauf gewertet werden, dass im Raum Sievern auch während des 6. und 7. Jh.s eine Restbevölkerung verblieben ist, die das Wissen an die folgenden Generationen weitergab – auch wenn ein direkter Nachweis entsprechender Siedlungen vor Ort noch aussteht.

Es ist zusammenfassend festzuhalten, dass im Elbe-Weser-Dreieck zahlreiche Siedlungen während des 5. und 6. Jh.s aufgegeben worden sind, sodass von einer deutlichen Abnahme der Bevölkerungszahlen auszugehen ist. Wie vor allem die Befunde aus Loxstedt und Wittstedt zeigen und die pollenanalytischen Untersuchungen im Raum Sievern vermuten lassen, wurde das Land jedoch nicht vollkommen aufgegeben. Die bei Sievern wohl als Opfer niedergelegten Goldbrakteaten stellen die letzten menschlichen Aktivitäten dar, die nachweisbar sind, bevor hier die Besiedlung beendet wurde. Damit liegt eine Parallele zu der bereits erwähnten im Bereich der inneren Schlei beobachteten Konzentration von Goldbrakteaten vor, die dort ebenfalls das Ende der Besiedlung markiert.

LALIA – die Spätantike Kleine Eiszeit

Im vergangenen Jahrzehnt hat die Erforschung der klimatischen Bedingungen während des 1. und 2. Jahrtausends n. Chr. große Fortschritte gemacht. Beispielsweise ist es mithilfe dendrochronologischer Untersuchungen an Bäumen und Holzresten aus dem russischen Altai-Gebirge und den Alpen gelungen, die durchschnittlichen Sommertemperaturen für große Teile Europas und Asiens zu rekonstruieren[19]. Dabei wurde für den europäischen Raum für die Zeit zwischen 536 und 660 n. Chr. eine Reduzierung der durchschnittlichen Sommertemperatur um bis zu zwei Grad Celsius, für Asien sogar um bis zu drei Grad festgestellt. Dieses allgemein als „Spätantike Kleine Eiszeit" oder „Late Antique Little Ice Age" (LALIA) bezeichnete Phänomen wurde mit großer Wahrscheinlichkeit durch drei Vulkanausbrüche verursacht, die in den Jahren 536, 540 und 547 nach Chr. gewaltige Mengen von Asche und Staub in die Stratosphäre schleuderten und dadurch zu einer deutlichen Verringerung der Sonnenintensität führten (Abb. 5).

Eine Vorstellung von den Auswirkungen, die LALIA beispielsweise auf den östlichen Mittelmeerraum hatte, können wir der Beschreibung des byzantinischen Chronisten Prokop von Cäsarea aus dem Jahr 536 n. Chr. entnehmen: „Die Sonne, ohne Strahlkraft, leuchtete das ganze Jahr hindurch nur wie der Mond und machte den Eindruck, als ob sie fast ganz verfinstert sei. Außerdem war ihr Licht nicht rein und so wie gewöhnlich. Seitdem aber das Zeichen zu sehen war, hörte weder Krieg noch Seuche noch sonst ein Übel auf, das den Menschen den Tod bringt."[20] In den folgenden Jahren kam es nicht nur zu Hungersnöten, sondern auch zu einer gewaltigen Pestepidemie, die als Justinianische Pest traurige Berühmtheit erlangt hat. Sie zog in mehreren Schüben den gesamten Mittelmeerraum in Mitleidenschaft erreichte auch die Landschaften nördlich der Alpen.[21]

In der skandinavischen Forschung ist in den vergangenen Jahren intensiv diskutiert worden, ob das in Folge von LALIA anzunehmende vollständige Ausbleiben mindestens eines Sommers, die Integration des sogenannten „Fimbulwinters", des „großen Winters" in den germanischen Weltuntergangsmythos „Ragnarök" motiviert oder zumindest beeinflusst hat[22]. Zugleich wird angenommen, dass LALIA eine wesentliche Ursache für jene markanten gesellschaftlichen Umbrüche gewesen sein könnte, die z. B. in Mittelschweden um die Mitte des 6. Jh.s n. Chr. begonnen haben und u. a. durch eine Aufgabe von Siedlungen, den Rückgang von Ackerbau aber auch in der Opferung von Goldschätzen und der Herausbildung von Eliten fassbar wird[23].

Auf der Flucht?

Es kann keinen Zweifel geben, dass es an den Küsten zwischen Nord- und Ostsee während des 5. und 6. Jh.s zu einem gewaltigen Besiedlungsrückgang gekommen ist. Ob es jedoch wirklich vorstellbar ist, dass seit vielen Generationen besiedelte Räume vollständig aufgegeben und zu „wüsten Ländern" wurden, oder ob nicht doch eine Restbevölkerung vor Ort verblieb, wie dies eigentlich nach Auswertung ethnologischer und historischer Beispiele anzunehmen wäre,[24] wird seit Langem kontrovers diskutiert.

In der Forschung ist der Besiedlungsrückgang des 5. Jh.s gemeinhin mit der Abwanderung der Bevölkerung nach England in Zusammenhang gebracht worden. Grund dafür ist der Bericht des britischen Mönches und Historikers Beda Venerabilis, der im 8. Jh. – also mehr als 300 Jahre später – die Geschichte der Angelsachsen verfasste. Er erzählt darin von einem britischen Fürsten namens Vortigern, der sich bemüht haben soll, durch die Ansiedlung von „Angeln, Sachsen und Jüten" vom Kontinent in Kent das Machtvakuum zu schließen, das mit dem Abzug der Römer von der Britischen Hauptinsel zu Beginn des 5. Jh.s entstanden war. Nach Beda erhoffte sich Vortigern von diesen Leuten insbesondere Unterstützung im Kampf gegen Piraten und Invasoren unterschiedlicher Herkunft, die das Land tyrannisierten. Zahlreiche in Ostengland entdeckte Gräber aus dem 1. Drittel des 5. Jh.s scheinen die Überlieferung Bedas zu bestätigen. Die darin bestatteten Personen trugen häufig Kleidungsbestandteile, wie sie damals in Norddeutschland üblich waren, bestimmte Fibeln zum Beispiel. Die Höhe der Anzahl der Menschen, die vom Kontinent auf die Britische Hauptinsel übersiedelten, ist aber schwer zu bemessen und sehr umstritten (vgl. hierzu ausführlich den Beitrag „Wer kommt im 4. und 5. Jahrhundert vom Kontinent nach Britannien, ab wann und warum?" in diesem Band). Ihre Migration wird aber sicher nicht ohne Auswirkungen auf die Gebiete geblieben sein, aus denen sie stammten.

Inwieweit LALIA auch Einfluss auf die Besiedlungsentwicklung des norddeutschen Küstenraums hatte, ist gegenwärtig schwer zu beurteilen. Sicher ist jedoch, dass die angenommenen Vulkanausbrüche erst zu einer Zeit stattfanden, als die Siedlungsabbrüche längst stattgefunden hatten und die Abwanderung von Menschen auf die Britische Hauptinsel ihren Höhepunkt schon überschritten hatte, sodass bereits von einer stark reduzierten Bevölkerungsgröße ausgegangen werden muss. Außerdem lassen aktuelle Klimamodelle die Vermutung zu, dass es zwar auch hier während LALIA zu einem Rückgang der Sommertemperatur gekommen ist, allerdings lag dieser im Bereich von − 0,5 bis 1 °C und fiel damit deutlich moderater aus als weiter im Norden in Skandinavien. Schwer kalkulierbar sind auch der Umfang und die Intensität von Niederschlägen, die während LALIA niedergegangen sind. Stellt man sich jedoch jene intensiven Regenfälle für das 6. Jh. vor, die in Folge des Ausbruchs des Vulkans Tambora während des „Jahrs ohne Sommer" 1816 auf Westeuropa vom Himmel herabprasselten und zu gewaltigen Ernteausfällen und Hungersnöten führten,[25] so kann man sich gut vorstellen, dass sich auch ein Teil der bis dahin verbliebenen Bevölkerung auf die Suche nach einer neuen Heimat machte.

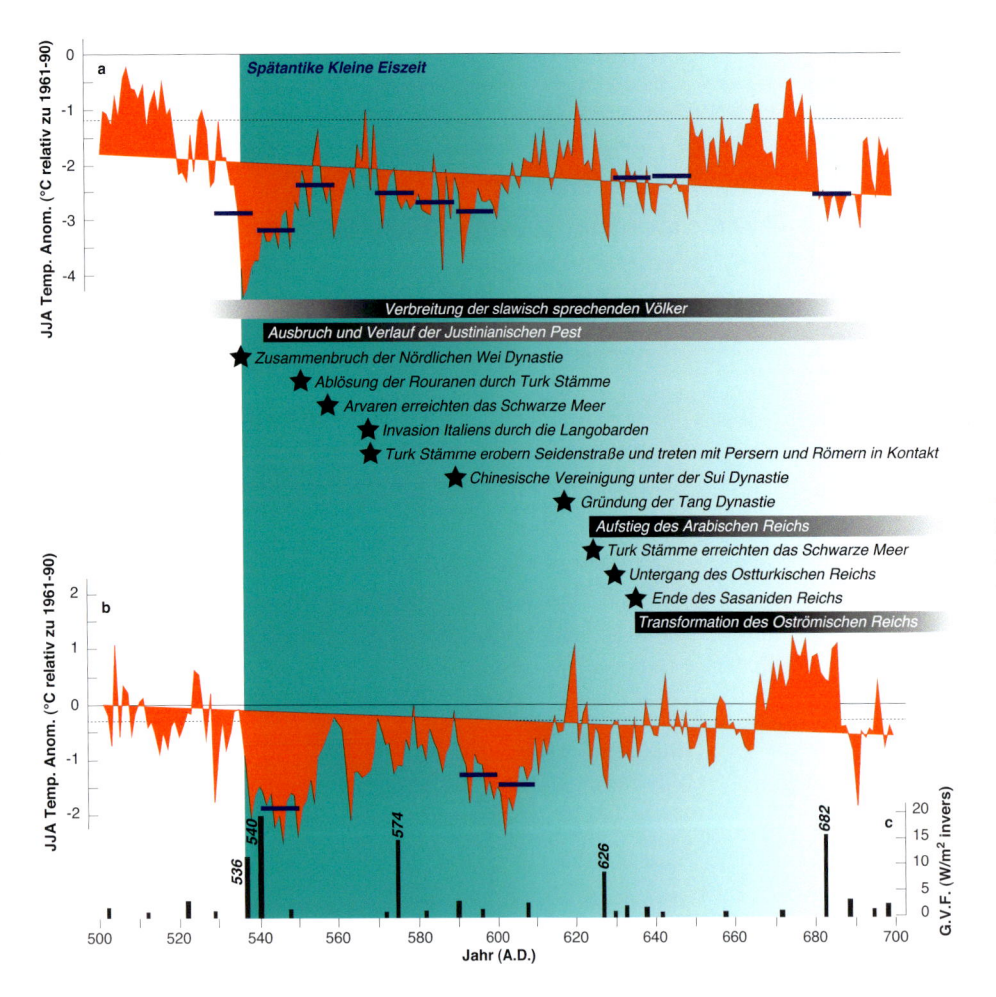

Abb. 5 Das Diagramm zeigt die Korrelation zwischen der Temperaturabnahme und dem gesellschaftlichen Wandel während LALIA. a–c: Rekonstruierte Sommertemperaturen aus dem russischen Altaigebirge (a) und den europäischen Alpen (b) sowie vulkanische Aktivitäten dieses Zeitraums (c). Blaue Linien markieren die kältesten Jahrzehnte während LALIA. Horizontale Balken, Schattierungen und Sterne beziehen sich auf große Pestausbrüche, aufsteigende und untergehende Staaten, große Migrationsbewegungen und politische Umbrüche. Die schwarzen gestrichelten Linien zeigen die langfristig wirkenden Durchschnittswerte im jeweiligen Untersuchungsgebiet.

Anmerkungen

1. zuletzt Kleingärtner 2014
2. Wiethold 1998
3. zuletzt Dobat 2010
4. Gebühr 1998
5. Willroth 1992, 450 ff.
6. Dobat 2010
7. Dörfler 1990; 2014
8. Dörfler 2014
9. Ethelberg 2003, 317
10. Behre 2003, 38
11. zuletzt Dübner 2015
12. Zimmermann 1992, 21–24
13. Behre u. Kučan 1994
14. Nösler und Wolters 2009, 377
15. Nösler u. Wolters 2009; Nösler 2017
16. Schön und Jöns 2017
17. Aufderhaar 2016, 222 ff.
18. Nösler u. Wolters 2009
19. Büntgen et al. 2016
20. zitiert nach Veh 1971
21. Gutsmiedl-Schümann und Harbeck 2016
22. Gräslund 2007
23. Löwenborg 2012
24. Burmeister 1998
25. D'Arcy Wood 2015

Quelle

Prokopius: Vandalenkriege: Griechisch-Deutsch, übersetzt von Otto Veh (München 1971).

Literatur

Iris Aufderhaar: Sievern, Ldkr. Cuxhaven – Analyse einer Zentralregion von der ausgehenden Vorrömischen Eisenzeit bis in das 6. Jh. n. Chr. Studien zur Landschafts- und Siedlungsgeschichte im südlichen Nordseegebiet 8 (Rahden/Westfalen 2016).

Karl-Ernst Behre und Dusanka Kučan: Die Geschichte der Kulturlandschaft und des Ackerbaus in der Siedlungskammer Flögeln, Niedersachsen, seit der Jungsteinzeit. Probleme der Küstenforschung im südlichen Nordseegebiet 21 (Oldenburg 1994).

Karl-Ernst Behre: Eine neue Meeresspiegelkurve für die südliche Nordsee. Transgressionen und Regressionen in den letzten 10 000 Jahren. Probleme der Küstenforschung im südlichen Nordseegebiet 28 (Oldenburg 2003), 9–63.

Ulf Büntgen et al.: Cooling and societal change during the Late Antique Little Ice Age from 536 to around 660 AD. Nature Geoscience 2016. DOI: 10.1038/NGEO2652

Stefan Burmeister: Ursachen und Verlauf von Migrationen – Anregungen für die Untersuchung prähistorischer Wanderungen. Studien zur Sachsenforschung 11, 1998, 19–41.

Gillen D'Arcy Wood: Vulkanwinter 1816. Die Welt im Schatten des Tambora (Darmstadt 2015).

Andres Siegfried Dobat: Füsing. Ein frühmittelalterlicher Zentralplatz im Umfeld von Haithabu/Schleswig. Bericht über die Ergebnisse der Prospektionen 2003–2005. In: Claus von Carnap-Bornheim (Hrsg.), Studien zu Haithabu und Füsing (Neumünster 2010), 129–256.

Walter Dörfler: Neue Untersuchungen zur Frage der Siedlungskontinuität im 6., 7. und 8. Jahrhundert in Angeln und Schwansen. In: Dietrich Meier (Hrsg.), Beretning fra niende tværfaglige Vikingesymposium (Kiel 1990), 39–42.

Walter Dörfler: Paläoökologische Untersuchungen am Thorsberger Moor. In: Claus von Carnap-Bornheim (Hrsg.): Das Thorsberger Moor 4. Fund- und Forschungsgeschichte, naturwissenschaftliche und materialkundliche Untersuchungen (Köthen 2014), 347–389.

Daniel Dübner: Untersuchungen zur Entwicklung und Struktur der frühgeschichtlichen Siedlung Flögeln im Elbe-Weser-Dreieck. Studien zur Landschafts- und Siedlungsgeschichte im südlichen Nordseegebiet 6 (Rahden/Westfalen 2015).

Per Ethelberg: Gården og landsbyen i jernalder og vikingetid (500 f. Kr.–1000 e. Kr.). In: Per Ethelberg, Nis Hardt, Bjørn Poulsen und Anne Birgitte Sørensen: Det Sønderjyske Landbrugs Historie. Jernalder, Vikingetid od Middelalder. Skrifter udgivet af Historisk Samfund for Sønderjylland Nr. 82 (Haderslev 2003), 123–373.

Michael Gebühr: Angulus desertus? Studien zur Sachsenforschung 11, 1998, 43–85.

Bo Gräslund: Fimbulvintern, Ragnarök och klimatkrisen år 536–537 e. Kr. Saga & Sed 2007, 93–123.

Doris Gutsmiedl-Schünann und Michaela Harbeck: Neues zur Aschheimer Pest: Kulturgeschichtliche Implikationen alter DNA. In: Ursula Koch (Hrsg.): Reihengräber des frühen Mittelalters: Nutzen wir doch die Quellenfülle! (Remshalden 2016), 235–242.

Sunhild Kleingärtner: Die frühe Phase der Urbanisierung an der südlichen Ostseeküste im ersten nachchristlichen Jahrtausend. Studien zur Siedlungsgeschichte und Archäologie der Ostseegebiete 13 (Neumünster 2014).

Daniel Nösler und Steffen Wolters: Kontinuität und Wandel. Zur Frage der spätvölkerwanderungszeitlichen Siedlungslücke im Elbe-Weser-Dreieck. In: Orsolya Heinrich-Tamaska, Niklot Krohn und Sebastian Ristow (Hrsg.), Dunkle Jahrhunderte in Mitteleuropa? Tagungsbeiträge der Arbeitsgemeinschaft Spätantike und Frühmittelalter 1 und 2. Studien zu Spätantike und Frühmittelalter 1 (Hamburg 2009), 367–388.

Daniel Nösler: Ein Jahrtausend in Scherben. Ein Beitrag zur Typochronologie frühgeschichtlicher Siedlungsware aus Loxstedt, Ldkr. Cuxhaven. Siedlungs- und Küstenforschung im südlichen Nordseegebiet 40, 2017, 217–319.

Matthias D. Schön und Hauke Jöns: Eine Siedlung des 1. Jahrtausends n. Chr. bei Wittstedt, Gemeinde Hagen, Ldkr. Cuxhaven. Siedlungs- und Küstenforschung im südlichen Nordseegebiet 40, 2017, 163–184.

Matthew Toohey et al.: Climatic and societal impacts of a volcanic double event at the dawn of the Middle Ages. Climatic Change (2016) 136: 401–412. DOI 10.1007/s10584-016-1648-7

Julian Wiethold: Studien zur jüngeren postglazialen Vegetations- und Siedlungsgeschichte im östlichen Schleswig-Holstein. Universitätsforschungen zur Prähistorischen Archäologie 45 (Bonn 1998).

Karl-Heinz Willroth: Untersuchungen zur Besiedlungsgeschichte der Landschaften Angeln und Schwansen von der älteren Bronzezeit bis zum frühen Mittelalter. Offa-Bücher 72 (Neumünster 1992).

Wolf Haio Zimmermann: Die Siedlungen des 1. bis 6. Jahrhunderts nach Christus von Flögeln-Eekhöltjen, Niedersachsen: Die Bauformen und ihre Funktionen. Probleme der Küstenforschung im südlichen Nordseegebiet 19 (Oldenburg 1992).

Grenzgesellschaft im Wandel
Die westfälische Hellwegelite im 6. und 7. Jahrhundert

DANIEL WINGER

Die Bedeutung des Hellweges als ur- und frühgeschichtliche West-Ost-Verbindung kann kaum hoch genug eingeschätzt werden und ist anderen Wegenetzen wie der Bernsteinstraße, dem Ochsenweg oder der Via Regia an die Seite zu stellen. Dabei handelt es sich weniger, wie der Name Hell-*Weg* suggeriert, um einen festen Weg, als vielmehr um ein Bündel von Trassen, die sich zeitweilig verlagern und jeweils in lokale und regionale Verkehrsnetze eingebunden sind. Grob folgt die westliche oder westfälische Trasse des Hellweges dem Verlauf der heutigen Bundesstraße B1 bzw. der Autobahn A2. Im Westen kann der Beginn am Rhein gesehen werden – der ebenfalls durch die Zeiten nicht nur Grenze, sondern auch wichtigster mitteleuropäischer Wasserverkehrsweg war. Der Hellweg durchquert dabei das nördliche Ruhrgebiet und die Soester Börde, um dann über Niedersachsen weiter Richtung Magdeburg zu führen. Wegetechnisch günstig folgt er im Prinzip dem Lippe- und Ruhrverlauf vor der Mittelgebirgszone – ein Verlauf, den bereits die römischen Marschlager markieren. Als Hellweg erst im Mittelalter namentlich überliefert, sind auch die meisten historischen Nachrichten über diese Route erst in Folge der karolingischen Expansion zu sehen: In den Sachsenkriegen Karls des Großen war der Hellweg Aufmarsch- und Kampfregion, und es finden sich, regelhaft aufgereiht, karolingische Gründungen mit den berühmten Stätten Paderborn und Corvey am östlichen westfälischen Ende.

Aufbau Ost? Die Merowinger und der Hellweg

Zwischen Spätantike oder Völkerwanderungszeit und karolingischem Eingang ins Mittelalter erlebt der westfälische Hellweg eine Blütephase, die zuvorderst archäologisch und allenfalls indirekt historisch erschließbar wird. In fast schon gleichmäßigem Abstand finden sich Neugründungen von reich ausgestatteten Gräberfeldern, die auf Siedlungen schließen lassen (Abb. 1). Soweit die noch immer disparate Quellenlage feinchronologische Aussagen erlaubt, kommt dabei dem mittleren Drittel des 6. Jh.s eine besondere Bedeutung zu: Das Gräberfeld von Beckum beginnt dann ebenso wie die Bestattungsplätze von Dingden-Lankern, Ense-Bremen, Wünnenberg-Fürstenberg, Warburg-Ossendorf oder Paderborn/Benhauser-Straße; Daseburg beginnt vielleicht schon früh, Soest und Dortmund-Asseln dagegen erst am Ende dieses kleinen Zeitfensters[1]. Die meisten dieser Nekropolen verbleiben relativ klein, nur teilweise sind sie Ausgangspunkte großer Reihengräberfriedhöfe, die dann in etwa bis zum Ende der Sachsenkriege Karls des Großen im frühen 9. Jh. in Gebrauch bleiben.

Ein kausaler Zusammenhang ist nicht beweisbar, aber die Gründung der Gräberfelder erfolgt in der Generation unmittelbar nach einer merowingischen Ostorientierung mit der fränkischen Eroberung des Thüringerreiches (531/534) oder der Einrichtung des fränkischen Herzogtums Alemannia im Südosten (536/37).

Dabei tritt der Hellweg ganz unmittelbar etwa in der Verbreitung von Keramikwaren als eigener ökonomischer Raum mit Verbindungen ins Rheinland zutage. Das Vorkommen insbesondere von keramischen Produkten wie dem Absatz des Geseker Töpferofens oder von Keramik, die mit den gleichen Dekorstempeln verziert wurde, zeigt dabei die enge zeitgenössische Vernetzung der ansässigen Bevölkerung im gesamten 6./7. Jh. (Abb. 2).

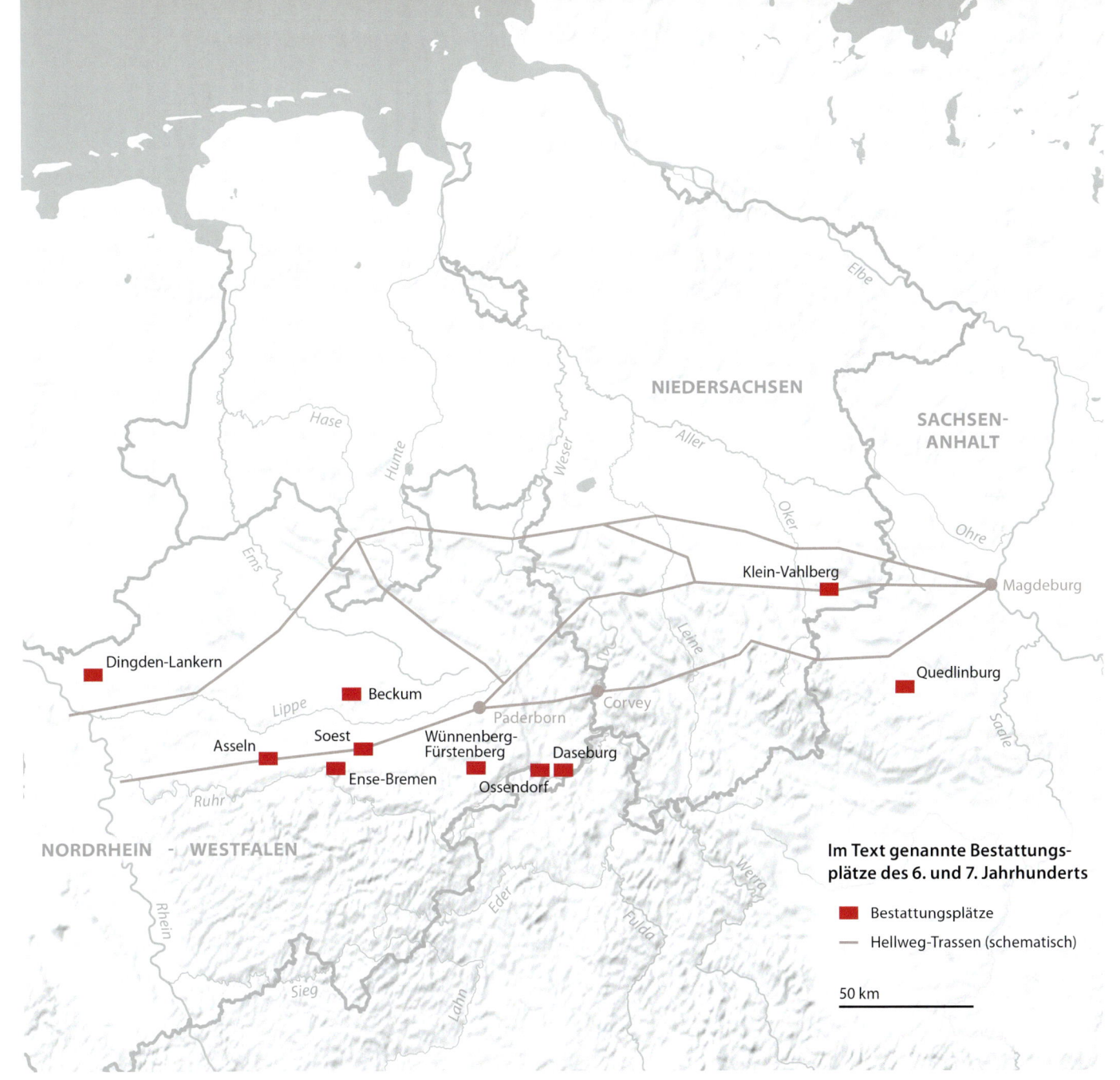

Abb. 1   Im Text erwähnte bedeutende Bestattungsplätze des 6. bis 7. Jh.s am westfälischen Hellweg und im weiteren Umfeld.

Dass es infolge der fränkischen Eroberung des Thüringerreiches auch am Hellweg zu einer verstärkten politischen Anbindung ans Merowingerreich einerseits und einer Orientierung in den Mitteldeutschen Raum andererseits kam, wurde archäologisch bislang eher vorsichtig postuliert. Eindrucksvolle Unterstützung erlangt diese Annahme durch die erst jüngst nachgewiesene unmittelbare Verbindung zwischen westfälischem Hellweg und dem in der Forschung sogenannten „östlichen Reihengräbergebiet" in Mitteldeutschland: So finden sich motiv- und wahrscheinlich auch stempelgleiche Keramikgefäße in Soest in Nordrhein-Westfalen sowie in Mittelsömmern und Stotternheim in Thüringen, mithin in 250 km Entfernung[2]!

Den Männern die Gemeinschaft des Ringes – den Frauen nur Heim und Herd … und die Saline?

Reich ausgestattete Männergräber mit umfangreichen Bewaffnungen sind eigentlich auf allen frühmittelalterlichen Gräberfeldern in der einen oder anderen Form anzutreffen. Dass in Westfalen mit Beckum (vgl. den Beitrag „Primus inter pares? Eine fürstliche Bestattung für einen großen Mann" in diesem Band) und Wünnenberg-Fürstenberg gleich zwei Gräber mit sogenannten Ringknaufschwertern anzutreffen sind, könnte als weiteres Indiz für eine Anbindung an die merowingischen Königreiche im Rahmen der Ostexpansion herangezogen werden. Solche Schwerter mit der recht offensichtlichen Ringsymbolik sind zwar äußerst

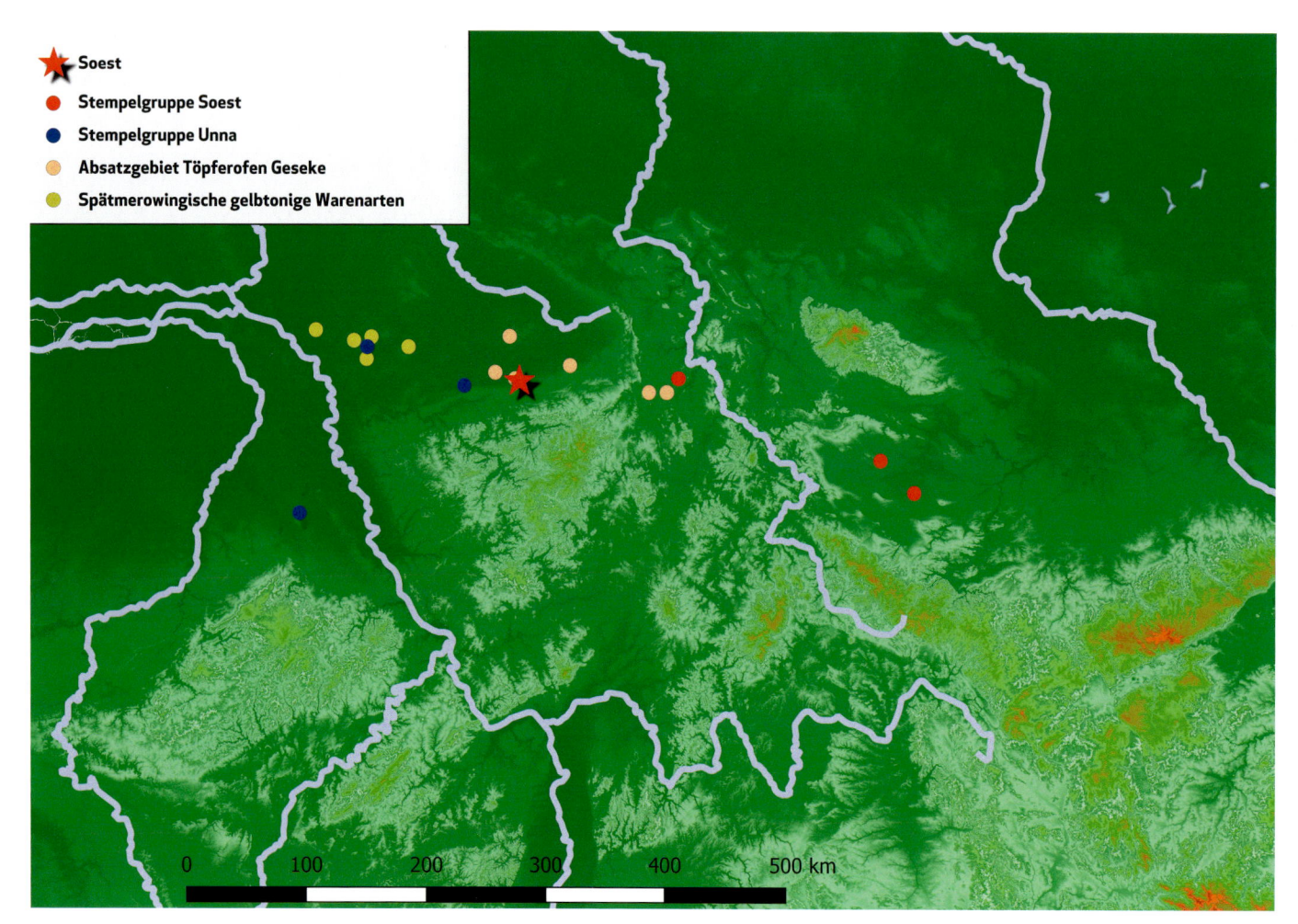

Abb. 2 Die Absatzgebiete unterschiedlicher Keramikformen des 6.–7. Jh.s zeigen die gleiche W-O-Orientierung wie die Hellwegtrasse und belegen unmittelbare weitreichende Kontakte vom Merowingerreich in das mitteldeutsche Gebiet der Thüringer.

Legende:
- ★ Soest
- ● Stempelgruppe Soest
- ● Stempelgruppe Unna
- ● Absatzgebiet Töpferofen Geseke
- ● Spätmerowingische gelbtonige Warenarten

selten, dabei aber über ein weites Gebiet zwischen England, Frankreich, Süd- und Westdeutschland bis nach Skandinavien verbreitet. Das lässt auf eine Symbolsprache schließen, die die gesamte frühmittelalterliche Elite verstand: Die ineinandergehängten Ringe können als Zeugnis eines auf persönlichen Kontakten und Abhängigkeiten basierenden Herrschafts- oder Gefolgschaftssystems gelten. Vielleicht liegt hierin auch eine Grundlage des sich zu dieser Zeit in Mitteleuropa formierenden Adels: Grab 17 auf dem Gräberfeld von Soest enthielt u. a. eine umfangreiche Bewaffnung sowie Prestigegefäße, nahebei lag außerdem ein Reitpferd begraben. Da es sich aber um die Bestattung eines Kindes handelt, das diese Sachen kaum als persönlichen Besitz oder auch nur zur eigenen Nutzung hatte, kann deren Mitgabe als Hinweis auf eine Erblichkeit von Rang und Status diskutiert werden.

Während in den beiden Beckumer Gräberfeldern und dem nur ausschnittsweise ausgegrabenen Gräberfeld von Wünnenberg-Fürstenberg Gräber von den Ringknaufschwertträgern ebenbürtig ausgestatteten Frauen fehlen, fehlen den in Soest angetroffenen reichen Frauengräbern gleichrangige Männerbestattungen, abgesehen vom genannten Knaben[3]. Dabei lässt sich – erneut im Gegensatz zu den anderen frühgeschichtlichen Fundplätzen Westfalens – eine einzigartige Kontinuität dieser Frauengräber nachweisen: Über einen Zeitraum von über 100 Jahren wurde in Soest in jeder Generation eine einzige herausragende Grablege – stets einer Frau – angelegt. Dies lässt auf außerordentlich stabile Verhältnisse schließen, wirft aber insbesondere zur sozialen Organisation Fragen auf, die kaum zu beantworten sind und insbesondere gängigen Vorstellungen und gleicherma-

Abb. 3 Zierscheibe, Goldfiligrananhänger, Glas-, Amethyst- und Bernsteinperlen sowie die engzellige Scheibenfibel mit stilisierten Vogelkopfenden aus Grab 105 des Gräberfeldes von Soest.

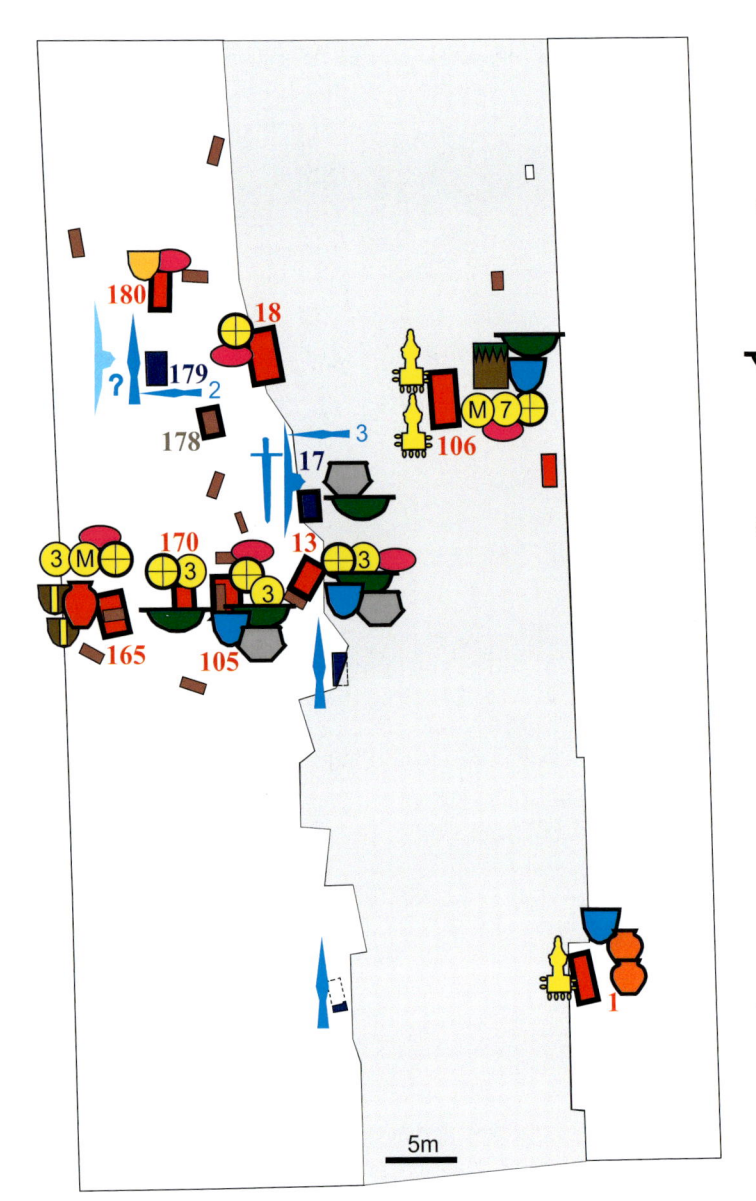

Abb. 4 Die Kartierung der exklusiven Beigaben der Gräber des 6. bis 7. Jh.s im Gräberfeld von Soest lässt gut die Manifestation von Reichtum in den Frauengräbern (rot) erkennen. Ebenfalls ersichtlich wird der räumliche Bezug der zahlreichen Pferdegräber zu den merowingerzeitlichen Grabkammern.

ßen den zeitgenössischen Überlieferungen zur Rolle der Frau widersprechen[4]. Der bereits 1930 ausgegrabene Grabplatz liegt nur 1,2 km von der seit der Merowingerzeit belegten Saline in Soest sowie den karolingisch-ottonischen Kirch- und Pfalzgründungen der 836 erstmal genannten *villa Sosat*[5] entfernt. Ein Bezug der auch im europäischen Vergleich reich ausgestatteten Gräber zu dem gleichzeitigen ökonomischen Zentrum ist naheliegend; eine Ansprache der Frauen als „Herrinnen der Saline" lässt sich aber nicht beweisen[6].

Die einzelnen Bestattungen von Soest erfolgten zwischen ca. 570 und 700 n. Chr. und zeugen durch ihre Einheitlichkeit von einem stabilen System von Normen und Riten. Die Beisetzungen erfolgten stets in Särgen inmitten großer, hölzern ausgebauter Kammern. Die Ausrichtung bleibt relativ einheitlich, und die Grablegen nehmen teilweise unmittelbar Bezug aufeinander. Im Umfeld der Kammergräber sind zahlreiche Pferdegräber angelegt worden, die teilweise eindeutige Lagebezüge zu den demnach offensichtlich reitenden Frauen aufweisen. Die Beigaben sind der jeweiligen Mode unterworfen, erneut finden sich aber Gesetzmäßigkeiten: Neben üblichen Objekten wie Perlenketten, Gürteln, Messern, Spinnwirteln, Nadeln, Keramik, Schlüsseln finden sich auch Amethyste, Bernsteine, Goldfiligrananhänger und

-münzen sowie Zierscheiben mit Elfenbeinfassung (Abb. 3). Quantitativ einzigartig ist das Vorkommen von fünf exklusiven Bronzebecken, die der Handwaschung dienten, und das Vorhandensein einer Dienerschaft symbolisieren (Abb. 4). Ebenfalls gehobenen Tischsitten sind vier importiere Glasgefäße zuzurechnen, die übereinstimmend im Bereich der Hand lagen und auf eine vorgestellte Teilnahme am gemeinsamen Totentrunk verweisen. Im Fall von Grab 165 gab es zwar keine Glasbecher, jedoch blieben dort vergoldete Silberbeschläge mit Tierstildarstellungen eines Holzbecherpaares gleicher Funktion und Exklusivität erhalten. Diese erinnern einerseits an die Schale des Beckumer Prunkgrabes, haben andererseits aber auch engste stilistische Parallelen in der herausragenden Bestattung von Klein-Vahlberg am östlichen Hellweg (vgl. hierzu den Beitrag „Denkmal mit Aussicht: der Grabhügel von Klein-Vahlberg" in diesem Band). Dass die kunstvollen Edelmetallbeschläge erst nach einem langen Gebrauch und einer Vererbung über mindestens

Abb. 5 Die große, auch rückwärtig vollständig aus hochreinem Gold gefertigte Scheibenfibel aus Grab 106 von Soest fasste auf einem Durchmesser von nur 5 cm nicht weniger als 202 Einlagen, die in strenger Symmetrie unter Beachtung auch kleinster Farbnuancen angeordnet waren. Jede durchsichtige Einlage war zusätzlich mit gewaffelt punzierter Goldfolie unterlegt. Je nach Lichteinfall wird dadurch eine beeindruckend schillernde Lichtreflexion erzeugt.

Abb. 6 Das mit verflochtenem Tierstil II flächig verzierte, silbervergoldete Bügelfibelpaar aus Grab 106 von Soest war mit knapp 13 cm Länge so groß und schwer, dass es wohl keine praktische Funktion mehr innehatte, sondern der Darstellung von Rang und Reichtum diente.

eine Generation ins Grab gelangten, mag erneut als Beleg für die Stabilität, die Zusammengehörigkeit und das Bewusstsein um die gemeinsame soziale Rolle eines kleinen exklusiven Personenkreises herhalten. Die den Frauen mitgegeben Fibeln zeigen exemplarisch die Entwicklung der Mode der Elite vom 6. bis zum ausgehenden 7. Jh. Noch relativ einfach ist die einzonige Cloisonnéscheibenfibel vom letzten Drittel des 6. Jh.s aus Grab 13, der ältesten Grablege. Der Typ der Bügelfibel aus Grab 1 ist ebenfalls recht geläufig. Um 600 repräsentiert Grab 106 eines der größten und prachtvollsten Bügelfibelpaare mit reichen Tierstilverzierungen (Abb. 6). In dem gleichen Grab lag eine ungewöhnlich große Goldscheibenfibel. Ihre handwerkliche Qualität ist außergewöhnlich, die 202 kunstvoll arrangierten Zellen fassen 187 durchsichtige Granate, die aus Ceylon oder Indien importiert sind. Sie sind nach unterschiedlichen Rottönen sortiert und wurden über feiner Goldfolie mit Waffelmuster angebracht, was ein

Abb. 7 Trotz ihres geringen Durchmessers von nur 3,5 cm war die Fibel aus Grab 165 von Soest außerordentlich reich verziert. Selbst die nur wenige Millimeter messenden Freiräume zwischen den symmetrischen Steineinlagen sind mit Goldkügelchen und geperlten Golddrähten verziert.

Abb. 8 Die große Filigranscheibenfibel aus Grab 18 von Soest (Durchmesser knapp 6 cm) hat enge Parallelen in West und Ost. Wahrscheinlich sind diese Exemplare zumindest teilweise in derselben exklusiven Hofwerkstatt entstanden, wobei die betonten Kreuzarme auf ein christliches Umfeld hindeuten.

Spiel mit Lichtreflektionen ermöglicht (Abb. 5). Der gleichen Modestufe gehört die Fibel aus Grab 105 an, deren engste Parallelen einerseits in den Trierer und andererseits den dänischen und angelsächsischen Raum verweisen (Abb. 3). Während die kleine kunstvolle Filigranscheibenfibel aus Grab 165 (Abb. 7) in der nächsten Generation wieder ohnegleichen bleibt, finden sich enge Parallelen zu der großen goldenen Filigranscheibenfibel aus Soest Grab 18 (Abb. 8) u. a. westlich in einem Grab unter dem Xantener Dom und östlich in dem Exemplar aus Groß Orden bei Quedlinburg in der Mitte des 7. Jh.s.

Hinsichtlich der Qualität der Objekte, des Umfangs und Materialwerts der Grabbeigaben und der Grabdimensionen ist Grab 106 von Soest mit einer Datierung um 600 n. Chr. sicherlich der exklusivste Fundkomplex am Hellweg. Neben den schon genannten Fibeln gehören Goldmünzen, goldene Zellwerk- sowie Filigrananhänger, Amethyste und Bernsteine, Glasbecher und Bronzebecken, silberne Riemenbestandteile und schließlich ein Eimer mit Blechbeschlägen zu dem Inventar. Für die kleine Gruppe vergleichbarer Eimer, die durchweg aus herausragenden Bestattungen stammen, ist erst jüngst eine Deutung als persönliche königliche Geschenke Theudeberts I. (533–547) vorgeschlagen worden[7]. Ein weiterer außergewöhnlicher Befund aus Grab 106 lässt die hier bestattete Frau ganz unmittelbar in den Netzwerken der absoluten Spitze der merowingischen Gesellschaft verorten: Auf der goldenen Rückseite der Cloisonnéscheibenfibel finden sich mehrere – jedoch schwer interpretierbare – Runeninschriften. Neben der Ritzung „rada : daþa", wobei Rada u. U. als fränkischer Name gelten kann und vielleicht den Eigennamen der verstorbenen Frau bezeichnet, findet sich noch ein sogenanntes Runenkreuz. Hierbei werden die Zweige einer

GRENZGESELLSCHAFT IM WANDEL 237

Abb. 9 Auf der goldenen Rückseite der Scheibenfibel aus Grab 106 von Soest wurden in mehreren Stufen Runeninschriften eingeritzt. Lesbar sind mehrere Namen (weiblich: Rada; männlich: Atano), vielleicht die von Schenkern und Empfängern des Stücks.

großen X-Form (der Rune „G", interpretiert als Begriffsrune für „Geschenk") zu den Runen „A", „T", „A" und „N". Ergänzt mit einer „O"-Rune im stumpfen Winkel wird dies als „Geschenk des At(t)ano" interpretiert (Abb. 9). Dabei ist weniger der auch schriftlich überlieferte, historisch aber nicht weiter bekannte Name relevant als vielmehr die Anbringung als Runenkreuz. Hierfür gibt es nur eine einzige Parallele und zwar an einem Ringknaufschwert in Schretzheim, Bayern, welches wiederum engst mit den beiden westfälischen Exemplaren verwandt ist – gleichsam in einem Dreisatz lässt sich somit die Frau aus Grab 106 den westfälischen männlichen „Fürstengräbern" mindestens an die Seite stellen.

Sozial muss der ausschließende, exklusive Charakter der nur wenigen Personen vorbehaltenen Nekropole betont werden: Hier wurde nur ein bestimmter Personenkreis (mit seinen Pferden) beigesetzt, nicht aber die gesamte gleichzeitige Bevölkerung. Die Kontinuität und der Kanon gemeinsamer Normen und Rituale, die aus dem Merowingerreich importiert oder abgeleitet sind, belegen das Bewusstsein um eine Generationen überdauernde Zusammengehörigkeit ebenso wie eine Memoria für die Verstorbenen, die tatsächlichen oder imaginierten Vorfahren. In Form der Analyse stabiler Isotope, die auf geologische Herkunftsregionen schließen lassen, zeigt sich aber gleichfalls der integrative, durchlässige Charakter innerhalb der Elite: Während die Frau aus Grab 106 als einheimisch gelten kann, ist die kurze Zeit später verstorbene Frau aus Grab 105 aus der Fremde zugezogen[8]. Sie wurde allerdings ganz bewusst zwischen zwei älteren Kammergräbern beigesetzt, um ihre Zugehörigkeit zur Gemeinschaft für alle sichtbar zu betonen.

Der unsichtbare Dritte: das „gemeine" Volk

Auf dem Gräberfeld von Soest fehlen im 6. bis 7. Jh. Männer, Kinder und überhaupt die „normale" Bevölkerung. Diese mögen eigene Areale gehabt haben, die vielleicht modern zerstört und überbaut worden sind. Der Zugang zum Bestattungsplatz oder einem besonderen Teil davon war jedenfalls eindeutig streng reglementiert und umfasst einen kleinen, sozial hochstehenden Personenkreis. Es ist durchaus denkbar, dass weite Teile der Bevölkerung schlicht an der tradierten Brandbestattung festhielten – zumindest findet sich auf den meisten modern ergrabenen Gräberfeldern, z. B. Asseln oder Beckum, auch Leichenbrand. Die lokale Elite aber, mit Fernverbindungen, Zugang zu anderen Märkten und teilweise auch fremder Herkunft orientiert sich am Merowingerreich. Wie dort verschwindet auch in Soest um 700 die Elite von den Gräberfeldern, wechselt vielleicht auf Hofgrab-

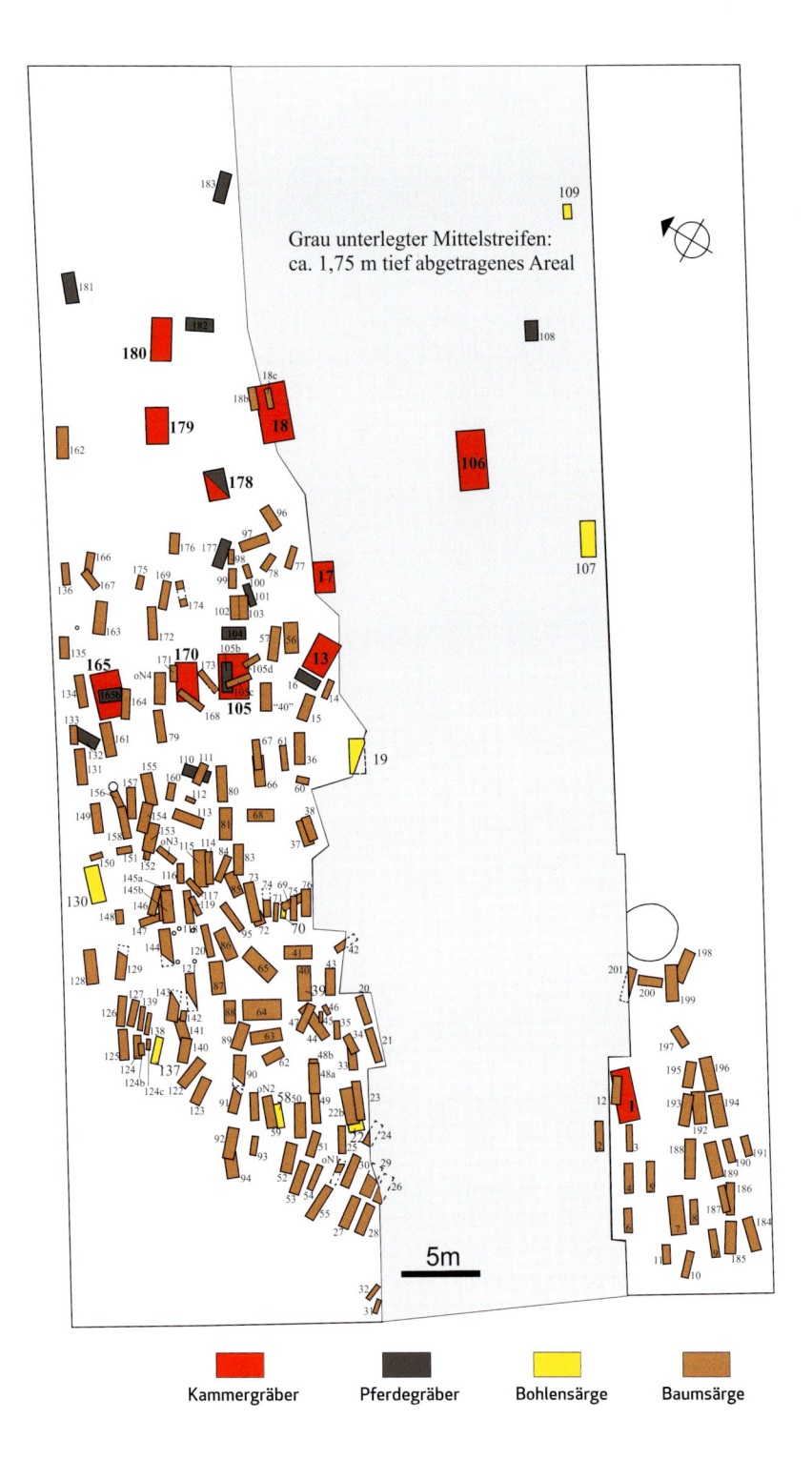

Abb. 10 Erst nach dem Ende der Nutzung des Friedhofs von Soest durch Mitglieder der frankisierten Elite um 700 n. Chr. setzt die großflächige Belegung des Platzes mit Baumsärgen ein. Diese zweite Belegungsphase des 8. Jh.s bricht ebenfalls nach etwas über 100 Jahren wieder ab. Wahrscheinlich folgt die Bevölkerung auch diesmal dem Vorbild der Eliten und setzt die Verstorbenen nun bei den Kirchen bei.

legen oder zu den ersten Kirchen. Erst jetzt wird der vormalige Elitenbestattungsplatz von Soest zu einem Gräberfeld der gesamten Bevölkerung: in den folgenden 100 Jahren werden mehr als 180 Gräber angelegt, also fast zwanzigmal mehr Bestattungen als in den 100 Jahren zuvor (Abb. 10). Archäologisch markiert dies einen sozialen Wandel und einen Wechsel der Bestattungsnormen, nicht aber einen Bevölkerungswechsel etwa in Form einer lange postulierten, aber inzwischen auch von historischer Seite abgelehnten Südausbreitung der Sachsen um 692 n. Chr. über die Lippe. Die politische Zurechnung zu Franken oder Sachsen mag sich gleichwohl bei einer gleichbleibenden Bevölkerung zumindest teilweise und/oder zeitweilig geändert haben. Mit der Durchsetzung des Christentums bricht die Belegung des Gräberfeldes im frühen 9. Jh. endgültig ab, dies geht mit den Sachsenkriegen Karls des Großen einher (772–804). Das heißt aber erneut keineswegs, dass zwingend ein Bevölkerungswechsel stattgefunden hätte – dieser „Religionskrieg" hat im gesamten karolingischen Mitteleuropa eine stärkere christliche Durchdringung der Bevölkerung zur Folge. Die genannte erste Soester Erwähnung im Rahmen der 836 stattfinden Translatio des Hl. Vitus nach Corvey rechnet die Bevölkerung jedoch den Sachsen zu[9].

Identität und Fremdzuordnung einer Grenzgesellschaft im Wandel

Die Gräberfelder von Beckum und Soest sind von der Forschung[10] wiederholt mal Franken, mal Sachsen, mal Westfalen zugewiesen worden – und die Menschen, die sie angelegt haben, mögen es ähnlich wechselhaft gehandhabt haben. Wahrscheinlich war die Selbstwahrnehmung der dort an der Peripherie des Merowinger- und Karolingerreiches Ansässigen sowohl im 6. als auch im 8./9. Jh. maßgeblich von der lokalen Perspektive geprägt. Die zeitgenössisch-historische Überlieferung kann jenseits der Blöcke „Franken" und „Sachsen" die Menschen rechts des Rheines kaum fassen und spricht gelegentlich schlicht von „den Völkern". Nichtsdestotrotz kann eine „Frankisierung" der Elite in der westfälischen Hellwegzone durch die politisch-kulturelle Vormachtstellung zunächst der Merowinger und später der Karolinger nicht bestritten werden. Dies ging aber nicht mit einem Bevölkerungsaustausch einher, sondern mit einer infrastrukturellen Einbindung und ökonomisch-politischen Transformation der ehemals barbarischen Gebiete durch die erfolgreichen, frühstaatlich organisierten Nachfolgekönigreiche fränkischer Dynastien auf ehemals römischem Reichsboden.

Anmerkungen

1. Beiträge in Stiegemann und Wemhoff 1999; Stiegemann, Kroker und Walter 2013.
2. Freundl. mündl. Mitteilung Dr. Ulrike Trenkmann, Weimar.
3. Dortmund-Asseln ist diesbezüglich die Ausnahme, die als solche aber eigentlich realistischere soziale und biologische demografische Strukturen aufzeigt, Sicherl 2011.
4. Zwar überliefern merowingerzeitliche Schriftquellen bisweilen durchaus Frauen, die über immensen Reichtum oder Macht verfügten, zumeist haben diese aber erst durch den Wegfall der Familie oder des Ehepartners tatsächlich eine uneingeschränkte persönliche Verfügung.
5. Melzer 2010.
6. So ist leider doch eher von den „Frauen der Herren der Saline" auszugehen …
7. Koch 2017.
8. Mehrere Regionen sind geologisch denkbar, aus der Verbindung von Archäologie und Isotopie erscheint das Rhein-Main-Gebiet am wahrscheinlichsten, Peters 2011.
9. Translationsbericht des Hl. Vitus von St. Denis nach Corvey, nach Melzer 2010.
10. Umfassend etwa Steuer 1978.

Literatur

Christoph Stiegemann, Matthias Wemhoff (Hrsg.): 799. Kunst und Kultur der Karolingerzeit. Karl der Große und Papst Leo III. in Paderborn. Begleitkatalog zur gleichnamigen Ausstellung, 3 Bände (Mainz 1999).

Christoph Stiegemann, Martin Kroker und Wolfgang Walter (Hrsg.): Credo. Christianisierung Europas im Mittelalter. Katalog zur gleichnamigen Ausstellung 26. Juli bis 3. November 2013 in Paderborn. 2 Bände (Paderborn 2013).

Ursula Koch: Herrscher oder Heiliger auf der Saxscheide eines Reiters vom Hermsheimer Bösfeld in Mannheim? In: Peter Fasold, Liane Giemsch, Kim Ottendorf und Daniel Winger (Hrsg.): Forschungen in Franconofurd. Festschrift für Egon Wamers zum 65. Geburtstag. Schriften des Archäologischen Museums Frankfurt 28 (Frankfurt 2017), 137–146.

Walter Melzer: Soest – von den Anfängen zur mittelalterlichen Großstadt. In: Wilfried Ehbrecht, Gerhard Köhn und Norbert Wex (Hrsg.): Soest. Geschichte der Stadt 1 = Soester Beiträge 52 (Soest 2010), 39–146.

Daniel Peters: Das frühmittelalterliche Gräberfeld von Soest. Studien zur Gesellschaft in Grenzraum und Epochenumbruch. Veröffentlichungen der Altertumskommission für Westfalen 19 (Münster 2011).

Bernhard Sicherl: Das merowingerzeitliche Gräberfeld von Dortmund-Asseln. Bodenaltertümer Westfalen 50 (Mainz 2011).

Heiko Steuer: Adelsgräber der Sachsen. In: Claus Ahrens (Hrsg.): Sachsen und Angelsachsen. Ausstellungskat. Hamburg. Veröffentlichungen des Helms Museums Nr. 32 (Hamburg 1978), 471–482.

Primus inter pares? Eine fürstliche Bestattung für einen großen Mann

VERA BRIESKE

Die Stadt Beckum (Kr. Warendorf) wurde 1959 schlagartig bekannt durch ihr sogenanntes „Fürstengrab" aus der Merowingerzeit. Fernab der Zentren merowingischer Königsmacht erregte dieser Fund in den Medien besondere Aufmerksamkeit. Das Grab wurde in etwa 250 Metern Entfernung zu einem Friedhof des 6./7. Jh.s, in der Forschung „Beckum I" genannt, in einem als „Beckum II" bezeichneten Areal gefunden (Abb. 1). Die in den Jahren um 600 n. Chr. errichtete Grabanlage war außergewöhnlich: Ihr Zentrum bildete eine mit Kalksteinen ausgekleidete, Südwest-Nordost-ausgerichtete Grabkammer für die Beisetzung eines etwa 50-jährigen Mannes, der mit einer Körperhöhe von 1,90 m ungewöhnlich groß war. Das etwa einen Meter in den Boden eingetiefte Grab war vermutlich überhügelt, darauf deutet ein Freiraum um das Grab. Es war nordöstlich und südöstlich umgeben von zahlreichen Gruben mit Pferdeskeletten. Zwölf Pferde und ein Hund schienen direkt auf das „Fürstengrab" Bezug zu nehmen. Dazu kommen zwei Gräber mit Bestattungen von Bewaffneten, die geradezu wie Wächter vor der Reihe der nordöstlichen Pferdegruben lagen. Der Vergleich mit dem reichsten Grabfund aus der Merowingerzeit, dem mehr als 100 Jahre älteren Grab des fränkischen Königs Childerich in Tournai (Belgien), dem 21 (!) Pferde beigegeben waren, rückte die Beckumer Grabanlage schon früh in die oberste Liga der Eliten im frühen Mittelalter. Beim Freilegen der auffallend großen Grabgrube stießen die Entdecker zunächst auf zwei Lanzenspitzen, eine davon ein sogenannter Ango, eine fränkische Waffe mit langem Eisenschaft und kleiner Spitze mit Widerhaken. Beide Waffen hatten offensichtlich in der Grabkammer selbst keinen Platz gefunden und waren auf die Kammerdecke gelegt worden. Danach kamen in Höhe des eingedrückten Sargdeckels goldene und silberne Beschläge eines hölzernen Trinkbechers zutage, möglicherweise Reste ritueller Handlungen am offenen Grab, gleichzeitig aber auch weitere Indizien für die besondere Stellung des hier Bestatteten. Goldbeschlagene Holzbecher sind nur aus Gräbern der höchsten Oberschicht bekannt, nicht nur hierzulande, sondern auch in England und Skandinavien.
Auf einem Podest an der rechten Seite des Toten, an der Nordwestwand der Grabkammer, stand eine Bronzeschüs-

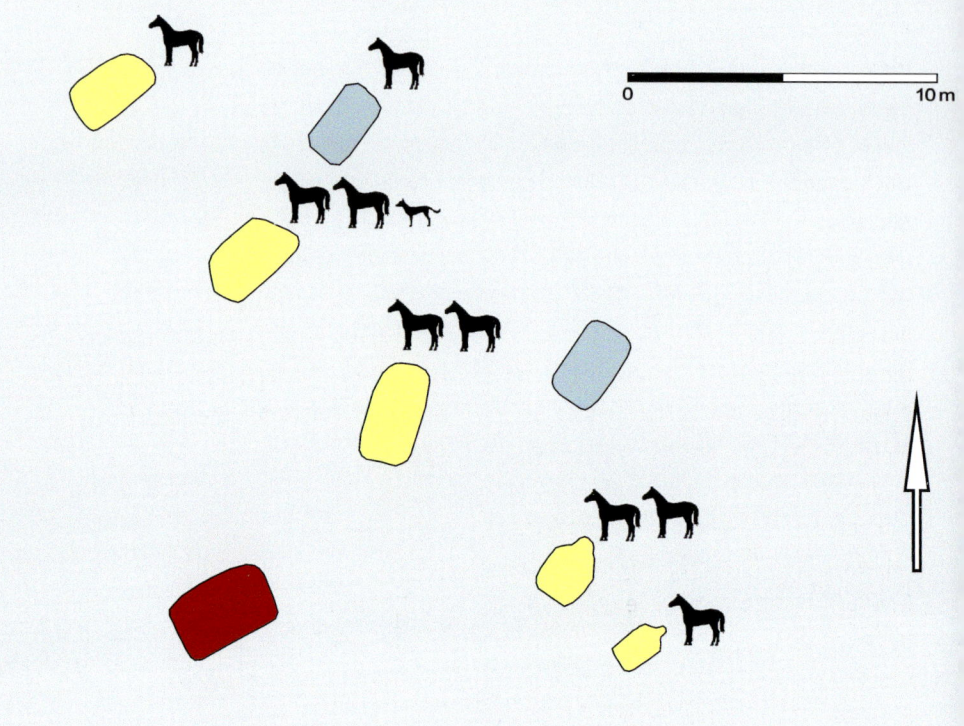

Abb. 1 Plan der „fürstlichen" Grabanlage (rot) mit den umgebenen Pferden (gelb) und den beiden vorgelagerten Kriegergräbern (blau).

sel mit einem Kamm darin, ein Ensemble, das der Körperreinigung diente. Zu Füßen stand ein Eimer, ursprünglich wohl gefüllt mit flüssiger Wegzehrung für den Weg ins Jenseits, vielleicht auch gedacht als Hinweis auf die Gastfreundschaft des Verstorbenen. Beide Elemente gehören europaweit zur Standardausstattung elitärer Kammergräber dieser Zeit. In der Forschung werden sie als Gräber vom „Typ Morken" bezeichnet. Die Gemeinschaft, die den Beckumer Toten bestattete, war mit dieser Konvention bestens vertraut. Der Tote lag auf seinem Schild, den Schildbuckel zwischen den Knien. Im linken Arm hielt er sein Langschwert, eine Ringspatha. Der pyramidenförmige Knauf ist flächendeckend in frühem germanischem „Tierstil II" bedeckt. Er verweist die Fertigung der Spatha in die Jahrzehnte um 560 n. Chr., also 40–50 Jahre vor ihrer Niederlegung in diesem Grab und damit zu einem Zeitpunkt, als der hier Bestattete allenfalls ein Kind war. Die beiden verschlungenen Ringe am Knauf sind deutliche Indizien dafür, dass der Besitzer der Spatha ein Gefolgsmann des merowingischen Königs gewesen ist. Wurde das Langschwert wie eine Amtsinsignie vererbt? Hatte nur sein erster oder auch sein letzter Besitzer diese Kontakte zur königlichen Spitze? Waren diese übertragbar? Vieles deutet darauf hin, denn in „Beckum I" gab es etwa eine Generation zuvor eine ähnliche Grabanlage mit Kriegerbestattung und umliegenden Pferdegräbern – und was hier fehlt, ist das Langschwert. Eine Axt, sicherlich als Kampfaxt genutzt, und ein Kurzschwert, ein Sax, ergänzten die Waffenausrüstung des Beckumer „Fürsten". Ein Trinkgefäß in der rechten Hand symbolisierte vermutlich die Gastfreundschaft und Geselligkeit des Verstorbenen. Eine goldene Nachahmung eines Solidus des Justinian I. (527–565 n. Chr.) lag – wohl als Charonspfennig – in seinem Mund. An der hinteren linken Hüfte, nicht sichtbar bei der Grablegung, trug der Fürst eine Tasche, die mit drei goldenen filigranverzierten Beschlägen versehen war (Abb. 2). Die bislang einmaligen Stücke dürften in den Jahrzehnten um 600 entstanden sein, vielleicht in Süddeutschland oder in Burgund.

Das Grab von Beckum gehört damit zur Spitzenklasse der Bestattungen aus dem frühen Mittelalter in Europa. Der zur Ruhe Gebettete – durch eine Isotopenanalyse als Einheimischer ausgewiesen – war Teil der lokalen, aber überregional agierenden obersten Führungsschicht und bekannte sich offen zu den fränkischen Königen aus der Dynastie der Merowinger. Seine Angehörigen ließen es sich aber nicht nehmen, einige Eigenarten auch im Tod zu pflegen, nämlich die Bestattung mit zahlreichen Pferden, eine Sitte, die die in Westfalen lebenden Menschen im 6. Jh. wie wohl auch Childerich von den Thüringern übernommen hatten.

Literatur

Vera Brieske: Pferdegräber als Zeichen für Sachsen in Westfalen? In: Henriette Brink-Kloke und Karl Heinrich Deutmann: Die Herrschaften von Asseln. Ein frühmittelalterliches Gräberfeld am Dortmunder Hellweg (München/Berlin 2007), 102–108.

Vera Brieske: Sachse oder Franke? 50 Jahre Forschung zum Fürstengrab von Beckum. Archäologie in Westfalen-Lippe 2009, 2010, 189–192.

Vera Brieske: Tradition und Akkulturation. Neue Untersuchungen zum „Fürsten" von Beckum. In: Babette Ludowici und Heike Pöppelmann (Hrsg.): Das Miteinander, Nebeneinander und Gegeneinander von Kulturen. Zur Archäologie und Geschichte wechselseitiger Beziehungen im 1. Jahrtausend n. Chr. Neue Studien zur Sachsenforschung 2 (Stuttgart 2011), 124–133.

Wilhelm Winkelmann: Das Fürstengrab von Beckum, eine sächsische Grabstätte des 7. Jahrhunderts in Westfalen. Die Glocke (Beckum 1962, Sonderbeilage Weihnachten 1962). Wieder abgedruckt in: Wilhelm Winkelmann: Beiträge zur Frühgeschichte Westfalens. Gesammelte Aufsätze. Veröffentlichungen der Altertumskommission für Westfalen 7 (Mainz 1984) 135–139.

Abb. 2 Goldbeschläge einer Gürteltasche. Der mittlere Beschlag ist 5,9 cm lang.

Dort gibt es keine Seine und auch nicht den Rhein!
Fränkische Kultur in Ostfalen

HEIKE PÖPPELMANN

Das Bemerkenswerteste an der fränkischen Kultur ist, dass sie es geschafft hat, auch dort Einzug zu halten, wo man nicht Fränkisch sprach. Es geht also um ehemals zum Imperium Romanum gehörige Regionen, wo „romanisch, langobardisch oder okzitanisch" gesprochen wurde[1]. Aber auch jenseits des ehemaligen Limes war die fränkische Kultur prägend. Der Merowingerkönig Chlodwig und seine Nachfahren beseitigten die Herrscher konkurrierender Stammesverbände und integrierten deren Gebiete in ihr Reich. Bis Mitte des 6. Jh.s dehnten sie so das Reich der Franken im Westen bis zu den Pyrenäen und im Osten von Venetien bis zur mittleren Elbe aus. Entscheidend für die Erweiterung des Reiches war das durch den Tod des Ostgotenkönigs Theoderich (†526) entstandene Machtvakuum, das die Merowinger für sich nutzten. In unserem Zusammenhang ist der Sieg über die Thüringer wahrscheinlich im Jahre 531 durch König Theuderich und seinen Halbbruder Chlothar I. ausschlaggebend, in dessen Folge das Thüringerreich seine Selbstständigkeit verlor. Bischof Gregor von Tours berichtet uns in seinen um 580 verfassten Büchern über die entscheidende Schlacht an der Unstrut, in dem der letzte Thüringerkönig Herminafrid geschlagen wurde.

Mehr als 300 Jahre später erzählen uns Geschichtsschreiber, dass der Frankenkönig die Landschaften nördlich der Unstrut sächsischen Verbündeten gegen einen jährlichen Tribut überließ. Ihre Berichte helfen uns nicht weiter, denn sie sind zu einem Zeitpunkt entstanden, als die Sachsen sich infolge der fast 30 Jahre andauernden kriegerischen Auseinandersetzung gegen Karl den Großen als Verband formiert hatten, Teil des Frankenreiches waren und eigene politische Ambitionen entwickelten. Vor diesem Hintergrund ist es durchaus denkbar, dass Geschichten über längst vergangene Ereignisse entsprechend angepasst wurden[2]. Bleiben wir bei der Überlieferung des 6. Jh.s durch Gregor von Tours. Der Bischof berichtet uns nicht über sächsische Helfer, was sich auch Jahrhunderte später bei den bekannten Geschichtsschreibern Rudolf von Fulda und Widukind von Corvey wiederfindet. Aber Gregor erzählt uns, dass die Franken das Land der Thüringer ihrem Reich unterordneten.

Wenn wir mehr über den Nachweis von fränkischer Kultur in dem zwischen Harz und Elbe gelegenen Ostfalen erfahren wollen, dann können uns nur archäologische Quellen weiterhelfen. Hauptquelle der Archäologie über die Merowingerzeit sind Gräber und die Beigaben der Verstorbenen. Charakteristisch sind vor allem Brandbestattungen in Urnen, aber auch Brandschüttungen auf meist groß angelegten Friedhöfen, die häufig seit dem 3. Jh. und über viele Generationen bis in das 5./6., teilweise bis in das 8./9. Jh. genutzt wurden[3]. Vermutlich in der 1. H., sicher seit der Mitte des 5. Jh.s finden sich Erdbestattungen und diese meist in kleinen Gruppen von zwei bis drei, selten dagegen mehr Beisetzungen[4]. Bei Quedlinburg, Aschersleben oder Magdeburg fällt eine Verdichtung dieser seltenen Grabgruppen auf. Meist werden die Erdgräber separat von den großen Brandbestattungsfriedhöfen angelegt. Sie finden sich jedoch genauso auf den traditionellen Friedhöfen mit Brandbestattung. Auffällig an einer vergleichs-

Abb. 1 Verbreitung fränkischer Holzeimer.

weise größeren Anzahl dieser Erdgräber ist, dass die Wahl des separierten Begräbnisortes, das Totenritual, die Grabform und die Beigaben auf Männer und Frauen mit sozialer und politisch herausgehobener Stellung schließen lassen. Die Sippe sorgte dafür, dass sich die Verstorbenen auch im Tod von der Masse der Bevölkerung absetzten, und entwickelten die Tradition eines exklusiven Bestattungsbrauchtums mit abseits gelegenen Gräberfeldern. Archäologen gehen daher nicht nur durch die Entscheidung für eine Erdbestattung davon aus, dass die Bestattungen der „ortsansässigen Oberschicht […] zur Elite des 531 von den fränkischen Königen zerschlagenen Reiches des Thüringerkönigs gezählt" werden können. Das heißt allerdings nicht, dass nicht auch Brandbestattungen Verstorbene höheren Rangs enthalten können. Jedoch lässt sich dies bisher nur ausnahmsweise belegen.

Es gibt keine Hinweise auf eine Migration bzw. auf einen großräumigen Bevölkerungswechsel zwischen Elbe und nördlichem Harzvorland. Ganz im Gegenteil: Die kontinuierlich belegten Brandbestattungsplätze mit fortgeführtem Formenrepertoire der Urnen zeigen uns eine Kontinuität der Bevölkerung. Selbst die Verstorbenen aus Erdgräbern, die zur lokalen Elite gezählt werden können, müssen nicht unbedingt aus dem Kerngebiet des mächtigen Thüringerreiches stammen. Der Kulturwandel der lokalen Eliten, der sich in der orientierten Körperbestattung und der Anlage von Pferde- bzw. Pferd-Hund-Bestattungen zeigt, kann auch von der Anpassung an die politischen Akteure herrühren. Allerdings ist nicht auszuschließen, dass einzelne thüringische Anführer in die angegliederten Gebiete eingesetzt wurden. Die archäologisch nachweisbare Ausrüstung von Männern mit Leib-/Schwertgurt sowie Waffenensemble ist „international" und kaum unterscheidbar von fränkischen oder alamannischen Kriegern. Dagegen scheinen die besser gestellten Damen auf jeden Fall aus der lokalen Bevölkerung zu stam-

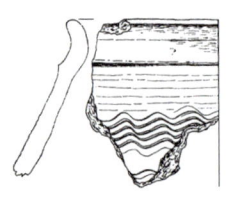

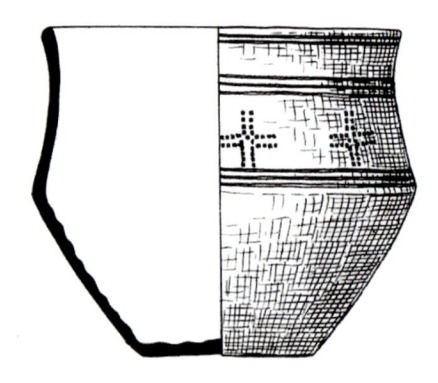

Abb. 2 Knickwandtöpfe aus Groß-Orden, Eberstedt, Allstedt und Bilzingsleben (Pöppelmann 2004, S. 411 Abb. 11).

men. Keine von ihnen trug die traditionelle Tracht mit vier Fibeln, wie sie bei den Thüringerinnen, aber auch bei den Frauen von Franken, Alamannen oder Langobarden üblich war. Ihre Mode zeichnete sich vielmehr durch eine Kleidung aus, die keine Fibel zum Verschließen benötigte oder eine einzelne Fibel als Verschluss möglicherweise eines Mantelkleids verwendete, das oberhalb der Taille mit einer Bügelfibel verschlossen wurde – eine Tracht, die im norddeutschen Raum von der Weser bis zur Havel üblich war[5].

Als die Franken den Thüringerkönig um 531 an der Unstrut schlugen, fanden sie also in Ostfalen Personenverbände organisiert in Clans oder ähnlichen Strukturen mit regionalen Führungsfiguren vor, die seit der Mitte des 5. Jh.s mit oder besser unter den Thüringern agierten. Die neuen Machthaber waren nun laut Gregor von Tours die Franken. Doch die Seine oder der Rhein waren weit weg. Wie war die Verbindung nach Westen? Gibt es archäologische Belege für die in den historischen Quellen überlieferten neuen Machtkonstellationen?

Importierte Gefäße eines luxuriösen Lifestyles belegen, dass es schon vor 531 einen Austausch der ostfälischen Elite mit dem Frankenreich gab. Dazu zählen Glas- und Bronzegeschirr sowie mit Bronze- oder Edelmetallbeschlägen verzierte Holzgefäße. In Austrasien gehörten zylindrische Daubeneimer mit Bronzebeschlägen zu einer über Generationen gepflegten gehobenen Tisch- und Tranksitte. Der kreisaugenverzierte Bronzehenkel wird über durchbrochen gearbeitete Beschläge an Eimern befestigt. Von diesen Holzeimern sind rund 40 Exemplare bekannt, die überwiegend entlang des Rheins, in Nordfrankreich und Belgien genutzt wurden (Abb. 1). Nach spätrömischer Tradition wurden sie seit dem 5. bis in das 7. Jh. in Nordostgallien produziert. In Deersheim im nördlichen Harzvorland findet sich das Fragment eines Beschlags der fränkischen Eimer in der Verfüllung des gestörten Grabes 10 aus der Zeit um 500, also vor dem Ende des Thüringerreiches. Die Holzeimer sind auch gelegentlich im Kerngebiet der Thüringer vertreten. Deersheim ist ein Bestattungsplatz aus der 2. H. des 5. und 1. H. des 6. Jh.s mit ca. 50 Körper- und Brandgräbern. Die Erdgräber mit ihrer gehobenen Ausstattung und mit ihrem teilweise aufwendigen Grabbau sind Bestattungen der regionalen Oberschicht, die ihre herausragende Stellung durch ein exzeptionelles Grabritual von Angehörigen ihrer Schicht demonstrierten. Grab 10 zeichnet sich durch eine Bestattung in einem Holzkammergrab aus. Die Beigabe von Pferdegeschirr gibt den Verstorbenen als Reiterkrieger aus. Ein Silberlöffel italischer oder balkanesischer Herkunft[6] und ein fränkischer Sturzbecher spiegeln die weitreichenden Kontakte des Bestatteten wider.

Typisch für die rheinfränkische Kultur ist das von den Archäologen sogenannte Knickwandgefäß (Abb. 2) als Topf oder

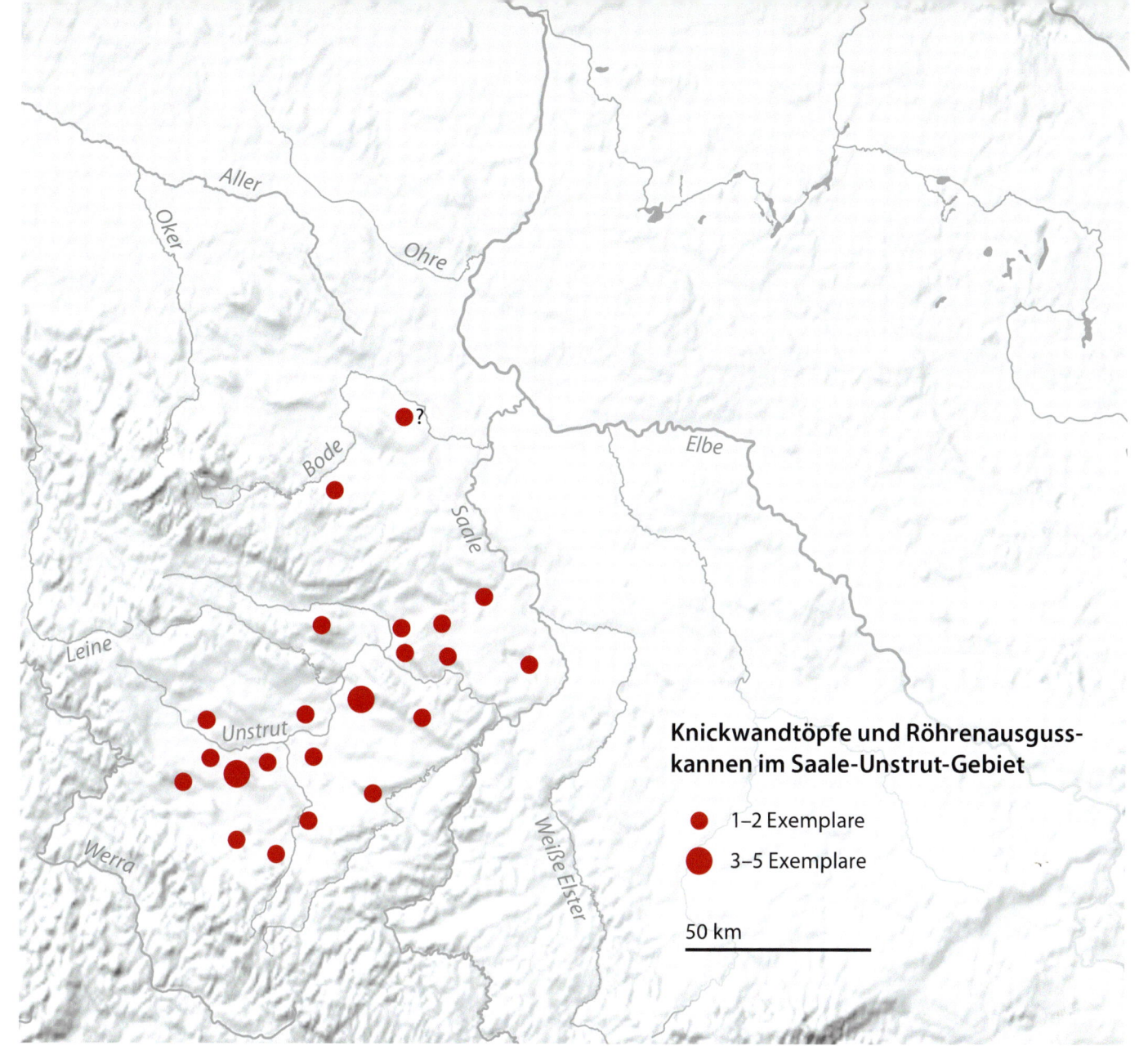

Abb. 3   Verbreitung von Knickwandtöpfen und Röhrenausgusskannen.

Kanne mit einem „Knick" genannten Umbruch zur Oberwand des Gefäßes, die in der Regel mit Rillen, Wellen oder geometrischen Stempeln verziert war. Die Gefäße sind anders als die Vielzahl in Ostfalen heimischer Keramik auf der Drehscheibe hergestellt worden. Im Saale-Unstrut-Gebiet, also im Kerngebiet der Thüringer finden sich reichlich Belege für die charakteristische „fränkische Ware" ab der Mitte, sicher ab dem letzten Drittel des 6. Jh.s (Abb. 3). Allerdings ist bei der über Generationen gepflegten Tradition von der Produktion qualitätsvoller Drehscheibenware (vgl. hierzu den Beitrag „Für die exklusiv gedeckte Tafel: Thüringische Drehscheibenware" in diesem Band) in diesen Landschaften nicht auszuschließen, dass man die rheinische Ware dort imitierte. Eine Produktion vor Ort würde vor allem die Dichte ihres Vorkommens im Saale-Unstrut-Gebiet plausibel erklären. Nördlich der Unstrut finden sich nur zwei Belege: eine Randscherbe aus der gegenüber von Quedlinburg gelegenen Wüstung Groß-Orden und ein leider heute verschollenes Gefäß bei Egeln/Aschersleben.

Spannend ist die Vielzahl von Gegenständen der weiblichen Tracht, deren Herkunft im fränkisch- alamannischen Raum liegt[7]. Die ältesten Hinweise im nördlichen Harzvorland stammen aus Gräbern der 1. H. des 6. Jh.s. In dem kleinen, allerdings unvollständig ausgegrabenen Bestattungsplatz von Beuchte (Ldkr. Wolfenbüttel) mit zwei Brand- und neun Körpergräbern fanden sich in dem Mädchengrab Nr. III silberne, spitz ausgezogene Riemenzungen, die aufgrund ihrer Lage im Grab als Teil der Beinkleidung gedeutet werden können. Sie werden als Wadenbindengarnituren bezeichnet, mit denen die Strumpftücher fixiert wurden. Ent-

Denkmal mit Aussicht: der Grabhügel von Klein-Vahlberg

BABETTE LUDOWICI

Zu den buchstäblich herausragendsten Denkmälern des 6. und 7. Jh.s in Niedersachsen gehört ein großer Grabhügel unweit der heutigen Ortschaft Klein-Vahlberg im Landkreis Wolfenbüttel. Das Monument namens „Galgenberg" ist schon in der Jungsteinzeit auf der Südspitze des Höhenzuges Asse errichtet worden. In der Zeit um 600 oder zu Beginn des 7. Jh.s wurde der Hügel geöffnet, um den Leichnam einer erwachsenen Frau aufzunehmen. Nach der Beisetzung verschloss man den Tumulus wieder und hat ihn mit großen Mengen herangeschaffter Erde noch einmal deutlich aufgehöht.

Der „Galgenberg" bietet eine großartige Aussicht: Der Blick reicht von dort oben rundum weit ins Land und nicht nur bei schönem Wetter bis zum Harz. Das Gelände zu Füßen der Asse, das man in Richtung Süden überschaut, wird von einer Trasse des Hellweges durchzogen, des großen historischen Handelsweges, der vom Niederrhein bis ins Baltikum führte. Umgekehrt ist der „Galgenberg" seinerseits bis heute eine weithin sichtbare Landmarke. Monumentale und landschaftlich exponiert gelegene Grabdenkmäler wie dieses sind *places of power* und kollektive Erinnerungsorte: So wie ihr Bau den dafür ausgewählten Plätzen in der Landschaft Bedeutung verleiht, lässt sich mit der Aneignung und der Nutzung solcher Denkmäler Macht zum Ausdruck bringen. Als die Angehörigen der um 600 im „Galgenberg" bestatteten Frau diesen als Begräbnisort ausgewählt haben, war das Denkmal schon weit über 2000 Jahre alt und seit Menschengedenken Teil der Kulturlandschaft. Die Familie der Toten trat dort buchstäblich in die Fußstapfen mächtiger Herren vergangener Zeiten und hat damit wie diese einen Herrschaftsanspruch in der Landschaft markiert – für die Zeitgenossen ebenso wie für die Nachwelt.

Augenscheinlich stand dieser Familie ein exklusives Verfügungsrecht über den prominenten Ort zu. Dass sie nicht nur einflussreich, sondern auch wohlhabend war und über weit gespannte Kontakte verfügte, zeigen einige Gegenstände an, die mit der Toten begraben worden sind. Die Ausgräber, die die Bestattung 1907 freigelegt haben, fanden zwar nur noch wenige Fragmente und Reste der Grabausstattung der Toten – ein schlichtes handgeformtes Keramikgefäß, eine Handvoll Perlen, wenige Reste metallener Besätze und Riemenzungen – und zu allem Unglück ist das meiste, was sie damals bargen, heute verschollen. Aber selbst das wenige, was sich erhalten hat, wirft immer noch

Abb. 1 Gefäßrandbeschlag und zwei Zierbesätze aus vergoldeter Bronze von einem gedrechselten hölzernen Trinkbecher (Klein-Vahlberg, Ldkr. Wolfenbüttel, um 600/Anfang 7. Jh.).

ein helles Licht auf das soziale Umfeld der Toten. Dazu gehören einige Reste von vergoldeten und verzierten Pressblechen aus Bronze, die ursprünglich auf einem hölzernen Becher (Abb. 1) montiert waren: Vergleichbare Trinkgefäße wurden bislang nur in Gräbern von Angehörigen der allerhöchsten gesellschaftlichen Kreise des 6. und 7. Jh.s in Europa entdeckt, so z. B. auch im berühmten Schiffsgrab von Sutton Hoo (Suffolk, England) aus der 1. H. des 7. Jh.s, das als Bestattung eines angelsächsischen Königs gilt.

Eine Fotografie, die nach der Bergung der Objekte angefertigt worden ist, erlaubt außerdem die Rekonstruktion ganz besonderer Kleidungsbestandteile, einer sogenannten Wadenbindengarnitur (Abb. 2). Archäologen bezeichnen damit ein Set von Bändern aus Stoff oder Leder mit Besätzen aus Metall zur Fixierung von Beinkleidern. Sie waren damals Teil der Kleidung wohlhabender fränkischer und alamannischer Frauen. Die Besätze der Klein-Vahlberger Wadenbindengarnitur waren von allerhöchster handwerklicher Qualität, ihre Verzierungen meisterhaft ausgeführt. Ähnlich hochwertige Stücke sind sehr selten und beispielsweise aus dem Grab einer fränkischen Adligen vom Ende des 6. Jh.s bekannt, das in der Kirche St. Severin in Köln entdeckt wurde. In Niedersachsen und Westfalen ist die Wadenbindengarnitur von Klein-Vahlberg bislang einzigartig. Zu ihren Lebzeiten war die Tote mit diesem Accessoire hierzulande eindeutig als Fremde zu erkennen. Dem Status ihrer Familie wird das keinesfalls abträglich gewesen sein – hätte man sie sonst damit aufgebahrt und begraben?

Abb. 2 Zwei Riemenzungen und eine Schnalle einer „Wadenbindengarnitur". Die Riemen wurden zur Fixierung von Beinkleidern verwendet (Klein-Vahlberg, Ldkr. Wolfenbüttel, um 600/Anfang 7. Jh.).

Vermutlich stammte die Dame aus einer hochrangigen Familie im fränkischen Reich. Die Menschen, die sie mit so viel Ehrerbietung im „Galgenberg" begraben haben, waren augenscheinlich sehr auf Repräsentation bedacht. Einflussreich und wohlhabend sowie vernetzt und vielleicht sogar familiär verbunden mit der Elite im Reich der fränkischen Könige, könnten sie auch erfolgreiche Akteure im überregionalen Handelsgeschehen auf dem Hellweg gewesen sein. Und sie haben den „Galgenberg" offenbar noch ein zweites Mal für eine Beisetzung aufgesucht und hergerichtet: Unter der obersten Schicht Erde, die zusätzlich auf der Kuppe des Grabhügels aufgetragen worden ist, waren die Ausgräber 1907 auch auf verbrannte menschliche Knochenreste gestoßen. Der Leichenbrand könnte von einem weiteren Mitglied dieser Familie stammen. Seine Beisetzung dürfte im 7., vielleicht aber auch erst im 8. Jh. stattgefunden haben: Bis in diese Zeit lässt sich die Kremierung von Toten im Nordharzvorland nachweisen.

Literatur

Martin Carver: Sutton Hoo. A Seventh-Century Princely Burial Ground and its Context (London 2005).

Babette Ludowici: Frühgeschichtliche Grabfunde zwischen Harz und Aller. Materialhefte zur Ur- und Frühgeschichte Niedersachsens 35 (Rahden/Westf. 2005).

Babette Ludowici: Frühe Brandgräber aus dem „spätsächsischen" Friedhof von Halberstadt-Wehrstedt. Bemerkungen zur Sachsenfrage im östlichen Nordharzvorland. In: Hans-Jürgen Häßler (Hrsg.): Neue Forschungsergebnisse zur nordwesteuropäischen Frühgeschichte. Studien zur Sachsenforschung 15, 2005, 329–341.

Babette Ludowici: Grabstätten der merowingerzeitlichen Elite in Niedersachsen – Bemerkungen zum Stand der Forschung. In: Annette Siegmüller und Uta Maria Meier (Hrsg.): Aktuelle Forschungen an Gräberfeldern des 1. Jahrtausends n. Chr. = Current Research into Cemeteries of the First Millenium AD, Siedlungs- und Küstenforschung im südlichen Nordseegebiet 39 (Rahden/Westf. 2016), 103–110.

Abb. 4 Rekonstruktion der Wadenbindengarnitur von Königin Arnegunde, um 570/580.

sprechende Garnituren aus Metall konnten sich nur wohlhabende Damen leisten. Sie gehörten zu einer Mode, die nördlich der Alpen im alamannischen Raum bis in das fränkische Rheinland üblich war. Gelegentlich finden sich auch Parallelen in Frauengräbern des thüringischen Saale-Unstrut-Gebietes. Ihr seltener Nachweis lässt auf den Import dieser modischen Accessoires aus dem Frankenreich schließen.

Besondere Aufmerksamkeit verdienen die vergoldeten, aus Bronze gefertigten Schnallen und Riemenzungen der Wadenbindengarnitur aus dem Grab vom Klein-Vahlberg. Unterhalb des Knies wurde zum Festhalten des Strumpftuchs der Riemen mit einer Schnalle verschlossen (Abb. 4). Die Riemenzunge schmückte das Ende eines Riemens, der seitlich bis zur Wade oder bis zur Fessel reichte. Vergleichbare Exemplare mit geflochtenem Tierstil finden wir beispielsweise in einem Grab der weiblichen Aristokratie des fränkischen Kölns: Bei Grab III,73 handelt es sich um eine in der Kirche St. Severin beigesetzte Frau (Abb. 5) – die Bestattung in einer Kirche wird im Laufe des 6. Jh.s zum Kennzeichen von Eliten des Frankenreichs[8]. Die Grundkomposition des Flechtbandes findet sich auch auf Chorschranken aus St. Peter im fränkischen Metz wieder, die ebenfalls um 600 datieren[9].

Wie die Dame aus Köln-St. Severin bestattete man die Frau von Klein-Vahlberg an einem exklusiven Ort, auch hier setzte man ein deutliches Zeichen für die hochrangige Stellung – nur, dass es keine Kirche war. In Klein-Vahlberg fiel die Wahl auf einen bereits vor Jahrtausenden angelegten Grabhügel (Abb. 6), den man durch weitere Erdschichten erhöhte. Das exklusive Grabmonument war für jeden sichtbar, der die Verkehrsachse des Hellwegs nutzte (vgl. hierzu den Beitrag „Denkmal mit Aussicht: der Grabhügel von Klein-Vahlberg" in diesem Band). Die Angehörigen verdeutlichten mit der Wahl des bekannten Hügels ihren Machtanspruch. Ohne Zweifel wird die verstorbene Dame eine führende Rolle innerhalb des Clans gespielt haben und lässt uns damit die Möglichkeit weiblicher Einflusssphären in der damaligen Gesellschaft erahnen. Auch wenn nur wenige Beigaben der Toten überliefert sind, zeugen die vorhandenen von deren Reichtum und politischer Stellung. Das Holzgefäß mit vergoldeten Pressblechbesätzen aus Bronze stellt die Frau an die Seite europäischer Eliten. Gregor von Tours (IX,28) berichtet uns zum Jahr 598 von den kostbaren Geschenken der merowingischen Königin Brunichilde an den westgotischen König Rekkared. Dabei handelt es sich um Geschirr aus hölzernen Schalen mit Edelmetallbeschlägen und Edelsteinapplikationen[10].

Abb. 5 Wadenbindengarnitur aus Köln St. Severin Grab III,73.

Während Mode oder wertvolles Geschirr Teil des Lebensstils von lokalen Eliten sind, zeugen Gegenstände mit einem Bekenntnis zum Christentum von einer anderen Qualität der Verbindung zum fränkischen Reich (vgl. hierzu den Beitrag „Bodenfunde legen Zeugnis ab. Frühe Christen am Hellweg" in diesem Band). Sie dokumentieren den Einzug des „Zeichenuniversums des Christentums", was an Symbolkraft für die Ankündigung einer vollkommen strukturellen Veränderung nicht zu unterschätzen ist[11]. Im Frankenreich war „Kirche" grundlegend für das politische System. Alle Amtsträger, seien es Bischöfe und Äbte oder eben Könige, waren der *ecclesia* untergeordnet. Aus der Zeit um 600 stammt eine bronzene Amulettkapsel aus Magdeburg-Fermersleben, die an einer Furt zur Überquerung der Elbe gefunden wurde.[12] Ihre Herkunft ist aber eindeutig auf das fränkische Mittelrheingebiet einzugrenzen. Die Kapsel enthielt Geweihknöchelchen, von dem ein Exemplar ein Christusmonogramm trug. Unser Gewährsmann Gregor von Tours berichtet über solche *capsae* mit Deckeln für Reliquien in Form von Knochen, Steinen, Staub u. a. Sie wurde wie das Magdeburger Exemplar mit einem Scharnier verschlossen. Solche Kapseln befestigten vornehme Damen des Frankenreichs am Brustschmuck oder am Gürtel. Die Trägerin mit ihrer in der Elbe verlorenen Kapsel als Teil ihrer Tracht setzte sich eindeutig von ihrer Umgebung ab. Außerdem gab sie mit dem einen Amulett ein bewusstes Bekenntnis zum christlichen Glauben ab.

In der bereits erwähnten Siedlung von Groß-Orden bei Quedlinburg fand sich ein hochrangiger Trachtgegenstand der weiblichen Kleidung: eine goldene Filigranscheibenfibel mit antiker Gemme und stilisierten Insekten in Zelltechnik, die uns wiederum in die Elite nun aber aus der Zeit um 650/670 führt. Entsprechend edle Fibeln mit filigranverzierten und cloisonnierten zungenförmigen Kreuzarmen stammen aus Werkstätten zwischen Niederrhein und Mosel. Das sichtbare Kreuzsymbol auf der Scheibenfibel, in dessen Zentrum die antike Gemme eingesetzt war, kennzeichnet ihre Trägerin zudem als Anhängerin des Christentums. Die Frau war auf einem Kirchenfriedhof der mittelalterlichen Wüstung Groß-Orden bestattet worden. Ob die Kirche schon Mitte des 7. Jh.s existierte, ist nicht belegt, aber auch nicht auszuschließen. Nur rund 30 km entfernt ist in Hornhausen eine Kirche des 7. Jh.s anzunehmen, woraus die berühmten Chorschrankenfragmente mit einem Reiterkrieger stammen. Zum Ort Groß-Orden selbst existiert ein weiterer Bestattungsplatz, die Bockshornschanze, der von der lokalen Elite am Fuß eines urgeschichtlichen Grabhügels in der 2. H. des 5. und 6. Jh.s begründet und bis in das 8./9. Jh. aufgesucht wurde[13]. Die Trägerin der edlen fränkischen Fibel mit Kreuzsymbolik zog jedoch einen

Abb. 6 Der Grabhügel von Klein-Vahlberg.

neuen Platz unweit des über Jahrhunderte aufgesuchten Begräbnisorts vor, an dem sich der Mittelpunkt der Siedlung mit Kirche entwickelte. Die Kirche war vielleicht schon zu Lebzeiten der Frau mit der fränkischen Fibel errichtet worden.

Die vorgestellten Gräber zeigen uns, in welcher gesellschaftlichen Stellung diese fremden Trachtgegenstände und das Luxusgeschirr üblich waren, und welche Wege aus dem Frankenreich sie genommen hatten. Importwaren wie handwerklich hochwertig verarbeitete Trachtbestandteile aus Edelmetall und Luxusgeschirr (Glas, Bronzebecken, mit teils vergoldeten Beschlägen aus Bronze versehene Holzgefäße) verhandelte man auf den Trassen des Hellwegs, der vom Rhein entlang des Nordrands der Mittelgebirge zur Elbe und von dort weiter nach Ostmitteleuropa führte. Die verstorbenen Angehörigen einer wohlhabenden, überregional vernetzten und einflussreichen Schicht wurden seit der 2. H. des 5. Jh.s auf Bestattungsplätzen im Umfeld der zentralen Verkehrsachse zwischen Westen und Osten beigesetzt[14]. Mit Wahl und Gestaltung des Begräbnisortes dokumentierten die Familien ihre Einflusssphäre. Es ist nicht auszuschließen, dass ihr herausgehobener Status auch mit der Landwirtschaft auf den ertragreichen Lössböden oder mit der Herstellung von Handelswaren in Verbindung zu bringen ist. Ihr Reichtum und ihr sozialer Einfluss – so unterschiedlich er sich auch darstellt – hingen jedoch im Wesentlichen vom überregionalen Warenverkehr ab sowie von dessen Kontrolle auf der transkontinentalen Achse und von den weit vernetzten Kommunikationsbeziehungen.

Ob die Verstorbenen von Klein-Vahlberg und Groß-Orden oder die Besitzerin der in der Elbe verloren gegangenen Amulettkapsel einheimisch oder ortsfremd waren, können wir nicht einschätzen. So oder so waren die Frauen auf jeden Fall Teile der Elite mit engen Kontakten in das austrasische Frankenreich. Die silbernen Wadenbinden und die vergoldeten Beschläge des Holzgefäßes aus Klein-Vahlberg führen uns direkt in die Elite der damaligen Zeit. Dazu kommen einige Funde, die Trachtgegenstände, aber auch Steinmetzarbeiten (Grabstein, Chorschranken) umfassen: sie sprechen für die Anwesenheit von Christen. Im Frankenreich war der christliche Kult effizientes Medium politischer Machtäußerung der Aristokraten. Seit der Mitte des 6. Jh.s haben die überlieferten Importstücke eine andere Qualität als zuvor der Austausch von Prestigegütern. Die Annäherung der ostfälischen Elite an die Kultur des Frankenreiches scheint ein Ergebnis der Zerschlagung des Thüringerreiches um 531 sein. Wenn wir separierte Bestattungsplätze entlang des Hellwegs wie aus Soest oder Klein-Vahlberg heranziehen, fällt ebenso auf, dass Frauen Teil dieser herausragenden Gruppen waren. Im Frankenreich konnten Frauen tragende Rollen übernehmen. „Es schien weniger wichtig, ob ein Junge oder Mädchen zur Welt kam"[15]. Vielleicht sind die aufgeführten Frauengräber ein Spiegel dieser fränkischen Kultur, in der Frauen auch gesellschaftlich und politisch Einfluss nahmen. Die wenigen Funde lassen nicht zu, eine Unterwerfung unter die Franken zu bestätigen. Aber nach den Grabfunden in der Sphäre des Hellwegs ist die regionale Elite wohl Teil der „fränkischen Welt" geworden. Diese Welt entstand an den Höfen im Reich der Merowinger und wurde neben den Franken von vielfältigen Gruppen mit romanischer, burgundischer, alamannischer, gotischer u. a. Herkunft gestaltet[16]. Die Stärke der fränkischen Welt war die Integrationsfähigkeit unterschiedlichster Völker.

Anmerkungen

1 Jussen, 2014, S. 9, S. 13 f.
2 Springer 2004, S. 60–62, bes. S. 94–96.
3 Pöppelmann 2011.
4 Pöppelmann 2004. Ludowici 2015, S. 99.
5 Brieske 2001, 264 f. Pöppelmann 2011, 107–112.
6 Drauschke 2008, S. 33–43, bes. 34.
7 Pöppelmann 2004.
8 Päffgen 1992, Teil 1, S. 403 f., Teil 3 Taf. 52, 5–11, Taf. 125. Ludowici 2005, S. 93 f., S. 217 f. Taf. 96.
9 Besten Dank an Bernd Päffgen für den kollegialen Hinweis: Will 2005.
10 Ludowici 2005, S. 92. Peters 2011, S. 170.
11 Jussen 2014, S. 44, S. 81 f.
12 Pöppelmann 2004.
13 Ludowici 2015, S. 96–99.
14 Pöppelmann 2004. Peters 2011, bes. S. 182 f. Ludowici 2016.
15 Jussen 2014, S. 8, 104 f.
16 Jussen 2014, S. 13 f., 30 f.

Literatur

Vera Brieske: Schmuck und Trachtbestandteile des Gräberfeldes von Liebenau, Ldkr. Nienburg/Weser. Vergleichende Studien zur Gesellschaft der frühmittelalterlichen Sachsen im Spannungsfeld zwischen Nord und Süd. Studien zur Sachsenforschung 5.6 (Oldenburg 2001).

Jörg Drauschke: Handelsgut, Geschenke, Subsidien. Zu den Vermittlungsfaktoren ostmediterraner und orientalischer Objekte im Merowingerreich. Archäologische Informationen 31, 2008, 33–43.

Bernhard Jussen: Chlodwig und die Eigentümlichkeiten Galliens. Ein Warlord im rechten Augenblick In: Mischa Meier (Hrsg.): Sie schufen Europa. Von Konstantin bis Karl dem Großen (München 2007), 141–155.

Bernhard Jussen: Die Franken. Geschichte. Gesellschaft und Kultur (München 2014).

Babette Ludowici: Frühgeschichtliche Grabfunde zwischen Harz und Aller. Die Entwicklung der Bestattungssitten im südöstlichen Niedersachsen von der jüngeren römischen Kaiserzeit bis zur Karolingerzeit. Materialhefte zur Ur- und Frühgeschichte Niedersachsens 35 (Rahden/Westf. 2005).

Babette Ludowici: Magdeburg vor 805 – Ein Schauplatz der „frühen sächsischen Besetzung des Magdeburger Raumes"? Archäologisches Korrespondenzblatt 44, 2014, 277–291.

Babette Ludowici: Quedlinburg vor den Ottonen: Versuch einer frühen Topographie der Macht. Frühmittelalterliche Studien 49, 2015, 91–104.

Babette Ludowici: Grabstätten der merowingerzeitlichen Elite in Niedersachsen – Bemerkungen zum Stand der Forschung. Siedlungs- und Küstenforschung im südlichen Nordseegebiet 39, 2016, 103–110.

Bernd Päffgen: Die Ausgrabungen in St. Severin zu Köln. Kölner Forschungen 5, 1–3 (Mainz 1992).

Daniel Peters: Das frühmittelalterliche Gräberfeld von Soest: Studien zur Gesellschaft in Grenzraum und Epochenumbruch. Veröffentlichungen der Altertumskommission für Westfalen 19 (Münster 2011).

Heike Pöppelmann: Merowingerzeitliche Fremdgüter aus dem Magdeburger Raum – eine Spurensuche zur vorkarolingerzeitlichen Besiedlung. Jahresschrift für mitteldeutsche Vorgeschichte 88, 2004, 397–423.

Heike Pöppelmann: Völker wandern? Zur Frage der Kontinuität im Magdeburger Raum und im nördlichen Harzvorland vom 4. bis 6. Jahrhundert n. Chr. Neue Studien zur Sachsenforschung 2, 2011, 98–115.

Patrick Périn u. a.: Die Bestattung in Sarkophag 49 unter der Basilika von Saint-Denis. In: Egon Wamers, Patrick Périn (Hrsg.): Königinnen der Merowinger. Adelsgräber aus den Kirchen von Köln, Saint-Denis, Chelles und Frankfurt am Main (Regensburg 2012), 100–121.

Matthias Springer: Die Sachsen (Stuttgart 2004).

Madeleine Will: Die ehemalige Abteikirche St. Peter zu Metz und ihre frühmittelalterlichen Schrankenelemente. Bonner Beiträge zur vor- und frühgeschichtlichen Archäologie 3 (Bonn 2005).

Eine Schlange mit zwei Köpfen: die Goldkette von Isenbüttel

BABETTE LUDOWICI

Die Goldkette von Isenbüttel im Landkreis Gifhorn ist das mit Abstand wertvollste und prächtigste Schmuckstück, das wir aus dem 1. Jahrtausend aus ganz Norddeutschland kennen. Sie wurde 1922 bei Rodungsarbeiten in einem Waldstück gefunden. In welchem Zusammenhang sie im Boden angetroffen wurde – tatsächlich als Einzelfund, wie vom Finder berichtet, oder als Teil eines umfangreicheren Schatzes oder vielleicht als Beigabe in einem Grab –, lässt sich nicht mehr rekonstruieren. Nach einer langen Odyssee durch die Hände zahlreicher Besitzer und Antiquitätenhändler gelangte sie 1962 in das Niedersächsische Landesmuseum Hannover. Die Kette besteht aus einem nahtlosen „Strickwerk" aus feinen Golddrähten von nur 0,6 Millimetern Stärke. Seine Herstellung gehört zu den anspruchsvollsten Arbeiten frühgeschichtlicher Goldschmiede. Vermutlich wurde die Kette mit der sehr aufwendigen „Loop-in-loop"-Technik hergestellt. Dabei entstehen die einzelnen Kettenglieder, indem exakt abgemessene Golddrähte mit Lot zu Ringen geschlossen und diese dann in Ösen gebogen werden, bis sie die Form von Kleeblättern oder Blüten haben. Die vier oder mehr Ösen jedes Kettengliedes werden durch jene des vorherigen Gliedes gezogen und umgebogen, um dann ihrerseits die Ösen des nächsten Gliedes aufnehmen zu können. Millimeterweise wächst so die Kette heran. Die Enden der Kette von Isenbüttel sind in zweiteiligen Hülsen aus Goldblech in Gestalt von Tierköpfen mit geöffneten Mäulern gefasst. Sie sind flächig mit roten Einlagen und Goldfiligran verziert. Einer der Tierköpfe ist nur halb erhalten, d.h. der eigentliche Kopf fehlt, lediglich der langgestreckte Halsbereich ist noch vorhanden.

Die Kette von Isenbüttel war ursprünglich insgesamt rund 55 Zentimeter lang. Im Ganzen betrachtet, sieht sie aus wie eine goldene Schlange mit zwei Köpfen. Tatsächlich sind schlangenartige Tiere mit zwei Köpfen im 1. Jahrtausend ein in ganz Europa weit verbreitetes Bildmotiv. Eine zeitliche Einordnung der „Schlangenkette" von Isenbüttel war bislang schwierig und stützte sich ausschließlich auf stilistische Erwägungen, die eine Datierung ins 7. Jh. nahelegten. Jüngste Untersuchungen der Kette am Römisch-Germanischen Zentralmuseum Mainz haben diesen Ansatz nun bestätigt. Durch neue Diagnosemethoden war es möglich, die roten Einlagen genauer zu bestimmen, ohne sie aus ihren Fassungen lösen zu müssen. Dabei hat sich herausgestellt, dass es sich durchweg um Granate handelt, also Minerale, und nicht um rotes Glas, wie bislang oft vermutet wurde. Granate sind in zahlreichen Schmuckstücken der Antike und des frühen Mittelalters verarbeitet. Der Bedarf hieran war in Europa groß: Im 6. Jh. wurde er vor allem mit aus Indien und Sri Lanka importierten Almandinen gedeckt, während man im 7. Jh. fast nur noch Pyrope aus Böhmen verarbeitete. Auch die Granate der Kette von Isenbüttel konnten als Pyrope identifiziert werden, die vermutlich aus Böhmen stammen. Die im 7. Jh. verwendeten Granate sind außerdem meistens nicht auf Hochglanz poliert und deshalb ist auch die vergleichsweise stumpfe Oberfläche der Pyrope an der Kette von

Isenbüttel ein Indiz für ihre Herstellung in dieser Zeit.

Die Menschen, die dieses wertvolle Schmuckstück anfertigen ließen und ursprünglich besaßen, dürften zu den Spitzen der europäischen Oberschicht des 7. Jh.s gehört haben. So wie die Inanspruchnahme des urgeschichtlichen Grabhügels von Klein-Vahlberg im 7. Jh. als „Privatfriedhof" durch eine einflussreiche Familie (vgl. hierzu den Beitrag „Denkmal mit Aussicht: der Grabhügel von Klein-Vahlberg" in diesem Band), so lässt die Goldkette von Isenbüttel erkennen, dass damals auch im südöstlichen Niedersachsen sehr wohlhabende Leute mit außerordentlich weitreichenden Beziehungen ansässig waren. Bemerkenswerte Perspektiven eröffnet in dieser Hinsicht der Vergleich der Isenbütteler Kette mit Ketten des 7. Jh.s aus England, die ebenfalls zwei Tierkopfenden haben. Hierauf hat jüngst die Archäologin Alexandra Hilgner aufmerksam gemacht: Die in England entdeckten Ketten sind filigraner und auch sehr viel kürzer als die Kette von Isenbüttel, aber ihre Ähnlichkeit – auch in konstruktiven Details – ist verblüffend. Sie dienten der Verbindung von zwei Schmucknadeln, um Schultertücher oder auch Schleier zu befestigen. Die englischen Ketten wurden in Gräbern sehr reicher Frauen gefunden, die offensichtlich in einem christlichen Umfeld gelebt haben; unter Umständen waren ihre „Schlangenketten" sogar Teil einer monastischen Tracht. Dass auch die Kette von Isenbüttel in einem christlichen Kontext entstanden oder getragen worden sein könnte, ist reine Spekulation, aber es sei daran erinnert, dass es im 7. Jh. auch in der östlichen Hellwegzone zwischen Weser und Elbe schon erste Christen gab (vgl. hierzu den Beitrag „Bodenfunde legen Zeugnis ab. Frühe Christen am Hellweg" in diesem Band).

Literatur

Vera Brieske: Isenbüttel. In: Reallexikon der Germanischen Altertumskunde 15² (Berlin, New York 2000), 509–510.

Alexandra Hilgner: Die frühmittelalterliche „Schlangenkette" von Isenbüttel (Ldkr. Gifhorn) und ihre angelsächsischen Vergleichsfunde. Archäologisches Korrespondenzblatt 46, 2016, 399–420.

Abb. 1 Die Goldkette von Isenbüttel (Ldkr. Gifhorn, 7. Jh.).

Bodenfunde legen Zeugnis ab
Frühe Christen am Hellweg

VERA BRIESKE, CHRISTOPH GRÜNEWALD UND BABETTE LUDOWICI

Unsere Vorstellungen von Nordwestdeutschland im, aber auch vor dem 8. und 9. Jh. wurden grundlegend geprägt von den überlieferten Berichten christlicher fränkischer Geschichtsschreiber. Von den dort lebenden Menschen hören wir also nur indirekt. Folgt man den fränkischen Reichsannalen (8./9. Jh.) und der von Einhard († 840) verfassten Lebensbeschreibung Karls des Großen, dann waren die Bewohner der Gebiete rechts des Rheins bis zur Elbe, die als „Sachsen" bezeichnet werden, allesamt Götzenanbeter, dem Christentum feindlich gesonnen und stets bereit, alle göttlichen und menschlichen Gesetze zu brechen. Die Kriege Karls des Großen gegen die Sachsen – zumindest ihre Endphase – werden als Missionskriege beschrieben und als notwendig, um den störrischen Heiden das christliche Heil zu bringen. Am deutlichsten wird das in einer Notiz Einhards zum Jahr 775, der zufolge der Frankenkönig beschloss, „das treulose und wortbrüchige Volk der Sachsen mit Krieg zu überziehen, bis sie entweder besiegt und zum Christentum bekehrt oder ganz ausgerottet wären". Die neuere Forschung sieht das differenzierter[1]. In den ersten Jahren der Sachsenkriege Karls des Großen ist kaum von Religion die Rede und die Fokussierung auf die Mission diente offensichtlich der Legitimierung eines Krieges, dessen Grausamkeit selbst unter Franken umstritten war (vgl. hierzu den Beitrag „Die Paganisierung der Bewohner der frühmittelalterlichen *Saxonia* durch Karl den Großen" in diesem Band).

Dass die unerbittliche Feindschaft der Sachsen gegen alles Christliche ein Mythos ist, den es zu relativieren gilt, könnte man allein schon aus den Schilderungen von frühen Missionsversuchen im Raum zwischen Rhein und Weser schließen. So berichtet der angelsächsische Kirchenmann Beda Venerabilis im 8. Jh. über Missionare von den britischen Inseln, die sich von Utrecht aus um 690 im Bereich des Hellweges über den Rhein in Richtung Osten vorwagten. Dazu gehörten auch „der weiße und der schwarze Hewald"[2]. Beide wurden entführt und ermordet, ihre Leichen in den Rhein geworfen. So weit passt das ins geläufige Bild – aber liest man weiter: Die Mörder der Missionare wurden sofort zum Tode verurteilt und hingerichtet. Und der heilige Suitbert, der jahrelang an der unteren Lippe predigte und missionierte, konnte sich immerhin, als Sachsen das Gebiet erobert hätten, unbeschadet über den Rhein nach Kaiserswerth zurückziehen[3]. Auch der angelsächsische Missionar Lebuin kam glimpflich davon. Seine Geschichte findet sich in Heiligenviten, die im 9./10. Jh. verfasst wurden. Lebuin soll um das Jahr 770 die Steinigung angedroht worden sein, angeblich bei einer Versammlung von Sachsen, die an einem Ort namens Markloh abgehalten wurde, irgendwo an der Weser[4]. Man habe den später Heiliggesprochenen dann aber doch freigelassen und sogar zugegeben, dass man falsch gehandelt habe. Lebuin konnte von da an unbehelligt predigen. Der Wahrheitsgehalt vor allem des Berichtes über Lebuin und die Versammlung von Markloh ist in der Forschung sehr umstritten[5] und es steht zu vermuten, dass es sich bei all diesen Schilderungen um das Wirken der Heiligen verklärende Topoi handelt. Aber vielleicht klingt darin doch auch noch eine ferne

Abb. 1 Schmuck und Kleidungszubehör des 6./7. Jh.s mit christlicher Symbolik aus Westfalen.
1) Gürtelhafteln, Dortmund-Wickede; 2) Almandinscheibenfibel, Ense-Bremen; 3) Wadenbindengarnitur, Soest; 4) Almandinscheibenfibel, Dortmund-Asseln; 5) Almandinscheibenfibel, Warburg-Ossendorf; 6) Filigranscheibenfibel, Ennigerloh; 7) Scheibenfibel, Warendorf-Einen; 8) Kreuzfibel, Bad Wünnenberg; 9) Pressblechbeschlag, Erle; 10) Scheibenkreuzfibel, Rheine-Altenrheine; 11) Scheibenkreuzfibel, Everswinkel-Alverskirchen; 12) Scheibenkreuzfibel, Warendorf-Müssingen; 13) Scheibenkreuzfibel, Ahlen; 14) Pressblechfibel, Dorsten-Lembeck.

Erinnerung an eine gewisse Toleranz gegenüber den ersten Missionaren nach: Eine nicht unbeträchtliche Menge von besonderen archäologischen Funden des 6. und 7. Jh.s (Abb. 1) aus dem westlichen bzw. westfälischen Hellwegraum zeigt an, dass das Christentum der Einwohnerschaft dieses Gebietes zur Zeit der angelsächsischen Glaubensboten keineswegs neu und vollkommen fremd gewesen sein dürfte.

Pionierarbeit

Tatsächlich blickte man damals in den Gebieten rechts des Rheins auf einige Jahrhunderte zurück, in denen Männer als Söldner in der römischen Armee dienten oder im Römischen Reich auf Kriegszug waren, und viele von ihnen müssen dabei mit Christen und ihren Riten und Symbolen in Kontakt gekommen sein. Hinzu kommt, dass es im 6. und 7. Jh. rechtsrheinisch im Metallhandwerk für Schmuck und Trachtbestandteile kein eigenständiges gestalterisches Schaffen gab. Im Frankenreich Hergestelltes dominierte. Mit diesen Importen gelangten auch Objekte mit Kreuzdarstellung in den Hellwegraum. Natürlich ist zu hinterfragen, ob es wirklich schon die Zurschaustellung christlicher Religiösität war, wenn ein Krieger fränkische Gürtelhaftln mit Kreuzverzierung trug, wie der Tote aus Grab 10 des Friedhofs von Dortmund-Wickede[6] (1. H./Mitte 6. Jh.; Abb. 1), oder eine Frau eine Almandinscheibenfibel mit einem Filigrankreuz im Zentrum, wie sie in Grab 104 des Friedhofs von Ense-Bremen[7] gefunden wurde (Mitte 6. Jh., Abb. 1). Aber dass das Kreuz als christlich konnotiertes Symbol vor Ort bekannt war, ist sicher anzunehmen, und offensichtlich hatte man keine Bedenken, es in seiner persönlichen Ausrüstung zu zeigen.

Im ausgehenden 6. Jh. und in der 1. H. des 7. Jh.s mehren sich in der westfälischen Hellwegzone solche Objekte mit Kreuzverzierung. In Soest[8] mag man wegen der dortigen Salzvorkommen das Auftreten von einer kreuzverzierten Wadenbindegarnitur aus der Zeit um 600 n. Chr. (Abb. 1) noch mit der Anwesenheit von Franken erklären, wohl kaum aber bei den mehrzeiligen Almandinscheibenfibeln aus Gräbern der 2. H. des 6. Jh.s von Dortmund-Asseln[9] (Abb. 1) oder Warburg-Ossendorf[10] (Abb. 1), bei denen das zentrale Zierfeld deutlich sichtbare Kreuze trägt. Ohne überzeugende Parallelen anderorts sind eine Nachbildung einer Filigranscheibenfibel aus Bronze mit vier regelmäßig gesetzten Kastenfassungen aus Ennigerloh (1. H./Mitte 7. Jh.; Abb. 1) und eine Scheibenfibel mit einem aus Leiterbändern gebildeten Kreuz aus Warendorf-Einen (7. Jh.; Abb. 1). Sollten dies lokale Produkte sein, wären es die frühesten mit christlicher Konnotation. Ob das nur

Abb. 2 Goldene Kreuzfibel des 7. Jh.s von der Wallanlage Gaulskopf bei Warburg-Ossendorf.

die Kenntnis oder auch die Billigung des Inhalts voraussetzt oder gar ein christliches Glaubensbekenntnis, lässt sich nicht sagen.

Eindeutig ist die Sachlage hingegen bei einer Kreuzfibel aus Bad Wünnenberg[11] (Abb. 1): Ihre Datierung in das 6. oder 7. Jh. anhand mediterraner Parallelen wird gestützt durch den Fund eines fränkischen Tremissis in unmittelbarer Nähe der Fibel. Dass die Kreuzform in Westfalen bereits in der Merowingerzeit (5.–7. Jh.) nicht nur bekannt, sondern deutlich sichtbar getragen wurde – was in Zeiten heidnischer Gegenwehr wohl nicht opportun gewesen wäre –, belegt auch ein Objekt aus einem leider verschollenen Grabfund aus Erle aus dem 7. Jh.. Es handelt sich dabei um einen verzinnten oder silbernen Pressblechbeschlag mit verschlungenen Zierelementen in den Kreuzarmen, der – wie vier Löcher vermuten lassen – wohl aufgenäht gewesen ist[12] (Abb. 1). Möglicherweise ist an eine Verwendung als auf das Leichentuch aufgenähtes demonstratives Bekenntnis zum Christentum zu denken, vergleichbar den Goldblattkreuzen Süddeutschlands. Das übrige Grabinventar weist die Bestattung dem 7. Jh. zu.

Ebenfalls in diese Zeit gehört die goldene Kreuzfibel mit zentralem, gefaltetem Buckel von der Wallanlage Gaulskopf bei

Warburg-Ossendorf[13] (Abb. 2). Die filigranverzierten Kreuzarme weisen ein ähnliches Muster auf wie der Pressblechbeschlag aus Erle. Die Fibel vom Gaulskopf ist bisher ein Unikat, kann aber aufgrund typologischer Vergleiche in das 7. Jh. datiert werden. Das wertvolle Stück trat als Einzelfund bei Grabungen zutage, die einen großen annähernd West-Ost-ausgerichteten Gebäudegrundriss freilegten[14]. Nicht zuletzt drei beigabenlose Gräber, die nördlich parallel zur Längswand des Baus lagen, lassen eine sakrale Funktion des Gebäudes annehmen. Stratigrafische Beobachtungen weisen darauf hin, dass die Gräber und damit auch diese mögliche Kirche bereits im 7. Jh. angelegt wurden. Vorbehaltlich weiterer Untersuchungen könnten sich also schon zu dieser Zeit christliche Bewohner oder zumindest Träger christlicher Symbole unbehelligt auf dem Gaulskopf aufgehalten haben – weit vor Beginn der Sachsenkriege Karls des Großen (ab 772) und auch etliche Jahrzehnte vor Beginn der Missionstätigkeit des Heiligen Bonifatius in diesem Raum (ab 721).

In denselben Zeithorizont gehören einige durchbrochene Scheibenkreuzfibeln vom Ende des 7. Jh.s[15]. Die Fibel aus Rheine-Altenrheine[16] (Abb. 1) hat zusätzlich zu dem in einen runden Rahmen eingeschriebenen Kreuz noch einen Ährenkranz. Ohne Verzierung ist das Stück aus Everswinkel-Alverskirchen[17] (Abb. 1). Auf dem Kontinent streuen solche Scheibenkreuzfibeln von Nordfrankreich bis Norditalien. Ein besonderer Schwerpunkt liegt aber in England, vor allem für Scheibenkreuzfibeln mit plastischen Zierteilen, die in der Hellwegzone fern von ihrem üblichen Verbreitungsgebiet mit einem Exemplar aus Warendorf-Müssingen vertreten sind (Abb. 1)[18]. Vielleicht führen uns diese Fibeln zeitlich schon in das Umfeld der eingangs erwähnten angelsächsischen Missionare. Ein Unikat auf dem Kontinent ist die Fibel aus Ahlen (Abb. 1), bei der das Kreuz aus Kreissegmenten aufgebaut ist, aber auch hier gibt es gute Parallelen aus England sowie aus Südskandinavien[19].

Der einzige Gegenstand, dessen christlicher Symbolinhalt nicht aus einem Kreuz besteht, ist die Pressblechfibel aus Grab 105 des Friedhofs von Dorsten-Lembeck, das dem ausgehenden 7. Jh. zugewiesen werden kann[20] (Abb. 1): Im Zentrum der Darstellung steht eine Figur mit Heiligenschein, die einen Kreuzstab hält. Nichts sonst deutet auf dem Friedhof auf Christentum hin, aber der Raum Dorsten gehörte zum Wirkungsbereich sowohl der beiden Hewalde als auch von Suitbert.

Was die vorgestellten Objekte nahelegen, wird seit Kurzem von einem archäologischen Befund massiv untermauert, der in Dülmen entdeckt wurde. Auch Dülmen könnte im Wirkungsge-

Abb. 3 Bildstein aus Dortmund-Hohensyburg; mutmaßlich merowingerzeitlich.

Abb. 4 Bildstein aus der Wüstung Marsleben bei Quedlinburg, 5.–7. Jh.

In Stein gemeißelt?

Schon seit Langem wird in der Forschung darüber diskutiert, ob ein mit einem Scheibenkreuz versehener Grabstein aus Dortmund-Hohensyburg[23] (Abb. 3) in die Merowingerzeit gehört. Er (sowie eventuell ein zweites Exemplar) wäre in diesem Fall die früheste sicher christlich markierte Bestattung, die im westfälischen Hellwegraum bekannt ist. Bemerkenswerterweise gibt es weiter östlich in der Hellwegzone, im Umfeld der Wegetrassen, die jenseits der Weser nach Magdeburg zur Elbe führen, eine ganze Reihe von Bildsteinen mit christlichen Motiven, die auf jeden Fall schon vor den Sachsenkriegen Karls des Großen angefertigt worden sein dürften[24]. Lange vergessen war ein Exemplar, das in den 1930er-Jahren im Bereich der Wüstung Marsleben bei Quedlinburg gefunden wurde (Abb. 4). Spätere Ausgrabungen haben gezeigt, dass Marsleben von der Römischen Kaiserzeit bis ins 14. Jh. bewohnt war. Der Bildstein ist aus vor Ort anstehendem Sandstein gehauen. Die christliche Symbolik auf seiner Vorderseite ist evident. Der Stein lag in einem Grab eines Friedhofs zu Marsleben, unweit einer anderen Bestattung mit einer Schwertbeigabe, was das Vorkommen von merowinger- bis karolingerzeitlichen Gräbern auf diesem Bestattungsplatz nahelegt. Aus dem Rheinland und aus Trier sind verschiedene christliche Grabsteine des 5.–7. Jh.s bekannt, die dem Stein von Marsleben in vielem so ähnlich sind, dass man ihn diesen mühelos zur Seite stellen kann[25]. Weitere Bild- bzw. mutmaßliche Grabsteine, für die eine Zeitstellung vor den Sachsenkriegen in Frage kommt, wurden bei der Kirche von Groß-Twülpstedt und im Mauerwerk der Kirche von Morsleben entdeckt. Auch der berühmte „Reiterstein von Hornhausen" (Abb. 5) stammt aus diesem Gebiet. Seine Datierung in das 7. Jh. ist heute unumstritten. Sein christlicher Bildinhalt erschließt sich nicht auf den ersten Blick, aber die Meinung hat sich durchgesetzt, dass ein sogenannter Reiterheiliger dargestellt ist. Der Stein gehört zu einer Gruppe von ehemals mindestens acht derartigen Bildsteinen, deren Bruchstücke im 19. Jh. aus Gräbern eines Friedhofs des 8./9. Jh.s in Hornhausen geborgen wurden. Alle Steine zusammen waren ursprünglich Teile der Chorschranke einer Kirche, die im 7. Jh. bei Hornhausen existiert haben muss.

In die Hellwegzone zwischen Weser und Elbe sind, soweit wir das wissen, nie frühe Missionare vorgedrungen. Aber es wurden dort außer den genannten Grabsteinen genauso wie in der westfälischen Hellwegzone verschiedene Kleidungsbestandteile und Schmuckstücke mit christlicher Symbolik aus dem 6./7. Jh. entdeckt (Abb. 7)[26]. Dazu gehört eine Perlenkette mit

biet Suitberts gelegen haben. Bei Ausgrabungen im Stadtkern stieß man auf einen Komplex aus zwei übereinander liegenden Gusskanälen, einer Feuerungsgrube, durchglühten Sandsteinen und verziegeltem Lehm sowie Bruchstücken von Glockenformen, Bronzeresten und Gusstiegelfragmenten. Es handelt sich dabei zweifelsohne um die Reste zweier Glockengüsse[21]. Überraschend war das Ergebnis der ^{14}C-Datierung von zwei Holzkohleproben aus der Feuerungsgrube: Die ermittelten Zeitspannen 665–775 n. Chr. und 670–775 n. Chr.[22] verweisen den Befund in die Zeit vor den Sachsenkriegen. Selbst wenn das späteste Datum der erfassten Zeitspannen für die Glockengüsse angenommen wird (775 n. Chr.), womit man sich in den Anfangsjahren der Sachsenkriege befände, ist nach bisheriger Forschungsmeinung kaum zu erklären, warum gerade hier, mitten unter wehrhaften „sächsischen Heiden", die sich noch Jahrzehnte Karl dem Großen widersetzen, der älteste bisher nachgewiesene Glockenguss in Europa stattgefunden hat. Ein entsprechendes Umfeld muss dafür vorausgesetzt werden: ein Kirchenbau, für den die Glocken vorgesehen waren, und vor allem Träger des christlichen Glaubens, die einflussreich und vermögend genug waren, um hier gewissermaßen erfolgreich Pionierarbeit in Sachen Glaubensvermittlung und -verstetigung zu leisten.

Abb. 5 Der Bildstein von Hornhausen.

260

einer Maiorina des Contantius II (337–361) mit Christogrammen als Anhänger (Abb. 6) aus der Totenausstattung einer Dame, die um die Mitte oder in der 2. H. des 6. Jh.s auf einem Bestattungsplatz unweit Deersheim (Abb. 6) beigesetzt worden ist. Aus der Zeit um 600 stammt eine kleine Amulettkapsel aus Magdeburg-Fermersleben (Abb. 6). Solche Kapseln trug man damals im fränkischen Reich. In eines von zwei Geweihknöchelchen, die die Magdeburger Kapsel barg, war ein winziges Christogramm eingeritzt. Ebenfalls in der Zeit um 600 angefertigt wurde eine sogenannte fränkische „Christusschnalle", die bei Wegeleben (Abb. 6) im Bereich eines frühmittelalterlichen Gräberfeldes gefunden wurde. Ihr Schnallendorn trägt ein Kreuzzeichen und drei Gesichter, vielleicht Christus- oder Heiligendarstellungen, vielleicht aber auch ein Symbol der Dreieinigkeit von Vater, Sohn und Heiligem Geist. Zu nennen ist außerdem eine besonders wertvolle goldene Scheibenfibel des 7. Jh.s, auch sie fränkischer Herkunft. Die kreuzförmig angeordneten Zierelemente um eine zentral antike Gemme lassen sich unschwer als Kreuzdarstellung deuten. Das prächtige Schmuckstück stammt aus dem Grab einer Frau, das bei den Fundamenten der Kirche der Wüstung Groß-Orden bei Quedlinburg (Abb. 6) entdeckt wurde.

Abb. 6 a–d a: Perlenkette mit einer Maiorina des Contantius II (337–361) mit Christogrammen, Deersheim; b: Gürtelschnalle, Wegeleben; c: Goldene Scheibenfibel, Wüstung Groß-Orden bei Quedlinburg; d: Amulettkapsel, Magdeburg-Fermersleben.

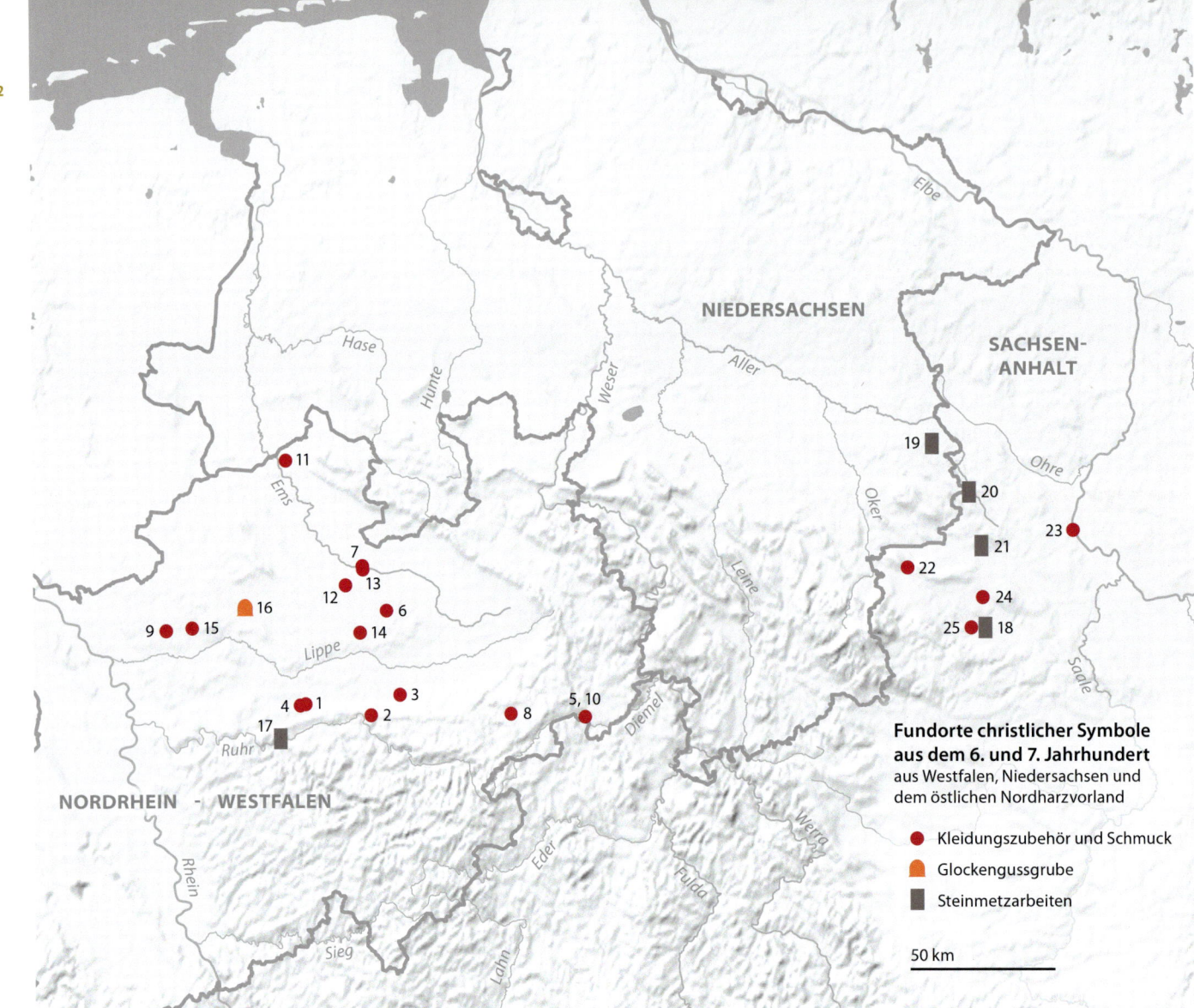

Abb. 7 Fundorte christlicher Symbole aus dem 6. und 7. Jh.:
1) Gürtelhafteln, Dortmund-Wickede; 2) Almandinscheibenfibel, Ense-Bremen; 3) Wadenbindengarnitur, Soest; 4) Almandinscheibenfibel, Dortmund-Asseln; 5) Almandinscheibenfibel, Warburg-Ossendorf; 6) Filigranscheibenfibel, Ennigerloh; 7) Scheibenfibel, Warendorf-Einen; 8) Kreuzfibel, Bad Wünnenberg; 9) Pressblechbeschlag, Erle; 10) Kreuzfibel, Wallanlage Gaulskopf bei Warburg-Ossendorf; 11) Scheibenkreuzfibel, Rheine-Altenrheine; 12) Scheibenkreuzfibel, Everswinkel-Alverskirchen; 13) Scheibenkreuzfibel, Warendorf-Müssingen; 14) Scheibenkreuzfibel, Ahlen; 15) Pressblechfibel, Dorsten-Lembeck; 16) Glocke (Gussgrube), Dülmen; 17) Bildstein, Dortmund-Hohensyburg; 18) Bildstein, Wüstung Marsleben bei Quedlinburg; 19) Bildstein, Groß-Twülpstedt; 20) Bildstein, Morsleben; 21) Chorschrankenplatten, Hornhausen; 22) Perlenkette mit Münzanhänger mit Christogrammen, Deersheim; 23) Amulettkapsel, Magdeburg-Fermersleben; 24) Gürtelschnalle, Wegeleben; 25) Scheibenfibel, Wüstung Groß-Orden bei Quedlinburg.

Viele Wege führen zu Gott

Im fränkischen Reich waren Gegenstände wie die angeführten, Schmuckstücke ebenso wie Grabsteine, Bestandteile der Sachkultur der Oberschicht des 6./7. Jh.s. In unserem Gebiet fassen wir mit ihnen die teils sehr unauffälligen, teils aber auch sehr demonstrativen ältesten Zeugnisse christlichen Glaubens. Sicherlich ist es kein Zufall, dass all diese Artefakte, von denen jedes für sich auf einen frühen Christen hindeuten kann, im Umfeld der Hellwegtrassen zwischen Rhein und Elbe in den Boden gelangten. Sie stellen dort „Importe" im weitesten Sinne dar, die auch von der Anwesenheit von Mitgliedern der fränkischen Oberschicht vor Ort zeugen können. Der Hellweg war seit vielen Jahrhunderten der wichtigste Fernverkehrsweg über Land vom Rhein zur Elbe. Schon die römische Armee ist auf seinen Trassen vom Rhein zur Weser und noch weiter in Richtung Osten vorgedrungen und er band spätestens seit dieser Zeit das heutige Niedersachsen und Westfalen zunächst an das Römische Reich und nachfolgend an die Zentren des fränkischen Reiches an. Die archäologischen Funde lassen keinen Zweifel daran, dass ranghohe Mitglieder der Gesellschaft in diesem Raum schon lange vor den Sachsenkriegen mit den entsprechenden Gesellschaftsschichten im fränkischen Reich und anderen Gebieten vernetzt waren. Enge familiäre Verbindungen sind seit dem 8. Jh. durch die Schriftquellen vielfach belegt. Es fällt auf, dass die meisten der Objekte mit christlichen Symbolen aus der Hellwegzone, die wir in die Zeit vor den Sachsenkriegen Karls des Großen datieren können, Bestandteile der Kleidung von Frauen waren. Möglicherweise waren auch die Besitzerinnen dieser Dinge selbst fremder Herkunft, beispielsweise fränkische Frauen christlichen Glaubens, die in am Hellweg ansässige Familien eingeheiratet haben. Auch auf diesem Weg könnte das Christentum schon früh Fuß gefasst haben. Und sicher ist es deshalb ebenso wenig ein Zufall, dass der erste Sachsenführer, der sich Karl dem Großen schon 775 unterwarf, offensichtlich genau dort, in der Hellwegzone, ansässig war: Der Mann namens Hessi verfügte in der Wüstung Marsleben bei Quedlinburg über Besitz, den er dem Kloster Fulda übertrug. Wie der christliche Grabstein aus Marsleben (Abb. 4) zeigt, könnte sich seine Familie schon seit Langem zum christlichen Glauben bekannt haben.

Anmerkungen

1. Becker 2013, S. 25; Springer 2004, S. 181.
2. Spitzbart 1982, Beda Venerabilis Kap. V, 10., 457 – ; Schäferdiek 1996.
3. Spitzbart 1982, S. 463. Beda Venerabilis Kap. V, 11.
4. Vita Lebuini: https://sourcebooks.fordham.edu/basis/lebuin.asp, geöffnet am 6.9.2018. Nach: Adolf Hofmeister, Monumenta Germaniae Historia 30, 2, S. 798–795.
5. Hierzu ausführlich Matthias Springer, Die Sachsen (Stuttgart 2004), S. 131 ff.
6. Henriette Brink-Kloke und Axel Duda: Christen im 6. Jahrhundert? Ein frühmittelalterlicher Friedhof in Dortmund-Wickede. Heimat Dortmund 2/95, 1995, S. 19–23.
7. Stephan Deiters: Das Gräberfeld von Ense-Bremen, Kr. Soest. Unveröff. Diss. Münster 2015, Taf. 24,1.2.
8. Peters 2011, Taf. 17 (Grab 105), Taf. 22 (Grab 106).
9. Bernhard Sicherl: Das merowingerzeitliche Gräberfeld von Dortmund-Asseln. Bodenaltertümer Westfalens 50 (Mainz 2011) Taf. 6.1 (Grab St. 18).
10. Anton Doms: Jäger, Bauern, Bürger. Von der Vorgeschichte zum Hochmittelalter im Stadtgebiet Warburg. In: Franz Mürmann (Hrsg.): Die Stadt Warburg. Band 1 (Warburg 1986), S. 35–88, Abb. 19.
11. Alle unpubliziert. Akten LWL-Archäologie für Westfalen.
12. Abbildung bei Brieske 2017 (Das Goldkreuz vom Gaulskopf), 218 (Abb. 2) und Brieske 2017 (Frühe Christen in Westfalen), S. 226 (Abb. 3,2).
13. Best 1997, S. 178; Brieske 2017 (Das Goldkreuz vom Gaulskopf); Brieske 2017 (Frühe Christen in Westfalen)
14. Best 1997, S. 168; Pfeffer 2015, S. 20–23; Brieske 2017 (Frühe Christen in Westfalen), S. 227 mit Abb. 4.
15. Robert Koch, Eine durchbrochene Scheibenfibel mit Kreuz aus Uppåkra bei Lund. Fler fynd i centrum. Materialstudier i och kring Uppåkra 2003, S. 215–225.
16. Christoph Grünewald: Das Dorf unter dem Esch. In: Stadt Rheine (Hrsg.): 11.000 Jahre Baugebiet Klusenweg – Archäologische Entdeckungen in Altenrheine. (Rheine 2007), S. 2–27, Abb. S. 25.
17. Unpubliziert. Akten LWL-Archäologie für Westfalen.
18. Formal leiten sie über zu Kreuzfibeln mit verdickten Enden, die noch in späten Reihengräbern auftreten. Hans-Jörg Frick, Karolingisch-ottonische Scheibenfibeln des nördlichen Formenkreises. Offa 49/50, 1992/93, S. 243–462, Taf. 5, 6.
19. Birgit Arrhenius: En vendeltida smycke uppsättning. Fornvännen 1960, S. 65–91.
20. Hartmut Polenz: Preßblechscheibenfibel, In: Ferdinand Seibt et al. (Hrsg.): Vergessene Zeiten. Mittelalter im Ruhrgebiet. Katalog Essen, Band 1 (Essen 1990), S. 28, Abb. 8 f.
21. Jentgens und Peine 2016; Peine und Jentgens 2017.
22. 665–775 cal AD und 670–775 cal AD; vgl. Peine und Jentgens 2017, S. 85.
23. Willi Kuhlmann: Die ältesten Grabsteine Dortmunds? Frühe Grabdenkmale auf dem Kirchhof und in der Kirche St. Peter in Dortmund-Syburg. Heimat Dortmund 2/95, 1995, S. 24–26. – Werdendes Ruhrgebiet 2015, S. 239–241.
24. Ludowici 2006; Ludowici im Druck.
25. Ludowici 2003.
26. Ludowici 2006; Ludowici im Druck.

Literatur

Matthias Becker: Der Prediger mit eiserner Zunge. Die Unterwerfung und Christianisierung der Sachsen durch Karl dem Großen. In: Hermann Kamp und Martin Kroker (Hrsg.): Schwertmission. Gewalt und Christianisierung im Mittelalter (Paderborn 2013), 23–52.

Werner Best: Die Ausgrabungen in der frühmittelalterlichen Wallburg Gaulskopf bei Warburg-Ossendorf, Kr. Höxter. Mit einem Beitrag von Holger Löwen. Germania 75, 1997, 159–192.

Vera Brieske: Frühe Christen in Westfalen? Zur Zeitstellung der Goldkreuzfibel vom Gaulskopf bei Warburg-Ossendorf. In: Peter Fasold et al. (Hrsg.): Forschungen in Franconofurd. Festschrift für Egon Wamers zum 65. Geburtstag. Schriften des Archäologischen Museums Frankfurt 28 (Regensburg 2017), 223–232.

Vera Brieske: Das Goldkreuz vom Gaulskopf – christliche Symbole im merowingerzeitlichen Westfalen. Archäologie in Westfalen-Lippe 2016, 2017, 217–220.

Henriette Brink-Kloke, Regina Machhaus und Elke Schneider: In die Erde geschrieben. Archäologische Spuren durch eine Stadt. Stadt Dortmund (Hrsg.). Denkmalpflege in Dortmund 1 (Dortmund 2003).

Gerard Jentgens und Hans-Werner Peine: Wem die Glocke schlägt – 1200 Jahre Kirche und Siedlung in Dülmen. Archäologie in Westfalen-Lippe 2015, 2016, 79–83.

Thomas Küntzel: Die merowingerzeitliche Filigranscheibenfibel aus der Wüstung Groß-Orden bei Quedlinburg – Gedanken zu Datierung, Herkunft und Bedeutung. Jahresschrift für mitteldeutsche Vorgeschichte 93, 2012, 401–429.

Friedrich Laux: Die Christus-Schnalle von Wegeleben. Hammaburg NF 9, 1989, 157–162.

Babette Ludowici: Ein frühmittelalterlicher Bildstein aus der Wüstung Marsleben bei Quedlinburg. Germania 81, 2003 (2003), 567–575.

Babette Ludowici: Frühmittelalterliche Steinmetzarbeiten aus dem Nordharzvorland: Zeugnisse frühen Christentums bei den östlichen Sachsen? In: A. Siebrecht (Hrsg.): Geschichte und Kultur des Bistums Halberstadt 804 bis 1648 (Halberstadt 2006), 41–52.

Babette Ludowici: Gedanken zu Phänomen des Religiösen bei den kontinentalen Sachsen im 6. bis 10. Jahrhundert im Spiegel archäologischer Quellen. In: Uta von Freeden et al. (Hrsg.): Glaube, Kult und Herrschaft. Phänomene des Religiösen im 1. Jahrtausend n. Chr. in Mittel- und Nordeuropa. Römisch-Germanische Kommission/Eurasien-Abteilung des Deutschen Archäologischen Instituts, Kolloquien zur Vor- und Frühgeschichte 12, 2009, 385–394.

Babette Ludowici: Perspektivwechsel: Archäologische Spuren früher Christen in Ostfalen. In: Forschungen und Berichte des Braunschweigischen Landesmuseum NF, Band 2 (Braunschweig 2019, im Druck).

Hans-Werner Peine und Gerard Jentgens: Nachklang karolingerzeitlicher Glocken in Dülmen. Archäologie in Westfalen-Lippe 2016, 2017, 83–86.

Daniel Peters: Das frühmittelalterliche Gräberfeld von Soest. Veröffentlichungen der Altertumskommission für Westfalen 19 (Münster 2011).

Ingo Pfeffer: Der Gaulskopf bei Warburg-Ossendorf, Kreis Höxter. Frühe Burgen in Westfalen 7 (Münster 2015).

Heike Pöppelmann: Die Amulettkapsel aus Magdeburg-Salbke. Neues zu fränkischen Einflüssen in Ostfalen im 6./7. Jahrhundert. In: A. Siebrecht (Hrsg.): Geschichte und Kultur des Bistums Halberstadt 804 bis 1648, Halberstadt 2006, 23–40.

Heike Pöppelmann und Hans-Jürgen Derda (Hrsg.): Geschichte – Museum – Religionen. Tagung zur Erarbeitung eines Konzeptes für ein „Museum der Religionen" im Braunschweigischen Landesmuseum, Forschungen und Berichte des Braunschweigischen Landesmuseum NF, Band 2 (Braunschweig 2019, im Druck).

Kurt Schäferdiek: Der Schwarze und der Weiße Hewald. Westfälische Zeitschrift 146, 1996, 9–24.

Romina Schiavone: Die Reliefsteine von Hornhausen und Morsleben. Kulturhistorischer Kontext und Deutung. In: Petra Hanauska und Ramina Schiavone: Iona und Hornhausen. Studien zur frühmittelalterlichen Steinplastik in Europa. Studien zur Archäologie Europas 15 (Bonn 2012), 143–281.

Johannes Schneider: Deersheim. Ein völkerwanderungszeitliches Gräberfeld im Nordharzvorland. Jahresschrift für Mitteldeutsche Vorgeschichte 66, 1983, 75–358.

Günter Spitzbart (Übers.): Beda Venerabilis. Beda der Ehrwürdige. Kirchengeschichte des Englischen Volkes. Texte zur Forschung 34, Darmstadt 1982.

Matthias Springer: Die Sachsen. Urban-Taschenbücher Band 598 (Stuttgart 2004).

Werdendes Ruhrgebiet. Spätantike und Frühmittelalter an Rhein und Ruhr. Katalog zur Ausstellung im Ruhr-Museum 27. März bis 23. August 2015 (Essen 2015).

Fuß in der Tür
Südskandinavier in Mitteldeutschland

KAREN HØILUND NIELSEN

Archäologen fassen im 6. und 7. Jh. ganz klare Verbindungen zwischen Südskandinavien und einem Gebiet, das die heutige Altmark und Thüringen umfasst. Diese Verbindungen sind allerdings kein Phänomen allein dieser beiden Jahrhunderte, sondern reichen weit in die Vergangenheit zurück. Aus dem Mittelelbe-Saale-Gebiet, zwischen Braunschweig und Leipzig, kennen wir aus der Zeit zwischen 250–325 n.Chr. eine ungewöhnlich hohe Anzahl von Gräbern, die überreich mit Statussymbolen ausgestattet sind. Dazu gehören einheimische Objekte aus Edelmetall und importierte Luxusgüter. Die Familien, die diese Gräber der sogenannten „Fürstengrabgruppe Haßleben-Leuna" angelegt haben, haben ihren Reichtum und den augenscheinlich von ihnen gepflegten römischen Lebensstil in Rom und im Umgang mit der Elite im Römischen Reich erworben (vgl. hierzu den Beitrag „Im Zentrum des Geschehens? Mitteldeutschland im 3. Jahrhundert" in diesem Band). Darüber hinaus haben sie aber auch sehr gute Kontakte mit der Oberschicht auf der südskandinavischen Insel Fünen unterhalten. Die Totenausstattungen dort umfassen nicht nur die gleichen römischen Importe wie in Mitteldeutschland, die Parallelen gehen weiter: Hier wie dort werden die gleichen silbernen Ohrlöffelchen, Pinzetten, Haarnadeln und Silberlöffel verwendet. In der 2. H. des 4. Jh.s sind die „Fürsten" des Haßleben-Leuna-Komplexes aus dem Blickfeld der Archäologen verschwunden, aber das heißt nicht, dass die Kontakte zwischen den beiden Regionen abbrachen. Sie sind jetzt nur weniger leicht greifbar. Bestimmte Glasobjekte und verschiedene Fibeltypen verweisen auf das Fortbestehen der Verbindung zwischen Südskandinavien und der Mittelelbe-Saale-Region hin.

Ursprungsmythen

Spätestens seit der Mitte des 5. Jh.s etablierte sich in Mitteldeutschland das große und mächtige Königreich der Thüringer, dessen Elite gute Kontakte zu den Höfen der Ostgoten und Langobarden und nach Byzanz hatte (vgl. hierzu den Beitrag „Wie weit reicht der Arm Herminafrids? Die Könige der Thüringer und ihr Reich" in diesem Band). Sein mitteldeutscher Einflussbereich umfasste in etwa den gleichen Raum wie der Haßleben-Leuna-Komplex.

Als das weströmische Reich im Jahre 476 zusammenbrach, versuchten germanische Krieger, die Angehörige des römischen Militärs gewesen waren, zusammen mit ihren Familien im Umfeld der Militärstützpunkte Fuß zu fassen, in denen sie ihren Dienst geleistet hatten. Die Kämpfe entlang der römischen Grenzen setzten auch andere germanische Kriegerverbände in Bewegung und gelegentlich folgten ihnen ihre Familien und ließen sich im Sog der Ereignisse fernab ihrer Heimat nieder.

Zu dieser Zeit tauchen auf dem Kontinent Fibeln und Brakteaten des nordischen Stils auf, was darauf hindeutet, dass auch die Familien von Kriegern aus Südskandinavien nach Süden zogen[1]. Auch entlang der Mittelelbe und der Saale zeigen dort gefundene Fibeln und Brakteaten des nordischen Stils den Zuzug von Familien südskandinavischer Krieger und ihren Gefolgen an.

Abb. 1 Bügelfibel vom nordischen Typ aus Belleben mit einem „Großes Tier"-Motiv in der Mitte der Fußplatte.

Dorthin hatten sie vermutlich familiäre Bindungen geführt, die einige Generationen zuvor entstanden waren. Die thüringische Elite dürfte für ein neues Königreich, das sich damals in Südskandinavien etablierte, ein wertvoller Partner gewesen sein, und eine Kolonie von skandinavischen Familien in Mitteldeutschland, die nicht der Oberschicht angehörten, hätte diese Verbindungen gestärkt. Die Fibeln vom nordischen Stil, die mit den Siedlern ankamen, sind mit Tierornamentik verziert, vor allem mit dem Motiv des „großen Tieres" (Abb. 1). Die besten Vergleichstücke dafür finden sich auf den dänischen Inseln.

Für die Identität der Zuwandererfamilien spielte ihre Herkunft eine große Rolle. Ein gemeinsamer Ursprungsmythos hielt die Erinnerung daran wach. Tradiert wurde er von Frauen mit Fibeln und Goldbrakteaten, die wohl zu ihrer Aussteuer gehörten: Sie waren die Medien, die den Mythos weitertrugen. Gleichwohl haben die Zuwanderer offenbar keine eigenen Werkstätten betrieben, sondern ließen die Fibeln von ortsansässigen Handwerkern anfertigen. Diese haben im Laufe der Zeit den Verzierungsstil „kontinentaler" gemacht: Tierelemente verschwanden und wurden teilweise durch antike geometrische Muster ersetzt. Herstellung und Entwicklung des Schmucks lässt sich über einen längeren Zeitraum verfolgen. Die importierten Fibeln und später die Nachahmungen dürften eine Einwanderergemeinschaft repräsentieren, die groß genug war, um eine Nachkommenschaft zu haben, die ihre Tradition für einige Generationen am Leben hielt.

„Schmelztiegel" Altmark

Bügelfibeln des nordischen Typs und Brakteaten finden sich bis zur Mitte des 6. Jh.s in Bestattungen in Thüringen. Zugleich erscheint direkt nördlich davon, in der Altmark, eine andere Gruppe von südskandinavischen Fibeln[2]. Es sind kleine schlichte Fibeln in verschiedenen Formen, manche verzinnt oder auch vergoldet. Lange war nur eine kleine Stückzahl dieser skandinavischen Fibeln bekannt, vor allem aus dem Gebiet nordöstlich der Unstrut, aber in den letzten Jahren ist eine erhebliche Anzahl von neuen Funden durch Geländebegehungen mit Metalldetektoren in der Altmark zutage getreten, vor allem im Gebiet um Stendal, wo sie im Bereich verschiedener Siedlungsplätze gefunden wurden (Abb. 2)[3]. Bislang liegen von dort mindestens 200 südskandinavische Fibeln vor. Die Siedlungen haben lange existiert, aber die Nutzungsphase mit den skandinavischen Fibeln scheint die letzte zu sein; jüngere lokale Fibelformen sind kaum vorhanden.

Die Verbreitung südskandinavischer Fibeln dürfte aber noch größer gewesen sein. Dass nicht überall – wie in der Altmark –

Abb. 2   Das Vorkommen von kleinen gleicharmigen Fibeln in Skandinavien (/////) und auf dem Kontinent (●) und von Schnabelfibeln in Skandinavien (\\\\\) und auf dem Kontinent (▲) (Grafik: G. Höhn).

großflächig Metalldetektoren zum Einsatz kommen können, hat großen Einfluss auf unseren Kenntnisstand. Funde von Usedom, Rügen und einigen anderen Orten entlang der Ostseeküste legen nahe, dass auch im Gebiet zwischen der Küste und der Altmark weitere Fundplätze vorhanden sein könnten, die die bekannten Vorkommen in der Altmark und im Ostseegebiet verbänden.

Zu den südskandinavischen Fibeltypen, die in beträchtlicher Anzahl in der Altmark und vereinzelt im Mittelelbegebiet und im Harzumland vorkommen, gehören gleicharmige Fibeln, Dreirundelfibeln, Schnabelfibeln mit Stempelornamentik, Fisch- und Vogelfibeln und S-förmige Fibeln (Abb. 3 und 5). Außerdem sind auf Rügen und in naheliegenden Küstengebieten sowie in der Region zwischen Rügen und der Mittelelberegion mehrere Schnabelfibeln aufgetaucht. Von der mittleren Elbe liegt auch eine Riemenzunge von einem Pferdegeschirr vor, vom langen, profilierten skandinavischen Typ und mit sehr frühem Tierstil II verziert (Abb. 4)[4].

In Südskandinavien erscheinen die genannten Fibeln zwischen 510 und 545 n. Chr.[5] Die große Menge der frühesten dieser Fibeln lässt vermuten, dass sie in der Altmark nicht viel später ankamen. Damals haben in Südskandinavien viele Veränderungen stattgefunden. Archäologen erkennen das im Gefüge der Siedlungsplätze, dessen Struktur sich mit einem gesellschaftlichen Umbruch wandelte, der zur Herausbildung einer großen

Abb. 3 Skandinavische Fibeln in der Altmark: kleine gleicharmige Fibeln (unten rechts), große Dreirundelfibel (oben rechts), Rückenknopffibel (unten links), Schnabelfibel (ganz links), Fischförmige Fibel (oben links).

Zahl von Zentralorten in fast ganz Südskandinavien führte und zu einem sehr uniformen Sortiment von Fibeltypen: Man kann durchaus von einem Systemwechsel sprechen. Auch in Mitteldeutschland kam es zu einem Umbruch: Das Reich der Thüringerkönige wurde im Jahre 531 von den Königen der Franken zerschlagen. Hier gab es jetzt kein attraktives Machtzentrum mit weitreichenden Verbindungen, sondern einen fränkischen Vasallenstaat. Vielleicht war das der Grund, warum damals eine skandinavische Gemeinschaft in die nördliche Nachbarschaft dieses Gebietes zog.

Der häufigste der skandinavischen Fibeltypen ist die kleine gleicharmige Fibel. Über einhundert Exemplare sind in der Altmark auf der westlichen Seite der Elbe gefunden worden. Diese Fibeln sind klein und kompakt mit bogenförmigem Bügel. Die Fuß- und Kopfplatten sind fast identisch und können rechteckig sein, häufiger sind sie aber trapezförmig, mit der schmalen Seite am Bügel. Sie könnten unverziert, mit Linien oder Stempelornamentik verziert sein, oder mit einer Kombination daraus.

Die gleicharmigen Fibeln sind sehr geläufig in Südskandinavien. Sie sind dort gewöhnlicher Schmuck und repräsentieren wahrscheinlich Bauernfamilien im Allgemeinen und nicht die Elite. Es verhält sich damit also ganz anders als bei den oben genannten Bügelfibeln des nordischen Stils und den Goldbrakteaten.

Die meisten der in der Altmark entdeckten gleicharmigen Fibeln unterscheiden sich in keiner Weise von denjenigen, die in

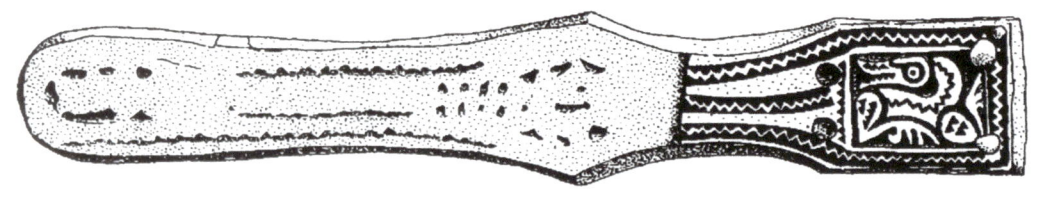

Abb. 4 Riemenzunge mit Tierstil aus Bartschendorf/Michaelisbruch.

Skandinavien gefunden wurden. Einige zeigen jedoch andere Merkmale. Das heißt, dass wenigstens ein Teil der Fibeln vor Ort angefertigt worden ist, wo ihre Entwicklung eine etwas andere Richtung nahm als in Südskandinavien. Das wird besonders im Vergleich mit der örtlichen Entenfibel deutlich. Sie folgt eindeutig dem Vorbild der kleinen gleicharmigen Fibel und hat einen Schwanz, der genauso aussieht wie eine kleine Gruppe von vor Ort angefertigten gleicharmigen Fibeln.

Auch ein anderer Typ ist das Ergebnis des Aufeinandertreffens verschiedener Kulturen in der Altmark. Eine typische mitteldeutsche bzw. thüringische Fibel des späten 5. Jh.s ist die Miniaturdreirundelfibel. Während der 1. H. des 6. Jh.s verschmelzen dieser Typ und die kleine gleicharmige Fibel. Das Ergebnis ist eine kleine gleicharmige Fibel mit Stempelornamentik, die die Fuß- und Kopfplatten der Dreirundelfibel angenommen hat. In den letzten Jahren sind einige solcher Fibeln in Dänemark und Schonen aufgetaucht.

Ein weit verbreiteter, aber seltener Fibeltyp, der auch unter den Funden aus der Altmark und Thüringen vorkommt, ist die S-förmige Fibel. Die Fibel besteht aus einem S-förmigen stempelverzierten Band mit Tierköpfen an den Abschlüssen. Die frühesten bekannten S-förmigen Fibeln sind aus Norwegen aus dem mittleren und späteren 5. Jh. bekannt. Eine jüngere Variante stammt aus Südskandinavien.

Zwei mitteldeutsche Grabfunde an der Saale in der Nähe von Halle, Gröbzig Grab 1 und Lützen Grab 2, haben S-förmige Fibeln überliefert (Abb. 5)[6]. Sie sind dort mit Glasperlen kombiniert, die in den Zeitraum zwischen 510/530 und 555 datiert werden können. Das Grab in Gröbzig barg einen früheren Typ der S-förmigen Fibel, einen aus Viumgård auf Jütland und Önsvala in Schonen bekannten skandinavischen Gefäßtyp und eine ebenfalls aus Viumgård bekannte Kombination von Glasperlen. Die Grabbeigaben lassen sich einer frühen Phase der Zeit zwischen 510/530 und 555 zuweisen. Das Lützener Grab enthielt einen

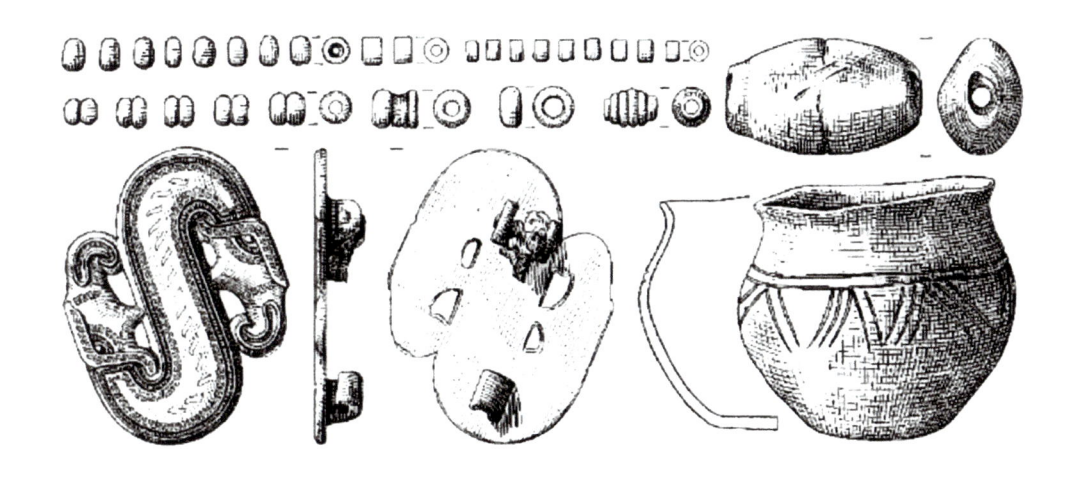

Abb. 5 Inventare mit S-Fibeln aus Gröbzig (oben; Grab 1) und Lützen (unten; Grab 2).

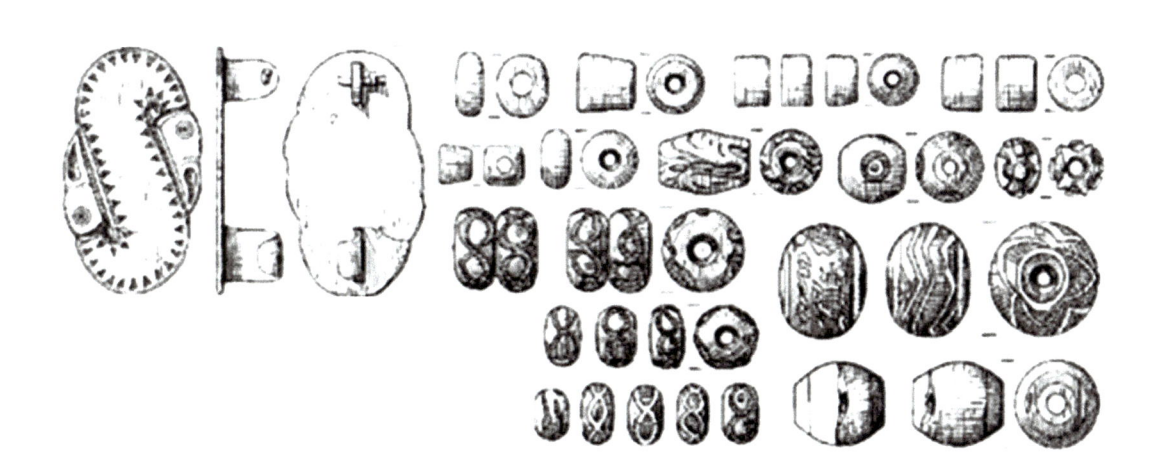

jüngeren S-förmigen Fibeltyp und ebenfalls eine Kombination von Glasperlen, wie sie aus Viumgård bekannt sind. Dieses Ensemble lässt sich in einen späteren Abschnitt des genannten Zeitraums datieren. Die Perlentypen sind in ganz Nordwesteuropa und Britannien bekannt, aber ihre Kombination mit den S-förmigen Fibeln ist eine Eigenheit der genannten mitteldeutschen Gräber und ihrer Gegenstücke auf Jütland. Die Gräber könnten ein Hinweis auf Heiratsverbindungen zwischen beiden Gebieten sein.

Eine weitere sehr typische Fibel aus Südskandinavien, die in beträchtlicher Anzahl aus der Altmark vorliegt (wenn auch nur etwa ein Drittel so viel wie kleine gleicharmige Fibeln), ist die sogenannte Schnabelfibel mit Stempelverzierung. In Südskandinavien erscheint dieser Typ zwischen 555 und 585[7]. Der Bügel der Fibel ist fast gleicharmig, mit einem weichen Übergang von der Kopf- bis zur Fußplatte. Am Ende des Nadelhalters ist ein „Flügel" an jeder Seite angebracht worden. Diese Fibeln weisen unterschiedliche Arten von Nadelhaltern auf, was auf regionale Eigenheiten verweist. Ungefähr drei Viertel der in der Altmark gefundenen Schnabelfibeln sind von einem Konstruktionstyp, der im Osten Südskandinaviens dominiert.

In der Altmark wurde auch eine kleine Anzahl von fischförmigen Fibeln gefunden. Sie sind in Südskandinavien bekannt, aber die größte Ansammlung findet man in Uppåkra in Schonen. Diese östliche Verbindung wird durch mehrere Schnabelfibeln von Rügen und aus angrenzenden Gebieten bestätigt.

Die Niederlassung von Skandinaviern in der Altmark fand wahrscheinlich nicht lange vor oder nach der fränkischen Eroberung des Thüringerreiches statt. Obwohl bisher nur wenige mitteldeutsche Fibeln in Skandinavien gefunden wurden, bestätigen sie doch, dass Beziehungen in beide Richtungen unterhalten wurden.

In den 560er-Jahren n. Chr. wurde die östliche Grenze Thüringens von awarischen Truppen angegriffen[8]. Die Gebiete östlich der Saale wurden aufgegeben und kurz danach besiedelten westslawische Familiengruppen das Gebiet und Regionen weiter im Norden, wobei sie sich auf der Ostseite der Saale und der Elbe hielten. Der skandinavische Brückenkopf in der Altmark wird davon nicht unbeeinflusst geblieben sein.

Aus Hornhausen und dem nahegelegenen Morsleben ist schon lange eine Gruppe von frühmittelalterlichen Bildsteinen bekannt[9]. Die Verzierung des Steines aus Hornhausen (vgl. den Beitrag „Bodenfunde legen Zeugnis ab. Frühe Christen am Hellweg" in diesem Band) besteht aus einem Reiter zu Pferde in skandinavischem Stil und darunter doppel-S-förmigen Tieren in skandinavischem Tierstil. Darüber sind mehrere Füße einer abgebrochenen Reihe von Menschen zu sehen. Die Tierornamentik ähnelt ganz eindeutig den typisch skandinavischen ovalen Scheibenfibeln aus der Zeit um 600 n. Chr. oder etwas später. Darüber hinaus ist der Reiter zu Pferde sehr ähnlich auf zeitgenössischen Bildsteinen in Schweden und Gotland zu finden. Die Bildsteine werden als Chorschranken von Kirchen gedeutet.

Wenn dem Bildprogramm ein skandinavisches Konzept zu Grunde liegt, dann gehören die Füße oben wahrscheinlich entweder zu einer Gruppe von Kriegern oder zu einer Gruppe gegenüber einer Frau, die mit einem Trinkhorn in der Hand die Krieger begrüßt. Das Flechtband aus Tierkörpern unterhalb des Reiters könnte dasselbe symbolisieren wie die Schlange, die manchmal vor dem Reiter in skandinavischen Motiven zu sehen ist. Die Bilder auf Steinen von Hornhausen und Morsleben verkörpern eine skandinavische Weltanschauung, auch wenn der Künstler nicht in allen Details perfekt „skandinavisch" gestaltet hat. Hieran war möglicherweise eine fehlende künstlerische Ausbildung in Skandinavien oder mangelnde Erfahrung im Umgang mit dem bearbeiteten Gestein und der eingesetzten Technik schuld.

Die Bildsteine deuten darauf hin, dass bei Hornhausen eine skandinavische Familie der Oberschicht ansässig war, am nördlichen Rand Thüringens und abseits der Elbe. Bemerkenswerterweise stammen die Bildsteine aus einem Zeitraum, in dem in der Altmark und in Thüringen keine skandinavischen Fibeln mehr vorkommen. Zur gleichen Zeit besiedelten die westslawischen Sorben die östlichen Teile Thüringens. Skandinavische Fibeln aus dem 7. Jh. wurden aber in einer Zone entlang der Ostseeküste von Oldenburg/Fehmarn bis nach Usedom gefunden – nicht viele, aber aus einem längeren Zeitraum[10]. Die Beziehungen nach Südskandinavien verschwanden aber wohl nicht, sondern änderten ihren Charakter und verlagerten sich in die Küstengebiete Nordostdeutschlands.

Eine skandinavische *gateway community* an der Elbe?

Die Konzentration von südskandinavischen Fibeln in der Altmark und den nördlichen Teilen Mitteldeutschlands deuten an, dass das Gebiet für Südskandinavien als eine Art Brückenkopf zu anderen, ferneren Zielen sehr wichtig war, sei es für die Beschaffung von Luxusartikeln oder Rohstoffen oder aus politischen Gründen[11]. Kupferlegierungen wurden damals aus Altmetall hergestellt, obwohl das häufig zu beobachtende Verzinnen und Vergolden von Objekten aus Kupferlegierungen zeigt, dass mindestens Zinn importiert worden sein musste. Für Vergoldung könnte altes Gold verwendet worden sein, aber Quecksilber sowie Halbedelsteine mussten importiert werden. Bei der Vorliebe der skandinavischen Elite für rot gefärbte Bekleidung mussten auch Färberkrapp und andere Farbstoffe beschafft werden. Es gibt derzeit keinen eindeutigen Hinweis woher Rohstoffe wie diese bezogen worden sind.

Zur Zeit des thüringischen Königreiches könnten dessen Fernbeziehungen den Zugang zu fernen Märkten erleichtert haben, zu den Berglandschaften südlich der norddeutschen Tiefebene und weiter im Süden zum Karpatenbecken und zur Donau oder vielleicht sogar bis nach Konstantinopel. Als das thüringische Königreich nicht mehr bestand, mussten die Südskandinavier aktiv werden, um ihr Netzwerk zu den Berggebieten, dem Karpatenbecken und darüber hinaus zu erhalten. Ein Brückenkopf in der Altmark, unweit der Elbe ansässige Landsleute, die eine Art *gateway-community* bildeten, hätten es leichter gemacht, diesen Handelskontakt am Leben zu halten. Funde von S-förmigen Fibeln des skandinavischen Typs aus weiter südlichen Gebieten wie Böhmen und Pannonien lassen erkennen, wie weit das geknüpfte Netzwerk reichte[12].

Das Verschwinden der *gateway-community* im frühen 7. Jh. war vermutlich die Folge von Veränderungen in der Organisation der Handelsnetzwerke. Die skandinavischen Funde des 7. Jh.s in der Ostseeküstenzone sind höchstwahrscheinlich Zeugen erster Vorposten der später an der Ostseeküste aufblühenden Handelsorte wie Groß-Strömkendorf.

(Übersetzung: Wil Huntley und Babette Ludowici)

Anmerkungen

1. Høilund Nielsen 2009a, 2009b.
2. Høilund Nielsen 2011.
3. Laser und Ludwig 2003; Schäfer et al 2002; Schoknecht 2008; Schwarz 2011.
4. Biermann 2003.
5. Høilund Nielsen im Druck.
6. Schmidt 1976.
7. Høilund Nielsen im Druck.
8. Heinemeyer 2006.
9. Böhner 1982.
10. Schoknecht 2008.
11. Høilund Nielsen 2011.
12. Høilund Nielsen 2011.

Literatur

Felix Biermann: Die Riemenzunge von Michaelisbruch/Bartschendorf. Ein merowingerzeitliches Denkmal im östlichen Deutschland. Bodendenkmalpflege in Mecklenburg-Vorpommern 51, 2003, 339–359.

Kurt Böhner: Die Reliefplatten von Hornhausen. Jahrbuch des Römisch-Germanischen Zentralmuseums Mainz 23/24, 1976/1977 (1982), 89–138.

Karl Heinemeyer: Frankreich und Thüringerreich im 5./6. Jahrhundert. In: Hardy Eidam und Gudrun Noll (Hrsg.): Radegunde. Ein Frauenschicksal zwischen Mord und Askese (Erfurt 2006), 14–26.

Karen Høilund Nielsen: The real thing or just wannabees? Scandinavian-style brooches in the fifth and sixth centuries. In: Dieter Quast (Hrsg.): Foreigners in Early Medieval Europe. Thirteen International Studies on early Medieval Mobility. Monographien des RGZM 78 (Mainz 2009), 51–111.

Karen Høilund Nielsen: Lundeborg – Gispersleben: Connexions between southern Scandinavia and Thuringia in the post-Roman period. In: Helmut Castritius, Dieter Geuenich und Matthias Werner (Hrsg.): Die Frühzeit der Thüringer. Archäologie, Sprache, Geschichte. Ergänzungsband des Reallexikons der Germanischen Altertumskunde 63 (Berlin, New York 2009), 5–36.

Karen Høilund Nielsen: Stavnsager and the 'toffee-brooch' network – aspects of the metal-rich settlements of sixth-century southern Scandinavia. Siedlungs- und Küstenforschung im südlichen Nordseegebiet 34, 2009, 307–320.

Karen Høilund Nielsen: The Cemetery at Vium in North-Western Jutland and the Chronology of the Sixth Century. Neue Studien zur Sachsenforschung (im Druck).

Rudolf Laser und Dietmar Ludwig: Ein Augustus-As mit Gegenstempel des Varus von Sanne, Ldkr. Stendal. Jahresschrift für Mitteldeutsche Vorgeschichte 87, 2003, 47–54.

Uta Schäfer, Wolfgang Schwarz und Dietmar Ludwig: Tracht, Macht und Geld. In: Hartmut Bock (Hrsg.), Hünengräber – Siedlungen – Gräberfelder. Archäologie in der Altmark 1. Beiträge zur Kulturgeschichte der Altmark und ihrer Randgebiete 7 (Oschersleben 2002), 204–214.

Berthold Schmidt: Die späte Völkerwanderungszeit in Mitteldeutschland. Veröffentlichungen des Landesmuseums für Vorgeschichte in Halle 18 (Halle/Saale 1961).

Berthold Schmidt: Die späte Völkerwanderungszeit in Mitteldeutschland. Katalog (Südteil). Veröffentlichungen des Landesmuseums für Vorgeschichte in Halle 25 (Berlin 1970).

Berthold Schmidt: Die späte Völkerwanderungszeit in Mitteldeutschland. Katalog (Nord- und Ostteil). Veröffentlichungen des Landesmuseums für Vorgeschichte in Halle 2 (Berlin 1976).

Ulrich Schoknecht: Vendelzeitliche Funde aus Mecklenburg-Vorpommern. In: Felix Biermann, Ulrich Müller und Thomas Terberger (Hrsg.): „Die Dinge beobachten …". Archaeological and historical research on the early history of Central and Northern Europe. Studies in honour of Günter Mangelsdorf on his 60th birthday (Rahden/Westfalen 2008), 123–130.

Wolfgang Schwarz: Neues zur frühgeschichtlichen Besiedlung der östlichen Altmark – Terra incognita oder Siedlungskontinuität von der ausgehenden römischen Kaiserzeit bis in ottonische Zeit? Neue Studien zur Sachsenforschung 2, 2011, 189–202.

Alles Sachsen!

8. JAHRHUNDERT

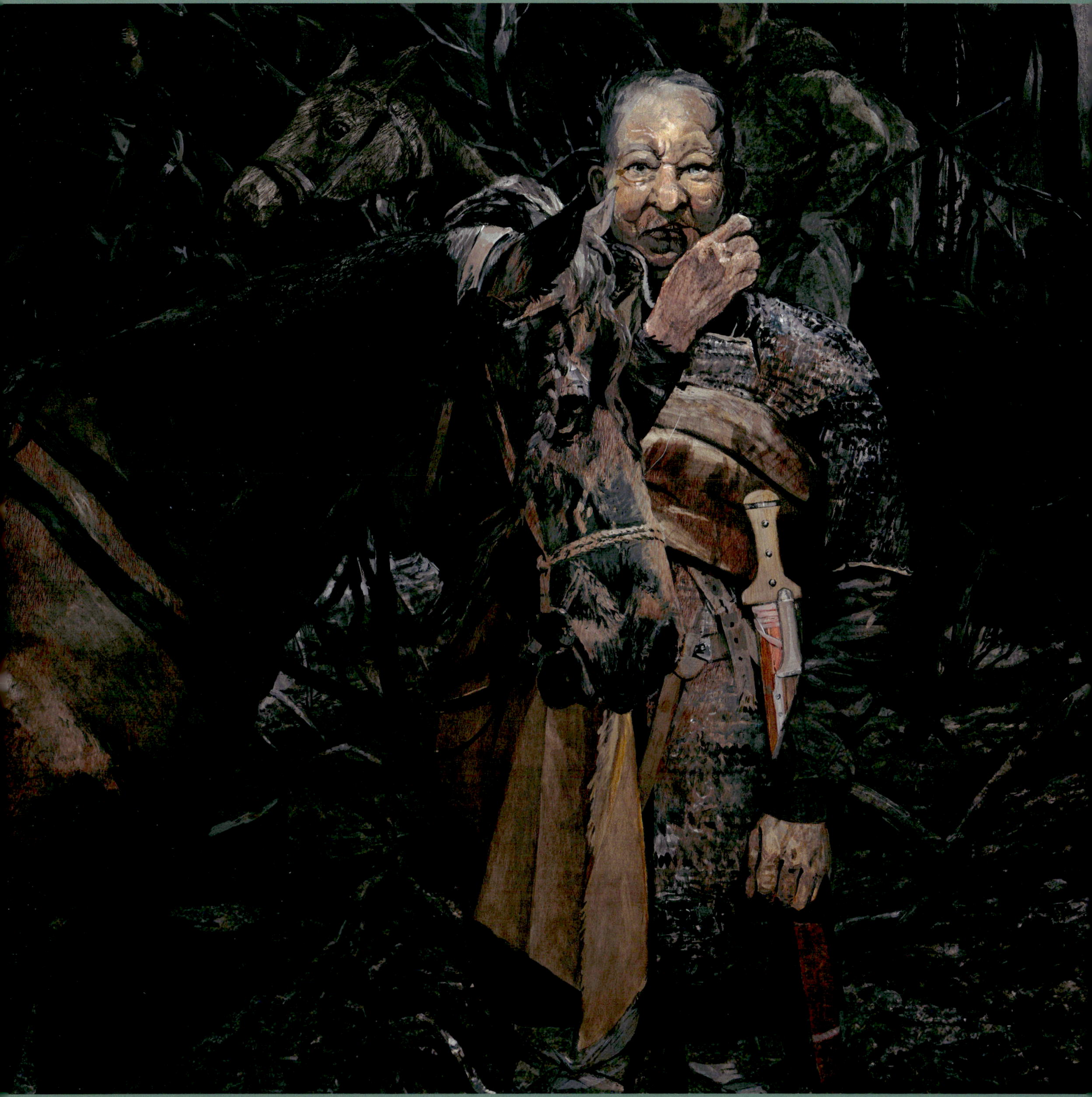

Im 8. Jahrhundert ringen die Frankenkönige aus der Dynastie der Karolinger mit aufständischen *Saxones* rechts des Rheins. Überlieferte Orte von Kämpfen oder Verhandlungen zeigen, wo ihnen diese Rebellen Widerstand leisten: im heutigen Westfalen, Niedersachsen und in nordelbischen Gebieten. Auch die Herrschaft der Karolinger ist dort lange mehr Wunsch als Wirklichkeit. Das größte Problem: Die Leute, die die Franken „Sachsen" nennen, bestehen aus verschiedenen Gruppen. *Westfalaos* werden erwähnt, *Angrarii* und *Austreleudi Saxones*, „östliche Sachsen". Ihre Anführer unterwerfen sich nur, um geschlossene Verträge bei nächster Gelegenheit zu brechen. So geht das jahrzehntelang.

Die Religion der Sachsen ist den Frankenkönigen zunächst egal. Aber Karl der Große setzt hier den Hebel an. Er wirft den Aufständischen Feindseligkeit gegenüber dem Christentum vor. „Sachsen" bedeutet ab jetzt: ehrloses Heidenpack! Mit Gott auf seiner Seite geht Karl gegen die Ungläubigen vor. Er lässt ihnen die Wahl: Taufe oder Tod. In der „Saxonia" kommt es zu Massenhinrichtungen und Deportationen, heilige Orte werden zerstört. Nach heutigen Begriffen ist das Terror.

Der König der Franken baut sein Haus   Karl der Große kommt, um zu bleiben: In Paderborn am Hellweg, am Aufmarschweg in die „Saxonia", baut er eine Burg mit festen Mauern. Die Befestigungen schützen eine Kirche mit Friedhof, Wohn- und Wirtschaftsgebäude und eine große Halle. Der königliche Bauherr der „Karlsburg" versteht es, zu beeindrucken. Es gibt dort Mosaiken, farbiges Fensterglas, Wandmalereien und filigrane Steinmetzarbeiten. Karl sammelt hier mehrfach sein Heer, hält sogar einen Reichstag ab. Aber auch die Herrschaft Karls des Großen kennt Grenzen: Rechts des Rheins soll sie an der Elbe enden. Wollte Karl dort eine Grenze nach römischem Vorbild? Ein großer Fluss als klar erkennbare Linie, gesichert durch Kastelle mit fester Besatzung? Einiges spricht dafür: Wir hören von Burgen, die an der Elbe gebaut wurden, zum Beispiel auf dem Höhbeck im Wendland. Archäologen haben sie gefunden. Im Jahr 805 verbietet Karl den Verkauf von Waffen in Gebiete jenseits der Elbe. Handelsplätze werden kontrolliert: Karls Anordnung nennt Magdeburg und Bardowick. Ein dritter Platz namens Schezla konnte erst vor Kurzem identifiziert werden: eine Siedlung des 7. bis 9. Jh.s bei Meetschow, unweit des Höhbeck.

Fürsten der Finsternis?   Unsere Vorstellungen von den sächsischen Gegnern Karls sind tief geprägt davon, wie man diese Menschen im Frankenreich dargestellt hat. Man darf allerdings bezweifeln, dass fränkische Behauptungen über Feinde den Tatsachen entsprechen. Den Sachsen wird allerhand teuflisches Brauchtum vorgeworfen: Götzendienst, Hexerei, sogar Menschen sollen sie opfern. So steht es in der *Capitulatio de partibus Saxoniae*, einem Erlass Karls des Großen aus der Zeit zwischen 770 und 800, der all das verbietet. Beweisen lässt sich davon kaum etwas.

Die erzwungene Bekehrung von nichtgläubigen Sachsen ist die erste „Gewaltmission" in der Geschichte der Christenheit. Selbst Berater Karls des Großen und Kirchenleute missbilligen das. Aber die Taufe macht aus Sachsen Untertanen des Frankenkönigs. Der Täufling muss ein Gelöbnis sprechen. Er muss dem Teufel und anderen Göttern abschwören und laut sagen: „Ich glaube an Gott, den allmächtigen Vater!" Das Taufgelöbnis wird am Ende des 8. Jh.s aufgeschrieben, wie es gesprochen wurde: in altniederdeutscher Sprache. Der Text gilt als deren ältestes Zeugnis. Er liegt bis heute im Vatikan.
Die einzige authentische Information über die gesellschaftliche Struktur der Bewohner des heutigen Westfalen und Niedersachsen in der Zeit der Sachsenkriege stammt aus der Kirchengeschichte des englischen Volkes, die der Mönch Beda Venerabilis 731 im Kloster Jarrow (Nordengland) abgeschlossen hat. Beda stellt fest, dass sie keine homogene Gruppe sind und von verschiedenen Fürsten angeführt werden.
Die Sachsenkriege Karls des Großen sind auch ein Kampf der Ideologien. Mit ungewissem Ausgang: Wer wird zukünftig das Sagen haben? Widukind, der legendäre Anführer der *Westfalaos*, lässt sich nach langem Widerstand taufen. Für oder gegen den mächtigen Christenkönig – das stellt die Weichen für die Zukunft. (B.L.)

Zur Illustration auf der vorherigen Seite   Das Bild zeigt einen der Gegner Karls des Großen. Vorbild für seine Ausrüstung und Bewaffnung sind Grabbeigaben von zwei erwachsenen Männern, die zwischen 750 und 800 bei Sarstedt im Landkreis Hildesheim beigesetzt worden sind. Jeder von ihnen ruhte gemeinsam mit einem gesattelten Pferd in einer großen Grabkammer. Kelvin Wilson: „Der Widerstand der Sachsen gegen die Franken brach irgendwann zusammen. Die, die sich Karl dem Großen nicht gebeugt haben, wurden verraten und besiegt. Egal, wie hoch ihre Taten später geschätzt wurden – sie sind im Dunkel der Zeit verschwunden. Und das wollte ich zeigen: ein sich verdunkelndes Bild einer Epoche, die ihrem Ende zugeht. Die Waffen und das Pferdegeschirr des Kriegers sind genauestens dargestellt, aber die Szenerie, die sie ausstaffieren, ist trostlos: Überall Schlamm und verbrannte Erde, auf der Rüstung des Mannes sitzt Rost. Dieser Sachse steht für eine Welt, die bald Geschichte ist."

„Totschlag, Raub und Brandstiftung"
Karolingische Hausmeier und Könige und die Sachsen östlich des Rheins

MATTHIAS HARDT

Im Jahr 772 zog König Karl der Große, der kurz zuvor, nach dem Tod seines Bruders Karlmann, zum Alleinherrscher im Frankenreich geworden war, erstmals mit einem Heer gegen Sachsen. Von Worms, wo sich die Krieger des Königs gesammelt hatten, begaben sie sich wohl durch die Wetterau in das hessisch-sächsische Grenzgebiet und eroberten die Eresburg im heutigen Obermarsberg an der Diemel. Sie zerstörten ein Heiligtum, eine „Irminsul" genannte hölzerne Säule, und erbeuteten dort Gold und Silber. Das nächste Ziel Karls war die Weser, wo er eine Versammlung abhielt und ihm Sachsen zwölf Geiseln stellten. Von dort kehrte er in das Gebiet westlich des Rheins zurück.

Dieser in den fränkischen Reichsannalen ohne weitere Angaben zu Ursachen oder Zielen überlieferte Kriegszug eröffnete die schließlich dreiunddreißig Jahre währende Auseinandersetzung zwischen dem König der Franken und sächsischen Gruppen. Karls Biograf Einhard beschrieb sie als den „langwierigste[n], grausamste[n] und ... anstrengendste[n]" Krieg, den die Franken je geführt hätten. „Totschlag, Raub und Brandstiftung" hätten auf beiden Seiten der Grenze kein Ende genommen, und auch der Götzendienst der Sachsen und ihre Feindseligkeit dem Christentum gegenüber führte Einhard etwa zwanzig Jahre nach dem Ende des Krieges als Grund für dessen Beginn an[1]. Karl fühlte sich zum kriegerischen Angriff offenbar berechtigt, weil er die Herrschaft auch über rechtsrheinische Gebiete beanspruchte. Das hatte mit früheren Kriegen seiner Vorgänger als fränkische Hausmeier und Könige zu tun, auf die kurz eingegangen werden soll, bevor der Fortgang der Sachsenkriege Karls bis zu deren Ende im Jahr 804 beschrieben werden wird.

Während ein Vorgehen schon Pippins des Mittleren († 714) gegen ostrheinische Sachsen erst spät überliefert und deshalb zweifelhaft ist, sind Aktionen von Karls Großvater Karl Martell sicherer belegt. Im Jahr 718 zog er, vielleicht auf sächsische Überfälle reagierend, über den Rhein bis an die Weser, mindestens 720, 724, vielleicht 728 und 738 wiederholte er seine Angriffe auf Sachsen, die in den darüber angefertigten kurzen historiografischen Berichten als Aufrührer und Heiden bezeichnet worden sind. Im Verlauf des Feldzuges von 738 wurde nach dem Rheinübergang an der Mündung der Lippe ein Massaker angerichtet, von den Sachsen wurden anschließend Tribute gefordert und sie mussten Geiseln stellen.

Als infolge des Todes Karl Martells im Jahr 741 zwischen dessen älteren Söhnen Pippin und Karlmann einerseits und ihrem jüngeren Halbbruder Grifo Streit um das Erbe aufkam, agierten in den sich daraus ergebenden Unruhen auch Sachsen. Karlmann sah sich deshalb veranlasst, im Jahr 743 einen Kriegszug zu unternehmen, der ihn an einen Ort namens *Hoohseoburg* gelangen ließ, wo ein Mensch namens Theoderich residierte, der in allerdings deutlich jüngerer, erst nach dem Ende der Sachsenkriege Karls des Großen entstandener Überlieferung als „Erster an diesem Platz", ja sogar als „Herzog der Sachsen" bezeichnet wurde. Nach Verhandlungen unterwarf er sich. Dies wiederholte sich, als Karlmann im nächsten oder übernächsten Jahr zurück-

"TOTSCHLAG, RAUB UND BRANDSTIFTUNG" 277

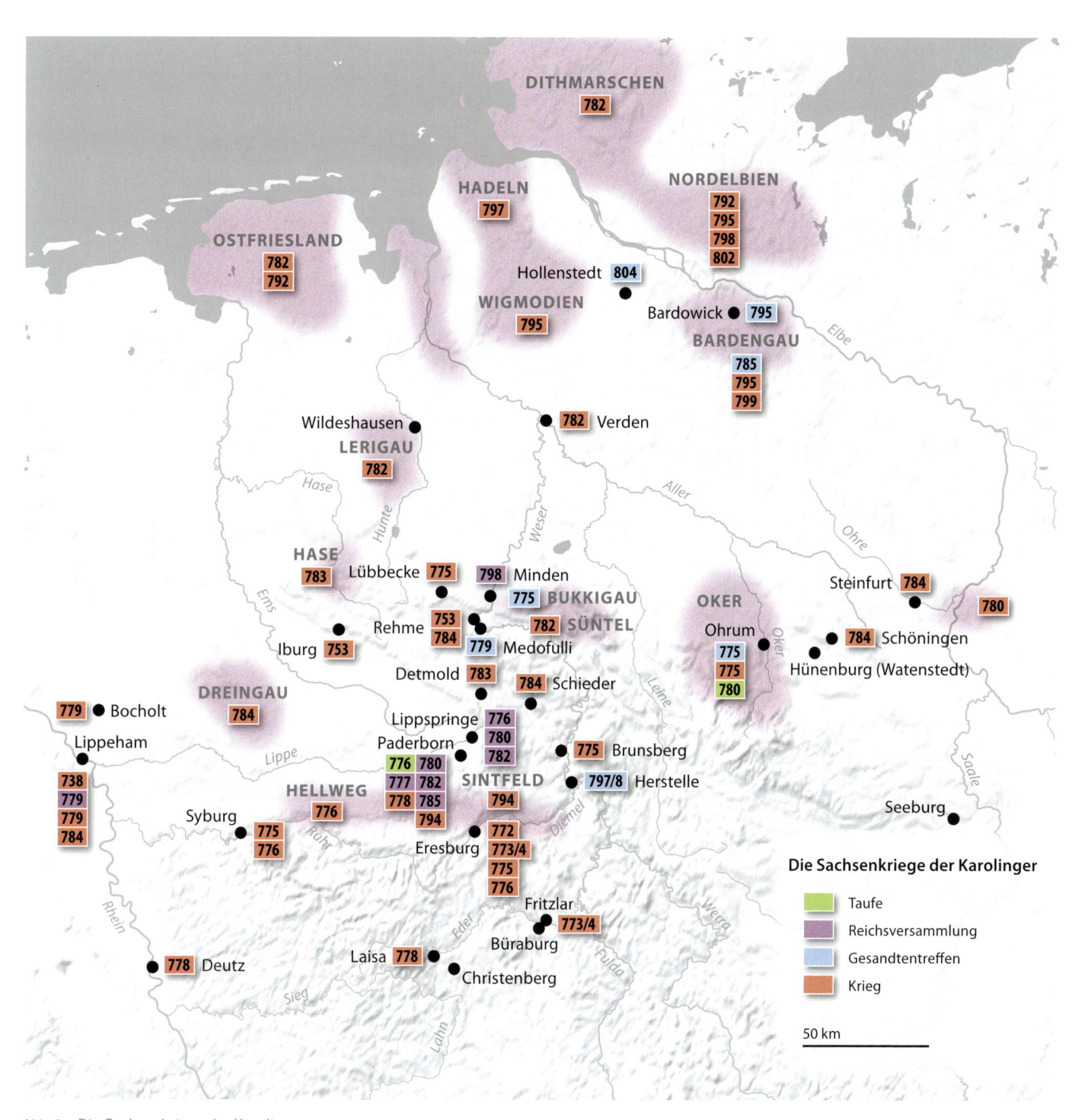

Abb. 1 Die Sachsenkriege der Karolinger.

kehrte, aber dieses Mal wurde er gefangen genommen. Seine Burg wurde lange Zeit für die Seeburg am Süßen See im Mansfelder Land gehalten; inzwischen wird aber auch die Hünenburg auf dem Heeseberg bei Watenstedt im Landkreis Helmstedt als Befestigung Theoderichs in Erwägung gezogen. Die unterschiedlichen Lokalisierungen beeinflussen die Überlegungen zum Anmarschweg der Franken: Zur *Hoohseoburg* wären sie wohl durch Thüringen gekommen, während die Hünenburg auf dem Heeseberg auch vom Niederrhein über den Hellweg zu erreichen gewesen wäre.

Als Karlmann im Jahr 746 sein Amt als Hausmeier aufgab, ließ Pippin den zwischenzeitlich gefangen gesetzten Grifo frei, der sich 747 nach Sachsen (*in Saxoniam*) begab und in Ohrum an der Oker Anhänger sammelte. Pippin suchte ihn zu stellen und kam dabei durch Thüringen bis nach Schöningen in der Nähe des späteren Helmstedt. Grifo gelang zwar die Flucht zu den Baiern, aber die mit ihm verbündeten Sachsen unterwarfen sich der fränkischen Herrschaft, „wie es in alter Zeit Brauch gewesen war" und erhielten Frieden unter der Bedingung, wieder einen Tribut im Umfang von 500 Kühen zu geben, den ihnen einstmals König Chlothar († 561) auferlegt und Dagobert I. († 639) wieder erlassen hatte[2].

Schon bald nachdem sich Pippin im Jahr 751 mit päpstlicher Unterstützung zum König hatte erheben lassen, zog er erneut gegen Sachsen. Er rückte 752 oder 753 über die Iburg, wo der den Feldzug begleitende Bischof Hildegar von Köln erschlagen wurde, bis nach Rehme an der Weser vor. 758 führte der erste Frankenkönig aus karolingischem Geschlecht einen weiteren Kriegszug *in Saxoniam* und drang in dort vorgefundene Befestigungen ein. Nach schweren Verlusten versprachen die Besiegten, Pippin zukünftig jährlich bis zu 300 Pferde zu übergeben[3].

Karl der Große konnte also im Jahr 772 beim Angriff auf die Eresburg und Irminsul argumentieren, er gehe gegen sächsische Gruppen vor, die seit seinem Großvater Karl Martell und seinem Vater Pippin dem Jüngeren fränkische Herrschaft anerkannt hätten und tributpflichtig gewesen seien und nun erneut in die fränkische Ordnung gezwungen werden sollten. Wie seine Vorgänger musste aber auch Karl erkennen, dass es mehr Aufwand als den eines einzelnen Kriegszuges brauchte, um dieses Ziel zu erreichen. Im Jahr 773 griffen Sachsen ihrerseits das Grenzgebiet um die Büraburg in Hessen an und versuchten, die Peterskirche in Fritzlar zu zerstören, während Karl sich in Italien aufhielt. Nach seiner Rückkehr sandte der König von Ingelheim aus erste Kriegergruppen nach Sachsen, und 775 zog er selbst mit einem Heer von einer Versammlung in Düren los, eroberte die Syburg über der Ruhr, ließ die Eresburg wieder aufbauen und begab sich schließlich nach Brunsberg an der Weser, wo er eine Schlacht gewann. An der Oker kamen *Austreleudi Saxones* (Ostleute-Sachsen) unter ihrem Anführer *Hessi* zu ihm, stellten Geiseln und schworen ihm Eide. Auf dem Rückweg taten ihnen dies *Angrarii* (Engern) unter einem Mann namens *Brun* nach, die in der Gegend des späteren Minden ebenfalls Geiseln übergaben, während „Westfalen" erst nach einer weiteren militärischen Niederlage dazu bereit waren[4].

Als Karl im nächsten Jahr wieder in Italien war, erhoben sich erneut Sachsen und brachen ohne Rücksicht auf gestellte Geiseln die mit den Franken eingegangenen Abmachungen. Sie zerstörten die Eresburg erneut, während die Besatzung der Syburg standhalten konnte. Dem zurückgekehrten König der Franken versprachen in Lippspringe wiederum Sachsen, Christen zu werden und sich seiner Herrschaft unterstellen zu wollen, worauf in einer jetzt errichteten Burg zahlreiche Erwachsene und Kinder getauft worden seien. Wahrscheinlich handelte es sich um jene *urbs Karoli* genannte Burg, wahrscheinlich das spätere Paderborn, mit deren Namengebung Karl in die Fußspur des christlichen Kaisers Konstantins des Großen zu treten beabsichtigte, der am Bosporus eine seinen Namen tragende Stadt gegründet hatte. Im Jahr 777 veranstaltete er in Paderborn einen Reichstag. Karl betrachtete Sachsen als unterworfen, obwohl die Reichsannalen zu diesem Anlass erstmals den Namen eines Mannes überliefern, der Rebell geblieben war und sich *in partibus Nordmanniae* (zu den Nordleuten) geflüchtet hatte. Sein Name war Widukind[5].

Karl hatte sich getäuscht. Als er 778 in den Pyrenäen erfolglos gegen Araber kämpfte, erhoben sich Sachsen erneut, angeblich auf Betreiben jenes Widukind, und drangen plündernd bis Köln-Deutz und in das Gebiet gegenüber der Moselmündung vor. Auf dem Rückzug wurde eine sächsische Gruppe von fränkischen Verfolgern in Laisa an der Eder geschlagen, andere Kriegerverbände entkamen. 779 überschritt Karl den Rhein an der Lippemündung, konnte ohne Schlacht Westfalen unterwerfen, andere Sachsen schworen neue Eide und stellten wieder Geiseln. 780 rückte er bis zur Elbe vor, nachdem in Ohrum an der Oker Taufen von großen Gruppen vorgenommen worden waren. Erneut schien Sachsen unterworfen. 782 fand ein Reichstag in Lippspringe statt, auf dem wieder alle erschienen – außer Widukind, der sich dieses Mal zu den Dänen begeben hatte. Er wurde zum Anführer von Sachsen, die noch im gleichen Jahr „am

Die Pfalz Paderborn

MARTIN KROKER

Im Jahr 776 gelang den Sachsen im vierten Jahr des Krieges gegen Karl den Großen die Rückeroberung der Eresburg (Obermarsberg, Hochsauerlandkreis) und sie konnten bis zur Sigiburg (Hohensyburg, Stadt Dortmund), vordringen. Karl antwortete mit einem umfangreichen Gegenschlag und empfing die Unterwerfung der Sachsen. Um die Eroberung dauerhaft zu sichern, errichtete der Frankenkönig einen festen Stützpunkt in der Region, dem er den Namen *urbs karoli/Karlsburg* gab, offenbar ganz in der Tradition Kaiser Konstantins. Im nächsten Jahr wurde dort eine große Reichsversammlung abgehalten, bei der die Sachsen ihre Unterwerfung erneuerten. Mit dem großen Aufstand von 778 und der Zerstörung der Burg verschwand der Name Karlsburg, der Ort wurde nun Paderborn genannt. Paderborn liegt am Hellweg, der wichtigsten Ost-Westverbindung und am Frankfurter Weg, der vom Rhein-Main-Gebiet zur Nordsee führte. Beide Straßen wurden im Verlauf der Sachsenkriege genutzt. Nördlich vor dem Pfalzareal erstreckt sich das Paderquellgebiet mit über 200 Quellen. Kriterien für die Platzwahl waren Fruchtbarkeit und Wasserreichtum, die Hanglage oberhalb der Pader mit einem wunderbaren Ausblick und Möglichkeiten zur Befestigung. Zur Burganlage gehörten nicht nur Palast und Befestigung, sondern auch eine dem Erlöser geweihte Kirche. Spätestens seit 776 verband Karl der Große die Eroberung Sachsens eng mit der Christianisierung der Bewohner. Eine Menge Sachsen (Reichsannalen) wurden schon 776 getauft, vermutlich direkt im Quellbecken der Pader. Zur Salvatorkirche gehörte ein ausgedehnter Friedhof, auf dem bis etwa 795 mindestens 300 Personen in Baumsärgen bestattet wurden. Die Kirche war nicht nur die Kapelle der Königspfalz, sondern auch Tauf-und Begräbniskirche, Missions- und Pfarrkirche eines größeren Sprengels.

780 und 782 hielt sich Karl an den Lippequellen auf, um große Heeresversammlungen vor Kriegszügen gegen die Sachsen abzuhalten. Im Jahr 783 zog er sich in einer schwierigen militärischen Situation nach der Schlacht bei Detmold für einen längeren Zeitraum nach Paderborn zurück und wartete auf Verstärkungen aus dem Frankenreich. 799 kam es in Paderborn zum Treffen zwischen dem König und Papst Leo III. Karl und der Hof mit seinen Söhnen kamen im Sommer nach Paderborn. Erstes großes Ereignis war die Weihe einer neuen Kirche von „wunderbarer Größe" (Lorscher Annalen), die die Salvatorkirche ersetzte. Der Papst musste sich vor seinen römischen Gegnern rechtfertigen, hatte

Abb. 1 Bruchstücke eines farbenprächtig bemalten Wandputzes aus dem Bereich der Pfalz Paderborn.

aber den König auf seiner Seite. Eine Altarweihe durch Leo III. in der neuen Kirche demonstrierte Karls Entscheidung für Leos Sache.

Die archäologische Entdeckung der karolingischen Pfalz unmittelbar nördlich vor dem Paderborner Dom durch Wilhelm Winkelmann im Jahr 1964 war eine Sensation. Der unter meterhohen Schuttschichten verborgene Bau ließ sich mit der in den Schriftquellen erwähnten Karlsburg und der königlichen Halle in Paderborn identifizieren.

Die bauliche Ausgestaltung der Pfalz ist durch die Grabungen zwischen 1964 und 1977 deutlich geworden. Die königliche Halle war 31 Meter lang und zehn Meter breit. Ein annähernd quadratischer Balkon lag im Südwesten, während der Eingang im Südosten gelegen hat. Quermauern in regelmäßigen Ab-

Abb. 2 Paderborn im Jahr 799. Am linken Bildrand das Paderquellbecken hinter der Befestigungsmauer der Domburg, daran anschließend die Pfalz mit einem zur Pader ausgerichteten Quertrakt *(aula secreta?)*. Rechts die Kirche von wunderbarer Größe und dahinter das Domkloster.

ständen an den Seiten der Aula sprechen für einen zweigeschossigen Bau. Ein großes im Nordwesten anschließendes Gebäude folgte wenig später, ein weiterer Bau entstand im Nordosten. Im Gegensatz zu anderen karolingischen Domburgen in Norddeutschland war die Paderborner Immunität schon in der Zeit Karls des Großen durch eine Steinmauer gesichert. Die Zerstörung des Jahres 778 war im archäologischen Befund deutlich, genauso wie die folgenden Wiederaufbaumaßnahmen. Die 799 geweihte Kirche wurde im Jahr 806 die Bischofskirche Paderborns, das Domkloster entstand östlich des Palastes. Die Grabungen im Pfalzbereich haben zahlreiche Funde erbracht, die Aufschlüsse zur Ausstattung des Palastes geben. Neben Keramik aus lokaler Produktion fanden sich feines importiertes Geschirr und Trinkgläser aus Nordhessen und dem Rheinland. Dekorziegel, ein Porphyrfragment, Fensterglas und Glasmosaiksteine sprechen für eine höherwertige Ausstattung. Mehrere 1000 Wandputzfragmente belegen, dass die Gebäude verputzt und zum Teil mit rötlicher Farbe bemalt waren. Das sogenannte „Paderborner Epos", das über das Treffen zwischen König und Papst in Form eines Lobgedichtes auf Karl berichtet, bietet auch einige Aufschlüsse zur baulichen Gestaltung Paderborns und des Palastes. Nach einer Messe in der neuen Kirche bat der König den Papst in seinen Palast. Die *aula* war reich geschmückt, die Tische bogen sich unter dem Gewicht von Speisen und Getränken. Anschließend begab sich der König zurück in seine Privaträume (*aule secreta*) im Untergeschoss oder im Nebengebäude, während der Papst in sein Zeltlager (*castra suorum*) zurückkehrte.

Literatur

Manfred Balzer: Paderborn. In: Manfred Balzer, Angelika Lampen und Peter Johanek (Hrsg.): Repertorium der deutschen Königspfalzen 6.3 Westfalen (Göttingen 2018/19) im Druck.

Svea Gai und Birgit Mecke: Est locus insignis. Die Pfalz Karls des Großen und ihre bauliche Entwicklung bis zum Jahre 1002. Denkmalpflege und Forschung in Westfalen-Lippe 40.II (Mainz 2004).

Christoph Stiegemann und Matthias Wemhoff (Hrsg.): 799. Karl der Große und Papst Leo III. in Paderborn. Kunst und Kultur der Karolingerzeit. Beiträge zum Katalog der Ausstellung Paderborn 1999 (Mainz 1999).

Wilhelm Hentze (Hrsg.): De Karolo rege et Leone papa. Der Bericht über die Zusammenkunft Karls des Großen und Leo III. in Paderborn in einem Epos für Karl den Kaiser. Studien und Quellen zur westfälischen Geschichte 36 (Paderborn 1999).

Süntel" gegen ein fränkisches Heer, das eigentlich sorbische Plünderer im östlichen Sachsen bekämpfen sollte, losschlugen und siegten. Auf diese Nachricht hin kam Karl selbst zurück, begab sich in einer Strafexpedition an die Mündung der Aller in die Weser, versammelte dort „alle Sachsen", die sich unterwarfen und die am Aufstand Beteiligten auslieferten – außer Widukind, der sich ein weiteres Mal zu den Dänen zurückgezogen hatte. Nach Angaben der Reichsannalen ließ der König dort 4500 Sachsen umbringen.

Das repressive Vorgehen Karls an der Allermündung brachte natürlich keinen unmittelbaren Erfolg. Der König hatte zwei weitere Feldschlachten bei Detmold und an der Hase zu bestehen, auf welche die üblichen Verwüstungen durch die Franken folgten. 784 kämpfte des Königs gleichnamiger Sohn Karl an der Lippe, Karl der Große stieß bis nach Schöningen vor. Am Ende des Jahres beschloss der König in Worms etwas ganz Besonderes: einen Winterkrieg. Er zog zur Weser, von dort zur Eresburg, wo er bis Ostern 785 blieb. Nach einem Reichstag in Paderborn ritt er mit seinem Heer wieder in den Norden an die Elbe, in die Nähe von Bardowick, wo Verhandlungen mit Widukind und einem mit diesem vertrauten Abbio in die Wege geleitet wurden, die sich nördlich der Elbe aufgehalten hatten. Geiselstellungen machten möglich, dass sich beide bereit erklärten, sich in Attigny in den Ardennen taufen zu lassen.

Erneut betrachteten Karl und seine Berater die Unterwerfung der Sachsen als abgeschlossen. Im päpstlichen Rom wurde 786 von Hadrian I. ein Dankesfest gefeiert. Sächsische Krieger gehörten zu dem Heer und den Anklägern, mit dem Karl seinen bairischen Gegner Tassilo III. unter Druck setzte, und im Jahr 789 zu der Militärexpedition, die gegen die slawischen Wilzen zog. Aber im Jahr 792 gab es wieder sächsische Anschläge an der unteren Elbe, 794 Kriegszüge des Königs und seines Sohns Karl nach Westfalen, die bis ins Jahr 799 jedes Jahr fortgesetzt wurden und der Verwüstung und willkürlichen Bestrafung dienten. „Der König hat die Auflehnung der Sachsen mit Maßnahmen beantwortet, die nach heutigen Begriffen als Terror zu gelten hätten[6]". Seine unversöhnliche Haltung ist mit seinem Zorn über die Untreue und die zahlreichen Eidbrüche seiner sächsischen Gegner erklärt worden[7]. 797 erreichte Karl zwischen Weser- und Elbmündung die Nordsee. Obwohl nun ein weiteres Mal die Sachsen als befriedet angesehen wurden, erhoben sich im Jahr 798 Nordleute auf dem nördlichen Ufer der Elbe, die bald von mit Karl verbündeten slawischen Abodriten besiegt wurden. Der König selbst operierte in diesem und im folgenden Jahr 799 wieder um das südlich der Elbe gelegene Bardowick. In diesem Jahr empfing Karl der Große Papst Leo III. in Paderborn und versuchte damit zu signalisieren, dass Sachsen inzwischen ein christliches Land geworden sei[8]. Gleichzeitig mehren sich Nachrichten darüber, dass nun Deportationen von Einzelpersonen ebenso wie größerer Gruppen von Sachsen in entfernte Gebiete des Reiches vorgenommen wurden, um den sächsischen Widerstand zu brechen. Im Jahr 802 verwüstete ein fränkisches Heer das nordelbische Sachsen (Nordalbingien), und zwei Jahre später schließlich ist der letzte Zug Karls mit einem Reichstag in Lippspringe und einem Empfang abodritischer und dänischer Gesandter in Hollenstedt bei Buxtehude überliefert. Der Krieg gegen die Sachsen war beendet, ihr Widerstand nun erloschen. Seit der Krönung durch Papst Leo III. am Weihnachtag des Jahres 800 führte Karl den römischen Kaisertitel; vielleicht erleichterte es diese Rangerhöhung vielen Sachsen, die Herrschaft des Königs der Franken über sie anzuerkennen[9].

Wahrscheinlich schon als Kaiser veranlasste Karl wohl im Jahr 802 die Abfassung des sächsischen Rechts, der *Lex Saxonum*[10], die ältere Anordnungen wie die *Capitulatio de partibus Saxoniae* und das von der Forschung sogenannte *Capitulare Saxonicum* ablöste. In ihr werden die Rechtsstände der *nobiles, liberi, liti* und *servi* und die für sie und von ihnen zu leistenden Wehr- und Bußgelder genannt. Edle, Freie, Freigelassene und Sklaven schildert auch der Mönch Rudolf von Fulda in seinem zwischen 850 und 865 geschriebenen hagiografischen Bericht von der Übertragung der Gebeine des Heiligen Alexander aus Rom nach Wildeshausen als Elemente sächsischer Gesellschaftsstruktur[11]. Die in der älteren Lebensbeschreibung des Heiligen Lebuin enthaltene Erzählung von einer jährlich in Marklo an der Weser stattfindenden Versammlung, auf der Satrapen (Fürsten) sowie aus den einzelnen Landschaften der Sachsen je zwölf Edle, Freie und Liten zusammengekommen seien, um über Krieg und Frieden sowie wichtige Gesetze zu entscheiden, stammt ebenfalls erst aus der Mitte des 9. Jh.s und steht wohl zu Recht im Verdacht, fiktiv zu sein[12]. Als der Historiograf Nithard den im Jahr 840 aufgeflammten Stellinga-Aufstand beschrieb, eine von Kaiser Lothar I. unterstützte Erhebung von Sachsen gegen König Ludwig den Deutschen, wusste er von *edhilingui, frilingi* und *lazzi*, die man in lateinischer Sprache als *nobiles, ingenuiles* und *serviles* bezeichne[13]. Alle diese Nachrichten über die gesellschaftliche Schichtung der Sachsen sind in der Zeit nach dem Ende der Sachsenkriege Karls des Großen entstanden. Die einzige authentische Information aus der Zeit davor schrieb der Mönch Beda venerabilis in seiner im Jahr 731 vollendeten Kirchengeschichte des englischen Volkes: „nicht einen König haben nämlich diese Altsachsen, sondern sehr viele über ihr Volk gesetzte Satrapen …"[14]. Den ungewöhnlichen Titel der Satrapen hatte Beda aus dem Alten Testament. Er wollte damit ausdrücken, dass an der Spitze der festländischen Sachsen mehrere voneinander verschiedene Fürsten standen und dass die Sachsen keine homogene Gruppe darstellten. Karl der Große sollte diese Einschätzung Bedas in 33 Jahren Krieg immer wieder bestätigt bekommen.

Anmerkungen

1. Einhard: Vita Karoli Magni, c. 7, 173, 175.
2. Fortsetzung der Chronik des sogenannten Fredegar c. 31. Hg. Bruno Krusch. MGH SS rer. Mer. II. Hannover 1888, ND 1956 (1984), S. 181; Springer 2004, S. 172.
3. Annales regni Francorum ad a. 758, S. 17.
4. Annales regni Francorum ad a. 775, S. 42, 44.
5. Springer 2004, S. 195–200.
6. Springer 2004, S. 204.
7. Flierman 2017, S. 100–112.
8. Stiegemann und Wemhoff 1999.
9. Mayr-Harting 1996, 1113–1133.
10. Springer 2004, S. 233–242.
11. Rudolf von Fulda: Translatio Sancti Alexandri (Darmstadt 1971), S. 14.
12. Springer 2004, S. 135–151.
13. Nithardi historiarum IV, 2, S. 41.
14. Beda der Ehrwürdige: Kirchengeschichte des englischen Volkes, V, 10. S. 458–459; Springer 2004, S. 131–134; Flierman 2017, S. 94–96.

Quellen und Literatur

Annales regni Francorum. Hg. von Friedrich Kurze. MGH Scriptores rerum Germanicarum in usum scholarum [6] (Hannover 1895).

Beda der Ehrwürdige: Kirchengeschichte des englischen Volkes. Hg. von Günter Spitzbart (Darmstadt 1997).

Einhard: Vita Karoli Magni, übersetzt von Reinhold Rau, Quellen zur karolingischen Reichsgeschichte, Teil 1. Ausgewählte Quellen zur deutschen Geschichte des Mittelalters – Freiherr vom Stein-Gedächtnisausgabe 5 (Berlin 1955).

Fortsetzung der Chronik des sogenannten Fredegar c. 31. Hg. Bruno Krusch. MGH SS rer. Mer. II. (Hannover 1888, ND 1956 (1984), 1–193.

Nithardi historiarum. Hg. von Ernst Müller, MGH Scriptores rerum Germanicarum in usum scholarum [44] (Hannover/Leipzig 1907).

Rudolf von Fulda: Translatio Sancti Alexandri. In: Quellen zur Geschichte der sächsischen Kaiserzeit. Neu bearbeitet von Albert Bauer und Reinhold Rau. Ausgewählte Quellen zur deutschen Geschichte des Mittelalters; Freiherr vom Stein-Gedächtnisausgabe VIII (Darmstadt 1971).

Robert Flierman: Saxon Identities, AD 150–900. Studies in Early Medieval History (London u. a. 2017).

Henry Mayr-Harting: Charlemagne, the Saxons, and the Imperial Coronation of 800. The English Historical Review 111, 1996, 1113–1133.

Matthias Springer: Die Sachsen. Urban-Taschenbücher 598 (Stuttgart 2004).

Christoph Stiegemann und Matthias Wemhoff (Hrsg.): 799. Karl der Große und Papst Leo III. in Paderborn. Kunst und Kultur der Karolingerzeit. Beiträge zum Katalog der Ausstellung Paderborn 1999 (Mainz 1999).

Sichtbar gemacht –
Elbe und Saale als Grenze des Kaiserreiches Karls des Großen

MATTHIAS HARDT

Im Jahr 805, ein Jahr nach dem Ende der Sachsenkriege, erließ Karl der Große in seiner im heutigen französischen Département Moselle liegenden Pfalz Diedenhofen/Thionville eine als Kapitular bezeichnete Anordnung, in der sich unter anderem ein Passus findet, dass im Osten des Reiches an bestimmten Orten der Handel mit Slawen und Awaren kontrolliert werden sollte, damit nicht Waffen und militärische Ausrüstung zu diesen Gruppen gelangten. Im Gebiet der eben befriedeten Sachsen wurden Bardowick, Schezla und Magdeburg, weiter im Süden Erfurt, Hallstadt bei Bamberg, Forchheim, Premberg, Regensburg und Lorch an der Enns als solche Kontrollorte genannt.

Schon ein Jahr später hielt das Chronicon von Moissac fest, dass Karls des Großen gleichnamiger Sohn Karl den Bau zweier Burgen angeordnet hatte, nämlich in oder in der Nähe von Halle, auf dem östlichen Ufer der Saale also, und *contra Magadaburg*, was in der Sprache römischer Militärs bedeutete, auf dem Magdeburg gegenüberliegenden Ufer der Elbe. Noch zwei Jahre später berichteten die fränkischen Reichsannalen von zwei weiteren Burgen, die

Abb. 1 Die Vietzer Schanze auf dem Höhbeck im Luftbild.

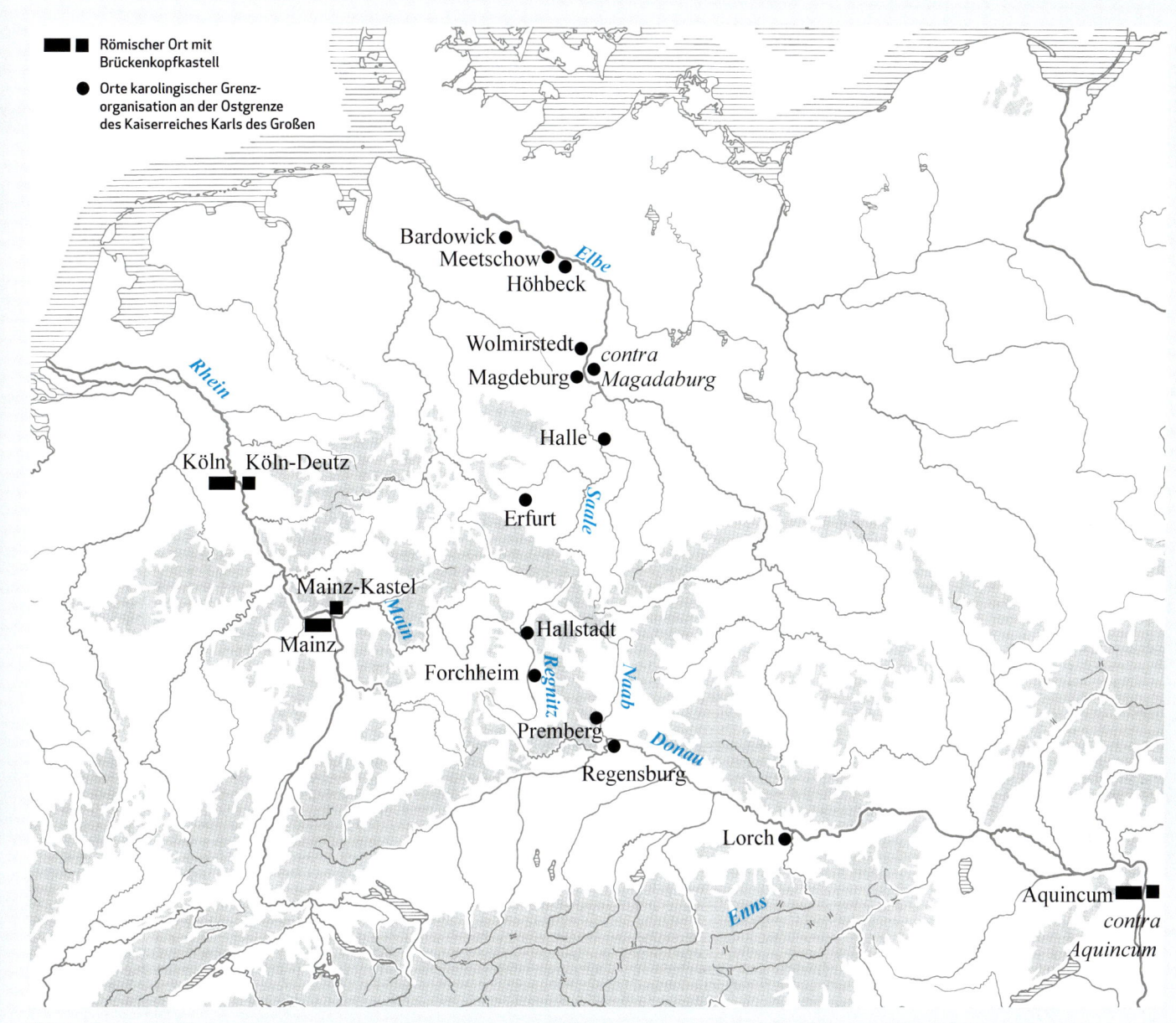

Abb. 2 Orte spätantiker und karolingerzeitlicher Grenzorganisation in Mitteleuropa.

an der Elbe errichtet worden seien, in denen ständige Besatzungen Schutz gegen slawische Einfälle (*contra Sclavorum incursiones*) bieten sollten. Zum Jahr 810 gibt es an gleicher Stelle weitere Informationen zu einer Verteidigungsanlage an der Elbe: Ein *castellum Hohbuoki*, in dem sich der kaiserliche Legat Odo und eine ostsächsische Besatzung befunden habe, sei von den Wilzen, einer slawischen Gruppe aus dem Gebiet im Nordosten der Elbe, eingenommen worden. Ein Jahr später habe ein kaiserliches Heer das Gebiet der slawischen Linonen verwüstet und das *castellum* wieder hergestellt (*restauravit*). Archäologische Forschungen haben durch genaue dendrochronologische Datierungen zeigen können, dass das 811 restaurierte *castellum Hohbuoki* mit der Vietzer Schanze auf der heute noch den Namen Höhbeck tragenden Geestinsel im Hannoverschen Wendland identifiziert werden kann. Die langrechteckige Holz-Erde-Konstruktion wurde auf einem Hochufer unmittelbar an der Elbe errichtet.

Die fränkische Reichsadministration beabsichtigte mit diesen Burgenbauten an Elbe und Saale offensichtlich, dem Kaiserreich Karls des Großen eine dem neuen Imperium würdige, visuell erfahrbare befestigte Flussgrenze zu verschaffen, wie sie das Römische Reich der Spätantike an Rhein und Donau besessen hatte. Dort waren die Mauern der Brückenkopfkastelle in Köln-Deutz und in Mainz-Kastell zu Anfang des 9. Jh.s noch gut sichtbar, ebenso wie die aufragenden Überreste von Legionslagern in Regensburg oder Städten wie Mainz und Köln. Aus spätantiken Schriften wie der *Notitia Dignitatum*, einem Militärhandbuch, erfuhr man über die Struktur der spätantiken Flussgrenzen und übernahm daraus die Bezeichnung von Kastellen, die größeren Orten auf der Grenzseite gegenüberliegen, wie *contra Aquincum* etwa in der Nähe des heutigen Budapest an der Donau. Vielleicht wussten die Theoretiker des Kaisers Karl auch davon, dass der erste römische Kaiser Augustus versucht hatte, die Grenzen seines Reiches bis an die Elbe vorzuschieben, dieses Vorhaben aber nach der Schlacht im Teutoburger Wald oder wo auch immer sie stattgefunden haben mochte, aufgegeben hatte. Die über diese Zeiten und Ereignisse berichtenden Bücher römischer Geschichtsschreiber jedenfalls lagen in den Bibliotheken des Karolingerreiches vor. Gelänge es Karl, die Flussgrenze seines Kaiserreiches an der Elbe optisch sichtbar werden zu lassen, dann würde dort deutlich, dass er mit der Einbeziehung Sachsens die Vision des Kaisers Augustus von der Integration der Germania in das Römerreich verwirklicht und diesen damit übertroffen hätte.

Solche Hoffnungen allerdings erfüllten sich nicht. Die Konzeption von Elbe und Saale als befestigte imperiale Flussgrenze überforderte die Kräfte des neuen Kaiserreiches erheblich. Vom Kastell auf dem Höhbeck ist nach dem Jahr 811 nie wieder die Rede, und auch die Anlage *contra Magadaburg* hat nicht so sichere Spuren hinterlassen, dass sie heute eindeutig identifiziert werden könnte, wenn auch einiges auf den Weinberg bei Hohenwarthe nordöstlich von Magdeburg hindeutet. Von diesen Anlagen und ihren Besatzungen konnte im weiteren Verlauf des 9. Jh.s nicht verhindert werden, dass slawische Gruppen die Flüsse überquerten und sich auf ihren westlichen Ufern im Hannoverschen Wendland, in der Altmark und in Thüringen niederließen. Sie errichteten in Zukunft ihre eigenen Grenzschutzeinrichtungen, die mit Ödlandzonen, künstlichen Verhauen von Waldrändern und Dornenhecken ein gänzlich anderes Aussehen haben würden als die imperiale Flussgrenze eines römischen Kaiserreiches.

Literatur

Matthias Hardt: Zwischen Bardowick und Erfurt – Handel und Verkehr an den nördlichen Grenzkontrollorten des Diedenhofener Kapitulars Karls des Großen von 805. In: Hans-Jürgen Beier und Peter Sachenbacher (Hrsg.): Auf dem Wege zur mittelalterlichen Stadt in Thüringen. Beiträge zur Frühgeschichte und zum Mittelalter Ostthüringens 5 (Langenweißbach 2014), 71–82.

Matthias Hardt: Borderline of an Empire: The Eastern Frontier at the Time of Charlemagne. In: Sarah Semple, Celia Orsini and Sian Mui (Hrsg.): Life on the Edge: Social, Political and Religious Frontiers in Early Medieval Europe. Neue Studien zur Sachsenforschung 6, (Braunschweig/Wendeburg 2017), 233–238.

Jens Schneeweiß: Neues vom Höhbeck-Kastell. Nachrichten aus Niedersachsens Urgeschichte 81, 2012, 81–110.

Jens Schneeweiß: Das Kastell hohbuoki und der Ort Schezla an der Elbe. In: Rainer-Maria Weiss und Anne Klammt (Hrsg.): Mythos Hammaburg – Archäologische Entdeckungen zu den Anfängen Hamburgs. Veröffentlichung des Helms-Museums, Archäologisches Museum Hamburg, Stadtmuseum Harburg 107 (Hamburg 2014), 346–356.

Wo lag Schezla? Ein vergessener Grenzort des frühen 9. Jahrhunderts

JENS SCHNEEWEISS

Das Diedenhofener Kapitular Karls des Großen aus dem Jahr 805 nennt neun Orte, an denen der Kaiser den Warenverkehr zu den Slawen und Awaren kontrollieren lässt, unter anderem um die Ausfuhr von Waffen zu verhindern. Im Gebiet der gerade erst unterworfenen Sachsen sind das *Bardaenowic* (Bardowick), *Magadaburg* (Magdeburg) und *Schezla* (oder *sedzela, skaesla, slesla, skesba, schesel, kaesla*). Die genaue Lokalisierung von *Schezla* beschäftigt die historische Forschung seit Langem: Es gibt über ein Dutzend verschiedene Thesen. Sie beruhen vor allem auf historisch-geografischen und namenkundlichen Argumentationen. Eine befriedigende Antwort konnten sie bisher nicht liefern. Fest steht immerhin, dass *Schezla* wohl grenznah an einem Fernweg lag, wahrscheinlich zwischen Bardowick und Magdeburg. *Schezla* war der Sitz eines kaiserlichen Gesandten namens *Madalgaudus*, der einem *comes* unterstellt war; kurz nach dem Sieg über die Sachsen befanden sich die Gebiete zwischen Aller und Elbe noch unter Militärverwaltung. 805 stand in *Schezla* nicht der Handel im Vordergrund, sondern seine Kontrolle. Der Ort

Abb. 1 Frühgeschichtliche Fundplätze der Höhbeckregion. Der Höhbeck lag im frühen 9. Jh. vermutlich inselartig inmitten feuchter Niederungen und Flussarme. Die frühslawische Burganlage von Lenzen-Neuehaus auf der anderen Elbseite unterstreicht die Grenzsituation in jener Zeit (1: Meetschow, 2: Vietzer Schanze, 3: Schwedenschanze, 4: Burgwall Elbholz, 5 und 6: Siedlungsplätze in der Gemarkung Vietze, 7: Brünkendorf, 8: Laasche, 9 bis 13: Siedlungsplätze in der Gemarkung Restorf).

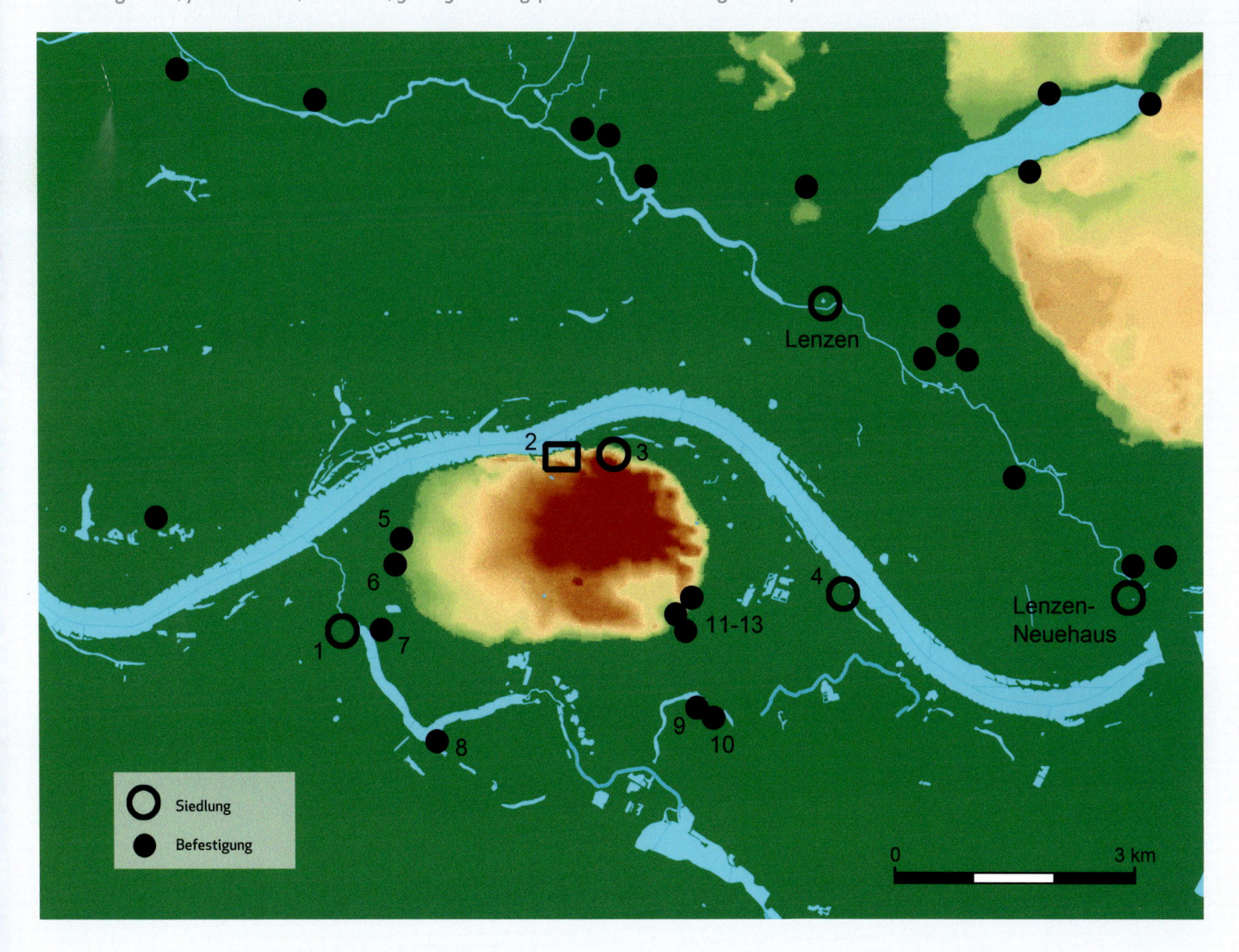

Abb. 2 Ein eisernes Klappmesser mit zugehörigem Abziehstein, Reitersporen, eine Pfeilspitze und eine Speerspitze des 8./frühen 9. Jh.s belegen die Anwesenheit von sozial höhergestellten Personen und Angehörigen des Militärs in Meetschow.

wurde wahrscheinlich bald aufgegeben, denn *Schezla* wird ausschließlich im Diedenhofener Kapitular erwähnt. Im Gegensatz zu Magdeburg oder Erfurt entwickelte sich der Platz nicht zu einem wichtigen Handelsort, sondern verlor an Bedeutung, noch bevor ein Kloster oder Stift eingerichtet wurde. Der Nachweis von Handelsaktivität kann somit keine Voraussetzung für die Identifizierung von *Schezla* sein, die Anwesenheit von Militär sollte aber erkennbar sein.

Neue Impulse für die Suche nach *Schezla* geben jüngste Ausgrabungen im Ldkr. Lüchow-Dannenberg im Mündungsgebiet der Seege. Die Seege ist ein ehemaliger Elbarm, der südlich den Höhbeck umfließt und an seinem östlichen Fuß in die Elbe mündet. Die gegen die benachbarten Slawen gerichteten Befestigungen des Höhbecks (in den fränkischen Annalen als *castellum hohbuoki* bezeichnet) unterstreichen, dass hier im frühen 9. Jh. die Grenze des fränkischen Reiches verlief. Die Topografie war ideal zur Kontrolle eines Elbübergangs – also auch für die Lage von *Schezla*. An der Seegemündung unweit des Ortes Meetschow liegt eine slawische Burg des 10. Jh.s. Aktuelle Ausgrabungen haben zur überraschenden Entdeckung einer darunter liegenden älteren Siedlung des 7.–9. Jh.s geführt, die sich hinsichtlich Struktur und Fundspektrum stark von gewöhnlichen ländlichen Siedlungen dieser Zeit unterscheidet. Einige Siedlungselemente sind aus dem nordwestdeutschen bzw. sächsischen Siedlungsgebiet bekannt (z. B. Wandgräbchen oder Pfostenreihen), Parallelen zu slawischen Siedlungen zwischen Elbe und Oder fehlen. Der Charakter der Befunde und des Fundspektrums erweckt den Eindruck eines Militärlagers: Die beachtliche Häufung von Öfen bzw. Herdstellen und auffallend viele Knochenreste als Speiseabfall sind ungewöhnlich. Einen funktionalen und zeitlichen Zusammenhang zur Vietzer Schanze auf dem Höhbeck legen auch Überreste einer zur Siedlung gehörigen Wallanlage mit ähnlicher Bauweise nahe. Um 800 geht mit der Befestigung eine Umstrukturierung der Siedlung einher, die mit der fränkischen Übernahme des Ortes zusammenhängt. Importkeramik aus dem fränkischen Reich und von der friesischen Nordseeküste verweist auf überregionale westwärts gerichtete Verbindungen.

Die einheimische Keramik spiegelt die Verhältnisse in der damaligen Grenzregion wider: Gefäße, wie sie im nordwestdeutschen, damals sächsischen Raum geläufig waren, finden sich neben Töpfen, die typisch für das slawisch bewohnte Gebiet jenseits der Elbe sind, und werden ergänzt von Mischformen, die die typologischen Gruppen verbinden. Grenzen waren damals nicht scharf, sondern eher Übergangszonen. Die bewaffneten Bewohner der Siedlung bei Meetschow besaßen westliche Traditionen, doch auch die Einwohner der näheren Umgebung kamen hierher, vielleicht um sie zu versorgen. Ihnen war wahrscheinlich nicht wichtig, ob sie zu Slawen oder Sachsen gezählt wurden. Solche Kategorien waren für das einfache Volk in jener Zeit nicht relevant.

An der Seegemündung in die Elbe bilden mehrere Siedlungen des 8. Jh.s eine Agglomeration am Fuß des Höhbecks, die entlang eines verlandeten Altarms bis zu einer Siedlung bei Vietze in knapp einem Kilometer Entfernung von Meetschow reicht. Die „sächsische" Komponente ist in diesen Siedlungen schwächer ausgeprägt und verschwindet vor der Mitte des 9. Jh.s ganz. Die Siedlung bei Meetschow wird vollständig aufgegeben. Erst nach einer kurzen Ruhephase errichten Slawen hier erneut eine Burg. Es kommt zu einem Bevölkerungswechsel: Die Gegend wird slawisch und hört (vorübergehend) auf, Grenzregion zu sein.

Der frühe Burg-Siedlungs-Komplex bei Meetschow erfüllt außer dem Namen alle Merkmale, die für *Schezla* aus den Quellen ableitbar sind. Die Befestigungen auf dem Höhbeck (*castellum hohbuoki*) und die befestigte Ortschaft inklusive Nebensiedlungen an seinem Fuße (*Schezla*) sind als funktionale Einheit zu verstehen. Der Höhbeck hatte als Landmarke eine Funktion für die Orientierung im Raum, was den Erhalt des Namens begünstigt hat; *Schezla* dagegen war an politische Verhältnisse gebunden und hatte nach deren Wegfall keine Relevanz mehr.

Es ist ein Glücksfall, dass die Geschichte am Höhbeck im 9. Jh. in eine Sackgasse lief. Meetschow wurde dadurch zu einem Ausnahmefundplatz, der als einziger einen direkten Einblick in die Frühzeit eines karolingischen Grenzhandelskontrollortes zu den Slawen ermöglicht.

Literatur

Wolfgang Hübener: Die Orte des Diedenhofener Capitulars von 805 in archäologischer Sicht. Jahresschrift für mitteldeutsche Vorgeschichte 72, 1989, 251–266.

Stefan Hesse: Grenzen im Landkreis Rotenburg (Wümme). Betrachtungen zur regionalen Ausprägung eines kulturgeschichtlichen Phänomens. In: Stefan Hesse (Hrsg.): Grenzen in Archäologie und Geschichte. Archäologische Berichte des Landkreises Rotenburg (Wümme) 15 (Oldenburg 2009), 5–41.

Jens Schneeweiß: Neue Überlegungen zur Lokalisierung von Schezla. Archäologische Berichte des Landkreises Rotenburg (Wümme) 16, 2010, 119–161.

Die Paganisierung der Bewohner der frühmittelalterlichen *Saxonia* durch Karl den Großen

STEFFEN PATZOLD

Bis in die jüngste Zeit hinein wird in vielen historischen Darstellungen behauptet, die frühen Sachsen seien Heiden gewesen, bis die Franken sie seit 772 in einem zähen, mehr als 30 Jahre währenden Krieg unterworfen und zu Christen gemacht hätten. Diese Aussage ist zwar nicht ganz falsch; aber sie ist verführerisch einfach und hoffnungslos ungenau – und eben deshalb aus Sicht der Wissenschaft ein Problem.

Warum „die Sachsen" keine „Heiden" waren

Die Sachsen selbst konnten zunächst noch gar nicht wissen, dass sie Heiden waren. Denn „Heide sein" ist eine durch und durch christliche Kategorie. Schon in der Spätantike hatten sich Christen fest daran gewöhnt, ihre Welt religiös in drei große Gruppen einzuteilen – in Christen, Juden und Heiden. Diese Dreigliederung blieb über die Jahrhunderte in Europa wirkmächtig. Sie galt unter Christen, selbstverständlich und unhinterfragt, bis weit in die Neuzeit hinein. „Heide" war also keine Selbstbezeichnung. Kein Sachse hätte im frühen 8. Jh. von sich selbst gesagt: „Ich bin ein Heide!" Zu Heiden wurden die Sachsen vielmehr erst in den Augen ihrer fränkischen Nachbarn, die sich selbst als Christen sahen. Wenn wir heute Sachsen der Karolingerzeit kurzerhand als „Heiden" bezeichnen, dann schreiben wir diese alte christlich bestimmte Sicht ihrer Nachbarn, Konkurrenten und Feinde fort. Diese Perspektive ist aber wissenschaftlich problematisch: Sie mengt alle Menschen, die weder Christen noch Juden sind, zu einer einzigen großen Gruppe zusammen und blendet alle Unterschiede zwischen nicht-christlichen Kulten und Religionen aus. Für die Franken waren die Sachsen geradeso „Heiden" wie die Awaren, die Normannen oder die Slawen, die östlich der Elbe siedelten. Wir sind gut beraten, diese Vermengung unterschiedlicher Kulte nicht einfach nachzuahmen, sondern zunächst einmal damit zu rechnen, dass sich die Religionen von Awaren, Normannen, einzelnen ostelbischen slawischen Gruppen und Menschen in Sachsen voneinander unterscheiden konnten.

Nun mag man einwenden, bei alledem gehe es eigentlich nicht um historische Fakten, sondern um politische Korrektheit in der Sprache oder wissenschaftliche Erbsenzählerei. Die Sachsen seien ja nun einmal vor der Unterwerfung unter die Franken keine Christen gewesen, also dürfe man sie doch wohl mit Fug und Recht als „Heiden" bezeichnen! Ganz so trivial ist das Problem jedoch nicht. Denn der Begriff des „Heiden" (lat. *paganus*) war im Frühmittelalter alles andere als harmlos offen; und er war auch nicht allein auf das Feld der Religion beschränkt. Wer einen Menschen in der Karolingerzeit als „Heide" einordnete, der verband damit ein ganzes Bündel weiterer Vorstellungen. Christliche Franken waren überzeugt: Heiden waren politisch notorisch unzuverlässig. Sie gebärdeten sich wie Wilde. Sie fletschten beim Kampf die Zähne. Sie pflegten, in die Zukunft zu schauen, zum Beispiel indem sie das Los warfen. Sie verehrten viele Götter, die tatsächlich aber Dämonen und Helfer des christlichen Teufels waren. Heiden beteten Idole und Götzen an, die aus Stein oder Holz gefertigt waren. Sie pflegten ihren Götzendienst in Hainen und Quellen, die sie in ihrer Verblendung für heilig hielten. Vor allem aber waren Heiden potenzielle Ziele christlicher Mission. Jeder Christ hatte die Aufgabe, Heiden zum christlichen Glauben zu bekehren – und so ihre Seele zu retten. Christus höchstselbst hatte seinen Jüngern diesen Auftrag erteilt: „Gehet hin und lehret alle Völker!" So stand es im Matthäus-Evangelium geschrieben.

Wir tun sicher gut daran, diese Vorstellungen und Überzeugungen, die die christlichen Gegner der Sachsen im 8. Jh. mit dem Begriff des „Heiden" verbanden, nicht einfach stillschweigend zu übernehmen (und damit zugleich auch implizit als irgendwie doch zutreffend zu akzeptieren). Stattdessen müssen wir fragen: In welchen Momenten, bei welchen Gelegenheiten und in welchen Formen wurden solche Vorstellungen von Heiden im 8. und 9. Jh. aufgerufen und damit zugleich auch immer wieder von Neuem bestätigt und verfestigt? Wie also haben christliche Franken die Sachsen zu Heiden gemacht?

Wie Franken über „die heidnischen Sachsen" sprachen

Wir können heute nur noch in Spurenelementen erkennen, wie „die Franken" über Sachsen als „Heiden" redeten. Wir haben weder Tonbandaufnahmen noch ethnografisch verlässliche Beschreibungen: Kein Franke hat Sachsen bereist, um die Sitten und Gebräuche der Menschen dort aufzuzeichnen und der Nachwelt zu bewahren. Die Redeweisen einfacher Franken kennen wir ohnehin so gut wie gar nicht; unsere Quellen zeigen uns fast ausschließlich die Vorstellungen einer kleinen Elite. Immerhin sind aber eine Reihe von Texten überliefert, aus denen hervorgeht, wie diejenigen Mächtigen, die Karl dem Großen nahestanden und regelmäßig an seinem Hof weilten, das Heidentum der Sachsen sahen und darüber diskutierten. Es lohnt sich, zumindest drei prominente Texte dieser Art hier näher anzusehen. Denn auf diese Weise können wir einen konkreten Eindruck davon erhalten, wie Franken die Einwohner Sachsens zu Heiden gemacht haben.

Wichtige Texte dieser Art sind sogenannte „Kapitularien", das heißt in Kapitel untergliederte Erlasse Karls des Großen. Zwei solcher Normtexte hat Karl eigens für Sachsen erlassen. Das ältere davon ist die sogenannte *Capitulatio de partibus Saxoniae*[1]. Sie trägt kein Datum, ihre Zeitstellung ist deshalb bis heute unsicher, ja umstritten: In der älteren Forschung wurde der Erlass meist in die frühen 780er-Jahre verortet, also in jene erste große Phase immer neuer Auseinandersetzungen zwischen Franken und Sachsen, die mit der Taufe der Sachsenführer Widukind und Abbio im Jahr 785 ihr Ende nahm. Dagegen hat Yitzhak Hen den – durchaus nicht unplausiblen – Vorschlag gemacht, den Text erst in die Mitte der 790er-Jahre zu datieren[2]. Wie dem aber auch sei: Karls Kapitular zeigt anschaulich, welche „heidnischen" Praktiken die Franken den Sachsen zuschrieben.

So forderte Karl in der *Capitulatio de partibus Saxoniae*, dass die Sachsen den Kirchen eine größere „Ehre" (*honor*) erweisen sollten als ihren eitlen Götzen. Im ersten Teil des Textes definierten die fränkischen Eroberer zudem eine lange Liste von Praktiken, die sie als „heidnisch" betrachteten – und nun mit der Todesstrafe bedrohten. Wer Kirchen zerstörte oder bestahl, sollte ebenso mit dem Tode bestraft werden wie derjenige, der aus Verachtung des Christentums in der Fastenzeit Fleisch aß. Wer einen Bischof, Priester oder Diakon tötete, sollte selbst getötet werden. Auch wer eine Leiche nicht christlich bestattete, sondern verbrannte, oder wer dem Teufel Opfer darbrachte, der sollte mit dem Tode bestraft werden.

Bemerkenswert aus heutiger Rückschau erscheint ein weiterer Punkt: Wer „gemäß dem Brauch der Heiden" daran glaubte, dass es Hexer oder Hexen gebe, die Menschen äßen, und wer solche Hexen dann verbrannte oder selbst aß, der hatte ebenfalls die Todesstrafe zu gewärtigen. Aus Sicht des Karlshofs waren demnach Überzeugungen „heidnisch" und des Todes würdig, die einige Jahrhunderte später von der christlichen Kirche in der Frühen Neuzeit nur zu eifrig vertreten wurden!

Entscheidend für die Zielrichtung der *Capitulatio de partibus Saxoniae* aber war eine letzte Bestimmung: Wer immer sich heimlich eines solchen todeswürdigen Verbrechens schuldig gemacht hatte, der sollte bei einem christlichen Priester die Beichte ablegen und so mithilfe des „Zeugnisses des Priesters" die Todesstrafe vermeiden können. Man könnte deshalb sagen, das Ziel des Erlasses war es nicht, die Menschen auszulöschen, sondern ihrem Heidentum den Garaus zu machen.

Im zweiten Teil des Erlasses finden sich dann weniger gravierende Vergehen aufgelistet, die in ihrer Mehrzahl lediglich mit Geldbußen geahndet werden sollten. Auch sie zeigen uns aber indirekt, wie sich die Franken das Heidentum der Sachsen vorstellten: So sollten Sachsen ihre Neugeborenen binnen Jahresfrist taufen lassen; sie sollten keine Gelübde bei Quellen, Bäumen, Hainen ablegen, keine Festmähler zu Ehren von Dämonen halten, ihre Toten nicht bei den „Hügeln der Heiden", sondern bei den Friedhöfen der Kirchen bestatten und ihre Wahrsager und Zeichendeuter den Kirchen übereignen.

Karls Kapitular ist verführerisch: Es scheint in seinen vielen Verboten indirekt zu offenbaren, was heidnische Sachsen tagtäglich praktizierten. Wir dürfen die „Capitulatio" aber gerade nicht als eine Art Negativ-Abdruck sächsischen Alltags lesen! Die vielen Normen spiegeln nämlich zunächst einmal nur das wider, was Franken über Heiden als solche ohnehin zu wissen meinten – und eben deshalb auch von den Einwohnern der *Saxonia* ganz fest erwarteten. Manches davon mag sich in der Tat in Norddeutschland zwischen Rhein und Elbe so zugetragen haben, anderes aber auch nicht; und über die Häufigkeit können wir keinerlei verlässliche Aussage machen. Der Text zeigt uns also letztlich gerade nicht, wie Sachsen lebten. Er zeigt uns, wie Franken aus ihnen Heiden machten!

Ein zweites Beispiel bieten Briefe eines berühmten angelsächsischen Geistlichen: Alkuin, ein Diakon aus York, spielte als Ratgeber Karls an dessen Hof in den früheren 790er-Jahren eine wichtige Rolle. Wir können sein Wirken unter anderem deshalb nachzeichnen, weil Alkuin fleißig Briefe geschrieben hat, von denen recht viele bis heute überliefert sind. Manche dieser Schreiben betrafen auch das „Heidentum" der Sachsen. Sie zeigen uns noch eine weitere Facette der zeitgenössischen Diskussion; und wenn Yitzhak Hen mit seiner Spätdatierung der *Capitulatio de partibus Saxoniae* Recht hat, könnte Alkuin sogar recht zeitnah auf Karls strenges Kapitular reagiert haben.

Im Spätsommer 796 nämlich brachte Alkuin zwei Schreiben auf den Weg – eines an den königlichen Kämmerer Meginfrid, das andere an Karl den Großen persönlich[3]. Beide Briefe verfolgten dasselbe Anliegen. Karl hatte soeben in einem großen Feldzug die Awaren unterworfen (die Alkuin klassizistisch „Hunnen" nannte). Nun war der angelsächsische Gelehrte in Sorge, der König könne denselben Fehler wiederholen, den er – aus Alkuins Sicht – bereits gegenüber den Sachsen begangen hatte. Deshalb argumentierte Alkuin: Man müsse die Heiden wie Säuglinge sehen, wie *infantes* (also Babys, die noch nicht sprechen können), die „ihren Verstand nicht benutzen und den Sünden anderer ausgeliefert sind"[4]. Die Kleinen brauchten eine andere Nahrung als Erwachsene, also jene Menschen, die in einer schon längst christianisierten Gesellschaft lebten. Alkuin suchte den Kämmerer und den König selbst deshalb zu überzeugen, dass Karl gegenüber den Awaren nicht wieder auf Strenge, Strafen und die Eintreibung des Kirchenzehnten setzen solle – sondern erst einmal milde Prediger entsenden müsse, die den Heiden das Christentum erklärten. Vor der Taufe, so mahnte Alkuin, müsse der Glaube stehen.

So zeigen uns Alkuins Briefe eine weitere Facette: Auch sie machten Sachsen (und Awaren) zu Heiden; aber sie füllten den Begriff nicht nur mit einer Ansammlung streng zu unterbindender Alltagspraktiken, sondern erklärten die „Heiden" zu unmündigen Kindern, die noch nicht wissen, was sie tun. Die Konsequenzen, die Alkuin aus dem Heidentum der Sachsen und Awaren zog, waren milder als jene, die wir in Karls *Capitulatio de partibus Saxoniae* fassen. Die Zuschreibungen an die Sachsen und Awaren, die damit einhergingen, waren aber fast sogar noch bösartiger. Denn die Heiden sollten ja deshalb milde behandelt werden, weil sie des Verstandes und des Urteilsvermögens entbehrten. Man könnte es folgendermaßen zuspitzen: Alkuin machte heidnische Sachsen kulturell und intellektuell zu Babys!

Schauen wir schließlich kurz noch auf unser drittes Fallbeispiel. Ausgewählt haben wir einen Text, der erst nach Karls Tod geschrieben wurde, dafür aber Karls Bild in der Nachwelt auf das Stärkste mitgeprägt hat: die berühmte Karlsbiografie, die der Höfling Einhard wohl in den späten 820er-Jahren zu Pergament gebracht hat[5]. Einhard schilderte die Sachsen als „von Natur aus wild und dem Dämonenkult hingegeben". Aber mehr noch: Die Sachsen hielten es aus seiner Sicht „nicht für unehrenhaft, sowohl das göttliche als auch das menschliche Recht zu beschmutzen und zu brechen"[6]. Den „dreißigjährigen Krieg" gegen sie (den Einhard aus der Rückschau konstruierte) vermochte Karl deshalb so lange nicht zu beenden, weil die Sachsen als „Heiden" durch *perfidia* charakterisiert waren, das heißt durch Treulosigkeit und Wortbrüchigkeit[7]. *Fides* war ein Schlüsselwort der politischen Ordnung der Franken. Es bedeutete „Eid" ebenso wie die damit geschworene „Treue" und den „Glauben" an Gott (im christlichen Sinne). Das Wort schloss also Fundamente der politischen Ordnung des Frankenreichs mit der christlichen Religion zusammen: Wer kein Christ war, dem fehlte nicht nur der Glaube, sondern auch die Fähigkeit zur Treue – und damit jede politische Verlässlichkeit. Eben deshalb, so sah es Einhard, konnte man mit den Sachsen keinen Frieden schließen. Immer wenn man sie überwunden und niedergeworfen hatte und sie versprochen hatten, Karls Befehlen zu gehorchen und das Christentum anzunehmen, begehrten sie kurz danach wieder auf und zogen erneut in den Krieg. Während Historiker heute Karls Probleme mit der kleinteiligen, zersplitterten politischen Organisation vieler einzelner Gruppen in Sachsen sehen, die sich nicht an Verträge ihrer Nachbarn gebunden fühlten, lag für Einhard die Wurzel allen Übels woanders: in der notorischen Treulosigkeit der „Heiden".

Warum Karl der Große „heidnische Sachsen" politisch brauchte

Man kann sich fragen, warum fränkische Autoren so viel Wert darauf legten, die politisch zu unterwerfenden Einwohner Sachsens als „Heiden" zu brandmarken. Kriege, auch Eroberungskriege, ließen sich in der karolingischen Welt durchaus auch anders begründen. Karl hat beispielsweise keineswegs davor zurückgescheut, auch ein christliches Reich wie das der Langobarden zu erobern. Deshalb greift es zu kurz, in der Akzentuierung des „Heidentums" allein eine Legitimation der immer neuen Kriegszüge in die *Saxonia* zu sehen. Man muss vielmehr ernst nehmen, dass Karl der Große und sein Hofzirkel spätestens seit den 780er-Jahren die gesamte Politik immer stärker religiös gerahmt haben. Zwar ginge es wohl zu weit, Karl zu unterstellen, er habe schlicht und einfach den „Gottesstaat", wie ihn der Kirchenvater Augustinus im 5. Jh. beschrieben hatte, im Frankenreich etablieren wollen[8]. Unübersehbar aber ist: Karl und seine Ratgeber waren mehr und mehr davon überzeugt, dass sie alle Menschen im Reich zu guten Christen zu erziehen hatten, sofern sie sich persönlich wie auch dem Frankenreich insgesamt Gottes Gnade bewahren wollten. Ohne das Wohlwollen des Allmächtigen aber, so glaubten die politischen Eliten, würde auf Dauer kein König erfolgreich herrschen können[9]. Die „Paganisierung" der sächsischen Gegner ordnet sich auch in diese Vorstellung ein. Sie war ein weiterer Ausdruck der festen Überzeugung am Hof Karls des Großen, dass erfolgreiche Königsherrschaft und gottgefälliges Christentum aller Bewohner des Reiches einander bedingten.

Anmerkungen

1. Capitulatio de partibus Saxoniae, ed. Alfred Boretius (MGH Capitularia 1), Hannover 1883, Nr. 26, S. 68–70; deutsche Übersetzung und Analyse: Schubert 1993, S. 3–28.
2. Hen 2006, S. 33–52; nicht in erster Linie gegen die Neudatierung, sondern gegen die These eines kulturellen Einflusses von Konzepten des Jihād auf Karls Erlass, hat König 2016, S. 3–40 (DOI 10.1553/medievalworlds_no3_2016s3) Stellung genommen.
3. Alkuin, Epistolae Nr. 110–111, ed. Ernst Dümmler (MGH Epistolae 4), Berlin 1895, S. 156–162.
4. Ebd., Nr. 110, S. 158.
5. Zur Datierung und zur Darstellungsabsicht vgl. Patzold 2011, S. 33–55 (mit der älteren Literatur); anders zuletzt wieder Fried 2017, S. 709–727.
6. Einhard, Vita Karoli, ed. Oswald Holder-Egger (MGH SSrG [25]), Hannover 1911, c. 7, S. 9.
7. Ebd., S. 9 f.
8. So Ubl 2015, S. 374–390, gegen Weinfurter 2013.
9. Vgl. grundlegend für das Ineinander von Kirche und sozialer und politischer Ordnung: Mayke de Jong 2006, S. 113–126; Dies 2009, S. 241–254.

Literatur

Donald A. Bullough: Unsettled at Aachen. Alcuin between Frankfurt and Tours. In: Catherine R. E. Cubitt (Hrsg.): Court culture in the early middle ages. The proceedings of the first Alcuin conference. Studies in the early middle ages 3 (Turnhout 2003), 17–38.

Mayke de Jong: „Ecclesia" and the early medieval polity. In: Stuart Airlie et al. (Hrsg.): Staat im frühen Mittelalter. Denkschriften. Österreichische Akademie der Wissenschaften, Philosophisch-Historische Klasse 334. Forschungen zur Geschichte des Mittelalters 11 (Wien 2006), 113–126.

Mayke de Jong: The State of the Church: *ecclesia* and early medieval State formation. In: Walter Pohl und Veronika Wieser (Hrsg.): Der frühmittelalterliche Staat – europäische Perspektiven. Forschungen zur Geschichte des Mittelalters 16; Denkschriften. Österreichische Akademie der Wissenschaften, Philosophisch-Historische Klasse 386 (Wien 2009), 241–254.

Caspar Ehlers: Die Integration Sachsens in das fränkische Reich 751–1024. Veröffentlichungen des Max-Planck-Instituts für Geschichte 231 (Göttingen 2007).

Robert Flierman: Religious Saxons. Paganism, infidelity and biblical punishment in the *Capitulatio de partibus Saxoniae*. In: Rob Meens (Hrsg.): Religious Franks. Religion and power in the Frankish kingdoms. Studies in honour of Mayke de Jong (Manchester 2016), 181–201.

Johannes Fried: Immer wieder Einhart. Seine Karlsbiographie in ihrer Zeit. In: Gabirele Annas und Jesikka Nowak (Hrsg.): Et l'homme dans tout cela? Von Menschen, Mächten und Motiven, Festschrift für Heribert Müller zum 70. Geburtstag. Frankfurter historische Abhandlungen 48 (Stuttgart 2017), 709–727.

Yitzhak Hen: Charlemagne's Jihad. Viator 37, 2006, 33–52.

Daniel G. König: Charlemagne's ›Jihād‹ Revisited: Debating the Islamic Contribution to an Epochal Change in the History of Christianization. In: Medieval Worlds 2016, 3–40 (DOI 10.1553/medievalworlds*no*3*2016s*3).

Steffen Patzold: Einhards erste Leser. Zu Kontext und Darstellungsabsicht der „Vita Karoli". Viator Multilingual 42, 2011, 33–55.

Ernst Schubert: Die Capitulatio de partibus Saxoniae. In: Dieter Brosius und Christine van den Heuvel (Hrsg.): Geschichte in der Region. Zum 65. Geburtstag von Heinrich Schmidt. Veröffentlichungen der Historischen Kommission für Niedersachsen und Bremen. Sonderband (Hannover 1993), 3–28.

Matthias Springer: Die Sachsen. Urban-Taschenbücher 59 (Stuttgart 2004).

Karl Ubl: Karl der Große und die Rückkehr des Gottesstaates. Historische Zeitschrift 301, 2015, 374–390.

Stefan Weinfurter: Karl der Große. Der heilige Barbar (München 2013).

Schwer zu fassen
Die sächsischen Gegner der Karolinger

BABETTE LUDOWICI

Die fränkischen Könige aus der Dynastie der Karolinger hatten im 8. Jh. große Mühe, ihre Herrschaftsansprüche im Norden zwischen Rhein und Elbe durchzusetzen. Über zwei bis drei Generationen hinweg stießen sie dort immer wieder auf massive bewaffnete Gegenwehr. Wer genau die *Saxones* genannten Kommandanten oder Clanchefs waren, die den Widerstand organisierten und anführten und zuletzt Karl dem Großen jahrzehntelang die Stirn boten, liegt weitgehend im Dunkeln. Wir wissen nicht viel über ihre Herkunft oder Biografien. Nur wenige sind namentlich bekannt, allen voran der legendäre und sehr einflussreiche Widukind. Eine Möglichkeit, sich ihrer Lebenswirklichkeit zumindest anzunähern, bietet die archäologische Forschung: Sie versucht, Gräber von Männern aus dieser Zeit ausfindig zu machen, die zum Kreis der „Sachsenführer" gehört haben könnten.

Bei den Hügeln der Heiden

Friedhöfe mit Bestattungen des 8. bis 9. Jh.s sind in den Gebieten der frühmittelalterlichen Saxonia zahlreich nachgewiesen. Im norddeutschen Flachland liegen sie oft bei großen urgeschichtlichen Grabhügeln und Megalithgräbern. Sie können einige Dutzend, aber auch mehrere hundert Gräber umfassen. Viele dieser Bestattungsplätze dürften schon seit dem 6./7. Jh. existiert haben. Damals wurden dort vor allem Brand-, aber auch Körpergräber angelegt, letztere vor allem in Süd-Nord- oder Nord-Süd-Ausrichtung. Durch ^{14}C-Datierungen organischer Reste wie Holz, Holzkohle oder Knochen gelang ein Nachweis von Bestattungen des 6./7. Jh.s jetzt auch im Niederelbegebiet, wo Gräber aus der Zeit zwischen ca. 550 und 700 bislang erst sehr selten dokumentiert wurden (vgl. hierzu den Beitrag „Wüstes Land? Die Siedlungslücke des 6. und 7. Jahrhunderts in Nordwestdeutschland" in diesem Band). Die Befunde bestätigen, dass die Einäscherung von Leichnamen im 7. Jh. überall im heutigen Niedersachsen die vorherrschende Form der Totenfürsorge gewesen sein dürfte. Die Leichenbrände wurden jedoch nur selten in Urnen beigesetzt. Archäologen erfassen die Kremierungen vor allem in Form von sogenannten Scheiterhaufengräbern. Dieser Begriff bezeichnet die Überreste und Rückstände von abgebrannten Scheiterhaufen, überwiegend in Gestalt von Standspuren von Holzpfosten, die zur Konstruktion der Scheiterhaufen gehört haben.

Scheiterhaufengräber sind auch im 8. Jh. sehr häufig. Dazu kommen jetzt aber vermehrt Körpergräber, entweder Süd-Nord- oder Nord-Süd-, aber auch Ost-West-ausgerichtete. Letztere müssen keinesfalls ein christliches Glaubensbekenntnis anzeigen. Die Ost-West-Ausrichtung von Körpergräbern wurde schon im 5. und 6. Jh. praktiziert. Außerdem liegen die Friedhöfe häufig an Wegen, und wie das Beispiel von Neu Wulmstorf-Elstorf im Landkreis Harburg (Abb. 1) zeigt, wurden Körpergräber, die nicht der Süd-Nord-Achse folgen, in ihrer Längsachse ganz offensichtlich parallel zum Verlauf des Weges ausgerichtet – eine Ost-West-Ausrichtung von Gräbern kann also auch dadurch zustande

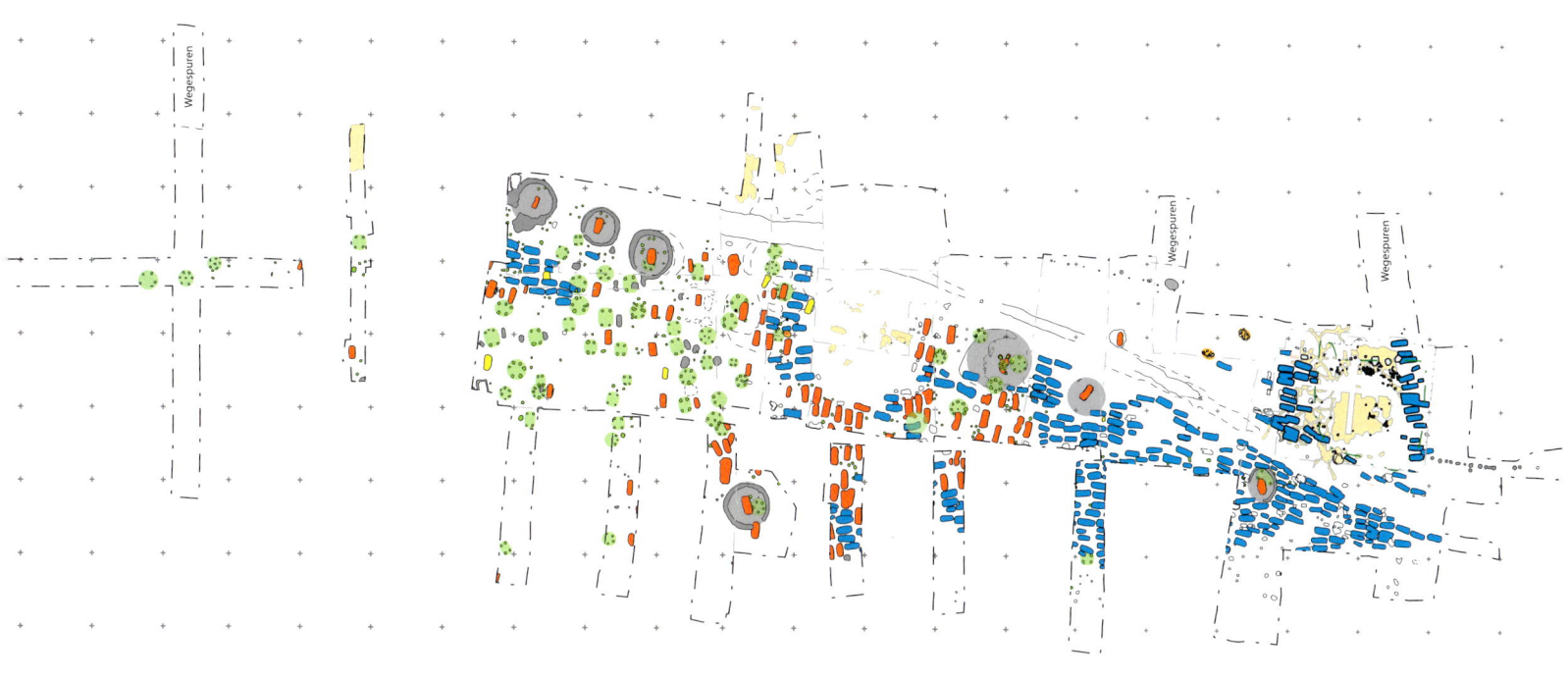

Abb. 1   Plan des Gräberfeldes von Neu Wulmstorf-Elstorf. Es wurde vom 6./7. bis ins 9. Jh. benutzt. Grün: Brandbestattungen; gelb: Pferdegräber; rot: Süd-Nord-Körpergräber; blau: West-Ost-Körpergräber; grau: sonstige Befunde; hellbraun: subrezente Störungen. Der Abstand der Rasterkreuze entspricht jeweils zehn Meter.

gekommen sein. Im Niederelbegebiet lässt sich beobachten, dass die Beisetzung unverbrannter Leichname die Einäscherung der Toten ab der Mitte des 8. Jh.s abzulösen beginnt. Dazu passen bestimmte „Übergangserscheinungen" im Totenbrauchtum dieser Zeit: Es gibt Hinweise darauf, dass gelegentlich Särge in offenen Gräbern in Brand gesetzt oder Leichenbrände in Särgen ausgestreut und begraben wurden. Die Körpergräber des 8./ 9. Jh.s enthalten nur wenige Beigaben, vor allem Messer, Gürtelschnallen, Perlenschmuck und Keramikgefäße. Im Fall der Brandbestattungen lässt sich nur ausnahmsweise feststellen, ob die Toten mit einer Ausstattung verbrannt wurden, und falls ja, was diese umfasste. Aussagen zum Geschlecht der Verstorbenen fallen deshalb oft schwer, zumal anthropologische Geschlechtsbestimmungen auch bei Körpergräbern wegen der generell schlechten Knochenerhaltung in norddeutschen Böden nur selten gelingen. Über einigen Körpergräbern und Leichenbranddeponierungen bzw. Scheiterhaufengräbern wurden Grabhügel aufgeworfen. Wenn der *Capitulatio de partibus Saxoniae* genannte Erlass Karls des Großen aus den 780er- oder 790er-Jahren getauften Christen verbietet, ihre Toten einzuäschern oder *ad tumulos paganorum*, also „bei den Hügeln der Heiden" zu begraben, dann geschieht das vor dem realen Hintergrund von damals in Norddeutschland praktiziertem Bestattungsbrauchtum.

Die Grabhügel bilden manchmal kleine Gruppen inmitten vieler anderer Gräber ohne ein solches Denkmal. Da die Denkmäler also nur für ausgewählte Mitglieder von Bestattungsgemeinschaften errichtet wurden, dürften sie eine herausgehobene gesellschaftliche Stellung von Toten anzeigen. Ebenfalls auffällig, weil eher selten nachzuweisen, sind Beisetzungen mit Waffen und Beisetzungen in hölzernen Grabkammern. Ein schönes Beispiel, das beide Eigenschaften vereint, ist das Süd-Nord-ausgerichtete Kammergrab 651 aus der ersten Hälfte des 8. Jh.s vom Friedhof von Neu Wulmstorf-Elstorf. Zur Ausstattung des darin beigesetzten Toten gehören ein Sax, also ein einschneidiges Kurzschwert bzw. großes Kampfmesser, ein Schild und eine Lanze; die Saxscheide war mit Silbernieten verziert (Abb. 2). Es gibt aber noch ein viertes im archäologischen Befund greifbares Element der Totenfürsorge, das auf eine gesellschaftliche Spitzenposition von Verstorbenen schließen lässt: Die Beisetzung eines oder mehrerer Pferde, die ihrer Grabstelle zugeordnet werden können. Tatsächlich sind Pferdegräber auf unseren karolingerzeitlichen Friedhöfen mitunter recht zahlreich und nicht selten waren sie ebenfalls mit einem Grabhügel überdeckt oder lagen zusammen mit dem Grab eines Menschen unter einem solchen Denkmal. Bekannt für seine einzigartig hohe Zahl von Tierbestattungen ist das Gräberfeld von Rullstorf (Ldkr. Lüneburg): Dort sind insgesamt 42 Pferde, aber auch einige Hunde und sogar ein aufgezäumter Lockhirsch begraben worden; das größte Tiergrab barg drei Hengste und einen Hund. Mindestens 23 der Rullstorfer Pferdegräber können Menschengräbern zugeordnet werden. Mit einigen der Pferde wurden auch Sättel und Zaumzeuge begraben (Abb. 3).

Abb. 2 Keramikgefäß und eiserner Schildbuckel, Sax, Lanzenspitze, Messerklinge, Riemenschnalle und Zierniete, Feuerstahl und Feuerstein. Beigaben aus Grab 651 von Neu Wulmstorf-Elstorf (1. H. 8. Jh.).

Herrenreiter

Die Toten, die mit Waffen, Pferden, Hunden und zur Jagd eingesetzten Lockhirschen begraben oder verbrannt wurden, für die Grabkammern gebaut und deren Gräber mit Denkmälern markiert wurden, dürfen wir sicher zu Recht zum Kreis der Männer zählen, aus dem sich die „Sachsenanführer" rekrutiert haben. Häufig wird vermutet, dass die Verbände, die ihre verstorbenen „Entscheider" derart in Szene gesetzt haben, damit auch ihre nicht-fränkische und nicht-christliche Identität zu demonstrieren suchten. Und zugegebenermaßen wirkt vor allem das Begraben von Tieren auf den Friedhöfen der Menschen wie ein Beharren auf alten „heidnischen" Traditionen. Es gibt Hinweise darauf, dass nicht alle Pferdegräber mitgegebene Reittiere bergen, sondern geopferte Tiere, die keinem bestimmten Toten zugeordnet waren. Dafür kennen wir in dieser Form im Raum zwischen Rhein und Elbe im 1. Jahrtausend allerdings keine Vorbilder. Folglich wäre das kein traditionelles Brauchtum, sondern ein ganz neues Phänomen. Die *Capitulatio de partibus Saxoniae* Karls des Großen unterstellt den Sachsen, dass sie auch Menschen opferten, aber das lässt sich nicht belegen. Anders als gelegentlich behauptet, liefern Friedhöfe, die zur Zeit der Abfassung des Erlasses benutzt wurden, dafür bislang keine belastbaren archäologischen Beweise, auch nicht für eine Tötung von Menschen im Rahmen einer „Totenfolge".

Bei näherer Betrachtung zeigt sich, dass auch zwei andere Phänomene keineswegs so traditionell-autochthon sind, wie sie auf den ersten Blick wirken. Was das Bestatten in Kammergräbern anbelangt, ist festzustellen, dass es zwar tatsächlich ältere Kammergräber des 6. und 7. Jh.s gibt. Sie sind an der unteren Elbe bei Immenbeck, Issendorf und Neu Wulmstorf-Elstorf und in der Hellwegzone bei Beckum, Soest und Hemmingen-Hiddestorf nachgewiesen. Aber diese wurden ausnahmslos von Familien angelegt, die deutlich erkennbare Verbindungen zur fränkischen und thüringischen Elite ihrer Zeit hatten und mit dem Bau von Grabkammern deren Gepflogenheiten folgten. Ein bislang einzigartiger Befund aus der Hellweg-Zone ist in diesem Zusammenhang besonders interessant: Bei Sarstedt (Ldkr. Hildesheim) wurden zwei große Kammergräber aus der 2. H. des 8. Jh.s entdeckt, die jeweils einen mit voller Bewaffnung ausgestatteten Mann zusammen mit seinem gesattelten Pferd aufgenommen hatten. Die beiden Bestattungsbefunde werden als Zeugnis demonstrativ nicht-fränkischer und nicht-christlicher Selbstrepräsentation gedeutet. In der Hellwegzone dürften im 6. und 7. Jh. zumindest vereinzelt erste Christen gelebt haben (vgl. hierzu den Beitrag „Bodenfunde legen Zeugnis ab. Frühe Christen am Hellweg" in diesem Band) und es erscheint durchaus sehr „heidnisch", wenn dort Männer im Tod als Reiter inszeniert werden. Aber wie der Bau von Kammergräbern lässt sich auch das in eine lange „nicht-sächsische" und in diesem Fall sogar christliche Tradition einordnen: Nur 13 Kilometer von Sarstedt entfernt fand sich das Grab des Anführers mit Pferd von Hemmin-

Abb. 3 Rekonstruktion eines Sattels (8. Jh.) aus dem Gräberfeld von Rullstorf.

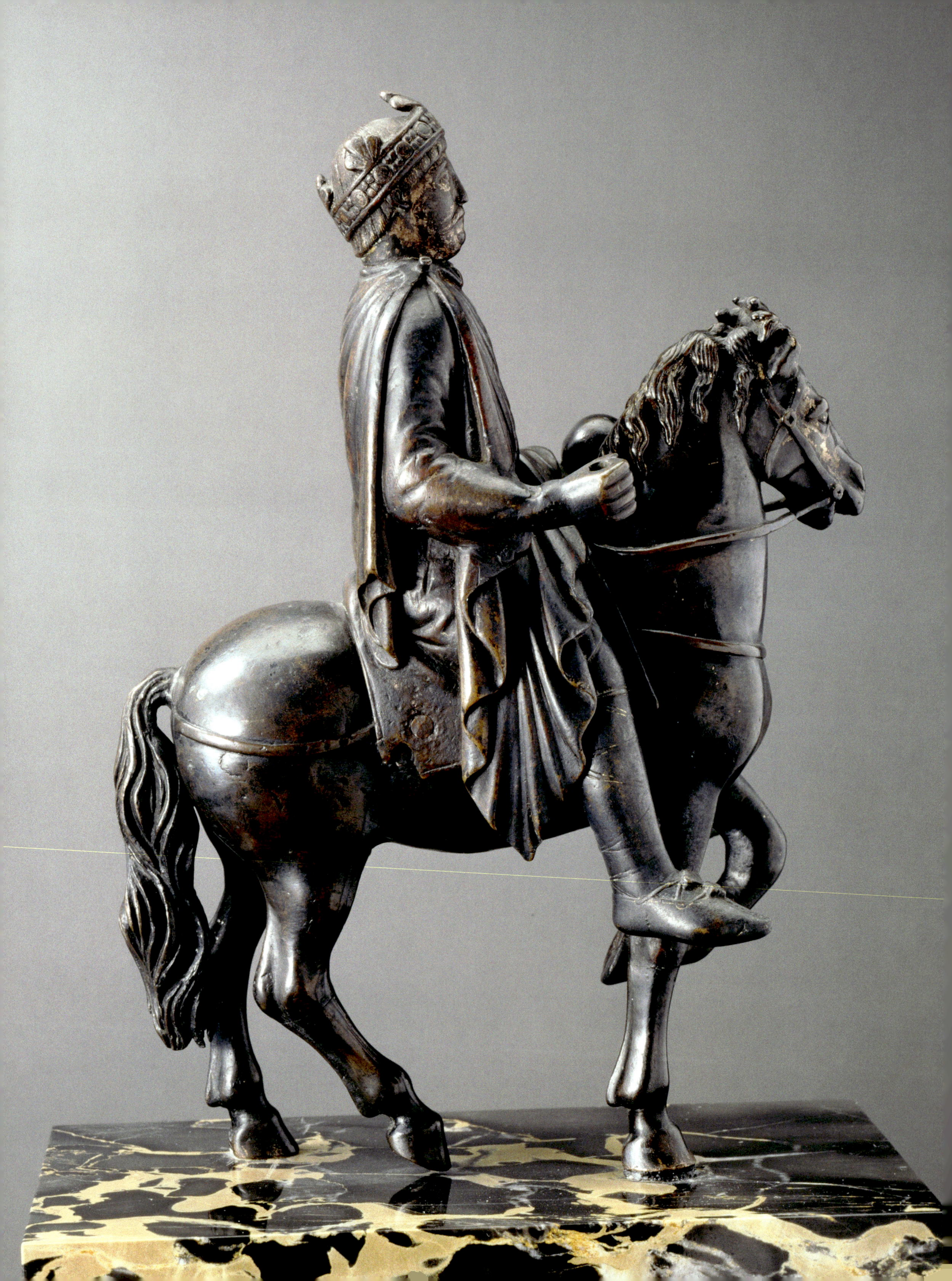

gen-Hiddestorf aus der Zeit um 530, dessen Beisetzung sich ganz klar am Gebaren der fränkisch-thüringischen Oberschicht orientiert (vgl. hierzu den Beitrag „Ross und Reiter: Pferde im frühmittelalterlichen Bestattungsritual"), und mit dem berühmten „Reiterstein von Hornhausen" kennen wir aus der Hellwegzone sogar das Bild eines christlichen Reiterheiligen aus dem 7. Jh. (vgl. hierzu den Beitrag „Bodenfunde legen Zeugnis ab. Frühe Christen am Hellweg" in diesem Band). Bei Darstellungen von Herrschern als Reiter muss aber natürlich auch an die berühmte kleine Reiterfigur aus Bronze erinnert werden, die Karl den Großen oder seinen Enkel Karl den Kahlen auf dem Pferd zeigt (Abb. 4). Die im 9. Jh. angefertigte Statuette findet ihre Vorbilder in Darstellungen römischer Kaiser als Reiter und gilt als Sinnbild der Ansprüche der Karolinger auf Ebenbürtigkeit. Eine dezidert „unfränkisch-nicht-christliche" Äußerung sind die Reitergräber von Sarstedt also eher nicht.

← **Abb. 4** Reiterfigur Karls des Großen oder seines Enkel Karls des Kahlen aus dem 9. Jh.

Literatur

Erhard Cosack: Der altsächsische „Heidenkirchhof" bei Sarstedt, Ldkr. Hildesheim, und die Schlacht am Süntel 782. Studien zur Sachsenforschung 16 (Oldenburg 2007).

Jochen Brandt: Das spätsächsische Gräberfeld von Neu Wulmstorf-Elstorf, Ldkr. Harburg. In: Aktuelle Forschungen an Gräberfeldern des 1. Jahrtausends n. Chr. Current Research into Cemeteries of the First Millennium AD. Siedlungs- und Küstenforschung im südlichen Nordseegebiet / Settlement and Coastal Research in the Southern North Sea Region 39 (Rhaden/Westf. 2016), 213–226.

Jochen Brandt et al.: Die spätsächsischen Gräber von Buchholz-Vaensen und Neu Wulmstorf-Elstorf – Neue Untersuchungen zum Frühmittelalter im Landkreis Harburg. Hammaburg N.F. 16, 2011, 159–192.

Jörg Kleemann: Sachsen und Friesen im 8. und 9. Jahrhundert. Eine archäologisch-historische Analyse der Grabfunde. Veröffentlichungen der urgeschichtlichen Sammlungen des Landesmuseums zu Hannover 50 (Oldenburg 2002).

Babette Ludowici: Frühgeschichtliche Grabfunde zwischen Harz und Aller. Die Entwicklung der Bestattungssitten im südöstlichen Niedersachsen von der jüngeren römischen Kaiserzeit bis zur Karolingerzeit. Materialhefte zur Ur- und Frühgeschichte Niedersachsens 35 (Rahden/Westf. 2005).

Babette Ludowici: Gedanken zu Phänomenen des Religiösen bei den kontinentalen Sachsen im 6. bis 10. Jahrhundert im Spiegel archäologischer Quellen. In: Uta von Freeden et al. (Hrsg.): Glaube, Kult und Herrschaft. Phänomene des Religiösen im 1. Jahrtausend n. Chr. in Mittel- und Nordeuropa. Römisch-Germanische Kommission/Eurasien-Abteilung des Deutschen Archäologischen Instituts, Kolloquien zur Vor- und Frühgeschichte 12, 2009, 385–394.

Widukind
Herzog in Sachsen (777–785)

GERD ALTHOFF

In den erbittert geführten und lang dauernden Sachsenkriegen Karls des Großen, die die Eingliederung der Sachsen ins fränkische Reich wie ihre Christianisierung zum Ziel und Ergebnis hatten, wurde und blieb der vornehme Westfale Widukind Symbolfigur des Widerstandes. Seine konkrete Erwähnung ist auf die Jahre 777 bis 785 beschränkt, in denen die fränkischen Annalen ihn als Rebellen darstellen und sein hartnäckiges Heidentum (*perfidia*) akzentuieren. Er wird nicht nur als Anführer identifiziert, der Sachsen mehrfach trotz ihrer vorherigen Unterwerfung und Geiselstellung zu erneuten Erhebungen motivierte. Er entzog sich auch diesen Unterwerfungen, indem er zum Dänenkönig flüchtete. So kam es 782 zum berüchtigten „Blutgericht von Verden", als die Sachsen angeblich 4500 Anhänger Widukinds auf Forderung Karls auslieferten, die der Karolinger enthaupten ließ, während Widukind sich erneut zu den Dänen geflüchtet hatte. Bereits drei Jahre später suchte Karl jedoch nach der Aussage fränkischer Quellen Verhandlungen mit Widukind, versicherte ihm durch Unterhändler, „dass er sich nicht retten werde", wenn er sich nicht taufen ließe, und garantierte ihm „Unverletzlichkeit" an Leib und Leben. Daraufhin kamen Widukind und sein Verwandter Abbio zur Taufe nach Attigny, einem königlichen Hof Karls des Großen im heutigen Frankreich, und „ganz Sachsen war nun unterworfen", wie die Reichsannalen knapp vermelden. Andere fränkische Annalen wissen überdies, dass Karl als Taufpate Widukinds fungiert und den Sachsen mit reichen Geschenken geehrt habe. Diese Nachricht fehlt in den Reichsannalen jedoch.

Mit diesem Bericht verschwindet Widukind aus den zeitgenössischen Quellen. Eine Renaissance der Erinnerung an ihn beginnt erst nach der Mitte des 10. Jh.s, als Widukind von Corvey ihn in seiner Sachsengeschichte als Vorfahren der ottonischen Königin Mathilde rühmt und ihn einen „großen Herzog" (*magnus dux*) nennt, der Karl in einem fast dreißigjährigen Krieg bekämpft habe. In Kenntnis dieser Aussagen ergänzt die ältere Lebensbeschreibung der Königin Mathilde, die zur gleichen Zeit geschrieben wurde, Widukind habe Karl in einem Zweikampf fast besiegt, ehe Gott zugunsten der Seinen eingegriffen habe; Widukind sei dann vom heiligen Bonifatus getauft worden. Nach der Taufe sei er auf seine Güter in Sachsen zurückgekehrt, und wie er früher die Christen verfolgt habe, habe er sich nun um die Ausbreitung des Christentums in Sachsen verdient gemacht, viele Kirchen gebaut – eine davon in Enger. Eine zweite Fassung der Lebensbeschreibung übernimmt diese Angaben.

Diese spätere Überlieferung schien dadurch bestätigt zu werden, dass in der Kirche in Enger ein Grabmal Widukinds hergestellt wurde. Aus diesen Anfängen hat sich seither ein intensives „Nachleben" Widukinds durch die Jahrhunderte entwickelt, das lokale, regionale und nationale Bedürfnisse befriedigte. Seine Aufgipfelung fand es wohl, als Alfred Rosenberg von den drei großen Deutschen Hermann, dem Cherusker, dem Sachsenherzog Widukind und Adolf Hitler schwadronierte; und als die Nazis in Enger eine Weihestätte für SS-Führer errichteten. Aber auch die lokale und regionale Erinnerung hatte Sagen und Mythen in

Fülle produziert, die den David, der Goliath getrotzt hatte, zur eigenen Identitätsstiftung nutzte. Bis heute hat diese Erinnerungskultur ihr Zentrum in den Kreisen Minden und Herford.

So fand es eine ungewöhnliche öffentliche Aufmerksamkeit, als in der Forschung im Jahre 1983 ein Mönch namens Widukind sozusagen entdeckt wurde, der in der Zeit Karls des Großen in den Konvent des Klosters Reichenau, auf einer Insel im Bodensee, eintrat. Vier Mal ist er in Listen und Verzeichnissen des Klosters genannt, sodass sich Beginn und Dauer seiner Mitgliedschaft im Konvent, indem er auch verstorben ist, relativ genau verfolgen lässt. In den Konvent eingetreten aber ist der Mann ungefähr um das Jahr 785 – dem Jahr der Taufe Widukinds in Attigny. Das kann man seiner Einordnung in eine Liste entnehmen, die den Klostereintritt der Mönche widerspiegelt. Der Name Widukind ist in der Karolingerzeit und danach extrem selten. Direkt vor diesem ungewöhnlichen Namen steht in der Klosterliste zudem ein Name, der in keiner anderen der vielen Listen der Reichenauer Mönche begegnet: Dominator. Es könnte sich daher um eine Bezeichnung handeln, die man Widukinds Namen hinzugefügt hat: Gewaltherrscher. Könnte also Karl der Große Herzog Widukind dazu gebracht haben, in das Kloster Reichenau einzutreten? Als Gefängnis ist das Kloster am Bodensee in dieser Zeit in einem anderen Fall jedenfalls bezeugt. Karl der Große hatte in der Tat nach der Taufe Widukinds in Attigny den Weg nach Italien über die Reichenau eingeschlagen, wo sein Beichtvater Waldo als Abt fungierte. Damit gibt es sicher keine Beweise, aber doch starke Indizien für ein Schicksal Widukinds, das erheblich besser zu König Karls Verhalten gegenüber seinen Gegnern passt als ein Leben Widukinds als Verbreiter des christlichen Glaubens in Sachsen: Alle anderen Gegner Karls landeten nämlich in Klosterhaft – ohne Ausnahme. Und der Sachse Widukind war doch der perfideste gewesen, wie selbst seinen Nachkommen noch in der *Translatio s. Alexandri* vor Augen gehalten wurde. Als sie nämlich ihre Bemühungen um Heiligenreliquien durch Fuldaer Mönche in der Mitte des 9. Jh.s schriftlich festhalten ließen, erwähnten diese nur das verstockte Heidentum Widukinds, von einer christlichen Phase in seinem Leben wussten sie nichts.

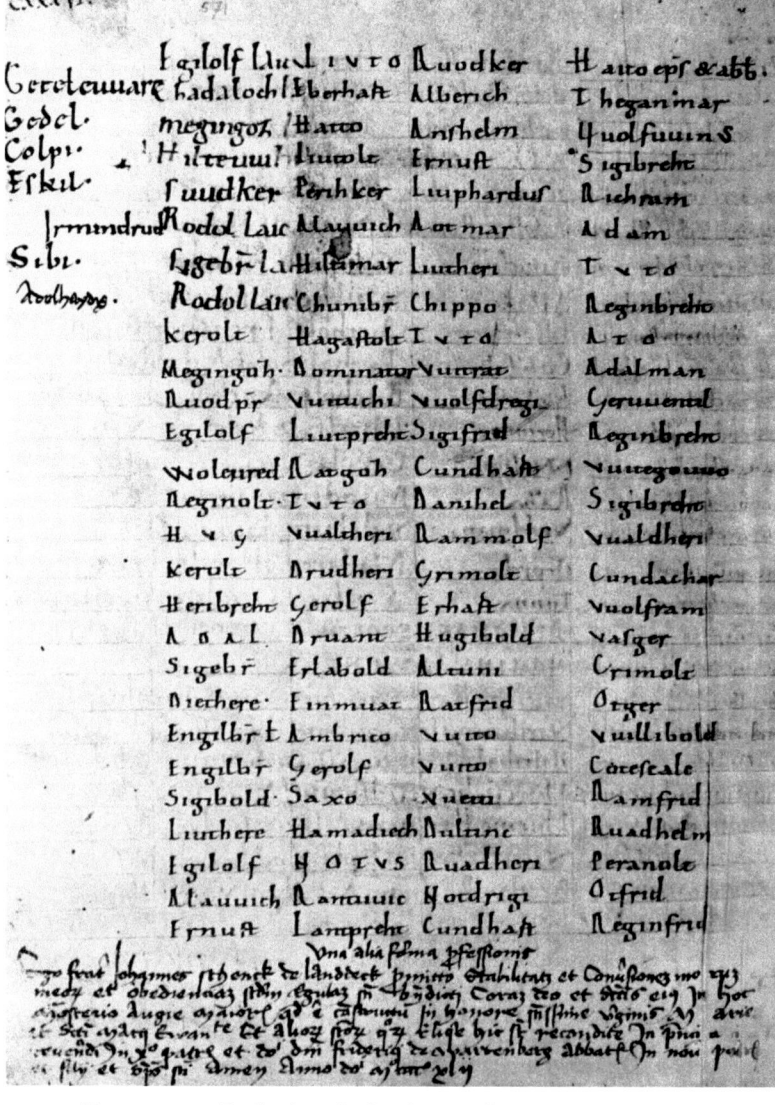

Abb. 1 Die sogenannte Professliste des Reichenauer Konvents, pag. 136 (spätere Abschrift). Der zur Zeit der Anlage lebende Konvent steht am Beginn der Liste. Durch Vergleiche kann man sichern, dass der Mönch „Vuituchi" in den 80er-Jahren des 8. Jh.s seine Profess auf der Reichenau abgelegt haben dürfte (vgl. Eintrag in der 2. Spalte). Vor seinem Namen steht ein weiterer sehr seltener Mönchsname „Dominator", der sonst in den Aufzeichnungen des Reichenauer Konvents nicht begegnet. Es könnte sich also um eine Bezeichnung des Mönchs Widukind handeln.

Literatur

Gerd Althoff: Der Sachsenherzog Widukind als Mönch auf der Reichenau. Ein Beitrag zur Kritik des Widukind-Mythos. Frühmittelalterliche Studien 17, 1983, 251–279.

Matthias Becher: Eid und Herrschaft. Untersuchungen zum Herrscherethos Karls des Großen. Vorträge und Forschungen, Sonderband 39 (Sigmaringen 1993).

Stefan Weinfurter: Karl der Große. Der heilige Barbar (München – Zürich 2013).

Unternehmen Gottesstaat

9. JAHRHUNDERT

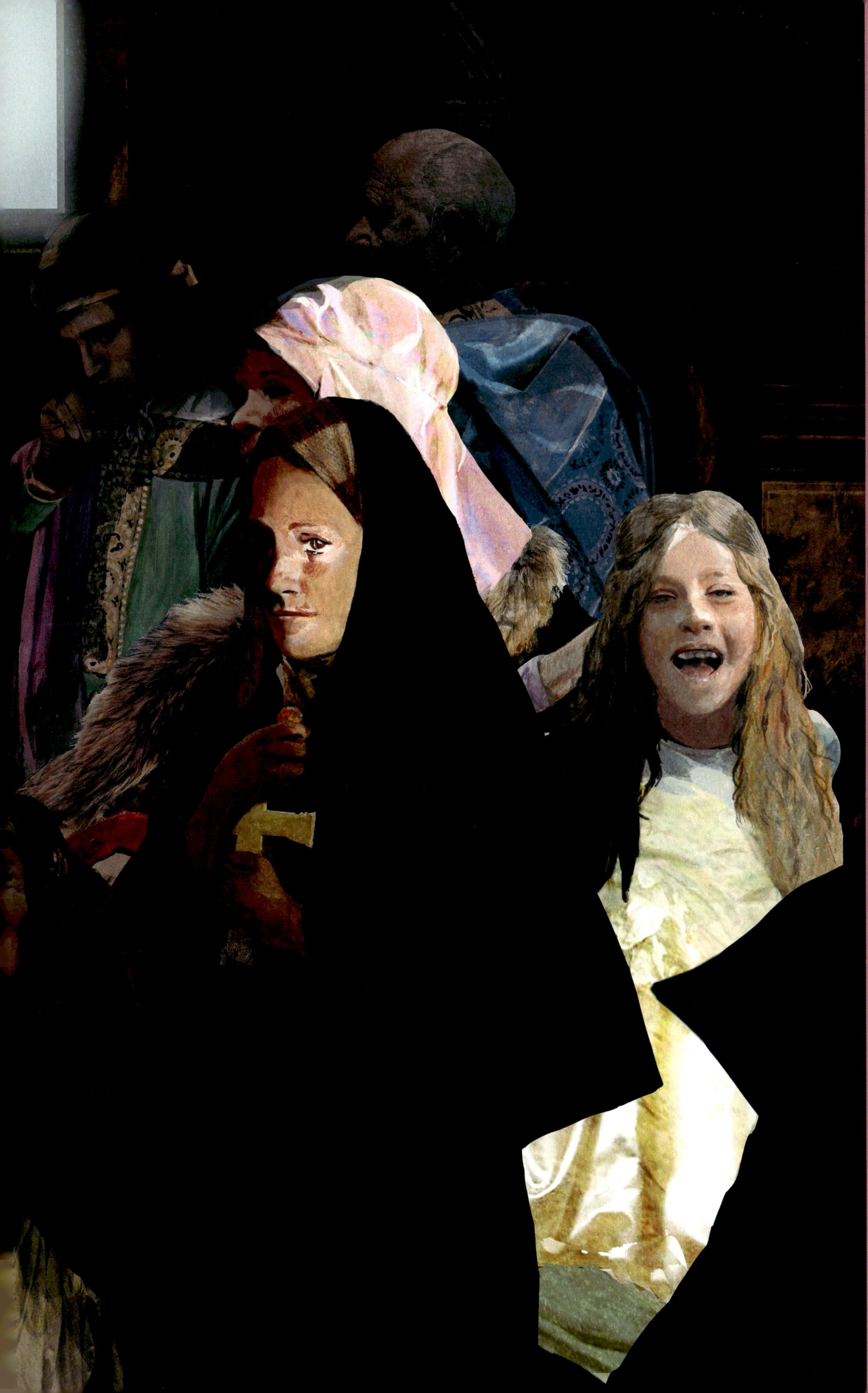

Als Kaiser Karl der Große 814 stirbt, hat er erreicht, woran der römische Kaiser Augustus gescheitert war: Das heute norddeutsche Land zwischen Rhein und Elbe untersteht seiner Herrschaft. Getragen wird die fränkische Macht jetzt auch dort von einer mächtigen Ideologie: ein Gott, ein König. Der eine steht für den anderen – und beide stehen über allem. Das ist eine klare Ansage.

Königtum und Kirche erschließen und strukturieren das Land Hand in Hand. Karls Sohn, Ludwig der Fromme (814–840), stattet das Reichskloster Corvey an der Weser mit Privilegien aus. Am Ende des 9. Jh. existieren in der Saxonia acht neue Bistümer. Die Bischöfe sind Entwicklungshelfer Gottes – und des Königs. Die Taufe verspricht Seelenheil – und Teilhabe an der Macht. Der christliche Kult wird auch für die Adelsfamilien in der Saxonia das neue Medium der Repräsentation. Sie tun es dem König und der Kirche gleich: Sie gründen Klöster und Stifte, vor allem für Frauen. Die Stifterfamilien lassen sich dort auch begraben. Kirchen statt Grabhügel: Der Adel setzt neue Landmarken.

Im Namen des Herrn   Die von Karl dem Großen mit „Feuer und Schwert" vorangetragene Christianisierung der Saxonia zielte auf die Gleichschaltung aller dort Lebenden durch den Kult. Dem dient auch die Einrichtung von Diözesen und die Einsetzung von Bischöfen. Das religiöse Zeichensystem ist das politische Zeichensystem. Bistumssitze sind Markierungen der politischen Landschaft. Die Bistümer werden aber nicht systematisch gegründet. Wir sehen heute: Sie etablieren sich im 9. Jh. erst nach und nach.

Das Kloster Corvey ist das Bollwerk des neuen Glaubens. Sein erster Abt kam aus dem Kloster Corbie in Nordfrankreich. Die Gründer brachten viele Bücher mit. Sie sind äußerst wertvoll, Seite für Seite von Hand geschrieben. Die Mönche lesen nicht nur christliche Autoren. Ihre Bibliothek enthält auch antike Werke der Philosophie, Geschichte, Geografie, Landvermessung oder Naturkunde. Corvey ist eine Bildungseinrichtung, ein Botschafter von Wissen, Glauben und Kultur. Lesen und schreiben können damals nur wenige, sogar Könige sind oft Analphabeten. Es gibt keine Schulen, lernen kann man das nur im Kloster. Den Umgang mit dem geschriebenen Wort beherrscht nur ein kleiner gelehrter Kreis – wo Schrift ist, da ist oben! Sie ist der Code der neuen Macht.

Familienangelegenheit   Eine der vornehmsten christlichen Stiftungen des Adels in der Saxonia entsteht in Gandersheim. Der Patriarch der Stifterfamilie heißt Liudolf. Er ist sehr einflussreich: Als „Dux" vertritt er den König. Ein Stift benötigt heilige Reliquien. Liudolf und seine Frau Oda holen sich 852 aus Rom Gebeine der Päpste Anastasius und Innozenz.

Das gestiftete Vermögen bleibt in der Familie: Ihre Tochter Hathumod wird mit 13 oder 14 Jahren die erste Äbtissin des Konventes. Ihr folgen noch zwei Schwestern nach. Vielleicht nicht ganz freiwillig. Aber es ist ein Privileg: Die Mädchen erhalten Zugang zu Bildung und Macht.

Erzählstoff: Wer sind die Sachsen? Darüber gehen im 9. Jh. die Meinungen weit auseinander. Einhard (um 770–840), der Biograf Karls des Großen schreibt damals über die hartnäckigsten Widersacher des Kaisers: „Die Sachsen waren ein wildes Volk, das Götzen anbetet und dem Christentum feindlich gesinnt war; auch empfanden sie es nicht als ehrlos, alle göttlichen und menschlichen Gesetze zu verletzen und zu übertreten." Familien der Oberschicht in Sachsen müssen Imagepflege betreiben: Sie sind gute Christen und das lassen sie auch schriftlich festhalten. Der Adlige Waltbert beschafft sich 850 für ein Kloster, das er in Wildeshausen stiftet, den Kopf des Heiligen Alexander. Sein Großvater hatte noch ein paar Jahrzehnte zuvor erbittert gegen den christlichen König gekämpft: Walbert ist ein Enkel Widukinds, des Anführers der Westfalaos. Nachdem er die Alexander-Reliquie aus Rom überführt hat, beauftragt Waltbert einen Mönch namens Rudolf im Kloster Fulda, darüber zu berichten. Rudolf tut unaufgefordert mehr: Er erzählt von der Herkunft der Sachsen. Davon hat er allerdings keine klaren Vorstellungen. Wir wissen: Der Mönch würfelt Abgeschriebenes bunt zusammen, auch Passagen aus der Germania des Römers Tacitus aus dem 1. Jh. Darin werden gar keine Sachsen erwähnt. Rudolf behauptet, sie kämen aus England.
(B. L.)

Zur Illustration auf der vorherigen Seite Das Bild zeigt Hathumod, die erste Äbtissin des Stiftes Gandersheim im Kreis ihrer Familie. Sie starb im Jahr 874 und wurde in Gandersheim begraben. Kelvin Wilson: „Meine erste Idee war es, Hathumod mit ihrer Familie in einer Art ‚Trapp-Familien'-Arrangement darzustellen. Hinten die Großen, vorne die Kleinen; das Elternpaar als die Säulen der Familie, die Mädchen als ‚Güter': Eine Tochter steht als Äbtissin schon im Dienst der Familie, jüngere sind noch frei, mit offenen Haaren. Ein Sohn sollte hinter dem Vater stehen: Sein zukünftiger Nachfolger. Diesen Entwurf habe ich nach und nach überarbeitet. Der Wohlstand der Familie rückte in den Vordergrund, denn ich wollte zeigen, dass das Stiften von Ehen ein sehr wesentlicher Teil der Besitzvermehrungsstrategien reicher Leute ist. Und deshalb ist die feierlich blickende Hathumod, die zur ‚Braut Christi' werden soll, im Bild umgeben von kostspieligen Textilien – das ist ihr Glorienschein."

„… lass Deine Engel Wächter ihrer Mauern sein"

Das Kloster Corvey und die Anfänge der Schriftlichkeit in Sachsen

HANS-WALTER STORK

„**Am Anfang westfälischer Buchkunst** steht die Abtei Corvey." Mit dieser eindeutigen Feststellung beginnt ein Beitrag zur Buchkunst in westfälischen Klöstern, der einen Überblick von deren Anfängen bis zum Ausgang des 15. Jh.s bietet und in dem Corvey, sein Skriptorium und seine Bibliothek, einen breiten Raum einnimmt[1]. Da Corvey das erste Kloster auf sächsischem Boden war[2], gebührt ihm der Vorrang auf dem Gebiet der Kulturvermittlung und dem Beginn der Schriftlichkeit in Sachsen.

Die Benediktinerabtei Corvey (Patrozinien: hl. Stephanus Protomartyr, mit Reliquien, die aus der Aachener Pfalzkapelle stammten und eine Schenkung Kaiser Ludwigs des Frommen waren, ab 836 hl. Vitus und später hl. Justinus) wurde im Jahr 822 von Corbie an der Somme aus gegründet. Nachdem ein erstes Mönchskloster als vom Mutterkloster abhängiges Priorat bereits 815 in Hethis, einem nicht genau lokalisierbaren Ort im Solling bei Holzminden, errichtet wurde, wobei man für die wirtschaftliche Ausstattung auf Besitzungen Corbies in Sachsen zurückgriff, stellte sich dieser Ort als geografisch und wirtschaftlich ungünstig heraus. Der Umzug an den heutigen Standort an der Weser wurde beschlossen, der neue Platz am 25. August 822 vom Paderborner Bischof Badurad (reg. 815–862) geweiht und am 25./26. September 822 der Umzug durchgeführt. Kaiser Ludwig der Fromme stattete Corvey mit zahlreichen Privilegien aus; die Urkunden darüber sind noch erhalten[3]. Als Geschenk kam damals auch ein kostbar eingebundenes Evangeliar nach Corvey. Johann Winnigstedt, von 1533 bis 1538 evangelischer Prediger in Höxter, berichtet in seinem *Chronicon Halberstadiense*[4] davon, aber die Handschrift ist mittlerweile verloren.

Kaiserliche Geschenke anlässlich von Kloster- oder Kirchengründungen waren üblich, und in diesen Zusammenhang gehört auch die vieldiskutierte Schenkung des ehemaligen Hofkaplans Ludwigs des Frommen, Gerold, der 850 in Corvey als Mönch eintrat und eine reiche Bücherschenkung mitgebracht haben soll – erhalten hat sich davon lediglich ein Kommentar des hl. Hieronymus zum Matthäusevangelium, heute in der Bayerischen Staatsbibliothek in München (clm 3781)[5].

So nahm das Kloster *nova Corbeia* unter seinem Gründungsabt Adalhard d. J. seinen Anfang; als ältestes in Sachsen gegründetes Kloster bestand die Abtei bis zur Säkularisation im Jahr 1803.

Für die Bibliotheksgeschichte Corveys sind bemerkenswerte Anstrengungen bei deren Aufbau, stolzer Besitz berühmter Handschriften, aber vor allem auch Plünderungen, Diebstähle, Kriegsverluste und Neuanfänge typisch. Und doch strahlt die Wirkung selbst der dezimierten Corveyer Klosterbibliothek bis heute aus.

Die Anfänge – der Zusammenhalt mit Corbie

Das Kloster Corbie, dem seit 657/661 als Stiftung von Königin Balthildis, der Witwe König Chlodwigs II., bestehenden, zur Gründungszeit Corveys nach wie vor blühenden Kloster, verfügte über eine für die damalige Zeit sehr große Bibliothek von mehr als tausend Bänden, von denen etwas über 800 erhalten geblieben sind[6]. Vorhanden waren sowohl die für den Gottesdienst notwendigen liturgischen Handschriften als auch theologische und klassische Studienliteratur, hier etwa Abschriften der Texte lateinischer römischer Klassiker, wie Cicero, Martial, Plinius, Sallust, Vergil, um nur einige zu nennen[7]. Es ist sehr wahrscheinlich, dass die Mönche, die nach Hethis bzw. Corvey gesandt wurden, für die Erstausstattung ihrer Bibliotheken – der liturgischen und der Studienbibliothek – Bücher aus dem Mutterkloster mitbrachten, auch wenn, wie es scheint, bei keiner erhaltenen Handschrift aus Corbie eine Nutzung in Corvey nachgewiesen ist.

Lediglich ein Corbier Fragment ist später in Corvey. Die Erzbischöfliche Akademische Bibliothek Paderborn hütet zwei Blätter aus einer Handschrift der *Collationes Patrum* des Johannes Cassianus (360/365–432/435), von der in Marburg drei weitere Blätter liegen[8]. Die Marburger Blätter sind aus der Bursfelder Handschrift 50, die später in Corvey lag, herausgelöst. Nur hier lässt sich ein Ortsbezug Corbie – Corvey nachweisen.

Für die notwendige Erstausstattung der Neugründung an Büchern kamen wohl zunächst neben Büchern aus Corbie auch Handschriften aus anderen Skriptorien und Bibliotheken nach Corvey. Schon hier begegnet ein Phänomen, das die Beschäftigung mit Handschriften so früher Zeit und die Erforschung der Bibliotheksbestände nicht nur des Klosters Corvey so schwierig macht: Bücher und deren Schreiber wandern[9]. Hier sind viele Varianten möglich. Es ist beispielsweise gang und gäbe, dass ein Kloster bei einem anderen, dessen Bibliothek über einen seltenen Text verfügt, eine Abschrift bestellt. Die Schreiber wenden für die Abschrift die Schrift an, die sie erlernt haben und die für ihr Skriptorium üblich ist. So wandert der Codex aus diesem Kloster – seiner Schreibheimat – in ein anderes und gehört zu dessen Bibliothek: die Bibliotheksheimat. Beides muss auseinander gehalten werden. Oder ein Skriptorium erbittet sich einen Schreiber aus einem befreundeten Skriptorium – und der schreibt in dem anderen Kloster und für dessen Bibliothek natürlich so, wie er es in seinem Heimatskriptorium gelernt hat. Besonders schwierig wird eine Zuschreibung dann, wenn an einem umfangreichen Werk mehrere, an unterschiedlichen Orten ausgebildete Schreiber mitgearbeitet haben. Im uns hier interessierenden 9. Jh. waren die sorgfältig ausgebildeten Schreiber für alle Schrifterzeugnisse ihres Klosters verantwortlich; sie schreiben nicht nur Bücher, sondern auch Urkunden, häufig genug auch als Gemeinschaftswerke mehrerer Schreiber. Das dadurch bereitgestellte Material macht letztendlich die Zuweisung einer Handschrift an ein Skriptorium auch nicht gerade einfacher.

Wohl die früheste Handschrift, die, in einem anderen Skriptorium entstanden, später nach Corvey gelangte und dort in Gebrauch war, ist der Wolfenbütteler Cod. Gud. lat. 269, das sogenannte *Breviarium in Psalmos* des Pseudo-Hieronymus, eine Handschrift des 7. Jh.s[10]. Der Codex kam über die Handschriftensammlung des Münsteraner Arztes Bernhard Rottendorf (*1685) als Geschenk in die Bibliothek des Rendsburger Gelehrten Marquart Gude (1635–1689) und von dort nach Wolfenbüttel. Bislang gibt der Codex nicht preis, in welchem Skriptorium er geschrieben wurde, aber eine Eintragung wohl des 10. Jh.s auf fol. 1r nennt seine Bibliotheksheimat: *liber sancti uiti in corbea* – „Buch des hl. Vitus in Corvey".

Aus dem Fuldaer Skriptorium – das Kloster wurde vom hl. Bonifatius im Jahr 742 gegründet – stammt eine der berühmtesten Handschriften aus Corvey: Der heute in Florenz aufbewahrte Tacitus-Codex (Biblioteca Medicea, Cod. Laur. Plut. 68.1) mit dem Text der ersten sechs Bücher der *Annalen*, die ausschließlich in dieser Handschrift überliefert sind[11]. Der im 2. Drittel des 9. Jh.s in Fulda[12] oder – vorsichtiger formuliert – von einem Fuldaer Schreiber geschriebene Codex kam zu einem unbestimmten Zeitpunkt, aber sicherlich noch im 9. Jh., nach Corvey, diente dort gelegentlich als Materialsammlung für historische Werke und erfuhr erst besondere Beachtung, nachdem er durch dreisten Diebstahl[13] in Corvey entwendet wurde, nach Italien kam und im Jahr 1508 von Kardinal Giovanni de' Medici, dem späteren Papst Leo X. (*1475, Papst von 1513 bis 1521), für seine eigene Bibliothek – also nicht für die Vaticana! – gekauft wurde, weshalb sich der Codex heute in Florenz befindet.[14] Das Interesse des Papstes an diesem Text war so groß, dass er eine Gesamtausgabe der Werke des Tacitus und darin an prominenter Stelle die Edition[15] der ersten sechs Bücher der Annalen erstellen und als Wiedergutmachung ein Exemplar des Druckes nach Corvey schicken ließ.[16] Eine zweite Ausgabe, diesmal kommentiert von dem Schlettstädter Humanisten Beatus Rhenanus, erschien im Jahr 1533 und schildert noch einmal die Umstände des Handschriftendiebstahls in Corvey und die Reaktion des Papstes darauf[17].

Aber zurück zu den Anfängen des Klosters Corvey und der Frühgeschichte seiner Bibliothek! In den ersten Jahrzehnten wird das junge Kloster von drei Äbten wesentlich geprägt: Adalhard (822–826), Wala (826–831) und schließlich Warin (826/33–856). Alle drei waren in Personalunion sowohl Äbte von Corbie als auch Corvey – was den Bücheraustausch sicherlich vereinfachte. Unter dem aus hohem sächsischen Adel stammenden Abt Warin – seine Mutter war die (später heiliggesprochene) Ida von Herzfeld, seine Schwester Addila erste Äbtissin des 823 in den Rang eines Reichsklosters erhobenen Stiftes Herford – wurden Reliquien des hl. Vitus aus der Abtei St. Denis bei Paris nach Corvey überführt; bis heute ist der Heilige Corveys Patron.

Über die Einrichtung eines Skriptoriums – das Bücher und vor allem Urkunden zu schreiben hatte – und nachfolgend einer Bibliothek in dem neubegründeten Klosterareal schweigen die Quellen. Interpretiert man dies aus heutiger Sicht, kann das bedeuten, dass deren Errichtung als so selbstverständlich angesehen wird, dass es keiner weiteren Erwähnung bedarf. Und Bücher brauchte das Kloster allemal.

Das Kloster entwickelt sich wunschgemäß, aber noch gibt es keine Chronik des Klosters, die man bereits in diesen Jahren geschrieben hätte. Nur die sogenannten „Corveyer Annalen" berichten schlagwortartig über die Anfänge; sie reichen von der Gründungsgeschichte des Klosters bis zum Jahr 1137[18]. Als einen zusammenhängenden Text darf man sich diese Annalen nicht vorstellen. Es sind lediglich kurze Bemerkungen zum Wirken von Kaisern, Bischöfen und Äbten, zu Begebenheiten, die für Corvey wichtig waren, zu Kriegen und Naturkatastrophen. Sie wurden überall, wo Platz war, von mehreren unterschiedlichen Schreiberhänden auf freien Stellen einer sogenannten Ostertafel eingetragen. Eine Ostertafel verzeichnet Jahr für Jahr, auf welches Datum das Osterfest fällt. Mit dieser schwierigen Berechnung haben sich zahlreiche Gelehrte (Komputisten) beschäftigt; das Corveyer Exemplar gehört zu dem Werk *De temporum ratione* (Über die Berechnung des Osterfest-Datums) des angelsächsischen Benediktinergelehrten Beda Venerabilis (672–735) aus dem Jahr 725. Davon hatte man sich im Benediktinerkloster Wearmouth-Jarrow um 740 eine Abschrift angefertigt, die über das Kloster Werden nach Corvey gelangte. Der Plünderung der Corveyer Bibliothek im Dreißigjährigen Krieg am 10. April 1634 fiel auch die Beda-Handschrift zum Opfer: nur wenige Blätter der Ostertafel – acht vollständige und vier bruchstückhaft erhaltene – tauchten einige Jahre später bei einem Buchbinder in Höxter als Bindematerial auf. Heute liegt das Handschriftenfragment im Staatsarchiv Münster (Msc. I Nr. 243; vgl. CLA IX 1233). Für die Schriftgeschichte Corveys ist es deswegen so bedeutsam, weil man dadurch verschiedene Corveyer Schreiber kennenlernt[19].

Dieses berühmte Fragment steht gewissermaßen stellvertretend für das Schicksal der „einstmals so bedeutenden" Corveyer Bibliothek – die Formulierung „*et fuit* olim *splendida bibliotheca*", „die Bibliothek in Corvey war *einst* herausragend", hatte schon der Historiker Hermann Hamelmann 1564 in seinem Buch über die berühmten Männer Westfalens gebraucht[20]. Für die frühe Überlieferung von Büchern, die ehemals in Corvey vorhanden waren, kommt solchen Handschriften-Fragmenten – nicht alle können hier erwähnt werden – besondere Bedeutung zu. Dass man Bücher auseinandernahm, um wenigstens noch das stets kostbare Pergament weiterzuverwenden, kommt häufig vor.

Direkt aus den Gründungsjahren der Abtei Corvey stammt ein Doppelblatt mit den sogenannten „Corveyer Annalen" in Berlin (Ms. theol. lat. fol. 452). Hier kommen die Paläografen zu dem Schluss, dass bereits in Corvey selbst ein Schreiber das Buch nach einem Vorbild aus Corbie geschrieben habe. Da im Text der Litanei sowohl Papst Gregor IV. (reg. 827–844) als auch Kaiser Ludwig der Fromme (778–840) erwähnt werden, ist eine Entstehung des Buches in den Jahren zwischen 827 und 840 anzunehmen.

In diese Zeit wird man auch die berühmte Inschrifttafel *Civitatem istam circumda te, Domine*, die nach Psalm 79 den Schutz Gottes und seiner Engel für die Klosterstadt erbittet, von der Westfassade der Klosterkirche datieren können. Die Inschrift steht auf einer Steinplatte von 173 × 87 cm und ist in einer gekonnt ausgeführten, formschönen Capitalis quadrata-Schrift ausgeführt. Bis heute ist die Inschrift weithin sichtbar; ursprünglich waren in den vertieften Buchstaben vergoldete Metalleinlagen befestigt (Abb. 1)[21]. Die Inschrift ist ein eindrückliches Zeugnis dafür, auf welcher Höhe die Schreibkunst in Corvey damals stand.

Ordnet man die Corveyer Handschriften in der Reihenfolge ihrer Entstehung, so folgt dem Berliner Fragment die erste vollständig erhaltene Handschrift aus Corvey, das sogenannte „Corveyer Evangeliar" der Erzbischöflichen Akademischen Bibliothek (Ms. Hux. 21a), zu datieren wohl um 840[22]. Der Codex enthält die vier Evangelien in der üblichen Reihenfolge (Mt, Mk, Lk und Joh, fol. 18r-175v), dazu die Vorreden (*praefationes, argumenta*) und Zusammenfassungen (*breviarii*) zu den Evangelien sowie das Lesungsverzeichnis (fol. 176r-189r). Einziger ornamentaler Schmuck ist die Folge von 16 Kanontafeln (fol. 6r-13v).

Der Codex ist sehr sorgfältig von einem Schreiber geschrieben worden; gelegentlich findet man Korrekturen von einer zweiten Hand. An einigen Stellen sind Neumen über den Text geschrieben, die darauf hinweisen, dass der Codex für den liturgischen Vortrag bestimmt war. Bernhard Bischoff, der sich (1979) mit dem Codex aus paläografischer Sicht beschäftigt hat,

Abb. 1 Steinplatte mit Inschrift in der Westfassade der Klosterkirche Corvey (9. Jh): CIVITATEM ISTAM TU CIRCUMDA DOMINE ET ANGELI TUI CUSTODIANT MUROS EIUS – „Beschirme diese Stadt, Herr, und lass Deine Engel Wächter ihrer Mauern sein".

sieht in ihm, nach allem, was wir über die Erzeugnisse des Corveyer Skriptoriums wissen, zu Recht den Beginn der Buchproduktion in Corvey: „Es [das Evangeliar] müßte in den Anfängen Corveys geschrieben sein; seine Schrift ist entschieden französisch beeinflußt"[23]. Hier zeigt sich das Corveyer Skriptorium nach zögernden Anfängen etwa 20 Jahre nach der Klostergründung zum ersten Mal imstande, einen vollständigen Codex herzustellen (Abb. 2 und 3).

In der Ausstellung, die der vorliegende Band begleitet, wird – zum ersten Mal nach vielen Jahrhunderten! – ebenfalls gezeigt und neben dem Paderborner Evangeliar ausgestellt eine Rechtshandschrift, die sogenannte Kapitulariensammlung des Ansegis, jetzt in der SUB Hamburg [24]. Kapitularien sind Gesetzessammlungen, und der aus fränkischem Adel stammende Abt Ansegis (770–834) von St. Wandrille bzw. Luxeuil hat als einer der ersten eine geordnete Sammlung davon angefertigt und in Abschriften verbreitet. Die Hamburger Handschrift ist eine mustergültig angefertigte, geradezu vorbildliche Ausfertigung dieser *Collectio capitularium*. Der Codex ist in einer klaren, schön geformten karolingischen Minuskel geschrieben, die Gliederungsbuchstaben in einer ebenso präzisen Capitalis. Der Codex selbst ist als Erzeugnis des Fuldaer Skriptoriums angesehen worden, lag aber schon früh im Kloster Corvey, wie eine Eintragung in tironischen Noten und eine in lateinischer Schrift des 10. Jh.s bezeugen. Der Codex liegt als Digitalisat vor[25], und in der Datenbank *Capitularia* der Universität Köln kann eine Transkription wichtiger Teile dieser für die Rechtsgeschichte sehr bedeutenden Handschrift konsultiert werden[26] (Abb. 4).

Wenn man das Paderborner Evangeliar und die Hamburger Rechtssammlung von ihrer Machart – dem verwendeten Pergament, der Sorgfalt, mit welcher geschrieben wurde – bewertet, ist es nicht abwegig, aufgrund des hohen Ausstattungsanspruchs in diesen beiden Codices Stücke aus der Erstausstattung der Bibliothek zu sehen. Jedes Benediktinerkloster sollte ja mit je einer Handschrift der Evangelien, des Psalters, der Regel des hl. Benedikt sowie einer Rechtshandschrift ausgestattet werden. Für Corvey blieb von der Benediktsregel und dem Psalter keine Spur. Aber die Evangelienhandschrift und das Rechtshandbuch blieben erhalten.

Die gesamte Bibel als Handschrift ist im 9. Jh. eher selten anzutreffen. Dennoch lässt sich aus Fragmenten von etwa 26 Blättern, die in Fulda aufbewahrt werden und von denen sich

CANON SECUNDUS IN QUO · III ·

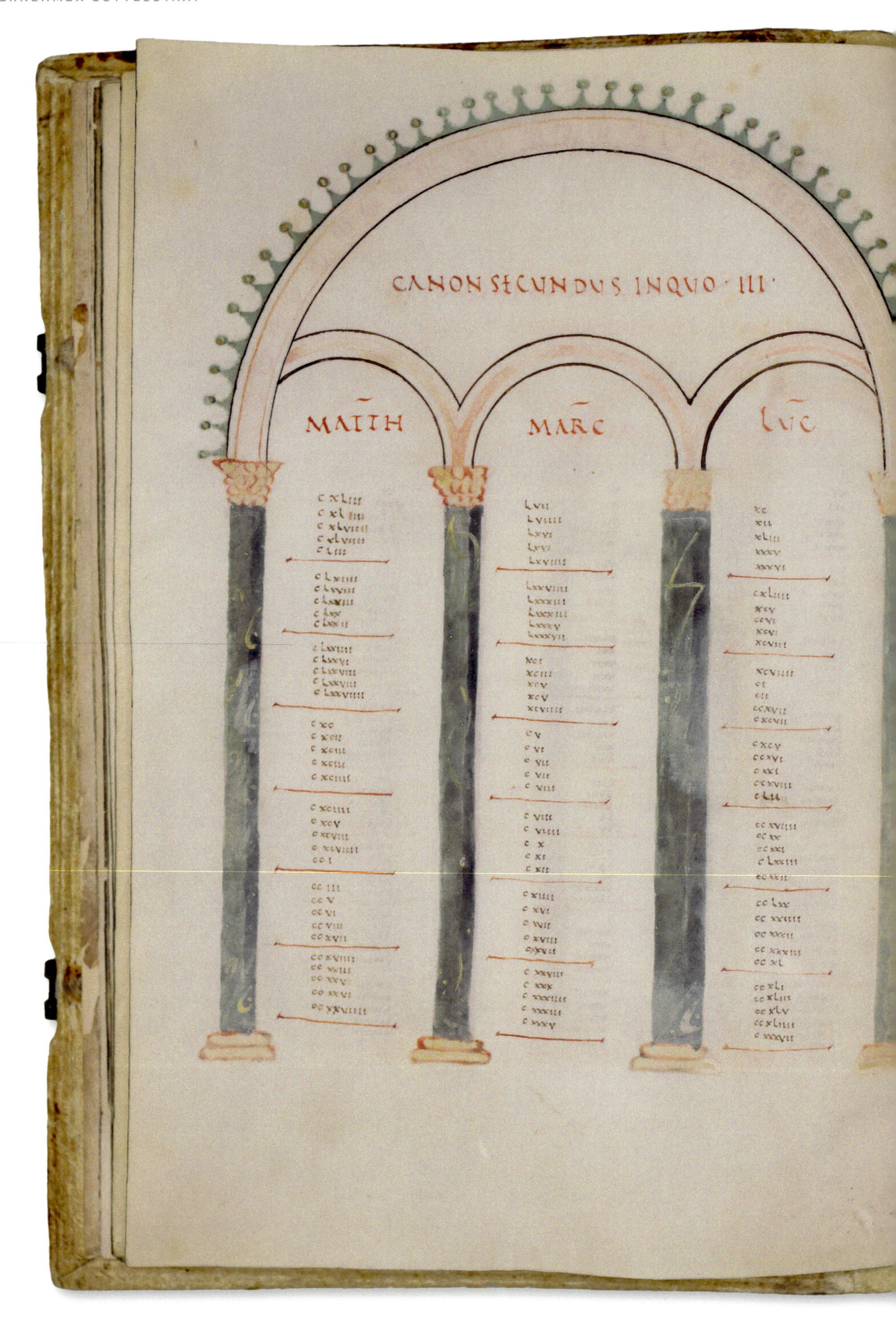

MATTH	MARC	LUC
cxliii	lvii	xc
cxlv	lviiii	xcii
cxlviii	lxv	xciii
clviii	lxviii	xxxv
cliii	lxviiii	xxxvi
clxiii	lxxx	cxliiii
clxv	lxxxiii	xcv
clxviii	lxxxv	xcvi
clxix	lxxxy	xcvii
clxxii	lxxxvii	
clxviiii		xcviiii
clxxv	xci	ci
clxxviii	xciii	cii
clxxviiii	xcv	ccxvii
clxxxviiii	xcviiii	cxcviii
cxc		
cxcii	cv	cxcv
cxciii	cvi	ccxvi
cxciii	cvii	cxxi
cxciiii	cvii	ccxviii
	cviii	cliii
cxciiii		
cxcv	cviii	
cxcviii	cviiii	ccxviiii
cxcviiii	cx	ccxx
cci	cxi	clxxiii
	cxii	ccxxii
cciii		
ccv	cxiiii	cclxx
ccvi	cxvi	ccxxviiii
ccviii	cxvii	ccxxxii
ccxvii	cxviii	ccxxxiii
	cxxviii	ccxl
ccxviii		
ccxviii	cxxviii	
ccxxv	cxxx	ccxli
ccxxvi	cxxxiii	ccxliii
ccxxviiii	cxxxiiii	ccxlv
	cxxxv	ccxliiii
		ccxxvii

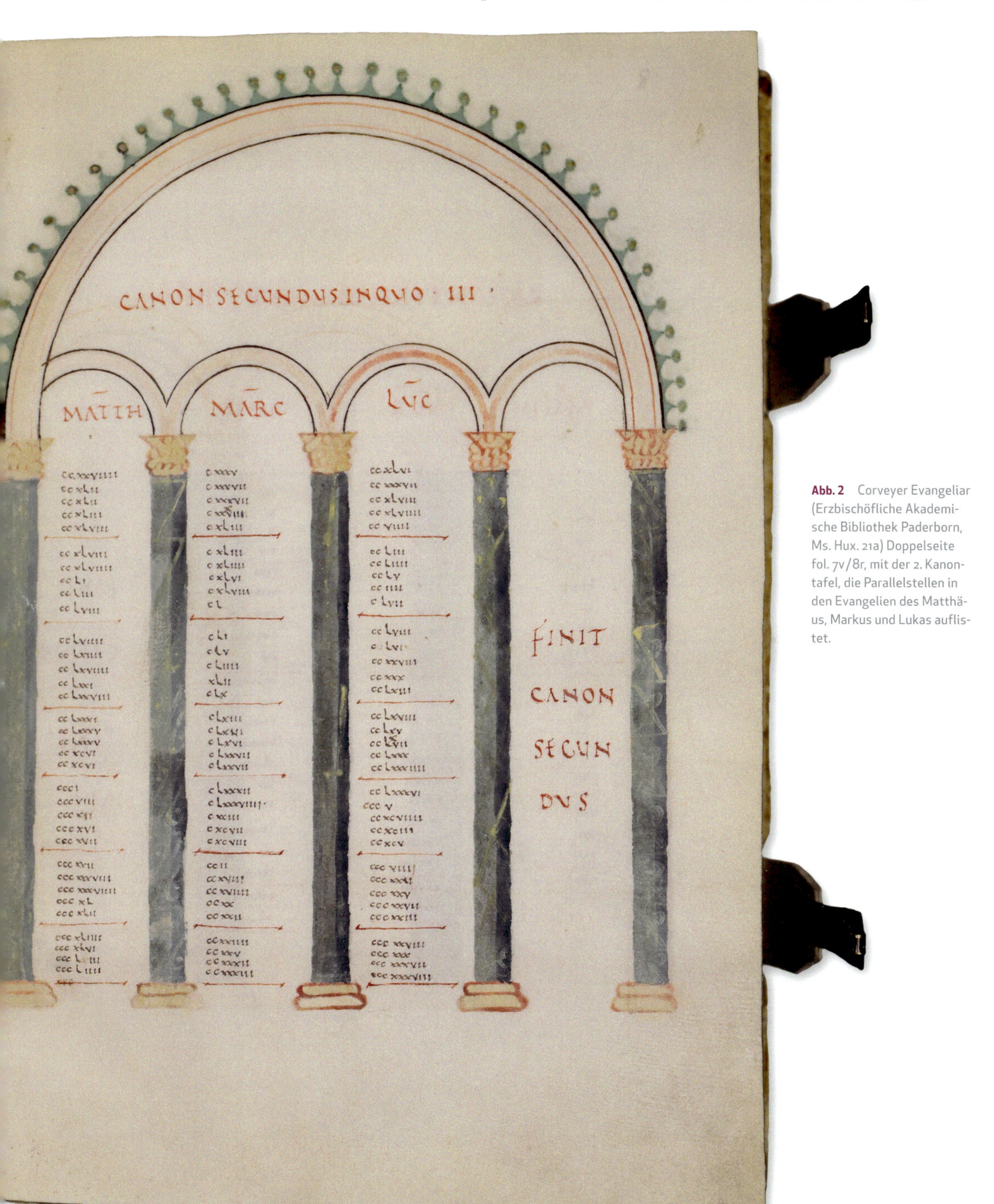

Abb. 2 Corveyer Evangeliar (Erzbischöfliche Akademische Bibliothek Paderborn, Ms. Hux. 21a) Doppelseite fol. 7v/8r, mit der 2. Kanontafel, die Parallelstellen in den Evangelien des Matthäus, Markus und Lukas auflistet.

INCIPIT ARGUMENTUM SECUNDUM MATTHEUM

Mattheus ex iudaea sicut in ordine primus ponitur ita euangelium in iudaea primus scripsit. Cuius uocatio ad dm̄ ex publicanis actibus fuit. Duorum in generatione xp̄i principia praesumens. unius cuius prima circumcisio in carne. alterius cuius secundum cor electio fuit. et ex utrisque in patribus xp̄s. sicque quater denario numero triformiter posito principium a credendi fide in electionis tempus porrigens. & ex electione usque in transmigrationis diem dirigens. atque a transmigrationis die usque in xp̄m definiens decursam aduentus dn̄i ostendit generationē. ut et numero satisfaciens & tempori & se quod esset ostenderet. & dī in se opus monstrans etiam in his quorum genus posuit xp̄i operantis a principio testimonium non negaret. Quarum omnium rerum tempus ordo numerus dispositio uel ratio quod fidei necessarium est dī xp̄s est. qui factus est ex muliere factus sub lege natus ex uirgine passus in carne. omnia in cruce fixit. ut triumphans eam in semetipso resurgens in corpore et patris nomen in patribus filio. & filii nomen patri restituens in filiis. sine principio sine fine ostendens unum sē cum patre esse quia unus est. in quo euangelio utile est desiderantibus dm̄. sic prima uel media

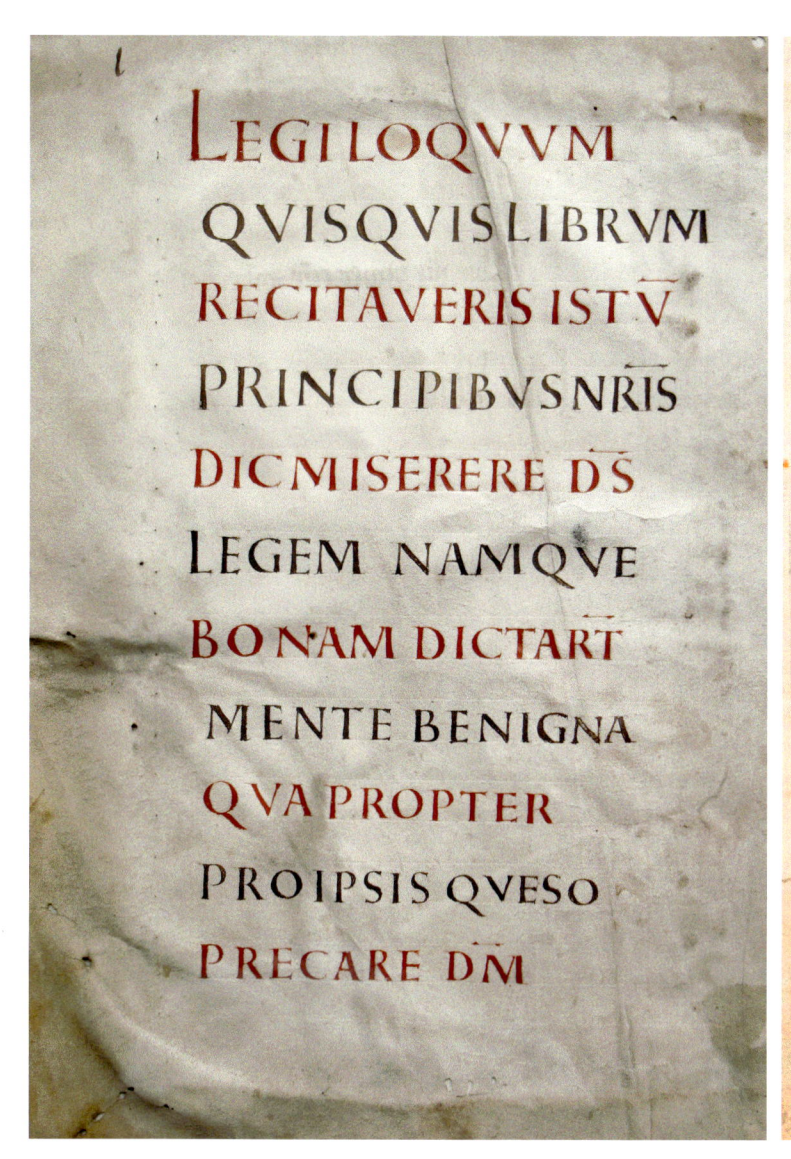

Abb. 4 Kapitulariensammlung des Ansegis (Staats- und Universitätsbibliothek Hamburg, Cod. in scrin. 141a) Seite fol. 1v mit dem in Capitalis geschriebenen Beginn des Ansegis-Gedichts zum Beginn seiner Textzusammenstellung.

Abb. 5 Beginn des „Heliand" aus Münchner Handschrift (Bayerische Staatsbibliothek, cgm 25, fol. 1r).

weitere auf mehrere europäische und amerikanische Bibliotheken verteilen[27], zum ersten Mal eine Bibelhandschrift erschließen, die im Corveyer Skriptorium in der zweiten Hälfte des 9. Jh.s entstand. Aus paläografischer Sicht ist sie das Werk mehrerer Schreiber. Das 1. Buch der Chronik (1 Paralipomenon, Fulda, fol. 24r) ist mit einer Goldleisten-Initiale über 14 Zeilen verziert; auch der Textbeginn ist in goldener Capitalis geschrieben. Das zeigt ansatzweise den hohen Ausstattungsanspruch dieser Bibelausgabe (Abb. 6).

Bald nach 865 ist eine Corveyer Handschrift mit der Lebensbeschreibung des hl. Ansgar (*Vita Anskarii*, 801–865) entstanden, die dessen Nachfolger als Abt, Rimbert, zum Verfasser hat (Stuttgart, Württ. Landesbibliothek HB XIV 7). Einziger Schmuck ist eine Corbier Vorbildern verpflichtete Zierinitiale zum Textbeginn. Auch diese Handschrift ist das Werk eines einzigen Schreibers.

Es scheint, als habe das Skriptorium von Beginn an sowohl lateinische als auch volkssprachige Bücher hergestellt. Frühes

← **Abb. 3** Corveyer Evangeliar (Erzbischöfliche Akademische Bibliothek Paderborn, Ms. Hux. 21a) Seite fol. 18r mit dem Textbeginn des Matthäus-Evangeliums.

INCIPIT PREFATIO SCI HIERONIMI IN LIBRO DABRELAMIN ID EST VERBA DIERUM

Si septuaginta interpretum pura et ut ab eis in grecum uersa est editio permaneret, superflue me mi chromati episcoporum sanctissime atq. doctissime inpelleres, ut hebraea uolumina latino sermone transferrem. Quod enim semel aures hominum occupauerat, et nascentis ecclesiae roborauerat fidem, iustitiae etiam nostro silentio comprobari. Nunc uero cum pro uarietate regionum diuersa ferantur exemplaria. et germana illa antiquaq. translatio corrupta sit atq. uiolata, nostri arbitrii putas aut e pluribus iudicare quid uerum sit. aut nouum opus in ueteri opere condere. Inludentibusq. iudeis cornicum tradit oculos configere. Alexandria et aegyptus in LXX suis esychium laudat auctore. Constantinopolis usq. antiochiam luciani martyris exemplaria probat. Mediae inter has prouinciae palestinos codices legunt. quos ab origine elaboratos eusebius et pamphilius uulgauerunt. Totusq. orbis hac inter se trifaria uarietate conpugnat. Et certe origenis non solum exempla conposuit quattuor editionum e regione singula uerba describens. ut unus dissentiens statim ceteris inter se consentientibus arguatur. sed quod maioris audaciae est. In editione septuaginta. theodotionis editionem miscuit. Asteriscis designans quae minus fuerint. et uirgulis quae ex superfluo uideantur apposita. Si igitur aliis licuit non tenere quod semel susceperant. et post LXX cellulas quae uulgo sine auctore iactantur singulas cellulas aperuere. hocq. in ecclesiis legitur quod septuaginta nescierunt. Cur me non suscipiant latini mei. qui uiolata ueteri. Icanouum sic condidi. ut laborem meum hebreis. et quod his maius est apostolis auctoribus probem. Scripsi super librum de optimo genere interpretandi. ostendens ea de euangelio. Ex aegypto uocaui filium meum. Et. Quoniam nazareus uocabitur. et in quem compunxerunt. Et illud apli. quae oculus non uidit nec auris audiuit nec in cor hominis ascenderunt quae praeparauit ds diligentibus. Ceteraq. his similia in hebreorum libris inueniri. Certe apostoli et euangelistae

septuaginta interpretes nouerant. et unde eis haec dicere. quae in septuaginta non habentur. Xps dns noster utriusq. testamenti conditor. in euangelio secundum iohannem. qui credit inquid in me sicut dicit scriptura. flumina de uentre eius fluent aquae uiuae. Utique scriptum est. quod saluator scriptum esse testatur. ubi scriptum est. septuaginta non habent. Apocrifa nescit ecclesia. Ad hebreos igitur reuertendum est. Unde et dns loquitur. et discipuli exempla presumunt. Haec pace uererum loquar. et obtrectatoribus meis tantum respondeo. qui canino dente me rodunt. in publico detrahentes. legentes in angulis. idem et accusatores et defensores. cum aliis probent. quod in me reprobant. Quasi uirtus et uicium non in rebus sit. sed cum auctore mutetur. Ceterum memini editionem LXX translatorum olim de greco emendatam tribuisse me nostris. nec inimicum debere estimari eorum quos in conuentu fratrum semper edissero. Et quod nunc dabreiamin. id est uerba dierum. interpretatus sum. Id circo feci. ut inextricabiles moras et siluam nominum. quae scriptorum confusa sunt uitio. sensuumq. barbariem aperirem. et peruersum cognoscere meum. michi ut si et meis. Iuxta hunc sensum ceterum iuxta hunc sensum cetera si quae desunt ceterorum.

EXPLICIT PREFATIO SCI HIERONIMI INCIPIT LIBER DABRELAMIN ID EST UERBA DIERUM QUOD EST PARALIPPOMENON LIBER I

ADAM SED ENOS CAINAN MALELEHEL IARITH

enoc matusale lamech noe sem cham et iafeth. filii iafeth gomer magog madai et iauan tubal mosoch thiras. porro filii gomer eschenez et riphat et thogorma. filii autem iauan elisa et tharsis cethim et dodanim. filii cham chus et mesraim phut et canaan. filii autem chus saba et euila. sabatha et rechema et sabathacha.

Zeugnis der altsächsischen Überlieferung ist die um 850 in Corvey entstandene Handschrift des Heliand (München, BSB, Cgm 25) (Abb. 5).[28] Die Dichtung entstand als Auftragsarbeit von *Ludouicus piissimus Augustus*, dem „allerfrommsten Kaiser Ludwig", „dem Deutschen" (843–876). Es handelt sich um eine Nachdichtung der Ereignisse, die im Neuen Testament geschildert sind, aber mit zeitgenössischen Bezügen. Das Werk richtet sich an ein Publikum aus Laien und Geistlichen – deshalb der Gebrauch der altsächsischen und nicht der lateinischen Sprache. Autor des Heliand war der Fuldaer Mönch Gottschalk der Sachse (806/808–876/880), ein Sohn des sächsischen Grafen Berno, der zunächst dogmatische Traktate vorgelegt hatte, die zu seiner Verurteilung auf den Synoden zu Mainz (848) und Quierzy (849) führten, aber in den letzten Lebensjahrzehnten auch Schriften zur Grammatik und Theologie. Abgesehen von einigen wesentlich kleineren Sprachdenkmälern ist der Heliand der einzige umfangreiche Text in altsächsischer Sprache. Einen Hinweis auf die Art der Benutzung des Heliand geben die Neumen (Notenzeichen), mit denen mehrere Textpartien ausgestattet wurden[29].

Vielleicht im letzten Drittel des 9. Jh.s gelangt eine prachtvoll ausgestattete, wohl im Skriptorium des Benediktinerklosters Saint Vaast bei Arras um 875 geschaffene Evangeliarhandschrift nach Corvey. An ihrer Herstellung sind mehrere Werkstätten beteiligt: Die Schreiber kommen aus Corvey, die Maler der Schrift-Zierseiten aus Saint Vaast und die Buchmaler der figürlichen Darstellungen aus Reims[30]. Nachdem die Normannen (Wikinger) auf ihren seit 839/40 immer wieder auftretenden Plünderungszügen auch Saint Vaast bedrohten, brachte man den Codex wohl in Corvey in Sicherheit. Bislang waren die im Corveyer Skriptorium hergestellten Evangeliare und Evangelistare reine Texthandschriften, abgesehen von den Kanontafeln ohne besonderen buchmalerischen Schmuck und ohne figürliche Darstellungen. Das reich ausgestattete Vaaster Evangeliar diente nun als Vorbild für Darstellungen der vier Evangelisten.

Mit dem Beginn des 10. Jh.s entstehen in der Buchmalerei-Werkstatt des Klosters Corvey zahlreiche Evangeliare – elf davon lassen sich noch nachweisen –, die nunmehr auch Evangelistenbilder enthalten. Das Corveyer Skriptorium ist nun für etwa hundert Jahre das bedeutendste in Sachsen[31].

Ausblick: ein Skriptorium mit Buchbinderei in Corvey – und tom Roden

Nur eine einzige Handschrift aus Corvey hat auch ihren originalen Schmuckeinband bewahrt: das Evangeliar aus Helmstedt, jetzt in Wolfenbüttel (Cod. Guelf. 426 Helmst.).

Hierzu passt, dass man bei Ausgrabungen im Corveyer Klosterareal zahlreiche Beschlagbleche von liturgischen Objekten gefunden hat, die eindeutig zeigen, dass es in Corvey neben dem Skriptorium auch eine Goldschmiedewerkstatt gegeben hat[32]. Besonders interessant ist der Fund von zwei Metallbuchstaben, die als Einlagen in monumentale Inschriften verwendet worden waren – aber nicht in der bereits erwähnten Inschriftentafel *Civitatem istam* vom Westbau. Diese berühmte Inschrift ist in den Zeitraum nach 822 und vor 885 zu datieren, die beiden Metallbuchstaben wohl ebenfalls – und beide verweisen in ihren Buchstabenformen auf die Auszeichnungsschriften sowohl des Corveyer Evangeliars der Erzbischöflichen Akademischen Bibliothek Paderborn als auch der Rechtshandschrift in Hamburg.

In tom Roden, dem im späteren 12. Jh. ganz in der Nähe von Corvey gegründeten Priorat Corveys, das 1538 wieder aufgegeben wurde, sind dann schließlich frühgotische Buchbinder-Werkzeuge gefunden worden, die auch hier eine Kontinuität bezeugen. Interessant ist in diesem Zusammenhang, dass die kunsthistorische Forschung zwei Handschriften nach tom Roden lokalisiert: ein Evangeliar um 1000 in Wolfenbüttel, das *Rode* im Besitzeintrag nennt (Cod. Guelf. 576.2 Novorum) mit Darstellungen der vier Evangelisten in einfachen Federzeichnungen, und das stilistisch gleiche Evangeliar der ehemalige Graf Schönborn'schen Schloßbibliothek in Pommersfelden, das im Jahr 2018 nach Bamberg verkauft wurde. Ebenfalls in diese Gruppe zu lokalisieren und in die Jahre um 1000 zu datieren ist das bislang in diesem Zusammenhang noch nicht betrachtete sogenannte „Elfenbein-Evangeliar" der Staats- und Universitätsbibliothek Hamburg, Cod. in scrin. 93[33], das außer den Kanontafeln keinen ornamentalen bzw. figürlichen Schmuck aufweist.

Doch mit dieser Handschrift beginnt für das Kloster Corvey das dritte Jahrhundert seines Bestehens – die Anfänge des Jahres 822 hat das Weserkloster und sein berühmtes Skriptorium längst hinter sich gelassen.

← **Abb. 6** Seite einer Bibelhandschrift aus dem Corveyer Skriptorium mit dem goldenen Zierbuchstaben; 2. H. 9. Jh. (Hochschul- und Landesbibliothek Fulda, Fragm. 2, fol. 28).

Anmerkungen

1 Haller 2003. Seit den Forschungsarbeiten von Klemens Honselmann und vor allem Hermann-Josef Schmalor ist den Codices aus Corvey in der Erzbischöflichen Akademischen Bibliothek Paderborn (EAB) stets viel Aufmerksamkeit gewidmet worden. Eine reiche Materialsammlung steht zur Verfügung, ausgehend von der ältesten komplett erhaltenen Handschrift aus Kloster Corvey, dem hier ausgestellten Evangeliar Ms. Hux. 21a. Herrn Hermann-Josef Schmalor sei für zahlreiche Hinweise zum Thema herzlich gedankt.
2 Zur Geschichte des Klosters Corvey im Überblick Stüver 1980; Claussen und Skriver 2007.
3 Die Urkunden hierüber bei Kölzer 2016, Nr. 226 und 227.
4 Abel 1732, S. 250–524, hier S. 261: „Dazu hat der Kaiser Ludovicus Pius zwo Evangelien-Bücher mit Gold, Silber und Edelgesteinen auf das köstlichste zurichten lassen, und (…) das andere aber dem Stiffte zu Corvey, zu einer ewigen Freundschafft und stattlichem Gedechtniß (geschenkt)."
5 Bayerische Staatsbibliothek München Clm 3781: „Hunc librum Geroldus pro remedio animae suae concessit ad reliquias sanctorum martyrum Stephani atque Viti." Ob das Manuskript in Corvey hergestellt wurde, ist fraglich; seine Paläografie verweist allgemeiner auf Norddeutschland. Bischoff, festländische Hss. Nr. 2949.
6 Eine digitale Übersicht zu den Handschriften aus Corbie bei Klaus Zechiel-Eckes: www.mgh.de/datenbanken/leges/pseudoisidor/corbie/
7 Liste von Zechiel-Eckes (wie Anm. 6).
8 EAB Paderborn, Fragment 11 / Marburg, Universitätsbibliothek, Ms. 375/17–18. – Die beiden Teile gehören ursprünglich zu *einer* Lage aus der Cassianus-Handschrift (Marburg: Kap. XXI, 10–11, Paderborn: XXI, 13–14 / 18–22, dann wieder Marburg: XI, 23, 25 usw.) – Zum Marburger Fragment siehe Heyne 2002, S. 269. Zum Paderborner Fragment siehe den für 2019 in Vorbereitung befindlichen Fragmenten-Katalog der EAB Paderborn.
9 Schmalor 2008, S. 62–65.
10 Codices Latini Antiquiores IX, Nr. 1379, mit 2 Abb.
11 Ein frühes Faksimile legte vor Rostagno 1902. – Digitalisat: http://mss.bmlonline.it/s.aspx?Id=AWOIt4y5h1A4r7GxMMW5&c=Cornelius%20Tacitus#/book.
12 Aris und Pütz 2010, Nr. 29.
13 Honselmann 1971, S. 65–68.
14 Wolter-von dem Knesebeck 2002, S. 469–528; zum Tacitus-Codex S. 486.
15 Taciti Opera, libri quinque noviter inventi, atque cum reliquis ejus operibus editi. Cura Philippi Beroaldi. Rom, Stephanus Guillereti de Lotharingia 1515.
16 Mendell 1930, S. 63–70; Frohne 2006, S. 727–740.
17 Ein Exemplar dieser Ausgabe ist in der EAB Paderborn vorhanden: Th 1405a. Hirstein 1995.
18 Die Corveyer Annalen. Textbearbeitung und Kommentar von Joseph Prinz 1982.
19 Prinz (wie Anm. 18); zu seiner Edition siehe die wichtige Rezension von Eckart Freise in: Lippische Mitteilungen aus Geschichte und Landeskunde 52, 1983, S. 413–418.
20 Zum Kontext des Zitats Schmalor 1997, S. 251–269, hier S. 251 mit Anm. 3.
21 Krüger 2014.
22 Digitalisat unter https://nova-corbeia.uni-paderborn.de – virtuelle Bibliothek.
23 Bischoff 1979, S. 161–170, Zitat 165 Anm. 12.
24 Staats- und Universitätsbibliothek Hamburg. Cod. in scrin. 141a. – Zur Hs. Mordek 1995, 153–157.
25 Persistente URL: HANSh4232 bzw. http://dfg-viewer.de/show/?set[mets]=http://mets.sub.uni-hamburg.de/goobi/HANSh4232
26 Capitularia. Edition der fränkischen Herrscherlasse. URL für die Hamburger Handschrift: http://capitularia.uni-koeln.de/mss/hamburg-sub-141-a/
27 Chicago, Newberry Library, Fragm. 5. – Fulda, HLB, Fragm. 2. – Hildesheim, Dombibliothek, Fragm. 23. – New York, Union Theological Seminary, Ms. 10.
28 Digitalisat: http://daten.digitale-sammlungen.de/0002/bsb00026305/images/index.html
29 Hellgardt 2011, S. 163–207, hier S. 182 f. (Nr. 20).
30 Kubínová 2014, S. 126–135; Dies 2018.
31 Kuder 2018, S. 181–188, mit einem Katalog der Corveyer Hss.
32 Gai, Krüger und Thier 2012, darin: „Die Herstellung von liturgischen Objekten und Büchern im Kloster Corvey im Mittelalter", S. 539–543.
33 Stork 2007, S. 265–288.

Literatur

Caspar Abel (Hrsg.): Sammlung etlicher noch nicht gedruckten alten Chronicken. Teil II, Chronicon Halberstadiense (Braunschweig 1732), 250–524.

Marc-Aeilko Aris und Regina Pütz (Hrsg.): Ausgewählte Handschriften und Handschriftenfragmente aus der mittelalterlichen Bibliothek des Klosters Fulda (Fulda 2010).

Bernhard Bischoff: Die Schriftheimat der Münchener Heliand-Handschrift. Beiträge zur Geschichte der deutschen Sprache und Literatur 101, 1979, 161–170.

Hilde Claussen und Anna Skriver: Die Klosterkirche Corvey. Bd. 2: Wandmalerei und Stuck aus karolingischer Zeit. Denkmalpflege und Forschung in Westfalen 43,2 (Mainz 2007).

Die Corveyer Annalen. Textbearbeitung und Kommentar von Joseph Prinz. Veröffentlichung der Historischen Kommission für Westfalen 10,7 (Münster 1982).

Renate Frohne: Das Privileg von Papst Leo X. für die *Editio princeps*, die erste Gesamtausgabe der Werke des Publius Cornelius Tacitus, 1515. In: UFITA 2006, III, 727–740.

Svea Gai, Karl Heinrich Krüger und Bernd Thier: Die Klosterkirche Corvey. Geschichte und Archäologie (Darmstadt 2012).

Bertram Haller: Buchkunst in westfälischen Klöstern – ein Überblick. In: Karl Hengst (Hrsg.): Westfälisches Klosterbuch. Teil 3: Institutionen und Spiritualität (Münster 2003), 625–681.

Ernst Hellgardt: Neumen in Handschriften mit deutschen Texten. Ein Katalog. In: „Ieglicher sang sein eigen tiht". Germanistische und musikwissenschaftliche Beiträge zum deutschen Lied im Spätmittelalter, hg. von Christoph März (†), Lorenz Welker und Nicola Zotz. Elementa Musicae 4 (Wiesbaden 2011), 163–207.

Sirka Heyne: Die mittelalterlichen Handschriften der Universitätsbibliothek Marburg (Wiesbaden 2002).

James S. Hirstein: Tacitus' Germania and Beatus Rhenanus (1485–1547). A Study of the Editorial and Exegetical Contribution of a Sixteenth Century

Scholar. Studien zur klassischen Philologie 91 (Frankfurt am Main/New York 1995).

Klemens Honselmann: Der Diebstahl der Tacitus-Handschrift in Corvey und die Anfänge der Altertumsforschung in unserer Heimat. Die Warte 32, 1971, 65–68.

Theo Kölzer: Die Urkunden Ludwigs des Frommen (Wiesbaden 2016).

Kristina Krüger: Nicht verborgen, sondern goldgehöht – doch nur den Wenigsten verständlich: die Corveyer Fassadeninschrift. In: Tobias Frese, Wilfried E. Keil, Kristina Krüger (Hrsg.): Verborgen, unsichtbar, unlesbar – zur Problematik restringierter Schriftpräsenz (Berlin 2014), 59–84.

Kateřina Kubínová: From the Frankish Empire to Prague: Evangeliary Cim 2 in the Library of the Prague Metropolitan Chapter. Convivium 1, 2014, 126–135.

Kateřina Kubínová: Prasky evangeliár Cim 2. Rukopis mezi zememi a staletimi stredoveke Evropy (Prag 2018) [Tschechisch mit englischer Zusammenfassung].

Ulrich Kuder: Studien zur ottonischen Buchmalerei. Hg. und eingeleitet von Klaus Gereon Beuckers (Kiel 2018); Bd. 1, 181–188.

Clarence W. Mendell: The Princeps Tacitus. In: The Yale University Library Gazette 4, 1930, 63–70.

Hubert Mordek: Bibliotheca capitularium regum Francorum manuscripta. Überlieferung und Traditionszusammenhänge der fränkischen Herrschererlasse (München 1995), 153–157.

Enrico Rostagno: Tacitus. Codex Laurentianus Mediceus 68.1. Phototypice editus Lugduni Batavorum. Codices Graeci et Latini photographice depicti, Bd. 7 (Leiden 1902).

Hermann-Josef Schmalor: Die Bibliothek der ehemaligen Reichsabtei Corvey. Westfälische Zeitschrift 147, 1997, 251–269.

Hermann-Josef Schmalor: Bücher in Bewegung – Bibliotheken und Skriptorien in Corvey und Paderborn. In: AK Paderborn 2008: Eine Welt in Bewegung. Unterwegs zu Zentren des frühen Mittelalters (München 2008), 62–65.

Hans-Walter Stork: Das Festtagsevangeliar des Hamburger Domes. Beobachtungen zu Cod. in scrinio 93 der Staats- und Universitätsbibliothek Hamburg. In: Sünje Prühlen, Lucie Kuhse und Jürgen Sarnowsky (Hrsg.): Der Blick auf sich und die anderen. Selbst- und Fremdbild von Frauen und Männern in Mittelalter und früher Neuzeit. Festschrift für Klaus Arnold (Göttingen 2007), 265–288.

Wilhelm Stüver: Corvey. In: Rhaban Haacke (Hrsg.): Die Benediktinerklöster in Nordrhein-Westfalen. Germania Benedictina 8 (München 1980), 236–293.

Harald Wolter-von dem Knesebeck: Buchkultur im Spannungsfeld zwischen der Kurie unter Leo X. und dem Hof von Franz I. In: Götz-Rüdiger Tewes und Michael Rohlmann (Hrsg.): Der Medici-Papst Leo X. und Frankreich. Politik, Kultur und Familiengeschäfte in der europäischen Renaissance (Tübingen 2002), 469–528.

Der „Heliand": das Leben Jesu in 6000 Stabreimversen

HEIKE SAHM

Unsere Kenntnis der altniederdeutschen Literatur beschränkt sich fast ausschließlich auf kurze Texte: ein Taufgelöbnis, Segensformeln und wenige weitere Zeugnisse. Aus dieser im Vergleich zur althochdeutschen Literatur sehr schmalen Überlieferung ragt ein Textzeugnis heraus: der „Heliand". In diesem Epos wird in rund 6000 volkssprachigen Stabreimversen das Leben Jesu nacherzählt. Damit ist der „Heliand" das mit Abstand umfangreichste volkssprachige Textzeugnis des norddeutschen Raums bis zum Beginn des 13. Jh.s. „Heliand" bedeutet „Heiland" und wird für Jesus verwendet.

Die Überlieferung des „Heliand" ist gemessen an den sonst nur mit einem einzigen Zeugnis überlieferten altniederdeutschen Textzeugen ungewöhnlich breit: Neben zwei vollständigeren Handschriften gibt es vier Fragmente, die eine Datierung des Heliand in die Mitte des 9. Jh.s möglich erscheinen lassen. Eine solche Datierung wird auch durch die lateinische Vorrede gestützt, die zwar erst in einem Druck des 16. Jh.s überliefert ist, aber auf das Ende des 9. Jh.s datiert und auf den „Heliand" und Fragmente einer altniederdeutschen Genesis-Dichtung bezogen wird. Nach dem Prosateil der Vorrede wäre der Text einer Initiative Kaiser Ludwigs des Frommen († 840) oder des Deutschen († 876) zu verdanken, der ihn zur Unterweisung der Sachsen im christlichen Glauben in Auftrag gegeben hätte. Autor war demnach ein *apud suos non ignobilis vates*, ein bei den Seinen nicht unbekannter Sänger. Die an die Prosa-Vorrede angehängten Verse entwerfen das Bild eines ungelehrten Landmanns, der durch göttliche Berufung zum Poeten wird. Nun sind Vorreden selten zuverlässige Lektüre-Anleitungen, und die in der „Heliand"-Vorrede getroffenen Aussagen zur Autorschaft eines Laien einerseits und zur Funktion der Missionierung andererseits werden durch den Text selbst nicht gestützt: Der altniederdeutsche „Heliand" verfolgt theologisch überzeugend und über seine Vorlage, die Evangelienharmonie des „Tatian", hinausgehend, eine eigene Konzeption, die eine theologische Bildung des Verfassers voraussetzt. Der hohe theologische und auch ästhetische Anspruch des Textes lässt es zudem nicht überzeugend erscheinen, dass er – wie etwa das sächsische Taufgelöbnis – zur basalen Unterweisung von Laien im christlichen Glauben eingesetzt worden wäre. Dass der Text mit seinen Stabreimversen für den mündlichen Vortrag konzipiert ist, ist kein Gegenargument: Auch im Kloster sind Situationen denkbar, in denen der in der handschriftlichen Überlieferung in kleinere Einheiten unterteilte Text vorgetragen werden konnte.

Die Stabreime (alliterierende Wortanfänge) sind in den Langzeilen des „Heliand" so angelegt, dass der Abvers erwartungsgemäß einen Stab, der Anvers überwiegend zwei Stäbe aufweist:

> *Thô ina thiu **m**ôdar nam,*
> *bi**uu**and ina mid **uu**âdiu **uu**îbo scôniost,*
> ***f**agaron **f**ratahun, endi ina mid iro **f**olmon tuuêm*
> ***l**egda **l**ioblîco **l**uttilna man,*
> *that **k**ind an êna **c**ribbiun, thoh he habdi **c**raft godes,*
> ***m**anno drohtin.*

(v. 378–383; „Da nahm ihn die Mutter, umwickelte ihn die schönste Frau mit einer Decke, mit schönen Schmuckstücken, und sie legte mit ihren beiden Händen den kleinen Jungen liebevoll, das Kind in eine Krippe, und doch hatte er die Macht Gottes, der Herr über die Menschen.")

Ferner sind Variationen, mit denen Inhalte wiederholt werden, im „Heliand" in hoher Frequenz anzutreffen. Im hier zitierten Ausschnitt wird die „Mutter" mit „schönste Frau", die „Decke" mit „schönen Schmuckstücken", der „kleine Junge" mit „Kind" variiert.

Wie der Text mit diesen sehr spezifischen Charakteristika an eine mündliche Dichtungstradition anschließt, ist umstritten, weil sich auf der Grundlage der schriftlich tradierten Quellen kein sicheres Bild von dieser mündlichen Tradition zeichnen lässt. Immerhin ist der „Heliand" als eines der frühen Zeugnisse der überlieferten Stabreimdichtung anzusetzen: Die Überlieferung des „Hildebrandsliedes" mit seinen 68 erhaltenen Stabreimversen wird in das zweite Viertel des 9. Jh.s datiert, die Handschrift des angelsächsischen Stabreimepos „Beowulf" auf die Zeit um 1000. Dafür, dass diese und weitere volkssprachige Texte des 9. bis 11. Jh.s an einer gemeinsamen Tradition teilhaben, spricht trotz erheblicher stilistischer Unterschiede eine gewisse Anzahl an gemeinsamen Stabreimformeln wie etwa *ordos endi eggia* (Speere und Schwerter), *uuesan an uunnion* (voller Freude sein) oder *thrâuuerk thôlon* (Qualen leiden). Der „Heliand" ist bis in die Gegenwart mit unterschiedlichem Nachdruck als Zeugnis für eine spezifisch „germanische" oder „sächsische" Vorstellungswelt in Anspruch genommen worden. Solche Lektüren stützen sich auf zumeist eher kleinere Abweichungen von der biblischen Vorlage, die dann auf einen außerliterarischen Kontext wie mit der sächsischen Missionierung erfahrene Traumata oder die heidnische Götterwelt gedeutet werden. Methodisch können solche Versuche nicht überzeugen. Dass die poetische Aufnahme des Bibelstoffes mit Freiheiten der literarischen Gestaltung einhergeht, ist typisch für die Gattung der Bibelepen, die in der deutschen Literaturgeschichte mit dem „Heliand" einen fulminanten Anfang nimmt.

Quelle und Literatur

Otto Behaghel (Hrsg.): Heliand und Genesis. Altdeutsche Textbibliothek 4, 10. überarbeitete Aufl. von Burkhard Taeger (Tübingen 1996).

Wolfgang Haubrichs: Die Anfänge: Versuche volkssprachiger Schriftlichkeit im frühen Mittelalter (ca. 700–1050/60), Geschichte der deutschen Literatur von den Anfängen bis zum Beginn der Neuzeit I,1 (2. durchgesehene Aufl. Tübingen 1995), 272–287.

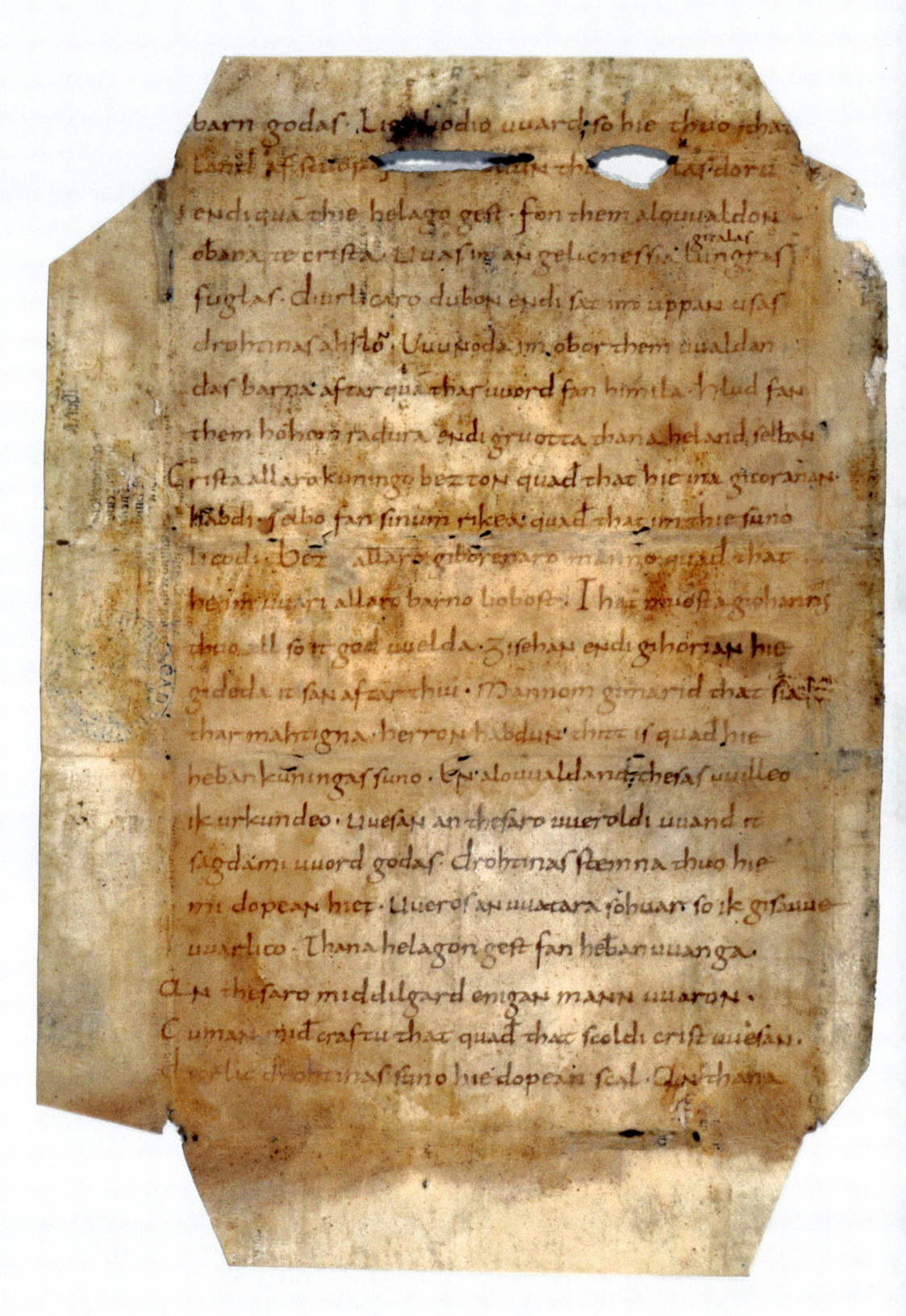

Abb. 1 Heliand. Textseite aus der Handschrift Codex Cottonianus des British Museum, London.

Ohne Masterplan und Reißbrett
Die Entstehung von Bistümern in der *Saxonia* im 9. Jahrhundert

THEO KÖLZER

Die große Paderborner Ausstellung über die „Christianisierung Europas im Mittelalter" im Jahr 2013 kanonisierte, was bereits Chronisten des 9. Jh.s über die Entstehung der Diözesen im Sächsischen zu wissen glaubten: Es war Karl der Große († 814), der „jene ganze Provinz in Bistümer einteilte" und dem Abt Sturmi von Fulda den größten Teil Sachsens zur Mission übertragen hatte[1]. Ähnliches berichten die Lorscher Annalen zum Jahre 780: „Und Karl teilte das Land unter Bischöfe, Pfarrer und Äbte auf, damit sie dort predigten"[2]. In der Forschung hat sich diese Vorstellung verfestigt, wurde lediglich der zeitliche Ansatz im Einzelnen diskutiert, während die These, alle Bistümer seien anlässlich des Papstbesuchs in Paderborn 799 im Zusammenwirken von Karl d. Gr. und Leo III. gegründet worden[3], zu Recht verworfen wurde. Aber das ist für die ältere Sicht typisch: Man suchte nach einem konkreten Gründungsakt und verband das womöglich mit herrscherlichen „Gründungsurkunden", auch wenn diese, wie im Fall von Halberstadt und Hildesheim, nicht überliefert, sondern nur rekonstruiert oder erschlossen waren (Abb. 1). Die kritische Bearbeitung der einschlägigen Urkunden Karls d. Gr. und Ludwigs des Frommen († 840) hat jedoch inzwischen ergeben, dass alle überlieferten Urkunden der beiden Herrscher für sächsische Bistümer gefälscht sind. Sie verlieren folglich ihren „Kronzeugenstatus", mit Ausnahme des Privilegs Ludwigs des Frommen. für Paderborn (822)[4], weshalb dem Sohn Karls d. Gr. das Verdienst zugesprochen wurde, „den Grund für eine sächsische Bistumsorganisation gelegt" zu haben[5].

Die Fälschungen auf den Namen Karls d. Gr. für Osnabrück, das die älteste sächsische Bischofskirche für sich reklamiert, sind Fälschungen der zweiten Hälfte des 11. Jh.s, und falsch sind auch die Urkunden Karls für Bremen und Verden sowie die Urkunden Ludwigs des Frommen für Hamburg und Halberstadt als auch die postulierten Deperdita (verlorene Urkunden) für Bremen, Minden und Hildesheim. Dass letzterer Bischofssitz aus dem angeblich von Karl d. Gr. vorgesehenen Elze verlegt worden sei, ist eine im ausgehenden 11. Jh. überlieferte Legende[6]. Als einzige echte Urkunde bleibt das Immunitäts-Privileg Ludwigs des

	„Gründung"	Karl d. Gr.	Ludwig d. Fromme
Köln			
Bremen	787/99	D †245	Depp. *35, *36
Minden	ab 799		Dep. *123
Münster	ca. 805		
Osnabrück	ca. 803	DD †271, †273	D †281
Mainz			
Halberstadt	vor 814		D †24
Hildesheim	vor 815		Depp. †87, †88
Paderborn	806/07		D 207
Verden	810–849	D †240a	
Hamburg	ca. 831		D †338

Abb. 1 Sächsische Bistümer im karolingischen Sachsen, aktualisiert nach Vogtherr 2012.

Frommen für Bischof Badurad von Paderborn vom 2. April 822 (Abb. 2), zeitgleich mit der Gründung des Klosters Corvey. Von diesem Ausgangspunkt her ergibt sich zwangsläufig ein neuer Orientierungsrahmen für die Entstehung kirchlicher Strukturen im sächsischen Missionsgebiet.

Entwicklungshelfer Gottes

Seit der zweiten Hälfte des 7. Jh.s sind einzelne Bekehrungsversuche durch angelsächsische Missionare in Friesland erkennbar, die aber erst mit dem von dem Hausmeier Pippin d. Mittleren († 714) gestützten Wirken Willibrords († 739), dem Utrecht als Stützpunkt übereignet wurde, Erfolge zeitigten. Während zwei Missionare namens Ewald zeitlich parallel in Sachsen den Märtyrertod starben, konnte Willibrords Begleiter Suitbert († 713), gleichfalls mit Pippins Hilfe, immerhin Kaiserswerth am Rhein gründen, aber Sachsen schreckte vorerst von weiteren Missionsinitiativen ab. Denn schon jetzt zeigte sich, dass der Mission nur mit Unterstützung der weltlichen Macht Erfolg beschieden sein konnte. Das belegt auch das Wirken des Winfrid-Bonifatius in Hessen, Thüringen und Bayern, das Sachsen gleichfalls aussparte. Erst Karl d. Gr. gelang in jahrelangen, blutigen Kriegen die Eingliederung Sachsens in das Frankenreich, endgültig erst 804. Diese Kriege waren keineswegs von Beginn an religiös motiviert, doch wird sich der Vorteil einer konzertierten Aktion schon bald aufgedrängt haben, zumal die befohlenen Massentaufen kaum längerfristig wirkten. Und der Märtyrertod des Bonifatius in Friesland († 754) offenbarte, dass die Mission selbst nach den dort bereits intensiveren Bemühungen noch keineswegs tief verwurzelt war, wozu auch das rigorose, selbst innerkirchlich kritisierte Vorgehen der neuen Herren beigetragen hat: In der Rückschau galt Karl d. Gr. hundert Jahre später als „Apostel mit der eisernen Zunge"[7]. Gleichwohl schrieb man ihm im Zweifel auch Gründungsinitiativen zu. So habe er angeblich mit eigener Hand den Grundstein zur ersten Kirche in dem als Bischofssitz vorgesehenen Elze gelegt. Heute wird die direkte Beteiligung Karls d. Gr. am Missionsgeschehen zurückhaltender beurteilt.

Auf eine Entscheidung des karolingischen Hofes dürfte jedoch zurückgehen, dass das sächsische Missionsgebiet den Metropolen Köln und Mainz anvertraut und ein eigenes sächsisches Erzbistum verhindert wurde, um so die Einbindung Sachsens in das Karolingerreich zu fördern. Allerdings war der neue Glaube mit der Aufgabe der überkommenen Lebenswelt verbunden, die kaum schlagartig aufgegeben worden sein dürfte, auch nicht mit dem Ende der Sachsenkriege. Schon dies legt nahe, die tiefere Verwurzelung des neuen Glaubens als einen längeren Prozess und dies wiederum als Voraussetzung für die Etablierung kirchlicher Strukturen anzusehen.

Die konkrete Missionsarbeit vor Ort dürfte eine Gemeinschaftsaufgabe der fränkischen Kirche gewesen sein, obwohl auch dies der fürsorglichen Planung Karls d. Gr. zugeschrieben wurde. Karl hatte tatsächlich den Missionar Willehad nach Wigmodien (nördl. Bremen) geschickt, wo dieser durchaus bischöfliche Funktionen wahrnahm, indem er Kirchen und Priester weihte, bevor der Sachsenaufstand von 782 sein Bemühen zurückwarf. Solche groben landschaftlichen Zuständigkeiten der Missionare dürften für die Frühzeit typisch sein. Erst die Taufe des sächsischen Anführers Widukind 785 erlaubte eine Wiederaufnahme der Missionsarbeit, für die Willehad dann 787 zum Missionsbischof geweiht wurde. Nach seinem Tod († 789) fand er jedoch keinen unmittelbaren Nachfolger für den Bereich des späteren Bistums Bremen, weshalb der Forschung erst Willerich (804/5–838) als erster Bischof von Bremen galt.

Auch die „Missionspaten" waren für nur grob abgegrenzte Räume zuständig, und bisweilen überschnitten sich die Aktivitäten in enger Gemengelage. Gemessen an den späteren Bischofssitzen sind als Paten erkennbar:

Halberstadt (Mainz)	←	Châlons-en-Champagne
Hildesheim (Mainz)	←	Reims
Paderborn (Mainz)	←	Würzburg
Verden (Mainz)	←	Kloster Amorbach?
Münster (Köln)	←	angelsächs. Missionar Liudger
Bremen (Köln)	←	angelsächs. Missionar Willehad
Osnabrück (Köln)	←	Lüttich
Minden (Köln)	←	Kloster Fulda

Zu beachten ist, dass keiner der Paten-Bischöfe zugleich auch Bischof eines sächsischen Bistums war, was auch kirchenrechtlich anstößig gewesen wäre. Vielmehr sind die Missionspaten als kirchliche Entwicklungshelfer zu verstehen, vergleichbar den nach der Wende in die neuen Bundesländer abgeordneten Verwaltungsfachleuten. Ein Nachwirken des Bonifatius ist insofern zu erkennen, als auch das von ihm gegründete Bistum Würzburg und das von seinem Schüler Sturmi gegründete Kloster Fulda eingebunden waren.

Ein Schlaglicht auf das Missionsgeschehen gewährt das Wirken der Familie Liudgers († 809). Dieser war in Utrecht unter Abt Gregor, der kein Bischof war, ausgebildet worden und hatte seit 777/78 in zwei Anläufen in Friesland missioniert, und zwar als Priester-Missionar, aber durchaus schon mit bischöflichen Funk-

Abb. 2 Immunitäts-Privileg Ludwigs des Frommen für Bischof Badurad von Paderborn vom 2. April 822.

tionen, bevor Karl d. Gr. ihn in die Sachsenmission beorderte. 805 wurde Liudger in Köln zum (Missions-)Bischof geweiht und wählte Münster als Stützpunkt. Seine beiden Nachfolger Gerfrid (809– 839) und Altfrid (839–849) waren zugleich seine Neffen. Dieses missionarische Familienunternehmen komplettierte Liudgers Bruder Hildegrim († 827), der seit etwa 802 Bischof von Châlons-en-Champagne war und als Missionsbischof im Raum Halberstadt wirkte, gefolgt von seinem Neffen Thietgrim († 840). Beide wurden in dem um 799 als Familienkloster gegründeten Werden (Stadt Essen) bestattet.

Ein verlässlicher „Marker" für die Existenz der Diözesen sind königliche Immunitätsurkunden. Sie schließen die Amtswaltung staatlicher Funktionsträger im Immunitätsgebiet aus, sind also stets auf eine gedachte, wenn auch noch nicht geschlossene Fläche bezogen. Folglich war Badurad 822 Bischof von Paderborn, denn er erhielt von Ludwig des Frommen ein echtes Immunitätsprivileg (Abb. 2). Die folgenden Belege betreffen Verden (848/849), Osnabrück (848?) und vielleicht Minden (wohl Ludwig d. Dt.)[8]. In dem Verdener Immunitätsprivileg ist zudem erstmals ein auf die Diözese weisender Begriff bezeugt (*episcopium*). Zu diesem Befund passt, dass sich erstmals 864 ein Bischof nach seinem Bischofssitz nennt (eigenhändige Unterschrift Bischof Altfrids von Hildesheim)[9], gefolgt von den auf der Wormser Synode von 868 versammelten Bischöfen (Hamburg, Hildesheim, Münster, Minden, Halberstadt, Paderborn, Verden, Osnabrück)[10]. Diese beiden Kriterien – Bezeugung eines Immunitätsprivilegs und Benennung nach dem Bischofssitz – legen nahe, dass die Formierung der sächsischen Bistümer nach dem Vorreiter Paderborn erst eine Generation später unter Ludwig d. Dt. (840– 876) konkretere Formen angenommen hat. Die Wormser Synode von 868 markiert den Endpunkt, der im Einzelfall durch zusätzliche Kriterien noch etwas zurückverschoben werden kann. Für Hildesheim wird man z. B. die „Versetzung" (*relegatio*) des in Reims gescheiterten Erzbischofs Ebo in das Hildesheimer Missionsgebiet (844/845) durchaus als Begründung des Bistums ansehen dürfen, zumal Ebo dort nach eigenem Selbstverständnis – angesichts seines Werdegangs wenig verwunderlich – als Bischof wirkte[11]. Sein Nachfolger Altfrid (851–874) bestätigte das insofern, als er das bischöfliche Wirken Ebos in Hildesheim als widerrechtlich verwarf und die von ihm vorgenommenen Weihen annulierte und eventuell erneuerte. In Halberstadt dürfte kein Zufall sein, dass erst Bischof Heimo (840–853) in der Stadt selbst bestattet wurde, während die liudgeridischen Missionsbischöfe Hildegrim (von Châlons-en-Champagne) und Thietgrim ihre letzte Ruhe noch in dem Familienkloster Werden fanden. Ob der 859 geweihten Bischofskirche in Halberstadt tatsächlich bereits zwei frühere Bauten vorausgingen, wie angenommen wird, bleibt dahingestellt, wie überhaupt die Baugeschichte sächsischer Bischofskirchen angesichts der hier vorgestellten Zusammenhänge wohl neu zu justieren wäre.

Kein königlicher Masterplan

Dass das früheste sächsische Zeugnis gerade für Paderborn (822) bezeugt ist, kann nicht überraschen, denn Paderborn war schon unter Karl d. Gr. der Vorort Sachsens und folgerichtig unter Ludwig dem Frommen Ort der einzigen Reichsversammlung, die er im Sächsischen abgehalten hat (815). Und bezüglich des Klosters Corvey heißt es 823 in einer seiner beiden ältesten Urkunden für das Kloster (D LdF. 226): So wie der Vater, also Karl der Große, bei den Sachsen erstmals den christlichen Glauben begründet habe, so habe er, Ludwig, zur Mehrung und Bekräftigung dieses Glaubens dort erstmals die mönchische Lebensweise zu befolgen angeordnet. Die zeitliche Nähe zu der Paderborner Urkunde von 822 dürfte kaum Zufall sein, und Corvey wird sich schon im 9. Jh. als Reservoir für sächsische Bischöfe erweisen[12]. Anlässlich seiner Gründung ist auch erstmals eine Reliquientranslation nach Sachsen bezeugt (Stephanus), ein Geschenk Ludwigs des Frommen aus der Aachener Pfalzkapelle, dem 836 der von Abt Hilduin von St-Denis geschenkte hl. Vitus (Veit) folgte. Dass der Gründung Corveys kurz zuvor (815) ein gescheiterter Gründungsversuch in *Hethis* (im Solling) vorausging, ist kaum zufällig in zeitlicher Nähe zu der Paderborner Reichsversammlung von 815 zu sehen, die – so darf man wohl sagen – in dem weltlichen und kirchlichen Vorort Sachsens stattfand, den Paderborn darstellte. Damals habe der Kaiser den Plan einer Klostergründung in Sachsen wohlgefällig aufgenommen, aber – kirchenrechtlich korrekt – Wert auf die Zustimmung des Bischofs gelegt, in dessen Sprengel das künftige Kloster lag. Wenn aber Corvey das erste sächsische Kloster war, wäre die Liste der in der Forschung früher datierten, darunter auch Frauenklöster, sogar noch während der blutigen Sachsenkriege, noch einmal kritisch zu überdenken (Abb. 3).

Der diplomatische Befund zwingt demnach bzgl. der Etablierung kirchlicher Strukturen im Sächsischen in karolingischer Zeit und noch gegenüber den Aussagen der großen Paderborner „Credo"-Ausstellung (2013) zu einem Paradigmenwechsel. Als methodische Lehren sind zu berücksichtigen, dass spätere redselige und konstruierende Quellen und Bischofslisten kritischer als bisher zu bewerten sind und dass das gegenseitige Sich-Stützen schwacher oder fragwürdiger Belege in die Irre führt! Vor allem aber ist die Ausbildung sächsischer Diözesen als ein dynamischer und gestreckter Prozess aufzufassen, an dessen Beginn kein formaler Gründungsakt und keine fixen Grenzen standen, sondern das Wirken eines mobilen Missionsbischofs, dessen Wirkungsbereich allenfalls grob an Landschaften orientiert war. Dessen Berufung entsprang keinem „Masterplan" Karls d. Gr., sondern war wohl eine Gemeinschaftsaufgabe der fränkischen Kirche. Dass das sächsische Missionsgebiet den beiden Metropolen Mainz und Köln zugeordnet wurde, entsprang dagegen sehr wohl einer bewussten politischen Entscheidung und diente der Integration Sachsens ins Frankenreich.

Vor Ort entbehrte die Missionskirche jeglicher Voraussetzungen. Das Wirken der Missionare, Missionspaten und Missionsbischöfe unterlag keinen fixen Zuständigkeiten, und Gemengelagen waren nicht selten (s. Abb. 4). Die sich erst seit dem Hochmittelalter deutlicher abzeichnenden Grenzen waren nicht am Reißbrett geplant, sondern das Ergebnis von dynamischem

MAINZ	KÖLN
Halberstadt (MZ)	Werden 799–801
Osterwieck 781	**Minden (K)**
Helmstedt vor 809, endgültig 827	Minden Domstift 799
Halberstadt Domstift 814	Hameln 802/12
Wendhausen 825–830	*Obernkirchen vor 840?*
Hildesheim (MZ)	**Münster (K)**
Hildesheim Domstift n. 814	Münster Domstift 793, Btm. ab 805
Brunshausen 822–828	*Vreden 839*
Paderborn (MZ)	**Osnabrück (K)**
Paderborn St. Salvator 777	Meppen 780–800
Müdehorst 789	Visbek 780–819
Paderborn Domstift 799, Btm. ab 806/7	Osnabrück Domstift vor 787, Btm. ca. 803
Herford 789/823	**Hamburg-Bremen**
Hethis 815	Bremen Domstift 787–799
Corvey 822	Münsterdorf um 822
Eresburg 826	Hamburg Domstift um 831
Böddeken 836	
Verden (MZ)	
Verden Domstift 810, 849 bezeugt	
Bardowick vor 829	

Abb. 3 Klostergründungen im Sächsischen bis 840. Nach den Listen von Ehlers 2007 (kursiv: Frauenklöster).

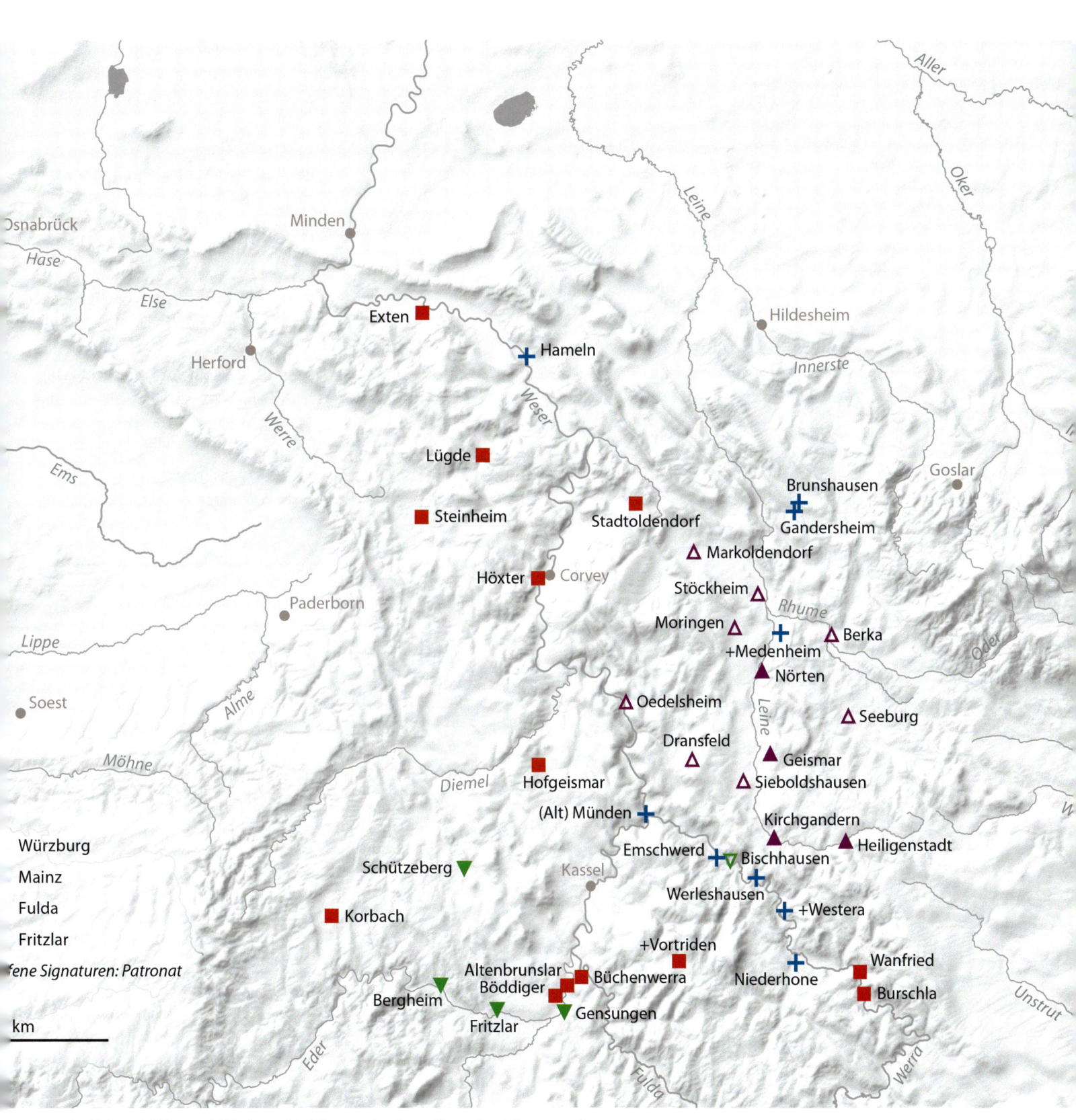

Abb. 4 Mainzer, Fuldaer und Würzburger Einflüsse an der oberen Weser (nach Patze 1997).

Wildwuchs und austarierten Interessen[13], denn die im Kirchenrecht vorgesehene Orientierung an spätantik-römischen *civitates* war in Sachsen nicht möglich, und die in der Forschung postulierte Anlehnung an „altsächsische" Gaue hat der Kritik nicht standgehalten. Die im Entstehen begriffenen Diözesen konstituierten sich vornehmlich aus einem Netz von Kirchen und Klöstern, denen eine raumkonstituierende Wirkung zukam, sowie einem geistlichen Personenverband; durch Gründung und Weihe war beides der bischöflichen Amtsgewalt zugeordnet, und so wurde allmählich der Wirkungs- und Amtsbereich eines Diözesanbischofs generiert. Erst infolge Konkurrenz (um Zehnten, Weihegewalt etc.) entwickelten sich seit dem Hochmittelalter die zonalen zu linearen Grenzen.

Ausgangs- und Stützpunkte missionarischen Wirkens waren nach verkehrsgeografischen und versorgungstechnischen Gegebenheiten gegründete Missionszellen, deren engerer Wirkungsbereich die Tagesreise bestimmte. Potenzielle Keimzelle eines späteren Kirchspiels konnten auch aus „wilder Wurzel" entstandene Eigenkirchen „Privater" sein, die in größerer Zahl aber erst nach tieferer Verwurzelung des Christentums denkbar sind. Das sich so allmählich entwickelnde Niederkirchenwesen entstand folglich in langgestreckter Entwicklung in Verbindung mit der Herrschafts- und Siedlungsgeschichte, und zwar keinesfalls als ein vom Bischof gelenkter Prozess. Die Verdichtung zu einer Pfarrorganisation vollzog sich erst vom Hochmittelalter an.

An den zentralen Stützpunkten von Missionaren und Missionsbischöfen entstanden Mönchs- oder Kanoniker-Gemeinschaften, aus denen sich bei Ortsfestigkeit ggfs. Domstifte entwickeln konnten. Die in späten Quellen postulierten Verlegungen von Bischofssitzen (Elze → Hildesheim, Osterwieck → Halberstadt, Bardowick → Verden) halten einer kritischen Überprüfung nicht stand, und Gleiches gilt für das angeblich von Karl d. Gr. gegründete und „bistumsfähige" „Missionszentrum" Visbek im Oldenburger Münsterland.

Erst nach dem Ende der Sachsenkriege (804) war die Schaffung kirchlicher Strukturen möglich, und eine Diözese ist denn auch erstmals 822 für den sächsischen Vorort Paderborn sicher belegt. Eine Verdichtung ist im Rahmen des neuen ostfränkischen Teilreichs Ludwigs d. Dt. (840–876) erkennbar, dessen südlicher Teil bereits seit dem Wirken des Bonifatius († 754) eine Bistumsorganisation aufwies. Der sich gestreckt vollziehende Wandel von einem mobilen Missionsbischof zu einem Ortsbischof war spätestens 868 abgeschlossen, als sich alle sächsischen Bischöfe nach ihrem Bischofssitz nannten. Anders als bei Bonifatius spielte das Papsttum erst ausgangs des 9. Jh.s eine Rolle, als es um die Begründung der Hamburg-Bremer Kirchenprovinz ging. Damals entschied Papst Formosus (893), und das entsprach durchaus der gängigen Praxis. In den kirchlich vorgeprägten Räumen vollzog sich die Integration Sachsens ins Frankenreich.

Anmerkungen

1 Die Vita Sturmi des Eigil von Fulda. Literarisch-historische Untersuchung und Edition, ed. P. Pius Engelbert OSB. Veröffentlichungen der Historischen Kommission für Hessen und Waldeck 29 (Marburg 1968), c. 23, S. 158.
2 Monumenta Germaniae Historica, Scriptores 1, ed. Georg Heinrich Pertz (Hannover 1826), S. 31.
3 Honselmann 1984, S. 1–50; Ders., Nachtrag. Archiv für Diplomatik 34, 1988, S. 1–2.
4 Monumenta Germaniae Historica, Diplomata Karolinorum 1, bearb. von Engelbert Mühlbacher u. a. (Hannover 1906); Diplomata Karolinorum 2, unter Mitwirkung von Jens Peter Clausen, Daniel Eichler, Britta Mischke, Sarah Patt, Susanne Zwierlein u. a. bearb. von Theo Kölzer, 3 Bde. (Wiesbaden 2016), zitiert: DD LdF. mit Nummer.
5 Schubert in Geschichte Niedersachsens 2/1, S. 57f. Schuberts Kapitel über „Die Kirche" (S. 44ff.) bietet einen vorzüglichen Abriss, auch wenn die chronologischen Ansätze (Anm. 6) zu korrigieren sind.
6 Kölzer 2017, S. 39–55.
7 Translatio s. Liborii, c. 5: Monumenta Germaniae Historica, Scriptores 4, ed. Georg Heinrich Pertz (Hannover 1841), S. 151.
8 Monumenta Germaniae Historica, Diplomata regum Germaniae ex stirpe Karolinorum 1, bearb. von Paul Kehr (Berlin 1934), Nr. 57 bzw. Nr. + 51. Zu Minden vgl. Kölzer 2015, S. 31 Anm. 105.
9 Urkundenbuch des Hochstifts Hildesheim und seiner Bischöfe 1, ed. Karl Janicke. Publicationen aus den K. Preuß. Staatsarchiven 65, (Leipzig 1896), S. 2–3 Nr. 6 (mit Facsimile). Ein Foto bei Erich Riebartsch, Geschichte des Bistums Hildesheim von 815 bis 1024 auf dem Hintergrund der Reichsgeschichte (Hildesheim 1985), S. 122. Edition: Monumenta Germaniae Historica, Concilia 4, hg. von Wilfried Hartmann (Hannover 1998), S. 169–174, bes. S. 174 Z. 9.
10 Edition: Hartmann (wie Anm. 9), S. 308–311.
11 Kölzer (wie Anm. 6), S. 50–52, 55.
12 Rösener, Das Kloster Corvey, passim, bes. S. 32, betont „die grundlegende Relevanz der Corveyer Kirchen im Raum zwischen Ems und Hunte", setzt sich aber merkwürdigerweise nicht mit den Argumenten der von ihm zitierten jüngeren Arbeiten zur Etablierung kirchlicher Strukturen im Sächsischen auseinander. Sein Rückschluss von späteren Quellen (z. B. Corveyer Heberegister um 1000) auf die frühe Phase der Mission ist methodisch unzulässig.

13 Dagegen folgt Caspar Ehlers (in: Stiegemann u.a., Credo, S. 334), „daß den Einteilungen Sachsens in Sprengel in den Jahrzehnten des ausgehenden Sachsenkrieges bis zur ersten Hälfte des 9. Jahrhunderts eine Planung zugrunde gelegen haben muss, die räumliche Aspekte berücksichtigte, die nicht aus der Adaption vorhergehender nicht-fränkischer Ordnungen bestanden haben".

Literatur:

Arnold Angenendt: Liudger. Missionar – Abt – Bischof im frühen Mittelalter (Münster ²2005).

Boris Bigott: Ludwig der Deutsche und die Reichskirche im Ostfränkischen Reich. Historische Studien 470 (Husum 2002).

Christopher Carroll: The bishoprics of Saxony in the first century after christianization. Early Medieval Europe 8, 1999, 219–245.

Caspar Ehlers: Die Integration Sachsens in das fränkische Reich 751–1024. Veröffentlichungen des Max-Planck-Instituts für Geschichte 231 (Göttingen 2007).

Albert K. Hömberg: Studien zur Entstehung der mittelalterlichen Kirchenorganisation in Westfalen. Westfälische Forschungen 6, 1943–1952, 46–108.

Klemens Honselmann: Die Bistumsgründungen in Sachsen unter Karl dem Großen mit einem Ausblick auf spätere Bistumsgründungen und einem Exkurs zur Übernahme der christlichen Zeitrechnung im frühmittelalterlichen Sachsen. Archiv für Diplomatik 30, 1984, 1–50.

Edeltraud Klueting: Die karolingischen Bistumsgründungen und Bistumsgrenzen in Sachsen. In: Edeltraud Klueting und Hans-Joachim Schmidt (Hrsg.): Bistümer und Bistumsgrenzen vom frühen Mittelalter bis zur Gegenwart. Römische Quartalschrift für christliche Altertumskunde und Kirchengeschichte, Supplementbd. 58 (Rom-Freiburg-Wien 2006), 64–80.

Theo Kölzer: Die Anfänge der sächsischen Diözesen in der Karolingerzeit. Archiv für Diplomatik 61, 2015, 11–37.

Theo Kölzer: Elze oder Hildesheim? Zu den Anfängen des Bistums Hildesheim. In: Karl Bernhard Kruse: Die Baugeschichte des Hildesheimer Domes (Regensburg 2017), 39–55.

Uwe Lobbedey: Die frühen Bistumssitze Sachsens – Einsichten aus der aktuellen Forschung. In: Rainer-Maria Weiss und Anne Klammt: Mythos Hammaburg. Archäologische Entdeckungen zu den Anfängen Hamburgs. Veröffentlichungen des Helms-Museums, Archäologisches Museum Hamburg, Stadtmuseum Harburg 107 (Hamburg 2014), 391–406.

Erich Müller: Die Entstehungsgeschichte der sächsischen Bistümer unter Karl dem Großen (Hildesheim – Leipzig 1938).

Klaus Naß: Fulda und Brunshausen. Zur Problematik der Missionsklöster in Sachsen. Niedersächsisches Jahrbuch für Landesgeschichte 59, 1987, 1–62.

Hans Patze (Hrsg.): Geschichte Niedersachsens, Bd. 1. Veröffentlichungen der Historischen Kommission für Niedersachsen und Bremen 36 (Hildesheim 1977), bes. S. 653 ff. (Hans Patze, Mission und Kirchenorganisation in karolingischer Zeit); Bd. 2/1, hg. von Ernst Schubert (Hannover 1997), bes. S. 44 ff. (Ernst Schubert, Die Kirche).

Ingrid Rembold: Conquest and Christianization. Saxony and the Carolingian World, 772–888. Cambridge Studies in Medieval Life and Thought. Fourth Series 108 (Cambridge 2018).

Werner Rösener: Das Kloster Corvey und die Christianisierung im westlichen Sachsen. Niedersächsisches Jahrbuch für Landesgeschichte 87, 2015, 7–32.

Rudolf Schieffer: Die Entstehung von Domkapiteln in Deutschland. Bonner Historische Forschungen 43 (Bonn ²1982).

Rudolf Schieffer: Karl der Große und die Einsetzung der Bischöfe im Frankenreich. Deutsches Archiv 63, 2007, 451–467.

Christoph Stiegemann, Martin Kroker und Wolfgang Walter (Hrsg.): Credo. Christianisierung Europas im Mittelalter, Bd. 1: Essays (Petersberg 2013).

Thomas Vogtherr: Visbek, Münster, Halberstadt: Neue Überlegungen zu Mission und Kirchenorganisation im karolingischen Sachsen. Archiv für Diplomatik 58, 2012, 125–145.

Frank Wilschewski: Die karolingischen Bischofssitze des sächsischen Stammesgebietes (bis 1200). Studien der internationalen Architektur- und Kunstgeschichte 46 (Petersberg 2007).

Abschied von den Hügeln der Heiden

BABETTE LUDOWICI

Mit der Annahme des christlichen Glaubens bricht in der *Saxonia* im 9. Jh. eine neue Zeit an. Die Oberschicht begräbt ihre Toten schon bald nur noch bei oder in Kirchen. Das hat auch für heutige Archäologen Folgen: Reich mit Beigaben ausgestattete Beisetzungen von Angehörigen der Elite, deren Artefaktinventare Hinweise auf das Selbstverständnis und die überregionalen Verbindungen ortsansässiger „Entscheider" geben, verschwinden. Und nicht nur das: Auch die großen Friedhöfe der vorangegangenen Jahrhunderte, die weit abseits heutiger Ortschaften liegen, werden nach und nach aufgegeben. Wo es noch keine Kirchen gibt, werden sie von der normalen Bevölkerung noch eine Weile weiter benutzt, aber die letzten dort vorgenommenen Bestattungen sind in aller Regel Gräber ohne Beigaben, ganz im christlichen Sinn. Wenn überhaupt noch Gegenstände in die Gräber gelangen, dann meistens Messer oder kleine eiserne Röhrchen, die Nähnadeln enthalten, Kleidungsbestandteile wie Gürtel mit einer eisernen Schnalle, mitunter etwas Schmuck oder Münzen. Ein ungewöhnlich „reiches" Grab dieser Zeit kennen wir von dem Friedhof von Neu Wulmstorf-Elstorf im Landkreis Harburg. Der Bestattungsplatz mit etlichen Grabhügeln wurde bereits im 6./7. Jh. bei einem urgeschichtlichen Großsteingrab angelegt. Das Grab Nr. 478 (Abb. 1) enthielt ein Nadelröhrchen und ein Messer, aber auch eine Kette mit Glasperlen, eine feuervergoldete Fibel und zwei ebenfalls vergoldete Anhänger mit farbigen Einlagen aus rotem Glas und einen Christiana-Religio-Denar des fränkischen Königs Ludwigs des Frommen (†840 n. Chr.). Die Beisetzung ist die jüngste, die wir derzeit aus Neu Wulmstorf-Elstorf kennen. Christiano-Religio-Denare Ludwigs des Frommen aus dem 9. Jh. kommen in Gräbern relativ häufig vor. Die Silbermünzen mit Kreuzdarstellung weisen ihre Besitzer als bekennende Christen und Untertanen Ludwigs aus. Ein eher ungewöhnliches Bekenntnis zu König und Gott ist der Goldring von Herbrum mit einem Brustbild Ludwigs des Frommen (Abb. 2; Stadt Papenburg, Ldkr. Emsland). Der Ring ist ein Einzelfund und dürfte einem wohlhabenden Adligen gehört haben. Aber nicht nur Münzfunde und das Bestatten der Elite bei den Kirchen zeigen die Durchdringung des Lebens mit der neuen Ideologie an. Deutlich machen das auch unzählige kleine Broschen mit Kreuzdarstellungen oder in Kreuzform und sogenannte Heiligenfibeln aus dem

Abb. 2 Der Goldring von Herbrum im Emsland.

Abb. 1 Aus dem Grab 478 des Friedhofs von Neu Wulmstorf-Elstorf im Landkreis Harburg.

8.–10. Jh., die überall im Land gefunden werden (Abb. 3).
Schon Karl der Große hatte getauften Christen in der *Saxonia* das Bestatten „ad tumuli paganorum", also bei den alten Grabhügeln der Heiden verboten. Wir sehen aber, dass dem – wie in Neu Wulmstorf-Elstorf – nicht alle Folge leisten konnten oder wollten.. Bei Quedlinburg am Harz wurde ein Friedhof bis in das 8./9. Jh. weiterbenutzt, der im 5./6. Jh. am Fuß eines weithin sichtbaren urgeschichtlichen Grabhügels, der sogenannten Bockshornschanze, eingerichtet worden war – nachweislich auch von Christen, die ihre Toten sogar im Hügelkörper selbst beigesetzt haben. Quedlinburg liegt in einer Gegend, in der es schon im 6./7. Jh. erste Christen gegeben hat und in der sich schon 775, ganz zu Beginn der Sachsenkriege, einflussreiche Anführer Karl dem Großen unterworfen haben. Vielleicht sind die Befunde von der Bockshornschanze Ausdruck innersächsischer Auseinandersetzungen zwischen frankentreuen Verbänden und frankenfeindlichen Familien, die ihre Toten demonstrativ bei den Gräbern ihrer Ahnen bestatten, auch als Christen.

Literatur

Jochen Brandt: Das spätsächsische Gräberfeld von Neu Wulmstorf-Elstorf, Ldkr. Harburg. In: Aktuelle Forschungen an Gräberfeldern des 1. Jahrtausends n. Chr. Current Research into Cemeteries of the First Millennium AD. Siedlungs- und Küstenforschung im südlichen Nordseegebiet / Settlement and Coastal Research in the Southern North Sea Region 39 (Rhaden/Westf. 2016), 213–226.

Babette Ludowici: Was zog Heinrich nach Quedlinburg? Eine archäologische Perspektive. In: Stefan Freund und Gabriele Köster (Hrsg.): 919 – Plötzlich König. Heinrich I. und Quedlinburg. Schriftenreihe des Zentrums für Mittelalterausstellungen Magdeburg 5 (Regensburg 2019), 33–41.

Abb. 3 Kleine Broschen und Fibeln des 8.–10. Jh.s aus den Landkreisen Nienburg und Schaumburg.

Heilige Gebeine
Christliche Stiftungen sächsischer Adliger und der Reliquientransfer nach Sachsen

HEDWIG RÖCKELEIN

In Sachsen wurden zwischen ca. 800 und 850 mit Paderborn, Bremen, Osnabrück, Münster, Halberstadt, Hildesheim, Hamburg und Verden a. d. Aller die ersten Bistümer errichtet sowie mit der Unterstützung des karolingischen Herrscherhauses die beiden Reichsklöster Corvey und Herford. Seit der Mitte des 9. Jh.s beeilte sich der frankentreue Adel in einer Art Imitationshandlung, es dem Herrscherhaus und der Kirche gleichzutun. Mit der Gründung eigener Klöster und Stifte setzte die vermögende Oberschicht eine Vielzahl christlicher Markierungen in die Landschaft,[1] stattete diese mit ihren Gütern aus und unterstützte sie beim Erwerb von Reliquien (Überresten) von Heiligen.

Die vermögenden Adelsfamilien Sachsens bevorzugten die Einrichtung von Klerikerstiften und – noch weit häufiger – Kanonissenstiften[2] anstelle von Benediktinerklöstern. Den Kanonikern und Kanonissen in den Stiften übertrugen sie die Aufgabe, für das Seelenheil der lebenden und verstorbenen Familienangehörigen und weiterer Gönner zu beten, die Erinnerung an die Wohltäter auf Dauer zu sichern und die Gräber ihrer dort beigesetzten Angehörigen zu pflegen. Diese Form der Erinnerungskultur (Memoria) war aufs Engste mit dem Stiftungswesen verknüpft[3]. Mit den Gebets- und Memorialleistungen erbrachten die geistlichen Männer und Frauen eine Gegenleistung für die Ausstattung ihrer Stifte und Klöster durch den Adel.

Um die enge Bindung zwischen den Stiftern und den geistlichen Institutionen langfristig abzusichern, setzten die Adelsfamilien ihre Söhne und Töchter als Äbte und Äbtissinnen ein. Um es an einem Beispiel zu verdeutlichen: Die Jungfrauengemeinschaft in Brunshausen, später nach Gandersheim verlegt, bietet dafür ein gutes Beispiel: Sie wurde zunächst von den drei Töchtern des Gründerpaares Liudolf und Oda geleitet – Hathumod (852/4?–874), Gerberga (874–896/97), Christina (896/97–919) –, dann von deren Enkelin Liudgard (919–923). Zwar unterbrach die Reihe der Liudolfingerinnen mit Hrotswith (923–933) und Wendelgard (933–949), doch mit Gerberga II. (949–1101) konnte erneut eine Liudolfingerin – nun aus der bairischen Linie – als Äbtissin eingesetzt werden. Die liudolfingisch-ottonische Serie setzte sich bis zur Regierung Adelheids I. (1039–1043) fort.

Dank dieses Systems behielten die Gründerfamilien die Kontrolle über die geistlichen Institutionen, deren Funktionen und Vermögen. Anders als die Benediktiner/innen/klöster, die formal der Aufsicht des lokalen Bischofs unterstanden, erlaubte die stiftische Verfassung den Kanonikern und Kanonissen weitgehend Unabhängigkeit von den kirchlichen Lokalgewalten und größere Freiheiten in der Gestaltung des Alltagslebens. Sie wirkten als verlängerter Arm der Familien weit in die Gesellschaft hinein.

Die Ausstattung mit Reliquien von Heiligen gehörte zum konstitutiven Akt dieser Konvente. Die materiellen Überreste der Heiligen wurden zur Sakralisierung der Altäre in den neu gegründeten Kirchen benötigt. Seit dem 8./9. Jh. war es Vorschrift, beim Akt der Weihe in den Altar die Reliquie eines Märtyrers / einer Märtyrerin zu legen. Reliquien standen bei den fränkischen Führungsschichten in hohem Ansehen, doch sie waren nicht für

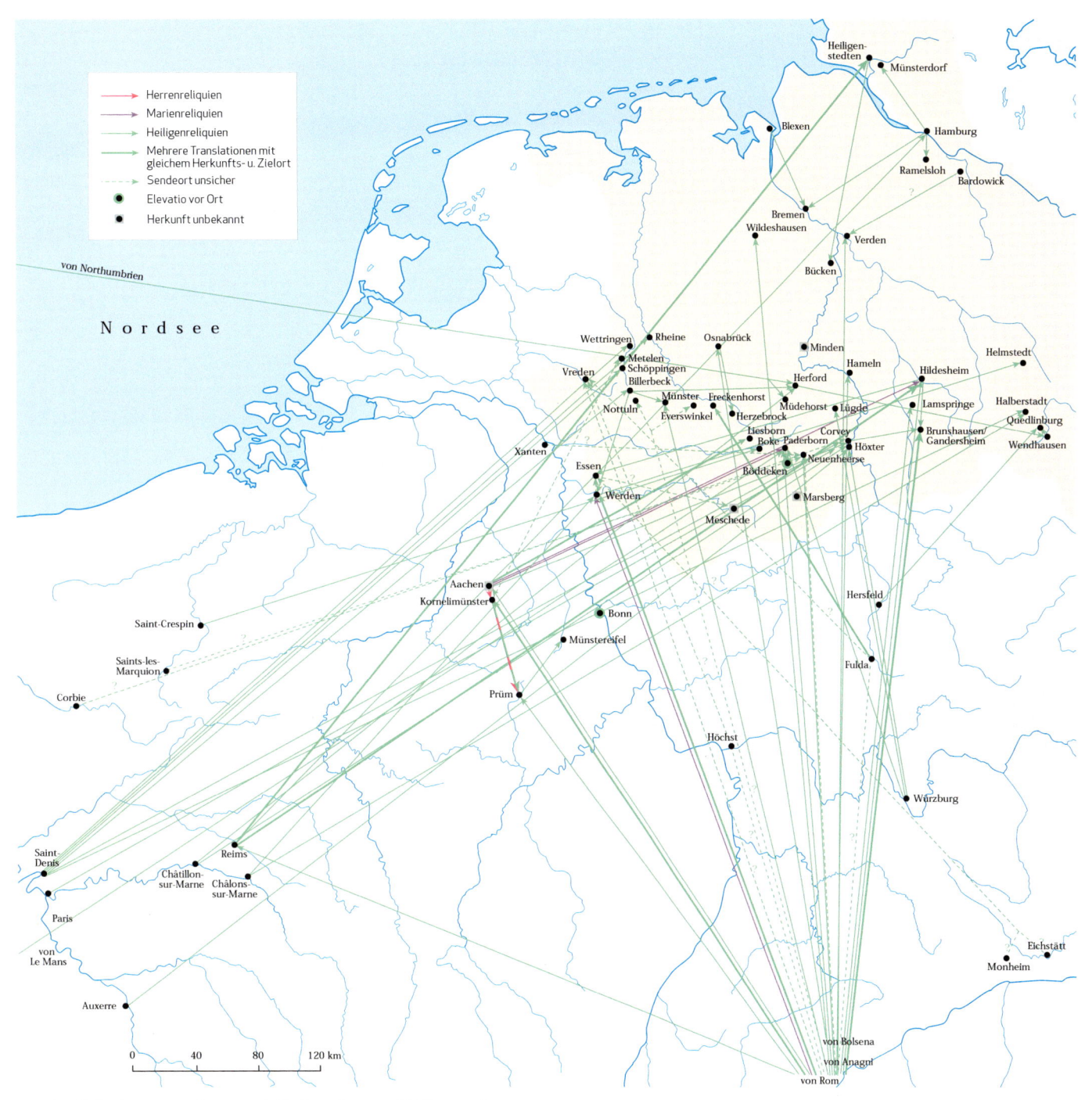

Abb. 1 Reliquientranslationen nach Sachsen im 9. und frühen 10. Jh.

jeden erreichbar. Zwar boten einige römische Kleriker die Gebeine von Heiligen als Ware nördlich der Alpen auf dem freien Markt an. Die meisten dieser heiligen Güter zirkulierten jedoch als Tauschobjekte unter sozial und politisch hochstehenden Personen[4]. Wer sie auf legalem Weg in seinen Besitz bringen wollte, war auf die Unterstützung und Fürsprache des Königs, des Papstes und der Bischöfe angewiesen. In den Überführungen (Translationen) der Heiligen spiegeln sich die Verbindungen der sozia-

Hathumods erste Kirche: Ausgrabungen im Kloster Brunshausen

MATTHIAS ZIRM

Im Jahre 845/46 brachen der Sachsenherzog Liudolf und Oda, seine Gemahlin fränkischer Herkunft, zu einer Pilgerfahrt nach Rom auf. Ziel dieser Reise war es, Reliquien für die Gründung des ersten Damenstiftes in Ostfalen zu erwerben. Ihre älteste Tochter Hathumod († 874) ließen sie bereits als Kind im Stift Herford zur zukünftigen Äbtissin ausbilden. Aus der sogenannten älteren Gandersheimer Gründungsurkunde erfahren wir, dass sowohl der Vater als auch der Großvater Liudolfs mit an dieser monastischen Gründung beteiligt gewesen sind. Unter Fürbitte König Ludwigs des Deutschen wurden dem Paar von Papst Sergius II. Reliquien der römischen Bischöfe Anastasius und Innozenz sowie weitere Reliquien der Apostel und Marias übergeben. 852 erfolgte dann die Einrichtung des Stifts, jedoch nicht am späteren Standort in Bad Gandersheim, wohin das Kloster erst nach Fertigstellung der dortigen Baulichkeiten 881 umzog, sondern im eineinhalb Kilometer nördlich auf einem Hügelsporn im Gandetal gelegenen Ort Brunshausen.

Bei archäologischen Untersuchungen im ehemaligen Kloster Brunshausen von 1960 bis 1969 stießen die Ausgräber auf zahlreiche bauliche und sonstige materielle Hinterlassenschaften aus über 1000 Jahren Siedlungs- und Klostergeschichte. Auf dem westlichen Spornrücken wurden unter anderem die Relikte einer Siedlung mit Wirtschaftsbereich aus dem 9. Jh. freigelegt. Im Osten traten bei den Ausgrabungen innerhalb einer noch bestehenden gotischen Hallenkirche und in deren direktem Umfeld die Relikte von insgesamt vier Vorgängerkirchen zum Vorschein. Aufgrund der stratigrafischen Verhältnisse lassen sich zwei dieser Kirchenbauten vor bzw. in die Gründungszeit des liudolfingischen Hausklosters zurückdatieren. Leider blieb von den zwei frühesten Kirchen in Brunshausen außer vereinzelten mehrlagigen Fundamentresten kein aufgehendes Mauerwerk erhalten, sodass deren Gestalt vorrangig durch Ausbruchgruben rekonstruiert werden muss.

Die älteste ergrabene Kirche (Bau I) war ein insgesamt nur elf Meter langer Bau mit querrechteckigem Saal von ca. 3,5 m × 6 m lichtem Innenmaß und einem östlich daran anschließenden annähernd quadratischen Chor von 25 m² Grundfläche. Die durchschnittlich 70 cm breiten Fundamente wurden mit flachen Kalksteinen in Lehmmörtel ausgeführt und durch jüngere Fundamentgruben und Bestattungen mehrheitlich zerstört. Durch die im Verhältnis zum Chorraum geringe Größe des Kirchensaales (ca. 18 m²) kann dieser Bau nur wenigen Personen zur geistlichen Versorgung gedient haben und scheint für die Nutzung durch einen Konvent ausgeschlossen. Es handelte sich demnach um eine erste, von Liudolfs Großvater und Vater auf ihrem Herrschaftssitz erbaute Eigenkirche. Dem Historiker Klaus Nass folgend, ist dieser Bau in die Zeit um 825 einzuordnen.

Spätestens mit der Gründung des Damenstiftes wurde jedoch ein größerer Kirchenbau notwendig (Bau II). Der neue 28,5 m lange Bau besteht aus einem einfachen langrechteckigen Saal und einer östlichen Apsis und bietet mit über 150 m² Grundfläche ausreichend Platz für die Nonnen. Die östliche Apsis wurde direkt über dem Altarstandort des Vorgängerbaus errichtet, wodurch sich klare Bezüge in der Baufolge erkennen lassen. Unklar bleibt jedoch der westliche Abschluss der Kirche, da auch alle folgenden Bauten sich an dieser Baugrenze orientierten und somit älteres Mauerwerk zerstörten. Ein durch die Bauforscherin Maria Keibel-Maier rekonstruierter querrechteckiger Turm über die gesamte Schiffsbreite lässt sich anhand der Befunde nicht nachweisen und wäre aufgrund der gleichbleibenden Stärke der westlichen Fundamente von rund 85 cm unplausibel. Wahrscheinlicher ist dagegen eine einfache Giebelausbildung, wodurch ein langgestreckter Innenraum entstand, der durch Einbauten, wie z. B. einer West- oder Nonnenempore, weiter untergliedert gewesen sein könnte. Mit 1,2 m Breite besitzt jedoch die östliche Schiffswand ein auffallend massives und ähnlich Strebepfeilern über die Schiffswände hinaus ausgeführtes Fundament, was auf eine größere statische Beanspruchung, vielleicht durch einen Glockenstuhl, hindeutet. Beide steinernen Gebäude besaßen rudimentär erhaltene Estrichfußböden und waren verputzt. Reste des Putzes, u. a. mit dem, wohl zu Bau I gehörigen, bekannten (A)Runica-Scrafitti, fanden sich in den Verfüllungen der Fundamentgruben und in unter jüngeren Bauten erhaltenen Schichten.

Die Frage nach den zum Gründungsbau des Damenstifts gehörigen Klosterbauten bleibt nur unsicher zu beantworten. Durch die *Vita Hathumodae* des Mönches Agius aus dem 9. Jh. erfahren wir, dass die ersten Kanonissen *extra in villula*, also in einem seperaten Gebäude innerhalb der Siedlung, untergebracht wurden. Auffälligerweise folgen jedoch die Nordwände der zweiten karolingischen Kirche und auch der darauffolgenden Bauten (III – V) einer ähnlichen Flucht, was eine nördlich vorhandene Bebauung als Begrenzung vermuten lässt. Da der dort gelegene 1829 abgebrochene gotische Kreuzgang bislang noch nicht archäologisch untersucht wurde, verbieten sich weitere Spekulationen.

Erwiesen ist dagegen, dass nach dem Umzug des Stiftes nach Gandersheim 881 sowohl das Kloster als auch die Siedlung in Brunshausen recht bald an Bedeutung verloren. Bis ins 12. Jh. hinein konnten durch die Ausgrabungen keine weiteren Baumaßnahmen nachgewiesen werden und auch fehlendes Fundmaterial aus diesem Zeitraum legt eine zwischenzeitliche Wüstungsphase in Brunshausen nahe.

Literatur

Hans Goetting: Das Benediktiner(innen)kloster Brunshausen. Das Benediktinerinnenkloster St. Marien vor Bad Gandersheim. Das Benediktinercloster Clus. Das Franziskanerkloster Bad Gandersheim. Germania Sacra, N.F. 8: Die Bistümer der Kirchenprovinz Mainz. Das Bistum Hildesheim 2 (Berlin, New York 1974).

Maria Keibel-Maier: Brunshausen. Zur Baugeschichte der ehemaligen Klosterkirche in Brunshausen. In: Harzzeitschrift 38, 1986, 7–20.

Klaus Nass: Fulda und Brunshausen. Zur Problematik der Missionsklöster in Sachsen. Niedersächsisches Jahrbuch für Landesgeschichte 59, 1987, 1–62.

Abb. 1 Die Grundrisse der vier 1960–1969 ergrabenen Vorgängerkirchen und der noch bestehenden gotischen Klosterkirche in Brunshausen bei Bad Gandersheim.

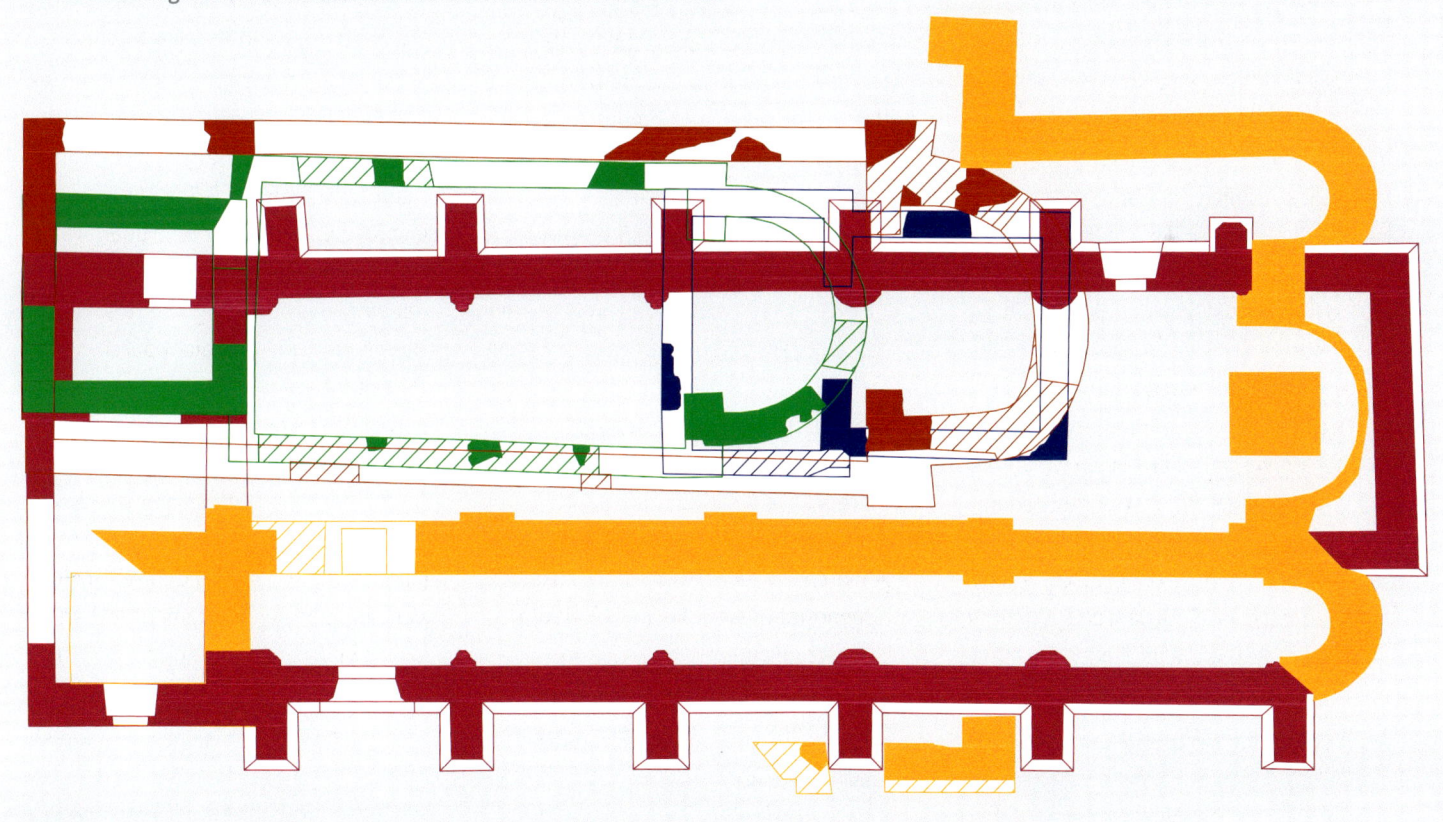

- Bau I
- Bau II
- Bau III
- Bau IV
- Bau V

- erhaltenes Mauerwerk
- Ausbruchgruben
- rekonstruierter Mauerverlauf

len und politischen Führungsschichten Sachsens zu den Eliten des fränkischen Reiches und zum päpstlichen Stuhl in Rom.

Doch die Gebeine der Heiligen genossen nicht nur im Adel hohe Wertschätzung, sondern auch bei den Freien und Unfreien, wegen ihrer Fähigkeit, vor Gefahren zu schützen und Kranke unabhängig von Ansehen, Status und Herkunft der hilfsbedürftigen Person zu heilen. Ihre Wirkkraft (*virtus*) als Wundertäter bezogen die Heiligen nicht aus eigener Kraft, sondern aus ihrem vorbildlichen Leben als Christen und Glaubenszeugen in der Nachfolge Christi. Dadurch gewannen sie schon zu Lebzeiten die Fähigkeit, zwischen Gott und den Menschen zu vermitteln.

Der sächsische Adel holte Reliquien vor allem aus Rom und aus dem westlichen Frankenreich (Abb. 1). So gelangten Mitte des 9. Jh.s[5] die Gebeine der frühen römischen Päpste Anastasius und Innozenz in das liudolfingische Frauenstift Gandersheim, der Kopf des hl. Alexander in die widukindischen Besitzungen zu Wildeshausen und die Überreste der römischen Märtyrer Felicissimus, Agapit und Felicitas in das ebenfalls von den Widukinden gegründete Frauenstift Vreden bei Ahaus. Woher die Reliquien der Ärzteheiligen Cosmas und Damian stammten, mit denen sich die Frauenstifte Essen[6] und Liesborn seit der Gründung schmückten, ist umstritten bzw. unbekannt. Exotisch muten die provençalischen Heiligen Bonifatius, Maximus, Aeonius und Antonius an, die die geistlichen Frauen im Stift Freckenhorst in Empfang nahmen. Das Frauenstift Nottuln nannte Reliquien des hl. Bischofs Magnus von Agnani sein Eigen. Im Paderborner Frauenstift Neuenheerse wurden die hl. Jungfrau Saturnina, die hl. Agatha und eine Rippe des hl. Laurentius verwahrt, und das Frauenstift Meschede besaß Knochen der angelsächsischen Missionarin Walburga, die in Eichstätt ihre letzte Ruhestätte gefunden hatte. Die Kleriker der Neukirche St. Paul (Niggenkerke), neben dem Benediktinerkloster Corvey errichtet, konnten sich über die Gebeine der hl. Jungfrau Liuttrud aus der Champagne und über die des römischen Priesters und Missionars Marsus aus Auxerre freuen.

Wurde ein ausführlicher Bericht über die Translation verfasst und hat sich dieser erhalten – was selten genug der Fall ist –, so lassen sich der Transfer, die daran beteiligten Akteure und deren Motive für den Reliquienerwerb genauer nachvollziehen. Dies ist für die Übertragung des Hauptes des römischen Märtyrers Alexander in die Kirche von Wildeshausen der Fall[7]. An diesem südlich von Bremen gelegenen und zur Diözese Osnabrück gehörenden Ort besaß die Familie Widukinds umfangreiche Güter. Widukinds Enkel Waltbert, der am Hof König Lothars I. erzogen worden war, reiste im Jahr 850 nach Rom und nahm dort mit Zustimmung Papst Leos IV. und der Vertreter des stadtrömischen Adels die Reliquie des hl. Alexander, eines römischen Märtyrers, in Empfang. Nach der Ankunft des Heiligen in Wildeshausen richtete die Familie dort ein Klerikerstift ein, das sich in den beiden folgenden Jahrhunderten zur Kaderschmiede künftiger Bischöfe in sächsischen Diözesen entwickelte. Indem er einen Mönch aus dem Kloster Fulda damit beauftragte, das Ereignis aufzuzeichnen (vgl. hierzu den Beitrag „Imagepflege: die Sachsengeschichte Rudolfs von Fulda" in diesem Band), sorgte Waltbert nicht nur dafür, die Erinnerung an das Ereignis der Reliquienübertragung über Jahrhunderte zu sichern, sondern auch, das Image des aufständischen Widukind, den die fränkischen Geschichtsschreiber zum ärgsten Feind der Franken erklärt hatten, zu verbessern. Denn anhand der Reliquientranslation Waltberts ließ sich der innerhalb von drei Generationen vollzogene Gesinnungswandel des widukindischen Geschlechts von einem heidnischen, frankenfeindlichen sächsischen Clan in eine Familie vorbildlicher Christen und engster Freunde der fränkischen Karolinger demonstrieren.

In den Stifts- und Klosterkirchen wurden die heiligen Gebeine, je nach Größe und Umfang, in der Regel in Schreinen auf oder in sarkophagähnlichen Einbauten unter bzw. hinter dem Hauptaltar zur Verehrung aufgestellt. Nur in seltenen Fällen traf man in den Gotteshäusern eigene bauliche Vorkehrungen für die Exposition des Heiltums und die Regelung des Pilgerverkehrs[8]. Eine solch spezifische Architektur, eine Ringkrypta nach dem Vorbild der Peterskirche in Rom, baute man im 9. Jh. in die Klosterkirche von Corvey und die Bischofskirchen zu Paderborn und Halberstadt ein. Unter den adeligen Stiftern leistete sich ein solch aufwendiges Bauwerk nur ein gewisser Waltbert für sein Frauenstift in Vreden. Die beachtlichen Überreste der archäologisch ergrabenen Umgangskrypta sind dort unter der heutigen Kirche St. Georg zu besichtigen[9]. So konnten die geistlichen Frauen ungestört im Kirchenraum die Messe feiern und sich zum Stundengebet versammeln, ohne durch die Pilger gestört zu werden, die gleichzeitig vor den heiligen Leibern ihre Gebete verrichteten und die Heiligen um Hilfe anflehten. Alle anderen adeligen Stifte und Klöster in Sachsen gönnten sich Kryptenanlagen erst in ottonischer, salischer und staufischer Zeit.

Aus dem karolingerzeitlichen Sachsen sind nur wenige Schreine und andere Behälter für die Verwahrung der heiligen

→ **Abb. 2** Bursenreliquiar aus der Stiftskirche St. Dionysius in Enger.

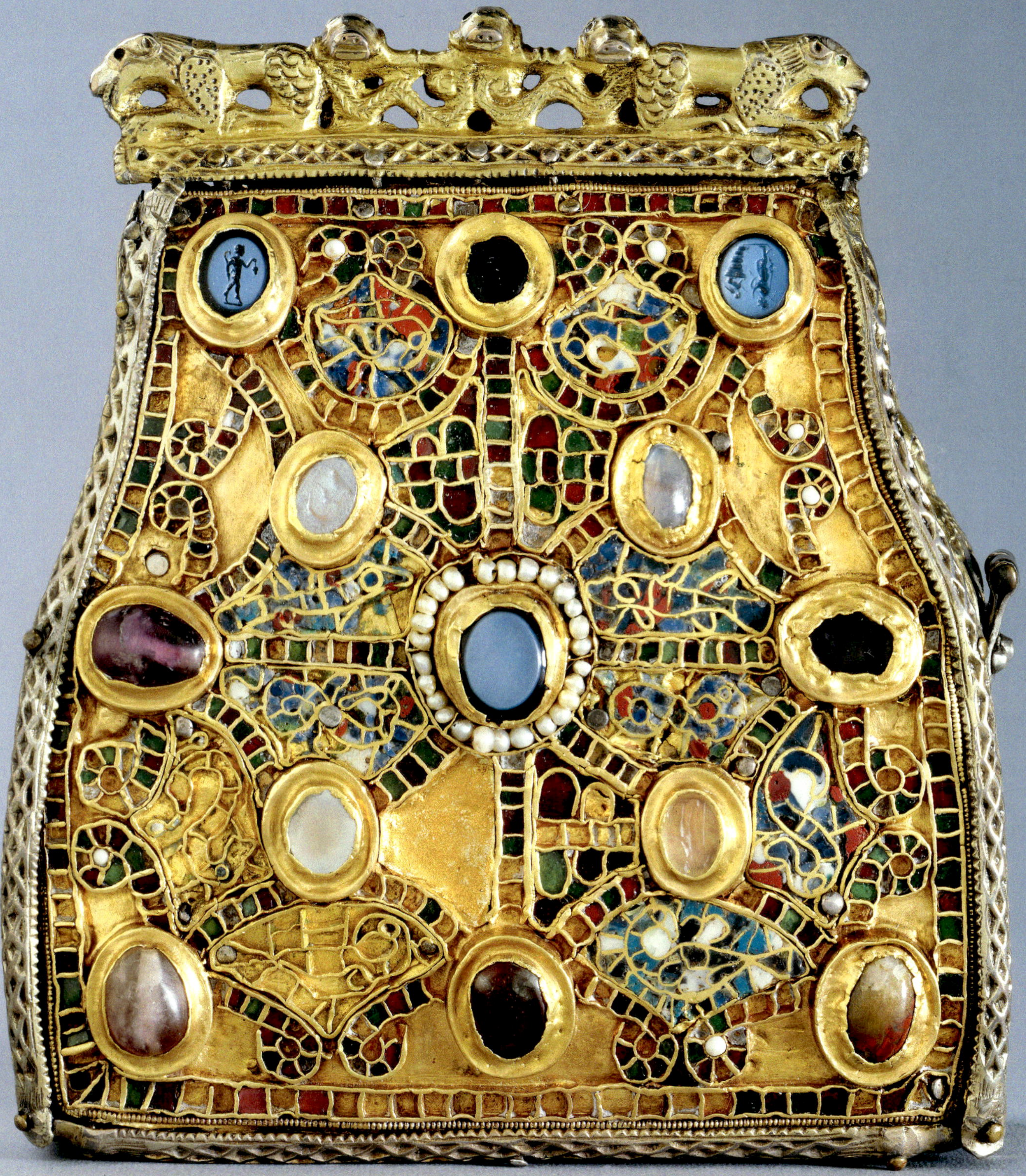

Gebeine erhalten. Ein herausragendes Exemplar ist das Bursenreliquiar aus der Stiftskirche St. Dionysius in Enger (Abb. 2), das anhand stilistischer Kriterien von Kunsthistorikern in das dritte Viertel des 8. Jh.s datiert wird. Der ursprüngliche Bestimmungs- und Gebrauchsort des Reliquiars ist allerdings nicht bekannt. Dass Widukind, der sächsische Anführer des Widerstandes gegen Karl den Großen, es nach Enger gebracht hat, ist wohl eher ein Mythos. Vermutlich führten Kleriker solche Bursenreliquiare auf Reisen mit sich, da es zu dieser Zeit an vielen Orten Sachsens noch keine Kirchen und Altäre gab, in und an denen man die Messe hätte feiern können. Ob das im späten 8. Jh. im angelsächsischen England hergestellte und mit Runen versehene Walmdachkästchen aus Walrosszahn, das dem Besitz des Frauenstifts Gandersheim zugeschrieben wird (Abb. 3),[10] Reliquien schützte, oder ob darin geweihte Hostien und geweihtes Salböl (*Chrisam*) transportiert wurden, ist unklar.

Die Gebeine der Heiligen wurden im Mittelalter nicht „nackt" gezeigt, sondern in Stoffe gehüllt. So wurde in Wildeshausen bis zum 30-jährigen Krieg ein Stoffstück aufbewahrt, in das wahr-

Abb. 4 Reliquienstoff aus dem Armreliquiar, Byzanz (?) / Persien (?), 8./9. Jh. (?). Vechta, kath. Propsteigemeinde St. Georg.

Abb. 3 Angelsächsisches Runenkästchen, spätes 8. Jh., Prov. Gandersheim?

scheinlich das Haupt des römischen Märtyrers Alexander eingewickelt war, als Waltbert es 850/51 von Rom nach Wildeshausen brachte (Abb. 4). Im 13. Jh. legte man es in ein silbernes Armreliquiar des hl. Alexander, wo es, vor Licht und anderen Gefahren geschützt, die Jahrhunderte überdauerte.

Da die Reliquien in den Stoffen unsichtbar sind, hat man an die Stoffpakete Zettel gebunden und darauf den Namen des Heiligen geschrieben. Diese Beschriftungen (sogenannte *Cedulae* oder Authentiken) geben die Identität des/der Heiligen preis. Die Kirchengemeinde von Vreden ist nach wie vor im Besitz der Reliquienauthentiken der römischen Heiligen Felicissimus, Agapit und Felicitas, die dort im Jahr 839 ankamen (Abb. 5). Authentik und Reliquie zugleich ist eine Tuchreliquie aus dem Frauenstift Gandersheim (Abb. 6),[11] mit der – laut einer Inschrift – Christus Salvator und der Evangelist Johannes in Berührung gekommen sein sollen. Tuch wie Beschriftung wurden vermutlich im späten 8., frühen 9. Jh. gefertigt und wohl um die Mitte des 9. Jh.s aus Rom in das sächsische Frauenstift gebracht.

Seit der 2. H. des 9. Jh.s war der sächsische Adel so gut mit Heiligengebeinen versorgt, dass er seine Schätze mit anderen in der Region teilen konnte. Die geistlichen Frauen in Herford etwa überließen Reliquien von der merowingischen Jungfrau Pusinna, deren Körper sie selbst um 860 aus der Champagne erhalten hatten, gegen Ende des 9. Jh.s dem Frauenstift Wendhusen/Wendhausen bei Thale im Ostharz, von wo sie im 10. Jh. an das Quedlinburger Servatiusstift weitergereicht wurden[12]. Nachdem sie lange gezögert hatten, verschenkten auch die Gandersheimer Äbtissinnen im 11. Jh. den einen oder anderen Teil der Päpste Anastasius und Innozenz, die ihnen Mitte des 9. Jh.s der Gründer Liudolf und dessen Gemahlin Oda aus Rom zugeführt hatten.

Abb. 5   Reliquienauthentik der Heiligen Felicitas, Ende 9. / Anfang 10. Jh. Vreden, Katholische Kirchengemeinde St. Felicitas.

Wächter der Grenze: das Geschlecht der Liudolfinger

HEDWIG RÖCKELEIN

Die adlige Familie, der König Heinrich I. entstammte, bezeichnet die Forschung als die Liudolfinger. Sie spielten nach dem Ende der fränkischen Eroberungszüge eine wichtige Rolle bei der Pazifizierung Sachsens und bei der Sicherung der neuen Außengrenzen des ostfränkischen Reiches. Seit der 2. H. des 9. Jh.s agierten sie in enger Abstimmung und im Auftrag der karolingischen Herrscher. Liudolf, den die schriftlichen Zeugnisse als ersten und zugleich namengebenden Repräsentanten des Geschlechts überliefern, war von den fränkischen Herrschern als Graf zur Wahrung der fränkischen Interessen eingesetzt worden. In den zeitgenössischen Quellen wird er meist als „dux" tituliert, nicht als „comes" (Graf). Dieser Titel hat zu dem langanhaltenden Missverständnis geführt, Liudolf sei „Herzog von Sachsen" gewesen. Wie Hans-Werner Goetz aber 1977 überzeugend nachweisen konnte, wurde mit „dux" im 9. Jh. – wie bereits in der Antike – ein militärischer Anführer bezeichnet. Liudolf war also ein Graf, der stellvertretend für den König die Gerichtsrechte wahrte, Verwaltungsaufgaben ausführte und die Grenze zu den „Heiden", den Slawen und Normannen, sicherte. Seit den 850er-Jahren dürften sich auch die Liudolfinger an den sächsischen und thüringischen Heereskontingenten beteiligt haben, die die ostfränkischen Herrscher bei ihren Kriegszügen gegen Abodriten, Sorben, Daleminzien und Böhmen unterstützten.
Eine große Bedrohung des Frankenreiches stellten seit der Mitte des 9. Jh.s

Abb. 1 Eheschließungen der Liudolfinger mit den Karolingern.

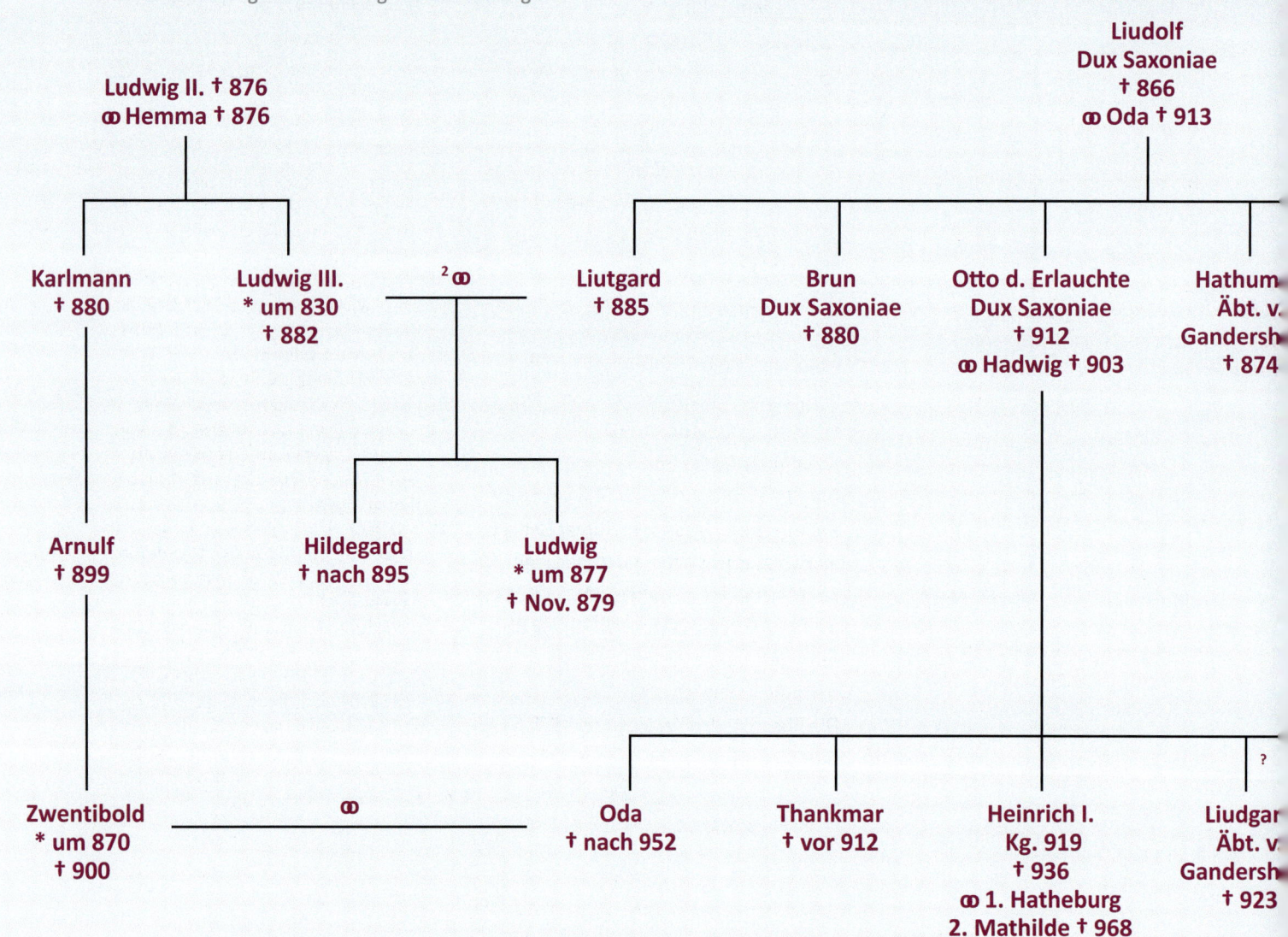

die Normannen dar, die auf der Suche nach schneller Beute über die Küsten und Flüsse in das Landesinnere eindrangen, Siedlungen überfielen und in Brand steckten. Im Jahr 880 stellten sich ihnen Adelige aus Ostsachsen und Engern in der später sogenannten „Lüneburger Heide" entgegen. In einer blutigen Schlacht verlor Brun, der älteste Sohn des Liudolf und der Oda, der zu den militärischen Anführern der Sachsen gehörte, dort sein Leben, zusammen mit zahlreichen weiteren sächsischen Grafen und zwei Bischöfen. Brun überlebten dessen Mutter Oda († 913), dessen Bruder Otto (der Erlauchte) († 912), dessen Schwestern Liutgard († 885) sowie Hathumod († 874), Gerberga I. († 896/7) und Christina I. († 919), die ersten Gandersheimer Äbtissinnen.

Die Karolinger belohnten die Liudolfinger für ihre treuen Dienste im Interesse des Reiches mit der Option, in die Herrscherfamilie einzuheiraten (sogenannt *Connubium*). Bruns Bruder Otto (der Erlauchte; † 912) durfte Hadwig († 903), die Nichte des Königs (*neptis regum*) ehelichen. Seine Schwester Liutgard († 885) wurde – vermutlich im Herbst 869 – sogar mit dem Sohn Ludwigs des Deutschen, Ludwig III. (dem Jüngeren) (*um 830, † 20. Jan. 882), verbunden. Wenn Ludwig (*um 877, † Nov. 879), der Sohn aus dieser Ehe, nicht bereits als Zweijähriger vor seinem Vater gestorben wäre, hätten die Liudolfinger bereits in dieser Generation die Karolingerdynastie ablösen können, nicht erst unter Heinrich I. Otto der Erlauchte arrangierte im Todesjahr Ludwigs ein Eheversprechen zwischen seiner Tochter Oda / Uota († nach 952) und Zwentibold (*um 870, † 900), dem illegitimen Sohn König Arnulfs. Da Arnulf 895 die Wahl Zwentibolds zum König von Lothringen erzwang – trotz dessen illegitimer Geburt und eines inzwischen geborenen legitimen Thronfolgers –, stieg Oda zur Königin auf. Allerdings starb ihr Gemahl bereits fünf Jahre später. Als Witwe überlebte sie ihn um 52 Jahre.

Die Ehen mit den Karolingern eröffneten den geistlichen Frauen im Stift Gandersheim zugleich den Zugang zu den Heiligtümern der ostfränkischen Herrscher, darunter hochrangige Herrenreliquien. Die Königin Liudgard vermittelte ihnen zur Übersiedlung von Brunshausen nach Gandersheim im Jahr 881/82 einen Tropfen vom Blut Christi aus dem Besitz ihres damals bereits vom Tode gezeichneten Gatten. Und König Arnulf gab den Kanonissen einen Splitter vom Kreuz Christi, an dem ebenfalls das Blut des Herrn haftete. Er selbst hatte diese Reliquie während seiner Krönung in Rom vom Papst empfangen. Als Gegenleistung verlangte er von den Gandersheimer Damen das Gebet für sein eigenes Seelenheil sowie das seines Vaters Karlmann († 880), seines Vaterbruders Ludwig den Jüngeren († 882), seines Großvaters Ludwig den Deutschen († 876) und dessen Bruder Karl den Kahlen († 877).

Literatur

Matthias Becher: Rex, Dux und Gens. Untersuchungen zur Entstehung des sächsischen Herzogtums im 9. und 10. Jahrhundert. Historische Studien 444 (Husum 1996).

Matthias Becher: Die Liudolfinger – Aufstieg einer Familie. In: Matthias Puhle: Otto der Große – Magdeburg und Europa. Bd. 1: Essays (Mainz 2001), 110–118.

Hans-Werner Goetz: „Dux" und „Ducatus". Begriffs- und verfassungsgeschichtliche Untersuchungen zur Entstehung des sogenannten „jüngeren" Stammesherzogtums an der Wende vom 9. zum 10. Jahrhundert (Bochum 1977).

Hedwig Röckelein: Gandersheim und die Christianisierung der Sachsen. Vortrag im Portal zur Geschichte e.V. Bad Gandersheim, 2012. (unpubliziert)

Scott Wells: The Politics of Gender and Ethnicity in East Francia. The Case of Gandersheim, ca. 850–950. In: Katherine Allen Smith und Scott Wells: Negotiating Community and Difference in Medieval Europe. Gender, Power, Patronage and the Authority of Religion in Latin Christendom. Studies in the history of Christian traditions (Leiden 2009), 113–136.

Abb. 6 Sogenanntes Salvatortüchlein aus dem Frauenstift Gandersheim, spätes 8./frühes 9. Jh.

Von diesen Schenkungen profitierten das Paderborner Domkapitel, das Servatiusstift in Quedlinburg und das Blasiusstift in Braunschweig[13].

Bei Weitem nicht alle schriftlichen Nachrichten sind als Beweis für einen Transfer von Heiligengebeinen in der Karolingerzeit belastbar. Im Hochmittelalter wurde so manche Gründungserzählung erfunden, so manche Urkunde gefälscht; Besitzstände, das Alter der Institutionen und die Vermittlung von Reliquien wurden nachträglich in die Zeit Karls des Großen rückdatiert und seine Mitwirkung an den Ereignissen behauptet. Solche Fälschungen sind die vorgeblichen Übertragungen des hl. Landolin aus St.-Crespin (Diözese Cambrai) in das Benediktinerkloster zu Boke (12. Jh.), des römischen Märtyrers Adrian aus Rom in das Benediktinerinnenkloster Lamspringe (15. Jh.), des hl. angelsächsischen Königs Oswald aus England (Northumbrien) nach Herford (13. Jh.) und des Hauptes der hl. Christina aus Bolsena in Italien in das Benediktinerinnenkloster Herzebrock (11. Jh.). Solche Traditionserfindungen dienten dazu, das Ansehen der geistlichen Institutionen zu erhöhen und deren Besitz zu sichern.

Anmerkungen

1 Röckelein 2007.
2 Röckelein 2008.
3 Borgolte 2012.
4 Röckelein 2002.
5 Zum Folgenden vgl. Röckelein 2002, Taf. 1, S. 374–376.
6 Röckelein 2011.
7 Röckelein 2002, S. 127–134 und 304–315; Röckelein 2017.
8 Röckelein 2018.
9 Weiß 2010; Lobbedey 1970.
10 Marth 2000 bezweifelt die Gandersheimer Provenienz.
11 Röckelein, forthcoming (Mainz).
12 Popp 2016, S. 486 Anm. 66.
13 Popp 2010, S. 92–98.

Literatur

Michael Borgolte (Tillmann Lohse): Stiftung und Memoria. Stiftungsgeschichten 10 (Berlin 2012).

Ludger Körntgen: Gandersheim und die Ottonen. In: Regine Marth: Das Gandersheimer Runenkästchen. Internationales Kolloquium, Braunschweig, 24.–26. März 1999. Kolloquiumsbände des Herzog-Anton-Ulrich-Museums 1 (Braunschweig 2000), 121–137.

Uwe Lobbedey: Zur archäologischen Erforschung westfälischer Frauenklöster des 9. Jahrhunderts. Frühmittelalterliche Studien 4, 1970, 320–340.

Regine Marth: Das Gandersheimer Runenkästchen. Internationales Kolloquium, Braunschweig, 24.–26. März 1999. Kolloquiumsbände des Herzog-Anton-Ulrich-Museums 1 (Braunschweig 2000).

Christian Popp: Der Schatz der Kanonissen. Heilige und Reliquien im Frauenstift Gandersheim. Studien zum Frauenstift Gandersheim und seinen Eigenklöstern 3 (Regensburg 2010).

Christian Popp: Die Quedlinburger Kirchweihe im Jahre 1021. Neue Überlegungen zum altbekannten Weihebericht in den Annales Quedlinburgenses. Deutsches Archiv für Erforschung des Mittelalters 72, 2016, 469–500.

Hedwig Röckelein: Reliquientranslationen nach Sachsen im 9. Jahrhundert. Über Kommunikation, Mobilität und Öffentlichkeit im Frühmittelalter. Francia 48 (Stuttgart 2002).

Hedwig Röckelein: Eliten markieren den sächsischen Raum als christlichen: Bremen, Halberstadt und Herford (8.–11. Jahrhundert). In: Philippe Depreux: Les élites et leurs espaces. Mobilité, rayonnement, domination (du VIe-XIe siècles). Collection Haut Moyen Âge 5 (Turnhout 2007), 273–298.

Hedwig Röckelein: Bairische, sächsische und mainfränkische Klostergründungen im Vergleich (8. Jahrhundert bis 1100). In: Eva Schlotheuber: Nonnen, Kanonissen und Mystikerinnen. Religiöse Frauengemeinschaften in Süddeutschland. Beiträge zur interdisziplinären Tagung vom 21. bis 23. September 2005 in Frauenchiemsee. Veröffentlichungen des Max-Planck-Instituts für Geschichte 235 / Studien zur Germania Sacra 31 (Göttingen 2008), 23–55.

Hedwig Röckelein: Altfrid, Gründer des Stifts Essen und international agierender Kirchenmann? In: Thomas Schilp: Frauen bauen Europa. Essener Forschung zum Frauenstift 9 (Essen 2011), 27–64.

Hedwig Röckelein: Wer, wann, wohin, warum? Der Heilige Alexander kommt nach Wildeshausen. Wildeshauser Schriften für Heimat, Geschichte und Kultur 15, 2017, 32–47.

Hedwig Röckelein: Gründungsbauten von Frauenstiften und früher Reliquienkult. Eine Problemskizze anhand der Stiftskirchen in Gandersheim und Vreden. In: Julia von Ditfurth und Vivien Bienert: Architektur für Kanonissen? Gründungsbauten und spezifische bauliche Veränderungen in Frauenkonventskirchen im Mittelalter. Beiträge zur ersten Tagung des Forums für Frauenstiftsforschung vom 4. bis 5. November 2017. Veröffentlichungen des Forums für Frauenstiftsforschung 1 (Wien/Köln/Weimar 2018), 21–34.

Hedwig Röckelein: Reliquienauthentiken des Frühmittelalters aus dem Frauenstift Gandersheim (Niedersachsen). Akten der Internationalen Tagung des SFB 933 „Materiale Textkulturen", Universität Heidelberg „Reliquienauthentiken. Kulturdenkmäler des Frühmittelalters" (Mainz 2017).

Harald Weiß: Die Baugeschichte von St. Georg zu Vreden, Kr. Borken. Die Ergebnisse der Ausgrabungen 1949–1951 und 2003–2004 (Rahden 2010).

Imagepflege: die Sachsengeschichte Rudolfs von Fulda

HEDWIG RÖCKELEIN

Die Sachsengeschichte des Fuldaer Mönchs Rudolf ist Bestandteil eines literarischen Werkes, das von ihm und seinem Schüler Meginhart verfasst wurde. Der Mönchspriester Rudolf (*um 800, †865) war von Waltbert, dem Enkel des sächsischen Heerführers Widukind, um die Mitte des 9. Jh.s beauftragt worden, einen Bericht über die Überführung der Gebeine des Märtyrers Alexander von Rom nach Wildeshausen in der Diözese Osnabrück zu schreiben. Die Translation in einen Ort, an dem die Familie Waltberts Güter besaß, hatte in den Jahren 850/51 stattgefunden. Rudolf hielt sich bei der Umsetzung jedoch nicht streng an den Auftrag. Vielmehr setzte er der Translationserzählung eigenmächtig drei Kapitel voran, in denen er die Herkunft und die Frühgeschichte der Sachsen schilderte. Rudolf verstarb über dieser Arbeit. Den Auftrag Waltberts, den Translationsbericht, erfüllte erst Rudolfs Schüler Meginhart nach dessen Tod im Jahr 865 und vor 888. Aus Meginharts Besitz stammt wohl auch die einzige erhaltene Handschrift, in der beide Textteile um einen Brief an den Fuldaer Mönchspriester Sunderolt, den späteren Erzbischof von Mainz (amt. 889–891), ergänzt sind. Den Codex verwahrt heute die Gottfried Wilhelm Leibniz-Bibliothek Hannover unter der Signatur Ms I 186.

Rudolf schreibt im ersten Kapitel, dass sich die Sachsen von den Angeln auf der Insel getrennt und den Ozean überquert hätten, um sich in Germanien Wohnplätze zu suchen. Sie hätten sich in Haduloha niedergelassen und unter ihrem Heerführer Hadugoto mit dem Frankenkönig Theoderich erfolgreich gegen die Thüringer gekämpft. Nach dem Sieg über die Thüringer hätte dieser ihnen deren Land überlassen, das sie nun teils besiedelt, teils gegen Abgaben an Kolonen übergeben hätten. Die Grenze zwischen Sachsen und Thüringern habe seither die Unstrut („Unstrota") gebildet. Im Süden seien die Sachsen von Franken und Thüringern umgeben gewesen, im Osten von Obodriten, im Westen von Friesen und im Norden von Normannen. Die Sachsen seien in die Stände der Adeligen (*nobilium*), der Freien (*liberorum*), der Freigelassenen (*libertorum*) und der Unfreien (*servorum*) unterteilt worden. Die Stände hätten sich bei Strafe nicht durch Heirat vermischen dürfen, der Adel habe keine Stammesfremden geheiratet.

Im zweiten Kapitel beschreibt Rudolf die heidnischen Kulte und die Götterwelt der Sachsen. Sie hätten besonders Merkur, den Gott des Handels verehrt und diesem Menschen geopfert. Ihre Götter hätten sie nicht in Tempel eingesperrt und in Bildern dargestellt, sondern in Hainen und Gehölzen verehrt. Entscheidungen über Krieg und andere wichtige Angelegenheiten hätten sie durch Los, die Vogelschau und das Verhalten der Pferde entschieden. Das Orakel habe ein Priester aus dem Volk oder der Vorsteher der Familie vollzogen. Im dritten Kapitel ergänzt Rudolf diese Aussagen um Baum- und Quellkulte und das Haupteiligtum der Sachsen, die Irminsul.

Hauptgegenstand des dritten Kapitels sind die 33 Jahre andauernden Auseinandersetzungen zwischen Franken und Sachsen, die in der Verschleppung von 10.000 Sachsen mit Frauen und Kindern von der Elbe nach Gallien und Germanien ihren Höhepunkt erreicht hätten. Schließlich sei mit der Unterwerfung und Bekehrung durch die Franken sowie der Taufe des Heerführers Widukind in der Pfalz Attigny eine Phase friedlicher Koexistenz und der Anerkennung des Christentums eingeleitet worden.

Seine Informationen über die Frühgeschichte des sächsischen Volkes bezog Rudolf aus verschiedenen antiken und frühmittelalterlichen Texten, die er in der Fuldaer Klosterbibliothek vorfand: Vieles aus der Germania des Tacitus – sein gesamtes 2. Kapitel geht auf die Kapitel 9–10 der Germania zurück sowie die Nachricht über das Verbot der Mischehen unter den Ständen auf das 4. Kapitel der Germania –, aus den fränkischen Reichsannalen (entstanden in der 2. H. des 8. und zu Beginn des 9. Jh.s im Umkreis des Karolingerhofes) und aus der Vita Karoli Magni Einhards, des Beraters Karls des Großen (Entstehungszeit umstritten, vermutlich um 830). Rudolf schrieb diese Vorlagen nicht einfach nur ab, sondern wählte daraus Nachrichten gezielt aus. Er setzte eigene Akzente und arbeitete Erfahrungen aus der jüngeren sächsischen Geschichte mit ein, wie etwa die ständische Gliederung der Sachsen im Zusammenhang des Stellinga-Aufstandes der Jahre 841/42 oder die Unstrut als Grenze zwischen Sachsen und Thüringern, die zu seinen Lebzeiten in einem Zehntstreit zwischen dem Kloster Hersfeld und dem Bistum Halberstadt eine Rolle spielte. Gelegentlich unterliefen ihm Fehler: So verwechselte er beispielsweise den Ostgotenkönig Theoderich mit dem Frankenkönig Theoderich. Anders als Beda Venerabilis, der in seiner Kirchengeschichte der Angelsachsen berichtet, die Sachsen seien vom Kontinent auf die Inseln gewandert, folgt Rudolf dem byzantinischen Schriftsteller Prokop (Gotenkrieg IV, 20), der von einer Rückwanderung der Sachsen auf das Festland wegen starker Bevölkerungszunahme auf der Insel schreibt. Abweichend von seinen Vorlagen behauptet Rudolf, die Franken und Sachsen hätten sich 531 gegen die Thüringer verbündet – alle anderen frühmittelalterlichen Quellen sprechen von einer Allianz zwischen Sachsen und Thüringern gegen die Franken! –, und Widukind habe sich 785 freiwillig in Attigny taufen lassen, während die Reichsannalen von einer Zwangstaufe sprechen. Rudolf wollte offenbar zeigen, dass viele der vormals heidnischen und treulosen Sachsen zu seinen Lebzeiten, d. h. ca. 50 Jahre nach dem Ende der kriegerischen Auseinandersetzungen zwischen Franken und Sachsen, den christlichen Glauben angenommen hatten und zu treuen Gefolgsleuten der Franken geworden waren. Als Exempel hob er besonders Widukind hervor, den Großvater seines Auftraggebers Waltbert.

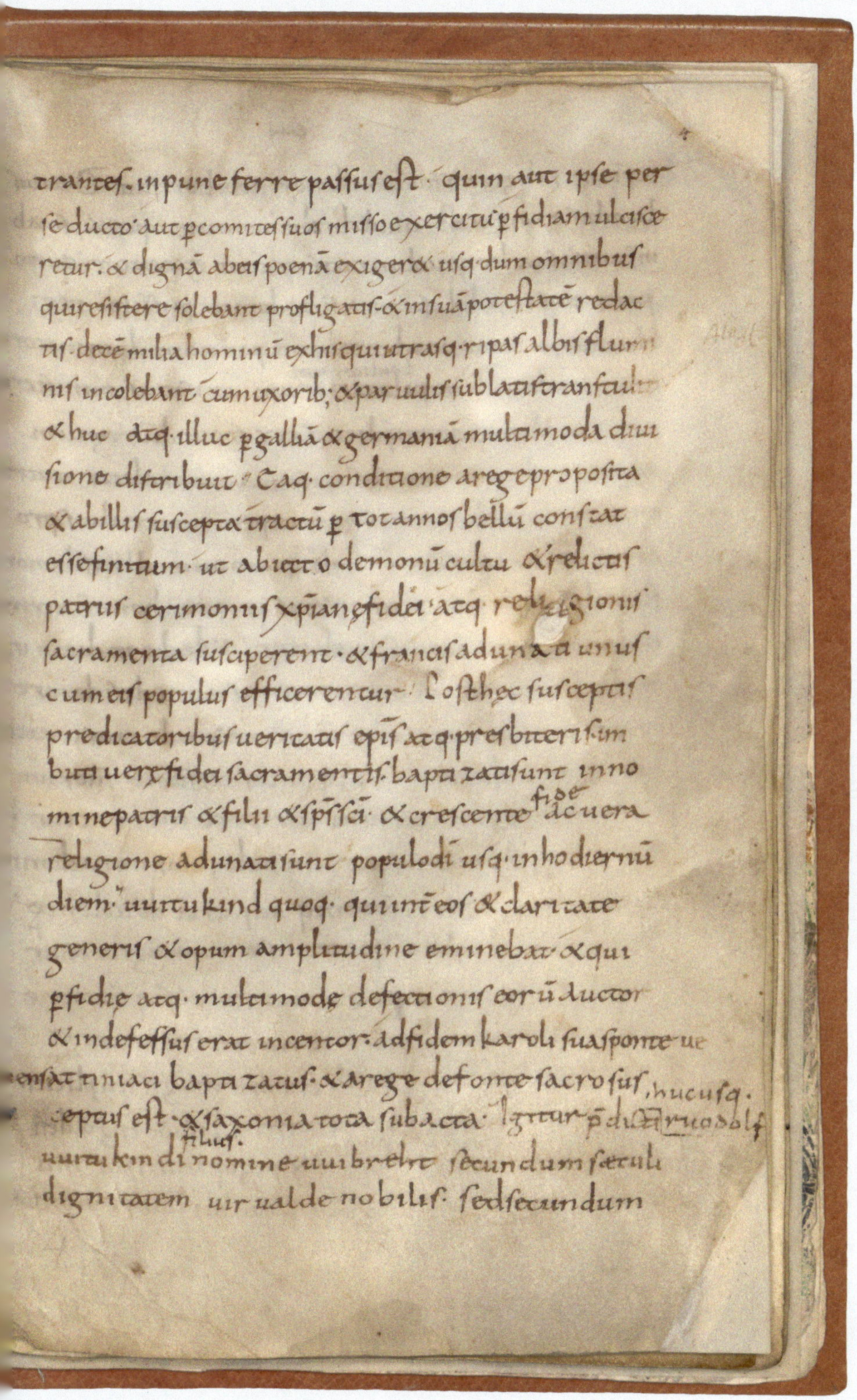

Literatur und Quellen

Bruno Krusch: Die Übertragung des H. Alexander von Rom nach Wildeshausen durch den Enkel Widukinds 851. Das älteste niedersächsische Geschichtsdenkmal. Nachrichten der Gesellschaft der Wissenschaft zu Göttingen, philologisch-historische Klasse, 1933, 423–436.

Rudolfus und Meginhardus: Translatio s. Alexandri auctoribus Rudolfo et Meginharto Fuldensibus. Mit einer Einführung von Helmar Härtel. Landesbibliothek Hannover Ms I 186. Facsimilia textum manuscriptorum 5 (Hildesheim 1979).

Matthias Springer: Sage und Geschichte um das alte Sachsen. Westfälische Zeitschrift 146, 1996, 193–214.

Rudolf und Meginhart von Fulda, Translatio s. Alexandri. Faksimile: Translatio sancti Alexandri auctoribus Ruodolfo et Meginharto Fuldensibus. Landesbibliothek Hannover Ms I 186. Mit einer Einführung von Helmar Härtel. Facsimilia textuum manuscriptorum 5 (Hildesheim 1979).

Abb. 1 Translatio s. Alexandri. Anfang der Translatio, rechts unten, Marginalie: „hucusque rudolf". Ende der Sachsengeschichte und Beginn des Translationsberichts: „Igitur praedicti Uuitukindi (filius) nomine uuibreht …".

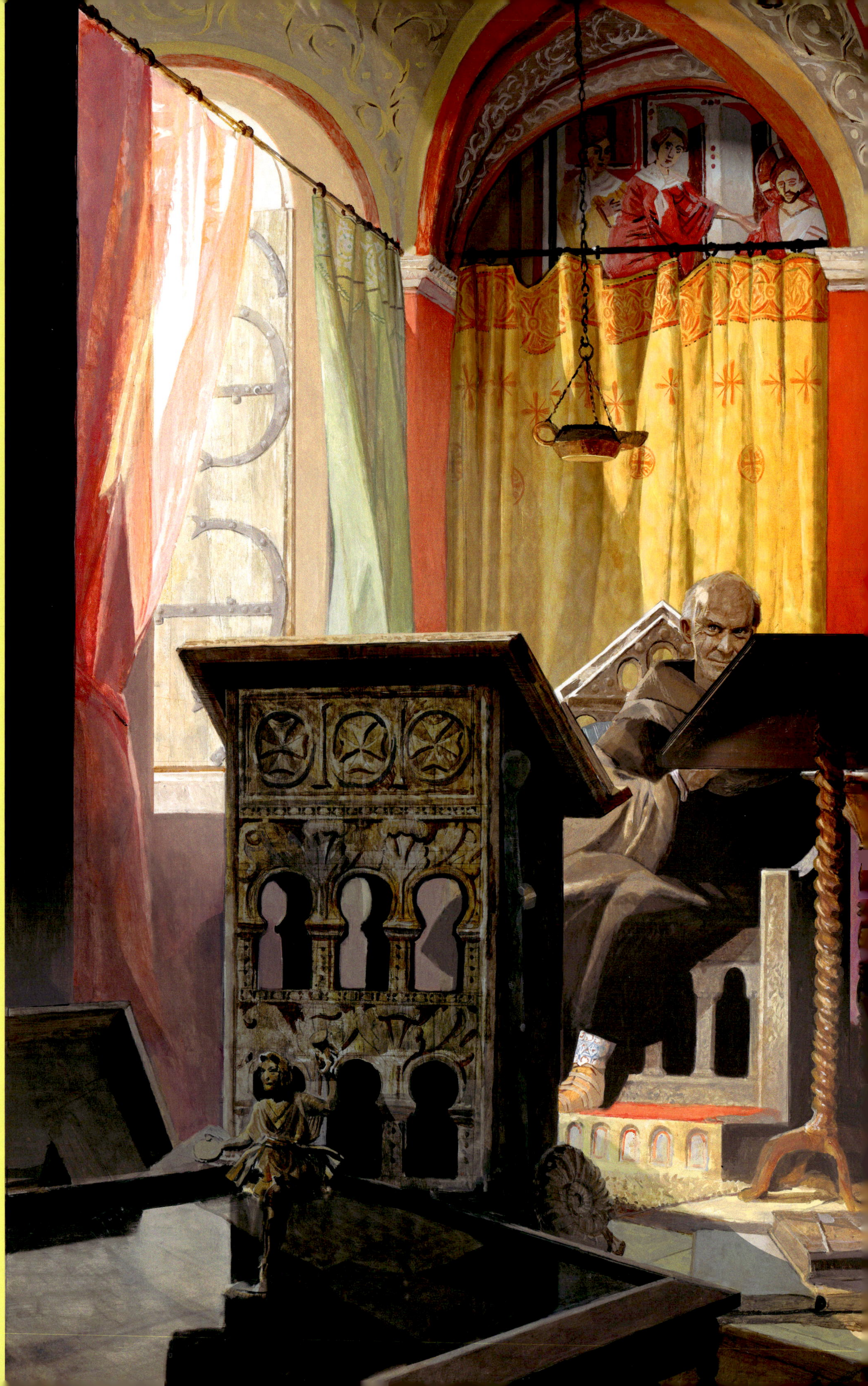

Gewinner machen Geschichte: Wir sind die Sachsen!

10. JAHRHUNDERT

Im Jahr 919 stehen die Großen im fränkischen Reich vor einer wichtigen Entscheidung. Wer soll ihr nächster König sein? Ihre Wahl fällt auf einen Adligen namens Heinrich. Er ist ein Enkel von Liudolf, dem Vertreter des Königs in der Saxonia und Stifter des Konventes in Gandersheim. Mit Heinrich sitzt zum ersten Mal ein nicht-fränkischer König auf dem fränkischen Thron.

Was für eine Erfolgsgeschichte: Nur gut 100 Jahre zuvor haben sich als „heidnische Sachsen" diffamierte Adelsfamilien der Herrschaft Karls des Großen gebeugt – und jetzt regiert einer der ihren im Reich des Frankenkönigs. Und Heinrichs Sohn wird der mächtigste Herrscher seiner Zeit in Europa: Kaiser Otto der Große. Widukind, ein Mönch im Kloster Corvey schreibt ihre Biografie, die *Res Gestae Saxonicae*, „Tatenbericht der Sachsen". Vermutlich kommt Widukind aus der gleichen Familie wie sein Namensvetter, der alte Anführer der Westfalaos. Beide Familien sind überaus stolz auf ihr „Sachsentum". Widukind schildert ihr Erfolgsrezept ganz unverblümt: Heimtücke, Hinterlist und viel Gewalt. Er legt fest, woran sich künftige Generationen erinnern sollen.

Der König der Franken wird sächsisch Dass mit Heinrich I. ein Mann aus einem sächsischen Clan auf den fränkischen Thron steigt, war nicht vorhersehbar. Aber wohl das Ergebnis einer weitsichtigen Strategie. Sein Großvater Liudolf hatte dem fränkischen König Ludwig (der Jüngere) eine Tochter zur Frau gegeben; der Sohn Otto ist mit einer Nichte des fränkischen Königs vermählt worden. Diese beiden sind Heinrichs Eltern. Ein ganz waschechter Sachse ist er also nicht. Die „liudolfingische" Sippe hat viele Besitzrechte im Land um den Harz, hauptsächlich westlich und südlich des Gebirges. So gesehen sind die Liudolfinger eher Thüringer als Sachsen und Franken. Mehr Besitz in der Saxonia verschafft der Familie Heinrichs eigene Heiratspolitik: Seine zweite Frau ist eine Erbin aus der westfälischen Familie Widukinds.

Herr im eigenen Haus Heinrich I. und Otto I. haben keine festen Residenzen. Hohe Feiertage begehen sie auf ihren Gütern am Harz. Dort werden auch Reichstage veranstaltet. In einer dieser „Pfalzen" lässt sich Heinrich I. zur letzten Ruhe betten: Er wird 936 in Quedlinburg begraben. Seine Witwe und sein Sohn Otto stiften dort anschließend einen Konvent. Ottos Tochter Mathilde wird 966 mit elf Jahren zur ersten Äbtissin geweiht. Die Stiftsdamen müssen für Heinrich beten. Das Land um den Harz ist jetzt Königsland.

Widukind von Corvey widmet seine Biografie Heinrichs I. und Ottos I. der Äbtissin Mathilde. Er ergänzt sie um eine Sage vom Ursprung der Sachsen – auf dass sich die junge Leserin bei der Lektüre „angenehm zerstreue". Woher die Sachsen einst kamen, ist Widukind nicht so wichtig. Er weiß: „Die allzu ferne Zeit verdunkelt fast jede Gewissheit." Aber lesen Sie selbst: Die Geschichte aus dem 10. Jh. ist abenteuerlich! (B.L.)

Zur Illustration auf der vorherigen Seite Das Bild zeigt Widukind, den Verfasser des „Tatenberichtes der Sachsen" bei der Arbeit an seiner Schrift. Er lebte als Mönch im Kloster Corvey und starb nach 973. Kelvin Wilson: „Auch der Mönch Widukind von Corvey stammte aus einer hohen Adelsfamilie. Er hatte die weltlichen Annehmlichkeiten einer wohlhabenden Herkunft gegen ein klösterliches Leben getauscht. Das Bild sollte eine „Entsagung mit Netz und doppeltem Boden" zum Ausdruck bringen. Als Erstes habe ich recherchiert, was Widukind getragen haben könnte. Die Tonsur gab es im 10. Jh. schon. Und es gibt viele Darstellungen aus dieser Zeit von christlichen Gelehrten mit verschiedenem Mobiliar. Zu sehen sind dort auch Vorhänge aller Art. Und ich habe Fossilien und Antiken mit ins Bild genommen, um auf Widukinds Forscherdrang zu verweisen. Alles wurde zu einer farbenprächtigen, leuchtenden Szenerie kombiniert – eine inspirierende Umgebung, in der es sich für einen gebildeten Mann trefflich über eine glorreiche Vergangenheit sinnieren lässt."

Ostfränkische Könige aus Sachsen
Heinrich I. und sein Sohn Otto I.

MATTHIAS BECHER

Als Otto, der bis heute als „der Große" bezeichnet wird, am 2. Februar des Jahres 962 in Rom zum Kaiser gekrönt wurde, stand die Familie der Liudolfinger auf dem Höhepunkt ihrer Macht. Diesen Aufstieg hatte sicher niemand vorausahnen können, als Otto ein halbes Jahrhundert zuvor, am 23. November 912, geboren wurde. Sein gleichnamiger Großvater sollte nur wenige Tage später sterben, und sein Vater Heinrich konnte das Erbe nicht ungeschmälert antreten, weil der ostfränkische König Konrad I. den Liudolfingern feindlich gegenüberstand. Zudem war diese Familie in Sachsen beheimatet, einer Region, die rund 100 Jahre zuvor von dem Frankenherrscher Karl dem Großen unterworfen worden war. Sachsen war danach in das Frankenreich eingegliedert worden, hatte den christlichen Glauben und fränkische Verwaltungsstrukturen übernommen, war aber stets ein Nebenland geblieben. Dass Heinrich nur wenige Jahre später zum König des Ostfrankenreiches aufsteigen und sein Sohn Otto sogar die Kaiserwürde erlangen würde, war also nicht gerade wahrscheinlich. Wie kam es dazu, und wie hatte sich das Ostfrankenreich unter den beiden ersten Herrschern aus Sachsen verändert? (Abb. 1)

Der Aufstieg einer Familie

Ottos Urgroßvater Liudolf gehörte schon um die Mitte des 9. Jh.s zu den führenden Persönlichkeiten in Sachsen – ein Herzog war er freilich nicht[1]. Die Güter der Liudolfinger lagen im weiteren Harzumland. Zudem fungierten sie als Grafen in Thüringen, im Eichsfeld und im Südthüringau. Am Ende des 9. Jh.s erhielt Liudolfs Sohn Otto der Erlauchte das Kloster Hersfeld und konnte so als Laienabt die zugehörigen Güter zwischen Saale, Unstrut und Gera kontrollieren. Selbst in Hessen verfügten die Liudolfinger bis 888 über Besitz. Sie waren also ein außerordentlich vermögendes Geschlecht, das seine Aktivitäten nicht nur auf das östliche Sachsen beschränkte. Diesen Reichtum verdankten sie sicherlich zu einem großen Teil ihrer engen Verbindung zu den karolingischen Königen des Ostfrankenreiches.

Liudolf selbst war mit der fränkischen Adligen Oda verheiratet. Beider Tochter Liudgard heiratete 869 oder 874 Ludwig den Jüngeren, den mittleren Sohn des ostfränkischen Königs Ludwig des Deutschen, der schon bald selbst den Thron besteigen sollte. Er förderte die Brüder seiner Gemahlin, zunächst Brun, dem er 880 das Kommando gegen eingefallene Normannen anvertraute und der an der Elbe Schlacht und Leben verlor, und dann Otto den Erlauchten. Auch dieser pflegte gute Beziehungen zur Herrscherfamilie und konnte etwa seine Tochter Oda mit König Zwentibold von Lothringen, ebenfalls ein Karolinger, verheiraten. Otto selbst war mit Hadwig verheiratet, die dem hochadligen Geschlecht der ostfränkischen Babenberger entstammte. Nach deren Vater gab Otto seinem dritten Sohn den Namen „Heinrich". Auf seinen Schultern ruhten nach dem frühen Tod der beiden älteren Söhne Thankmar und Liudolf die Hoffnungen der Familie.

Über Heinrichs frühe Aktivitäten sind wir nur rudimentär informiert. Er hatte die adlige Dame Hatheburg geheiratet, um sich ihr reiches Erbe in und um Merseburg zu sichern, sie dann aber wieder verstoßen. Noch vor dem Tod des Vaters heiratete er ein zweites Mal, und zwar die westfälische Grafentochter Mathilde aus dem Geschlecht Widukinds, einst die Seele des Widerstands der Sachsen gegen Karl den Großen. In den Jahren nach 912 gehörte Heinrich zu den Feinden des neuen Königs Konrad I., des ersten Nicht-Karolingers auf dem ostfränkischen Thron. Als dieser 918 söhnelos verstarb, war eine vollkommen offene Situation entstanden, weil kein Nachfolger zur Verfügung stand.

Erfolg durch Kompromisse

Tatsächlich drohte das ostfränkische Reich damals zu zerfallen, weil Konrad sich gegen seine Gegner nicht hatte durchsetzen können und gerade eine militärische Niederlage in Bayern erlitten hatte. Die Großen verfolgten ihre eigenen Interessen und kümmerten sich nicht weiter um Stabilität, Ruhe und Ordnung. Burchard, der mächtigste Adlige in Schwaben, orientierte sich nach Süden und suchte eine bedeutende Stellung in Oberitalien zu erlangen. Arnulf, sein Pendant in Bayern, strebte ebenfalls nach Autonomie oder sogar Unabhängigkeit. Vor diesem Hintergrund ist verständlich, warum Heinrich im Mai 919 in Fritzlar nur von Franken und Sachsen zum König gewählt wurde. Er akzeptierte diese Beschränkung jedoch nicht und ging sogleich daran, seine Autorität im gesamten ostfränkischen Reich durchzusetzen. Anders als Konrad I. setzte er aber nicht allein auf militärische Mittel, sondern war angesichts der schwierigen Situation auch zu politischen Kompromissen mit Burchard und Arnulf bereit. Er überließ ihnen die Verfügungsgewalt über das Reichsgut, die Bischofssitze und die Reichsklöster. Damit verzichtete er auf wichtige königliche Vorrechte, erreichte aber so seine Anerkennung als König.

Abb. 1 Verwandtschaftstafel der Ottonen aus dem 12. Jh.

Zu dieser Zeit entstand in Bayern und Alemannien eine neue verfassungsrechtliche Einrichtung, das Herzogtum als Mittelgewalt zwischen Königtum und den übrigen Machtträgern der zugehörigen Provinz.

Freilich nutzte Heinrich die erste Gelegenheit, um die Macht dieser herzoglichen Vizekönige im Süden seines Reiches einzuschränken. 926 kam Burchard von Schwaben in Italien ums Leben, und Heinrich ernannte mit dem Konradiner Hermann einen Franken zum neuen schwäbischen Herzog. Auch auf die Besetzungen kirchlicher Ämter nahm er entscheidenden Einfluss. Mit dem Wechsel in Schwaben war möglicherweise auch eine äußerst prestigeträchtige Erwerbung verbunden: Damals soll Heinrich von König Rudolf II. von Hochburgund eine Lanze erhalten haben, die sowohl als Herrschaftssymbol als auch als Reliquie anzusehen ist – die sogenannte hl. Lanze. Sie galt als Lanze Kaiser Konstantins, des ersten christlichen Kaisers, sowie des Märtyrerheiligen Mauritius und man glaubte, ihr Schaft enthalte Nägel vom Kreuze Christi[2]. Eine solche Reliquie wog in den Augen der Zeitgenossen einen Goldschatz auf.

Entscheidend für die endgültige Festigung von Heinrichs Herrschaft aber war seine erfolgreiche Westpolitik. 911 war Lothringen der ostfränkischen Herrschaft entglitten und hatte sich dem westfränkischen König Karl III. aus der angestammten Dynastie der Karolinger angeschlossen. Dieser versuchte 920 sogar, in das ostfränkische Reich vorzudringen, während Heinrich in Lothringen aktiv wurde. Doch schon 921 schlossen beide Frieden und erkannten sich gegenseitig als Könige an. Dies war insbesondere für Heinrich ein großer Erfolg, weil der Karolinger mindestens theoretisch auch ein ererbtes Anrecht auf das Ostfrankenreich besaß. Diese Anerkennung rechtfertigte es, dass Heinrich vorerst auf Lothringen verzichtete. Als Karl 923 jedoch von seinen Gegnern in Gewahrsam genommen wurde, rückte Heinrich in Lothringen ein und ließ sich von den lothringischen Großen als König huldigen. Bis 925 hatte er sich in ganz Lothringen durchgesetzt. Dies bedeutete nicht nur Landerwerb und damit Machtzuwachs, sondern auch eine weitere Steigerung des Prestiges: Nachdem die alte karolingische Residenzstadt Aachen wieder zum Ostfrankenreich gehörte, konnten die Liudolfinger nun auch leichter an karolingische Traditionen anknüpfen.

Erfolgreiche Kriege

Ein anderes Problem konnte Heinrich dagegen lange Zeit nicht lösen: die Attacken der Ungarn auf sein Reich. Fast jedes Jahr erschienen die Ungarn in räuberischer Absicht im Ostfrankenreich. Ihre mobile Kampftaktik machte sie schier unbesiegbar. 926 kam es zu einem besonders ausgedehnten Raubzug: Selbst der König musste sich in der Pfalz Werla verschanzen. Immerhin konnte ein bedeutender ungarischer Anführer festgesetzt werden, und bei den Verhandlungen zu dessen Freigabe erreichte Heinrich ein Abkommen mit den Ungarn: Als Gegenleistung für Tributzahlungen sollten diese in den kommenden neun Jahren keine Plünderungszüge mehr ins Reich unternehmen.

Heinrich nutzte diese Zeit. Ob er tatsächlich neue Burgen zum Schutz gegen die Ungarn anlegen ließ, ist nicht gesichert. Das gilt auch für die ihm zugeschriebene Heeresreform, nach der jeder neunte waffenfähige Landbewohner zum Dienst in diesen Burgen herangezogen worden sei. Aber die Schlagkraft seines Heeres begann sich in jedem Fall zu erhöhen, weil Heinrich nun die kleinen slawischen Völker an der östlichen Grenze Sachsens bekämpfen konnte, die Abodriten, Heveller, Redarier und Daleminzier an der Elbe. 929 unternahm Heinrich außerdem einen Feldzug nach Böhmen, das zur Zahlung von Tributen gezwungen wurde. Noch im gleichen Jahr besiegte er die Elbslawen in der Schlacht bei Lenzen (in der Nähe von Wittenberge). 932 folgte ein Feldzug gegen die Lausitzer. Im selben Jahr verweigerte Heinrich den Ungarn den fälligen Tribut. Folgerichtig erschienen diese 933 wieder im Reich, aber nun war Heinrich besser vorbereitet als vor sieben Jahren. Bei Riade (an der Unstrut) ergriffen die Ungarn angesichts von Heinrichs Truppen die Flucht, ohne dass es zu einer regelrechten Schlacht gekommen wäre. Die Ungarngefahr war vorerst gebannt. Dank all seiner Erfolge war Heinrichs Herrschaft voll etabliert, als er am 2. Juli 936 in Memleben verstarb. Der Geschichtsschreiber Widukind nannte ihn *maximus regum Europae*, „der größte unter den Königen Europas"[3].

Ein neuer König

Otto, Heinrichs 912 geborener ältester Sohn aus der Ehe mit Mathilde, trat die Nachfolge an. Glanzvoll inszenierte er seinen Herrschaftsantritt 936 in Aachen mit Salbung und Krönung in der Pfalzkapelle Karls des Großen. Verheiratet war er mit Edith, einer angelsächsischen Königstochter. Das Prestige der jungen Dynastie war mit dieser Eheschließung weiter gestiegen, nahmen doch damals etliche Könige und führende Adlige aus dem sich auflösenden Frankenreich angelsächsische Prinzessinnen zur Frau. Die Heirat Ottos mit Edith 929/930 aber war noch aus einem anderen Grund bedeutsam. Damals hatte Heinrich I. vermutlich schon über seine Nachfolge entschieden: Anders als zu

Zeiten der Karolinger sollte das Reich nicht unter den legitimen Söhnen aufgeteilt werden. Vielmehr setzte sich durch, was von der Forschung als das „Prinzip der Unteilbarkeit des Reiches" apostrophiert wird. Diese Änderung führte aber auch zu Spannungen im Reich. Ottos jüngerer Bruder Heinrich akzeptierte seine Zurücksetzung anscheinend nicht und suchte seine Ansprüche gewaltsam gegen den Bruder durchzusetzen.

Zu diesem innerdynastischen Konflikt trat die Auseinandersetzung mit den führenden Adligen, weil Otto anders als sein Vater seine königliche Stellung betonte. Er setzte weniger auf Zusammenarbeit, sondern auf seine Autorität als König. So ließ er keine Gelegenheit aus, die bisher Mächtigen zu demütigen. Eine gefährliche Koalition gegen den König entstand, die erst im Herbst 939 bei Andernach niedergerungen werden konnte. In dieser Schlacht fanden Eberhard von Franken und Gisbert von Lothringen den Tod. Heinrich unterwarf sich zwar daraufhin seinem Bruder, lehnte sich aber bald erneut auf und musste sich wiederum vor Otto demütigen. An Weihnachten 941 warf er sich dem König im Büßergewand zu Füßen und erhielt die erbetene Verzeihung.

Ein untreuer Königssohn

Fortan gehörte Heinrich zu den treuesten Helfern seines Bruders und wurde 948 mit dem Herzogtum Bayern belohnt. Rasch gewann er an Einfluss auf den König. Am Hof konkurrierten er und Liudolf, Ottos Sohn und designierter Nachfolger, um Einfluss. Dazu kam, dass Königin Edith bereits 946 gestorben war und anscheinend eine große Lücke hinterlassen hatte. Die Situation geriet allmählich außer Kontrolle, als Otto erneut heiratete. Adelheid, die verwitwete Königin von Italien, bat ihn um Hilfe gegen den neuen König Berengar II., in dessen Gefangenschaft sie geraten war. Otto besiegte Berengar, verzichtete aber darauf, diesen aus der Herrschaft zu verdrängen. Adelheid nahm er zur Frau – sehr zum Ärger Liudolfs, der durchaus Grund hatte, eine zweite Ehefrau des Vaters und insbesondere mögliche Söhne aus dieser Verbindung zu fürchten. Schließlich war die Nachfolge noch nicht durch allgemeingültige Normen geregelt, sodass er die Stellung als Thronfolger, zu dem ihn Otto bereits ernannt hatte, auch zugunsten eines Bruders wieder verlieren konnte. Eine solche Entwicklung scheint Liudolf erwartet zu haben, und er ließ sich zu einer Rebellion hinreißen.

Zahlreiche Adlige, die der König durch seine herrischen Entscheidungen vor den Kopf gestoßen hatte, schlossen sich Liudolf an, unter ihnen sein Schwager, Herzog Konrad der Rote von Lothringen, und Erzbischof Friedrich von Mainz. Die Wende im anfänglich sehr erfolgreichen Aufstand brachte der Einfall der Ungarn 954, die die inneren Zwistigkeiten im Reich ausnutzen wollten. Im Herbst 954 unterwarf sich Liudolf dem Vater und verlor das Herzogtum Schwaben; seine Position als Thronfolger behielt er, doch kam er 957 auf einem Italienzug ums Leben, den er im Auftrag Ottos unternommen hatte.

Ein Kaiser aus Sachsen

955, im Jahr nach Liudolfs Unterwerfung, erfocht Otto den Sieg, der ihm für Jahrhunderte seinen Nachruhm sichern sollte. Auf dem Lechfeld bei Augsburg schlug er die erneut ins Reich eingedrungenen Ungarn vernichtend und beendete so ihre Raubzüge ins Reich endgültig. Widukind berichtet, seine siegreichen Krieger hätten Otto noch auf dem Schlachtfeld zum Imperator ausgerufen[4]. Was auch immer der Mönch aus Corvey uns damit mitteilen wollte, jedenfalls lenkte Otto seine Schritte mit einem ebenfalls auf dem Schlachtfeld abgelegten Gelübde in kaiserliche Bahnen. Während einer kritischen Situation in der Schlacht gelobte er dem Tagesheiligen, dem hl. Laurentius, ein Bistum in Merseburg zu gründen. Spätestens damals entstand auch der Plan, in Magdeburg ein Erzbistum zu errichten. Dort hatte Otto 937 ein Kloster gegründet, das dem hl. Mauritius geweiht war. Das künftige Erzbistum sollte der Mission in den Gebieten zwischen Elbe und Oder eine starke organisatorische Basis geben. Die Ausbreitung des Glaubens und Eingriffe in das kirchliche Gefüge aber waren eher kaiserliche als königliche Aufgaben.

Gegen die Erhebung Magdeburgs zum Erzbistum gab es jedoch erhebliche Widerstände. Verwirklichen konnte Otto sein Vorhaben tatsächlich erst als Kaiser. Ende 960 hatte Papst Johannes XII. ihn um Hilfe gegen Berengar II. gebeten. Als Dank stellte er die Kaiserkrone in Aussicht. Otto bereitete diesen Italienfeldzug sorgfältig vor und überquerte im Sommer 961 die Alpen. Berengar leistete zwar Widerstand, aber aufhalten konnte er den Liudolfinger nicht. Am 2. Februar 962 wurden Otto und Adelheid vom Papst gekrönt. Abzusehen war damals noch nicht, dass zahlreiche Widerstände und Probleme dazu führten, dass Otto, mit einer kurzen Unterbrechung 964/965, rund zehn Jahre in Italien zubringen sollte. Er besiegte Berengar, setzte Johannes XII. ab, der zwischenzeitlich die Fronten gewechselt hatte, setzte einen neuen Papst ein, drang nach Süditalien vor und geriet deswegen in Streit mit dem oströmischen Reich. Schließlich konnte er einen Ausgleich erreichen, und sein Sohn Otto II. heiratete Theophanu, die Nichte des oströmischen Kaisers. Nur noch wenige Lebensmonate waren Otto nach seiner Rückkehr 972 vergönnt: Am 7. Mai 973 verstarb er, wie sein Vater, im sächsischen Memleben.

Ausblick

Heinrich I. und Otto I. haben der Geschichte des Ostfrankenreiches eine neue Wendung gegeben: Der politische Schwerpunkt verlagerte sich nach Nordosten in eine Region, die von den Karolingern erobert, kolonisiert und dann als Nebenland behandelt worden war. Mit dieser Verlagerung veränderte das Reich allmählich seinen Charakter und wandelte sich von einem fränkisch dominierten Gemeinwesen hin zu etwas Neuem, das spätestens ab dem 11. Jh. als „deutsch" angesprochen werden kann. Andererseits verblieben Heinrich und mehr noch Otto in den Bahnen der karolingisch-fränkischen Politik. Trotz ihrer sächsischen Herkunft strebten sie nach der Herrschaft in karolingischen Kerngebieten wie Lothringen und Italien. Otto griff schließlich sogar nach der Kaiserkrone und trat auch in dieser Hinsicht die Nachfolge Karls des Großen an. Diese Entscheidung hatte wichtige Auswirkungen, denn die immer fester werdende Verbindung von ostfränkisch-deutschem Königtum und Kaisertum gab dem gesamten Reich einen imperialen Charakter. Es war enger als etwa das werdende Frankreich oder England auch in politischer Hinsicht an das Papsttum gebunden, und seine Herrscher vertraten den Standpunkt, dem Papst ebenbürtig zu sein und ebenfalls an der Spitze der Christenheit zu stehen.

Anmerkungen

1. Dazu und zur Frühgeschichte der Liudolfinger vgl. Becher 1996.
2. Skeptisch künftig Ehlers 2019 (im Druck).
3. Widukind: Rerum gestarum Saxonicarum lib,ri tres. Ed. Paul Hirsch in Verbindung mit Hans-Eberhard Lohmann. MGH Scriptores rerum Germanicarum in usum scholarum separatim editi [60] (Hannover 1935), I, 41, S. 60.
4. Widukind. Ed. Hirsch, III, 49, S. 128.

Quellen und Literatur

Widukind: Rerum gestarum Saxonicarum libri tres. Ed. Paul Hirsch. MGH Scriptores rerum Germanicarum in usum scholarum separatim editi [60] (Hannover 1935).

Gerd Althoff: Die Ottonen. Königsherrschaft ohne Staat. Urban-Taschenbücher 473 (Stuttgart 2000, 3. Aufl. 2013).

Gerd Althoff und Hagen Keller: Heinrich I. und Otto der Große. Neubeginn auf karolingischem Erbe. Persönlichkeit und Geschichte (Göttingen und Zürich 1985).

Matthias Becher: Rex, Dux, Gens. Untersuchungen zur Entstehung des sächsischen Herzogtums im 9. und 10. Jahrhundert. Historische Studien 444 (Husum 1996).

Matthias Becher: Otto der Große. Kaiser und Reich. Eine Biographie (München 2012).

Helmut Beumann: Die Ottonen (Stuttgart 1987, 5. Aufl. 2000).

Carlrichard Brühl: Deutschland – Frankreich. Die Geburt zweier Völker (Köln und Wien 1990).

Caspar Ehlers: Die Heilige Lanze und das „Vexillum sancti Mauritii" anhand der Quellen. In: Stephan Freund und Gabriele Köster (Hrsg.): 919 – plötzlich König. Heinrich I. und Quedlinburg (Regensburg 2019, im Druck).

Wolfgang Giese: Heinrich I. Begründer der ottonischen Herrschaft. Gestalten des Mittelalters und der Renaissance (Darmstadt 2008).

Hans-Werner Goetz (Hrsg.): Konrad I. – Auf dem Weg zum „Deutschen Reich"? (Bochum 2006).

Ernst Karpf: Herrscherlegitimation und Reichsbegriff in der ottonischen Geschichtsschreibung des 10. Jahrhunderts. Historische Forschungen 10 (Stuttgart 1985).

Ludger Körntgen: Königsherrschaft und Gottes Gnade. Zu Kontext und Funktion sakraler Vorstellungen in Historiographie und Bildzeugnissen der ottonisch-frühsalischen Zeit. Orbis mediaevalis 2 (Berlin 2001).

Ludger Körntgen: Ottonen und Salier. Geschichte kompakt. (Darmstadt 2002, 3. Aufl. 2010).

Simon MacLean: Ottonian Queenship (Oxford 2017).

Bernd Schneidmüller und Stefan Weinfurter (Hrsg.): Die deutschen Herrscher des Mittelalters. Historische Porträts von Heinrich I. bis Maximilian I. (919–1519) (München 2003).

Ernst Schubert: Geschichte Niedersachsens vom 9. bis zum ausgehenden 15. Jahrhundert. In: Ders. (Hrsg.): Geschichte Niedersachsens II, 1: Politik, Verfassung, Wirtschaft vom 9. bis zum ausgehenden 15. Jahrhundert. Veröffentlichungen der Historischen Kommission für Niedersachsen und Bremen 36 (Hannover 1997), 3–904.

Schutz und Glanz
Die königliche Pfalz Werla

MICHAEL GESCHWINDE UND MARKUS C. BLAICH

Die Königspfalzen der Liudolfinger des 10./11. Jh.s im Umfeld des Harzes waren Plätze königlicher Machtausübung, Orte militärischer Stärke und Stätten handwerklicher Produktion, deren Erforschung nur im Verbund von Archäologie, Geschichtswissenschaft und naturwissenschaftlichen Analysen Erfolg verspre-chend ist. Da die schriftliche Überlieferung bis zur Jahrtausendwende extrem lückenhaft ist, hat man schon früh versucht, diese durch archäologische Quellen zu ergänzen. Dafür boten sich vor allem die Orte an, die in der frühen schriftlichen Überlieferung, besonders in der um 965 n. Chr. niedergeschriebenen „Sachsen-

Abb. 1 Ergebnis der geophysikalischen Prospektion in ein Luftbild der Werla projiziert.

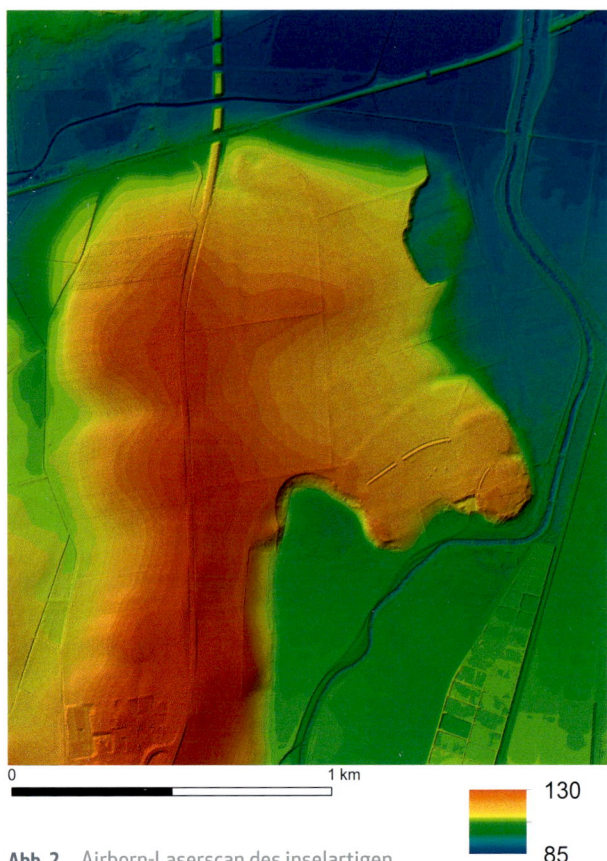

Abb. 2 Airborn-Laserscan des inselartigen Plateaus westlich der Oker mit der Werla auf einem Sporn im Südosten.

Erst im Zuge der Erschließung des Werla-Geländes als archäologischer Park kam es zwischen 2007 und 2017 zu einer intensiven Auswertung aller bis dahin vorliegenden Grabungsdokumentationen. Sie wurde ergänzt durch kleinere zielgerichtete Sondagen und Grabungen, umfangreiche Feldbegehungen sowie eine vollständige geophysikalische Prospektion des Geländes (Abb. 1). Da die Auswertung zu Architektur und Infrastruktur kurz vor ihrem Abschluss steht, kann im Folgenden nur ein vorläufiges Bild des aktuellen Forschungsstandes gegeben werden. Hier werden in den nächsten Jahren sicherlich weitere neue Akzente und Facetten gesetzt werden.

Entgegen älterer Vorstellungen ist die Werla nicht aus einem Wirtschaftshof der Familie Heinrichs I. hervorgegangen, sondern wurde in den ersten Jahrzehnten des 10. Jh.s n. Chr. „auf der grünen Wiese" geplant und realisiert. Schon die Auswahl des Standortes zeigt, dass dabei die permanente Bedrohung des ostfränkischen Reichs durch ungarische Reiterkrieger eine besondere Rolle spielte. Die Werla liegt auf dem Sporn eines inselartigen, auf allen Seiten von Niederungen umgebenen Plateaus westlich der Oker, zu dem sich die beiden Zugänge im Norden und Süden leicht sperren ließen (Abb. 2). Da das Plateau landwirtschaftlich bestellt war, hätte dies im Fall einer mehrtägigen ungarischen Belagerung diese vor das unlösbare Problem gestellt, ihre an Gras gewöhnten Pferde zu versorgen – der Grund, weswegen die Ungarn offene Gras- und Heidelandschaften bevorzugten[3]. Aber die Ungarn waren ohnehin nicht auf Angriffe auf feste Orte eingerichtet und nur für ihren letzten Zug 955 n. Chr. ist überliefert, dass sie zur Belagerung Augsburgs Gerät und Fußsoldaten mit sich führten[4].

Die enormen Befestigungsanlagen der Werla[5], die offenbar binnen weniger Jahrzehnte zwischen 919 und 955 n. Chr. entstanden, sind perfekt zur Verteidigung gegen einen plötzlichen Überfall von Reiterkriegern (Abb. 3)[6] konzipiert. Neben der Kernburg gibt es zwei große Vorburgen, die normalerweise als Wirtschaftsflächen für Haus- und Handwerk dienten, die aber mit ihren großen Freiflächen im Verteidigungsfall große Mengen an Flüchtlingen und die notwendigen zusätzlichen Verteidiger aufnehmen konnten. Zehn Meter breite und vier Meter tiefe Spitzgräben mit dahinter liegenden Wällen, denen teilweise Steinmauern vorgeblendet waren, bildeten drei hintereinander gestaffelte Verteidigungslinien, die ohne ausgeklügelte Belagerungstaktiken nicht zu überwinden waren. Aufgrund der Spornlage waren mehr als die Hälfte der Verteidigungsanlagen für berittene Angreifer unzugänglich und genau an den Stellen, wo

geschichte" des Corveyer Mönchs Widukind, erwähnt sind. Seit den 1920er-Jahren geriet dabei die Werla ins besondere Blickfeld, die erst 1875 nördlich von Schladen wieder lokalisiert werden konnte und als wiederholter Aufenthaltsort aller Herrscher von Heinrich I. bis Heinrich II. bekannt war. Da die Werla bereits im Hochmittelalter verlassen worden war, hoffte man hier im Gegensatz zu z. B. Magdeburg oder Quedlinburg mit ihrer jahrhundertelangen intensiven Besiedlungstradition einen von späterer Überbauung weitgehend verschonten und damit gut erhaltenen königlichen Ort aufdecken zu können. Grabungen in den 1930er-Jahren bestätigten diese Erwartungen, wurden aber bei Kriegsausbruch 1939 eingestellt und konnten nur unter sehr schwierigen Rahmenbedingungen in den 1960er-Jahren zum Abschluss gebracht werden. Immerhin erlaubte die Publikation der Baubefunde der Kernburg durch C.-H. Seebach[1] und der Keramik durch E. Ring[2] einen Überblick über die bis dahin erzielten Resultate.

Gelände und Konstruktion der Befestigungen die Angreifer zu mit komplizierten Reitmanövern verbundenen Richtungsänderungen zwangen, hätten stark befestigte Tore den Verteidigern die Möglichkeit zu überraschenden Ausfällen geboten[7]. Nur im Fall einer Belagerung wäre die Werla sehr schnell am Ende gewesen: Es gibt auf dem Gelände keine Quelle und Brunnen, die das in ca. 17 Metern Tiefe fließende Grundwasser erschließen – in dem kiesigen Untergrund konnte nicht gegraben werden. Das Wasser musste vollständig aus der unterhalb des Steilhanges vorbeifließenden Oker herauftransportiert werden – eine überlebenswichtige Ressource, die bei einer Belagerung leicht abgeschnitten werden konnte. Im Fall eines ungarischen Angriffes wäre die Werla ein Ort gewesen, der abseits der alten Ost-West-Wege und geschützt durch das Große Bruch und die breite Oker-Niederung als Zuflucht für die Bewohner der umliegenden Siedlungen dienen konnte und den Sachsen die Möglichkeit bot, sich hier zu sammeln und bei einem günstigen Moment die Ungarn, die dann zumeist schon auf dem Rückmarsch waren, überraschend zu attackieren[8]. 936 n. Chr. ist den Verteidigern der Steterburg im heutigen Salzgitter-Thiede so ein großer Erfolg gegen die Ungarn gelungen.

Aber Verteidigung war nur eine von mehreren Funktionen der Werla und offenbar hat sie diese nie im Ernstfall unter Beweis stellen müssen: Jedenfalls wurden bei den Ausgrabungen weder ungarische Pfeilspitzen noch Brandschichten gefunden, die sich damit verbinden ließen. Der ungarische Anführer, der 926 n. Chr. vor Heinrich I. auf die Werla gebracht wurde, war schon an anderem Ort und unter unbekannten Umständen in die Hände der Sachsen gefallen. Dass der gegen die Herausgabe der Geisel ausgehandelte neunjährige Waffenstillstand Heinrich die Zeit gab, das ostfränkische Reich gegen solche Angriffe besser zu befestigen, zählt zu den Meistererzählungen der deutschen

Abb. 3 Berittene Bogenschützen überfallen eine Stadt (Ausschnitt). Miniatur aus dem St. Gallener Psalterium, das zwischen 883 und 900 entstanden ist.

Geschichtsschreibung, ist im Kern aber schwer nachzuvollziehen und entsprechend umstritten in der mediävistischen Forschung.

Heinrichs Aufenthalt im Jahr 926 n. Chr. signalisiert zum ersten Mal eine weitere wichtige Funktion der Werla: Ein für Königsaufenthalte und die damit verbundene Repräsentation geeigneter Ort[9]. Die Herrscher des Mittelalters, besonders im ostfränkisch-deutschen Reich, waren zu einem geradezu nomadischen Leben gezwungen, bestehend aus einer nicht endenden Folge von Reisen durch ihr Herrschaftsgebiet[10]. Dafür gab es vor allem zwei Ursachen: Die Ausübung von Herrschaft war zu dieser Zeit vorwiegend ein Akt persönlicher Kommunikation, der angesichts des Fehlens staatlicher Institutionen die immer wiederkehrende persönliche Anwesenheit des Herrschers erforderte. Gleichzeitig überstiegen die Ressourcen der von den Königen als Aufenthaltsorte bevorzugten kirchlichen oder adligen Plätze den Bedarf des Hunderte von Personen umfassenden königlichen Gefolges und der hinzustoßenden Gäste, sodass nur häufige Wechsel von einem Ort zum nächsten das Versorgungsproblem lösen könnten. Im ganzen Reich und besonders um den Harz gab es ein Netz an Königshöfen hierfür. Die bedeutendsten, die geeignet waren, dort auch große Versammlungen abzuhalten, waren die sogenannten Pfalzen, und im Sachsenspiegel des 13. Jh.s wird die Werla zu den fünf Pfalzen gezählt, an denen der König Hoftage in Sachsen abhalten kann[11].

Wie die Ausgrabungen zeigen, befanden sich die für die Königsaufenthalte bestimmten Gebäude in der Kernburg. Die älteste Bebauung besteht aus einer Kirche in schmaler Kreuzform und einem davor im Westen etwas abgesetzten Gebäude mit einem Gipsestrichfußboden und einem Kamin. In einer zweiten Bauphase wurden beide Gebäude durch einen Verbindungstrakt miteinander verbunden, sodass ein langgestreckter Steinbau mit der Kirche im Osten entstand (Abb. 4). Vermutlich gleichzeitig wurde durch die Errichtung weiterer Gebäude im Norden und im Westen ein großer annähernd quadratischer Platz geschaffen. Wahrscheinlich handelt es sich bei diesem Platz um den zentralen Ort für die Herrschaftsausübung, die nach mittelalterlichem Verständnis vor allem aus Rechtsakten bestand, die nach germanischem Recht unter freiem Himmel zu erfolgen hatten[12].

In einer dritten Phase entstand etwas abseits am südlichen Rand der Kernburg ein sehr großes Steingebäude, das sich besonders auszeichnete durch eine angegliederte runde, vielleicht zweigeschossige Kapelle im Osten und zwei sehr aufwendige Heißluftheizungen. Die gute Beheizbarkeit ist vielleicht ein Grund dafür gewesen, dass sich Heinrich II. 1013 im Februar und März mehrere Wochen auf der Werla aufhielt, um sich von Magenkoliken zu erholen[13]. Auch dürfte es sich bei diesem Gebäude um das *magna domus* gehandelt haben, in dem 1002 Markgraf Ekkehard I. den beiden Schwestern Ottos III., den Äbtissinnen Sophie und Adelheid, einen beispiellosen Affront antat, indem er sich mit seinem Gefolge an die für die königliche Familie gedeckte Tafel setzte. Das Gebäude könnte in der Mitte des 10. Jh.s erbaut worden sein und bildete den repräsentativsten Bau der Werla.

Abb. 4 Blick auf den zentralen Gebäudetrakt von Westen. Im Vordergrund der älteste Steinbau mit Gipsestrichfußboden, im Osten die Kirche mit kreuzförmigem Grundriss. In der Bildmitte der nachträglich eingefügte „Zwischenbau".

Erst in den letzten Jahren ist es gelungen, für die ältesten Gebäude eine sehr ungewöhnliche Bautechnik nachzuweisen: Der zentrale Trakt im Süden des quadratischen Hofes war in der sogenannten Kletterschaltechnik[14] erbaut worden. Bei dieser Bauweise werden zunächst in Lehm gesetzte Fundamente eingebracht, die nach oben durch eine massive Ausgleichsschicht aus Gipsmörtel abgedeckt werden. Manchmal wurde auch ein Steinsockel aus Quadern zusätzlich errichtet. Dann werden zu beiden Seiten der zukünftigen Wand senkrecht gestellte Schalbretter montiert und mit Holzankern verbunden. Der Zwischenraum wird danach mit Feldsteinen und sehr viel Gipsmörtel aufgefüllt. Wenn der Mörtel abgebunden ist, werden die Schalbretter abgenommen und für die nächste nach oben folgende Lage wieder aufgebaut: Die Mauer klettert so in ca. 40 cm hohen Abschnitten schnell nach oben. Vorteil dieser Bauweise ist, dass man dafür weder zugerichtete Werksteine aus Steinbrüchen noch speziell geschulte Maurerkolonnen braucht. Man benötigt aber viel Gips, der vor Ort gebrannt werden musste, und sehr viel Wasser. Das Resultat sind beeindruckende strahlend weiße Gebäudefassaden, die man sich durchaus mit farbigen Akzenten zum Beispiel an den Gewänden verziert vorstellen kann. Hinzu kamen farbig engobierte Dachziegel (Abb. 5), und im Fall der Werla das überwältigende Brockenpanorama als Hintergrund. Funde von Fensterglas, darunter auch verzierte Scherben, verweisen für die Kapelle auf eine für diese frühe Zeit herausragende Ausstattung. Es handelt sich um eine Repräsentationsarchitektur höchster Qualität, die schnell mit den unvollkommenen Ressourcen in Sachsen in der 1. H. des 10. Jh.s realisiert werden konnte und optimal den Möglichkeiten und Zielen Heinrich I. und seinen Nachfolgern entsprach.

Die Architektur in der Kernburg ist wie eine Kulisse für die inszenierten Herrschertreffen zu verstehen. Neben den herrschaftlichen Gebäuden zur Unterbringung des Königs und die Treffen mit seinen engsten Vertrauten, der Kapelle und kleineren Nebengebäuden waren noch Speicherbauten und Unterbringungsmöglichkeiten für die Wachmannschaft vorhanden. Die Funktion der Kernburg wird auch durch den Vergleich mit den Vorburgen deutlich: Während die Tore der Äußeren Vorburg vergleichsweise einfach aus Holz konstruiert waren, so waren die Tore der Inneren Vorburgen teilweise aus Stein errichtet, und die Tore der Kernburg schließlich aus Stein mit einem hölzernen Aufbau und gedeckten Dächern. Je näher man innerhalb der Gesamtanlage der Kernburg kam, desto aufwendiger wurde also die Architektur. Für die Menschen des 10./11. Jh.s müssen diese

Abb. 5 Farbig engobierte Dachziegel.

steinernen, farbig gefassten und teilweise mehrere Stockwerke hohen Gebäude sehr eindrucksvoll gewesen sein.

Bau und Unterhalt der Anlage werden das Umland der Werla sehr beansprucht haben: Der Bedarf an Holz war außerordentlich groß, geeignete Bausteine mussten aus großer Entfernung herangeschafft werden. War die königliche Hofhaltung angereist, so galt es, in kurzer Zeit sehr viele Menschen auf engem Raum unterzubringen und zu versorgen. Hieran ist gut zu erkennen, dass diese Aufenthalte sorgfältig zu planen, im Voraus anzukündigen waren und nur eine begrenzte Zeit dauern durften – und die Klagen über die langen Aufenthalte zeigen, wie sehr die nähere Umgebung durch die Bereitstellung von Lebensmitteln und Tierfutter belastet wurde.

Werla hatte aber nicht nur die Funktion eines repräsentativen königlichen Ortes. Die Pfalz war auch Mittelpunkt eines Gut- und Wirtschaftbetriebes, einer Villikation. Hier musste die

Abb. 6 Adlerfibel, Ende 10. Jh. Bronze mit Glasflusseinlagen in Rot und Blau.

bäuerliche Bevölkerung aus dem Umland ihre Frondienste verrichten, wie die archäologische und anthropologische Analyse des nahegelegenen Friedhofes von Werlaburgdorf (Ldkr. Wolfenbüttel) zeigt, der vom 8. bis 10. Jh. belegt wurde: Die hier bestatteten Menschen lebten größtenteils unter ärmlichen Bedingungen. Die Untersuchung der Skelette ergab, dass die meisten harte körperliche Arbeit verrichteten und sie durchschnittlich nur ein geringes Lebensalter erreichten[15]. Vergleicht man Werla mit anderen, zeitgleichen Plätzen in der weiteren Umgebung, so wird seine Stellung an der Spitze einer Hierarchie deutlich: Zumindest die Bewohner der Kernburg wurden mit Fleisch guter Qualität versorgt, ihre Ernährungsmöglichkeiten scheinen deutlich besser gewesen zu sein als die der Bevölkerung im Umland[16]. Die Bebauung der Vorburgen bestand aus Grubenhäusern, d.h. in den Boden eingetieften leichten Hütten mit gekalkten Flechtwerkwänden und Strohdächern. In den meisten dieser Grubenhäuser wurden Textilien hergestellt, in einigen wenigen auch Metall (Bronze oder Eisen) verarbeitet. Diese Grubenhäuser standen in mehreren Gruppen verteilt. Sie dienten nicht als Wohnhäuser, sondern wurden nur saisonal genutzt. An manchen Stellen finden sich auch Speicherbauten, die als Fachwerkgebäude in Schwellbalkenkonstruktion auf einem Steinsockel errichtet worden waren. Die Wege zwischen den Gebäuden waren mit Schotter befestigt. Besonders auffällig ist ein turmartiges Gebäude, ein Ständerbau mit wohl zwei Geschossen und einer eigenen Latrine. Dieses Wohngebäude war vielleicht einem Verwalter oder einem Mitglied der Besatzung vorbehalten.

Die zahllosen Funde, die bei den Ausgrabungen geborgen wurden, lassen für Werla ein ganz anderes Bild als die Architektur erkennen: Es gibt nur sehr wenige Funde, die auf den königlichen Rang des Ortes hinweisen. Bei den meisten Funden handelt es sich um die Scherben von Koch- und Vorratsgefäßen, die im Laufe der 150-jährigen Geschichte von Werla in den Boden gelangt sind. Sie ermöglichen immerhin eine recht zuverlässige Aussage zur Gründungszeit, zur Blütephase und zur Aufgabe der Pfalz. Bei den Funden aus Eisen handelt es sich überwiegend um Werkzeuge, Hufeisen und Reitersporen – mit diesen Objekten lassen sich also die berittenen hochrangigen Besucher der Königspfalz und ihr engeres Gefolge erkennen. Von der Kleidung dieser Personen stammen beispielsweise Gürtelschnallen, Gewandnadeln (Fibeln) oder Schleiernadeln aus Buntmetall. Kämme waren aus Tierknochen gefertigt, Schreibgriffel aus Bronze dürften wohl von den Schreibern der Hofhaltung verloren worden sein. Setzt man diese wertvollen Funde in ein Verhältnis zu der Nutzungsphase von Werla, so wird deutlich, warum es so wenige sind: Die königliche Hofhaltung war nur an wenigen Tagen vor Ort. Ein Objekt verdient aber besondere Beachtung, ist es doch direkt mit der besonderen Funktion von Werla zu verbinden: Eine 2,5 cm große Scheibenfibel aus Buntmetall zeigt auf ihrer Schauseite einen nach links blickenden Adler (Abb. 6). Derartige Fibeln sind bislang nur in sehr geringer Zahl bekannt geworden, sie stammen überwiegend aus der Zeit zwischen 980 und 1000 n. Chr.[17] Der Adler wird als heraldisches Tier seit der Antike mit dem Kaisertum verbunden – und gerade Otto II. (reg. 973–983 n. Chr.) und Otto III. (reg. 983–1002 n. Chr.) sahen sich in der Tradition der römischen Kaiser und übertrugen Teile des byzantinischen Hofzeremoniells auf die ottonische Hofhaltung. Die Schauseite der Fibel wies neben der glänzenden Bronze als Hintergrundfläche eine hellblaue Einlage auf, wohingegen Augen, Schnabel und Binnenstruktur der Flügel in Rot gefasst waren.

Anmerkungen

1 Seebach 1967.
2 Ring 1990.
3 Bowlus 2012, S. 46–52.
4 Bowlus 2012, S. 149 f.
5 Geschwinde 2017.
6 Bowlus 2012.
7 Geschwinde in Vorber.
8 Bowlus 2001.
9 Ehlers 2008, S. 194–197.
10 Kroker 2008.
11 Wobei – und das verschweigt der Sachsenspiegel nicht – diese Funktion schon lange von der Werla nach Goslar übertragen worden war.
12 Für Anregungen und Diskussionen danke ich herzlich Prof. Dr. Heiner Lück (Halle/Saale).
13 Geschwinde 2015.
14 Jonkanski, Reimers und Seidel (Hrsg.) 2017.
15 Blaich 2013.
16 Blaich und Grefen-Peters 2017.
17 Spiong 2000.

Literatur

Markus C. Blaich und Michael Geschwinde (Hrsg.): Werla 1. Die Königspfalz. Ihre Geschichte und die Ausgrabungen 1875–1964. Monographien des Römisch-Germanischen Zentralmuseums 126 (Mainz 2015).

Markus C. Blaich: Werla 2. Die Menschen von Werlaburgdorf. Ein Beitrag zur Geschichte des Nordharzvorlandes im 8. bis 11. Jahrhundert. Monographien des Römisch-Germanischen Zentralmuseums 114 (Mainz 2013).

Markus C. Blaich und Silke Grefen-Peters: Tierknochenfunde aus der Königspfalz Werla – Eine Studie zum Siedlungsgefüge des 10.–12. Jahrhunderts im Nordharzvorland. Nachrichten aus Niedersachsens Urgeschichte 86, 2017, 61–102.

Charles R. Bowlus: Der Weg vom Lechfeld. Überlegungen zur Vernichtung der Ungarn im August 955 anhand ihrer Kriegsführung. In: Herbert H. Wurster, Manfred Treml und Richard Loibl: Bayern – Ungarn, Tausend Jahre. Aufsätze zur Bayerischen Landesausstellung 2001 (Passau 2001), 77–90.

Charles R. Bowlus: Die Schlacht auf dem Lechfeld (Ostfildern 2012).

Caspar Ehlers: Frühmittelalter. Voraussetzungen und prägende Faktoren der wirtschaftlichen-sozialen Entwicklung (8. bis 11. Jahrhundert). In: Claudia Märtl, Karl Heinrich Kaufhold und Jörg Leuschner (Hrsg.): Die Wirtschafts- und Sozialgeschichte des Braunschweigischen Landes vom Mittelalter bis zur Gegenwart I (Hildesheim – Zürich – New York 2008), 27–233.

Michael Geschwinde: König Heinrich hat Bauchweh. Archäologie in Niedersachsen 18, 2015, 52–54.

Michael Geschwinde: Werla 3. In presidio urbis. Die Befestigungen der Königspfalz. Monographien des Römisch-Germanischen Zentralmuseums 135 (Mainz 2017).

Dirk Jonkanski, Holger Reimers und Heiko Seidel (Hrsg.): Kirchen aus Gips. Die Wiederentdeckung einer mittelalterlichen Bauweise in Holstein. Beiträge zur Denkmalpflege in Schleswig-Holstein 5 (Kiel 2017).

Martin Kroker (Hrsg.): Der reisende König. Begleitheft zur Ausstellung (Paderborn 2008).

Edgar Ring: Die Königspfalz Werla. Die mittelalterliche Keramik. Forschungen und Berichte des Braunschweigischen Landesmuseums 1 (Braunschweig 1990).

Carl-Heinrich Seebach: Die Königspfalz Werla. Göttinger Schriften zur Vor- und Frühgeschichte 8 (Neumünster 1967).

Sven Spiong: Fibeln und Gewandnadeln des 8. bis 12. Jahrhunderts in Zentraleuropa: Eine archäologische Betrachtung ausgewählter Kleidungsbestandteile als Indikatoren menschlicher Identität. Zeitschrift für Archäologie des Mittelalters, Beiheft 12 (Bonn 2000).

Widukind von Corvey
Ein Mönch schreibt Geschichte

GERD ALTHOFF

Die Zeit der Auflösung des karolingischen Reiches und der verheerenden Einfälle der Wikinger und Ungarn am Ende des 9. und in der 1. H. des 10. Jh.s ist durch ein weitgehendes Verstummen der Geschichtsschreibung gekennzeichnet. Nach dem Sieg Ottos des Großen über die Ungarn auf dem Lechfeld (955) und nach seiner Kaiserkrönung in Rom (962) entstehen dann jedoch Werke, die uns intensive Einblicke über den Aufstieg der Ottonen zur Königsherrschaft ermöglichen. Ihre Verfasser sind Liutprand von Cremona, Hrotswith von Gandersheim, Adalbert von Magdeburg, Ruotger von Köln und nicht zuletzt der Mönch Widukind von Corvey. Aus verschiedenen Gründen hat die ältere wie die neuere Forschung durchaus unterschiedliche Bewertungen dieser Zeugnisse vorgenommen. Man hat diese Geschichtsschreibung mit Begriffen wie „ottonische Hoflegenden", „ottonische Hausüberlieferung" oder einfach „ottonische Historiografie" charakterisiert, womit ihre Abhängigkeit von der Sicht der Ottonen selbst betont werden sollte[1]. Dennoch blieb bis heute ihre Verlässlichkeit, was die Fakten wie die Wertungen angeht, durchaus umstritten.

Vor allem an der Darstellung Widukinds von Corvey in den drei Büchern seiner Sachsengeschichte hat sich die Forschung in dieser Hinsicht immer wieder abgearbeitet: Die einen titulierten Widukind als „Spielmann in der Kutte", dessen Aussagen zur Rekonstruktion des Geschehens am besten übergangen würden, da sie ein „fehlergesättigtes Konstrukt" bedeuteten. Andere hingegen nahmen seine „historiografische Konzeption" sehr ernst, stellten eine kritische Distanz Widukinds zu bestimmten Entscheidungen gerade Ottos des Großen fest und billigten ihm die Rolle eines „Kronzeugen" für das Verständnis der ottonischen Frühgeschichte zu. Bis heute gibt es in diesen für ein Urteil über Widukind als Geschichtsschreiber zentralen Fragen keinen wirklichen Konsens.

Herkunft, Bildung und Entstehung seines Werkes

Widukind, der nach der Eintritts- oder Professliste in den frühen 40er-Jahren des 10. Jh.s in den Corveyer Konvent aufgenommen wurde, wird vor allem aufgrund seines extrem seltenen Namens für einen Nachfahren des legendären Sachsenherzogs Widukind gehalten. Nach der Taufe dieses profilierten Gegners Karls des Großen sind nur noch ganz wenige Träger dieses Namens bezeugt, die wohl alle dem Mönchsstand angehörten. Das Lüneburger Necrolog, ein dem Kalender des Jahres folgendes Totenbuch, das das Gebetsgedenken des Adelsgeschlechts der Billunger wiedergibt, verzeichnet zum 3. Februar einen Priester und Mönch Widukind. Die Billunger weisen verwandtschaftliche Beziehungen zu den „Nachfahren Widukinds" auf und spielen in der Geschichtsschreibung Widukinds von Corvey eine große Rolle. Es spricht somit einiges dafür, dass mit diesem Eintrag an den Tod des Corveyer Mönchs erinnert wird. Damit gehört der Geschichtsschreiber auch zur Verwandtschaft der Königin Mathilde, die gleichfalls als Nachfahrin des Sachsenherzogs Widukind bezeugt ist. Für seine Haltung zu einigen strittigen Fragen der ottonischen Politik dürfte das nicht ohne Bedeutung sein.

Widukind hatte vor seiner Sachsengeschichte bereits Erfahrungen mit der Abfassung von Heiligenleben gemacht. Er verfügte, wie wir vor allem durch die grundlegenden Forschungen von Helmut Beumann wissen[2], über eine fundierte gelehrte Bildung, kannte und nutzte klassische Autoren wie Sallust und war mit antiker Rhetorik vertraut.

Zur Entstehung seiner Sachsengeschichte ist vor allem zu betonen, dass das Werk der Tochter Ottos des Großen, Mathilde, gewidmet und zur Lektüre übereignet wurde, nachdem sie 966 zur Äbtissin von Quedlinburg geweiht worden war. Allerdings sah Widukind deshalb Anlass, sein schon verfasstes Werk an mehreren Stellen zu überarbeiten, ohne aber seine Konzeption und zentralen Botschaften zu verändern. Widukind hatte dieses Werk also bereits für einen Zweck und Adressaten verfasst, die bis heute unbekannt sind. Dass es danach dazu auserkoren wurde, der jungen Äbtissin die Taten ihres Großvaters Heinrich und ihres Vaters Otto nahezubringen und sie, wie Widukind in einer devoten ersten Widmungsschrift zum Ausdruck bringt, überdies mit dem Ursprung und der Frühgeschichte des sächsischen Stammes „zu ergötzen und ihre Muße zu erfreuen", machte dann Einschübe und wenige Weglassungen sinnvoll. Da diese sogenannte „Widmungsfassung" mit dem Tode des Billungers Wichmann II. (Oktober 967) endet, liegt es nahe, den Anlass für die Übergabe der Schrift an die Äbtissin Mathilde in der Zeit nach 967 zu suchen. Ab dem Jahre 968 war denn auch Mathilde für längere Zeit die einzige Repräsentantin des Herrscherhauses nördlich der Alpen. Es gab also einigen Grund, sie über wichtige Ereignisse und Entwicklungen der vorhergehenden Zeit genau in Kenntnis zu setzen, um sie sozusagen politikfähig zu machen[3]. Später hat Widukind das Werk noch bis zum Tode Ottos des Großen fortgeführt.

Zentrale und strittige Aussagen und Wertungen Widukinds

Im ersten Buch bietet Widukind zunächst mit Ausführungen zur Landnahme und Frühgeschichte des sächsischen Stammes im Wesentlichen orale Traditionen und Anknüpfungen an antike Alexander-Mythen, die ihm wohl vor allem die Charakteristik als „Spielmann" eingetragen haben. So sollen die Sachsen die Thüringer mehrfach heimtückisch getäuscht und damit ihre Landnahme erfolgreich gestaltet haben, dass sie zunächst Gold gegen Erde von den Thüringern tauschten, die Erde dann dünn übers Land verstreuten und Besitzansprüche über dieses Land anmeldeten. In den folgenden Verhandlungen verbargen die Sachsen lange Messer, sachs genannt, unter ihrer Kleidung und brachten die ahnungslosen Häuptlinge der Thüringer um. „Damit fingen die Sachsen an, bekannt zu werden und den Nachbarvölkern einen gewaltigen Schrecken einzujagen" (I, 6). Auch in weiteren Episoden der Landnahme hat Widukind keine Schwierigkeiten, von heimtückischem und hinterhältigem Verhalten der Sachsen zu erzählen und so ihre erfolgreiche Landnahme ohne jede Kritik zu feiern.

Die 2. H. des 1. Buches ist schon dem Aufstieg der Ottonen gewidmet, wobei dem Vater Heinrichs I., Otto dem Erlauchten, bereits 911 das Königtum angetragen worden sein soll. Er habe dies aber aufgrund seines Alters abgelehnt (I, 16). Widukinds Erzählung über den Aufstieg Heinrichs beginnt dann erneut mit Geschichten, die von der Heimtücke des Erzbischofs Hatto von Mainz handeln, den ahnungslosen Heinrich zu töten. Diese Geschichten über einen Erzbischof schwächte Widukind in seiner Fassung für Mathilde bezeichnenderweise stark ab, da er ihr wohl keinen mordenden Erzbischof zumuten wollte (I, 22 und A*).

Von fundamentaler Bedeutung für die weitere Geschichte der Ottonen ist aber die Darstellung, dass diese ihre Königswürde der Designation des Vorgängers und früheren Feindes Konrad I. verdankten, der auf seinem Sterbebett seinen Bruder Eberhard davon überzeugt habe, dass Glück und Eignung (*fortuna atque mores*) Heinrich mehr als ihn selbst befähigten, die Königswürde zu übernehmen (I, 25). Mit anekdotisch verformten Geschichten deutet Widukind zuvor an, dass Konrad und Heinrich ihre Feindschaft zu diesem Zeitpunkt bereits in Freundschaft verwandelt hatten (I, 24). So verstand diese Nachrichten auch der spätere Thietmar von Merseburg (I, 7)[4].

Eberhard fungierte nach Konrads Tod nach Widukinds Darstellung als Königsmacher, indem er sich zunächst Heinrich unterwarf, Frieden mit ihm schloss und seine Freundschaft gewann, ehe er ihn vor Franken und Sachsen zum König ausrief. Im weiteren Verlauf der Königserhebung verzichtete Heinrich dann demonstrativ auf Salbung und Krönung (I, 26). Die Bewertung dieser Szenen war und ist bis heute strittig. Man kann sie als ein primus inter pares-Konzept deuten: Der neue König verzichtete auf wesentliche Akte seiner Erhöhung als König, um in Freundschaft mit seinen wichtigsten Vasallen alle Kräfte auf die Abwehr der äußeren Feinde, der Ungarn, zu konzentrieren. Dass dies in der Tat das zentrale Anliegen der Politik Heinrichs wurde, erzählt Widukind ausführlich in seinen nächsten Kapiteln. Freundschaften, Einungen und Bündnisse zur Herstellung des in-

Abb. 1 Widukind war auch mit antiken Erzählstoffen vertraut. Diese Wandmalerei des 9. Jahrhunderts im Westwerk des Klosters Corvey zeigt eine Szene aus Homers' Odyssee (Odysseus kämpft gegen Skylla).

neren Friedens waren nicht nur nach Widukind Zentrum der herrscherlichen Aktivitäten Heinrichs, der „ein König war, der seinen Freunden nichts verweigerte (I, 39)"[5]. In den letzten Jahrzehnten sind dagegen auch ganz andere Deutungen versucht worden, sodass man zurzeit die Forschungslage wohl als strittig kennzeichnen muss[6].

Ein Alleinstellungsmerkmal darf Widukind mit seiner Darstellung der Königserhebung Ottos des Großen, die 936 in Aachen stattfand, beanspruchen[7]. Obgleich Widukind keine Andeutung in diese Richtung macht, muss man die konstitutiven Akte dieser Erhebung sicher vor der Folie der Erhebung seines Vaters sehen. Otto wurde in Aachen nämlich im Unterschied zum Vater gesalbt und gekrönt sowie unter Segens- und Mahnformeln in der Kathedrale mit Insignien ausgestattet (II,1); überdies aber berichtet Widukind von einem Krönungsmahl des Herrschaftsverbandes, bei dem die vier Herzöge symbolisch die Hofämter übernahmen: Die „Freunde" des Vaters dienten also dem Sohn (II, 2). Die Akzentsetzung dieser Erhebung unterschied sich damit diametral von der des Vaters. Da die Gestaltung solcher Rituale Ansprüche, Rechte und Pflichten öffentlich zum Ausdruck brachte,[8] kann man ihre Botschaften nur als extrem unterschiedlich auffassen. Widukind gibt dazu jedoch keinerlei expliziten Hinweis. Folgerichtig ist auch die Einschätzung seines Berichts bis heute kontrovers. Es gibt zudem Anhaltspunkte, dass Widukind die Durchführung der Krönung Ottos II. im Jahre 961 als Modell für seine Darstellung des Geschehens von 936 benutzt haben könnte[9].

Die Diskretion Widukinds bei problematischen Nachrichten zur ottonischen Geschichte, deren Notwendigkeit er mehrfach selbst anspricht,[10] wird aber direkt anschließend deutlich, als er scheinbar neutral in sechs kurzen Kapiteln über erste Maßnahmen König Ottos berichtet (II, 4, 6, 7, 8, 9, 10). Sie sind aber zweifelsohne die Ursache für die 937 ausbrechenden Konflikte des neuen Königs mit dem Hochadel und seinen Verwandten. Otto hatte mit seinen ersten Maßnahmen Ansprüche hoher Adelsfamilien auf Ämter missachtet und jüngere Söhne bevorzugt; vor allem aber hatte er Eberhard, den „Königsmacher" und Freund seines Vaters, massiv provoziert, indem er dessen Gefolgsleute zu der „Schmachstrafe des Hundetragens" verurteilt hatte. Öffentlich hatten sie große Hunde eine längere Strecke des Weges zu tragen und wurden so zum Gespött, was auch ihren Herrn angriff, da er ihre Ehre nicht hatte schützen können. Eberhard gehörte denn auch zu den ersten Teilnehmern an einer Schwureinung (*coniuratio*) gegen den neuen König.

Folgerichtig begann gleich nach Ottos Regierungsantritt eine Reihe von schweren Konflikten, in denen sich der Hochadel massiv gegen Maßnahmen des Herrschers wehrte, die er als Ungerechtigkeiten ansah. Nach Widukind, der detailliert auf diese Konflikte eingeht, verloren die Sachsen dabei sogar die Hoffnung, weiter den König stellen zu können (II, 24). Der Corveyer Mönch spart nicht mit Kritik an den Rebellen, aber auch nicht mit Hinweisen, dass sie und ihre Fürsprecher auch Verständnis für ihre Anliegen fanden. Dies gilt vor allem für eine zweite Welle der Konflikte, die Ottos Sohn Liudolf und Schwiegersohn Konrad am Beginn der 50er-Jahre auslösten (III, 10–41). Bedenkt man zudem, dass der Rest des 3. Buches in vielen Kapiteln das Schicksal des Rebellen Wichmann des Jüngeren beschreibt, wird einsichtig, in welch großem Ausmaß Widukinds Darstellung der ottonischen Herrschaft von der Behandlung der Widerstände gegen Otto I. geprägt war.

Dass Ottos Italien- und Kaiserpolitik demgegenüber zu kurz kam, ist schon immer aufgefallen und hat dazu geführt, Widukind die Vorstellung von einem „romfreien Kaisertum", das seine Legitimation nicht vom Papst bezog, zu attestieren: Auf dem Lechfeld habe das Heer bereits den Kaiser gemacht[11]. Genauso gravierend ist aber die Tatsache zu bewerten, dass Widukind Ottos intensive Bemühungen um die Gründung des Erzbistums Magdeburg und seiner Suffragane Merseburg, Zeitz und Meißen, die seit 955 neue Konflikte vor allem in Ostsachsen heraufbeschwo-

ren, mit keinem Wort erwähnt. Die Pläne Ottos sind gerade in den ottonischen Kernlanden am Harz auf massive Widerstände gestoßen, an denen auch Personen beteiligt waren, die Widukind überschwänglich lobt: so der Halberstädter Bischof Bernhard, den Widukind als den „würdigsten Priester seiner Zeit" charakterisiert. Zudem berichtet er die Vision eines Einsiedlers, der gesehen habe, wie dieser Bischof und Mathilde, die Mutter Ottos, von vielen Engeln gemeinsam gen Himmel geleitet wurden (III, 74). Hieraus lässt sich folgern, dass auch Widukind den Gründungsplänen des Kaisers reserviert gegenüberstand.

Diese nur kursorische Musterung der Argumentation Widukinds und ihrer Schwerpunkte macht eines deutlich: Der „Spielmann" ist alles andere als ein substanzloser Ruhmprediger der Könige. Vielmehr lieferte er der Königstochter Mathilde und anderen Lesern eine Fülle von Argumenten und Perspektiven, die auf die Probleme der Herrschaftsführung und die Positionen der Gegner dieser Könige aufmerksam machten. Diese Eigenart des Werkes tritt dann besonders vor Augen, wenn man sich vergegenwärtigt, dass eine Lektüre in dieser Zeit in Lehrer-Schüler-Gesprächen vonstatten ging, in dem der Lehrer Fragen zum Textverständnis stellte. Stellt man dies in Rechnung, wird klar, dass man so Mathilde mit vielen Aspekten der ottonischen Geschichte vertraut machen konnte, die in verantwortlicher Position unabdingbar waren. Und warum sollte Widukind nicht selbst der Lehrer seiner Verwandten gewesen sein?

Anmerkungen

1 Vgl. dazu zuletzt Keller und Althoff 2008, S. 380–387.
2 Vgl. Beumann 1950.
3 Vgl. Althoff 1993, S. 253–272.
4 Dazu zuletzt Althoff 2017, S. 16 f. mit Hinweis auf Widukind I, 24.
5 Vgl. dazu Althoff 1992, S. 21 f.; Giese 2008, S. 100–112.
6 Vgl. etwa Fried 1995, S. 267–318.
7 Vgl. dazu Keller 1995, S. 390–453.
8 Vgl. Althoff 2003, S. 199 f.
9 Vgl. dazu Keller 1995, S. 418 f.
10 Vgl. Vaerst 2010, S. 188–242, bes. S. 233 f.
11 Vgl. dazu Keller 1995, S. 400 f.

Literatur

Gerd Althoff: Amicitiae und Pacta. Bündnis, Einung, Politik und Gebetsdenken im beginnenden 10. Jahrhundert (Hannover 1992).
Gerd Althoff: Widukind von Corvey. Kronzeuge und Herausforderung. Frühmittelalterliche Studien 27, 1993, 253–272; erneut in Gerd Althoff: Inszenierte Herrschaft. Geschichtsschreibung und politisches Handeln im Mittelalter (Darmstadt 2003), 78–104.
Gerd Althoff: Die Macht der Rituale. Symbolik und Herrschaft im Mittelalter (Darmstadt 2003).
Gerd Althoff: Konrad I. und Heinrich I. Machtverzicht in den Anfängen der deutschen Geschichte. Fuldaer Geschichtsblätter 93, 2017, 5–21.
Helmut Beumann: Widukind von Korvei. Untersuchungen zur Geschichtsschreibung und Ideengeschichte des 10. Jahrhunderts (Weimar 1950).
Johannes Fried: Die Königserhebung Heinrichs I. Erinnerung, Mündlichkeit und Traditionsbildung im 10. Jahrhundert. In: Michael Borgolte (Hrsg.): Mittelalterforschung nach der Wende 1989. Historische Zeitschrift, Beiheft 20, 1995, 267–318.
Wolfgang Giese: Heinrich I. Begründer der ottonischen Herrschaft (Darmstadt 2008).
Hagen Keller und Gerd Althoff: Die Zeit der späten Karolinger und der Ottonen. Krisen und Konsolidierungen 888–1024. Handbuch der deutschen Geschichte, Bd. 3 (10. überarbeitete Aufl. Stuttgart 2008).
Hagen Keller: Widukinds Bericht über die Aachener Wahl und Krönung Ottos I. Frühmittelalterliche Studien 29, 1995, 390–453.
Katharina Vaerst: Laus inimicorum oder Wie sag' ich's dem König? Erzählstrukturen der ottonischen Historiographie und ihr Kommunikationspotential (Münster 2010).

Widukinds Bibliothek

CHRISTIAN HEITZMANN

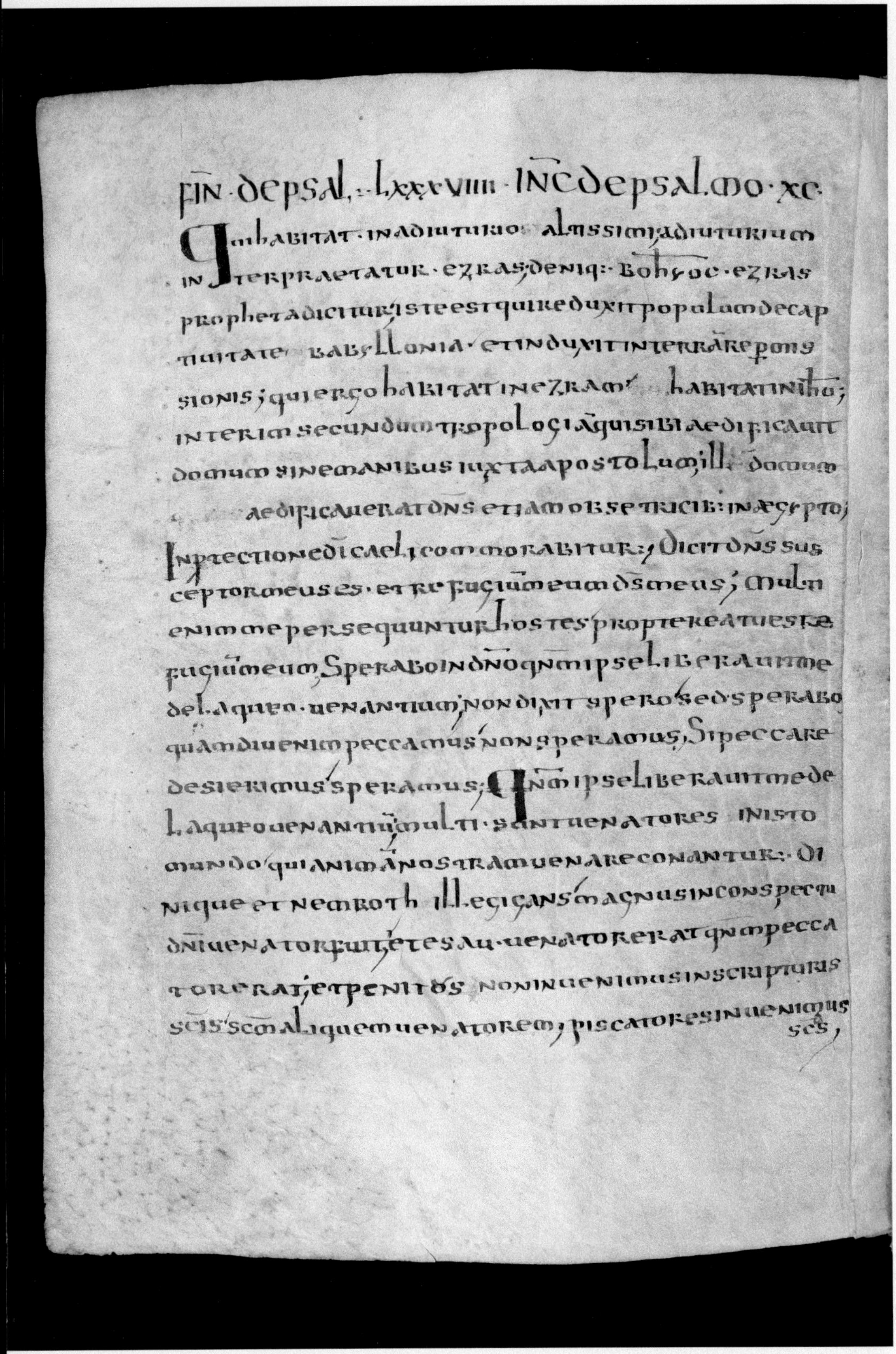

Mit vielen Autoren des Mittelalters teilt der Mönch Widukind von Corvey (ca. 925–973) das Schicksal, dass über sein Leben nur wenig bekannt ist. Alle Informationen darüber müssen den von ihm verfassten Werken entnommen werden. In seiner „Sachsengeschichte" (*Res gestae Saxonicae*) gibt Widukind jedoch kaum etwas über sich preis. Weder seine genaue Lebenszeit noch seine familiäre Herkunft noch der Zeitpunkt seines Eintritts ins Weserkloster sind bekannt. Was sich aus seinem Werk erschließen lässt, sind immerhin seine literarischen Vorbilder und die Lektüre, die ihn bei der Niederschrift seines Geschichtswerkes beeinflusste. Natürlich besaß Widukind keine persönliche Bibliothek, sondern war auf die in seinem Kloster vorhandenen Buchbestände angewiesen. Die Grundausstattung in Corvey dürfte aus dem nordfranzösischen Mutterkloster Corbie (Amiens, Hauts-de-France) stammen. Eine Quelle des 12. Jh.s belegt eine bedeutende Bücherschenkung in der Mitte des 9. Jh.s, als Gerold, ein ehemaliger Hofkaplan Kaiser Ludwigs des Frommen, ins Kloster eintrat und zahlreiche Handschriften stiftete. Zur Zeit Ottos des Großen besaß Corvey zweifellos eine der bedeutendsten Bibliotheken Sachsens. Es ist davon auszugehen, dass in der Corveyer Bibliothek im 10. Jh. eine umfangreiche Auswahl antiker und frühmittelalterlicher Werke greifbar war. Unter den bis heute erhaltenen Handschriften

Abb. 1 Psalmenkommentar des Hieronymus aus dem 8. Jh. Das Kloster Corvey dürfte diese Schrift aus seinem Mutterkloster Corbie erhalten haben. Die Handschrift befindet sich heute in der Herzog August Bibliothek Wolfenbüttel.

aus Corvey (die Zuweisung ist allerdings nicht immer sicher) befinden sich neben Bibeltexten, Exegese und Liturgie Heiligenlegenden und Rechtstexte, darunter etwa ein Exemplar der *Leges Saxonum*, des sächsischen Stammesrechts (9. Jh.; heute im Staatsarchiv Münster). Der älteste erhaltene Codex dürfte der Psalmenkommentar des Hieronymus aus dem 8. Jh. sein, den Corvey aus Corbie erhalten haben dürfte. Hinzu kommen Handschriften mit Vitruvs Architekturtraktat und eine Sammlung kirchengeschichtlich bedeutender Texte (beide aus dem 9. Jh.). Diese drei Handschriften werden heute in der Herzog August Bibliothek Wolfenbüttel aufbewahrt. Am berühmtesten ist jedoch die karolingerzeitliche Handschrift mit den ersten sechs Büchern der „Annalen" des römischen Historikers Tacitus und den Briefen des jüngeren Plinius. Sie wurde zu Beginn des 16. Jh.s aus der Klosterbibliothek entwendet und nach Italien gebracht. Die beiden Teile dieser Handschrift befinden sich heute voneinander getrennt in der Biblioteca Laurenziana zu Florenz. Alle diese Stücke könnte Widukind in der Klosterbibliothek seinerzeit vorgefunden und studiert haben.

Texte antik-heidnischer Autoren waren in den mittelalterlichen Klöstern zum Erwerb ausreichender Lateinkenntnisse und zu stilistischer Schulung unentbehrlich. In sprachlicher und darstellerischer Hinsicht war für Widukind vor allem der römische Geschichtsschreiber Sallust prägend, der in mehreren Werken Krisenmomente der späten Republik darstellte. Daneben dienten ihm insbesondere die biblischen Bücher der Makkabäer als Vorbild, die den Freiheitskampf der Juden im 2. Jh. v. Chr. schildern. Punktuell lässt sich in der „Sachsengeschichte" der Einfluss der römischen Historiker Sueton und Livius nachweisen. Von den römischen Dichtern, die Widukind im Lateinunterricht kennengelernt haben dürfte, sind Vergil, Lucan, Ovid, Horaz und Juvenal durch Zitate in der „Sachsengeschichte" nachweisbar. Ob er deren Werke durch vollständige Abschriften oder sogenannte Florilegien (Sammlungen von Auszügen und Zitaten) kannte, lässt sich allerdings nicht entscheiden. Von den christlichen Autoren der Spätantike waren Widukind zumindest der Bibeldichter Juvencus und Sulpicius Severus, der Biograf des heiligen Martin von Tours, bekannt.

Auch die Werke frühmittelalterlicher Geschichtsschreiber waren Widukind zugänglich. So bezieht er sich in seinem Werk auf die englische „Kirchengeschichte" des Beda Venerabilis, die „Langobardengeschichte" des Paulus Diaconus, die „Gotengeschichte" des Jordanes und eine nicht näher zu bestimmende „Geschichte der Franken" (*Gesta Francorum*). Für die Darstellung der konfliktreichen Beziehungen zwischen Franken und Sachsen und zur Charakterisierung Ottos des Großen griff er auf Einhards Biografie Karls des Großen und auf die vom anonymen Poeta Saxo verfassten lateinischen Verse über die Taten des Frankenkaisers zurück. Dieser Dichter war gegen Ende des 9. Jh.s in Corvey tätig. Eine Handschrift aus dem 11. Jh. mit dem Text des Poeta Saxo gelangte vermutlich aus Corvey ins Kloster Lamspringe (heute in Wolfenbüttel, Herzog August Bibliothek, Cod. Guelf. 553 Helmst.). Die reichen Bestände der Corveyer Bibliothek, die für uns teilweise nur über Reflexe bei Widukind schemenhaft greifbar werden, waren jedenfalls eine Voraussetzung dafür, ein Werk zu schaffen, das bis heute eine der wichtigsten Quellen für Selbstverständnis und Geschichtsdeutung der Sachsen in ottonischer Zeit darstellt.

Literatur

Die Sachsengeschichte des Widukind von Korvei, 5. Aufl., neu bearb. von Paul Hirsch. Monumenta Germaniae historica: Scriptores rerum Germanicarum in usum scholarum (Hannover 1935).

Paul Lehmann: Corveyer Studien. In: Paul Lehmann: Erforschung des Mittelalters, Bd. 5 (Stuttgart 1962), 94–178.

Hermann-Josef Schmalor: Die Zerstörung der mittelalterlichen Bibliothek der Reichsabtei Corvey im Dreißigjährigen Krieg und die erhalten gebliebenen Handschriften. In: Andrea Rapp und Michael Embach (Hrsg.): Zur Erforschung mittelalterlicher Bibliotheken. Chancen – Entwicklungen – Perspektiven (Frankfurt am Main 2009), 381–393.

Eva-Maria Seng (Hrsg.): Tausend Jahre Wissen. Die Rekonstruktion der Bibliothek der Reichsabtei Corvey (Paderborn 2011).

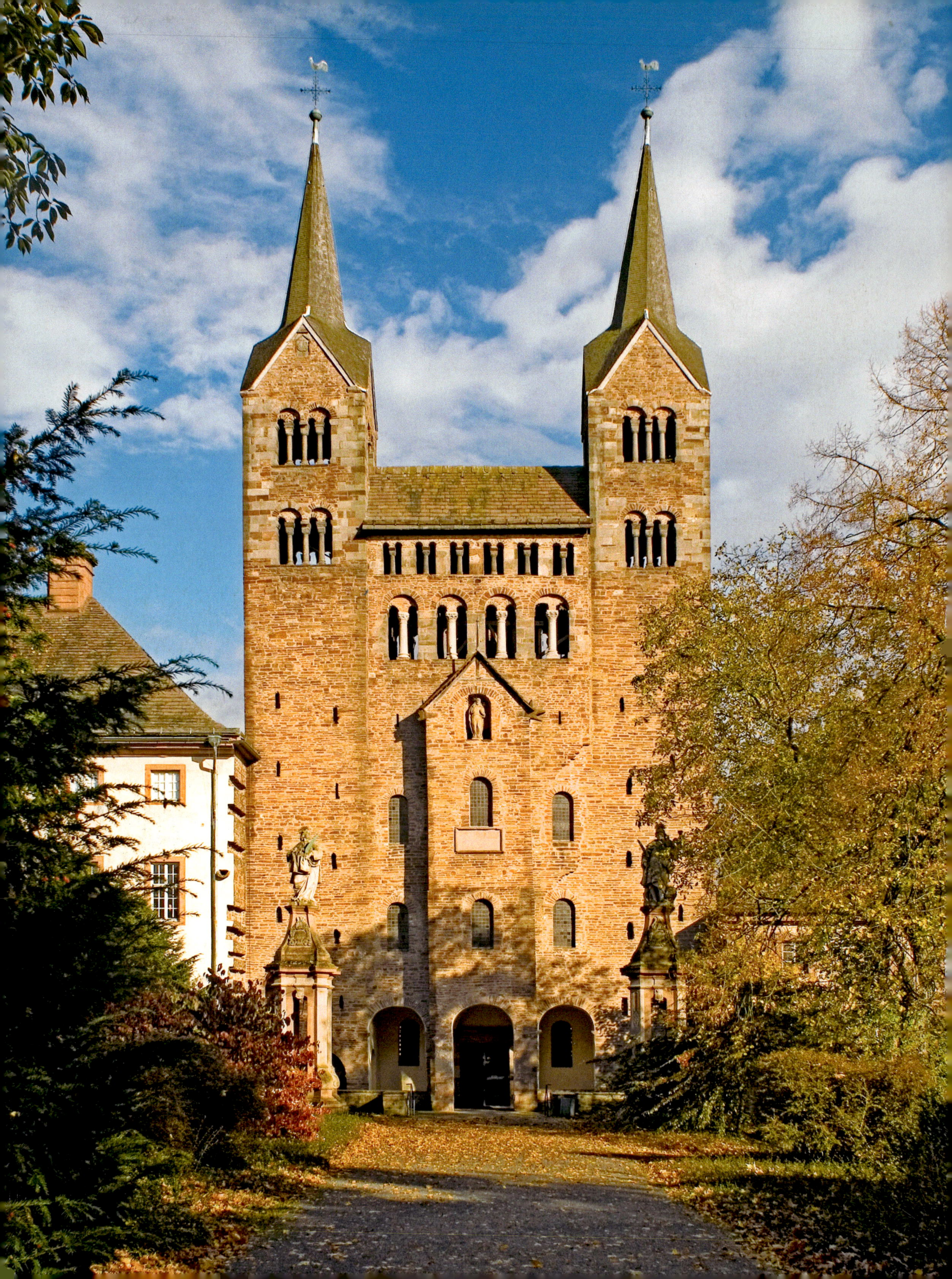

Das Westwerk der Klosterkirche Corvey an der Weser (Westfassade und Erdgeschoss, 9. Jh.). Das Reichskloster wurde 822 gegründet und von Kaiser Ludwig dem Frommen, Sohn Karls des Großen, mit zahlreichen Privilegien ausgestattet.

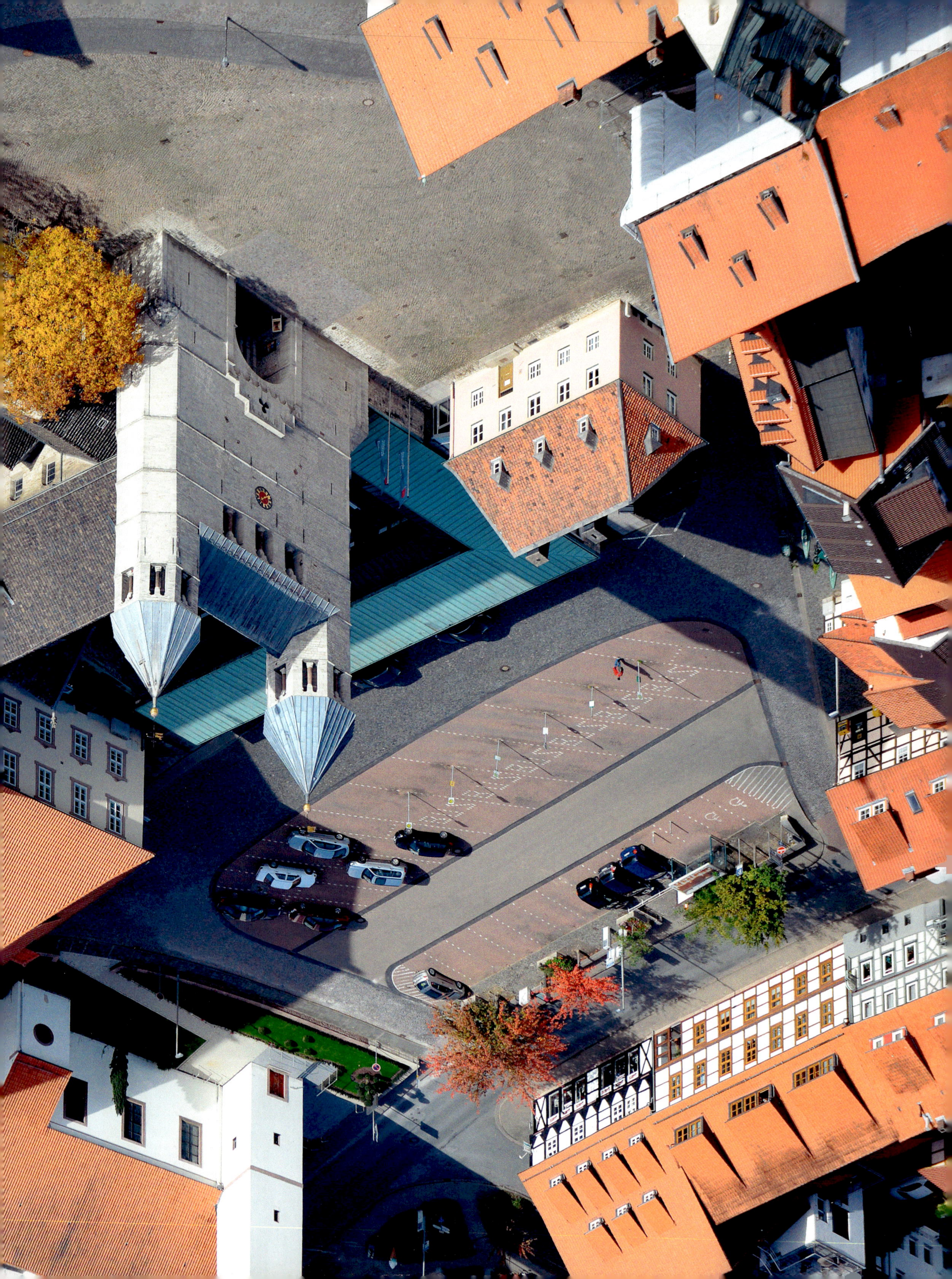

Die Kirche des Stiftes Gandersheim. Mit Gründungsbau frühmittelalterlichen Sachsen.
wurde 881 fertiggestellt. Gestiftet hat den Konvent
das sächsische Adlige Liudolf, Großvater von König
Heinrich I. Gandersheim war das erste Damenstift im

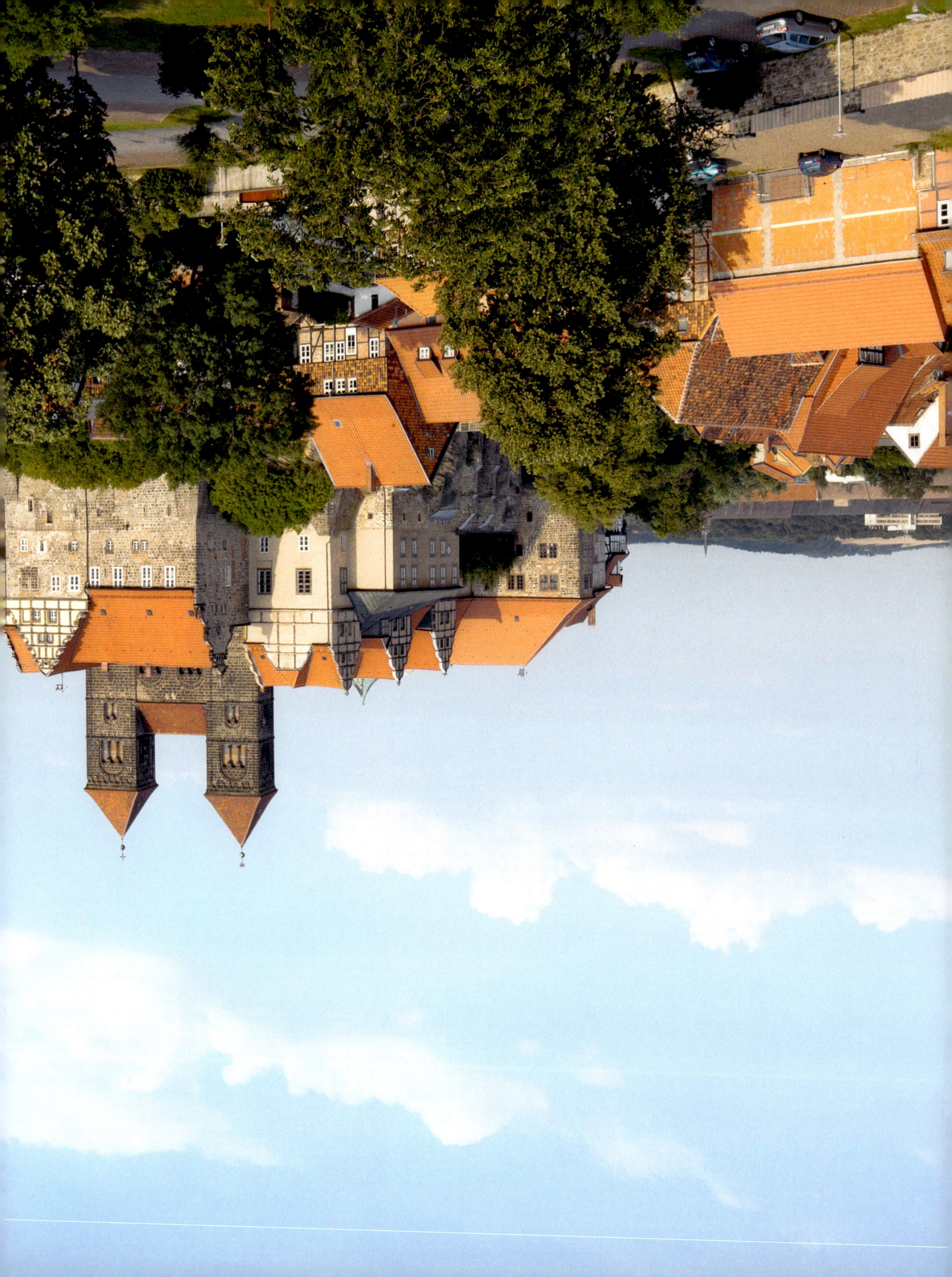

Die Kirche des Stiftes Quedlinburg. Das Stift entstand im 10. Jahrhundert am Grab König Heinrichs I. († 936). Es galt als Dynastieheiligtum der Liudolfinger.

Anhang

Dank

Das Braunschweigische Landesmuseum und das Landesmuseum Hannover danken herzlich allen, die zum Gelingen der Ausstellung und der Begleitpublikation beigetragen haben. Insbesondere den leihgebenden Institutionen und den Autorinnen und Autoren der Begleitschrift sind wir zu großem Dank verpflichtet.

Leihgeber

Wir danken herzlich allen Leihgebern und ihren Mitarbeiterinnen und Mitarbeitern für ihre Hilfe, Beratung und Unterstützung.

Dänemark

Kopenhagen, The National Museum of Denmark

Deutschland

Bad Bederkesa, Museum Burg Bederkesa

Bad Gandersheim, Sammlung Frauenstift Gandersheim

Berlin, Staatliche Museen zu Berlin, Museum für Vor- und Frühgeschichte

Berlin, Staatsbibliothek zu Berlin – Preußischer Kulturbesitz, Handschriftenabteilung

Bonn, LVR-Landesmuseum Bonn

Braunschweig, Braunschweigisches Landesmuseum

Braunschweig, Herzog Anton Ulrich-Museum Braunschweig, Kunstmuseum des Landes Niedersachsen

Bremerhaven, Historisches Museum Bremerhaven

Bremen, Focke-Museum/Bremer Landesmuseum

Bückeburg, Kommunalarchäologie Schaumburger Landschaft

Bückeburg, Niedersächsisches Landesarchiv – Standort Bückeburg

Buxtehude, Museum Buxtehude

Cuxhaven, Stadt Cuxhaven – Museen und Stadtarchäologie

Diepholz, Stadt Diepholz

Dortmund, Museum für Kunst und Kulturgeschichte Dortmund

Duisburg, Landesarchiv Nordrhein-Westfalen – Abteilung Rheinland

Düsseldorf, Universitätsbibliothek Düsseldorf

Enger, Widukind-Museum Enger

Göttingen, Georg-August-Universität Göttingen, Sammlung des Archäologischen Instituts

Göttingen, Niedersächsische Staats- und Universitätsbibliothek Göttingen

Halberstadt, Städtisches Museum Halberstadt

Halle/S., Landesamt für Denkmalpflege und Archäologie – Landesmuseum für Vorgeschichte – Sachsen-Anhalt

Haltern, LWL-Römermuseum in Haltern am See

Hamburg, Archäologisches Museum Hamburg

Hamburg, Museum für Kunst und Gewerbe Hamburg

Hamburg, Staats- und Universitätsbibliothek Hamburg

Hamm, Gustav-Lübcke-Museum der Stadt Hamm

Hannover, Gottfried Wilhelm Leibniz Bibliothek – Niedersächsische Landesbibliothek Hannover

Hannover, Niedersächsisches Landesmuseum Hannover

Hannover, Niedersächsisches Landesarchiv – Standort Hannover

Herne, Emschertal-Museum der Stadt Herne

Herne, LWL-Museum für Archäologie, Westfälisches Landesmuseum

Hildesheim, Roemer-Pelizaeus Museum

Kalkriese, VARUSSCHLACHT im Osnabrücker Land GmbH – Museum und Park Kalkriese

Kamen, Haus der Kamener Stadtgeschichte

Köln, Römisch-Germanisches Museum der Stadt Köln

Leipzig, Universitätsbibliothek Leipzig, Handschriftenzentrum

Lüneburg, Museum Lüneburg

Magdeburg, Kulturhistorisches Museum Magdeburg

Magdeburg, Landesarchiv Sachsen-Anhalt

Mainz, Römisch-Germanisches Zentralmuseum Mainz

München, Bayerische Staatsbibliothek, Abteilung Handschriften und Alte Drucke

Münster, Eugen Müsch

Münster, Landesarchiv Nordrhein-Westfalen, Abteilung Westfalen

Münster, LWL-Archäologie für Westfalen

Münster, LWL-Museum für Kunst und Kultur, Westfälisches Landesmuseum, Münster

Oldenburg, Landesmuseum Natur und Mensch Oldenburg

Oldenburg, Oldenburgische Landschaft, Oldenburg

Osterholz, Museum Osterholz

Osnabrück, Diözesanarchiv Osnabrück

Quedlinburg, Städtische Museen / Schlossmuseum Welterbestadt Quedlinburg

Paderborn, Erzbischöfliche Akademische Bibliothek Paderborn

Paderborn, LWL-Museum in der Kaiserpfalz

Schladen, Museum im Heimathaus

Soest, Burghofmuseum Soest

Stade, Landkreis Stade, Archäologische Denkmalpflege

Stade, Sammlung Museen Stade | GHV Stade, Niedersächsisches Landesarchiv – Standort Stade

Stuttgart, Württembergische Landesbibliothek

Vechta, Museum im Zeughaus Vechta

Weimar, Thüringisches Landesamt für Denkmalpflege und Archäologie Weimar – Museum für Ur- und Frühgeschichte Thüringens

Wilhelmshaven, Niedersächsisches Institut für historische Küstenforschung

Wolfenbüttel, Herzog August Bibliothek Wolfenbüttel

Wolfenbüttel, Niedersächsisches Landesarchiv – Standort Wolfenbüttel

Wolmirstedt, Museum Wolmirstedt

Frankreich

Auxerre, Archives départementales de l'Yonne

Großbritannien

Cambridge, Department of Geography, University of Cambridge

Cambridge, Museum of Archaeology and Anthropology, University of Cambridge

Norwich, Norwich Castle Museum

Italien

Florenz, Biblioteca Medicea Laurenziana Firenze

Impressum

Laufzeit der Ausstellung

Niedersächsisches Landesmuseum Hannover (NLMH): 5. 4. 2019 – 18. 8. 2019
Braunschweigisches Landesmuseum (BLM): 22. 9. 2019 – 2. 2. 2020

Gesamtleitung

Heike Pöppelmann (BLM)
Katja Lembke (NLMH)

Ausstellung

Leitung, Konzept und Idee
Babette Ludowici (BLM)

Leitung Finanzen und Logistik
Matthias Görn (NLMH)

Ausstellungsbüro und Leihverkehr
Robert Hintz, Gaby Kuper, Babette Ludowici, Dominique Ortmann (BLM)
Sabine Eisenbeiß, Florian Klimscha (NLMH)

Öffentlichkeitsarbeit und Marketing
Mareike Goldschmied, Desirée Hennecke, Silke Röhling (Leitung), Carla Schäfer (BLM)
Nicola Kleinecke, Dennis von Wildenradt (Leitung) (NLMH)

Gestaltung Werbe- und Drucksachen
DieKirstings, Braunschweig
Philine Delekta (NLMH)

Fotowerkstatt
Anja Pröhle (BLM)
Kerstin Schmidt (NLMH)

Museumspädagogik
Torsten Poschmann (BLM)
Frauke Schilling (NLMH)

Ausstellungstexte
Babette Ludowici, unter Mitarbeit von Dominique Ortmann (BLM)

Übersetzungen
Renate Heckendorf, Hamburg
Will Huntley, Göttingen

Ausstellungsgestaltung
Laura Engenhart, Angelika Vogel, Dirk Schubert, Atelier Schubert, Stuttgart

Bibliothek
Michaela Rabe (BLM)
Nikola Appel (NLMH)

Verwaltung
Sabine Fischer, Burkhard Nolte (Leitung), Tanja Rumstedt, Gina Schliewe, Frauke Siemann (BLM)
Ines Gertrupp, Matthias Görn (Leitung), Joachim Rodaebel, Stephanie Versümer (NLMH)

Transporte
Hasenkamp Internationale Transporte GmbH, Hamburg

Haustechnik
Espen Bruns, Thomas Grabowsky (BLM)
Jan Beck, Torsten Brüning, Kai Hoffmann, Markus Kadow, Michaela Kuntz (Leitung), Raimund Scherhorn, Herbert Statt (NLMH)
Ulrike Weller, Elijah Widmann (NLMH)
Sonja Nolte, Frauke Schilling, Ute Thiessen, Annina Böhme, Jan Hoffmann, Christophe Houlbatte, Wolfgang Konrad-Falz, Daniel Neumann, Sven Spantikow, Olaf Wilde (BLM)
Lioba Joost, Thekla Krebs, Eleonore Lang, Sandra Sauerstein, Michaela Scheffler,

Restauratorische Betreuung, Objektverwaltung und -einrichtung

Kartografie
Dirk Fabian | INGRAPHIS_THEMATISCHE KARTOGRAPHIE & Infodesign, Kassel

Ausstellungsgrafik
S&D Siebdruck GmbH, Erkrath

Ausstellungsbau
Expomondo by Holtmann GmbH & Co. KG, Langenhagen

Illustrationen
Kelvin Wilson, Ridderkerk (NL)

Wissenschaftlicher Beirat

Dr. Charlotte Behr, University of Roehampton/London
Dr. Vera Brieske, Landschaftsverband Westfalen-Lippe (LWL), Altertumskommission für Westfalen, Münster
Prof. Dr. Claus von Carnap-Bornheim, Stiftung Schleswig-Holsteinische Landesmuseen Schloss Gottorf, Christian-Albrechts-Universität zu Kiel
Anna Flückiger M. A., Universität Basel
Dr. Christoph Grünwald, LWL-Archäologie für Westfalen, Außenstelle Münster
Prof. Dr. Matthias Hardt, Leibniz-Institut für Geschichte und Kultur des östlichen Europa (GWZO), Leipzig
Prof. Dr. John Hines, Cardiff University
Prof. Dr. Hauke Jöns, Niedersächsisches Institut für historische Küstenforschung, Wilhelmshaven
Dr. Johan Nicolay, Rijksuniversiteit Groningen
Dr. Karen Høilund Nielsen
Prof. Dr. Hedwig Röckelein, Georg-August-Universität Göttingen
Dr. Daniel Winger, Universität Rostock

Begleitschrift

Herausgeberin
Babette Ludowici (BLM)

Redaktion und Lektorat
Frank Both, Oldenburg
Babette Ludowici, unter Mitarbeit von Dominique Ortmann (BLM)

Umschlaggestaltung
DieKirstings, Braunschweig
Philine Delekta (NLMH)

Übersetzungen
Will Huntley, Göttingen

Abbildungsnachweis

"Sturmfest und erdverwachsen" – das Niedersachsenlied
Abb. 1: Historisches Museum Hannover.

Niedersachsenross und Westfalenpferd – wie kam das Pferd ins Wappen?
Abb. 1: Gemeinfrei, https://commons.wikimedia.org/w/index.php. Abb. 2: Niedersächsisches Landesarchiv Wolfenbüttel (NLA WO 7 A Urk Nr. 97).

Die neue Geschichte der alten Sachsen
Abb. 1: aus Widukind von Corvey: Res gestae Saxonicae – Die Sachsengeschichte. Übers. und hrsg. Von Ekkehart Rotter und Bernd Schneidmüller (Stuttgart 1981).

Der Sax – tödlicher Allrounder des Frühen Mittelalters
Abb. 1: Niedersächsisches Landesmuseum Hannover.

Am Rande des römischen Imperiums. Das rechtsrheinische Germanien bis zur Elbe
Abb. 1: Niedersächsisches Landesmuseum Hannover. Abb. 2: Niedersächsisches Institut für historische Küstenforschung, Rolf Kiepe. Abb. 3: LVR-LandesMuseum Bonn, Foto: Jürgen Vogel. Abb. 4: Stadt Soest, Stadtarchäologie, Foto: Christian Theopold.

Provinzielle Verhältnisse? Das Land zwischen Rhein und Elbe im 1. und 2. Jahrhundert
Abb. 1, 2: Niedersächsisches Landesmuseum Hannover, Fotos: U. Stamme.

Bleierne Zeiten? Auf der Spur eines römisch-germanischen Joint Ventures am Hellweg
Abb. 1: https://www.lwl-archaeologie.de/blog/randleistenbeil/bleibarren. Abb. 2: https://www.lwl-archaeologie.de/blog/zwei-pfund-glueck. Abb. 3: verändert, nach Peter Rothenhöfer, Iam et plumbum excoquere docuimus? Zum Phänomen der germanischen Bleiproduktion im nördlichen Sauerland. In: Melzer/Capelle 2007, 49 Abb. 5; Abb. 4: Pfeffer 2012, Abb. 59.

Das vergessene Jahrhundert. Was geschah in Niedersachsen zwischen 200 und 300 n. Chr.
Abb. 1: Niedersächsisches Landesmuseum Hannover, Foto: U. Stamme. Abb. 2: Foto: Babette Ludowici; Abb. 3 und 4: Niedersächsisches Landesmuseum Hannover, Fotos: U. Stamme.

Gesellschaften in Bewegung. Südskandinavien im 3. Jh. n. Chr
Abb. 1: © University Museum of Bergen, Norwegen. Abb. 2: nach Varberg 2017, Abb. 5. 154. Abb. 3: nach Blankenfeldt 2015, Abb. 1 / © Stiftung Schleswig-Holsteinische Landesmuseen Schloss Gottorf. Abb. 4: Moesgaard Museum, Aarhus, Dänemark. Foto: Preben Dehlholm.

Im Zentrum des Geschehens? Mitteldeutschland im 3. Jahrhundert
Abb. 1: Landesamt für Denkmalpflege und Archäologie Sachsen-Anhalt, Gemälde Karol Schauer; Abb. 2 und 3: Landesamt für Denkmalpflege und Archäologie Sachsen-Anhalt, Foto: Andrea Hörentrup. Abb. 4: nach Becker 2010, Karte 25, Grafik: Dirk Fabian. Abb. 5: Niedersächsisches Landesmuseum Hannover, Foto: Becker 2010, Karte 11, Abb. 7: Städtisches Museum Halberstadt.

Köln zur Zeit des Gallischen Sonderreiches
Abb. 1: Römisch-Germanisches Museum Köln.

Über Stock und Stein? Verkehrssysteme und Warenumschlag in Westfalen und Niedersachsen zur Römischen Kaiserzeit
Abb. 1: Niedersächsisches Institut für historische Küstenforschung. Abb. 2: Niedersächsisches Institut für historische Küstenforschung, Foto: Rolf Kiepe. Abb. 3: Niedersächsisches Landesmuseum Hannover. Abb. 4: LWL-Archäologie für Westfalen, Foto: Hermann Menne.

Roms vergessener Feldzug: das Harzhorn-Ereignis
Abb. 1: NLD Bezirksarchäologie Braunschweig, Grafik: M. Werner. Abb. 2: NLD Bezirksarchäologie Braunschweig, Foto: Th. Schwarz.

"Jeder hat einen Sitz für sich und einen Tisch". Hölzernes Mobiliar des 4. und 5. Jahrhunderts von der Fallward
Abb. 1: Grafik: A. Hüser, Museum Burg Bederkesa.

Gab es im 4. Jh. n. Chr. in der westfälischen Hellwegzone eine Münzgeldwirtschaft?
Abb. 1: LWL-Museum für Kunst und Kultur (Westfälisches Landesmuseum), Münster/Sabine Ahlbrand-Dornseif.

Wer hat aus diesen Becherchen getrunken? Drehscheibenware des 4. und 5. Jahrhunderts in der Hellwegzone
Abb. 1: Braunschweigisches Landesmuseum. Foto: Anja Pröhle. Abb. 2: Niedersächsisches Landesmuseum Hannover, Foto: Ursula Bohnhorst.

Ein frühes Königreich im Elbe-Weser-Dreieck?
Abb. 1: nach Nicolay 2014, Abb. 1.3; Abb. 2: Schwedenspeicher-Museum, Stade, Abb. 3: Halsring: Niedersächsisches Landesmuseums Hannover, Foto U. Bohnhorst; Münzanhänger: Archäologisches Institut der Universität Göttingen, Fotos S. Eckardt. Abb. 4: nach Böhme 2003, Abb. 5; Abb. 5: nach Nicolay 2014, Abb. 13. Abb. 6: Niedersächsisches Landesmuseum Hannover, Foto: U. Bohnhorst.

Stammeskunst? Handwerk und Identität im Elbe-Weser-Dreieck im 4. und 5. Jahrhundert
Abb. 1: Niedersächsisches Landesmuseum Hannover. Foto: Kerstin Schmidt.

"Bauernland in Veteranenhand". Söldnergräber und Schatzfunde des 4./5. Jahrhunderts in Niedersachsen und Westfalen
Abb. 1: nach Horst-Wolfgang Böhme. Abb. 2, 5: Museum Burg Bederkesa. Fotos: H. Lang, Bremerhaven. Abb. 3 a und b, 4, 8: Niedersächsisches Landesmuseum Hannover. Abb. 6: Museum für Kunst und Kulturgeschichte Dortmund, Foto: M. A. Albrecht. Abb. 7: © Andreas Rau.

Gut abgeschnitten! "Britannisches" Geld in Nordwestdeutschland
Abb. 1 a und b: Landkreis Stade, Archäologische Denkmalpflege. Abb. 2: © Andreas Rau.

Abb. 5, 6 und 7: Niedersächsisches Landesmuseum Hannover, Foto: K. Schmidt; Abb. 8 und 9: LVR Landesmuseum Bonn, Abb. 10 und 11: Niedersächsisches Landesmuseum Hannover, Foto: K. Schmidt; Abb. 12: Museum für Ur- und Frühgeschichte Thüringens, Weimar, Abb. 13: Foto: Christian Teppe, Museum August Kestner; Abb. 14: Rheinisch Germanisch Museum/ Rheinisches Bildarchiv Köln, Anja Wegner; Abb. 15: Archäologisches Museum Hamburg, Abb. 16: Nationalmuseum Kopenhagen, Abb. 17: Historisches Museum Bremerhaven. Abb. 18: LWL-Archäologie für Westfalen, Foto: Stefan Brentführer.

ABBILDUNGSNACHWEIS

Wer kommt im 4. und 5. Jahrhundert vom Kontinent nach Britannien, ab wann und warum? Die Perspektive der archäologischen Überlieferung
Abb. 1: überarbeitet vom Autor nach Crummy 1981; Abb. 2: überarbeitet vom Autor nach Kirk u. Leeds 1954; Abb. 3: überarbeitet vom Autor nach Hamerow 1993; Abb. 4: überarbeitet vom Autor nach Hirst u. Clarke 2009; Abb. 5a: überarbeitet vom Autor nach Høilund Nielsen 1997; b: Daten gesammelt u. dargestellt von Toby Martin.

Fragmente einer Weltanschauung. Goldbrakteaten und Goldhalsringe aus Niedersachsen
Abb. 1: Niedersächsisches Landesmuseum Hannover, Foto: U. Stamme; Abb. 2a und b: Historisches Museum Bremerhaven, Abb. 3: nach Pesch 2007, 111 (Zeichnungen nach IK); Abb. 4: nach Pesch 2007, 280–283 (Zeichnungen nach IK); Abb. 5: Niedersächsisches Landesmuseum Hannover.

Ross und Reiter: Pferde im frühmittelalterlichen Bestattungsritual
Abb. 1: Grafik nach Winger et al. 2017, 222.

Für die exklusiv gedeckte Tafel: Thüringische Drehscheibenkeramik
Abb. 1: Landesamt für Denkmalpflege und Archäologie Sachsen-Anhalt, Juraj Lipták, Abb. 2: Peter Skriba, Budapest, und Daniel Winger.

Wüstes Land? Die Siedlungsstücke des 6. und 7. Jahrhunderts in Nordwestdeutschland
Abb. 1: Foto: S. Wolters, NIhK, Abb. 2: nach Wiethold 1998, Abb. 3: nach Behre 2003, Abb. 12, Abb. 4: nach Nösler 2017, Abb. 18 und 23, Abb. 5: nach Büntgen u. a. 2016, Abb. 4.

Grenzgesellschaft im Wandel. Die westfälische Hellweggebiete im 6. und 7. Jahrhundert
Abb. 1: Grafik: Dirk Fabian, Abb. 2: © Daniel Winger, Abb. 3: nach Peters 2011, Abb. 4: © Daniel Winger, Abb. 5: nach Peters 2011, Abb. 6–10. © Daniel Winger.

Primus inter pares? Eine fürstliche Bestattung für einen großen Mann
Abb. 1: Grafik: Altertumskommission für Westfalen, Vera Brieske, Abb. 2: LWL-Archäologie für Westfalen, Foto: Stefan Brentführer.

Dort gibt es keine Seine und auch nicht den Rhein! Fränkische Kultur in Ostfalen
Abb. 1: verändert, nach Peters 2011, S. 132 Abb. 91; Abb. 2: Pöppelmann 2004, S. 411 Abb. 11; Abb. 3: Pöppelmann 2004, S. 410 Abb. 10; Abb. 4: Périn 2012, S. 114 Abb. 114, Musée d'Archéologie nationale, Foto: Valerie Gô; Abb. 5: © Rheinisches Bildarchiv, rba_052837; Abb. 6: Foto: Raymond Faure.

Denkmal mit Aussicht: Der Grabhügel von Klein-Vahlberg
Abb. 1: Braunschweigisches Landesmuseum, Foto: Anja Pröhle; Abb. 2: Braunschweigisches Landesmuseum.

Eine Schlange mit zwei Köpfen: die Goldkette von Isenbüttel
Abb. 1: Niedersächsisches Landesmuseum Hannover, Foto: Ursula Bohnhorst.

Bodenfunde legen Zeugnis ab. Frühe Christen am Hellweg
Abb. 1: Gürtelhaftel Dortmund-Wickede, Grab 10: nach Brink-Kloke/Regina Machhaus/Elke Schneider, In die Erde geschrieben. Archäologische Spuren durch eine Stadt. Denkmalpflege in Dortmund 1, S. 65 oben, 2 Almandinscheibenfibel Ense-Bremen Grab 104: Stefan Deiters, 3 Wadenbindengarnitur Soest, Grab 106: nach Daniel Peters, Das frühmittelalterliche Gräberfeld von Soest, VAK 19 (Münster 2011) Taf. 22, 4 Almandinscheibenfibel Dortmund-Asseln, Grab 18: Stadtarchäologie Dortmund, Foto: Günther Weertz 5 Almandinscheibenfibel Warburg-Ossendorf, Grab 8: LWL-Archäologie für Westfalen, Foto: Stefan Brentführer 6 Imitation einer Filigranscheibenfibel mit Steineinlagen, Eningerloh: Björn Alberternst 7 Scheibenfibel Warendorf-Einen: LWL-Archäologie für Westfalen, Foto: Stefan Brentführer 8 Kreuzfibel Bad Wünnenberg-Fürstenberg: LWL-Archäologie für Westfalen, Foto: Uwe Brieke 9 Pressblechbeschlag Raesfeld-Erle, Grab 1: LWL-Archäologie für Westfalen/Archiv 10 Scheibenkreuzfibel Rheine-Altenrheine: LWL-Archäologie für Westfalen, Foto: Stefan Brentführer 11 Scheibenkreuzfibel Everswinkel-Alverskirchen: LWL-Archäologie für Westfalen, Foto: Uwe Brieke 12 Scheibenkreuzfibel Warendorf-Müssingen: LWL-Archäologie für Westfalen, Foto: Stefan Brentführer 13 Scheibenkreuzfibel Ahlen: LWL-Archäologie für Westfalen, Foto: Uwe Brieke 14 Pressblechfibel Dorsten-Lembeck, Grab 105: LWL-Archäologie für Westfalen, Foto: Stefan Brentführer. Abb. 2: LWL-Archäologie für Westfalen, Foto: Stefan Brentführer. Abb. 3: Ruhr-Museum Essen, Birgit Kösling-Korth. Abb. 4: Städtische Museen/Schlossmuseum Welterbestadt Quedlinburg, Foto: Wolfgang Fischer. Abb. 5: Lan-

Unterwegs in Raum und Zeit
Abb. 1: Buxtehude Museum für Regionalgeschichte und Kunst, Foto: Bernd Habermann, Abb. 2 und 3: LWL-Archäologie für Westfalen, Brentführer, Abb. 4: Hansestadt Buxtehude, Foto: Bernd Habermann.

Beschönigen – kritisieren – betrauern. Die Unterwerfung der Thüringer durch die Frankenkönige 531 in zeitgenössischen Zeugnissen
Abb. 1: nach Felix Genzmer: Vier altdeutsche Dichtungen, Libelli 9 (Darmstadt 1953), [25], 27; Abb. 2 oben: Foto aus dem Münzhandel, www.kuenker.de/en/archiv/stueck/166129, Unten: Foto bei Wikipedia, Münze im Besitz der Deutschen Bundesbank, Abb. 3: Dordrecht, Dordrechts Museum (DM/880/168).

Fremde Frauen? Thüringischer Schmuck in Niedersachsen
Abb. 1 und 2: Niedersächsisches Landesmuseum Hannover, Fotos: Kerstin Schmidt.

Wie weit reicht der Arm Herminafrids? Die Könige der Thüringer und ihr Reich
Abb. 1: aus Heike Grahn-Hoek, Zeitschrift des Vereins für Thüringische Geschichte 55, 2001, 16.

Kultzentrum Sievern?
Abb. 1: Martin Mushardt, Palaeogentilismus Bremensis, Landesbibliothek Oldenburg.

„It's a man's world": Reiche Kriegergräber der ersten Hälfte des 6. Jahrhunderts in Mitteleuropa
Abb. 1a–c: Bildrechte Museum Burg Linn, Krefeld. Fotos Reiss-Engelhorn-Museen Mannheim, Jean Christen, Abb. 1d: LWL-Archäologie für Westfalen, Foto: Stefan Brentführer, Abb. 2a: nach C. Paresys, M.-C. Truc, Inrap, Abb. 2b: Musée de Saint-Dizier / Metallurgic Park, Foto: © Claude Philippot; Abb. 3: nach Behrens 1919, Taf. II, 5.

Gemeinsam in den Tod. Der Krieger von Hiddestorf und seine Begleiter
Abb. 1 und 2: nach Winger, Bartelt, Gerling 2016, Abb. 3: Foto: W. Konrad-Falz, Abb. 4: Foto: Archaeofirm, Abb. 5–10: Niedersächsisches Landesmuseum Hannover, Abb. 11: Foto: Archaeofirm.

desamt für Denkmalpflege und Archäologie Sachsen-Anhalt, Juraj Lipták. Abb. 6a: Landesamt für Denkmalpflege und Archäologie Sachsen-Anhalt. Abb. 6b Archäologisches Museum Hamburg. Abb. 6c: Städtische Museen/ Schlossmuseum Welterbestadt Quedlinburg, Foto: Christian Müller. Abb. 6d: Kulturhistorisches Museum Magdeburg. Abb. 7: Braunschweigisches Landesmuseum.

„... lass Deine Engel ihrer Mauern sein". Das Kloster Corvey und die Anfänge der Schriftlichkeit in Sachsen
Abb. 1: aus Claussen und Skriver, Die Klosterkirche Corvey, Denkmalpflege und Forschung in Westfalen 43,2. Mainz 2007, Abb. 2, 3: © Erzbischöfliche Akademische Bibliothek Paderborn. Abb. 4: Foto: Hans-Walter Stork. Abb. 5: Hochschul- und Landesbibliothek Fulda, Fragm. 2, fol. 28, Abb. 6: http://daten.digitale-sammlungen.de/0002/bsb00026305/images/index.html – 4 C 362 (1,1 urn:nbn:de:bvb:12-bsb00005527), Bayerische Staatsbibliothek, Münchener Digitalisierungszentrum Digitale Bibliothek.

Hathumods erste Kirche: Ausgrabungen im Kloster Brunshausen
Abb. 1: überarbeitet nach Maria Keibel-Maier 1986.

Wächter der Grenze: das Geschlecht der Liudolfinger
Abb. 1: Rekonstruktion Hedwig Röckelein.

Imagepflege: Die Sachsengeschichte Rudolfs von Fulda
Abb. 1: Landesbibliothek Hannover, Gottfried Wilhelm Leibniz Bibliothek (Ms. I 186, 4r).

Ostfränkische Könige aus Sachsen: Heinrich I. und sein Sohn Otto I
Abb. 1: Wolfenbüttel, Herzog August Bibliothek (Cod. Guelf. 74.3 Aug., pag. 226).

Schutz und Glanz. Die Königliche Pfalz Werla
Abb. 1: Luftbild: A. Grüttemann, Geophysik: Chr. Schweitzer, Grafik Ingraphis. Abb. 2: Lidar Airborne Laserscan LGLN Hannover, Bearbeitung Andreas Niemuth, NLD Hannover, Quelle: Auszug aus den Geobasisdaten der Niedersächsischen Vermessungs- und Katasterverwaltung © 2016 LGLN. Abb. 3: St. Gallen, Stiftsbibliothek, Cod. Sang. 22 S. 141 (www.e-codices.unifr-ch); Abb. 4: Foto: H. Meyer, NLD Bezirksarchäologie Braunschweig. Abb. 5: Foto: A. Pröhle. Abb. 6: Foto: A. Holl, NLD Bezirksarchäologie Braunschweig.

Widukind von Corvey. Ein Mönch schreibt Geschichte
Abb. 1: Roland Rossner/Deutsche Stiftung Denkmalschutz.

Widukinds Bibliothek
Abb. 1: Wolfenbüttel, Herzog August Bibliothek (Cod. Guelf. 269 Gud. Lat., f. 64v).

Bildteil im Anhang
Abb. 1 und 2: Kulturkreis Höxter-Corvey; Abb. 3 und 4: Akg images.

Heilige Gebeine. Christliche Stiftungen sächsischer Adliger und der Reliquientransfer nach Sachsen
Abb. 1: Karte: Hedwig Röckelein. Abb. 2: Staatliche Museen zu Berlin, Kunstgewerbemuseum, Inv.nr. 1888,632. Abb. 3: Herzog Anton Ulrich-Museum Braunschweig, Inv.nr. MA 58. Abb. 4: Katholische Kirchengemeinde St. Maria Himmelfahrt Vechta, Foto: Museum im Zeughaus Vechta; Abb. 5: Foto: Vreden, Heimatarchiv, Volker Tschuschke. Abb. 6: Bad Gandersheim, Evangelische Stiftskirchengemeinde, Inv.nr. 394.

Widukind, Herzog in Sachsen (777–785)
Abb. 1: J. Autenrieth, Das Verbrüderungsbuch der Abtei Reichenau, Register, Faksimile Hannover 1979, München, Monumenta Germaniae Historica | Louvre Paris; bpk | RMN – Grand Palais | Jean Gilles Berizzi.

Lüneburg, Foto: Anja Pröhle. Abb. 4: Musée du Hamburg, Foto: Torsten Weise. Abb. 3: Museum seum Hamburg. Abb. 2: Archäologisches Museum Abb. 1: Grafik: J. Brandt, Archäologisches Museum der Karolinger
Schwer zu fassen. Die sächsischen Gegner

Wo lag Schezla? Ein vergessener Grenzort des frühen 9. Jahrhunderts
Abb. 1 und 2: © Jens Schneeweiß.

Sichtbar gemacht – Elbe und Saale als Grenze des Kaiserreiches Karls des Großen
Abb. 1: Schneeweiß 2014, Abb. 2: nach Matthias Hardt 2017.

Die Pfalz Paderborn
Abb. 1: Foto: Martin Kroker. Abb. 2: aus: Filmische Rekonstruktion der Pfalz. LWL / Archimedix 2013.

„Totschlag, Raub und Brandstiftung". Karolingische Hausmeier und Könige und die Sachsen östlich des Rheins
Abb. 1: Grafik: Dirk Fabian.

Fuß in der Tür. Südskandinavier in Mitteldeutschland
Abb. 1: Landesamt für Denkmalpflege und Archäologie Sachsen-Anhalt, Juraj Lipták. Abb. 2: Grafik: G. Höhn. Abb. 3: Landesamt für Denkmalpflege und Archäologie Sachsen-Anhalt, Juraj Lipták. Abb. 4: nach Biermann 2003; Abb. 5: nach Schmidt 1976.

Der „Heliand": das Leben Jesu in 6000 Stabreimversen
Abb. 1: Codex Cottonianus des British Museum, London, Akg images.

Ohne Masterplan und Reißbrett. Die Entstehung von Bistümern in der Saxonia im 9. Jahrhundert
Abb. 1: aktualisiert nach Vogtherr, Archiv für Diplomatik 58, 2012, S. 140. Abb. 2: Münster, Landesarchiv Nordrhein-Westfalen, Abteilung Westfalen (W 701/Urkundenselekt, Nr. KU 3); Abb. 3: nach den Listen von Ehlers 2007; Abb. 4: aus Geschichte Niedersachsens 1, S. 664.

Abschied von den Hügeln der Heiden
Abb. 1: Archäologisches Museum Hamburg, Foto: Torsten Weise. Abb. 2: Niedersächsisches Landesmuseum Hannover, Foto: Ursula Stamme. Abb. 3: Foto: Anja Pröhle, BLM.